龙平平 黄亚洲
张强 魏人
著

1976—1984

历史转折中的

邓小平

天地出版社
TIANDI PRESS

目　录

第一章　"邓小平，你在哪里？" | 001

第二章　不是一个人的复出，可能是一个国家的复出 | 053

第三章　向科学致敬，向教育致敬 | 107

第四章　"第四只鸭子"是个严肃的问题 | 167

第五章　骑上了快马，还必须挥动马鞭 | 193

第六章　高考！高考！ | 211

第七章　用春天来打比方，是一点也不过分的 | 257

第八章　山雨欲来风满楼 | 273

第九章　在东北"点了一把火" | 315

第十章　现在，应该注视大洋彼岸 | 353

第十一章　国际环境需要安宁，国内局面需要突破 | 377

第十二章　首都剧场震动了，京西宾馆震动了 | 409

第十三章　闭幕讲话其实是启幕讲话，是进军号 | 449

第十四章　大国关系 | 487

第十五章　"让孩子们回来吧！" | 523

第十六章　中国可以这样敞开胸怀 | 555

第十七章　香港棋局，深圳棋局 | 581

第十八章　开弓没有回头箭 | 605

第十九章　广东的事，上海的事，安徽的事，历史总结的事 | 633

第二十章　思索香港的百年回归，思索干部的新老交替 | 669

第二十一章　特区的乘风破浪，就是中国的乘风破浪 | 701

第二十二章　"我深情地爱着我的祖国和人民" | 729

第一章

"邓小平,你在哪里?"

一

　　沉重的哀乐以及连接在哀乐中的那个悲痛而又浑厚的嗓音，一遍遍掠过邓小平的心田。这些声音在他的心中激起了如此复杂的回响，连邓小平自己都没有料到。他似乎被那个声音击倒了。他的身影与他的座椅在那一天的下午四点整，一动不动，就像一座雕塑。

　　直到卓琳惊惶地跑进他的书房，对他说：你听到了吗？老兄你怎么啦？

　　邓小平凝视天空，窗外若有若无的秋风里，几片最先枯黄的叶子在颤抖着。

　　那声音是如此混杂和繁复，仿佛是一下子难以理出头绪的多声部，既有缓慢而沉重的节律，也夹杂着一个充满体谅和期许的嗓音，那嗓音的内容似乎是"我想在政治局添一个秘书长，你不要这个头衔，那就当总参谋长吧"；甚至夹杂着自己的大儿子朴方的轮椅碾过走廊时嘎吱嘎吱的声响，那声音连着十年前一个年轻人从北大物理楼的四楼突然坠落于地时令人心悸的闷响；所有的这些声音一时间都在邓小平耳边轰鸣，无序而又混杂，一波又一波，不肯止歇。

　　这种令人不安的状态，一直持续到晚间。那天晚餐，邓小平吃得很少，直到洗脚上床时他也没觉着饿。在熄灯以后的黑暗中，这种复杂的多声部的声音，仍旧是一波又一波地袭来，直到五更时分这些杂乱的声音被他的咳嗽声所取代。

　　咳嗽声来得很猛烈，他翻身坐了起来。

　　昏暗中立刻传来卓琳不安的声音：老兄，你怎么啦？

　　卓琳拧开台灯，下了自己的床，把一只痰盂端到邓小平的床前。

　　邓小平清了清嗓子，半晌，说了句：睡不着啊。

　　他的手伸向桌面，想摸烟，但马上被卓琳按住了，卓琳说现在抽烟不好。

　　于是邓小平不再动弹了，他的目光盯着还没有发亮的窗外，久久没有移开。

　　卓琳说，我也睡不着，我想起延安了，那时候延安的阳光可真是亮。卓琳后来又说，老兄啊，岂止你睡不着，我看全中国百姓都没睡稳觉。

邓小平一直没有吭声。后来，只说了一句话：追悼会，我想去参加。

卓琳没有应答，没有评说这个主意妥当还是不妥当，她知道她的丈夫考虑得很多，那是个政治被搞得很复杂的年代。

没过几天，邓小平请求参加毛泽东主席追悼大会的报告就被转递了上去。转递者是住在他宅院前面那排房子里的两位中央办公厅人员。这两个人既负责警卫更负责监管，他们负责及时向上报告"右倾翻案风头子"邓小平的一举一动。

只过了两天，答复的口信便传下来了，传达中央口信的是汪东兴副主席。汪东兴副主席带话说，你还是不要参加毛主席的追悼会为好。

那一刻，邓小平的腹部就有一个部位隐隐地痛了一下。他当时不清楚那只是神经受到刺激抽搐了一下，还是腹部有一个切切实实的病灶。很多天后，他才明白是前列腺的问题。

邓小平一时没有说话。

这时候，卓琳说，我料到会这样。

那天晚上，起风了。不仅堆在天安门广场人民英雄纪念碑前的那些密密麻麻的花圈发出了簌簌的响声，大江南北所有中国百姓扎的那些白色的纸花都在风中轻微地打战。

这一年对于中国人民来说，确实过于沉重了。一月份，天安门广场就堆放过一次花圈，那是送别周总理；七月份，又是花圈，那是送别朱委员长；而到了秋天，真正的秋风还没有来临，大片的枫叶还没有转红，更为揪心的哀乐便又一次无情地敲打着神州大地，夹杂着白色的纸花，又如冬雪一样覆盖着大江南北。人们在哀痛国家失去领袖的同时，好像还在哀痛着别的东西。人们心里有一种隐隐的恐惧感，这种恐惧感似乎很大，但是人们又不明白这种恐惧感到底是什么。

就在距离宽街两个街区的一个普通的北京四合院里，一位普通的二十七岁的年轻人也连续很多个夜晚翻来覆去地睡不着。他的心里也有种恐惧，这种恐惧就像尖利的鼠牙一样啃咬着他那颗躁动的心。

这位半年前曾经因为天安门事件而逃离北京的名叫夏建国的年轻人，终于在毛主席逝世后第二十五天的这个晚上，悄声下床，蹑手蹑脚绕过父母亲的卧房，走到了四合院里，接着，又犹犹豫豫地敲响了对门邻居田家的一扇小窗户。那扇小窗户属于比他小两岁的伙伴田源。

田源起身时也是蹑手蹑脚的。他们俩在洒满了月光的院子里，几乎坐到天亮。夏建国再三问他敢不敢去，说如果你不敢去，我就一个人去，又说这张标语是非贴不可的，这样的话也是非说不可的。我们在清明节就是因为说这些话，挨了人家的嘴巴子。但是，现在又是关键时刻，人民需要被唤醒。我们宁可再挨嘴巴子，世界上有些事情是必须由我们这些年轻人来做的，我们无可逃避。

说这些话的时候，夏建国的两道剑眉不停地耸动着，似乎要脱鞘似的。

田源说，建国，我去，你听见没有，你干吗还要问我？

这位皮肤白皙、身材修长的小伙子，对夏建国的提议几乎都愿意跟随。挨打就挨打，蹲号子就蹲号子，他自年初从西双版纳的农垦场"泡病号"回到北京后就压根儿没打算再回去。他想，就算在北京坐段时间牢也没啥。自己的父亲在十年前就被关过整整一年的"牛棚"。这年头的中国年轻人，反正看不到人生的前面有什么光亮。

这时候，两个年轻人发现一个披着灰色中山装的人出现在他们身后，那是田源的爸爸田志远。田志远先是问儿子，接着又问夏建国，你们刚才说要去哪儿？他问话的时候神态显得很不安。

两个年轻人起先都没有回答，后来田源才嘟嘟囔囔地说了一句：我们商量着去送花圈。

作为负责京畿安全的北京市公安局局长，他在听见这样的汇报时，掌心顿然渗出了汗珠，一种他早已有所预料的使人心悸的情况开始出现了，虽然说这一年北京十月上旬的气温还是相当高。他走到卫生间，用手巾擦了擦掌心和额头，出来后对坐在桌前的那位姓陈的派出所所长说，你继续说下去。

这是毛泽东主席逝世后的第二十七天。

一直沉浸在悲痛气氛里的首都，果然出现了思想上的"逆流"。这种情况可能迟早都要来的，但也似乎来得太早了一点。半年之前在天安门广场上出现的"四五反革命事件"一直让这位公安局局长心神不定。

这一次出现的异常情况，发生在天安门广场附近的西单。派出所的陈所长在汇报中说出了"夏建国"这个名字，这使得公安局局长双眉一挑，这是半年之前他十分熟悉的一个名字。据陈所长的汇报，当时的情况是这样的：夏建国和另外一个叫田源的年轻人起先并没有刷大字标语的迹象，而只有那些来自各个工厂的职工们在张贴各种各样的大标语，比如"继承毛主席遗志，深入批邓、反击右倾翻案风""阶级斗争一抓就灵"等等。这一类的大标语贴满了长安街的两侧，而这两个"居心叵测"的年轻人是在走到西长安街电报大楼的西侧时突然从怀里掏出一张折叠好的大字报的。

长安街上的路人开始还不觉得什么，当突然发现这张贴上墙的大字报出现了"邓小平你在哪里"的标题后一下子就围了上来。顷刻之间，几乎半个西单的路人都在这张非同寻常的大字报前聚集起来。

据当时在场的便衣侦查员向派出所陈所长报告，那个叫夏建国的年轻人不仅从老工人的手里骗取了糨糊桶和糨糊刷子，而且在贴上大字报之后趁势骑在了同伙的脖子上，以一种高高在上的姿态，向黑压压的群众大声朗读了大字报上的内容，他的嗓音几乎有点声嘶力竭："毛主席尸骨未寒，江青却在勾结上海帮阴谋抢班夺权，新女皇就要登基啦！看吧，已经开始给上海的工人民兵发枪了；听吧，阴谋家们已经吹响了流血的号角。在国家生死存亡的关键时刻，我们郑重呼吁，立即恢复邓小平同志的领导职务！现在的中国需要他带领我们渡过难关。可是，如今邓小平身陷囹圄，生死不明。让一切正直的中国人都一起呼唤吧：邓大人，你在哪里？"

据侦查员报告，人群中呼应的人很多，有人说"邓小平已经被流放到贵州山里了"，还有人尖喊"你们找不到邓小平了，邓小平已经被江青害死了"。

陈所长报告说，他与几位民警是在事情发生后的十五分钟内赶到的，那时候人群由于民警的到来已经散得差不多了。据便衣侦查员讲，这两个年轻人他们认识，一个叫夏建国，一个叫田源。之前上面就建议陈所长派人去这两个人家里面逮人，说是这两个人的家庭地址在半年前早有记录。但是陈所长没有下这个命令，他觉得还是应该迅速向上级报告才是首要之举。

在公安局局长面前，陈所长一边说一边瞧着自己的脚尖。他并没有向局长汇报的是，他当时是这样训斥那位便衣的：就知道抓人，这么多"反革命"你抓得过来吗？

当时还有人悄声问他：那这张大字报咋办？陈所长的回答是：保护现场，让"反革命"的狼子野心多暴露一会儿又有何妨？

这时候，陈所长注意到人群中有一位老者心领神会地向他伸出了大拇指。陈所长当时就转过了脸，装作没有看见。

这后半段的情况，陈所长都咽在了自己的肚子里，并没有向局长汇报。

陈所长走出市公安局大楼的时候，天色阴了下来。

他抬眼看看云色，心里想，首都跑不了又要起风暴了，而且这场风暴的中心，跑不了还是"邓小平"这三个字。

他走下台阶的时候又想，我这一回要学得聪明点儿，再也不能像半年前那样不动脑子，"国家前途"这四个字的分量实在太重了，这是要每个人心里好好掂量的，而不是某个上级的某条命令就能随便定论的。

其实夏建国与田源逃离现场的那一刻，还是有人追逐的，只不过不是公安，而是七八个佩戴"首都工人民兵"袖章的年轻人，他们急于建功。

幸亏两个报信者把夏建国与田源按在小胡同深处的一个门洞里，让追逐的脚步声像雷声一样渐渐远去，事情才没有变得更糟。报信者一个是夏建国二妹夏小妹，一个是他们同院子的邻居姑娘任燕。两个报信者像两个逃跑者一样累得气喘吁吁。夏建国问妹妹怎么会赶过来报信，这才得知是田源的父亲田志远看到了一份清查名单，而这张名单上"夏建国""田源"的名字赫然在列，田志远顿感事情不妙，赶紧让任燕和夏小妹前来报信，以便让两人躲过一劫。

夏建国深知上清查名单的后果，这意味着全面的人身控制。

其实，在刚才张贴大字报以及当众演讲之前，他已经把自己的生死置之度外。出发前，他就对同院的伙伴田源说过，这一次行动，很可能是要被枪毙的。这不是吓唬你，现在的政治局面比半年前的清明节还要糟糕。说你"现行反革命"那就是一句话的事儿，"砰"的一枪小命就完了，全国已经死了不少"现反"了。我是豁出去了，你要想一想。

田源说，你都豁出去了，我还能不豁出去？半年前怎么干，现在仍旧怎么干。

但是夏建国还是心怀侥幸的，他想用最快的速度把大字报一贴，然后挥起拳头一舞动，马上就撤。人家也不一定能马上就逮到他，也不知道他是从哪儿冒出来的，这也就安全了。然而，上了"清查名单"，那就是网里的鱼一样逃不脱了，只能等着人家往砧板上送了，这是实实在在的危险。

他和田源都是下乡知青，一个在黄沙漫天的黄土高原，一个在蚊虫肆虐的西双版纳。年初周恩来总理突然逝世的噩耗使这两位年轻人再也无法待在国家的偏远之处，在互相打了个电报之后，二人几乎在同一日赶回了北京，也几乎在同一日奔到了群情激奋的天安门广场。他们的演说和张贴的一张又一张的标语，很快就让便衣人员盯上了，而且便衣们得知这个姓夏的父亲是个"反动学术权威"，而另一个姓田的父亲曾被国务院政策研究室的"革命"群众戴过"反革命修正主义分子"的帽子。

在思想必须严格控制的敏感时刻，准备一份清查名单并且立即付诸实施是势在必行的。田源的父亲当然知道"黑名单"的危险，他同时有一个紧急建议托任燕转告两位年轻人：赶快想办法离开北京，去南方找个城市躲一阵儿。

夏建国一听这个建议就皱眉，说还能往哪儿躲呢。他半年前因天安门事件就逃出北京，往南边躲过一阵子。他在四月五号那天不仅写了诗、朗诵了诗、喊了口号，还带头冲到天安门广场东南角那个民兵与警察的小灰楼指挥部，把指挥部头头坐的小轿车推倒了，甚至点上了火。那天晚上他是仓皇逃离北京的，他知道他虽然没有被捕，但是名单上肯定有他，还有田源，不能不逃。那几天他在上海，上海有一伙编话剧、演话剧的年轻人掩护了他，让他睡在上海工人文化宫的一个话剧排练场里。他们还说要把他的事儿写成一个话剧，争取搬上舞台。可是他最终还是逃离了上海，因为上海的风声也紧起来了。现在要躲，又能往哪儿躲呢？

田源想了一会儿说，躲啥啊？拼了算了，坐牢就坐牢，枪毙就枪毙。

任燕一听这话就火了，说，你们两个，这么自暴自弃干什么？中国还有很多大事儿在等着你们去干呢，田伯伯的"留得青山在，不怕没柴烧"的思路是对的，这是个战略思路，你们一定得走。国家那么大，很多地方其实都控制不过来，到南方躲一躲兴许就躲过这一阵儿了。你们还是快走吧，别再磨蹭了。

任燕同时转达了田源父亲的另一个意思：目前年轻人务必不要冲动，要冷静，现在中央内部斗争非常激烈，肯定会有大的变局。作为年轻人，一定要静观其变，不可盲动。

任燕还转述田源父亲的话说，要走就得当机立断，一秒钟都不要耽误，不必回家了。

田源突然蹲在地上，举着颤抖的拳头喊，我们是为了这个国家好，这个国家为什么要这样对待我们？！我就是不走，让他们来抓吧！

夏建国一把将田源拽起来说，听你爸的，你爸的劝说是对的，姜是老的辣。咱俩分头走吧，我可以去安徽，去我妹妹的村子住几天，田源你去哪儿？田源不说自己去哪儿，只说我看这个社会这样发展下去是没得救了。任燕瞪眼说，田源你怎么能这么说话？还是要相信党相信群众嘛，国家总会有新的变局嘛，你不要自暴自弃嘛，你爸爸不是反复强调"中央内部斗争非常激烈"吗？田源说，好，好，我走，我走，干脆一走了之吧，反正也没啥希望了。

两人最后确定了各自的撤退路线：夏建国去安徽凤阳县找自己"插队落户"的妹妹夏建红，一方面避难，一方面想实地考察一下当年大明开国皇帝朱元璋是怎样发动农民起义的，他说我一直对揭竿而起的朱元璋很感兴趣。而田源则准备去广州躲躲，他说我见机行事吧。

任燕对田源决定去广州感到有些惊讶，她说你在广州那边有朋友吗？田源不肯回答，神情有些闪烁，只说那儿天高皇帝远，容易躲避牢狱之灾，后来又说，任燕，你别问了，我已经拿定主意了。

为了安全起见，两人决定从不同的火车站走。夏小妹陪哥哥去了永定门火车站，而任燕则护送田源赶往北京火车站。直至火车的车厢缓慢地移动起来，任燕那颗扑通扑通狂跳的心才逐渐平静下来。她看见了久久地伸在车厢外面那只摇动的手，又想起了半年前她在遍是花圈的天安门广场上看见的那只摇动的手。那天田源是挥着手臂在朗诵，朗诵的是夏建国临时写就的诗"欲悲闻鬼叫，我哭豺狼笑。洒泪祭雄杰，扬眉剑出鞘"。那一刻，田源的脸微微扬起，手势幅度很大，额前的头发一颠一颠地，那范儿很是有点像激动的话剧演员。

她那一刻很为田源激动，更为夏建国激动，她不明白夏建国怎么会出口成章，一下子写出那样铿锵有力的诗句来。而且夏建国那么富有想象力，他把一串闪闪发亮的小瓶子挂在一根竹竿上高高举起来，当时广场上的人们一下子就明白了"小瓶"与"小平"谐音的这个意思，一起大喊"小平，小平"，声若排浪。这个重要的情节，可能也是公安部门向上报告之后引起最终镇压的原因。

现在，幸亏两列火车把夏建国和田源分别带到了离北京很远的地方，让他们摆脱了"黑名单"的威胁，这才让任燕稍稍地松了一口气。但是下一步又怎么样呢？她所在的新华社每天的政治空气都很紧张，什么时候这种空气能稍稍松动一些呢？走出车站的时候，这位已经入党八个月的漂亮姑娘一直在作这样的思考，眉头皱得很紧。

二

两辆军车在宽街丁字路口北的一个院落前停下。一身戎装的中央办公厅秘书局副局长兼八三四一部队副政委刘鑫从首辆军车的副驾驶座上跳下来。在他的指挥下，片刻工夫，训练有素的两车军人迅速前后列队，等待着刘鑫的命令。

这里是邓小平在北京的住处，也是他在被撤销党内所有职务之后被软禁的地方。这是一个秋夜，气温急剧下降，凉风滑过夜空。

宽街上很安静。往年闷热的秋夜，北京的大小胡同都有不少乘凉的人，可是今天街上却是格外安静，也许人们还沉浸在毛主席去世的阴影中，不愿出门感受一个不同寻常的秋夜。

黑暗中，一名警察和几个工人民兵走了过来，见到刘鑫和军人们的身影，惊讶不已。警察问，怎么回事儿？这是我们的管片儿呀！

刘鑫从口袋里掏出一张命令递给警察说，我们奉命执行重要任务，你们的公事完了，可以收队了。

警察愣了愣神，看看刘鑫和军人们，转头对几个工人民兵说，八三四一部队，"御林军"出动了，肯定有大行动，没我们事儿了。

在警察和几个工人民兵颠儿颠儿走了以后，刘鑫便径直去敲大院的门。大门打开了一扇小窗户，里面的人见是刘鑫，并没有多问，门扇对开。

这是位于宽街十字路口北的一处不起眼的小院落。这院落离东面的增归园只有五十米，增归园是民国时期外交总长顾维钧的住宅，一九二五年孙中山先生就病逝于此。邓小平"文化大革命"复出后和家人一直住在这个普通的两进四合院里。前院住着几个中央办公厅派来的监管人员，后院住着邓小平一家。院内中央搭着一间地震棚。墙壁上有些裂缝，明显留有大地震的痕迹。

院内的大屋和里屋靠着一盏光线微弱的灯勉强维持着照明，足见主人的节省。大屋里高挂着披着黑纱的毛泽东遗像，下面是一捧鲜花，略显哀伤气氛。里屋不时传来调试半导体收音机的声音。

洗脸架边，一位老人提着暖水壶往半旧的脸盆里兑热水，一只手在盆里试着水温。壶口冒出的热气映出一张慈祥沧桑的脸。这是已经七十二岁的邓小平。

卓琳走进屋来说，老兄，还是我来吧。

邓小平放下暖壶说，你刚从医院回来，眼睛不好，要注意休息。

老两口儿端着脸盆走进里屋。邓朴方正躺在床上摆弄收音机，从床头一大堆半导体零件可看出他的摆弄似乎并不顺利。邓小平看到满身大汗的儿子很心疼，从妻子卓琳手里拿过毛巾对儿子说，来，胖子，擦擦身子吧，当心捂出痱子。

邓小平喜欢这样叫自己的儿子，一来是邓朴方生下来就比较壮实，二来胖子这个词叫起来更显得亲人间随和。

邓朴方放下收音机说，爸，我自己来。邓小平说，想法是好的，但你身不由己呀，有些事要靠别人呀！来，把上衣撩开。

邓小平弯下腰给儿子擦身体，卓琳在一旁帮忙涮毛巾。热腾腾的毛巾在邓朴方身上来回摩擦着，邓小平一会儿就累得气喘吁吁，额上冒出了汗滴。接下来，老两口儿又费力地帮助儿子翻过身来，继续为儿子擦身。

邓朴方把头深深地埋在枕头里，眼泪夺眶而出。邓小平假装没有看到儿子的眼泪，坐上床沿，轻轻拍了拍儿子的肩膀，让他注意穿好衣服，当心着凉。朴方没有回答，一时，老两口儿难过地看着大儿子，相对无言。

半晌，邓小平打破了尴尬的宁静，转移话题，关切地问儿子修理无线电的技术达到什么程度了。朴方小声告诉父亲，每天都有一点心得，只要钻下去，肯定能学会。往后，只要国家政策允许，他就用修收音机的技术自食其力，挣钱养家。

听了儿子的话，邓小平感到一些宽心，又感到一阵心酸。孩子们一个个都长大了，都想凭着自己的真本事吃饭，这是父亲很愿意看到的事情。

急促的脚步声就是这时候传进屋里来的，慌慌张张进门的是小女儿邓榕和小儿子邓质方。邓榕上气不接下气地说，咱家附近全是解放军，好像是"八三四一"的，院子里也添了好几个人，像要出事。邓小平摆摆手，示意孩子们都不要紧张。他问，除了当兵的之外，还有谁来了？质方说是那个刘副政委。邓小平问，刘副政委说要见我吗？质方说，没有，就说是要加强警戒，做好保卫工作。

邓小平想了一会儿，挥挥手说，大家都去睡吧，没有事，这也是正常情况。

邓小平回到卧房之后，点燃一根烟。

他心里明白，警卫的突然增多，八三四一部队副政委刘鑫的突然现身，并非正常情况，中国的政治肯定是有一根弦正在绷紧。随着毛主席的去世，各种政治力量之间的角力，几乎是不可避免的。对于宽街的这所小宅院来说，事情有可能向好的方面转，也很可能向坏的方面走。如果某一种政治势力飞速膨胀，那么"反击右倾翻案风"加码升级，甚至对"右倾翻案风"的"头子"加以极端措施以剪除心腹之患，都是有可能的。

邓小平缓缓地喷出一口烟，用缓缓的声音对老伴说，该开个家庭会议了。

三

邓小平的思虑并没有错。

中国的政治局势，在毛泽东主席逝世后，正依照自己的惯性，不可避免地朝那个方向滑去。一系列严重的情况都在向中共中央第一副主席华国锋的案头聚集，或清晰，或模糊，但都很能说明问题。

江青一再纠缠毛泽东的机要秘书张玉凤，要求把主席的全部文件转交给自己，说自己是遗孀，理应得到这些文件；然后又去纠缠纪登奎，要查看保存在毛家湾林彪住所的相关材料。这些政治动作，显然是想控制或修改毛泽东的文件，以便为自己更上台阶"加封"。不久，江青又赶往清华大学，激动地鼓励年轻学生"战斗到底"。而张春桥的弟弟张秋桥，时任总政宣传部副部长，悄悄赶往某坦克师活动。中央委员会副主席王洪文也是动作频频，先是为自己拍"标准像"，然后又擅自在中南海设了一个"值班室"，用中央办公厅的名义通知各地，说凡是重大问题，都要向这个值班室请示报告。他还火急火燎地去了一趟上海，特别要求上海民兵"加强训练"，做好"拉出去"的准备。张春桥这时候也托人带口信给上海方面，说是"上海有大考验，要打仗"。其时，上海民兵指挥部已拥有三十个师、七个独立团、两个高炮营，是一支颇有实力的武装力量。而《光明日报》又杀气腾腾地推出了一篇作者署名为梁效的文章《永远按毛主席的既定方针办》，叫嚷"任何修正主义头子，胆敢篡改毛主席的既定方针，是决然没有好下场的"。

不仅华国锋对这些情况忧心忡忡，住在西山的叶剑英也是终日坐立不安。他在看了《光明日报》十月四号发表的这篇杀气腾腾的文章后，当即就去找了华国锋，表达了自己对中国命运的担忧。而在这之前，华国锋也已经委托李先念上了一趟西山，秘密会见了叶剑英，商量了必须阻止"四人帮"篡权的果断行动。李先念的那一趟西山之行，采取了"声东击西"的战略，他假托要去北京植物园赏红叶，继而摆脱了跟随的警卫，悄悄地走进了叶帅的西山住所。

在那些天里，叶剑英几乎每个晚上都没有睡好。他回忆起弥留之际的毛泽东，当时主席已经说不出话来，只是用眼睛久久地凝望着自己，嘴唇不断地翕动着。他凑近耳朵去听，但是也没能听清一个词。他知道毛泽东是有"嘱托卫护江山"的意思的，但是这座以中国千千万万革命志士的鲜血与生命打下来的江山，到底如何卫护，是一道严峻的考题。叶剑英好几次在半夜里披衣下床，盯着桌子上的一排电话机，咬着牙关想，九百六十万平方公里用鲜血打下来的红色江山，绝对不能落到几个搞极"左"路线的人手里。

叶剑英想，这恐怕不是我一个人的想法，这应该是全党的想法，是全国人民的想法，很可能也是已经与世长辞的毛泽东主席本人的想法。任何一种考虑，都比不上"人民的江山依旧掌握在人民手里"这一点来得重要。解放军是干什么的？解放军就是干这个的。

在那些夜晚，叶剑英的手轮流地抓起了电话机，一架又一架。

还有华国锋，还有汪东兴，他们都是彻夜不眠。

为了中国的前途，正直的中国领导人拉满了弓弦。

箭在弦上。

这关键的一箭是必须射出去的。

中南海对于世人而言不是一个地理名词，而有中国最高权力机构的含义，甚至是最高领袖的含义。一九七六年十月六日，这里上演了一幕惊心动魄的剧目，江青、王洪文、张春桥、姚文元被中共中央宣布隔离审查。

这个决策作得非常果断，也执行得十分顺利。尤其是拘捕江青的那一幕几乎是波澜不惊。中央警卫团团长、八三四一部队负责人张耀祠严肃地对住在钓鱼台、已经吃过晚饭的江青说，我接华国锋总理电话指示，党中央决定将你隔离审查，到另一个地方去，马上执行！你要老实向党坦白交代你的罪行，要遵守纪律，你把文件柜的钥匙交出来。而一言不发的江青，当时也顺从地从腰间解下一串钥匙，还把钥匙放进一个牛皮纸信封里，写下"华国锋同志亲启"七个字。"四人帮"另外三位成员的落马，就更加没有戏剧性了。他们都是在中南海怀仁堂就擒的，并没有对"召开政治局常委会"的通知发生怀疑。只是王洪文有一点挣扎，有一点拳打脚踢，但很快就被制服了。

当夜十点整，一辆辆满载军人的汽车风驰电掣驶出中南海。

一个身穿中山装、意气风发的老人带着一队军人急匆匆跳下军车，走向中央人民广播电台大楼。在大楼门口，他当场对随行军人下了个死命令：从现在开始，只准进，不准出。接着，他就大步进门，直奔中央广播事业局局长邓岗的办公室。

这位穿中山装的老军人就是耿飚，中央对外联络部部长。他这一次没有带枪，出发前华国锋确实也问过他"你要不要带支手枪"，而他的回答是这样的：手枪不必带了，但是须有你的手令。

他走到邓岗办公室门前迟疑了一下，然后忽地推门而入。

邓岗大惊失色，一时没有反应过来。此时，耿飚便将那张至关重要的手令递在了他这位老同学面前，说，老同学，我奉中央命令正式接管广播电台，从现在起，这里听我指挥。

接过这份手令，邓岗目瞪口呆。

看出邓岗的怀疑，耿飚说，派我来这里主持工作是华总理和中央的决定，你要不相信，打电话向姚文元请示也可以。但不许出去，电话就在这里打。

邓岗回过神来，赶忙把那手令还给耿飚，苦笑着摇摇头，表示自己一定会服从中央的决定。

这时，耿飚爽朗地笑了，他命令邓岗立即把电台的党委成员和各部室负责人全部找来，先开个紧急会议。

半杯茶的时间，会议室里面已经坐满了人，耿飚开始传达上级命令，说从现在起，我就和诸位在这间屋子里集体办公了，至少一周时间。你们谁也不许离开，吃饭、饮水，部队的同志都会给大家送来。所有节目都要经过严格的审查和监督。大家各司其职，不能出任何差错，明白吗？

一屋子的人都大眼瞪着小眼地互相张望着，谁也不知道究竟发生了什么事情。最后，大家都把目光转向邓岗。此时的邓岗倒是显得很平淡，说，没什么好说的，听军代表的吧。

耿飚最终决定让邓岗睡床上，自己在邓岗屋里打地铺。但是，对节目变动之后播什么内容，耿飚一时没了主意。他问身后全副武装的警卫战士，你们爱听什么歌？

其中一位战士笑着回答，《老房东查铺》。

耿飚说，那就放这一首吧。

就这样，中央人民广播电台节目变动后第一个内容就是循环播放歌曲《老房东查铺》。耿飚后来又说，还是再多播播那首《三大纪律八项注意》吧，多放它几遍，这样的时刻就应该多放几遍这样的歌。

接到深夜开会的通知，时任中共中央政治局委员、国务院副总理的李先念心头一动，他想，事情应该是成了，叶帅与汪东兴的计划应该是很周密的。走了几步，他眉头又一皱：时局微妙，什么情况都有可能发生。这么想着，一颗心就咚咚咚跳得厉害起来。

李先念夫人林佳楣见丈夫从里屋走出，赶紧拿着帽子追出来说，玉泉山那边风大，戴上帽子吧。说着，她就为李先念戴上帽子，又扶扶正。

林佳楣看丈夫的脸色一直很沉重，心里也是一紧，但她不敢多问，只是嘱咐李先念万事小心。

李先念知道妻子心中的担忧，笑了一笑，又拍了拍妻子的肩膀，让妻子宽心。临出门时，李先念似乎想到了什么，回转身摘下手表放到林佳楣的手上，平淡地说，万一回不来的话，就作个纪念吧。

不等夫人说话，李先念大步走出门外。

望着丈夫远去的背影，林佳楣拿着手表，双手一直颤抖。

这年头，在中国，什么事情都有可能发生。

这确实是关乎中国命运的重大时刻。

一个重要的会议即将在玉泉山叶剑英住所的会议室召开。在京的中央政治局委员陆续走进会议室，这些人是：中共中央政治局委员陈锡联、纪登奎、吴德、陈永贵，中共中央政治局候补委员吴桂贤、苏振华、倪志福。

大家按照习惯排列座次，围坐在会议桌前。

没有一个人说话。每个人都表情严肃，不知道发生了什么事情，但是每个人心里都清楚，即将有大事发生。

几名小战士进来为与会者倒水。陈永贵和吴桂贤像往常一样站起来致谢。陈永贵看见坐在对面的陈锡联抽烟，也从口袋里掏出烟斗来，一口浓烟喷出，坐在他身边的吴桂贤被呛得咳嗽了好几声。

钟声报时划破沉寂，二十三点整。一扇房门推开了，中共中央政治局委员、中央办公厅主任汪东兴大步走了进来。

大家的目光都投向他，好像希望能从他的脸上看出些什么。汪东兴向大家点了点头，没有说话，接着又去开另一扇门。

脚步声由远而近，继而传来广东普通话"请"和山西普通话"请"，时任中共中央副主席、中央军委副主席的叶剑英和时任中共中央第一副主席、国务院总理的华国锋手拉着手神采奕奕地走进了会议室，这个特殊的举动让屋里的人不由自主地都站了起来。叶剑英并未说话，而是慈祥地向华国锋点了点头。

华国锋心领神会，显得激动并有些紧张地大声说，同志们，在开会之前，我宣布一件事。今天，我们继承毛主席的遗志，代表全党全军和全国各族人民的根本利益和愿望，一举粉碎了"四人帮"。现在，王洪文、张春桥、江青和姚文元"四人帮"已经全部被扣起来接受审查了。

在座的政治局委员有的吃惊，有的惊恐，有的欢喜。约半分钟后，李先念兴奋地带头鼓掌说，我坚决拥护中央的决定！

其他的政治局委员也开始鼓掌。掌声经久不息。

华国锋清了清嗓子，继续说，同志们，粉碎"四人帮"，是毛主席生前的部署。他在病重的时候就说过，"四人帮"的问题，上半年解决不了，下半年解决，今年解决不了，明年解决。主席逝世后，如果不是他们变本加厉，逼人太甚，我们也不想现在就解决。但是他们太猖狂了，公然要抢班夺权，另立中央。据可靠情报，他们准备在十月十号搞政变。上海不仅给民兵发了枪炮，还发了大批红布红纸，说要庆祝伟大的节日。我和叶帅感到事态严重，一旦让他们的阴谋得逞，千百万人头就会落地，所以我们才决定采取这种特殊措施。这场胜利，使我们党避免了一次大灾难、大分裂、大流血、大倒退。

会场再次响起热烈的掌声。

这时的叶剑英终于坐不住了，他用力地挥手说，今天我们应该高兴。我们做了毛主席生前没有来得及做的事情。主席生前还拉着我的手叮嘱说，我死后，江青可能会闹事，你要协助国锋同志制止他们。所以我要说，这次粉碎"四人帮"，首先要归功于毛主席。"四人帮"被粉碎了，但他们的势力还在。为稳定局势，这件事现在还不能公开，要严格保密，层层传达。今后怎么办，更需要周密谋划。当务之急是要稳住上海。

李先念站起来说，国锋同志、叶帅、东兴同志，你们为党、为国家、为中华民族做了一件比天还大的大好事。从现在开始，政治局里没有障碍了。有什么事情，咱们一件一件地议，今晚我们通夜办公。

掌声响彻玉泉山，遍山的红叶随之起舞。

这是一个不平静的夜晚。一九七六年十月六日晚十一时至次日凌晨六时，中共中央政治局在北京西郊玉泉山整整开了七个小时的会。会议一致拥护粉碎"四人帮"的重大决策，一致通过华国锋同志任中共中央主席、中央军委主席的决议。

从这一天起，历经十年的"无产阶级文化大革命"结束了。

这是中国的一个崭新的黎明，满山的红叶好似满天的红霞。

四

直接关系到中国命运的这一天的紧张与激烈，邓小平当时一无所知，尽管他对时事的动荡早有预料。

然而，对宽街的邓家而言，这一夜也过得很不平静。

这一夜，邓小平提议的家庭会议开了很久，气氛一直保持着紧张和严肃。

这一夜，全家人都聚在邓朴方的房间里。邓小平在家庭会议一开始就这样对大家说，把大家喊来，是要商量一下今后的事情。毛主席去世快一个月了，群龙无首，一定要出大事，这是规律。我判断，就在这几天，可能是今天，也可能是明天。中央内部会发生大的变局，可能是好事，也可能是坏事。叫大家来就是说这个事，要做好出坏事的打算。

小儿子质方接过话说，我们已经这样了，还能坏到哪里去？我大不了再回农村插队吧。卓琳狠狠地拍了拍小儿子，示意他不要插嘴。邓小平说，质方能有回农村吃苦的思想准备，很好。不过，事情可能会比我们想象的更严重。毛主席生前曾对我说过，党内有个"四人帮"。他们可是把我看成眼中钉、肉中刺啊。我一生中已经被打倒过三次了，事不过三，如果"四人帮"上了台，对我来说，那就是掉脑壳的事啦。大家要有这个思想准备。

话一出口，屋子里一下子就安静了。邓小平三个女儿的眼中，不约而同地浮起了泪花。

邓小平的情绪此时也有些激动，他说，去年这个时候刚刚开始"批邓"，主席要我牵头作一个肯定"文化大革命"的决议，三七开，七分成绩，三分错误。我思考再三，拒绝了。当时我借用主席的话说，我是桃花源中人，不知有汉，何论魏晋。让我主持做这个决议，不合适。那个时候，我就做了最坏的打算了。"文化大革命"折腾了十年，刘少奇、贺龙、陶铸、彭德怀都被折腾死了，老百姓的日子越过越穷，这样的"革命"有什么进步意义？在这个大是大非的问题上，我怎么能为了个人得失而放弃原则呢。就像周总理说的，我不下地狱谁下地狱！

邓小平说到这里，越发激动，坐在一旁的卓琳赶忙端来一杯茶递给他。邓小平喝了一口水，望着卓琳说，卓琳啊，如果今天晚上把我带走，你千万不要再跟着去了。我不在，你是主心骨，要把朴方和老祖照顾好。还有你们几个孩子，要做好搬出去过苦日子的准备。

邓小平所说的那位"老祖"就是他的继母夏伯根。近三十年来，夏伯根一直与邓家厮守在一起，功不沾，穷不嫌，任劳任怨地照顾着邓家一家子。全家人都称她为"老祖"。

老祖也是这次家庭会议的参加者，听邓小平这么说，早已靠着门框子泣不成声了。

卓琳把自己的手绢递给老祖，慢慢站起来，看着邓小平说，老兄，你就放心吧。你说的这个事，我们早就想好了。我从一九三九年跟上你，是福是祸也过了几十年了。"文化大革命"瞎折腾，多少人家被拆散了，可我们一天也没有分开过。世态炎凉，孩子们也都经受住了磨砺，没有一个和我们闹生分的。跟着你，我们心里踏实，再苦再难的日子也扛得住。你不用为我们担心，我们一家人永远不分开。

卓琳深知自己在这个家庭里的作用。结婚三十多年，她跟着邓小平似乎就没有过上几天好日子，一直在危险担忧与艰苦里打转转。现在，邓小平当着全家人说出这样的话，她就完全明白了邓小平心里的盘算。作为妻子，她想，在这个当口，自己应该斩钉截铁地表明这个态度。

二女儿邓楠愤然起身，大声说，爸爸，我们不怕"四人帮"，我们要团结在一起跟他们斗！

此时，全家大小都激动了，七嘴八舌嚷嚷开来，说的词汇都是团结、坚决、斗争、大无畏、豁出去了。

看到一家人如此团结，邓小平感到了欣慰，但是从内心来说，他还是相信，党内如果发生大事，多半可能是好事儿，这并不是为了宽自己的心，只是心底里有这么一种感觉。中国共产党的这艘航船，几十年风风雨雨总归是不会半途抛锚的。

家庭会议结束之后，邓小平点燃一支香烟，缓缓地走到院子里。

他的目光随着一缕升起的轻烟缓缓地投向了天空，星星密密麻麻，似乎叽叽喳喳地发出了挤成一团的声音。这些星星又像是密密麻麻的脚印，脚印踩在一片望不到边的泥泞里。那些泥泞似乎是属于黄泛区的，那应该是一九四七年的夏天吧，那是大别山。

是的，那就是大别山。

在一望无际的黄泛区里，衣衫褴褛的解放军战士冒着疾风暴雨艰难前进。由于国民党的飞机狂轰滥炸，行进的队伍经常血肉横飞。这时候的他手拄着棍子，与刘伯承一起，双脚踩着没过裤脚的烂泥，走一脚拔一脚地带领着大军跋涉。

他仿佛看见自己的左边，四个战士抬着重武器行军，脚陷在烂泥里拔不出来；而自己的右边，一个老兵背着一口行军锅倒在泥水中。他赶紧跑上去几步，扶起老兵。而刘伯承则转身，大声命令部队扔掉一切辎重，抛弃坛坛罐罐，轻装前进。刘伯承挥着手大声喊，同志们啊，要不顾一切向前冲！

　　烂泥地中，数以万计的战士扔掉包袱，嗷嗷叫着向前冲去。狂奔的队伍中，不时有人中弹倒下，鲜血与黄色的泥泞搅和在一起。

　　整支部队杀声震天，一往无前，这是一支永不屈服、永不溃散、永远一往无前的部队。

　　他，邓小平，就是这支部队的指挥员。邓小平双目紧闭，沉浸在往事之中。他似乎觉得，今天的共产党又到了那个决战决胜的时刻，唯一不同的是，自己已经不能再像从前一样冲锋陷阵了。

　　想到这里，邓小平感到一阵痛心。

　　他站住了，似乎感到夜空中有一颗流星划过，又似乎感到自己被这颗流星砸中。他仔细睁眼看着夜空，又似乎什么流星都没有。所有的星星依旧紧密地拥挤着，似乎在叽叽喳喳地叫着，仿佛是一群小鸡在轻声地呼唤黎明。邓小平的心渐渐地平静下来。

　　中国是会有明天的，他想。

　　睡觉去，他一挥手，对自己说。

　　这一夜，他仍旧睡得很踏实。

五

　　开了一夜会议的中央政治局委员们丝毫没有疲惫的感觉，个个精神饱满地走出叶剑英的住所，黎明的风是这样清新。

　　门外，几十辆红旗牌轿车鱼贯而至，等待着各自的主人上车。

　　叶剑英送华国锋，拾级而下，汪东兴紧随其后。停步后，叶剑英看着华国锋，突然，缓缓地抬起右手，行了个军礼。叶剑英的这个举动令华国锋始料不及，华国锋甚至有些不知所措。

叶剑英神情严肃地看着华国锋，十分郑重地说，华主席，现在形势复杂，我们每一步都如临深渊、如履薄冰，为国家安全，我正式建议请邓小平同志出来工作，现在这个局面需要他的经验和智慧，请中央批准。

华国锋一时没有作答。

其实，华国锋心中早已猜到叶剑英会重新提出邓小平复出的问题，只是没想到叶剑英会在这个时候就开始提这个话题。这个问题当然有些复杂，此时他看了一眼身后的汪东兴，汪东兴的脸上木无表情。

华国锋面呈难色，带着几分愧疚的神情说，叶帅，你的心情我能理解，但这件事情影响太大。现在就让他出来工作，不是授人以柄吗？我看，还是从长计议，慢慢来吧。

叶剑英沉默了一会儿，点了点头。他了解华国锋，了解华国锋现在的难处。华国锋肩上，目前确实承担了太多。

送走客人，回到自己屋内，叶剑英久久地注视着桌上摆着的一张他与周恩来、邓小平的合影，一时有些发愣。

他想起了周恩来昏迷中的面容。

那是一九七六年的元旦。

那一刻，叶剑英坐在周总理的病床前，忧思重重。自从总理昏迷以来，他一直守候在总理身边，久久不愿离去。值班的医生实在看不下去了，请求他离去，说叶帅，您也要保重自己的身体。他无可奈何地站起来，准备离去。可就在这个时候，他忽然听见一个微弱的声音，那个声音就在身后，是如此熟悉。

他连忙转过身，一个跨步就走到周总理身边，俯下脸去。

周总理艰难地睁开了眼睛，轻声呼唤，叶帅、叶帅。

他于是激动地俯在周总理面前，紧紧地握着总理那双冰凉的手，轻声说，总理，我是叶剑英，您有什么嘱咐？

虚弱的总理这时已经说不出话了，只是吃力地用手指着床头柜。叶剑英顺眼看去，床头柜上只有几个大苹果。他不知所措地拿起一个苹果递给总理说，总理，您要吃苹果？

总理吃力地把苹果放到叶剑英的手上，嘴唇翕动，断断续续地说着什么。他没有听清，于是就把自己的耳朵尽可能地俯在总理的嘴边，便隐约听见总理在说，保护好小平。

这半句话，他听得十分清晰。而总理说完这半句话，便又昏睡了过去。他记得自己手里一直拿着这个苹果，在昏迷的总理床前坐了很长时间，然后才眼含热泪地俯到总理的耳边，连续说了三遍：我一定尽力而为。

想到这里，叶剑英抬起头，突然大声地对站在门边的秘书说，给我接王胡子的电话，我要和他本人通话。

六

对于居住在四合院的夏家与田家而言，新时代却并没有露出应有的曙光。这两家头上的天空还是很低，甚至压得人喘不过气来。

应该说，夏建国和田源的成功逃亡是幸运的，但对他们的父亲夏默与田志远来说，却是无奈而悲伤的。

二十世纪六十年代初，这个中型四合院的前院住的是夏默一家，后院住着田志远一家。"文化大革命"中，田志远和夏默都被打倒，院子成了国务院机关事务管理局车队的办公室。一九七五年田志远恢复了国务院政策研究室的工作，前院归还田、夏两家，他们分别住东、西厢房，后院则一直被车队占着。田志远嫌吵，想了个主意，让一直没有住房的国务院机关事务管理局车队队长、老工人任大力一家搬进后院暂住。这就形成了一个特殊的格局，工人、干部、专家共居一院。任大力是老实本分的工人，只住后院的两间屋子，其他的上锁闲着。

这是一个阳光明媚的早上，派出所陈所长和民警小唐来到了这座四合院门口。陈所长将自行车停在门口，让小唐在大门边的抱鼓石旁等着，自己推开院门，绕过影壁，站在前院的院子正中，敞开喉咙先朝东厢房喊，又朝西厢房喊，将两家的主人田志远与夏默叫出来。

片刻，东厢房的田志远、西厢房的夏默及妻子高兰都出来了，他们对陈所长格外地客气，又是拿凳子，又是端茶递水，但心里却是咚咚打鼓，不知今日进门的是喜鹊还是乌鸦。

陈所长也不坐凳子，也不喝茶水，只是斜靠着院子正中那座已经凌乱不堪的太湖石假山，故意对着门口大喊，你们听着，我是奉命行事。你们家的孩子夏建国和田源因为参加天安门事件上了清查名单。前几天，又有人举报他俩在西单贴"反革命"大字报，虽然没有证实，但上面来了通知，要对他们实行监控、审查。请二位协助一下，让他们跟我去派出所吧。

田志远看着外面的小唐，大声喊，陈所长啊，我还正想请所长同志帮我好好管管我们家田源呢。这个浑小子，不在兵团待着，跑回来尽给我惹事，还老不沾家，你看看，都好几天没见人影了。

高兰赶紧接话说，我们家建国也不知跑哪儿去了。陈所长，我们正想请您帮忙找找呢。

陈所长苦笑说，二位，你们尽可以糊弄我小陈，但也得让我能交差呀。陈所长说到这里，又压低声音说，得让他们赶紧离开北京，再闹出事来，谁也罩不住。田志远马上小声回应说，我们知道所长同志的苦心，放心吧，不给所长同志添麻烦，俩小子昨晚就走了。

陈所长听到这里，舒了一口气，故意大声喊，我算是通知到了，今天不去报到，明儿市局来提人可就不是我的事啦。小唐，我们走。

说完，陈所长迈开大步出门，骑上自行车就和小唐离开了。

送走了陈所长，田志远赶忙关上院门，连叹好几口气。这两天他确实一直惦挂着儿子，他去广州干什么呢？任燕带回来的消息一直使他不安。倒是夏默对自己的儿子很有信心，他坚信这场"文化大革命"已经使下一代年轻人经历了一种难得的锻炼，避走北京几天不算是什么事，能熬过来。

就在两家大人对自己儿子的处境担忧之时，院子大门突然被推开了，田志远的前妻曹慧火急火燎地冲了进来。

曹慧大声嚷嚷，知不知道啊，儿子上清查名单了？

田志远和曹慧是对出了名的冤家，一个曾是"二野"的秀才，一个是"二野"宣传队的笔杆子，两人的婚姻既传奇又磨难。"文化大革命"中，田志远受迫害，进了秦城监狱，而曹慧一直在《红旗》杂志社工作，这就必然使坚持"革命"原则的曹慧果断地提出了离婚。一九七五年，田志远复出，开始的职务是国务院"生产办"的二把手，一九七六年再次被打倒，赋闲在家。也许是儿子田源努力"撮合"的原因，这一次曹慧并没有对前夫的"错误"严厉斥责，反倒是安慰了好几句。这也让田志远产生了"复婚"的愿望，毕竟前妻这么多年来也没有再嫁的迹象，一直窝在《红旗》杂志社的单身宿舍里。

曹慧对儿子田源的担心倒是这么多年来一直没有中断过。儿子的每一次"出事"，都让这位《红旗》杂志社的编委痛心疾首。在这一点上，曹慧觉得自己无法原谅田志远，儿子危险的立场肯定与田志远有关。这一次，一听说儿子又闯祸了，她便火急火燎地赶了过来。

田志远笑着扶住前妻抖颤的肩小声说，你嚷嚷什么呀，等你来报信，黄花菜都凉了。

高兰冲着曹慧的耳边轻声说，放心吧，前两天走的，是燕子和小妹送的，不会出事。

曹慧得知儿子去了广州，心里也有点诧异，说，小源去广州干什么？难道这小子要逃往香港？他可早就动过这个念头了。我可把话摆前头了，这小子要是叛逃，我跟他断绝母子关系，老田你也跑不了干系，你肯定是幕后策划者。

田志远听得前妻这么说，心里也犯了嘀咕，急忙问曹慧，儿子以前私下里是不是说过想去香港的话？在得到证实后，他心里的鼓点就更猛烈了。"逃港"，那可是一条危险的路，弄不好是要赔上小命的。

面对前妻的咄咄逼人，田志远的心里突然窝火起来，连声说，曹慧你别嚷嚷了，我是什么幕后策划者啊，儿子到了这个地步，难道是我一个人的责任？你不也是他的亲妈吗？

两个人之间又出现了以往斗嘴的场景，急得夏默夫妇赶紧劝说，这都什么时候了，还有心思吵吵？老曹，我看你们俩化干戈为玉帛，赶紧复婚吧。往后国家还不知是什么样子呢，老田这一个人的日子过得也太苦了。

曹慧却对复婚的事情提不起兴趣，说现在谁还有心思办复婚的事。告诉你们，中央的斗争非常激烈，弄不好就要出大事。老田，江青可是记恨着你呢，你的骨头可要收收紧啊。

这话是警告，但明显地也夹杂着几分关心。

曹慧了解江青，以她的判断，毛泽东过世了，江青肯定是要上台的，只要江青上了台，很可能谁都没好日子过。她今天上午刚得到通知，从当日起，杂志社的党委成员开始集体办公。根据多年的政治经验,她觉得,凡上面有这样的规定,国家必出大事。

临走前,曹慧从包里拿出一件毛衣递给田志远说,天快冷了,记着加衣裳。

她惦记着儿子,同时也牵挂着前夫,这一点其实田志远心里也明白。

田志远收下毛衣,点点头,没有任何回话,只是将她一直送出了胡同口。外面风很大,已经干裂的"继续批邓"的大字标语与街树的叶子一起在风中簌簌作响。

七

就如同在北京的上空一样,电台播出的《老房东查铺》与《三大纪律八项注意》的歌声也反反复复地飘荡在广袤而萧条的江淮农村上空。但是,这些歌声与略凉的秋风一样,并没有给贫瘠的乡村大地带来什么变化,该挨饿的还是挨饿,该逃荒的还是逃荒。

安徽凤阳的小岗村也是这样,这些天已经陆陆续续走了半个村的人了,公社干部要拦也拦不住。农民宋学友和严德旺两家,也选择这一天扶老携幼外出逃荒。宋家二妞一出村口,就敲起花鼓,边走边唱:说凤阳道凤阳,凤阳是个好地方,自从出了朱皇帝,十年倒有九年荒。

宋学友一听二妞这么唱,心里不免有些焦躁,吼说,二妞,别唱了,要把干部招来就走不掉了,你以为出了村就没人拦你了?谁知刚说完这话,夏建红就气喘吁吁地追出了村口,一双破球鞋一路卷着沙尘。夏建红大声问,宋大爷,不是说好今年不出去要饭的吗,怎么又偷偷摸摸地出去了?

夏建红是北京下乡女知青,现在是公社的妇女主任,一个说话办事很利索的姑娘,谁都知道她的厉害。她一直在小岗生产队住着,平时对谁都客气,但是今天一听她的说话腔调,就知道她心里的不满意了。

宋学友心里发虚,一直瞪着自己的女儿二妞,埋怨就是二妞的歌声招来了公社妇女主任,然后转脸对夏建红讨好地说,闺女,我们知道你是好心,可是我们又有啥法子？前天算下账来，一个劳动日才一毛七分钱，一家六口分五百斤粮食，倒欠生产队二十九块钱。这日子怎么过？现在农闲时不出去要饭，明年春天春耕时吃啥？

夏建红耐下心，把自己的想法告诉了这几位准备暂时逃离家园的乡亲。原来夏建红来这个生产队蹲点包队，就是公社派来的，目的就是帮助乡亲们解决缺粮的困难。这两天夏建红已经把村子里家家户户的缺粮情况紧急报给县里了，她坚信国家的救济粮很快就会发下来，所以请乡亲们千万不要急着往外跑，应该就地度过粮荒。一想到"凤阳讨饭大军"每年秋冬季节在全国丢人现眼，给社会主义抹黑，夏建红心里就发毛。所以这次下来之前，她已经拍着胸脯向公社领导保证，要全力以赴减少外出逃荒的户数。

宋学友一时不知该怎么跟夏建红解释逃荒的理由，用手指头捏着脸上皱纹里的泥土，嗫嗫嚅嚅。站在一旁的严德旺小心翼翼地开口了，他说夏主任呀，咱是农民，是种粮食的，这年年不给国家交粮食，反而要吃国家的返销粮，我们没脸呀，你就让我们自己解决吧。夏建红立刻反驳说，我们的困难要靠自己的劳动来解决，不能靠出去要饭呀，你们这样影响多不好啊。宋学友忍不住了，说，不逼到这个份儿上谁愿意出去要饭丢人现眼啊？闺女，这事儿你管不了，别让我们犯难了。你看我们把介绍信都开出来了，盖着小岗大队的公章呢。我们呀，今年不去南方了，我们到北京唱花鼓去。

听到"介绍信"这三个字，夏建红有点哭笑不得，她知道这一带村子的农民出去逃荒，大多都带着由生产大队开出的介绍信，但她一直没有见过。于是她说，我看看介绍信。

只见介绍信上面写着：我大队农民宋学友一家因经济困难，外出求援，请予以帮助。特此证明。小岗生产大队。

夏建红便问，这是谁给开的？

金锁给开的，也是他昨晚一家一户亲自送来的。

刘金锁给开的？他人呢？

他昨晚就走了，说是往南边去了，看那样子好像不打算回来了。

听到这里，夏建红目瞪口呆，一下子瘫坐在大槐树下。刘金锁怎么也会走？他是带头人啊。两天前她见到刘金锁的时候，刘金锁还没有表达过要出去的意思。而如果刘金锁真的走了，他那位生病的母亲怎么办？一个人能撑得住吗？毕竟刘金锁的母亲也是自己的奶娘啊，当初刘妈妈就是在夏家做的保姆，非但是保姆，甚至还做了夏建红的奶娘。当时夏建红的妈妈高兰缺乏奶水，要不是这位刘妈妈又奶刘金锁又奶夏建红，这日子还不知道怎么过呢。这也是一份天大的恩情啊。自从夏建红插队落户到了刘妈妈所在的公社，也是三天两头去看望刘妈妈的，而这位刘妈妈的亲生儿子怎么可以扔下自己生病的老母亲一走了之呢？

见公社妇女主任呆在那儿失魂落魄的样子，两家逃荒的农民互相使个眼色，赶紧拔腿走了。

夏建红怀着满腹的焦虑，冲过村头石桥，赶紧奔往刘金锁家。

刘家是一个家徒四壁的茅草屋。一进屋子，夏建红就听见自己的奶娘发出一连串的咳嗽声。刘母病恹恹地走出灶房，见到夏建红就咧嘴笑，说闺女啊，金锁走以前留给你一封信啊，他说他没脸见你。

夏建红接过信。信上是这样写的：建红，请原谅我不辞而别。辛苦一年，只给社员们分到半年的口粮，还害得家家欠账。我没脸再见你和乡亲们。我实在想不明白，解放二十多年了，怎么家家户户连饭都吃不饱？不是我们的地不好，也不是我们的人不好，照这么"农业学大寨"学下去，越学越打不出粮食，越学越饿。一个国家的农业，不应该这样搞，我也说不上什么道理来，我总觉得是国家的政策出了问题。但是我们可能几十年都无力改变这个政策，我已经绝望了，我想到与我们很不一样的地方去看看，那个地方就是香港。我有好几个同学，听说都游过界河跑到香港去了。听说游过去也不是特别难，水面不宽，只要不给这边的警察和对方的水警抓住，跑进香港市区就能拿到临时身份证，就算那儿的居民了。我也想试试。我如果站稳了脚跟，就会想办法把我的妈妈也接来香港，给她好好治病，她那病再在农村耗下去是没有指望治好的。我唯一对不起的就是乡亲们，作为生产队长，我以前发过誓要带领大家好好生产，让日子一年比一年过得好，可是我食言了，看着乡亲们一户一户地出去讨饭，我心里都在流血。我还有一个对不起的，就是你建红。我知道你关心我，政治上关心，方方面面都关心，但是我却不辞而别，因为我怕你拉住我，批评我，教育我，改造我。我没有办法，才留下这封信。建红妹妹，你就骂我吧，往死里骂，我是个不争气的货。你骂完以后，气出过以后，也就赶快回北京吧，别在公社里做妇女主任了。整个小岗村和整个梨园公社，都是没有出路的，快回你的北京吧。

夏建红看完信，愣了半天，然后把信拍在桌上狠狠地说，刘金锁，你这个逃兵，你难道就不想想香港是个资本主义世界吗？你在那儿是要挨枪子儿的，你太危险了，我非得把你抓回来不可。

刘母赶紧说，我不碍事，我的病不算啥，我还有点儿口粮，灶房里还有大半袋红薯。闺女你别着急，别恨金锁，他也是没有法子，他要去寻一条活路也没有错。建红，奶娘也劝你回北京吧，别窝在这苦地方受罪受累了。

夏建红抱住奶娘大哭起来，一边哭一边嘟嘟囔囔地说，我还是要把金锁追回来，他好歹也是个革命青年，他不能背叛我们的国家，他这是立场出大问题了，他犯大糊涂了，他不应该这样的。我不把他追回来也对不起奶娘您啊。

八

在中国的年轻一代普遍对政治前途感到迷茫的时候，肆虐中国的"四人帮"已经覆灭的消息，却如一缕挤过厚厚云层的阳光，逐渐地显露出自己的光亮。

好消息是怎么捂也捂不紧的。

贺平的自行车就这么一路咔嚓咔嚓地响。在骑车人贺平的耳朵里，这种咔嚓咔嚓的声音简直是一支乐队的伴奏。

贺平是邓小平三女儿邓榕的丈夫，此时他心里像有一颗炸弹要爆炸一样。确切地说，这不是炸弹，说是信号弹或者礼花弹更加妥帖。

自行车连续地转了几个弯，贺平听见街道上那个广播匣子依旧在反复地播放那首《三大纪律八项注意》。他当然已经明白，祖国大地上为什么要反反复复地响着这样铿锵有力的旋律。

邓小平此时并不知道自己的小女婿即将带回来一个什么样的消息，他正坐在桌边摆着扑克牌，一边摆牌一边听着收音机里响着的这首《三大纪律八项注意》。这歌听得多了，他也觉得有点蹊跷，是不是自己的推断已经变成现实了？想到这里，他的扑克牌越摆越慢。

从战争年代起，邓小平就喜欢上了打扑克牌，而且越打越有兴趣，打牌对他来说，是一种很好的放松方式。而此时，他的精神却放松不下来。

他想，一定有什么大事已经发生了。

这时，里屋传来大儿子朴方的声音，那声音说，奇怪，从昨晚到现在怎么老在播放这首歌曲，什么意思？

卓琳进门，看到邓小平还在摆牌，便说，老兄，休息一会儿吧，别太累了。

邓小平抬头，还没有回话，便见小女儿邓榕进门了。邓榕语气中既有几分抱怨又有几分愤怒，说，爸爸，有新情况，前院值班的通知，要我们最好不要外出，一定要出去的话需经过批准。这是什么意思，难道把我们都软禁了吗？

邓小平看着自己的妻子又看着自己的小女儿，神色平静，淡淡地说了一句：那就不要出门，平心静气，以静待变。

同时，他翻开了手中的一张牌。一缕阳光从窗外照了进来，照在牌上。这是一张黑桃Q。邓小平急速地把一张红桃K往上面一放，说，开了！

贺平就是这时候举着一瓶茅台酒气喘吁吁地跳进屋来的，他压制不住自己的兴奋，小声说，重大新闻、重大新闻！

卓琳眉头一皱说，这孩子怎么毛毛躁躁的，这是怎么啦，满头大汗的。

贺平把茅台酒递给邓小平说，老爷子，这是我爸给您的，他说今天您要一醉方休！

邓小平平静地说，有啥子好消息，快说嘛。

贺平看看四周，又看看邓榕，说找个僻静的地方说吧，这是最高机密。

邓小平忽然意识到什么，马上挥挥手，站起来把迅速聚拢的一大家子人都领进了那个不大的卫生间。大家都很惊讶，邓小平举举手，示意大家安静，他自己则坐在抽水马桶盖上，手里拿着一支没有点燃的香烟。

为了遮掩说话的声音，卓琳打开了水龙头。卓琳生怕那些不该听到说话的人听见卫生间里即将开始的一些话，也包括不该听到这些话的那种有可能存在的装置。邓小平看见妻子这个动作，默默地点了点头。

紧张的空气里响着哗哗的流水声。

这一刻，全家人都紧张得不行，只有邓小平的神情十分平静。邓小平从耳边响了几十遍的《三大纪律八项注意》中敏感意识到了国家命运的变化，他知道自己的女婿即将说的话肯定与这个命运有关。

贺平定了定神，认真地说，老爷子，今天一早，王震叔叔给我爸爸打了个电话,我爸爸接完电话,就满脸笑开了花。他跑到我屋里揪着我的耳朵说,臭小子快起来,交给你一个重要任务,立即跑步去见毛毛的爸爸,把这瓶茅台酒交给他,让他一醉方休。

这时,贺平卖了个关子,故意停顿了一下说,老爷子,您猜,我爸爸让我完成一项什么重要任务?

邓榕戳了一下丈夫的脑袋,表现出强烈的不满,说你呀你,都什么时候了。

于是贺平表情激动地挤到邓小平身边说,这是叶帅亲自打电话交给王震叔叔的重要任务,王震叔叔知道我们两家的关系,就打电话把这个任务交给了我爸,我爸又把这个任务交给了我。

卓琳着急了,说你这孩子怎么这么啰唆,快拣重要的说。

贺平严肃起来,正正经经地对大家轻声说,昨天晚上,中央采取果断措施,把江青、张春桥、王洪文、姚文元四个人全抓起来了。叶帅说,党中央一举粉碎"四人帮",是执行毛主席的遗志,他要王震叔叔想一个稳妥的办法尽快把这个消息告诉您。

邓小平尽管心里早有发生大事的准备,但一时仍不敢相信自己的耳朵,一下子站了起来,声音有些发抖地说,贺平,你再说一遍。

邓榕激动地抱着父亲的脖子,凑近他耳边说,老爷子,贺平是说,中央昨天把江青他们抓起来了,"四人帮"被粉碎了!

小小的卫生间顿时沸腾了,孩子们都兴奋地跳了起来,卓琳的眼眶里充盈着泪水。

邓小平也激动了,右手在口袋里不断地摸索着。卓琳知道他在找火柴,便替他从口袋里拿出火柴,准备给他点烟。邓小平自己接过火柴盒,信步从卫生间走了出来。

邓小平走了几步,又走了几步,手不再微微发抖。于是他取出一根火柴棒平静地划了一下,凑到嘴边点着烟,深深地吸了一口,然后在沙发上坐下。

他望着空中,一字一顿地说了一句话:我还可以干二十年!

这是他在全家欢乐的气氛中所说的唯一的一句话。

九

邓小平决定写一封信。

已经进入三秋的北京,迎来了一年之中难得的雨季。细蒙蒙的雨丝散落在地上,带走了这一年残存的燥热,给人们带来了明显的凉爽。

这些天,邓小平一直把自己关在书房里,专心地写这封信。卓琳熟悉邓小平的习惯,除了照顾他的饮食外,尽量不去打扰丈夫。她知道她那位"老兄"的这封信,是写给华主席与党中央的,非同小可。

那封信的开头是这样写的——

华主席、党中央:

最近这场反对野心家、阴谋家篡党夺权的斗争,是在伟大领袖毛主席逝世后这样一个关键时刻紧接着发生的。以国锋同志为首的党中央,战胜了这批坏蛋,取得了伟大的胜利……我同全国人民一样,对这个伟大斗争的胜利,由衷地感到万分的喜悦。

那天,邓小平写到这里的时候,心情有些激动,便站了起来,点燃一根烟,在屋里来回踱步。

他想到了很多,甚至想到了自己半个世纪以来投身革命的所有不平凡的年月。他想到了巴黎,想到了莫斯科中山大学,想到了自己隐蔽在上海租界里担任中央秘书长的那些"步步惊心"的岁月,也想到了百色,想到了风雪弥漫的大别山,想到了进入北平以后的辛劳,想到了自己在"文化大革命"中被打倒但又顽强站起来的那些日子,想到了那条位于江西南昌附近的崎岖的"邓小平小道",也想到了协助周总理"整顿"国家山河的那些艰难的日子。

他想,我还没有到老态龙钟的地步,我还能为我的党、我的国家、我的人民做些什么。

在这封信的末尾，他写上了这么一行字：

党和社会主义事业的伟大胜利万岁！

他知道写这封信的目的并不只是为了欢呼，他要为人民做事，他认为自己还具有这样的眼光和能力。"批邓、反击右倾翻案风"也确实到了该结束的时候了。

这些想法，他这几天都没有跟卓琳清晰地谈起过，跟孩子们一起围桌吃饭的时候也未有丝毫提及，但是全家似乎都知道这位老爷子想做什么。当"老爷子"把自己安静地关进书房的时候，大家的脚步似乎都明显地放轻了。

这封信，邓小平是请驻守在前院的中办秘书局副局长刘鑫转交的。他与刘鑫握手，郑重地递上信，嘱托刘鑫把这封信直接送交给汪东兴，并由汪东兴转交给华国锋。

刘鑫表情严肃，双手接过信，敬礼后随即转身离去。看着刘鑫的背影，邓小平松了一口气，如释重负。

但就在这个时候，回到家的小儿子质方，忽然向父亲叙说了一个令人忧虑的消息。质方俯在父亲耳边说，老爷子，现在上面的精神是要集中批"四人帮"，但还要连带"批邓"，对天安门事件，要避开不说。而且，凡是毛主席讲过的、点过头的，都不能批评。

邓小平听小儿子讲完，久久没有吭声，脸上也是波澜不惊。他心里想，肯定是这样的，目前也许只能这样，华国锋有难处。

但是，他又想，所有的难处，都是可以慢慢化解的。只是，他没有把这个信念告诉此刻站在他面前的神色不安的儿子。

十

响在全国喇叭里的声音，还是这样两个主要的方面：一个是"继承遗志"，另一个是"继续批邓"。夏建红走了好几个小时，才来到临淮关火车站，火车站里的大喇叭也主要是播放这两个声音，捎带着播放火车的进出站时间。

大喇叭里播放的所有声音，夏建红几乎一句都没有听见，她只是在车站内外熙熙攘攘的人群中踮脚眺望。她此行的目的很简单：找到不辞而别的刘金锁，带他回村。

凤阳县位于安徽省东北部，古有帝王之乡、明皇故里之名，但那几年却是穷死了。凤阳本来就穷，不穷也不会出那位造反的皇帝朱元璋。但是自二十世纪六十年代以来，确实穷死了人，因饥荒而死的农民不在少数，操起花鼓拖家带口纷纷逃向外省要饭，似乎成了这一带百姓唯一的生路。而临淮关火车站也由此变成了凤阳农民外出讨饭的必经之路。

可是偌大的县城，想找一个人谈何容易。夏建红茫然四顾，看见火车站内外到处是扶老携幼外出逃荒的农民，那些挂满了灰尘与皱纹的脸上都显现出一种共同的表情：沮丧与不安。每个人都拖着疲惫的身子望着列车出发的时间，就像望眼欲穿的思妇在盼望着丈夫的归来。

天色渐渐暗了下来，那个熟悉的身影始终没有在嘈杂的人群中出现。

忽然，夏建红觉得背后有人拍了一下自己的肩膀，不由得惊喜万分，一面转头，一面脱口而出叫着刘金锁的名字，但没想到眼前站着的，却是自己久未见面的哥哥夏建国。

看到了亲人，夏建红一天的委屈顷刻间全部爆发出来。她一把抱住哥哥的脖子，眼泪稀里哗啦地掉了下来。

在凤阳明皇古城墙下的小饭店里，夏建红激动地与来自北京的哥哥聊个不停，而饿极了的夏建国却有点心不在焉，看到窝头一上桌，二话不说抓起窝头就往嘴里塞，还说这红薯面做的窝头很筋道，将来日子好了，没准儿还是个稀罕食品呢。刚说到这里，夏建国觉得自己的后背被人触碰了一下，回头一看，原来是一个要饭的老妇人正向自己伸出一只干瘪的手。

老妇人骨瘦如柴，一张饱经风霜的脸上，两只深邃的眼睛陷了下去，双手微微颤抖着，始终不说话。

夏建国见老人可怜，从兜里掏出一毛钱。老妇人始料不及，双手紧紧地握着夏建国刚刚施舍的钱，又是磕头又是作揖的，弄得夏建国很不习惯。正要感叹呢，不知从哪儿冒出来的一群乞丐竟然蜂拥而上，十几只手一下子伸到了他的眼前。夏建国一时不知所措，连忙去掏口袋，可是口袋已经见底了。夏建红见形势不妙，一把拉住哥哥的手，撩开众人就走。乞丐们围住不放，有的径直来掏夏建国的口袋。兄妹俩奋力突围，好不容易才冲出人群。

这么大的要钱阵势，夏建国还是第一次经历，真可谓触目惊心。站在昏暗的古城楼下，惊魂未定的夏建国呆呆地望着城楼上"万世根本"四个大字，从心底里发出了一声感叹：老话说走千走万，比不上淮河两岸。可是这才几百年呀，想不到大明朝的龙兴之地就成了这个样子，看来又要揭竿而起了。

夏建红说，揭竿而起还算有点血性，那些口口声声要带领乡亲挖掉穷根，一遇到困难就拍屁股走人的叛徒才是最可恨的。

夏建国猛然一惊，脸唰地一下就白了，语气中带着几分惊慌与不安问，谁是叛徒，建红，你说谁呀？

夏建红也被夏建国的反应吓了一跳，吞吞吐吐地说出"刘金锁"三个字。知道妹妹说的不是自己，夏建国这才松了一口气，语气恢复了平静，说金锁不是刘妈的儿子吗，他跑哪儿去了？

说是去广东那边"逃港"，要去体验一下香港的资本主义，夏建红不屑地答道，说完还觉得不过瘾，又补充道，这不是叛逃吗，抓到了是要杀头的，刘妈都急死了。

听到"香港"二字，夏建国脑海里突然闪现出了田源的样子，心里嘀咕着，这八竿子打不着的两个人，倒攥到一块儿去了！

夏建红看着若有所思的哥哥，一脸迷茫。

此时，夏家两兄妹无论如何也想不到，在距离安徽上千公里外的一个小集镇，田源和刘金锁这两个性格倔强的年轻人，果真碰到了一起，更奇妙的是，他俩还莫名其妙地成了生死之交。

十一

"逃港"，这究竟是一个什么样的历史名词？

从二十世纪五十年代开始，有将近一百万名内地居民，由深圳越境逃往香港。这一"逃港"现象被认为是冷战时期历时最长、人数最多的群体性逃亡事件。说起"逃港"，还颇有讲究，按方式可分为走路、泅渡、坐船三种。按路线，则有东线、中线、西线之别。泅渡通常是首选，其方式可谓五花八门。一般来说，大家往往会选择西线，即从蛇口、红树林一带出发，游过深圳湾，到达香港新界西北部元朗。所以，深港西部大桥所在的深圳湾，便是很多"逃港者"必经之处。

而离开北京后的田源，也是吃了秤砣铁了心要逃往香港。

经过多日的奔波，田源终于来到了"逃港"的必经之地——邻近深圳湾的宝安。

宝安破旧脏乱。市场内，有不少身上挂着犯人牌子、被民兵押着扫地的人，这些人好像习以为常了，互相嬉笑打闹着，一旁的民兵也不以为意，各自做着自己的事儿。短短几天，小集市就爆棚了，一下子比平时多了几十倍的人，他们大多是从外地来的年轻人，年纪和田源差不多，看样子都是来"逃港"的。

集市外一棵大槐树下，身着一身旧军装的田源从挎包里拿出一只烧鸡和馒头，蹲在地上狼吞虎咽起来。经过多日的奔波，烧鸡已明显发酸、发黏，一撕开，肉丝与肉丝之间能看到明显的黏稠物；而馒头就更惨了，发酸不说，已经咬不动了，需要用力啃。不过，这些丝毫不影响田源吃掉它们的心情，在这样的年代，有吃的就不错了。就这，还是母亲曹慧在一个多礼拜之前，托人弄来悄悄塞给自己的。母亲知道自己爱吃肉，但是这年头能爽爽快快地吃下一块儿肉，是很奢侈的事情。想到这里，田源越吃越香。不过他完全没有料到自己马上就会把这只烧鸡的一大半给一个叫吴怡茹的小姑娘。小姑娘的名字也是他后来才知道的，因为那时候小姑娘根本就不会说话了，饥饿让她晕厥了过去。她晕厥的那个门洞子，就在离田源七八步远的地方。田源是在咀嚼中不经意地看到这个歪倒在门洞边的姑娘的。那姑娘当时脑袋就耷拉在胸前，两只手还紧紧地抱着一个小提琴盒。

田源后来才知道，这个吴怡茹来自广西百色，那也是一个贫困的地方。这位出身书香门第的姑娘是被迫"插队"到一个极度贫困的小山村的。在那里，她不仅受到饥饿的折磨，还受到不少汉子的调戏。总之，那种地方是不能待了，所以她也下了狠心。一个会拉小提琴、怀有艺术理想的小姑娘决心"逃港"，这是田源没有想到的。

田源扶起这位姑娘，把半只黏糊糊的烧鸡递到她嘴边之后，才慢慢知道了她的身世。

最后，田源把仅剩的一个馒头也掰下一半让她吃了。吴怡茹的眼睛亮了起来，但又意识到这位好心的大哥自己还是饥肠辘辘的，突然觉得非常惭愧。

这时候又来了一个穿着破棉大褂的小伙子，蹲在他们身边，递出一个军用水壶给姑娘说，妹子，喝点水吧，别噎着了。

姑娘看着这个衣衫褴褛的小伙子，神色有点犹豫。一旁的田源看着这位送水的小伙子，也很纳闷。而这位穿着破棉大褂的小伙子一下子脸红起来，连他自己都觉得送水这个点子烂到极致，可是为了填饱肚子，也豁出去了，于是他直接说出了来意：惭愧，我们不认识，看你是个好心人，想找你讨吃这半个馒头，我实在是太饿了。

田源二话不说，就把自己这半个馒头递给了小伙子，同时示意吴怡茹喝那军用水壶里的水。

田源问那个一口就吞下半个馒头的小伙子叫什么，哪儿来的。

这个小伙子便是夏建红苦心寻找的刘金锁。刘金锁自从离开凤阳之后，本想逃往香港谋个出路，没想到却被困在了广东省宝安县，一时间陷入绝境。

对刘金锁来说，从安徽跑到广州，再跑到宝安，这一路确实艰难。正是能吃能喝的年纪，可是每顿饭只能啃一个高粱面馍，就是铁打的身子也难以扛住。就这一袋高粱面馍，还是出门前母亲用家里仅剩的高粱面做出来的。其实，刚才从田源掏出烧鸡和白花花的大馒头那一刻起，刘金锁就盯上了田源。但是没想到，田源会用大半只烧鸡和半只白馒头救助那位饿晕的姑娘。这种仗义举动，顿时让田源的形象在刘金锁的眼里变得十分高大。

三人在宝安尘土飞扬的小路口相识，话题马上就集中在如何"逃港"上。田源说自己已经打听过了，这个镇子往西一点就是深圳湾，顺利的话，游上一个多小时，就能到对岸的元朗，那地儿就是香港了。夜间泅渡，是最有把握的一种方式。但军队也管得比较严，会开枪，弄不好要死人，所以刚下水的时候要游得快一点儿。

我不会游泳，吴怡茹不好意思地说，我是想晚上趁着人多的时候跟大家一起去"扑网"。

"扑网"二字一出，刘金锁首先就惊了，急忙说，"扑网"？妹子啊，你可要想清楚，那可是九死一生啊！

姑娘眼眶红了，说九死一生，也还有一生，总比再回到那山村受侮辱强。

姑娘说出的"受侮辱"三个字倒是又一次让田源动了恻隐之心。姑娘扑簌簌地流着眼泪，哽咽着说自己下这个"逃港"的决心也是不容易的，要真有别的办法，一个女孩子家哪里肯走这条险路。据她说，实在是城里回不去了，没有家了。她父母在批斗大会后的一个礼拜内相继死去，而在乡村，生产队里的那几个汉子几乎夜夜到她的窗口敲窗，有一次还用石头砸门，吓得房东大娘抱着她哭，说孩子你还是走吧。想来想去，自己有个舅舅在香港，听说他是很早就从内地跑出去的，在那里靠炸油条为生，后来又做面包，挣了钱之后就开了一家食品厂。不管他目前在香港混得好不好，终归是自己的亲舅舅，好歹有个依靠。所以无奈之下，她还是决定逃到香港投靠舅舅，于是连夜逃离了大山。她哭着说，我也知道香港是资本主义世界，我哪里想背叛社会主义祖国？可是我实在没有活路了呀！即便让我离开山村，回到城里，给我找份工作，可是有"父母畏罪自杀"这顶帽子，有亲舅舅在香港的这顶"海外关系"帽子，我哪里能有什么政治前途啊？即使日后嫁了人，也得影响对方一辈子；即使以后有了孩子，也得影响孩子一辈子，甚至孩子的孩子一辈子。我是没有办法才跑到宝安来的啊。再说，从小我爸爸就盼着我做个音乐家，到了香港之后，舅舅或许还能帮我实现这梦想。

听到这里，田源已经是双眼饱含热泪，使劲忍着才没有让泪珠流下来。他只是用简洁的语言对刘金锁说，咱俩就陪这位小妹去"扑网"吧，就这样定了，别犹豫了，啥也别说了。

刘金锁却依然犹豫，他说，我打听过，"扑网"的成功率不高，还是游界河比较有把握。我以前有好几个同学都是从那边的界河过去的。

田源厉声说，那你就去游你的河吧，我陪着吴妹子去"扑网"。管啥成功率高不高，往香港跑，本身就是最危险的事儿，咱都是对这个国家绝望了才走这条道的，还有什么怕不怕的？你从农村跑出来，是因为饿；这位妹子，从大山里跑出来，是因为遭人侮辱；我是因为有个"反革命"的帽子，没有什么政治前途了，即使没有这顶帽子，我也只能一辈子待在西双版纳，割我的橡胶了。咱们都是没活路了才铤而走险的，就别说哪条道保险，哪条道危险吧，我看全危险。"扑网"有可能被逮，游水也可能被逮，反正是一样的逮，咱们就随便选一条道走。今天夜里，就陪妹子"扑网"去，没什么好再啰唆的。

田源在这一刻表现出来的大无畏英雄气概，倒一下子叫刘金锁十分佩服。刘金锁于是说，兄弟你这番话说得好，就听你的，咱们就是飞蛾扑火也要去扑。

所谓"扑网"的"网"，指的就是广州宝安梧桐山和香港地界之间的一整排铁丝网。逃港者需要经过深圳梧桐山、沙头角一带，翻越铁丝网，最终到达香港。广东人将这一行为称为"扑网"，"扑网"的危险性可想而知。

确实，爬过两三米高的铁丝网并非易事，高墙般的铁丝网上布满了千万根细针一样的铁丝连接口，别说是吴怡茹这样弱不禁风的女孩，就是训练有素的军人要爬过铁丝网，也会弄个遍体鳞伤。

但是，什么都顾不得了，两个小伙子和一个小姑娘顿然间感到豪情万丈，准备拼死一搏了。

这真是惊心动魄的一刻。秋虫也在这个夜晚不断地发出使人惊心的鸣叫。

一排高高的铁丝网森严伫立，草丛里匍匐着的几十个青年男女一直带着惶恐的目光静静地等候，等候着最适合行动的那一刻，蚊虫一直在他们耳边飞舞，嗡嗡地发出警告。

吴怡茹望着冷硬的铁丝网，心里紧得发毛。她转头看看刘金锁，又看看田源。

田源背着琴，紧紧地握着吴怡茹的手，也极力克制着内心的恐惧。他甚至对自己感到奇怪，不管是在西双版纳农垦场的岁月、在天安门广场的洪流中，还是在摆脱追捕的逃亡路上，他都没有过这种特别心悸的感觉。

突然，远处的人群中传来一声叫喊，只见一个人爬起来，发疯般地冲向铁丝网，紧接着，原先等待的众人都一起跳起，疯狂地扑向铁丝网，这种阵势想要不惊动军队都难。探照灯不断转动，一时人声、犬吠大作，将寂静的夜空划出一道裂痕。

身后军队的声音已经轰轰地由远及近，"逃港"的人群只顾自己疯狂奔跑。人群甚至互相推搡，摔倒，翻滚，混乱异常，年轻力壮的小伙子总是跑到最前头，手脚很快地往铁丝网上攀爬。

吴怡茹在奔跑中突然被人推倒，而田源几乎也在同一时间一拳把那个推搡者打倒，刘金锁紧接着扶起吴怡茹，三人继续挤入近乎疯狂的奔跑者队伍中。

好不容易来到铁丝网前，然而身后的手电筒灯光已经照了过来，犬吠声也近在咫尺。于是，田源毫不犹豫地做出了一个自认为二十多年来最正确的决定。

你先上去，他对吴怡茹说。

你们怎么办？

再啰唆就谁也过不去了，田源大吼。

就这样，在田源和刘金锁的合力下，吴怡茹终于被送到铁丝网的上端，但她那个小提琴盒子却在挣扎之中啪的一声落了下来，姑娘急得大叫"我的提琴，我的提琴"。

田源弯腰摸了一把，但是黑暗之中一时没有摸到，这时候就听刘金锁大叫"还啥提琴啊，人先过去"，于是吴怡茹就紧咬牙关翻过了铁丝网，她的衣衫和皮肉好几处都被剐破了。

田源冲着吴怡茹大声喊，你快走，明天我们泅渡过去找你。说完这话，他拉着刘金锁就发疯般地逃开了，因为如果动作再慢一点，扑上来的警犬就要咬上他的脚后跟了。在慌忙奔逃之中，田源还真的抓起了那只小提琴盒子，这可是件稀罕东西，丢了怪可惜。

在这个惊险的晚上，七八成的"扑网者"都没有成功，全叫军队给逮了，用卡车装上送到了临时收容所，开始进行政治甄别。

也就在这一夜，"扑网"这个词，传到了叶剑英的耳朵里。

叶剑英接到这个电话之前，正在看邓小平写给党中央的信。

电话里传来的是许世友的大嗓门，许世友已经被近几个月来成千"逃港"的年轻人折腾得筋疲力尽。

说来许世友也真是不容易，他眼睁睁地看着几百个年轻人深夜里冲向铁丝网，自己却无能为力。他命令部队严防死守，但是"逃港"的年轻人却丝毫没有减少的势头，反倒越来越多。许世友觉得再这样下去不是办法，而这一切必须党中央拿个主意。

叶剑英拿着电话听筒，沉默着，一时也不知怎么回答。全国上下危机四伏，百废待兴，中央要面对的事情成山成海，每天晚上在广东宝安的"扑网"事件，一时还无暇顾及。

性子耿直的许世友终于忍不住了，他在电话里大声说，叶帅，要我说啊，还等什么，赶快公布粉碎"四人帮"的消息吧，让大家有个奔头。有了奔头，人们还会往香港跑吗？谁还想离开自己的家乡啊？另外，叶帅，赶紧请邓大人出山，现在是最需要他的时候。

叶剑英半晌没有搭话，慢慢地放下了话筒。

是应该赶快公布粉碎"四人帮"的消息了，这个国家需要鼓舞，这个国家的人民也需要有奔头。他对自己说，要赶快，不能再耽搁了。

十二

中共中央正式公开宣布粉碎"四人帮"的消息，是在一九七六年的十月十四日，那是个令全体中国人目瞪口呆进而欣喜若狂的日子。

在那以后的一段日子里，整个中国大陆都是在鞭炮声和锣鼓声中度过的。纵情欢呼的人们涌上街头，排山倒海的欢呼声释放出了人们内心的那份喜悦。此时正值菊黄蟹肥时节，大江南北千千万万的老百姓都把三只雄蟹和一只雌蟹绑成一串，在街上叫卖，这当然就是比喻横行霸道的"四人帮"。

田源和刘金锁这对患难兄弟一时还买不起螃蟹，尽管他们此时也很想品尝蟹的美味，只是他们口袋里几乎连一个子儿也没有了。此时，他俩坐在广州的一家包子铺里，只买了两小杯价格低廉的酒，眉开眼笑地对酌着。

铺子门外，游行队伍的口号如雷霆一般阵阵涌过，夹杂着噼里啪啦震耳欲聋的爆竹声。田源冲着刘金锁的耳朵大声说，兄弟，国家有幸，前途有望，咱不"逃港"了，我立马回北京去，你呢？

刘金锁说，老天有眼，我也得回家去，带着乡亲们挖穷根，我好歹还是个生产队长，我要尽我的责任。"四人帮"倒台了，我们农村的事情有可能好办一点，我总觉得国家的政策可能会变个样子。

两人互相击掌，脸上通红。

当天，田源和刘金锁就结束了自己短暂的逃亡历程，各自回家。老办法，扒火车逃票，这一点他们两个显然都很有经验了。

而刘金锁没有想到的是，这一天，远在老家的夏建国、夏建红兄妹也正在计划着回北京。甚至，夏建红提出她还要带刘金锁母亲一起回北京，她要让自己的奶娘在北京宽心地住一段时间，同时带她去看看北京的大夫，把她的气喘病再确诊一下。

比起遥远的安徽和广州，北京更加显现出作为首都的气势和风范。这些日子，每个街区都是一片热闹欢腾的景象，就连昔日鲜有人问津的水产柜台，也因为螃蟹的热销排起了长队，逼得水产公司连忙紧急调货应市。就连夏、田、任三家居住的老四合院也透露出前所未有的生机，张灯结彩，看起来比过年还喜庆。夏小妹手巧，剪了好几个"囍"字往窗上贴，不仅贴自家的，还给田家与任家也贴了。高兰起个大早，跑去菜场水产柜台，说是要抢买几只螃蟹来庆祝。夏默也早就把锅和配料准备好了，等着螃蟹下锅，可是等了一个上午，连螃蟹的影子也没见到。最后，他也顾不上螃蟹了，跑到院子中央大喊，老田、老任，今天你们别做饭了，都到我家来。

听到声音的田志远走进院子，一手拿着四只螃蟹，一手神秘兮兮地藏在身后，笑着说，行，我厨艺不精，就不献丑了，不过我也有宝贝贡献出来。说着他从背后拿出两瓶茅台酒，说这还是一九七五年"整顿"时从茅台酒厂买的，三十年窖藏，今天咱们要一醉方休；还有，今天一早，以前的一个老部下就给我送来了螃蟹，说是有讲究，配的是三公一母。

夏默接过螃蟹，看了看说，嘿，还真有个圆脐的，三公一母。这时，住在同一个小院的任大力也走了出来，说，这么巧啊，一大早我也让燕子去买螃蟹了，也要求"三公一母"。三个大男人于是就哈哈哈一起笑了起来。这三个大男人齐心协力，在院子的正中央，用各家的小桌子拼成了一张大桌。近中午时分，从三家厨房里烧出的菜便陆陆续续摆上了桌。

就餐者除了这三家大小之外，田志远还邀来了前妻曹慧，以及自己的三位老战友：刘鑫、曲径、穆大江。刘鑫来自中办，曲径来自总政，而穆大江来自新华社，这就让在新华社工作的任燕又高兴又紧张，一个劲儿地说，穆副社长坐、坐、坐。

四合院的小宴会开始之前，夏默首先起身，手握酒杯提议说，为了党和国家的伟大胜利而干杯！

众人起身，兴高采烈地重复了夏默的话，接着一饮而尽。

待大家落座，田志远感慨地说，是啊，国家有转机了。说着，他马上转向刘鑫，试探地问，老刘，你在中办，粉碎"四人帮"的过程，你应该知道吧，给我们说说。

刘鑫也参与了抓捕"四人帮"的过程，但他不想说具体的经过，只是感叹说，华主席、叶帅，还有东兴同志，真是太英明了，当机立断；那四个人嚣张多少年了啊，几个小时不到就都收拾了，干净利落！

穆大江接着说，是啊，那天晚上，我们新华社就有军队进驻，过渡得很稳定啊，完全没出乱子啊。曲径也说，我们军队也很稳定，这是很不错的局面。

说着，大家都很高兴，几个大男人一杯接一杯地干着茅台。

其实，向刘鑫询问"四人帮"的抓捕过程并非田志远的主要目的，他最想知道的还是邓小平目前的情况，于是他压低声音继续问，老刘，你知道小平同志现在怎么样？

田志远这问话虽然嗓音很轻，但是所有的人都听见了，于是整个四合院一下子安静下来，所有的目光都看着这位来自中办的副主任。

刘鑫沉默了一会儿，然后笑了笑说，老田啊，我可以透露给你一句话，邓小平刚刚给华主席、党中央写了一封信，这说明一切情况都有可能发生。邓小平目前很安全，至于还能不能复出重新工作，这个倒还很难说。现在中央的口径还是要"继续批邓"，这个方针不知道还要持续多长时间，我看够呛。

怎么还要"批邓"？田志远不满意了，说这不是和老百姓对着干吗？现在我看全体中国老百姓都希望小平同志出来工作，不但应该出来，而且要管大事。

曹慧一听这话，刚刚带着笑容的脸瞬间就拉了下来。她说，老田，你这话可不能乱说，什么叫"全体中国老百姓"？能"全体"吗？不管怎么说，邓小平是"四五天安门反革命事件"的总后台，这是定了性的。这个定性是毛主席同意的，怎么能说出来工作就出来工作，还要管大事？你的立场又上哪儿去了？还当着人家老刘的面这样说，你呀你呀！

夏默听着曹慧这样说，心里叹了口气，他本想着利用这次聚会让田志远和曹慧好好谈谈，赶紧把复婚的手续办了，没想到这么多年来，这两个人光长年龄，脾气却一点儿都没变，见面就吵架，眼看好好的一个庆贺聚会就要陷入尴尬。于是他赶忙打圆场说，好了好了，邓小平能不能出来工作，不是咱们能决定的，今天咱们只管高兴。

可是，田志远的倔脾气这时候偏偏就上来了。他一下子就站了起来，放下酒杯，用手指关节咚咚地敲着桌子说，国家现在困难重重，急需小平同志出来工作，"四人帮"都粉碎了，还说天安门事件是"反革命"事件，还要"继续批邓"，如果是这样的话，我看中央现在的宣传口径就有问题！

曹慧一见前夫的态度针锋相对到这个地步，也坐不住了，立即站起来激烈地反驳。在曹慧心中，中央的所有决定和宣传口径都是不容置疑的。

这一对昔日的夫妻各坐餐桌的两头，越吵越凶，任凭在场的人如何劝阻，也不起作用。后来大家也不管了，各自吃各自的螃蟹，各自喝各自的酒，最后不欢而散。穆大江出院子的时候，对一脸尴尬的任燕说，还是很高兴，还是很高兴。

这一天，邓小平的餐桌也摆上了螃蟹。

邓小平细细地剔着蟹肉，吃得十分安详。这时警卫领着一个客人走进门来，邓小平回头一看，原来是自己曾经的贴身秘书。

这位王秘书拎着螃蟹来看望邓小平。邓小平没有多问王秘书的近况，而是连声说坐、坐、坐，好几次用筷子给王秘书夹螃蟹。邓小平内心觉得有愧于这位秘书。在邓小平任职期间，王秘书一直任劳任怨地跟随着邓小平，而在邓小平受到迫害后，跟随他的人一个个都受到牵连，王秘书也是其中的一个，不用问也知道他苦头吃了不少。邓小平一想到这些同志，心里便会隐隐作痛。

邓小平还是问了一句王秘书，说这几个月有人为难你没有？王秘书回答说，没有，大家知道我是一直跟着您的，都很照顾我。开批判会的时候也没有动过手。"四人帮"得势的时候，张春桥曾找人让我写批判您的材料，也被总参三部的领导抵制住了。别的都没什么，就是想您啊，想咱们这一大家子人。首长啊，几个月没见，您还是这么精神啊。

邓小平笑了笑说，我这人没别的优点，就是比较乐观，身体还好。

王秘书说，现在"四人帮"粉碎了，大家都急切地盼您出来管大事呢。

其实，王秘书对自己的这句话心里也没底。他早先听说过一件事，说的是胡耀邦曾经托叶帅给华主席带了三句话，那三句话是：停止"批邓"，人心大顺；

冤案一理，人心大喜；生产很好抓，人心乐开花。胡耀邦也不简单，就那么简单的几句话，便说出了老百姓的心声。但是，"批邓、反击右倾翻案风"毕竟是伟大领袖毛主席定的。所以，王秘书想，作为党主席的英明领袖，华主席内心必然也是非常矛盾的，他不能不继续"批邓"；但是从另一个角度来想，这件事情似乎又是说不通的，因为邓小平是反对"四人帮"的，现在"四人帮"粉碎了，为什么还要"批邓"呢？

邓小平知道王秘书心里想的什么，默默地点了点头。他停了筷子，想，确实有不少人希望自己能尽快出来工作，其实自己出不出来工作是次要的，只要国家搞好了，自己出不出来工作又有什么关系？他又想，经过这十年的折腾，国家的经济受到严重冲击，人心也散了，要有新办法才能有凝聚力，才能带领人民渡过这个难关，这就需要重大的决策，而重大的决策需要非凡的魄力，中国那么大，没有非凡的魄力是推不动这个国家的。

想到这里，邓小平皱起眉头，站起身来，默默走到了院子里。王秘书很了解邓小平的习惯，也站起身，默默地跟在邓小平身后。

院子里起风了。秋风里夹着一丝硬硬的寒冷，几片枯叶飘零在空中。邓小平皱着眉头走了好几圈，忽然一阵突如其来的疼痛袭击了他，这一袭击发生在腹部的下方。他一下子便捂着肚子蹲下来，一动不动，接着就全身打起了寒战。

王秘书慌了，趋近几步，连着喊，首长您怎么了，您怎么了？邓小平没有回答，寒战不停。王秘书一时方寸大乱，回身大声呼救，警卫与家人纷纷跑来，合力把颤抖不止的邓小平搀扶到了卧室。

中办秘书局副局长刘鑫得到邓小平生病的消息，立刻安排三〇一医院的大夫高兰前往邓小平住处进行诊断。找刘鑫帮忙是卓琳的主意，她认为目前只有刘鑫才能有比较妥善的办法。

经过高兰的检查，邓小平的病确诊为急性前列腺炎。根据高兰多年的经验，邓小平必须马上送往医院，接受治疗。

可是，身份特殊的邓小平此时正处在政治隔离期，并不方便公开露面。情急之下，高兰只能为邓小平做了个临时导尿的处理，暂时缓解了邓小平的病情。

临走前，高兰留下了注射用具和一批麻醉针剂，嘱咐围在病人身边的卓琳及其子女，说每隔几个小时就要给病人打一针麻醉针。

高兰心里非常明白，麻醉针最多只能缓解几个小时的疼痛，一旦药效过去，疼痛感只会不断增加，最后导致麻醉针也失去效果。

高兰问，你们会打针吗？邓榕说我会，我学过医。邓楠说我也要学着给老爷子打针。这时候，大姐邓林就说，你要尽孝学打针是可以的，但总不能在老爷子身上试吧，我不怕痛，你就在我身上练习吧。高兰看到邓家的几个女儿都这么有孝心，便放心地离开了。

回到家中的高兰魂不守舍，心中一直挂念着邓小平的病情。深夜，突然有人砰砰地敲着院门。高兰神经质地冲了出去，本能地以为邓小平出事了。

打开房门那一刻，高兰惊呆了，站在她面前的正是自己日夜思念的女儿夏建红和逃亡中的儿子夏建国，夏建红还扶着颤颤巍巍的奶娘。

夏建国兄妹回家的喜讯立刻惊动了整个院子。田志远拉住夏建国的手就问，有我家小源的消息吗？而任燕也一手拉着久违的发小儿建红姐姐，一手拉紧了逃亡归来的夏建国，激动得不住地跳脚。

大家坐下聊天，还没有半个钟头，突然门外又传来一声"爸爸"的喊叫，田志远回身一看，几乎呆了，原来是自己日思夜想的儿子田源。

背着一把小提琴的田源，这一刻没有扑向爸爸，却首先扑向了夏建国，两位兄弟紧紧地拥抱在一起。

四合院的这一夜，欢声笑语几乎到天明。大家都有说不尽的话，连任燕也几乎到鸡叫时分才回自己屋里去睡觉。早早睡着的只有刘金锁的母亲，这位病中的大娘着实太累了。

邓小平的病情却在急剧变化。

邓榕和邓楠给父亲打针缓解疼痛，但父亲的病情却不见好转。

卓琳看着丈夫的病情一天比一天重，思虑再三，决定向叶剑英报告。

十二月十日的这一天，北京非常寒冷，额上冒着冷汗的邓小平终于被扶进了一辆汽车，在寒冷的冬风中被送进了中国人民解放军三〇一医院，接受住院治疗。

这次治疗是叶剑英秘密安排的，叶剑英还对解放军总医院作出了"一定要治好，一定要保护好"的指示。

病床上的邓小平咬着牙，没有发出呻吟声。街道上传来的隐约的狗吠声，又使他想到了那些大别山深处寒冷的村庄。他对自己说，老兄，你无论如何都要给我挺住，大仗还在后头。

主持治疗的医生叫吴阶平，他是中国泌尿外科的开创者。为了确保邓小平住院治疗期间的保密性，此次参加治疗的医护人员一律不能向外界透露任何消息，就连自己的家人、同事也不例外。

吴阶平接受了组织交给的任务，立即开讨论会确定治疗方案。但是在手术治疗的问题上，诸位大夫还是产生了分歧。有的提出，已经七十二岁高龄的邓小平，应该采取保守治疗，以防万一。而另一种看法却认为保守治疗难以根治，又容易出现反复，而且根据体检的情况来看，邓小平的身体素质不错，应该可以接受手术。就这样，平时几十分钟的讨论会足足开了一天一夜，最闹心的是还没有讨论出结果。最后吴阶平拍板决定，采取积极的治疗方案，尽快为邓小平实施手术。

邓小平的手术被安排在十二月二十四日。八天前，华国锋与汪东兴批示同意为邓小平进行手术治疗。叶剑英得知这个批复，大舒了一口气，然后时不时地就瞧着桌上的台历，牵挂着这个日子。

他不是单纯地牵挂着一个日子，也不是单纯地牵挂一个人，他在牵挂中国政治未来的走向。

自从那天向华国锋行军礼，并且明确地提出要起用邓小平之后，他就一直牵挂着这个有可能实现的政治进程。他知道这个进程非同小可，而且也只有这个进程，能够使这个百废待举的国家尽快地活跃复兴起来。

邓小平的手术进行得十分顺利。

手术中，生性乐观的邓小平还和医护人员开起了玩笑，说想要通过电视看看自己手术的过程。他并不知道，他这个不算很大的手术，却牵动着多少人的心，叶剑英就是其中之一。

叶剑英在这一夜丝毫没有睡意，他神情严肃地坐在沙发上，静默不语，听着窗外隐约传来的漫山摇动的树叶的响声。这种响声与他身边不远处那口座钟咔咔的走动声混杂在一起，使这个夜晚显得特别宁静。终于，他听见了秘书走近他的脚步声。秘书俯在他耳边轻声说，叶帅，三〇一医院来电话，小平同志的手术非常成功，很快就能康复出院了。叶剑英听后，紧皱的眉头舒展开来，心中悬着的石头也算是落了地。叶帅说，好了，睡觉。

一直候在手术室门外的卓琳的那颗怦怦乱跳的心，也在刹那间落了地。几天来悬在她眼眶里的泪水，终于痛痛快快地落在脸颊上。

十三

在医院忙碌了半个月，高兰整个人都瘦了一圈。经过请示，她终于被批准回家拿换洗的衣服。

一进院子，高兰发现子女和刘妈都不在，而夏默、田志远却似乎很有闲情，正白酒就花生米，坐在书房里说话，略有醉意。高兰侧耳一听，知道两个男人又在议论大事了。

田志远看来确实是酒喝多了，一遍一遍地对夏默说，按说啊，罪魁祸首都抓起来了，方方面面都该有好转了吧？可是老是不见改观，你说这是咋回事呢？咱们的领袖不是很"英明"吗？要让咱们看到英明的地方嘛。

夏默不说话，心里寻思着老田的郁闷当然可以理解，自己日日夜夜不也是这么想的吗，无非是老田胆大，什么话都敢出口。这时候，他听见田志远又追问说，老夏，你就说，你自己现在境况怎么样？

我怎么样，我还能怎么样？夏默把头摇一摇说，我还是"反动学术权威"啊，继续扫厕所呗。

田志远说，就是啊，我也一样还是"右倾翻案风的黑干将"，现在倒是不用批斗了，但是成天窝在家里闷啊，有劲儿使不出啊，我这头上都快长蘑菇了。

夏默说，让我扫厕所我没意见，也是为人民服务嘛。可是国家要搞现代化，没人研究经济规律，那怎么行呢？蛮干的教训还少吗？我原来以为总算可以派上用场了，没想到还是死水一潭。

田志远说，来，再干一杯，我就告诉你一句话，这年头治国离了小平不行，只有他出来，才能拿出治党治国的新方法。说到这里，田志远放下酒杯，有些眼泪汪汪了，说，我呢，也算是邓大人的老部下了，现在他是生是死我都不知道。老夏，我心里难受呀。

高兰看着两个大男人眼泪汪汪的样子，内心一阵不忍，再也顾不得保密纪律，走到酒桌前说，告诉你们一个秘密，你们无论如何不要对外说，行不行？接着她就轻声说，小平同志现在就在我们医院住着呢。

顿时间，夏默、田志远目瞪口呆。紧接着，两人不约而同地跳了起来，连问怎么样，怎么样？

高兰说，这我就不能多说了，反正一切都还算好，我现在还得马上赶回去。

田志远突然蹦起来，双手抓住夏默的肩膀，摇晃着说，你老婆可立功啦！

邓小平所住的三〇一医院的那间外科病房，这几天竟然访客不少。

邓小平自从被政治隔离后，别说是见老朋友了，就连出个门也不是件易事。可是现在情况不一样了，一来，"四人帮"已经粉碎了，二来，邓小平高龄动手术，毕竟牵动着大家的心。所以一些老友也顾不上什么禁忌，就千方百计地打听三〇一医院的邓小平病房。第一个"闯关"来看邓小平的是独臂将军余秋里。

那一刻，做完手术不久的邓小平正在病床上阅读。他阅读的是一个封皮写着《王、张、江、姚罪行材料之一》的文件，看完后，把文件一放，他对守在床边的卓琳说，这就够了，不需要之二、之三了，可以定罪了。

门口的嘈杂声就是这个时候传进来的，嗓音很大的正是老将军余秋里。他甩着一只独臂硬闯进了楼道，医护人员看着这位独臂将军，都不敢上前阻拦。

余秋里一看到病房门口的邓楠和邓榕就哈哈大笑起来。看到邓小平住这个病房，对邓小平的病情，他已经十拿九稳了。他甩开步子噔噔噔就闯进了病房，一见病床上的邓小平就冲过去，又是拥抱，又是握手。一旁的卓琳看得提心吊胆，生怕余秋里碰到邓小平的伤口，可是邓小平却不以为意，拉着老战友的手说，老余，好久没见，还这么精神啊！

余秋里哈哈大笑说，小平同志，你都闯过鬼门关了，我可不想这么早去。

走进病房的邓榕突然想起了一个最近大家都在开的玩笑，便问余秋里，余叔叔，人家都说，开会传达粉碎"四人帮"时，所有人都热烈鼓掌，只有一个人没鼓掌，那就是你，是吗？

余秋里哈哈大笑着说，他们这些人，尽拿我开心！我一只胳膊，我鼓不成掌啊！不过，我也有我的办法，我用一只手敲桌子！

病房里的人都笑起来，唯有邓小平没有笑。邓小平心里明白，余秋里也好，别的老同志也好，现在闯到病房里来看他，都是要冒政治风险的。"批邓"的大帽子，不仅仍旧牢牢地戴在邓小平头上，也戴在整个中国的头上。

但是老同志就是老同志。老同志就是这么可爱。

十四

北京西城区那个派出所的陈所长，也是为了政局的稳定，受命在自己的辖区里到处奔波。

夏建国与田源所住的四合院，是他的一个工作重点。

陈所长这一天走到四合院门口，就听到了院子里传出的笑声。不用猜，他也知道肯定是夏建国和田源两个家伙回来了，心里顿时感到踏实不少。回来了，总比没有回来好，回来了就便于控制；不回来，就是派出所的一块心病。

这两个闯祸胚是陈所长从小看到大的，套用陈所长经常说的一句话，就是"这俩小子撅下屁股，我就知道他们要拉什么屎"。

陈所长是直接推门而入的，这是他的职业习惯，于是夏建国和田源的笑容顿时僵在脸上了。

但夏建国马上就恢复了笑容，对这位不速之客说，所长同志啊，"四人帮"都完蛋了，我们还有"罪"吗？你今天这一趟来，怕不是来当面表扬我们的吧？

话虽是这样笑嘻嘻地说，但心里却还是没有底。

果然，陈所长板着的脸没有一丝松动。陈所长说，严肃，严肃，都给我严肃点。建国、田源，我今儿个来就是告诉你们，既然回来了就要稳当点，那些事儿还没有过去呢，以后每半个月到所里来一趟，给我打个报告。

夏建国不干了，问陈所长，这"四人帮"都被抓两个多月了，我们干吗还要定期去派出所汇报啊？难道我们是"四人帮"圈子里的？你们公安的立场是不是有点儿问题啊？

陈所长摇摇手说，别开玩笑了，你俩的案子还没销呢，别晕头晕脑的。至少，你们两个，现在还是被监管对象。

田源火了，跺着脚说，我们去天安门是悼念周总理，是反对"四人帮"，你们公安到底有没有搞错啊？现在"四人帮"都粉碎了，还有什么案子？

夏建国拍了拍激动的田源，认认真真看着陈所长说，首长同志，我们都是听到粉碎"四人帮"的消息才赶回来的，不然我们也没有这么大的胆。

这些我知道，陈所长耐心地解释说，小伙子们，天安门事件现在定的还是"反革命"事件，"批邓"还在继续，你们俩的案底都在局里放着，完全没动。相反，这阵子上级还要求加强监管力度。对了，还有这位刘大妈，恐怕也不能在北京过年，赶紧回乡下去吧。我呀，我这是照本宣科，你们姑且听着，别给我惹事就行。两位小少爷，倒是听清了没有？

派出所陈所长这一次的到来，虽说态度还是温和的，言辞也不凶，但夏建国与田源还是感到心里像被捅了几刀，胸膛里弥漫着鲜血。当夜，夏建国就拉着田源蹲在院子中间的那块破败的太湖石旁，商议一个更大胆的举动。以夏建国的看法，"四人帮"被逮都两个多月了，广播里还在叫喊"批邓"，这是一件多么荒诞的事情！哪怕是出于稳定全国政治的需要，也不应该再祭出"批邓"的"法宝"，这是政治的荒唐，国家的荒唐。夏建国认为，有时候气泡很大，像个庞然大物，但需要一根手指去戳一下，哪怕是一根细小的手指，戳破之后人们才会恍然大悟。这个滑稽的气泡早就该破了，而这个伸手指的人，就应该是中国的年轻人。

田源马上就明白了夏建国的计划是什么，那就是像十月初他们在西单张贴"邓小平你在哪里"的大标语一样，去张贴一张态度更鲜明的大标语或者大字报。田源说带上我，我去。

这时候又有一个声音插进来说，带上我，我也去。田源与夏建国回头一看，原来黑暗中蹲着的是住在后院的任燕。

夏建国说，任燕你别去，你开什么玩笑，你党籍不要了？

任燕说，党籍丢了固然可惜，党费都还没交几个月呢，但是一个国家这样沉闷下去，更可惜。这些天我们新华社好几个编辑室都在议论纷纷呢，老让我们编

"批邓"的稿子，这到底要把一个国家带到哪里去？

几个年轻人长久地蹲在太湖石旁的举动，引起了田志远的注意，他们怎么就不怕这冬夜里刺骨的风？

田志远披起那件破旧的军大衣，走出东厢房，跑过去问他们在商议什么。见这几个孩子紧张的样子，他又马上警告他们不要乱说乱动，说我就怕你们再闹出什么事儿来。田源说，爸爸您怎么也是妈妈那副腔调？您快回去睡吧。我们在议论那个手抄本《第二次握手》的事，啥乱说乱动啊。

第二天午后，在西厢房的夏家，趁着夏默在单位扫厕所以及高兰在医院忙活，家里比较清静，一张白纸立即铺上了饭桌，几个年轻人摩拳擦掌地就开始书写大字报。这将是轰响在北京西单的又一发重磅"炮弹"。大家公推任燕操笔，因为任燕的毛笔字漂亮。

大字报的题目很醒目：四五要平反，小平快出山！

标题刚写完，几个年轻人就忍不住开始鼓掌了。任燕放下笔说，要是我们新华社的领导看到是我写的这几个字，怕是马上要昏死过去。

夏建国忽然有点担心，连说大家先别忙鼓掌。他顿一顿，看着大家又说，如果这张大字报贴出去，半个小时后我们都被逮捕了，罪名是"现行反革命"，大家有这个思想准备吗？

田源说坐牢就坐牢呗，我相信也不会坐太久。夏建国看着任燕说，任燕你丢党籍是肯定的了，你真的要想一想。任燕说，建国哥，你还不相信我吗？丢就丢呗，如果一个党只知道"批斗"，不想着搞建设，那这个党也就没什么可留恋的了，但是，建国哥，我也相信，一个在自己旗帜上印着锤子镰刀的党，是不会永远"反击右倾翻案风"而不去关心广大工农疾苦的。

夏建国长时间地看着任燕那漂亮而坚毅的脸庞，轻声说，好样的。

高兰又一次回到了家里，这一次她带来的是一个特大的喜讯。

她一进门，就让丈夫夏默赶紧把田志远找来，然后凑在田志远耳边说，去一趟医院吧，小平同志说他很想念你。

田志远简直不敢相信自己的耳朵，几秒钟以后，他的眼泪就落了下来。

夏默赶紧打开桌子抽屉，掏出一封信，郑重地交给田志远说，这封信是他对于国家实行对外开放和加速发展科学教育事业的一些建议，也是他一辈子的心血，请务必转交邓小平。

田志远出家门时，夏默又补充了一句说，邓大人肯定会看上的。

一进邓小平病房的门，田志远就立正，冲着病床上的邓小平敬了一个军礼。

田志远的军礼依旧保持着当年的标准，干净，利落，具有力量。邓小平微笑，冲他点点头。于是田志远就坐在邓小平身边，握着老首长的手，轻声说，老首长，一直在想念您啊！"四人帮"倒是粉碎了，但是现在还有好多事情想不明白，有些明明是错了的东西，为什么还要坚持？现在大家都盼望您早日复出，能像一九七五年那样，领着我们踏踏实实地搞建设。

邓小平说，志远同志，我出不出来工作，由中央来做决定。实际上，我离开工作岗位有一段时间了，对于具体情况不是很了解。你过去长期搞政策研究，接触面也比较广，有些材料，特别是一些有价值的关于国家建设与发展的建议与思考，帮我找找。

田志远马上从衣袋里掏出夏默那封建议书，交给邓小平说，这是夏默同志写给您的一封信，是关于经济建设和科学教育的一些情况和建议。他托我带给您，他说这是他一生的心血。

邓小平说，哦，夏默，这个名字我听说过，是个专家啊。接着，邓小平就在枕头边摸索着什么。卓琳知道丈夫要什么，赶快找出老花镜给他戴上。邓小平只看了一页建议书，就转过脸认真地对田志远说，小田，这样的材料以后多帮我找一些。

田志远心里一乐，想到夏默果然有先见之明，首长喜欢这样的材料。

站在病房门边的高兰，不敢走到病床边来，但是看到邓小平如此重视自己丈夫的建议书，心里涌起一阵感动：老夏啊，你写的东西小平同志竟然还这么赏识呢。这几年你经常半夜三更跳起来拿钢笔写字，我可没少骂过你书呆子。

高兰又想，邓小平真的能出来工作吗？这广播匣子里天天还嚷着"批邓"呢，声势大得很呢。我们家的老夏，是不是高兴得早了一点？

第二章

不是一个人的复出，
可能是一个国家的复出

一

卓琳走进病房，关好房门，轻步走向邓小平。

阳光从窗外洋洋洒洒地落进病房，彩霞般地铺展在空气中。这是一个宁静又寒冷的冬日，但三〇一医院的这个病房里始终有一种暖人的气氛。

邓小平这些天精神好多了，正坐在病床旁边，见卓琳神态有异，便问什么事。卓琳俯下身说，老兄，叶帅派马头来接你了。

是叶帅派马头来的？邓小平问。

是，卓琳说，是叶帅的警卫马头。

邓小平认为既然马头来了，那去叶帅那里走一趟应该没问题。不过卓琳还是有些担心，建议他是不是打个电话确认一下。

邓小平看着自己的妻子，笑了。

确实，经历了这么多风风雨雨之后，卓琳做事越发小心谨慎。虽然丈夫的手术是成功的，也有些老同志不顾什么政治风险，一拨一拨地赶到医院看他，除了独臂将军余秋里之外，还有徐向前、聂荣臻、宋任穷这些老朋友。但是政治控制依旧很严，外面大街上也都是"继承遗志，继续批邓"这样的大字标语，局势到底会向哪个方向转，极难预料。在这个时候，越发要谨慎，走动和往来都要倍加小心的。

眼瞅着"四人帮"被粉碎，一颗悬着的心总算是落了地，谁知一波未平，一波又起。现在邓小平身体状况稍微有些好转，如果再闹出些事情，卓琳担心邓小平真的要垮掉了。

邓小平理解卓琳的顾虑，但是出于对叶剑英的信任，他还是决定马上走一趟。他说，我一个人去，你们都不要担心，很快就会回来的。医院问起，你们也不要多说。

屋外确实很冷，即便坐在红旗牌轿车里也不暖和，邓小平把棉衣裹得紧一些，仰坐在后座上。

前往玉泉山的公路上，人车稀少。

望着窗外层层叠叠的山峰，邓小平一直想着叶帅搀扶过自己的那只有力的臂膀。这一次，叶帅是不是又把他强大的臂膀伸过来了呢？

他有这种感觉。他明白，叶帅这个人，是对国家的政治前途特别忧心忡忡的一个人。

记得年初时，总理去世，自己强忍着悲痛，安排好了总理的丧事。但在安排由谁为总理致悼词的问题上，党内高层意见不一，有人坚决不让自己出面，此时便是叶帅提议由自己出面。当时，自己心里非常明白叶帅的良苦用心，叶帅是顶着巨大的政治压力的。后来自己听说毛主席同意了这个提议，毛主席是这样说的："追悼会，就让他的那个亲密战友主持嘛。"邓小平很明白自己当时的政治处境，这也是自己正式退出政治舞台前最后一次登台。

他当然也记得，在他致悼词的时候，站在正对面的叶帅早已泪流满面、悲痛欲绝。

他还记得，追悼会结束后，在人民大会堂电梯口，邓小平见到了特意在此等待多时的叶帅。此刻的叶帅已是眼窝深陷，疲惫不堪。那一刻，他记得叶帅紧紧握着自己的手，说了一句：小平同志，你今天做得很出色。

他更记得，自己当时是颤抖着声音对叶帅这样说的：老兄，我知道，这是我最后一次登台了。这样谢幕，我没有遗憾，谢谢你了。

而叶帅当时是这样回答的：不要这么说，保重身体。明年这个时候，我去接你。

"明年这个时候，我去接你"这句话是不是就应在了这一次呢？

刚想到这里，轿车嘎的一声停了下来。动作敏捷的马头迅速跳下车，为邓小平拉开了车门。

邓小平惊讶地发现，叶帅此时竟然站在他的宅子门外，迎候着自己的到来。于是他急忙趋前几步，动情地喊了一声：老兄。

两双手紧紧地握在了一起。

虽然天很冷，但是这两双手都很热。

二

　　高层的某种含义深刻的互动，基层百姓是不知道的，这种政治影响往往要在以后逐步显现出来；而基层百姓的某些微妙甚至莽撞的举动，也往往是高层难以事先察觉的，往往在以后的历史中才显现出某种"报春第一燕"的影响。

　　夏建国、夏建红、田源、任燕四个人此时走在街上，每个人的心里都似有燕子在飞翔。他们的步伐矫健而有力，每个人都用大衣领子挡着脸，顶风大步向西单走去。他们嘴里、鼻孔里喷出的团团热气，瞬间就凝结成了片片霜花。

　　四个满怀激情的年轻人开始行动了。他们怀里揣着的大字报，将是给这个国家的又一声春雷。

　　夏建国突然站定，跟着他的伙伴们也一齐站定了。

　　上一场雪还没有化尽，新雪又开始零零星星地飘落，风刮得很紧，夹着颗颗雪粒打在人脸上生疼。

　　夏建国沉下脸，看着他的同伴说，我想到了一件事。

　　三个人都不知道夏建国想说什么，夏建国自己也犹豫了一阵，半响，抬起脸说，光贴一张大字报，其实也不需要大家动手，何况这张大字报是我口述的内容，尽管是任燕抄写的。

　　任燕顿时明白了夏建国的用意，事到临头了，这位建国哥有些不忍心，是杀是剐他准备一个人去担了。

　　田源也一下子听懂了夏建国的意思，但心里却恼了。

　　那又怎么样？田源反问。

　　田源心里当然不痛快，干吗临阵变卦？要死大家一起死，十八年后又是一条好汉。你夏建国怎么总搞个人英雄主义，偏要一个人扛着，这世上就你不怕死？

　　田源忍住气，对夏建国说，你躲进安徽凤阳的那个小村子时，我可是在广东宝安"扑网"啊。大狼狗差点咬住我的裤管，这些我都向你们说过，你们不要以为我田源光会在台上朗诵诗歌，我也是个不怕死的货。

这时候夏建国咧嘴笑了一下，并且伸手狠狠地拍了一下田源说，知道你是好样的，但是你们大家都要听明白我的意思。咱们自己被抓、被逮、被关，哪怕被杀，都没有什么，不能老让家里人担惊受怕。我家还好说，建红和小妹都在。你们田家呢，就你一个，你要出了大事，你爸爸就愁死了，还有你妈妈，不发疯才怪。你任燕也是这样，家里就你一个孩子。你们过于冒险都不值得，诸位都明白我的意思吗？

田源还想反驳，夏建红却拉了他一把说，你就听我哥的吧，我哥说的也在理。有人坐牢了，不能连送牢饭的人都没有。再说，建国去贴这张大字报，只要动作快一点，便衣也不一定盯得上，不一定出事，咱们帮忙看着就是。

任燕也说，建国哥讲得也有道理，革命总是减少一点牺牲为好。我说这话可不是因为害怕，这一点我要说在头里。我这个"新党员"头衔是早就准备被拿掉的。

西单电报大楼附近近百米的长墙，依旧贴满了各式各样的大字报和大标语，大多是批判"四人帮"的，还有一部分是批判邓小平的。有些大字报还没有贴上去几个小时，就被后来的一拨大字报糊上了。这堵长墙，可以说是首都政治气候的一只晴雨表。

夏建国向四周看了看，然后就向一位正在张贴"批邓"标语的青年借了糨子，三两下就把自己的大字报贴上了墙。

借给夏建国糨子的那个青年傻眼了，刚上墙的这张大字报，原来是"反革命"性质的，大字标题如此地抢眼：四五要平反，小平快出山。

果然，这一贴就炸了，呼啦一下大字报周围就挤满了看热闹的人，有人拍腿大叫"说得好"，有人却喊"还继不继承毛主席遗志了"，好几个人挤上前拍拍夏建国的肩膀说，小伙子你是哪个厂子的？你小子有种啊！这时候有一个面色慌张的老年人挤到夏建国身边，扯扯他的衣襟提醒说，小子，还不快走！

夏建国知道情况不妙，使出吃奶的劲冲出了人群的团团包围。谁知就在这时，他已经被两个便装男子一左一右地夹住，其中一人厉声说，别说话，跟我们到市局去。

远远看着的田源、任燕、夏建红起先还不明白是怎么回事，等他们醒悟过来，夏建国已经被架上了一辆吉普车。车子发动得很快，迅速就往东面开去。

田源一拳打在墙上说，我也是该上那辆车的啊。

夏建红与任燕则不约而同地流下了眼泪。

夏建国总是首先受苦的人。

这时候，他们就听到围着那张大字报的人们开始了大声地争执，有人喊"撕了撕了"，也有人喊"不要撕，我们还要看看，说得也有道理嘛"。

再过了一会儿，大字报前竟然有人打起架来，而且两边帮架的人都很多。

叶剑英与邓小平的这一次西山谈话，所涉及的最为关键的话题，也是一个"小平快出山"的问题。

谈话刚开始，叶剑英就端出了这个话题，他直截了当地对邓小平说，宵小易擒，治国艰难。折腾了十年，积重难返，现在已是危机四伏。小平同志，你要有思想准备，再度出山啊。

邓小平心里一动，叶帅这一次把他从医院里请出来，果然是要谈这个事。他知道，关于他是否重新出来工作，已经是许许多多中国人明里暗里都在关心的一件大事。邓小平心里想，这件事已经不仅仅关系到他个人的进退荣辱，而且直接关系到国家事业向某个方向发展的驱动力，众人的关心也就是在这个方面。

包括叶帅。

邓小平知道，叶帅近段时间所苦苦思虑的，也是这个直接关系到国家未来的问题。

于是邓小平想了想，神态平静地对叶帅说，叶帅，这些日子，不瞒你说，我也一直在想这个问题呀。想来想去，还是那句话，听中央的安排吧。

叶剑英微微点头，虽然他早已猜到邓小平的态度，但是亲耳听到这些话从邓小平口中说出来，心里还是颇感安慰。叶剑英知道，在所谓的"批邓、反击右倾翻案风"的日子里，邓小平无论是身体上还是心理上都受了不少煎熬，即使有很大的怨气也是正常的。他生怕邓小平心灰意冷，突然决定从此当个"甩手掌柜"，再也不过问政事了。那样，中国的事情就有些难办了。而今，听到邓小平说出一句"听中央的安排"，叶剑英心里思虑多日的一个疙瘩顿时解开了，他甚至高兴地站了起来，独自在房间里走了一圈。

虽然隔着厚厚的玻璃，但是窗外林间的鸟叫声依然是那么清晰，声声入耳。叶剑英再度回到座位上，小声地告诉邓小平，说自己已经多次找华国锋商议他复职的事情，但华国锋主席始终有些顾虑，毕竟"四人帮"刚刚下台，党内许多事情还不够稳定。华国锋的意思是，邓小平出来工作是可以的，但是这个弯不能转得太急，要有个过程，要水到渠成。而叶剑英再三强调，邓小平复出，是大势所趋，是党心民心所向，是不可阻挡的。

叶剑英推心置腹地对邓小平说，一个党、一个国家，什么时候都得有一个明确的政治方向，都得有一张鼓舞人心的蓝图，都得有一个主心骨。为这件事，我睡不着觉，心里一直不踏实啊。

邓小平说，叶帅，我想，这次我出来工作，还是当个绿叶吧，我想做一些具体的工作。

具体的工作？哪些方面？邓小平还没有想好。其实，自己到底能不能出来，到底什么时候出来，到底出来之后具体担负什么工作，这是邓小平这段时间以来一直在思考的问题。邓小平觉得自己应该做一些具体的、有现实意义的工作。国家现在这么乱，要做的工作千头万绪，首先应该抓一些具体的、扎扎实实的事，一个领域接着一个领域地让国家呈现出人民愿意看到的新面貌。但是，一开始着手抓什么，邓小平确实还在考虑中。

午后，气温转暖，叶剑英提议到户外走走。于是，两位老人肩并肩地漫步在西山的小道上，马头与一帮警卫则分散在四周警戒。

午后的阳光透过稀薄的云层洒向大地，也星星点点地散落在叶剑英和邓小平的身上。

邓小平深深地吸了一口气，享受着冬日里的阳光。叶剑英试探性地问，这里的环境还好吧？

好得很，邓小平说，又深吸一口气。

怎么样，过来和我做邻居吧？

叶剑英话一出口，邓小平便吃了一惊，他不解地看着叶剑英。

叶剑英说，我都打听清楚了，你们宽街的那个房子，地震的时候损坏太严重，再住很危险，交总参管理局整修吧。我已经安排了，你出院以后就搬到那栋楼。说着，叶剑英就举起手，指向山顶那栋一半隐没在树丛中的小楼。邓小平后来知道，那是二十五号楼。

那是王洪文的住所吧？邓小平仿佛记起来了。

叶剑英意味深长地说，没错，"暴发户"倒台了，该把你这个老革命请回来了。这个时候，你清静点儿好。

邓小平看着叶剑英，一时不知该说什么，踌躇了半天，说，好，我听老兄的安排。

叶剑英真是一个细心的人，也是性急的人。

三

邓小平入住西山之后，每天早晨都要在院子里做自创的体操，伸伸胳膊，弯弯腰，他的外孙女眠眠则喜欢在一旁有样学样，祖孙俩相得益彰。卓琳每天透过窗户看着这一场景，总是开心得笑弯了眉毛。

西山是北京西部山地的总称，古时是封建朝代的皇亲国戚们享受山水之乐的风水宝地。西山之美在深秋和严冬，向来以香山红叶和西山晴雪著称。

邓小平每天早上起来都觉得心旷神怡，他感觉自己的身体恢复得很快，吴阶平大夫的医术和这满山鸟儿的鸣声，都很精妙。

邓小平的自创体操是没有配套音乐的，背景声音是每天早上中央人民广播电台的早间新闻。这天早上，他听见小小收音机里传出的浑厚嗓音：我们面前还有不少困难，我们有勇气、有信心挑起重担，战胜一切困难。毛主席曾经号召我们"团结起来，以大局为重，焕发精神，努力工作"，让我们高举毛主席的伟大旗帜，更加自觉地贯彻执行毛主席的革命路线：凡是毛主席作出的决策，我们都坚决维护，凡是毛主席的指示，我们都始终不渝地遵循。

邓小平的眉头突然紧锁，原本流畅的动作也停了下来，举上头顶的双臂半天没动。眠眠看着爷爷的动作，也跟着把手举过头顶，半响，眠眠受不了了，明显感觉到了胳膊的酸疼。她见爷爷的手还是举得老高，也不敢放下，只是可怜兮兮地望着爷爷。

播音员的声音继续说：我们要更紧密地团结在以华主席为首的党中央周围，紧跟以华主席为首的党中央的战略部署，一切行动听从以华主席为首的党中央的指挥,同心同德,步调一致,牢牢抓住深入揭批"四人帮"这个纲,去夺取天下大治的新的伟大胜利。

在听这段新闻的自始至终,邓小平一直沉默着。待广播声结束,邓小平放下双手,拿起收音机,表情严肃、若有所思地走向屋里。眠眠这才放下双手,迷茫地看着爷爷的背影,在她的印象里,爷爷从来没有这么严肃过。

卓琳在窗口看到邓小平的样子,赶紧走出房门。

邓小平问今天的报纸到了吗,卓琳说没有,邓小平说到了就赶快拿给我,卓琳说有什么问题吗。

邓小平摇摇头,没有回答。

这是一个严重的问题。

不仅是邓小平,很多中国人都感觉到了这个问题。

一九七七年二月七日,《人民日报》、《红旗》杂志、《解放军报》发表了题为《学好文件抓住纲》的社论,这篇社论提出了"两个凡是"的说法,话是这样说的:凡是毛主席作出的决策,我们都坚决维护,凡是毛主席的指示,我们都始终不渝地遵循。

"两个凡是"这种说法,问题很大。这说法最大的危害,就是使"文化大革命"的错误路线和方针政策得以继续推行,大量冤假错案难以昭雪。其实质,就是打着毛泽东的旗号,继续坚持和延续"左"倾错误,禁锢人们的思想,使整个国家继续走在一条看不到前途的道路上。

此社论一出,引起轩然大波是必然的。在田家与夏家所住的那个四合院里,也非常剧烈地翻腾起了思想的浪花。那天早上,夏默出门买油条,顺便就买了一份报纸,而在两分钟后,他就激动地冲进了田志远的屋子,大声说,老田,看今天《人民日报》社论了吗?

田志远举举手中的报纸说,这不就是吗,我也正在看呢。我看啊,这篇社论大有来头,这两句话是什么意思啊?他拿报纸指给夏默看,说,凡是……凡是……你看看,"两个凡是"!哎呀老夏,你就继续扫厕所吧,我也没法子再出来工作了。

夏默一屁股坐在椅子上说,老田啊,这可不是咱俩的事情,要是过去的事一件都不能动,整个国家都完了。我倒不是光说我家建国的事情,建国现在还被公安局关着，也不知道受着什么样的苦，高兰都偷偷哭了好几回了。我在想，比起国家的事，建国的事总还是小事。一个国家就这么"凡是凡是"地走下去，还能有什么出路？说实在话，我是很为我儿子骄傲的，他不愧是我们夏家的种。

你儿子不仅是夏家的种，也是全体中国人民的种，田志远说，我家小源也天天念叨着建国哥。总之，老夏，这篇社论是个信号，是一个国家没有前途的信号，这是中国巨大的问题。我看，我得向上级反映反映。

又找小平同志啊？

你们家高兰不是都说了吗，首长已经痊愈出院了，可是我也不知道他现在住在哪儿。

那找谁啊？夏默问。

田志远突然一拍大腿，把夏默吓了一跳。田志远说，有了，我找王胡子去！

王胡子就是王震，夏默知道。田志远说，他现在是国务院副总理，算起来他跟我也是老战友、老同事。我知道中央马上有个重要会议要开，我想建议王胡子在会议上把这件事说一说。别人可能没有这个胆量，但王胡子是有这个胆量的，他会说的。

高兰的泪水一直流到了除夕夜。

从腊月二十三开始，北京人就开始忙活起来了，祭祀、扫房子、蒸馒头、置办年货、贴福字，一直忙活到除夕。

除夕夜，大街小巷到处是噼里啪啦的鞭炮声，好不热闹。

可是高兰一直在默默垂泪，觉得这个除夕夜特别揪心。夏默走到床边，用手按着妻子的肩膀说，大过年的，别掉眼泪了。

高兰擦去眼泪，说，这日子什么时候是个头啊？好不容易等到"四人帮"粉碎了，总算能过个团圆年了，谁知道又插出这么一杠子，建国也太不让人省心了。

夏默说，我看建国做得还是对的，曹慧不是去帮着问了吗，人家说，过了年就能放建国回来，你别担心了。

夏建红一边听着父母亲的对话，一边耐心地拧了一把毛巾，帮坐在一把木椅上的刘妈洗脸。刘妈连着去诊所看了几趟病，吃了好几盒消炎药，也连着吃了好几服对面老中医开的中药，哮喘也不犯了，精气神回了不少，只是老人的神情还总是忧郁。夏建红知道这是她想念儿子金锁的缘故。

夏建红总是安慰刘妈说，金锁保不定已经回到凤阳了，我听隔壁的田源亲口说的，金锁说他要回村子带领大家搞生产。等您把这几服药吃完了，我就陪您回凤阳去。

刘妈点了点头，两行泪珠蜿蜒在脸上的皱纹里。

窗外有鞭炮响，一声接着一声，但是屋里的人却再也不发一言。原本应该一家团聚的除夕夜，却成为夏家度过的最为难熬的一夜。

田志远端着一盘自己做的红烧鱼放到桌上，可是答应除夕回家的曹慧却迟迟不见身影。田志远的厨艺其实很差，这鱼也烧得肉骨分离，不成个形状，但是过除夕，家里总不能灶间不开火吧。

田志远看看时钟，已经过了八点，他推测曹慧又被什么事儿困住了，便冲着里屋的田源大声喊，儿子，不等你妈了，咱爷儿俩自己吃吧。

田源无精打采地走出房间，冲着父亲说，再等等吧，不是说要等妈妈的吗？爸，今天你俩可不许再吵架呀，大过年的，好好谈谈，破镜重圆算了。别老是一见面就掐，一分手就想，跟小孩似的。

让妈妈除夕回家过年是田源一再提出的要求，除了过年全家团聚的意思之外，田源还有一个重要的目的，是想通过这次家宴从妈妈嘴里探听夏建国被拘留的信息。他在电话里托了妈妈好多次，可是这个"革命"立场坚持的妈妈总是支支吾吾，没说帮忙去打听，也没说不去打听，直叫田源寝食难安。

想到建国哥哥在拘留所里可能遭到的拳打脚踢，田源就想哭。他好几次想，我是不是去派出所自首换出建国？这个想法后来被任燕教训了一通。任燕说，你赔进去，建国也不见得能放出来，要么把你们俩都关在一块儿，你就陪建国多说说话。这一番话说得田源再也没有了声气儿。

田源看着爸爸端上桌的那盘鱼说，爸，您真没用，一条鱼烧得那么烂，您跟妈复婚得了吧。父亲说，你这话应该对你妈去说，当初是她要跟我划清界限的。儿子说妈妈这么多年没有找别的男人，还不是心里有您还有这个家，这时候您作为男人就应该主动一点，这种话还要做儿子的来提醒您，没劲透了。见爸爸听了这话呵呵笑，田源忍不住又说，哎呀呀，我就纳闷了，你们俩根本就不是一路人，当初怎么就走到一起了？

田志远说，小子，英雄难过美人关，懂吗？想当初，你爸爸是"二野"赫赫有名的战斗英雄，你妈妈不过是战地小记者，对你爸的感觉用得上"崇拜"两个字，这不是吹。

田志远话音未落，曹慧手提饭盒推门进来大喊，田志远，老毛病不改，又在儿子面前诽谤我！

田志远先是一愣，接着就赶紧笑着说，没有诽谤，哪敢诽谤你啊，夸你慧眼识英雄呢。

见到母亲，田源赶紧问，建国怎样啦？什么时候放出来？妈妈您到底打听过没有啊？您不是不知道，建国的事就是我的事啊。

曹慧坐下来，一边看着桌上那盘烧烂的鱼，一边瞪着儿子说，怎么没打听，妈妈腿都跑断了，我能在电话里告诉你这些事情吗？你以为电话都是保险的吗？真没见过你这样逼着妈妈犯政治错误的儿子。

确实，为了夏建国的事情，曹慧没少操心。她找了所有的关系，最后终于得到一个比较准确的消息，那就是市公安局在讨论对夏建国的处理问题上出现了两种意见：一种主张放，认为根本就不该无限期地关着，这样做容易激起民愤；另一种意见则认为必须严厉惩罚，因为夏建国扒开的是一个火山口，对这种危险的首恶分子不应该手软。这样的会议开了好几次，最终意见才勉强统一起来，说是关一段时间就放人，最好是本人具结一份悔过书。而几天后消息就传来，这个被关押的姓夏的小子不仅不悔过，还在审讯室给人上政治课，把审讯他的两男一女教训得一愣一愣的。

田源赶紧打听到底什么时候放人，但曹慧也说不出个所以然，只说快了快了，而当她得知田源也参与了写那张危险的大字报的事情之后，冷汗顿时冒了一身。她说，小源你还是这么冒失，你不拿自己当个人不要紧，我可就只剩你这么一个宝贝疙瘩。田源赌气说，那您马上跟爸爸复婚，再把我弟弟生下来啊，或者生个妹妹也行。曹慧说我打死你。

田志远一边给大家盛饭，一边愤愤地说，我看这公安局是吃饱了撑的，还是"四人帮"那一套，随便抓人，无法无天。

刚刚从丈夫手里接过饭碗的曹慧，突然放下饭碗，站起来说，老田，这是政治，你不要瞎说！

田志远说，我怎么瞎说了？我眼睛可亮着呢。

眼看二人又要开吵，田源赶紧调和说，大过年的，你俩可千万别吵架，求求你们了，这么老吵架，妈您还怎么回得了这个四合院啊？我是巴望着您早点住回来，我都馋死您做的炸酱面了。不说我馋，我爸也馋，都十年没吃上您做的这道美味了。

听儿子说到这里，田志远不由自主地咽了一下口水。

曹慧的炸酱面做得确实好，她是五十年代定居北京后向老北京人学的这门手艺。每次做炸酱面，她都把黄瓜、芹菜、豆芽、青豆、黄豆切好或者煮好作为菜码，然后把肉丁和葱姜放在油里炒，再加入黄豆制作的黄酱。把这样做成的炸酱以及菜码浇在面条上，别提有多香了。田源自打懂事起就总是缠着妈要吃炸酱面，一礼拜起码得吃两次。

田源吃得高兴的时候，还会学着胡同里那些北京老人的腔调说一段关于炸酱面的顺口溜，一边说一边手舞足蹈：青豆嘴儿，香椿芽儿，焯韭菜切成段儿；芹菜末儿，芦笋片儿，狗牙蒜要掰两瓣儿；豆芽菜，去掉根儿，顶花带刺儿的黄瓜要切细丝儿；心里美，切几批儿；炒疙豆剁碎丁儿，小水萝卜带绿缨儿；辣椒麻油淋一点儿，芥末泼到辣鼻眼儿；炸酱面只一小碗，七碟八碗是面码儿。

看田源这么说着、唱着、跳着的时候，田志远与曹慧不止一次地说，这小子以后肯定会演戏。看他一说话，眉毛眼睛都会动，是个角儿。

要不是"文化大革命"突然轰轰烈烈地来临，一碗热腾腾的飘着奇香的炸酱面必定长长久久地放在这个小家庭的餐桌上，田源的顺口溜还得再乐呵呵地演唱一遍又一遍。然而，"革命"来了，连一碗炸酱面也容不下。

田源这时候赶紧为眼看就要大吵的父母亲灭火，求他们千万别在大过年里红脸，一边就急急地说，现在我先去给夏伯伯、高阿姨送情报去，你俩先聊着，爸爸您赶紧把我妈搬回来的日子定了，我看您馋炸酱面都馋得咽口水了。

说完，田源撒腿就跑，根据他多年的经验，接下来田志远和曹慧将有一场旷日持久的口舌大战，绝对不是他能劝得住的，炸酱面的香味与"革命原则"的重要性根本不能相提并论。田源可不想夹在中间当靶子，还是溜之大吉为妙。

田源兴冲冲地跑向夏家，准备向大家宣布夏建国即将被释放的消息，刚绕过庭院假山就看见一个可疑的黑影犹犹豫豫地晃动在夏家门口，而且大老远就能闻到这个黑影身上所散发出的一股刺鼻的臭气。田源脑袋一炸，立即摆开一副格斗的架势，冲那黑影厉声问，谁，谁在那儿？

那个黑影听到身后有声音，便回头说，我来接我妈，我妈可能是住在这儿吧？田源说，你妈怎么会住在这儿，你到底是谁？那个黑影说，那么夏建红是不是住在这儿？夏建红是下到我们那个村子的，我妈是夏建红的奶妈。刚说到这里，那黑影就猛然大叫一声，田哥，你怎么在这里？

这时候田源就认出那黑影是谁了，顾不得刺鼻的臭气，扑上去搂住对方的肩膀说，金锁啊金锁，原来刘妈就是你妈，快进门啊，建红和你妈这两天都在念叨你啊！

刘金锁居然是刘妈的儿子，这个世界真是太小了。

刘金锁来到夏家，被建红劝说着住了下来，一住就是一个多月。他每天的生活就是为妈妈煎药，在院子里摆弄一些花草，也经常与田源聊起在宝安的那些惊心动魄的日夜，聊起月光下的那一排高高的布满了尖刺的铁丝网，也聊起那个翻过铁丝网的叫吴怡茹的姑娘，也不知道她在香港找到那个会炸油条的舅舅没有；田源在提到这件事的时候，每每都从自己的小床底下拖出那个小提琴盒来看，说那个姑娘在香港可能已买了一把新的小提琴吧，说她舅舅开了个做食品的厂子，如果有钱，肯定会给她买一把更好的提琴。也有几次，刘金锁独自出门去看天安门和金水桥，看贴满东单和西单的那些花花绿绿的大字报，有时候还会围着人民英雄纪念碑转上好几圈，心情复杂得很。他几次跟夏建红说，我带着妈早点回村子吧，我也想过了，该带着乡亲们冬天修一修水利，来年还得种地，庄稼人就是靠土地活着的啊，不好好伺候土地怎么行？我不能就这么闲住在城市里。夏建红说再住一阵吧，你也不知道什么时候才能再来北京，也过过首都的日子吧，要回去咱俩一块儿回去。说实话，你舍不得那儿，我也舍不得那儿。

这一天，夏建红正陪着刘金锁坐在冬日的阳光里闲聊，忽然听得外面有一个粗壮的声音在喊，你家建国回来啦！两个人便触电般地跳了起来。

夏默也从里屋冲了出来，喊着说，是建国回来了吗？

果然是夏建国回来了，头发很长，脸瘦了一圈，身上也有一股像刘金锁初来时那种刺鼻的臭味。那个姓陈的派出所所长，临走前指着夏默提醒说，喂，老夏，你听着，你儿子放是放了，还得叫他每周到我那儿去点个卯，这叫监管。

一定，一定，我们监督着，夏默连连承诺。

一旁扶着夏建国的田源大叫,陈大所长,您就不怕累着,您监管得过来吗?

陈所长被噎着了,说,你小子怎么说话的?

冲出房门的田志远这时候马上狠狠地拍了儿子一下,一声喝,混账话!你还不赶紧陪着建国剃头洗澡去!

夏建国剃头洗澡后,就像换了个人似的,与院子里的伙伴们滔滔不绝地说起了拘留所里的种种情况。他说,挨打倒没有过,挨骂是每天都有的,同牢的犯人里也有对我动手动脚的,不过被我反击了之后他们就老实了。他对同牢房的犯人以及看管自己的警察说的都是同一类话,那就是:爱国没有罪,希望中国富强没有罪,希望邓大人重新出山没有罪。他甚至有时半夜三更也会喊几句口号,让那些看管人员不胜其烦。夏建国说,我就是要吵闹,看他们能把我怎的,毙了就毙了,作个教材教育一下全国人民也好。以后的史书,会承认我是"烈士"的,绝不会是"现行反革命"。

整个四合院里的伙伴都为夏建国感到自豪,只是田源说,建国,你以后再也不能一个人去这么干了,说啥也得带上我,我也是愿意做烈士的"种"。

哥哥建国回家之后,夏建红却寻思着要回安徽了。

那天早上,她拉着刘金锁逛了一趟故宫。她说,故宫,你值得看一看,别到北京一个多月了,连皇帝坐的金銮殿都没有见到。

刘金锁眼望着金銮殿,倒真是有点走神,双手叉腰,瞪眼看着,硬是不肯再挪步了。夏建红说,走啊,你在想什么呢?刘金锁说,我在想,我们凤阳的皇城要是没有毁掉,恐怕比这紫禁城还要大呢。夏建红扑哧一声笑了,说我看你在广东宝安的铁丝网上扑了一下,真的就扑出邪来了,你在琢磨些什么呀?

刘金锁却笑不出来,心里翻腾得厉害。六百年前,乞丐皇帝朱元璋在凤阳营造第一座都城,那叫"大明中都皇城",当时这个凤阳人统一了全中国,之后,朱元璋的第四个儿子朱棣把皇城建到了北京。但是六百年后,凤阳人却在全国各地唱花鼓,有的还千里迢迢跑到北京来要饭。

凤阳人怎么会这样?这时候的刘金锁,突然就觉得自己脑门子上的一根青筋突突地跳了起来。他把目光从金銮殿收回来,突然回过身用双手抓住夏建红的肩膀,咬牙切齿地说,难道我们共产党还不如一个封建时代的小和尚?那小和尚倒有办法让农民都跟着他走。

夏建红吃惊地望着刘金锁，感觉自己仿佛是第一次认识他。夏建红说，金锁你是不是急着回凤阳？

后来又说，金锁，你是好样的。

四

王胡子确实在中央的一次重要会议上讲话了，他的发言直截了当。

在这之前，田志远跟他长谈了一次，直说得两个人把两瓶二锅头都干得底儿朝天。

这个重要会议，是中央工作会议，时间是从一九七七年三月十日开到二十日，内容是总结粉碎"四人帮"以来的工作和政治形势，部署一九七七年的工作任务。在这个会议的分组会上，陈云和王震都作了发言，他们在发言中都明确要求为一九七六年天安门事件平反，呼吁尽快让邓小平复出工作。

时任中共中央委员的陈云作的是书面表达，他态度鲜明地支持邓小平。他说为了中国革命和中国共产党的需要，必须让邓小平重新参加党中央的领导工作。而王震是用大嗓门作的发言，他说他完全同意陈云的意见，认为必须尽快让邓小平重新参加党中央的领导工作。他弯起手指敲着会议桌说，邓小平同志政治思想强，人才难得，这是毛主席讲的、周总理传达的嘛！他是同"四人帮"作斗争的先锋，"四人帮"千方百计地、卑鄙地陷害他。现在全党、全军、全国人民都热切地希望他早日出来参加党中央的领导工作。

王震的这个嗓门很大的发言引起会场阵阵掌声，中央外联部部长耿飚更是激动地站起来，大声说，我建议，把王震同志和陈云同志的发言都编入会议简报，印发给全会人员。

坐在屋角的曹慧，斜眼看着耿飚，心里想，这个耿部长怎么也这么激动啊？作为大会简报组的工作人员，曹慧坐在会议室的角落里一直没有吭声，但心里却起了阵阵波澜。她心里想，这些发言的人也都是老同志、老首长了，说话怎么也没个分寸？"批邓、反击右倾翻案风"是伟大领袖毛主席的战略部署，是社会主义中国保持革命纯洁性的重大举措，怎么能说停就停？也太不严肃了嘛。她又想到了老田，老田的思想也与这些人如出一辙，这种思想趋势是相当危险的。曹慧扶着自己的额角想，怪不得杂志社的领导经常给我们敲警钟，说特别要谨防我们党内有些同志思想立场首先偏移，果然说对了。这世界上什么都不可怕，怕就怕执政党内思想分裂，思想分裂往往导致组织分裂。她又想，我作为党中央权威理论刊物的编委会成员，要首先保持政治立场的坚定，不能做随风飘摇的墙上芦苇，尤其是在目前这个思潮风起的政治环境里。

小组会后，曹慧拿着自己的会议记录稿，来到设在宾馆二楼的大会简报组。她想，分组会上的动向，一定要赶快向分管自己这一摊的大会简报组副组长曲径报告。

简报组的副组长曲径，也为工作会议上出现的这些杂音心烦意乱。

曲径是来自解放军总政宣传部的副部长，这位副部长已经用军人的步伐，在这个面积不大的办公室里踱了二十几圈了。他真是闹不明白，为什么这几个态度激烈的老同志一定要让"右倾翻案风头子"邓小平出来工作？"出来工作"背后的意思不就是"主持工作"吗？这不又回潮了吗？《人民日报》社论不是明明白白地说，凡是毛主席的指示都要始终不渝地遵循吗？

说实在话，曲径对邓小平个人的感情是十分复杂的。在挺进大别山的岁月里，他也曾是刘邓部下的一员，按理说他对这位老首长应该是充满敬意，并且深感钦佩的，就如同他的老战友田志远一样。但是，从另一个层面说，邓小平竟敢处处与毛主席的伟大战略部署"唱反调"，动辄就翻"文化大革命"的案，这也是他所不能容忍的。老首长是一回事，"革命"的原则立场又是另一回事。一个共产党员在大是大非的问题上，无论如何是要站在伟大领袖毛主席这一边的。当年要不是跟着毛主席出来闹革命，他这个在地主家经常被打得遍体鳞伤的放牛娃，可能早就在皮鞭下丧命了。在这个如何对待"老首长"邓小平的问题上，他与田志远不知争论过多少次，当面争，电话里也争。他知道田志远是王八吃秤砣铁了心的，很有点盲从；而他同时也知道，田志远前妻曹慧的头脑就要清醒得多，所以他与曹慧一起在简报组工作，就觉得有很多共同语言。但对于简报组的组长刘鑫，曲径却有些云里雾里地摸不着，刘鑫有时候认为田志远的话也说得很有道理，有时候又很赞许他曲径的观点。可能在中办工作的人，都懂点中庸之道，服务的领导多，谁都不得罪。

曹慧一进门，就拉曲径到门边，悄悄地说了王胡子的情况，又说了耿飚的情况，再把陈云的书面发言稿递给他，连连叹气说"严重，严重"，又问曲径，这样的发言，能不能上大会简报？曲径说，我也正愁这事儿，陈云的书面发言稿，我这儿早已有了，刘鑫组长也拿着向上面请示去了，现在还没有回来。

他们两人正说着的时候，坐在简报组办公室各张桌子前的工作人员都竖起耳朵听着，不知这种突发事件会怎么收场。

在曹慧进门以后，曲径仍然在不停地兜着圈子，嘴里念念有词。曹慧冲着曲径说，我说老曲啊，你老这么走来走去的，能不能让我们大家清静点呀？

晚饭后，简报组的同志又一次被紧急集中到办公室，说是刘鑫组长要传达上头的指示。刘鑫进门以后，先把门关上，然后看着大家，神色凝重地说，东兴同志指示，陈云、王震两位老同志的发言，暂不登简报。

曹慧当即就问，怎么向各组解释？

刘鑫说，东兴同志说华主席会在全体会议上作正式解释的。

曲径一听这话，表情就激动起来，问，华主席亲自作解释？会有什么精神啊？

刘鑫说，这样吧，大家思想上都不要过分紧张，正好东兴同志也要我给大家吹吹风。现在是什么情况呢，一方面，"批邓、反击右倾翻案风"是毛主席定的，"批"是必要的，确有极少数"反革命"分子制造了"四五反革命事件"；另一方面，这个问题怎么看呢，群众到天安门广场悼念周总理，也是合乎情理的。说到这里，刘鑫顿了顿，又说，同时，经过调查，邓小平确实没有插手天安门事件。邓小平的问题应当解决，但是要有步骤，要有一个过程，可以在适当的时机让邓小平出来工作。

瞬间，办公室里变得静静的，曹慧张了张嘴想说什么，但是没有发出声音。

曲径仰脸看着天花板，半响，意味深长地说出了两个字：英明。

晚上，曲径回到家里，一边用热水烫脚，一边对妻子说，看来给邓小平恢复工作是铁定的了，英明领袖华主席也有这个意思。但是看样子，也不会像陈云那些老同志说的那样，是全面地主持工作。不然的话，咱们国家就乱了套了，毛主席的伟大战略部署就全给搅了。所以，中央处理这件事情，我看是英明的，是有步骤的、分阶段的、局部的，我看中央的分寸拿捏得很好。总而言之，不能让邓小平再像以前那样，刮他的"右倾翻案风"，刮得全国上下都变颜色，那样我们党的损失就太大了。妻子说，你好好泡脚，把你脚指头上的湿气早点给我泡干净，我看你每天搓啊搓的都脏死了。我可是不管哪位上台下台，什么右倾的风"左"倾的风，只要咱俩的工资能增加一点、肉票油票水产票多发一点，就比啥都强。曲径说你这话没有政治，妻子白了他一眼说，政治是什么，政治还不是解决老百姓吃饭？

就在中共中央召开中央工作会议的日子里，陶铸的夫人曾志与女儿陶斯亮也在加紧准备着自己的申诉材料，争取能让"党内第三号走资派"陶铸的冤案得以早日平反。这对母女是三年前从西安临潼回到北京的，这还是经毛主席批示同意的。当时曾志提出的回京理由是要回北京治病，毕竟她从井冈山起就开始跟着毛主席。毛主席应该是了解她的，毛主席自己也说过"井冈山的同志可是不多喽"，但是尽管如此，她丈夫陶铸的案子却一直像是钢打铁铸似的纹丝不动。有一些老同志跑来悄悄地跟她说，老曾啊，我看这天下要变了，这"党内第二号走资派"很快就要出山了，"第三号走资派"的帽子恐怕也快要戴不住了，你们要加紧送材料啊。

可是这材料往哪里送呢？谁肯接手呢？曾志一闭上眼睛就会想起，自己的丈夫在那个残酷的年代里遭受的非人折磨，叫人心碎。曾志想，现在"四人帮"垮台了，这个天大的冤案也总该有人来过问一下吧？只是怎么老不见动静呢？难道他所遭受的折磨是应该的吗？曾志想着这些问题，肚肠子都揪得疼。那天晚上，又有一位当年陶铸的老部下从广州跑到北京来敲门，给她出了个点子：还是想办法去找找邓小平，据说他就住在西山。陶铸同志的案子，只有邓大人才能扭转乾坤。"刘、邓、陶""刘、邓、陶"嘛，如今"刘"和"陶"都不在了，这千古奇冤、是非曲直，小平同志肯定会管的。

曾志当夜一直没睡稳觉，去西山直接找邓小平"诉冤"的念头一直在她脑海里转悠，直至进入她的梦境。陶斯亮欠起身子，问黑暗中的母亲在想什么。母亲说，"刘、邓、陶"，只有"邓"还在，"邓"应该为前面的"刘"和后面的"陶"说一句公道话了。女儿说，他不是还没出来工作吗？母亲说，也快了吧，听说党中央是很看重他的，明天我们就上西山。

打听了好久，曾志母女才在西山的一处山头上找到了那个掩在花木丛中的二十五号楼。进楼的时候，曾志的眼眶就湿了，说总算找到了。

再次见到曾志母女，邓小平夫妇也很激动，连声说坐、坐、坐。

卓琳端出一盘水果说，看你们，这么远的路，脚都走肿了吧？

邓小平说，曾志同志，十多年没见面了，说着又拉过陶斯亮坐在自己身边说，孩子都长成大人了。

曾志笑着点点头，迟疑了一下，不知如何开口。邓小平看在眼里，主动问，是陶铸同志的事吧？

邓小平的直言让曾志鼓起了勇气，她拿出一份材料递给邓小平说，小平同志，这是我为老陶问题给中央要求复查的报告，我也分别送给了中央组织部和陈云同志、汪东兴同志。请您方便时看看。

邓小平接过材料放到沙发上，惋惜地说，陶铸，他当初不该到北京来呀。

突然，邓小平又问，你们什么时候分别的？

一九六九年的秋天，曾志说。她一边说一边哽咽起来，说那时候，老陶已经是癌症晚期了，中央决定把他疏散到安徽合肥，让我去贵州。分别的时候，他递给我一张字条，这字条上写的是他的一首诗，现在想来也应该就是诀别诗吧，因为那时候他的病已经很重了，走路都一瘸一瘸的。那首诗我现在还能背得出来，是这样写的："重上战场我亦难，感君情厚逼云端。无情白发催寒暑，蒙垢余生抑苦酸。病马也知嘶枥晚，枯葵更觉怯霜残。如烟往事俱忘却，心底无私天地宽。"曾志又说，我闭上眼睛就想起分别的最后一幕，那是他的背影，被全副武装的人押着，一瘸一瘸地走上一节火车车厢。那一刻我心里也知道，我们两个是永别了。

邓小平闭着眼睛，倾听着。

偌大的屋子里，除了邓小平，大家都在流泪。

在大家轻微的抽泣声中，邓小平突然又问了一句，你们现在住哪里？

曾志说，亮亮虽然跟我已经回到北京三年了，但是她的组织关系还在陕西临潼的一家医院里，亮亮是学医的。我现在一直住在中组部招待所等候组织复查，那里住着上百人呢，都是从全国各地来的，都是像我这样的情况。

大家等着邓小平开口，都以为邓小平要说一些语义明确、斩钉截铁的话，然而等了许久，邓小平却一直沉默。

看着邓小平沉默的样子，曾志已经心中有数，于是，她赶紧拉了一下自己的女儿说，亮亮，我们走吧，跟邓伯伯说再见。

离别时，卓琳再三挽留曾志和陶斯亮在西山小住几天，曾志婉言谢绝了。

回家的路上，陶斯亮显得十分失望，一路踢着路边的小石子，像有满腹的话。后来她实在忍不住了，冲着妈妈抱怨说，邓伯伯是怎么回事啊？他连材料都不多看一眼，也没有一句同情的话，咱们是找错人了吗？

曾志搂住女儿的腰，半响，轻声说，亮亮呀，依我看，你爸爸的事情应该是有着落了。你不知道，过去，周总理和小平同志，一个管国务院，一个管书记处，两个人工作风格截然相反，周总理是举轻若重，小平同志是举重若轻。无论多难的事情，他都能从容应对。所以你爸爸多次说过，如果在党内允许拜师，我愿意拜邓小平为师。

陶斯亮听得云里雾里，看着母亲，又看看下山的那条绵长的山路，总是有点想不明白。

当夜，邓小平在桌上摊开信纸。他对卓琳说，我要给中央写一封信。

卓琳问他是不是陶铸的事，邓小平摇摇头，说比陶铸的事还要大，大事不解决，像陶铸这一类事都是无法解决的。卓琳问什么大事，邓小平没有多说。

几天之后，这封信就到了中共中央主席华国锋手中。

这封信上有这样一段寓意深刻的话："我们必须世世代代地用准确的完整的毛泽东思想来指导我们全党、全军和全国人民，把党和社会主义的事业，把国际共产主义运动的事业，胜利地推向前进。"

只要仔细读一读，就不难看出，这是邓小平从理论上批评了"两个凡是"。在这之前，谁都没有说过这样的话，邓小平却写下了"准确的完整的"这样的词汇。这是一个什么样的信号呢？邓小平深层次的意思是什么呢？这样的提法可不可以采纳呢？华国锋将这封信读了好几遍，没有吭声。汪东兴后来问华国锋，华主席，您看这封信怎么样？华国锋一时也没有回答。

这是一种角力。作为中国共产党此时的掌舵人，华国锋心里已经明显地感觉到了这一点。北京的早春还是很冷，中南海的许多树木都还没有返绿，但华国锋总是经常一个人穿上大衣、戴上围巾，在湖边迎风漫步，来来回回地走，警卫劝他早些回屋，他也不听。

那么，还要不要让邓小平出来工作呢？出来担任什么工作呢？怎么回应陈云、王震在中央工作会议上的大声疾呼呢？怎么回应党内党外许许多多人内心的一种希望呢？又怎么回应高层许多同志在他耳边的小声絮语呢？那些絮语基本都是："国锋同志，这个问题你千万要慎重啊！"

那些日子，在华国锋所居住的中南海宅所里，那盏办公室里的台灯都是亮到深夜才熄灭的。

在这样的一个寒风还很凌厉的早春，二妞和宋大爷开始了在北京城的溜达。他们的这种溜达不带任何思考，其实是挨家挨户地乞讨，以图填饱肚子度过春荒。

北京人对于来自全国各地的乞讨者，总体说还是满怀同情的，尽管北京居民的日子家家都过得很拮据，各个胡同多少都能拿出一个棒子面窝头和半个馍的，其中还有一个不可或缺的原因，是这两个乞讨者的凤阳道情唱得特别悠扬婉转。

没想到二妞与宋大爷这天下午一路唱着"说凤阳道凤阳，凤阳是个好地方"，居然拐过两个胡同就到了夏家的四合院门口。刘金锁正好在影壁旁摆弄花草，突然眼睛滚圆了，跳起来大叫一声"是二妞"，就冲出门去，边跑边喊，建红啊，是宋大爷家上北京来了！

这场巧遇，使得宋大爷与夏家都啧啧称奇。留宋大爷在家吃饭的时候，夏建红还奇怪地问，宋大爷，你们上次出来就一直没回去吗？

宋大爷说，年前北京管得严，我们就回家过年了。这不又到春荒了吗，没办法又出来了。刘金锁问，咱生产队现在还有多少人在家？二妞一边狼吞虎咽地扒饭一边说，差不多都出来了，大多去江苏和浙江了。宋大爷看着刘金锁说，估摸着春种季节，就都要回去了。

听到这里，刘金锁的情绪明显地激动起来，当即就把夏建红叫出门外，商量是不是马上动身回凤阳，说自己母亲的病情也比较稳定了，该回家组织乡亲们好好地春种了。

夏建红一时没有吭声，觉得金锁与他母亲回家是早晚的事，自己帮奶奶在北京抓药治病，也算是尽了一份心了，在家常住的确不是个办法。但是，自己该怎么跟父母说要跟着金锁回村，倒是个难题。因为母亲好几次提起，这一趟回北京就别再去安徽了,户口没有也就没有吧,在北京先待着,反正建国不也是这么待在北京的吗?人家小源不也是把户口扔在西双版纳跑回北京来的吗?

但是,从此与安徽凤阳乡亲们分开,尤其是与这位耿直朴实的刘金锁分开,夏建红想到这儿就有点揪心,九年的安徽乡村生活已经使她割舍不下对那片土地的情感了。这次听见乡亲们把凤阳花鼓唱到了北京,她心里就像金锁那样觉得有刀子剜似的。她想起金锁那天在故宫金銮殿前对自己说过的话,金锁当时是这样说的:农村日子过不下去的穷苦人,面前只有三条路,逃跑、造反、富裕。逃跑是很难的,他曾经尝试过"逃港";造反还是要看一看,毕竟"四人帮"粉碎了,中国的事情还在变化;富裕,这也是不容易的事,但是值得实践。

夏建红抬起脸问刘金锁,你想定了吗?

刘金锁说想定了,就再也没说别的话。他心里想,是时候了,该动身了,明天就走,带上老母亲,也带上宋大爷和二妞。我的家在凤阳,我应该马上回到属于我自己的土地上去。

而让刘金锁没有想到的是,夏建红竟然提出坚决要跟他一起返回安徽。刘金锁说,建红,留下照顾你的爹妈吧,别回去做你的"妇女主任"了,那也不是个多大的官。夏建红说金锁你小看我了。

刘金锁的母亲当夜抱住夏建红呜咽着说,孩子,别回我们那个苦地方了,凤阳不是你们北京大姑娘该待的地方。但是,夏建红回答说,刘妈妈,我知道我的位置在哪儿。

为夏建红仍然决定回安徽的事儿,夏默夫妇也是商议到半夜。最后,夏默说,顺遂女儿的心吧,年轻人的路都是靠自己闯的,像建国那样,还时不时地闯到公安局的黑屋子里去了呢。高兰擦干了眼泪,凌晨起来就为女儿打点了行李,在女儿那只破皮箱里塞满了自己穿过的和几件还舍不得穿的衣服。

五

中国政治形势的发展,可能比想象得的更快一些。这几天曹慧所在的《红旗》杂志社的每个办公室里，几乎都在叽叽喳喳地议论邓小平即将复出的消息。对邓小平复出后做什么工作的议论，各式各样；对邓小平复出后的政治前景的议论，也各式各样，甚至有人断言，这一次的复出，可能也是"兔子尾巴长不了"。当然，所有的这些话都是互相咬着耳朵说的，《红旗》杂志社的熊总编不让大家公开议论这些事儿，他自己在任何学习会上也都不提及这个话题。

但是曹慧敏感地意识到了这个话题的重要性。

这个话题似乎隐藏着爆炸性的内涵，所以她觉得必须就这个话题，再跟田志远交流一下思想。她希望前夫不要在这个问题上再摔"政治跟头"。她觉得在这个当口，必须找老田认认真真谈一次话，不是吵嘴，而是谈话。她必须对他负责，因为毕竟重建家庭的可能性是存在的。她想，谈话的地点必须精心选择。于是她没有进那个她一去就容易吵嘴的四合院，而是把田志远约到了北海公园。

田志远一到，她就开宗明义地说，老田，我今天来，是有个消息要跟你说，这次中央工作会议，不少老同志都要求中央尽快让邓小平同志复出工作，中央领导呢，也基本认可了。我听说，中央政治局已经开会决定了，邓小平同志将在十届三中全会上正式复出。

田志远愣了半晌，说，天大的好消息啊！

这个消息对田志远而言，确实就像此刻北海公园的早春景色一样，特别使人心旷神怡。田志远满心欢喜地对曹慧说，你今天可是做了一回报春的喜鹊啊，曹慧，你今天真是漂亮极了！你看你今天穿的一身橘红色的高领毛衣，这倒叫我想起你嫁给我那天的情景来了。

曹慧却没有表现出相应的激动。当然田志远的这种故意献殷勤的态度她是满意的，这显示了对方急于复合的诚意。她只是沿着鹅卵石路边走边语重心长地说，老田啊，你是邓小平的老部下，记得一九七五年全面整顿的时候，你跟得最起劲，过头话说了不少，所以才又下了台。现在，邓小平要出山了，你的问题估计也相应地要解决了。你的事，刘鑫去问过胡耀邦，耀邦同志说很快就会给你安排工作，还问你想干什么。说到这里，曹慧突然停了下来，提高了音调问，老田，这个问题你想过吗？

田志远说，我没想过，听组织安排呗，还是跟着小平同志干。

曹慧的脸一下子又拉长了，她说，老田啊，我今天约你到这儿来就是要跟你谈这个。你不要以为"四人帮"粉碎了,就没有斗争了。你不能一根筋,就知道跟着邓小平,可以干的工作还有很多嘛。

田志远一听这话就摇头,说,别的都好说,但这个不行。就我来说,我还是要跟着老首长干的。曹慧你不知道,跟他干事,有一股子劲也有一股子气,我这辈子也就这样了。

曹慧瞪眼说,老田,我可告诉你,斗争还在继续。刘鑫跟我们说过,邓小平前几天给华主席、叶帅和党中央写了一封信,提出"必须世世代代地用准确的完整的毛泽东思想来指导我们全党",还要求印发给全党。老田啊,明眼人都看得出来,这就是含沙射影,就是针对"两个凡是"的!

田志远一听,心里一愣,也一乐,扑哧一笑说,好啊,我就知道他会这么做。

曹慧说,你还敢说好?好什么好,这不是和中央的现行政策唱反调吗?结果,华主席委托东兴同志去看邓小平,希望他修改信的内容,然后印发给全党。你猜,后来怎么着?东兴同志实实在在地碰了个软钉子。这个邓小平很顽固啊,还没有正式复出就那么顽固,以后还不知道会怎么样呢,我是为他捏一把汗,更是为你捏一把汗。

一个在杂志社专事理论的女编委,哪里会知道这么多的内部消息?田志远有些奇怪,但是他也相信,曹慧说的话句句都是有根据的,于是他问,小平同志怎么说?

曹慧说,这个邓小平啊,真是个倔头,他对东兴同志说"两个凡是"不符合马克思主义,他邓小平出不出来工作没有关系,但是天安门事件是革命行动。"两个凡是"不行。按照"两个凡是",就说不通让他出来工作的问题。

曹慧的话还没说完,田志远就情不自禁地拍了一掌,说,这句话说得太好了,这就是邓大人的风格!

这一说,曹慧又被田志远激怒了。她这次约田志远之前,反复告诉自己,一定要控制情绪,不要和田志远吵,好好和他谈,让他不要再把自己有限的前程押在邓小平这个捉摸不定的人身上。中国到底怎么走,还是要听党中央华主席的,这是一个共产党员基本的党性。如果田志远随着邓小平的复出而有机会重新走上工作岗位,并且保持一份清醒的头脑,不再执着地跟这个人跟那个人,那么她认为,老田这个人还是大有希望的,她与老田就可以破镜重圆,她还乐于系上围裙，做出一碗碗奇香扑鼻的老北京炸酱面，端在三口之家的小饭桌上。北海公园毕竟是她跟田志远第一次约会的地方，她今天把田志远约到这个地方来，也是花了一番心思的。

可是老田这个人好像就是与"死不改悔"挂钩。老田啊老田，你让我怎么说你好呢，曹慧急得直跺脚。

田志远却笑呵呵地一把拉起曹慧的手说，好了好了，你看公园里都春天了，咱们还老是板着个脸干吗？小源一天到晚都在盼着你回到四合院来呢，你也得每天烧点热饭热菜让我们吃吃。我也老了，你难道就不心疼吗？

田志远又说，你约我到北海公园来聊天，我就知道你心里还是放不下我老田的。

曹慧一下子把自己的手从对方手掌里抽出来说，你这个死不改悔的，你想得美。

田志远哈哈笑着，又一次拉起曹慧的手，沿着野花初放的草坪往前迈步，这一回曹慧没有拒绝，但是一张脸依旧是紧绷绷的。

可是田志远却不顾她的情绪，反倒从各个角度夸起老首长来了，一会儿说邓小平这个好，一会儿又说邓小平那个好，说得曹慧听不下去了，大叫说，好什么好，老田，我要郑重地告诫你，不能跟他太近了，不然你还要栽跟头，犯错误！

田志远知道曹慧的苦心，语气缓和下来，认真地说，曹慧，感谢你今天告诉我这么多好消息，也感谢你对我的关心。但是，有些事情是不能兼顾的。我敬佩小平同志，能跟着他老人家为党做些工作，是我的荣幸。国家都这个样子了，我没有心思去想个人栽跟头、犯错误的问题，我只盼着能跟着小平同志好好做些事情。

曹慧无奈地摇摇头，她其实早就知道跟田志远说了也是白说：就算是我给你提个醒吧，到时候真犯了错误，别怪我言之不预。

田志远笑着说，放心吧，倒是你让我担心。

我有什么可担心的，我的思想同党中央保持高度一致。

我担心你跟不上形势，思想僵化。

田志远这话一说出口，曹慧脚一跺，转身就走，脚步飞快，一点余地都不留，田志远怎么喊也喊不住。

曹慧边跑着碎步边想，这回北海公园之约，算是白费劲了。这个"破镜重圆"的问题，今后又该怎么处理呢？真是辜负了小源三天两头地打电话催，好生烦人。

六

邓小平带着一株修剪得很漂亮的万年青，来到西山叶剑英住处。他一走下红旗轿车就示意警卫员把这盆万年青交到他自己手里，卓琳提醒说太重，邓小平连说不碍事、不碍事。

前来迎接的军人走向前要接过邓小平手中的礼物，邓小平摇摇头，示意要自己亲手送到主人手里。

这一天，是叶帅八十大寿。

说话间，身着一身蓝色中山装的叶剑英，已经满面红光地迎了出来，哈哈笑着说，小平同志，大驾光临，蓬荜生辉，没想到你拔了头筹啦。

邓小平说，叶公一生屡建奇功，今天八旬华诞，理应举国同庆，我怎能不来？来，这是我寓居西山精心侍奉的一棵万年青，祝老兄青春永驻，寿比南山。

叶剑英双手接过万年青，笑逐颜开。

客人一落座，叶剑英就招呼工作人员为三人合影。叶剑英、邓小平并排坐着，卓琳站在两人身后，合了一张影。这张照片至今被叶家与邓家分别珍藏着。

主人与客人落座后的话题，立即就转入"邓小平复出之后抓什么工作"这个重要而紧迫的题目上。叶剑英挥手退去了所有的工作人员，轻声问邓小平说，小平同志，十届三中全会将近，工作的问题考虑得怎么样了？邓小平犹豫了一下，说，我考虑再三，想向中央主动请缨，分管科学和教育工作。

叶剑英听了，摇摇头说，这倒是出乎意料，你恢复的职务是第一副总理啊，要统揽全局的。

邓小平笑了笑，说，时过境迁，我已经七十三岁了，能辅佐你们做些具体工作就足够了，这是我的真心话。

叶剑英听后，再次摇摇头说，如今百废待兴，需要大智慧、大手笔、大图纸啊。

邓小平想一想，说，大图纸要一笔一笔地画，要找好一个起笔的突破口。四个现代化，关键是科学技术现代化，科学的基础在教育。中华民族要振兴，首先要在党内和社会上造成一种风气，那就是：尊重知识，尊重人才。

叶剑英说，小平同志你说得好，精辟。不过，有一条，军队你还是要管，这可不是我一个人的意见，徐帅、聂帅都再三提出的。

邓小平低头思索了一下。

他觉得叶帅这个提议是经过深思熟虑的，叶帅用心良苦啊。这个问题也确实说到了要害处，一个国家要往前走，没有军队的保驾护航，必然是走不安稳的。于是邓小平抬起脸来说了一句话：我就听从中央的安排吧。

说到这里，就见聂荣臻手拄拐杖哈哈笑着走了进来。聂荣臻一见到邓小平就说，看来我是起了个大早，赶了个晚集，还是落到小平同志后面了。

邓小平说，我住得比你远，我是笨鸟先飞。

三个人刚刚坐定，门外又是一阵朗朗笑声，时任全国人大常委会副委员长的徐向前、中国人民解放军军事科学院副院长粟裕以及中国人民解放军第一副总参谋长杨成武一起走了进来。

邓小平大为感慨，说，大家都来了！

叶剑英郑重地指着邓小平，对众人说，你可是我们的领班哟。

话音未落，将帅们一片掌声。

这时，工作人员推出一个三层大蛋糕，上面插了八根蜡烛。叶剑英招呼大家落座，说，难得今天高朋满座，吹蜡烛之前，我这个寿星老儿有小诗一首，念一下聊表心志。接着，叶剑英就朗诵起了他的《八十抒怀》：

> 八十毋劳论废兴，长征接力有来人。
> 导师创业垂千古，侪辈跟随愧望尘。
> 亿万愚公齐破立，五洲权霸共沉沦。
> 老夫喜作黄昏颂，满目青山夕照明。

朗诵完毕，叶剑英一口气吹灭了八根蜡烛。

老帅的中气还是在的。

邓小平的家里立即跑来了请示工作的人。

来的两位，分别是分管科学、教育工作的国务院副总理方毅和教育部部长刘西尧。这两位听说了邓小平主动要求分管科学工作与教育工作，特地跑来听一听邓小平的指示，尤其是邓小平已经有了召开全国科学大会和全国教育大会的工作设想。

庭院里，春意已经很浓。接连不断开放的花朵，以及在花瓣上成群飞舞的蝴蝶与蜜蜂，跟这些天邓小平舒畅的心情很是匹配。

邓小平看着两位抢先而来的客人，笑着说，我还没有正式复出，工作还得靠你们去做。我主动请缨管科技、教育。科学和教育是四个现代化的关键和基础，是被"四人帮"破坏的重灾区，需要做的事情太多了。中国的现代化，我想应该首先从科学和教育这两个领域入手和突破。我愿意用最后的精力和诸位一起在这方面做些事情。

按照邓小平的设想，他出来正式工作的第一件事情，就是筹备召开一个科学和教育工作座谈会，在全国范围内找一批有一定影响和贡献的科学家、教育家来北京聚到一起，仔细分析这两个领域当前存在的问题以及解决之道，也算是为下一步召开全国科学大会和全国教育工作会议做准备。他决定让方毅和刘西尧为他筹备此事。

这个设想不错，两位客人频频点头。

人你们去找，我提几个标准，邓小平缓缓地说，要敢说话、有见解的，要在科学教育领域有才学、有贡献、有影响的，不要行政人员，不要找与"四人帮"有牵连的。就这么几条。怎么样？

这时候邓小平就看到教育部部长面露难色了。邓小平知道他心里在担忧什么，于是笑一笑说，说吧，说出来。

刘西尧便小心翼翼地说，您说的"有影响、有才学"这当然好，但是这方面的老专家，情况很复杂，小平同志您也知道，他们头上还戴着各种各样的"帽子"。

果然是这个问题，这就是科学与政治的迎头相撞。邓小平一拍椅子扶手，站起来说，就这一条最重要，这是粉碎"四人帮"之后的第一个科教会议，不把各个领域的大专家请来还有什么权威性和说服力？西尧同志，在这个问题上，我们都要解放思想！

听到这里，方毅赶紧说，请小平同志放心，我们一定尽全力做好这件事情。

邓小平这才满意地点点头说，座谈会以中央的名义开，筹备工作除了科学院、教育部，再加上胡乔木他们的国务院政策研究室。我现在还没有正式复出，让田志远同志担任筹备组的联络员，在你们的领导下负责一些具体工作的协调。你们看怎么样？

方毅、刘西尧异口同声地回答：坚决按小平同志的指示办。

邓小平在晚上洗脚的时候，忽然抬脸对卓琳说，我还没有正式上任呢，就这么布置工作了，妥当不妥当啊？卓琳笑着说，你就是这个急脾气，现在才想到这个问题。邓小平长长地吁了一口气，缓缓地说，不是我急，是国家的事情太急了。

七

邓小平搬家了。

他的新宅子位于北京地安门内大街路西的米粮库胡同。

米粮库胡同因以前拥有存放米粮的仓库而得名。走进胡同里，可以看见南北两侧坐落着各个院落。这条胡同的中部骤然变窄，胡同也随之打了个小弯，再往前走，拐个弯，就与恭俭胡同相接了。米粮库胡同总长虽不到三百米，却安静，走进去有一种朴实温馨的感觉。

邓小平的新宅是一个普通院子，两排住房呈连接的"L"形。房前的庭院是邓小平最满意的处所，面积大约有两亩。两棵早就种在那里的松树比肩而立，枝叶交织，难分彼此。

那天，卓琳站在这两棵松树前看了好久，然后弯腰问正在给一蓬小草培土的眠眠，你看这两棵松树长得像什么？

眠眠认真地看看，忽然说，像两条龙一样，您看，这条大龙像爷爷，这条小龙像奶奶。大家听了都笑，邓榕说眠眠的眼力真不错，这两棵树还真像两条龙。

受到众人鼓励的眠眠突然又灵感一现，说爷爷、奶奶都属龙，就叫它们双龙树吧。

双龙树，双龙树，在庭院里忙碌绿化的全家大小都拍起了手。

正在种草的邓小平直起了身，笑着对身边的老伴说，卓琳啊，咱们认识快四十年了吧？

卓琳说，是啊，一九三九年，我们在延安相识。你看，现在成了这么一大家子了。

邓小平拍拍手心的泥，走到一边，掏出烟来抽。

一缕袅袅升起的轻烟渐渐地将他带到了刚才老伴所说的一九三九年。那一年，卓琳的名字还叫浦琼英。

那时候的邓小平还不认识这位二十三岁的姑娘。他记得，他第一次看见这位后来叫卓琳的姑娘，是在延河边。那条河里水声哗哗，一大群女兵在河边洗衣服。他那个时候是八路军一二九师的政委。他是来延安开会的，那一刻他正与中央保卫局局长邓发一起策马路过河边。他事后想，邓发带着他走这条路，很可能是事先安排的，就是为了让他看到夕阳下河边的那群活泼女兵。

他记得邓发一直在说，你看啊，看河边啊，看到那群女兵了吗？

邓发又说，走，我们再走近一点看看。

邓小平很不明白邓发为什么要这么说。这时候邓发就哈哈地笑起来，对他说，小平啊，毛主席交给我一个任务，主席说："邓发呀，你是饱汉不知饿汉饥呀，你的本家邓小平三十五岁了还没有媳妇，怎么能安心在前方打仗呢？趁他来延安开会，赶紧想办法给他张罗一个带走吧。"

邓小平记得，那一刻，他的心一惊，举起马鞭指着邓发说，乱弹琴，我找老婆可从来不要别人介绍。

他记得邓发急了，说，你在前线不是没有条件吗？你看河边，清一色的青年女学生，机会难得呀，再过几年，可都是别人的媳妇喽。赶紧看看，有相中的告诉我，我给你当红娘。

邓小平也记得，他这时候确实是沉下心来了，于是往河边多看了几眼。他看见了卓琳。他当时问邓发，你看那个在河边蹦蹦跳跳的女娃叫啥？这时候邓发也注意到那个姑娘了，说，小平，你有眼力啊，那个姑娘我认识，叫浦琼英，二十三岁，是云南巨贾宣威火腿大王浦在廷的小女儿。她是云南省第一个考上北京大学物理系的女生，也是第一批参加全国运动会的女子长跑运动员。

邓小平记得，他听邓发说到这里的时候几乎吓了一跳，心里想，这么一个大知识分子啊，这么一个厉害的运动员啊！

那时候，邓发又向他介绍说，这姑娘后来到了延安，延安公学毕业后入的党，现在公安部工作。这女子心气很高，我去给你问问看，可不一定行啊。

邓小平记得他那一刻也是上了劲儿，他对邓发说，邓发，你要这么说，我还一定要把她带到太行山去呢。你先帮我侦察一下，再让我看看她的档案，回前线之前，一定攻克这个山头。

邓小平记得自己说完这句话，就扭转马头离开了波光粼粼的延河。邓发连叫几声也没有把他叫回来。

其实，邓小平嘴里这么说，心里也是悬着的，自己有了这份心，还不知道人家姑娘是怎么想的。很快，邓发那边就有了消息，可是这消息却有点令人沮丧。邓发是这样说的：小平啊，人家说了，坚决不嫁老干部。

邓小平问为什么。邓发无奈地说，为什么，我也不知道，人家就是不给正面回答，却给我讲了个故事。她说，她有个朋友嫁了个老干部。晚上，两口子出来散步，女的说今天的月亮真圆啊，男的说你管月亮干什么？女的又说要是有点音乐就好了，男的说你不嫌吵啊？

听了邓发的这番话，邓小平记得自己忽然大笑起来，连声说明白了、明白了，嫌我是个土包子。

邓发那一刻显得有些灰心，说，小平，我看咱们还是换一个吧，这个实在谈不通。

没想到邓小平的执着劲儿上来了，他说，老兄，麻烦你再去给我传个话，就说我邓小平想当面和她聊聊，只要她肯见我，你的任务就算完成了。

这行吗？邓发心里没数。

连一个女娃子的思想工作都做不通，这个政委不是白当了？你就等着喝喜酒吧。

邓小平记得他当时说这话，是斩钉截铁的。他觉得只要自己弄清楚了那个姑娘心里的顾虑，就一定有办法去消除。

果然两人的首次见面，谈话还比较顺利。

邓小平记得他先是向她介绍了自己留学法国的经历。邓小平在法国勤工俭学以及后来参加共产主义运动的曲折经历，深深地触动了姑娘的心灵。

邓小平记得他后来又说起了莫斯科的风云。那是在莫斯科中山大学，邓小平努力地啃着马克思主义的大部头著作。这一段求学经历，使姑娘的眼睛更亮了。

邓小平后来就把话题引到了体育运动上，他对姑娘说，听说你练过长跑，还参加了全国运动会。

他记得卓琳的眼睛那一刻突然就放出光来。卓琳说，我是随云南代表团去上海参加运动会的，当时没有几个人报名，后来就没有正式参赛。运动会一结束，我就跑北平去上学了，长跑不过是业余爱好。

邓小平马上说，一九二四年我在法国巴黎看过奥运会比赛。那一届奥运会最引人瞩目的项目是啥，就是长跑啊！芬兰的三位长跑巨星，一个叫科勒赫迈宁，第二个叫鲁米，还有一个叫里托拉，他们三个包揽了中长跑项目的冠军。特别是鲁米，一个人夺得了一千五百米、三千米、五千米等五个项目的金牌。那时候，巴黎大街上到处都是鲁米的画像啊！

卓琳很奇怪邓小平会去看比赛，而且还看那么多的项目，邓小平当时是这么跟她解释的：我们穷学生买不起票。那时候我是足球迷，当时最厉害的球队是乌拉圭队。为了看乌拉圭队的比赛，我把外套都卖了。

两个人的谈话到了这儿，在情感的进一步发展上，应该就没有太大的疑问了。邓小平记得卓琳当时很感慨地说了一句：没想到你这个长征老干部还有这么有趣的经历和这么高雅的爱好，真是了不起。

邓小平也记得，他就在那一刻成功了。于是他说了一句单刀直入的话：你看，老干部也不都是土包子。我们虽然年龄上有一定的差距，但这并不妨碍我们的交流。你愿意和我交朋友吗？

卓琳回答出"我愿意"这三个字几乎是没有犹豫的。

邓小平也记得他与卓琳的婚礼很简朴。那是在延安杨家岭毛泽东窑洞门口，一对是邓小平和卓琳，一对是孔原与许明，两对新人在大家的祝福下互相鞠躬。前来祝福的人很多，有毛泽东、刘少奇、张闻天和夫人刘英、博古、李富春和夫人蔡畅等。婚礼的场面也很简朴，几张长桌拼在一起，桌上热气腾腾的大白菜熬肉和几个很平常的素菜，两坛老酒，几摞黑陶碗，就是婚宴的全部。当然，没忘记拍照。毛主席亲自招呼来的延安摄影队的摄影师，为这两对夫妇分别拍了一张新婚照。那天，新郎邓小平的兴奋劲儿是不消说的，在众目睽睽之下他咕嘟咕嘟喝了好几碗白酒。酒是贺喜的人拉着他硬灌的，众人都以为他快撑不住了，谁知他一直精神抖擞，酒色也没有上脸。而另一个新郎孔原就被彻底灌翻了，瞪着一对醉眼，连自己的新娘也认不准了。进洞房之后，卓琳问自己的新郎说，你酒量怎么这么大啊？邓小平说，还不是李富春和邓发？原来邓小平的这两位老朋友特地为这位三十五岁的"新郎官儿"备了一大瓶白水，充作白酒。

想到这里，邓小平嘿嘿地笑了起来，然后把烟头掐灭了，走到正在种草的卓琳身边问，你记得我们在延安拍的新婚照吗？那张照片还在吗？

卓琳一听这问话就笑，说，你放心，我没扔，每次搬家我都随身带着它，延安的照片就剩下这张了。

邓小平点点头说，找个时间，我们再照一张"全家福"吧。

话刚说到这里，王秘书走过来报告说，田志远同志和夏默同志到了。

邓小平闻言，把刚刚握在手中的一把铁锹递给了小儿子质方，说，好，你们继续劳动，我去办公了。

八

田志远这一次来邓家，是专门向邓小平介绍夏默的。

邓小平曾经带话给田志远，说什么时候你把那个叫夏默的专家请到我这里来聊聊天。

夏默心里紧张，为了这一次非同寻常的见面，练习了好多遍。此时他见到邓小平走进书房，正准备伸手，谁知邓小平一挥手说，认识，大专家，咱们不拉手了，我刚在院子里参加劳动，还没来得及洗手，不礼貌。夏默同志，你请坐，我现在还是个闲人，请你来就是随便聊聊。

初次见到邓小平的夏默，突然变得不知所措，竟有些口吃，愣在原地半天说不出话来，原本设计的台词竟然全忘了。

邓小平看着神情紧张的夏默，笑笑说，就叫我小平同志吧，小田啊，以后你们都这么叫,说着便招呼客人落座。

邓小平一落座就对夏默说,你上次写的材料我仔细看了,非常好。今天想当面听听你对发展科学教育的一些建议,你不必拘束,直截了当地说。

谈起自己擅长的问题,夏默自如了许多。

夏默说,知识要传承,一个是靠人,也就是知识分子,一个是靠载体。可是现在知识分子还是"臭老九",很多人连最基本的生存条件都没有保障。夏默还拿自己举例说,不瞒您小平同志,我现在也还是个"反动学术权威",老田通知我到您这儿来的时候,我还在扫厕所呢。这些帽子不摘,知识分子恐怕都没法工作。

夏默一股脑儿把自己的心里话都说了出来,说完之后,有些后悔,感觉自己的话里带着许多抱怨,不知妥当不妥当。

邓小平很欣赏夏默的直言不讳,敢说真话的人是他现在最需要的。他回应夏默说,科技人员不能灰溜溜的,毛主席说"老九不能走",这就是说,科技人员应当受到重视,要给他们创造比较好的条件,使他们能够专心致志地研究一些东西。这对于我们事业的发展将会很有意义的。

听到邓小平这么说,夏默鼓起了勇气,又接连汇报了自己的一些所思所想。他提出了关于中小学生教材的问题,他认为现在中小学生的知识面很窄,科学技术知识很匮乏,社会上也没有什么新书可读。他举了自己的小女儿夏小妹的例子,说我昨天问我小女儿"你们除了上课,还读什么书啊",我小女儿就给我看了这个。

夏默从包里拿出一本手抄本小说《第二次握手》递给邓小平。邓小平默默地翻看了一下,眉头不由一皱,他听见夏默继续说,年轻人能看到的,也就是这些手抄本,但就是这本书,也被列为禁书。一个国家没有书读,知识就会形成断层,我认为这将会影响一整代人。

邓小平把这册手抄本搁在茶几上,心情沉重地说,这本书我知道,被定了四大罪状:第一,利用小说反党;第二,吹捧"臭老九";第三,鼓吹科学救国;第四,明明不准写爱情了,还非写不可。

夏默吓了一跳,小平同志怎么什么都知道,连一旁的田志远都吃惊地张大了嘴。

夏默辞别邓小平前,谈了自己的一个打算:想在知识界做一些调查研究工作。这个建议正合邓小平的心思，他说，不仅你要去，小田也要去，要去北大，要去清华，要了解知识分子的现状，作个案调研，调查的结果直接向我汇报。

夏默回到家，就对妻子高兰说，从明天起，我就不在单位打扫厕所了。高兰愣了半天，后来忽然就捂住脸哭了起来，临睡前点着夏默的鼻子说，你要用打扫卫生的那股认真劲儿去作你的调查研究，可不许马马虎虎。夏默说，我当然会珍惜我这重新开始的人生。这时候，隔壁就传来夏建国的大嗓门，夏家第一代的政治问题解决了，就要想办法解决夏家第二代的政治问题，咱还在水深火热当中啊！夏默冲着墙壁喊，饭要一口一口吃的道理你知道吗？凭邓小平的这种魄力，你翻身的日子还会远吗？

田志远三天后走进清华大学，所看到的一切，竟然使他的五脏六腑都揪了起来。

清华园到处荒草萋萋，废纸遍地，门窗破烂，垃圾成堆，杂乱无章，就连清华的标志性建筑、位于西门的清华园牌楼也早已轰然倒下，被砸得面目全非，剩下的只有断壁残垣。

"文化大革命"发生以后，中国的大部分大学校园都遭到学生们严重的破坏，昔日风景如画的校园变得一片狼藉。

从一九七〇年开始，北京大学、清华大学开始重新招生，但是招生的制度却进行了一次彻底的改革，只要被推荐，不管文化程度高低、年龄大小，不经考试就可以直接进入大学学习，这些人被冠以"工农兵学员"的称号。

田志远决定听一次课。他坐在一间教室的后排，看着一位姓何的教授在黑板上写下"水锤效应"四个粉笔字，接着又挂上了一幅说明图。何教授面对十几个工农兵学生，仔细讲解说，在水管内部，管壁光滑，水体流动自如。当打开的阀门突然关闭时，水流对阀门及管壁，主要是阀门，会产生一个压力。由于管壁光滑，后续水流在惯性的作用下，迅速达到最大，并产生破坏作用。这就是"水锤效应"。

讲台下的工农兵学员，有的很努力地记笔记，有的则仰着脸认真听讲，但是大多数人的脸上都露出迷茫的神色。讲授完毕，何教授问，同学们有什么问题吗？

这些学生要么相互对望，要么低头不语，教室里顷刻间鸦雀无声。一个胆大的男学生站起来,大声说,老师,老实说,我听不懂,也不知道学这些知识到底有什么用。

这时候田志远就看见何教授的表情在瞬间凝固了,眉眼之间浮现出一种痛苦。田志远在下课后与何教授聊了一会儿,何教授对他说了自己的想法,说这个情况也并不是学生的错,就因为这些学生基础参差不齐,有些学生基础太薄弱,按理说应该先进小学,怎么就被"推荐"进了清华园?何教授痛心疾首地说,咱们清华园不是幼稚园啊。说到这儿,这位头发花白的教授双眼噙满了泪花。

田志远这时候鼻子一酸,也想流泪,但他忍住了。

九

摆在桌面上的一份一九七七年的高校招生方案,让邓小平皱紧了眉头。

天气闷热,庭院里好几只蝉在"知了知了"地叫,这份烦躁的声音与邓小平此刻的情绪有点相似。

怎么能这样招生呢?邓小平离开桌子,走了几步,又回到桌子前面。

这是邓小平正式恢复职务后,要当即处理的一个重大课题。

在正式恢复职务之前,邓小平虽然已经开始工作,但他只是表示要抓科学和教育工作,并没有正式职务的头衔,也没有在公众场合亮相。而他真正恢复职务,则是在中共十届三中全会上。这次会议,是粉碎"四人帮"之后召开的第一次中共中央全会。

全会是在一九七七年七月十六日至二十一日召开的,这次会议一致通过了《关于恢复邓小平同志职务的决议》,决定恢复邓小平同志中共中央委员,中央政治局委员、常委,中共中央副主席,中共中央军委副主席,国务院副总理,中国人民解放军总参谋长的职务。

历经叫人感慨的三落三起,七十三岁的邓小平终于再一次走上了党和国家的领导岗位,成为仅次于华国锋、叶剑英的中共第三号人物。

邓小平在这次全会上发了言。那一刻,他环视全场,语句铿锵,情绪的表达没有任何退缩的意味。他十分清楚地表明了自己的立场。他当时是这样说的：作为一名老的共产党员，还能在不多的余年里为党为国家为人民做一点力所能及的事情，在我个人来说是高兴的。出来工作，可以有两种态度，一个是做官，一个是做点工作。我想，谁叫你当共产党人呢，既然当了，就不能够做官，不能够有私心杂念，不能够有别的选择，应该老老实实地履行党员的责任，听从党的安排。

在这次讲话中，邓小平也有意识地再次强调，要完整准确地理解毛泽东思想。当然，他也知道，这一提法是针对华国锋所肯定的"两个凡是"的，但他觉得在这次全会上自己有必要这样说，不管华国锋在不在场，因为这个问题实在太重大了。于是，他真实地表达了自己对毛泽东思想的看法，他认为马克思列宁主义、毛泽东思想是中国共产党的指导思想，但想要真正了解毛泽东思想，首先要对毛泽东思想有一个完整的、准确的认识，要善于学习、掌握和运用毛泽东思想的体系来指导国家各项工作。

显然，他的看法得到了与会者的认同，他听见台下多次响起了雷鸣般的掌声。他心里想，这就是党心。他又想，自己的复出，不就是顺应了这种不可违逆的党心吗？

当晚，他回到家里，比平时多盛了一勺饭，这一夜的睡眠也比往常更加踏实。

可是几天以后，面对送到他案头的这份招生报告，邓小平心里却烦闷得不行。

这个报告，他批不下去。

王秘书进来报告，说是田志远同志打电话来，已经请好了长沙工学院的两位领导同志，问什么时候可以上门来拜见，明天还是后天？

邓小平不假思索地说，就明天。然后又补充了一句，如果他们有准备的话，今天下午就来，时间不等人啊。

来见邓小平的是长沙工学院的张文峰同志和高勇同志，田志远一进门就把这两位向邓小平作了介绍。

入座后，邓小平问张文峰，原来是哪个部队的？

张文峰回说：抗战时期，我在太岳区工作；解放战争时期，我在太岳四纵队；后在中原军大，二高步校。

介绍了这个情况之后，张文峰再也无法抑制自己激动的情绪，补充说，邓政委,一九四二年我就见过您,当时我在士敏当县委书记。那时,那个地方封建会道门"红枪会"暗中勾结日伪和国民党顽固派,活动十分猖獗,给我们的抗日工作造成了很大困难,是您亲自带领三八六旅的第十六团到邻近的沁水县瓦解了"红枪会",开创了沁水县抗日工作的新局面。

是有那么回事儿,邓小平说。

随后,邓小平将目光转向高勇,问,你是哪个部队的?

抗战时候,我在鲁西军区;解放战争时,我被调到二野七纵,当营教导员。

邓小平略加思考后说,七纵,你们的司令员是杨勇。

对,是杨司令,高勇不假思索地回答。

这么说,我们都是二野的!

邓小平这句脱口而出的话,让原本情绪紧张的两位客人顿时放松了下来。

邓小平说,听说你们都是"哈军工"的老人啦。"文化大革命"中"哈军工"被拆散了,现在主体部分就是长沙工学院,没错吧?

张文峰说,在一九七五年,您指示国防科委筹办国防科技大学,现在看来,这个决策是十分正确和富有远见的。

邓小平说,一九七五年那个时候,教育战线搞不动,我就想让军队带个头。以你们在长沙的学校为基础,在军队搞一所国防科技大学,从高中直接招生。现在看来,还不够,还应当发展。

张文峰试探性地问,现在,我们长沙工学院能不能带个头呢?

你们当然要带头,邓小平不假思索地回答,现在军队仍然需要办这样一所大学。

张文峰心里高兴,说"哈军工"虽然分散了一部分,但主要基础还保存着,希望能把国防科技大学办起来。

邓小平笑了,说这次请你们来就是这个意思,我已经告诉张爱萍,让他指导你们的筹办工作,你们等会儿去他那儿报到。

还有一件事,邓小平又说,我想了解一下你们学院的招生情况。

张文峰告诉邓小平,长沙工学院和全国高校的招生制度是一样的,从一九六六年开始,取消考试,主要采取推荐工农兵学员的办法,坚持政治第一的原则,贯彻执行党的阶级路线。最后,他说今年教育部的招生方案还没有下发,不过听说基本没有变化。

高勇激动地说，过去十年，只有一九七三年您复出那年搞过一次高考，但第二年就取消了。

一九七三年招的学生，和其他几年的比，哪个更好？邓小平急切地问。

没有太大区别，高勇回答说，当时出了"白卷英雄"张铁生，《红旗》杂志发表评论说搞文化考试是"旧高考制度的复辟""资产阶级向无产阶级反扑"，张春桥说这是"反攻倒算"，高校也就不敢录取分数高的学生了，而且听说那次很多没被录取的人把课本都烧了。

听完高勇的介绍，邓小平若有所思，沉默了一会儿，忽然问，你们对现行的招生制度怎么看？

张文峰和高勇对视了一下，没敢说话，他俩心里清楚，高校情况很不乐观，工农兵学员的文化程度普遍偏低。很多大学生进入学校，据说不是来上大学的，而是来"管大学、改造大学"的。大学老师处于两难境地，如果不管，会被人说没有尽到教书育人的责任；管吧，又怕被打成"白专"。另外，"文化大革命"时期招生的原则是"群众推荐，领导批准"，不需要进行考试。所以，从一九七〇年招收第一批工农兵学员开始，走后门的情况就愈演愈烈。一些有实权的人，可以堂而皇之地把自己以及亲朋好友、上级下属的子女送入大学。这些严重情况，高勇和张文峰心里都明白，但是两人迟疑着，都不敢多嘴。

邓小平看在眼里，严肃地说，你们是军人，还怕说实话吗？

听到"军人"二字，高勇和张文峰同时站起来"啪"的一个立正，这才明白老首长一落座就问部队的缘由。接着，两位客人再不敢隐瞒，竹筒倒豆子似的把刚才心中所想的通通说了出来。

他们一边汇报一边就感觉到邓小平脸上的不悦之色越来越浓，他摸出一根烟，甚至还没有点上火就把烟扔到了茶几上。

果然，邓小平听完汇报，嗓音很大地说，这种情况一定要杜绝。我现在就可以告诉你们，高校招生一定要考试，考试不合格，一定不能要。我算个大人物吧？我的子女考试不合格也不能要。不怨你们，不能走后门。今年可能来不及了，明年一定要改过来。

邓小平的这番话，铿锵有力，就像当年他在战场上干脆利落的指挥，三位来客一时都听得热血沸腾、频频点头。邓小平把长沙工学院的两位客人送走后，又把田志远单独留了下来，说，小田，你现在跟我说说北大和清华的情况。

于是田志远赶忙拿出自己的笔记本，向邓小平作了详细的汇报。他说北大和清华的教学，基本处于半瘫痪状态，绝大多数教授还背着各种各样的包袱抬不起头来，比如清华大学的梁思成教授，去世多年了还戴着"反动学术权威"的帽子，被作为反面教材受批判。中青年知识分子待遇普遍很差，青年教师大多挤在筒子楼里，一家三代同居一室的现象很普遍。还有很多大学，比如中国人民大学，撤销以后，连房子都被占了。

邓小平站起来，在房间里走了几步，说，十多年来，知识分子都吃苦了，绝大多数知识分子是愿意为社会主义服务并且作出了贡献的。我在三中全会上讲了毛泽东思想体系问题，也讲了知识分子问题。"老九不能走"，说明知识分子是香的不是臭的，要理解毛主席的整个教育思想体系。从马克思到毛主席，都认为从事脑力劳动的人也是劳动者，无非是脑力劳动还是体力劳动的区别。工人在井下和高温条件下工作是高强度，但教员的劳动强度也不低，辛苦得很。当小学教员工资低，待遇低，劳动强度不比工人低，也不比科研人员的劳动强度低。把教师搞得灰溜溜的，那怎么行？

说到这里，邓小平从书桌上拿起两封信交给田志远，意味深长地说，一封是梁思成夫人的来信，一封是老舍夫人的来信，都是要求平反的。清华建筑系很有名，梁思成提倡民族形式的大屋顶，太费钱，但给他扣"反动学术权威"的帽子是不对的，应改正过来。对老舍这样有影响有代表性的人，应当珍视。由统战部或北京市委作出结论均可，不可拖延。对人的评价，要说得恰当，实事求是，不要说过分了，言过其实。

邓小平看着窗外，缓缓地说，教育是一个民族最根本的事业。四化建设的实现要靠知识、靠人才。政策上的失误容易纠正过来，而知识不是立即就能得到的，人才也不是一天两天就能培养出来的，这就要抓教育，要从娃娃抓起。尊重知识、尊重人才是根本大计。日本的明治维新就是从教育着手，特别是从小学教育着手的，他们很注意品德方面的训练。德育不是社会主义专有的，资本主义也是有的。现在我们是知识缺乏、人才缺乏，越往前走，这方面的问题越大。

说到这里，邓小平缓缓转过脸，看着田志远一字一顿地说，再盲目自大，我们要被开除"球籍"了！

田志远激动了，说，首长，很久没有听到这么振聋发聩的话了。田志远这句话是由衷的，他的内心这一刻已经翻江倒海：中国的教育有希望了。

邓小平摆摆手，又说，科学研究工作不走在前面，就要拖整个国家建设的后腿。现在科研队伍大大削弱了，接不上了。一些科研人员打派仗，不务正业，少务正业，搞科研的很少。少数人秘密搞，像犯罪一样。像科学院的陈景润，就是秘密搞的。

说到陈景润，邓小平一时说不下去了，想到这位著名的数学家因为自己而受到了政治牵连，很是对不起他，于是嘱咐田志远替自己去探望一下这位数学家，以解心中之牵挂。

田志远走出米粮库胡同的时候，情绪特别高涨。

由于高兴，在晚上就寝前他把儿子叫到床前，原原本本地向他介绍了邓小平关于重整教育的一些思路和想法。

田源噘着嘴说，你们都这么关心大知识分子，也要关心关心我们小知识青年啊。我们不开心，老爹您知道吗？

田志远推了儿子一把说，睡觉去，我相信不用多久，你们这些小知识分子也会有开心的日子。

十

夏建国与田源去派出所转悠了一下又回来了，这就是所谓的"报到"。他们回到四合院，拿起蒲扇哗哗地扇着一身的燥热，心里老大的不痛快。

田源说，咱们每周去一趟派出所算咋回事儿啊？虽然是走个形式，签个字画个押，那个陈所长也不为难我们，可是咱们不就整个儿一个"坏分子"的感觉吗？

夏建国没有回答，心里寻思着，过这种日子还真不如去建红他们乡下。他想起自己在安徽的日子，虽然日子艰苦，啃番薯就咸菜，但是起码有精神的自由，想睡就睡，想走抄起一根打狗棍就可以走，一边走一边还能唱"凤阳是个好地方"。

这两个小伙子心中的阴云，直到任燕兴冲冲地走进门来，手里高举着两张球票，才顿然消散。

是北京国际足球友好邀请赛的票，中国青年队对中国香港队。

两个小伙子触电般地跳了起来，手舞足蹈。看这股兴奋劲儿，根本不像是每个礼拜都要去派出所画押的人所应该有的。

任燕暗想，我这两张票也送得真是时候。这几个月以来，她一直为这一对兄弟所受的思想折磨而忧心，可是现实政治依旧是高压状态，不见得松动，又能有什么办法呢？也许邓小平的正式复出，能带来政治上的改变，毕竟天安门事件是因邓小平而定性的啊。

但是，任燕怎么也没能想到，她与这两位她尊敬的兄弟，能在这场球赛上见到邓小平本人。

邓小平复出后第一次出现在公众视线中所引起的热烈反响，是他本人都没有想到的。

那一刻，北京工人体育场就像沸腾了一样。

一九七七年七月三十日，北京工人体育场举行了北京国际足球友好邀请赛决赛，这次足球赛是我国政治与经济形势改变后的第一次体育盛会。

夏建国、田源与任燕是在晚上七点比赛开始之前赶到体育场的，在鼎沸的人声中找到了自己的座位。

体育场闷热，但是激奋，所有人都盼着通过一场难得的球赛来释放自己真实的情感。在那个年代，要找这样一个宣泄感情的场合，真不是一件容易的事儿，一张球票的难能可贵就在于此。

距开场还有几分钟的时候，一件大家意想不到的事情发生了，场内忽然响起播音员激动的声音：同志们，报告大家一个好消息，邓小平副主席也来看球了！

顷刻间，全场躁动，人们像潮水涌动一般地起立、鼓掌、观望、寻找。

邓小平？邓小平？邓小平？

夏建国声音打战地说，快，小源你帮我，再把我架起来。于是夏建国骑在田源的肩膀上，拼命地朝远处的主席台呼喊，小平同志好，小平同志好，小平同志好！

整个体育场的观众都像他一样呼喊着，声音有如海浪，久久未能平息。

邓小平也没有想到自己的出现会激起这么大的声浪，他一边鼓掌一边缓缓走上主席台。坐下以后，他又站起来，向四面八方挥手致意。

夏建国、田源和任燕都是第一次见到邓小平，三个人都铆足了劲儿鼓掌，浑然不觉比赛已经开始了。夏建国挥舞着拳头对任燕喊，你这张球票太值啦！

之后，在整个看球赛的过程中，夏建国几乎有三分之一的时间是盯着主席台方向的。他远远地看着邓小平的身影，心里想，快了，中国的政治可能就要像足球那样运动起来了，一切都有希望了，只要邓小平能稳坐在主席台上。

在这场球赛的中场休息时间，邓小平在时任国家体委副主任荣高棠等人的陪同下，兴致勃勃地走进休息室，看望领队、教练、球员和裁判。

比赛的主裁判一走到邓小平面前，邓小平就笑了，握着他的手说，你上半场吹得不错，但是香港队的那个越位你吹得有点问题，把人家一个必进的球吹掉了，很可惜。有时候，你们比场上的球员还重要，球技差点没关系，可以慢慢练，但是绝对不能有黑哨。一旦有黑哨，再好的球也踢臭了。

主裁判听着邓小平这样说，突然冒出了一身冷汗，赶紧说，邓副主席批评得对，我们很多年没有吹正式比赛，业务荒疏了，也紧张，没吹好，对不起。

没关系，别在意，下半场放开些，邓小平笑着说。

邓小平又向荣高棠建议，派几名裁判去德国学习，并提醒他要培养国际裁判，提高裁判水平。邓小平又向在场的人表达了自己对于体育的看法，他认为体育对于人民群众，不仅是娱乐，更是一种精神的象征。足球是目前世界上最有影响力的竞技运动，可是现在的国际足坛是欧美两强相争，亚洲和非洲差距很大。

邓小平笑着说，足球要上去，我看没有别的捷径，只能从小抓起，从娃娃抓起。

荣高棠听着这些话不停地点头，心里想，这几句话真是说到点子上了，哪个领导人会这么说！这时候他听见邓小平又说，不是说努力就行了，要有具体措施，卧薪尝胆几十年，通过几代人的努力，下决心把中国足球搞上去。不然的话，老百姓要骂娘的。这个也是政治啊！

这话，分量很重，谁都听出来了，一屋子的人一时都不敢说话了。邓小平见到这个场面，笑了，一挥手说，走，看球。

十一

田志远是在单车骑到中关村的时候,听到电线杆子上的广播匣子里播报邓小平副主席在首都工人体育场看球的新闻的,一听就精神大振,心里想,老首长这次的亮相亮得好啊,群众的这种热烈也正体现了人民心里的期待。其实他昨天夜里就已经听到儿子绘声绘色的叙说,说那一刻年轻人几乎都喊破了嗓子,好多人脸上都挂着泪水。

田志远想,新的一幕就这么徐徐拉开了,整个国家都会有一种球赛的紧张气氛。他又想,自己可要尽心尽力地帮助"踢好这场球",所有的中国人都在盼望着自己国家的好成绩。

这一刻,自己赶来中关村找数学家陈景润,是不是也是一次必要的球场跑动呢?

他找半天,才找到了陈景润所在的中关村某单位。

在七拐八拐之后,田志远搁好自行车,推门进了一个锅炉房。这时候,他的眼眶忍不住湿润了。

锅炉房条件十分恶劣,房顶滴滴答答地往下漏水,屋子的主人在地上放着一个搪瓷缸子接着,但是水早已溢出。靠墙堆满了麻袋,麻袋里装着满满的稿纸,根据纸的颜色推断,最靠墙边的两个麻袋里面塞的都是主人最近才放进去的。不足八平方米的小黑屋子里,还放着一张破旧的桌子。整个屋子里,只有桌上的台灯亮着,一个身穿旧军装的男人伏在桌上,不停地在面前的稿纸上写着什么。

田志远小心翼翼地绕过麻袋和搪瓷缸子,走到桌前,拍拍男人的肩膀说,您是陈景润同志吧?

那男子抬起头,脸色土黄,脸上烙上了深深的皱纹,眼神呆若木鸡,眼睛肿得通红,一看就知道是多日熬夜所致。

陈景润定定地看了田志远几秒钟,嗓音仿佛有些不耐烦:你是谁?

田志远赶紧伸出手，笑着说，陈老师您好，我叫田志远，国务院政策研究室的。

陈景润没有搭理他，转过身，背对着田志远，继续在纸上不停地写着各种数字，像是在计算着什么，半晌，冷漠地问，有事吗？

田志远知趣地缩回了手，说邓副主席让我代表他来看望您。

听到"邓副主席"四个字，陈景润突然停了笔，抬头看着田志远，眼神依然很迷茫：哪个邓副主席？邓小平？

没错，是邓小平同志特意派我来看望您的。邓小平同志现在管科学和教育，您有什么困难和要求，我可以向他汇报。

陈景润沉默了一下，苦笑一声，摇摇头说，同志，我不懂政治，我也不会写你们要的那些材料。我没有什么困难需要解决的，请你不要打扰我好不好？

田志远心急了，加快了语速说，陈景润同志，您多心了，您是一个有贡献的人，党和国家有责任帮助您解决困难。

同志，我真的没有时间，请你出去的时候把门关上，谢谢你。说完，陈景润转过身，继续着未完成的计算。

看着对方这样的态度，田志远自知再待下去也无益，只能暂时离开了。

第二天，田志远就赶到米粮库胡同，向邓小平汇报了陈景润的精神状态以及他目前的生活环境。

邓小平听了，怔了半天，突然愤愤地拍了一下沙发扶手，脸色铁青地说，像陈景润这样世界公认有水平的人，中国有一千个就了不得！说什么"白专"，只要对中华人民共和国有好处，比闹派性、拉后腿的人好得多！你去告诉他们，像陈景润这样的科学家，应该当一级研究员，要给他们配助理、配秘书，还要关心他们，解决他们生活上的困难，让他们健健康康的，有房子住，有办公室。还有，对于有突出贡献的科研工作者，逢年过节，各级领导都要去看望慰问他们，了解他们的困难，帮助他们解决问题。这应该成为一条规矩。

田志远迅速地在本子上记录着邓小平的这些话，心里想，好啊，好啊，陈景润的苦难和中国所有科学家的苦难看来都将马上结束了，这对科技界与教育界来说真是翻天覆地的变化，但愿邓小平这些话完全算数，被不折不扣地落实。

田志远当天回到家以后，忍不住给《红旗》杂志社的曹慧打了个电话，说，我现在才明白，邓小平提出他要抓科学与教育是何等英明，可以说，他是牵住了牛鼻子。

曹慧听不懂，说，什么牛鼻子啊，你在啰唆什么啊，你没有糊涂吧？

田志远不再解释，只是笑着说，我是问你什么时候回家啊！那天在北海公园，你跑了以后，我可是连着三个晚上没有睡好觉啊，小源都骂我怎么又把妈妈给气跑了。曹慧你别再窝杂志社的单人宿舍啦，儿子想吃妈妈烧的菜，你知道吗？

虽说是牵上了科学与教育的牛鼻子，但这个牵牛的过程却是艰巨而烦琐的。

眼瞅着科教座谈会的时间一天天逼近，还是有很多项工作抓不住头绪，方毅、刘西尧、田志远几个人日夜忙着，甚至都有点焦头烂额的味道了。终于，他们根据邓小平定下的四条标准，在与各省市地相关单位进行了拉锯战式的商量、谈判以后，定下了全国科教座谈会与会者的名单，共计三十二人。其中，年龄最大的是八十二岁的小麦育种专家金善宝，最小的是三十一岁的化学键理论研究者温元凯。

对于一下子要召集这么多人到北京开会，教育部上下议论纷纷，很多人大惊小怪地说，我们刘部长的胆子也太大了，这么做有问题啊，这些科技人员半数以上是在"文化大革命"中受到严厉批判的，大多属于"白专典型"，是"资产阶级反动学术权威"，这么多年他们曾被下放到各省市，心里都很不痛快，再加上邓小平刚刚复职，此时聚在一块儿，很可能闹出什么事儿呢。邓小平难道不怕被人诟病吗？这年头，打政治报告的人多的是，如果邓小平在这一问题上出现什么偏差，真可能会蹦出一大把一大把的反动言论来，恐怕他就很难再翻身了。

当然，除了怕闹事儿之外，关于与会人员的住宿问题，也成为筹备会议上大家讨论最激烈的问题，标准高了低了似乎都不合适。方毅与刘西尧听了众人议论，心里没底，商议了一下，决定还是去米粮库胡同请邓小平定夺。

邓小平听了方毅与刘西尧的汇报，眯眼沉思了一会儿，忽然作出了一个惊天的决定：这次座谈会在北京饭店召开，而且小专家住单间，大专家住套间。邓小平说，就是要讲点排场。

刘西尧瞪大眼睛说，中央工作会议也没有这么高的标准呀。

邓小平站起身来说，就这么定了。中央工作会议是我们党内的会议，这次科教座谈会是党中央召开的谏言大会，是拜师的会议，当然要按最高规格来办。尊重知识尊重人才不是一句空话，我看就从这次座谈会做起。经费紧张，我们这些人就不要占房间了，好不好？

方毅与刘西尧转过弯来了，连声赞好。他们怎么也没有想到，这趟请示会是这样的结果。

还不止于此，按邓小平的意见，参会名单还要加几个人。邓小平举起手，缓缓放出手指，说，复旦大学的苏步青教授、同济大学的李国豪教授，他们都是有见解、敢说话的大专家。对所有与会人员，都要以中央名义发正式的邀请函，任何单位都不得阻拦。在外地的，最好派人去接。

方毅与刘西尧都明白，邓小平点将的苏步青教授和李国豪教授都是著名的科教人员。苏步青教授是杰出的科学家，被誉为"数学之王"，他在微分几何学和计算机几何学等方面都有突出的成就，"文化大革命"期间被打成"卖国贼"，一度下放劳动，那时的他已经年过七旬；而李国豪教授是著名的桥梁专家，他在中华人民共和国成立后任同济大学副校长，"文化大革命"期间被戴上"反动学术权威"的帽子，关进牛棚审查。这两位教授均是吃了敢说真话的亏。

而邓小平这年头所特别欣赏的，就是敢说真话的人，何况还是大知识分子。

田志远在一名女教师的带领下，走到了苏步青的房间门口。

偌大的一间办公室里，只有一个头发花白的老先生，伏在角落的一张书桌上，背对着门。女老师走到苏步青旁边，轻声说，苏老，北京来的田志远同志有事找您。苏步青闻言，回转身，直愣愣地看着这位陌生的来客。

田志远风尘仆仆。他是连夜赶到上海的。

他受邓小平委托，专程来请苏步青与李国豪两位教授赴京开会。邓小平对他说，小田啊，你必须当面去请。

位于上海复旦大学的苏步青数学所，原本是我国数学领域最具影响力的研究所之一，一九六六年"文化大革命"开始后，苏步青教授被打成"卖国贼""资产阶级反动学术权威"，在学生宿舍关了六个多月，被批斗一百多次。

苏步青在一九七二年夏天被下放到江南造船厂劳动的时候，已经年过七旬。

根据学校的工作人员介绍，在苏步青离开大学之后，王洪文的弟弟在复旦大学胡作非为，说什么研究所是派出所，不让搞科研。更令大家痛心的是，胡作非为的他还把研究所里的设备全部调走了，多年来的科研成果被他搞得残缺不全，仅剩的几十名专业人员也都被拆散了。

苏步青在"文化大革命"结束后回到上海，走进自己终日想念的研究所，看到空空如也的教室，瞬间就垮了。此后，他一直把自己关在房间里，不见任何人，终日郁郁寡欢。

这些情况，陪同人员都已经详详细细向田志远介绍过了。田志远很理解这位著名数学家的心境，于是他从包里取出请柬，走上几步，双手递给苏步青说，苏老，我是请您到北京去开会的。这是请柬，请苏老收下。

苏步青接过请柬，并没有打开，看看田志远，又看看手中的请柬，顺手扔进了废纸篓。

田志远大惊说，苏老，这可是重要的请柬，中央发出的。

苏步青皱眉说，我要它有什么用？

苏老，这是请您去参加全国科教座谈会的请柬，这确实是党中央的邀请。

苏步青突然动怒了，拍着桌子说，你这位同志，你懂什么？我需要的不是开会，而是我的助手和学生。你是我的学生吗？

田志远傻愣了几秒钟，突然换了个问话的角度，轻声说，苏老，我告诉您，这个会是小平同志开的。

小平同志？哪个小平同志？

就是邓小平。

苏步青忽然安静下来，愣了半天，眼睛眨巴了几下，问，邓小平？邓小平又出来管事了吗？

田志远心里想，什么事儿一说到邓小平，多半也就成了，于是放下心来，笑着说，苏老，您最近没看报纸吧？小平同志已经正式复出工作了，而且主管我们国家的科学与教育工作。

突然，苏步青敏捷地蹲下身去。田志远被他的这一举动吓了一跳，刚想伸手去扶，却见苏步青已经从废纸篓里拣出了那张请柬，打开读了起来。

苏步青抬起脸，这时候田志远发现他的眼角有些湿润了。苏步青说，同志，刚才不好意思啦，请你原谅。我去北京，我一定准时到会，我这次能见到小平同志吗？

李国豪也问了与苏步青同样的话：邓小平又出来管事了吗？

田志远见李国豪教授，还真是费了一番周折。同济大学革委会办公室主任对田志远瞪眼说，李国豪是同济大学最大的"反动学术权威"，好多问题还没有查清楚，目前正在接受监管，中央怎么会要这样的人去开会呢？你弄错了没有？

田志远当时就被激怒了，他冲着这位办公室主任说，你们给李国豪教授戴了什么帽子，我不清楚，我只知道他是著名的桥梁专家，中国科学院技术科学部学部委员。现在中央要开科教工作座谈会，他是邓小平副主席专门邀请的党中央的客人，你听明白了没有？你觉得还有什么不妥吗？

不是我觉得不妥，而是李国豪目前处于监管之中，不允许任何自由行动，这事我做不了主。

我没要你做主，只要你放人。我必须按时将李国豪教授带到北京，这是中央的决定，任何单位不得阻拦。

对方看着田志远的态度如此强硬，半天不吱声，最后说，你来得不巧，李国豪现在不在同济。

田志远很快便弄明白了是怎么回事，原来李国豪以前当过南京长江大桥技术顾问委员会主任，最近长江大桥出现晃动，没人解决得了，南京那边就来人把他押过去会诊了。

紧接着，田志远从桌上拿起介绍信，转身就走，前往南京。

田志远迅疾赶往烈日炎炎下的南京，他的汽车直接开往南京长江大桥。

李国豪教授当时就是在桥面上号啕大哭的，他也顾不得身边所有目瞪口呆的技术人员。一张由田志远递给他的介绍信，在他手里一直像树叶一样打战。

田志远明白，李国豪的激动与苏步青的激动是一样的。

这是中国所有知识分子的激动。

十二

座谈会的筹备工作在忙忙乱乱地进行，许多棘手问题被一个接一个地克服。方毅、刘西尧每天待在北京饭店，亲自对各项工作进行巡视。但是方毅这一天又挠头了，一个意想不到的情况使他目瞪口呆。原来，按计划，与会的三十四位科学家、教授将如期抵达北京饭店，但是长春光学机械研究所的王大珩教授却怎么也联系不上，长春方面的回答都是支支吾吾、推三阻四、不得要领。方毅副总理觉得奇怪，会议筹备组的工作人员也急得团团转，直到田志远通过各种关系接连打了几十个电话，才弄清楚这位王教授是被送到看守所关押了。

看守所？什么问题有这么严重？方毅大惊，着急地问田志远。

田志远告诉方毅，原来长春光机所的党委书记是个造反派，经常以一个未经查证的罪名就把研究所里的研究人员往看守所送。王教授就是因为在大会上给这位党委书记提了意见，当即被送去看守所的。据说，现在仅仅一个光机所就有七个技术人员被关押在看守所里。

简直无法无天嘛！方毅皱紧了眉头，接着又问田志远，能赶快把人弄出来吗？

田志远说，我刚才也联系了，看守所的负责人说，他们是司法部门，只听省革委会的，中央科教部门的指示他们无法执行。

方毅说，这怎么行，这怎么行？

王大珩教授是我国光学界主要的学术奠基人、开拓者和组织领导者，特别在镭射技术、遥感技术、计量科学、色度标准等领域都作出了重要贡献，被称为"中国光学之父"。这样的"之父"辈的人物却被看守所扣押，简直是中国科学界的耻辱。田志远当即就对方毅说，只能请小平同志出手了。

仅隔半天，邓小平就给吉林省委第一书记王恩茂打了电话。接到电话的王恩茂态度鲜明，电话里就向邓小平保证，马上就去看守所接王大珩，并将亲自派车把他送往北京。

王恩茂说到做到，放下电话就去了长春看守所。他一见王教授就上前握着他的手，连连说，对不起呀老朋友，让您受苦了。我王恩茂是个官僚主义的昏官，连光学大师进了看守所竟然都不知道，失职啦，请您王教授原谅啊。

王教授非常不解，愣愣地看着这位省委书记说，一个四体不勤五谷不分的白面书生竟然把你这省委书记惊动了，王某真是三生有幸啊，发生什么事了？

王恩茂说，王大师，您有什么疑问和牢骚回头再向我发，现在我带您去洗澡理发，然后还要将您披红戴花送往北京。您要马上去北京。请您去的是邓小平副主席。

王大珩就是这样由吉林省的专车护送，警车开道，直达北京饭店的。这一路上，他激动得嘴唇也是一直哆嗦着。

在这个重要的座谈会开始之前，邓小平最后听了一次方毅与刘西尧的汇报。邓小平同意这个座谈会从八月四日开到八月八日，并且提出自己要全程主持。这个决定令方毅和刘西尧十分惊讶。

是的，我要亲自主持，邓小平说。

十年的动乱，使中国的科技与教育受到了严重的破坏。邓小平心里很清楚，科学技术是第一生产力，是一个国家实力的基本保证，而教育又是一个国家的根本，这一次，他必须全程参与到讨论中，才能最清楚地了解到中国当下最需要的是什么。

邓小平要亲自主持这次座谈会的决定，令会议筹备组的所有工作人员心情振奋。整整五天的会议，邓小平全程主持，这该是一种什么样的精神与劲头啊。田志远还把邓小平的一些具体意见告诉了大家，说会场内不设主席台，大家面对面，赤诚相见。

田志远在向会议筹备组的工作人员布置完工作之后，扭转头忽然看见了自己昔日妻子的身影出现在会议筹备办公室的门口，他不由得愣了一下。

他赶紧走到门口，轻声问曹慧，你来了，什么事？

曹慧说，我来看看你，知道你这些天特别辛劳。

田志远说，我没啥，身体挺好的。就是南京太热，差点中暑，回来躺了一天就好了。是小源把我躺了一天的情况打电话告诉你的吧？

曹慧说，小源没有打电话给我，不过我刚才在会场上转了一下，会场布置得井井有条的，你干得不错。

田志远心里咯噔一下，又轻声问，你今天来，不是专门来检查工作的吧？

是，我还是有些担心。

还是担心我跟着小平同志犯错误？

就是这个问题，曹慧小声地说，这里有地方坐吗？我还是想跟你单独聊聊。

紧接着，曹慧就跟田志远聊起了她心中的忧虑。不过这次谈话，曹慧并没有显出咄咄逼人的模样，而是语调放缓，但是话语里的焦急与担忧还是十分明显的。她反复说，老田呀，你应该明白，"文化大革命"原本就是从文化教育领域开始的，这里面敏感问题很多。一九七五年，邓小平领导搞"全面整顿"，在经济领域里，还是很受毛主席肯定的，但就是因为转交了清华大学刘冰的两封信才出了娄子。

曹慧又悄声说，老田呀，教育战线历来是政治运动的导火索，这教训，还不够吗？你看，现在邓小平刚复出，又是拿科学教育开刀，我真是担心他重蹈覆辙，你呢，也跟着栽进去。老田呀，小源那天打电话来说你要去南方，请这个专家，请那个专家，我就为你担上了心事。

田志远一直默默地听着前妻的话，最后，咧嘴笑了笑说，曹慧啊，你真是操心的命。不过，这一回你倒还是看得很准，这次会议还真的不是一次普通的座谈会，恐怕还真是个突破口。

曹慧一听"突破口"这三个字就心惊肉跳，她从来没觉得这次会议是件好事儿，而邓小平又要"突破"，这就可能犯大事儿啊。

田志远站起来，把走廊上的一扇窗口推得更大一点，望着窗外的天空，对前妻说，曹慧啊，对于这个"突破口"，我呢，一时还说不清楚。不过从这一阶段我接触到的情况看，一场大的变革没准儿就要从这次座谈会开始了。说老实话，此时此刻，我真有一种要上战场的感觉，我就像回到了那个年代的中原战场。曹慧啊，我是铁了心要跟着老首长干下去的，我不相信还会再发生什么天塌地裂的大事儿，但如果真到了那一刻，我田志远也无怨无悔。曹慧啊，我很高兴你今天说话细声细语的样子，但是对你这种担忧，我还是要说一句，你多虑了。天色不早了，我决定今天回家里吃晚饭，你能回去帮忙炒两个菜吗？今天家里有萝卜，还有三只茄子，就是菜油不够了，家里的油票用完了。小源这两天都没有油水，人也显瘦了。

听着这话，曹慧的眼泪一下子流了出来，她很久没在田志远面前哭过了，但是一想到这个破碎的家庭和瘦弱的儿子，她的心就特别难受。田志远赶紧拍着她的肩膀说，别哭，别哭，好像我在欺负你似的。话没说完，突然有个工作人员蹦跳着跑过走廊，欢呼说，长春的王大珩教授到了，太棒啦，是警车护送来的！

第三章

向科学致敬,向教育致敬

一

邓小平是穿着一件白衬衫、一条军绿色裤子和一双黑布鞋走进科学和教育工作座谈会会议室的,陪同他的是方毅、胡乔木和刘西尧。

邓小平看着这些功勋卓著的老科学家们,心情激动。三十二位科学家看着邓小平,心里也很激动。这一刻,掌声响了很久。

苏步青激动地握着邓小平的手说,感谢您还记得我。

邓小平说,苏步青,独步数学领域,闻名久矣,我怎敢忘?一会儿要听您的高见啊!

站在苏步青旁边的王大珩,也早就做好了握手的准备,手举得老高。当邓小平走到他面前时,他赶紧伸出双手紧紧握住邓小平的手连声称谢。一旁的方毅介绍说,王大珩,著名的光学专家,是被王恩茂书记用警车开道送来北京的。

一听这话,邓小平松开紧握王大珩的双手,退后一小步,郑重地向他鞠了个躬,语气凝重地说,王教授,您受苦了,我代表党中央向您道个歉。

王大珩愣住了,甚至全场所有的与会者都愣住了。邓小平这一鞠躬,所包含的政治意味与感情是多么丰厚啊。

忽然而至的掌声是如此热烈,而且久久不停。最后,在邓小平的多次恳求下大家才陆续就座,使这个重要的会议开始举行。作为会议主持人,邓小平在会议开始时说,今天请大家来参加科学和教育工作座谈会,大家都是党中央请来的客人。刚才我看了一下,少数人认识,多数人是闻名未曾谋面,大家都是为国家作过贡献的专家学者。我首先要说的是,这些年,大家都受苦了,我代表党中央向大家道歉。

邓小平再次起身,认真地向大家鞠了个躬。顷刻间,会场再次响起雷鸣般的掌声。

邓小平在先后鞠了两个躬之后,才带领大家进入了座谈会的主题。他告诉大家，这次开会的目的，就是想听听大家的意见。问题就从一句话说起，这个世纪还有二十三年，要实现四个现代化，实现赶超世界先进水平的任务，究竟从何着手？赶超，某些领域是超，某些领域是赶，要赶上当时的水平，某些领域是接近。任何时期，要在任何领域都超过人家，恐怕不可能。总的水平至少要接近。前一段，我没有工作，一个人胡思乱想，也找少数同志谈了一下。

邓小平接着又讲了一下自己对于科技和教育事业的看法。他认为，中国要搞现代化，必须从科研、教育着手；不从科研、教育着手，赶超是句空话。

他把第一天讨论的重点定为：科研怎么搞得更快些、更好些？教育怎么合乎四个现代化的要求、赶超的要求？主要包括学制、教材和教员的来源、办学的方针和具体措施。

说到这里，邓小平环顾四周，见大家都低着头，竟然没有一个人作出响应。他似乎有些吃惊，但随后便慢慢明白了，这十年"文化大革命"对知识界的禁锢实在太厉害了，尤其是在座的一些老科学家，可以说每个人都受到了不同程度的政治迫害，已经逐渐养成了对一切闭口不言的习惯，这种习惯一时恐怕还难以改过来。此外，还有一个重要的原因。几年前，周恩来曾经开过一次类似的讨论会，当时与会的不少知识分子都以为看到了希望，可是最终的结果却是失败。这次的会议是否与上次会议有同样的结果？大家心里没底，所以一时都没有开口。

邓小平看着大家的神色，见一个个都很激动，都像有话要说的样子，但环视一遍后，等到的却依然是沉默。邓小平心里想，万马齐喑的原因，不在他们，在于我们，这十年的政策真是害人啊。

邓小平这时候就笑了笑，提起声音鼓励大家说，今天，大家想说什么就说什么，不一定长篇大论。"四人帮"的破坏是很厉害的，对我们国家是一个大灾难。对科学、教育，对各行各业都是这样。别的，可能还容易赶一点。科学，特别是教育，要抢时间补课，抢回损失，恐怕要花的精力更大，因为这东西要从小学入手。可不可以要求五年见初效，十年见中效，十五年见大效？

这时候，邓小平再次请大家发言，会场依旧一片寂静，无人回应。邓小平把目光转向坐在前排的几位专家，向他们投去一种渴望的目光。可是，这几位专家所采取的办法却是回避，纷纷低下头去。

面对这样异乎寻常的冷场，邓小平心里有一种近乎"绞痛"的感觉。他看看方毅，方毅脸上也有一些茫然；看看胡乔木，胡乔木紧皱着眉；看看刘西尧，刘西尧有点张口结舌的样子；最后看看田志远，田志远握着自己的手腕。

邓小平低头想了一下，再一次站起来，双手抱拳对大家拱拱手。他用一种近乎恳求的语气说，我知道大家有顾虑，但是同志们，你们也知道，国家现在的局面太危急了。我们落后世界发达国家太多，如果再不奋起直追，亡党亡国也不是不可能。

邓小平顿了顿，继续说，"四人帮"污蔑知识分子是"臭老九"，是为资产阶级服务的。但我清楚，中国的知识分子是最识大体、顾大局的。在民族大义面前、国家危难时刻，中国的知识分子有挺身而出、不计较个人得失的好传统。中央分工，我自告奋勇，管一管科学、教育，外行管内行。我是外行，管你们内行。方毅同志同我一块儿搞，具体事情他做，我的任务就是"放点空炮，助点威风"。

听到这里，会场的气氛活跃了起来，与会的专家们开始窃窃私语。邓小平见自己的话起了作用，便继续说，大家在这里发言，不用有任何顾虑。发言可长可短，讲一次、两次、十次都可以，插话也可以，自由一点，什么话都可以讲。这里没棍子，要消灭棍子。三个公司：钢铁公司、帽子公司，还有鞋子公司，都要丢掉。

说到这里，后排有位专家犹犹豫豫地站起来，小声问了一句，"鞋子公司"是什么意思？

邓小平笑了，解释说，今天是朋友相会，在自己家里，可以宽松些，不拘礼仪，不拘小节。有的人年纪大了，穿着皮鞋出来开会，时间长了不舒服，怎么办？所以我说，鞋子公司可以丢掉，可以放松一些，大家不反对吧？

会场上顿时响起一阵笑声，气氛完全轻松了。邓小平于是点将说，苏老，您是一九○二年出生的，比我大两岁。外国人评价说，您是中国的数学之王，那就请您带个头吧。

苏步青起先愣了一下，然后迟疑地站了起来。邓小平一见这情况，赶紧走过去请他坐下说。苏步青坐下，接着马上又站了起来，看着邓小平，竟有些不知所措。

邓小平知道他激动了，笑着说，苏老，别着急，坐下说，想到一点就说一点。

苏步青坐下，轻舒一口气，整理一下思绪，鼓起勇气说，我是在"文化大革命"初期被打倒的，到现在已经很长时间了。我所在的复旦大学数学研究所，也被拆散了。现在让我讲道理、提方案，我讲不出来。既然小平同志让我说，我就说说具体的问题。

苏步青介绍说，搞科研，别的条件且不说，首先得有搞科研的人，有个队伍。"文化大革命"前，我领导的微分几何小组有十八个人，都是精兵强将，人称"十八罗汉"，但基本上全是四十至五十岁的人，二十五至三十五岁的科研人员几乎是空白。搞基础理论要靠青年，有活力，有冲劲，如果年轻的时候理论搞不上去，年纪大了就更不行了。

想起曾经的辉煌，苏步青竟一时感伤起来。

您的"十八罗汉"呢？邓小平问。

苏步青无奈地说，都被拆散了，那时候不让搞科研，把人都派出去。十八个人，有的调走，有的改行搞采购，现在只剩两个人了。我成了光杆司令，想搞科研也没法搞啊。

苏老，被拆散的人还在国内吗？您有名单吗？

都在国内，有名单，苏步青一边说一边拿出了一张名单。这是他开会前就准备好的。

田志远上前，接过名单，转交给邓小平。邓小平看了一下，随即转交给方毅，嘱咐方毅十天之内必须把名单上的十六个人都请回来，调回原科研岗位。方毅说好，好。

安排了这一切之后，邓小平想了想，又补充说，不仅原来的人要恢复，还要选拔招收更多的年轻人。有些青年成绩好，没毕业就可以当研究生，过几年大学要重点培养研究生。这样做，研究人员成长得快。

看到邓小平当着这么多人的面安排好了自己的工作，苏步青大喜过望，颤抖着声音说，您这么说，我的信心更强了，数学所一定能再搞起来。

苏步青起了个好头之后，会场的气氛骤然活跃。与会者纷纷站起来，都想发言。坐在第一排的王大珩四处瞧瞧，见大家都站起来，他也坐不住了，赶忙起身。

邓小平看到王大珩站起来，便关切地询问：王教授，一天鞍马劳顿，休息好了吗？你谈谈吧。

王大珩见会议的主持者这样点名，就再也顾不得什么了，痛痛快快地讲了自己想说的话。他说，小平同志啊，过去这几年，"四人帮"残酷迫害科技人员，我实在是深有体会的。他们胡说科技界的特务像香蕉一样一串一串的,还说我们光机所是被走资派、叛徒、特务、反动派把持的,敌人发展特务比我们发展党员还快。他们采取逼、供、信手段,制造了骇人听闻的特务集团冤案。在光机所,被隔离审查的有二百一十六人,被勒令进"学习班"作检查交代的有一百多人。

王大珩的这一炮一轰出,很多专家的眼眶里都浮起了泪花,一时间会场嘈杂一片,有人甚至不等主持人点名就直接站起来大声发言,揭露了各个省市科学教育界的重大冤案。譬如,长春光机所的冤案,就不仅仅牵涉吉林,还株连北京、上海、辽宁、黑龙江等地的科学教育界,几千人都受了影响。

邓小平突然站了起来,大声说,像长春光机所这样动不动就把人关进看守所的问题,要抓典型调查,集中解决,为整个冤案平反。先平反再说,个别有问题的另作处理。罪大恶极的头头,要依法严办,绝不姑息。

邓小平的这几句话引起了一阵热烈的掌声,但王大珩仍然紧锁着眉头。邓小平注意到了这个细节,又对王大珩说,你肚子里还有什么话,你就再说。

于是,王大珩就说出了"所有知识分子头上都悬着一把剑"的担心。依他看,这把"剑"威胁着中国所有的知识分子,使他们敢怒而不敢言。

说起这把"剑",起因是一九七一年在北京举办的全国教育工作会议。在那次会议上,张春桥和姚文元主持搞了个《全国教育工作会议纪要》,对教育战线和知识分子作出了"两个估计"的定性,即:"文化大革命"前十七年教育战线是"资产阶级专了无产阶级的政",是"黑线专政";知识分子的大多数"世界观基本上是资产阶级的",是"资产阶级知识分子"。这个《纪要》后来经毛主席圈阅下发给了中国所有的知识分子。

这把"剑"寒光闪闪,剑锋到现在为止还很尖利。

王大珩提出,如果这个问题不解决,知识分子将永无翻身之日。王大珩说到这里,看着邓小平,他期待着邓小平的定夺。

话音一落,原本热闹的会场顿时鸦雀无声。刘西尧看形势不对,赶紧打破僵局说,王教授,不要太激动了,还是说些具体建议吧。

王大珩态度坚决地说,刘部长,我感谢您的好意。不过我已经进了一次看守所,就不在乎还有第二次了。小平同志把我从看守所里请来开会,我就没有理由不说真话。小平同志,恕我直言,背着"两个估计"的包袱,知识分子是翻不过身的，是难有用武之地的。

此言一出，会场再次陷入寂静，王大珩看大家都没有反应，有些急了，便指着刘西尧大声说，刘部长你是当事人，你当时就对"两个估计"提出了疑问，结果你受到了张春桥的迫害！

这时候刘西尧也愣住了。

说实话，这"两个估计"是刘西尧心里的一块禁区，不可触碰。"文化大革命"期间，他因对"两个估计"提出疑问而受到张春桥的迫害。他当然对这个问题是很有话要说的，但这偏偏就是"禁区"，"禁区"的边界是毛主席亲手划的，毛主席定下的界限谁敢去突破？就是现在，也远远没有到突破这个"禁区"的时机。王大珩提出的这把悬在半空的"剑"，是难以插回剑鞘里去的，就连此时坐着的邓小平，也一时没有吭声。

刘西尧知道邓小平很难，即便是举办这次科学和教育座谈会，邓小平也是顶着巨大压力的。在这种敏感问题上，千万不能让邓小平再承受危险的政治压力了，他毕竟才复出几个月。视他为"复辟"的力量，在社会的各个方面都还很有势力。于是，刘西尧想，这个会议不能再纠缠"两个估计"了，缠住这个问题就无边无际了，还是赶快收缩话题，聊一点务实的东西为好。他便和颜悦色地提醒王大珩说，老王啊，你不要把事情搞复杂了嘛。

王大珩语塞，不作声了，而会场的议论声却嗡嗡嘤嘤一直没有止歇。

这时候，邓小平觉得自己应该说话了。他轻轻咳嗽了一声。

在这个问题上不能回避。这确实是一个攸关全局的问题，但是，这个问题怎么说呢？

邓小平知道，这一刻，所有与会的专家都在看着自己，方毅、胡乔木、刘西尧，还有那个小田，此时都在看着自己。不仅如此，在接下来的几天里，所有的中央高层、党政军各界的负责人，都将就这个天大的话题看着自己。即便如此，又能怎样呢？中国的科学教育事业要前进，中国的科技生产力要释放出来，中国的知识分子要扬眉吐气地工作、创造与生活，都不能绕开这个大是大非的问题。

他必须说话。

于是，他喝了一口水，又清了清嗓子。

整个会议室刹那间安静得几乎使人心悸。邓小平缓缓地说，"两个估计"是一个根本性的重大问题，牵扯面很广，情况很复杂。解决这个问题，要由中央做全盘考虑，正式作出决定。在这里，我不能简单地向大家作出答复。

话音一落，众人面面相觑，神情明显地带着某种希望。

而方毅、胡乔木、刘西尧倒是同时松了一口气，觉得邓小平作这样的答复是比较妥当的，也是合情合理的，这似乎体现了他的一种政治智慧。他们在这一刻，显然还没有料到邓小平下面要说出的另一番话，而恰恰是这一番话，使他们的心一下子揪紧了。

只见邓小平这时候站了起来。邓小平眼观全场，大声说，但是，现在，我可以表达我个人的观点。我认为，"两个估计"不符合事实，怎么能够把广大知识分子一棍子打死呢？我坚信，绝大多数知识分子是愿意为社会主义服务的，并且是作出了贡献的！

整个会场先是惊愕，稍后便突然欣喜异常，专家们交头接耳，喜形于色，坐在前排的王大珩更是满脸激动。

邓小平看着全场激动的专家，也看见了呈现在方毅、胡乔木、刘西尧脸上的那种愕然的神情。他知道大家会出现这种种的表情，因为他表达的观点是这样明确。

邓小平看着与会的专家，继续站着说话。他说，今天，原本还有两位专家受邀参加这次座谈会，但是没有到场。一位是同济大学的李国豪教授，另一位是科学院的陈景润。他们在干什么呢？李教授正带伤在南京长江大桥的工地上解决大桥晃动的问题；陈景润因为长期在极端恶劣的条件下坚持科学研究，身患多种疾病，目前正在医院接受治疗。他们一位是老科学家，是中华人民共和国成立后十七年科教战线的领导者；另一位是年轻的知识分子，是中华人民共和国成立后十七年社会主义教育培养起来的科学家。对他们该怎么评价呢？我认为，毫无疑问，他们都是为社会主义祖国作出突出贡献的人，是无产阶级的劳动者。他们不是什么"白专"，而是"又红又专"。所以，我请大家放心，关于"两个估计"，不用多久，中央一定会给大家一个满意的答复！

此时，整个会议室就开锅了，一片沸腾。这些上了年纪的专家，一个个把手掌都拍红了，尤其是王大珩，满眼都是泪水。

刘西尧一边鼓掌一边在方毅耳边轻声说，魄力，这就是魄力。

胡乔木没有作声，心里想，这位邓大人，胆子真够大的。在中央高层，谁敢说这样的话啊。

如果要扣大帽子的话，一句话就是一顶帽子！

散会后，邓小平直接把方毅、胡乔木、刘西尧、田志远几个人叫到了休息室，总结一天的会议成果。

邓小平一坐下就对大家说，我刚才说的意见，你们都听到了吧？"两个估计"，很明显，是个关系全局的关键问题，要组织力量进行研究，写出有说服力的文章。我的感觉是，"四人帮"篡改了毛主席关于教育路线的评价。你们说呢？你们要注意查找资料。刘部长，你来牵这个头。

刘西尧面对邓小平这样的点将，面露难色了。邓小平敢于"突围"的魄力他是极度佩服的，但是要他来牵头组织文章，心里却又犯难。在中国，"文章"这两个字有时候就等同于"罪证"。

文章千古事，文章白纸黑字。文章，这是很要命的东西。

刘西尧张了张嘴，很想说类似"我合适吗"这样的话，但是他还没有出声，就又听到邓小平说，你是教育部部长，理应由你来牵这个头。既然你是当事人，说明你更了解情况。这事就这么定了。

邓小平如此坚决的态度，让刘西尧一时语塞。

刘西尧心里忽然一横，想，既然邓大人这么斩钉截铁地定了，也就顾不得啥了，我能再顾忌什么吗？刀山火海的，也往前冲吧。

于是他说，明白了，小平同志。

接着，邓小平看着方毅，说，方毅同志，你给王恩茂打个电话，要他抓紧处理光机所的事情，严肃处理坏分子，绝不能再出现把专家往看守所送的事件。

方毅一边点头，一边在纸上迅速做着记录。

说完了以上两个意见后，邓小平停顿了一下，思索片刻，继续说，专家们的帽子要摘掉，待遇要恢复。刚才我提到李国豪和陈景润，就从他们开始。李国豪应该当同济大学校长，陈景润应该是一级研究员。

说完，邓小平看着田志远问，小田，陈景润情况怎么样？

田志远说病情已经稳定，但还需要住院治疗一段时间。

邓小平说，应该组织力量，对他的事迹进行宣传，不是"白专"，而是作为"红专典型"。攀登科学高峰，他对年轻人而言是个很好的榜样。

稍作停顿，邓小平想到了什么，接着说，还有一点，教育部原部长周荣鑫是根据我提的"文化教育也要整顿"主持起草《教育工作汇报提纲》的,工作干劲很大,后来因为我被打倒,他被批斗得很厉害,结果死得不明不白。方毅同志,刘西尧同志,你们要详细调查他的死因,把情况搞明白,尽快作出恰当的结论。

方毅答应说明白了,刘西尧也跟着点了头。

这个总结会,开得真是干脆利落、心情舒畅。邓小平浑身散发出的那种无所畏惧的刚毅气质,大家都实实在在感觉到了。

这个邓小平,果然锐不可当!胡乔木在走出会议室时凑在方毅耳边咕噜了这么句话。

而田志远,当夜就给曹慧打了个电话,说我今天痛快极了。曹慧心里紧张,问他是不是会上说了很多话而觉得痛快了。田志远说,我一句没说,只是听了很多很多的话,这些话痛快淋漓,我很久都没那么兴奋过了。

电话那头久久没有吭声,田志远最后说了句"我以后跟你讲吧",就把电话挂了。

二

会议进行到第三天,邓小平明显露出了倦容,但是他依旧保持着标志性的笑容,主持全天的会议。田志远建议他休息半天,他摆摆手,根本不听。

会议气氛越来越热烈,专家们提出了许多具有建设性的意见,特别是生物化学家邹承鲁提出要保证科研工作时间的建议,得到了大家的响应。邓小平当场补充:至少要有六分之五的时间搞科研,要鼓励科研人员的积极性。

邓小平的这个"六分之五"激起了一片掌声。

清华大学的何教授是这样发言的:我想谈两个问题。第一,是清华大学仪器、设备损坏的问题。大家知道,理工科,不管是科研还是教学,都需要大量的仪器、设备。中华人民共和国成立后,国家花了大价钱,大约十亿元,给清华大学配备了当时在世界上也是比较先进的设备。但是,过去几年,清华大学的仪器、设备损坏非常严重,很多非常贵重的设备已经无法使用,导致许多研究和教学无法进行。根据我的调查,不仅清华这样,很多科研院校也是如此。

邓小平插话说,你大概说说,破坏了百分之几十?

何教授回忆了一下,说大概百分之六十。

邓小平神色一下子凝重起来,说损失百分之六十,也就是说至少五六亿元。

说到这里,邓小平一挥手,坚决地说,要修复,有些要补充,还有的要重新建立,还要加新的东西。要不怎么教学?怎么提高?请你们回去后好好注意这个问题,要保护好现有的仪器、设备,再不能破坏了。

何教授继续说,第二点,我想谈谈生源的问题。现在清华招收的学生都是群众推荐、领导批准的工农兵学员。新生入学以后,大多数人学习还是比较认真的,但是大部分学生的文化水平较低,基础参差不齐,这使得教学无法按计划开展。比如一九七二年,那年部分学生还是经过考试的,可整个学年教的主要是中学的基础课程,大学课程只有一百多个小时。

邓小平愤怒了,说,那就叫清华中学,还叫什么大学?

何教授说,您说得是。后来呢,部分考试也取消了,到一九七四年,情况更严重,大多数学生连中学程度也达不到,直到现在,还有百分之二十在学初等数学,有的学生学了三年还只有小学水平。

邓小平边听边摇头说,那就叫清华小学。

会议室响起一阵轻轻的笑声,但是这笑声明显透着无奈的感觉。

邓小平接着说,这种情况,别说攀登科学高峰,中峰也不可能,低峰都有问题。高校招生制度必须改革!

这句话的话音一落,坐在后排的查全性教授忽然就坐不住了。这位来自武汉大学的查教授,高高举起手,连声说我要发言、我要发言。在获得了邓小平允许后,他大声说,我接邓副主席"高校招生制度必须改革"这句话来谈点高校招生的问题,邓副主席说的"必须改革"确实太对了。

然后就这个大家关心的"高校招生"的问题,五十二岁的查教授侃侃而谈。他先是阐述了严格高校招生的意义,他说招生是保证大学教育质量的第一关,其作用就像工厂原材料的检验一样,不合格的原材料就不可能生产出合格的产品。

他接着就联系到了令人叹息的现实,他说当前新生的质量没有保证,部分原因是中小学的教育质量不高,而主要矛盾还是招生制度。大学不是没有合格的人才可以招收，而是现行制度招不到合格的人才。如果我们改进招生制度，每年从六百多万高中毕业生和大量知识青年、青年工人、农民中招收二十多万合格的大学生，是完全可能的。现行招生制度的弊端首先是埋没人才，一些热爱科学、热爱文化、有前途的青年选不上来，一些不想读书、文化程度又不高的人反而占据了招生名额。

听着查教授的发言，邓小平觉得自己的心越来越堵，人才遭埋没，青年才俊上不来，一个民族怎么会有前途呢？他忽然从沙发里欠起身子，扬扬手，对全场说，你们大家都注意听听他的意见，这个建议很重要哩！

查全性教授见邓小平对他的意见如此重视，干脆竹筒倒豆子痛陈了招生制度的四大弊端：一是埋没了人才，二是卡了工农兵子弟，三是助长了不正之风，四是严重影响了中小学学生和教师的积极性。今年的招生工作还没有开始，就已经有人在请客、送礼、走后门，贪污腐败之风已经开始在学校里蔓延，甚至小学生都知道，如今上大学不需要学文化，只要有个好爸爸。

说到这里，整个会议室已经是议论一片了，所有的专家都为高考制度的这种明显的弊端而愤慨。

确实是这样，一九七二年，在全国高校停止招生达六年之久后，大多数高校开始恢复报名，但这次报名只有一个明确的规定：选拔具有两年以上实践经验的工农兵入学，不招收应届毕业生，取消文化考试。

在中国特定的历史环境下，一场没有任何文化课考试的、推荐选拔大学生的招生制度开始实行，这期间"白卷英雄"被"四人帮"树立成典型。想要上学的人几乎不需要具备基本的文化知识，就可以直接进入大学学习，这在全世界也属罕见，甚至可以说是绝无仅有。即使到了一九七六年，"四人帮"被粉碎，"文化大革命"中延续下来的招生办法也还是没有改变。

查教授接着就谈了他的建议。他说，入学招生名额不要下放到基层，改成由省、市、自治区掌握。按照高中文化程度统一考试，并要严防泄露试题。此外，考试要从实际出发，重点考语文和数学，其次是物理，化学和外文则可以暂时要求低一点。他认为，从语文和数学的成绩，可以看出学生文化程度和抽象思维能力。另外，要真正做到广大青年有机会报考和自愿选择专业。应届高中毕业生、社会青年，没有上过高中但实际达到高中文化水平的人，都可以报考。

这些想法，现在终于有地方可以痛痛快快地说出来了，而且是当着邓小平副主席的面。其实，这些想法已经在查教授的脑子里反复酝酿了几百遍。他的建议得到了邓小平的认可，也得到了在场教育工作者的认可。

邓小平在听查教授的这些建议时，频频点着头。其实，在开这次座谈会之前，邓小平就已经让人去了解过，他们的汇报与今天会议上查教授所讲的基本一致。

总之一句话，这个问题很大，也很严重，但确实一下子很难改过来。现状是明摆着的：全国高等学校招生会已经开过，招生办法依然沿用"自愿报名、群众推荐、领导批准、学校复审"这"十六字方针"，招生文件也已经送到邓小平手中，只等签批。而且，现在离新生开学只有不到两个月的时间，要有什么重大改变，也已经是来不及了。

问题就在这儿，焦虑就在这儿。如果什么都不改变，沿用老办法，那又是整整一年。

邓小平心里紧张地琢磨着，但他仍然抬起头试探着问了大家一句，要从今年开始进行高考招生改革，恐怕已经来不及了吧？

专家们纷纷摇头，都说今年是没有办法了，来不及了。要在短短两个月期间彻底改变高考招生制度，根本就是一项不可能完成的任务。

查全性教授犹犹豫豫地说，恐怕还来得及，今年的招生宁可晚两个月，要不然又会误招二十多万不合格的学生，浪费可就大了。

邓小平立即转脸问刘西尧：刘部长，你看今年做改变，还来得及吗？

刘西尧颇有些为难，轻声说，今年的招生方案早就拟好，已经呈交您审批了。

邓小平简洁地说，我看过了，还没有批。

邓小平的这句话，虽然嗓音不大，但是全场所有人闻之都心里一震，继而一喜，都觉得有门儿了。

刘西尧此时也浑身一震，突然恍悟了，原来邓大人一直压着不批他送上来的这份报告，其中另有玄机。

这时候，方毅副总理似乎也明白了邓小平的想法，于是对邓小平说我们都听您的意见。邓小平一挥手，说还是先听听大家的吧。

听邓小平这么一说，好多专家又都七嘴八舌地发言。吴文俊发了言，周培源发了言，张文裕发了言，他们的发言都是一个意思，都要求从今年就开始恢复高考，一个个情绪都很激动。

不知道什么时候大家的发言忽然停止了，所有的目光都凝聚在坐在沙发上、脸庞微微低下的会议主持人身上。

大家都在等着这个人说一句话。

负责会议记录的田志远也停了手中的笔，但笔尖却在微微地打战。他知道他的老首长面对的又是一个特别巨大的难题。

这一句话，将改变多少人的命运！中国所有的高等学校、城市乃至乡村都在等着他的话，一个疲惫不堪的、丧失了许多锐气的民族在等着他的这句话。

田志远握紧笔杆，做好了记录的准备，他已经预感到他的老首长将会说出一句怎样斩钉截铁的话。

邓小平抬起头来，环视着全场，说话了。

邓小平是这样说的：既然大家都要求恢复高考，既然今年还有时间，那就坚决改嘛！

整个会议室的人都屏住了气息，所有的目光都凝聚在邓小平那张平静而又坚毅的脸上。

邓小平看着大家，明朗地说，高等院校今年就要下决心恢复从高中毕业生中直接招考学生，不要再搞群众推荐。从高中直接招生，我看，可能是早出人才、早出成果的一个好办法。把原来写的招生报告收回来，根据大家的意见重写。招生涉及下乡的几百万青年。要拿出一个办法来，既可以把优秀人才选拔上来，又不要引起波动。重点学校要统一招生。今年下决心按要求招生，招的学生要符合要求。

会场内顷刻间沸腾了，这些经历磨难的科学家和教育工作者，以经久不息的掌声来表达他们对这一决定的拥护和对邓小平由衷的敬意。

作为教育部部长的刘西尧也在鼓掌，但鼓得节拍很慢。

方毅看出了刘西尧的犹豫，低声问他怎么样，刘西尧没有回答。

田志远一边急速地记录，一边就想到了自己的儿子田源，也想到了同一院子的夏建国、夏建红。他忽然看到了他们甚至中国整个年轻一代的前途，而这种前途，是他两个小时之前走进这个会议室时根本无法想象的。

会议刚结束，很多与会者几乎都是一路小跑奔出会议室的，他们火急火燎地赶到北京饭店的长途电话间，给学校、家里打电话通报中国即将恢复高考的消息。

就像点燃了导火索一样，中国社会千千万万个家庭的感情与希望，瞬间就爆发了，一时间中国大陆的长途电话量、电报量急剧增长。

谁都在问，这"小道消息"是真的吗？

曹慧与田源坐在北京展览馆的"莫斯科餐厅"里，焦急地等待着田志远的到来。

田源一遍遍地问爸爸怎么还没到，母亲只是劝他别着急。

曹慧皱着眉说，猴急什么呀小源，你就信以为真了？

田源的命运可能出现的改变，是目前田家最该讨论的紧迫话题。这是田源提出的，他说必须马上进行核实和讨论。

他这两天一直欢欣鼓舞。他认为，恢复高考的决定既然出自邓大人之口，就必定会付诸实施，所以急着等父亲从北京饭店跑来证实这一重大信息，以便决定是否立即开始复习应考。而他母亲曹慧，却怎么也不敢相信高考制度会发生如此重大的改变，且这种改变似乎是背离毛主席的无产阶级教育路线的，不讲阶级，不讲成分，不讲表现，而唯"分数"至上，这不就是在"文化大革命"运动中被批得体无完肤的"资产阶级教育路线"吗？怎么邓小平才上台几个月，就敢把它恢复了？这件事几乎是不可能的。《红旗》杂志社的同事们在议论中也是少数人相信、多数人摇头的，都说以英明领袖华主席为首的党中央是绝不会允许在重大战略问题上这么胡来的。邓小平如果真要这样干，那只能是他吃了豹子胆了，难以预测的后果肯定是要由他自己来承担的。

所以，按照曹慧保险的想法，还是动员田源取消"病假"，回到西双版纳的农垦场去好好劳动两个月，表现得好一点，争取能被当地"推荐"入大学。在这个推荐的环节上，她曹慧当然可以再打招呼。云南省革委会宣传办公室她有好几个认识的人，可以疏通一点关系。

但是田源一直说，妈，今年的招生肯定不是您说的那个老办法了。邓大人的魄力你不相信，我是很相信的。反正听爸爸怎么说吧，爸爸应该是亲耳听到邓大人的那个决定的。

一年多前，田源从云南的农垦单位跑回北京，正好赶上一九七六年的天安门事件。田源卷入其中，先是激情万丈，后来又怨愤万分，所以迟迟没有再回云南割橡胶，推说是在家养病。其实，云南西双版纳农垦场的领导也很清楚，这小子一回北京就撒了欢了，根本没想着再回去。像他这样泡病溜号的人，全农场也不在少数。农场领导看着《红旗》杂志社编委曹慧的面子，也就睁一只眼闭一只眼，再不催促了。

看看"莫斯科餐厅"墙上挂着的那只大钟，都过了晚上六点了，而说好五点半赶到的田志远，却还是迟迟没有出现。

"莫斯科餐厅"伫立在北京展览馆西侧，从二十世纪五六十年代开始，那里就成为北京最高雅的餐厅之一。它以巨大和奢华著称，民间亲切地称其为"老莫"。"老莫"的高贵，不仅反映在装潢上，还反映在服务质量上，里面的服务员都是俄罗斯姑娘，就连卫生间里也有口红、香水等化妆品。对于田源这帮北京青年来说，去"老莫"吃饭是一件至高无上、充满荣耀感的事情。没去过"老莫"，就像外地人来北京没见过天安门城楼，那遗憾，多了去了。曹慧下决心拿出平时舍不得花的积蓄，把一顿重要的饭定在这里，也是有她自己的用意的：一方面是庆贺自己昔日的丈夫恢复了职务，出任了国务院政策研究室的副主任；另一方面，如果儿子答应就此返回云南务农，也算是给儿子饯行。

在接近六点半的时候，田志远才行色匆匆地赶到。他一坐下就说，阻力还真的不算小，今年就恢复高考，难度实在是太大了。听说教育部就像炸了一样，人人目瞪口呆，都说怎么来得及？十年没有高考招生了，选拔、出题、组织考试、录取、开学，每一个环节都有数不清的任务，而且十年不做这些，手都生疏了，怎么可能完成这样一个任务？

田志远又说，偏偏就是这样啊，这就是老首长啊，这就是邓小平啊。你们说什么力量能够挡得住他？他就是这样坚持的，教育部那帮人再为难，也得按他说的办。

田志远还说，曹慧啊，我告诉你，邓大人就是这样说一不二的。今年恢复高考，肯定是板上钉钉的事了。小源，你就赶快买书来复习吧，不知道新华书店还有没有过去那种数理化教科书，赶快把以前中学学过的东西都捡起来吧。我看你妈妈在"老莫"摆下这顿饭，就是为了让你考出好成绩来，是不是啊，曹慧？

曹慧被这番话说得哭笑不得，心里五味杂陈，连皮肤白皙的服务员姑娘过来询问要点什么菜,她也一句都没有听清。她只说,可能吗,可能吗?

唯有田源当即对爸爸表态说一定好好复习,并且请爸爸立即把这一确定的消息告诉夏伯伯,请夏伯伯鼓励建国、建红都投入这股激动人心的洪流中。

田志远连连答应,问儿子想吃什么。

田源说,牛排,牛排。

这一顿牛排,大家吃得都很高兴,只是曹慧在后半夜觉得肚子难受,有点儿不消化。

三

觉得"恢复高考"是个难题,一下子难以消化的还大有人在。

尤其是教育部大楼,这些天的空气中甚至都带有一些火药味。有些火药味,甚至还呛着了部长刘西尧,有好几个小会他都是开到中途提出休会的,他说我还要再想一想。

有一位副手,还在他耳边悄声嘀咕了一句,说中办有个同志打电话来,说请你们刘部长处理重大问题时要更慎重一些。

"更慎重一些"是什么意思?

邓小平连夜找来了刘西尧。

那天刘西尧走出会议室时那犹豫的神态,没有逃过邓小平的眼睛。邓小平知道,在恢复高考的问题上,教育部的腰杆子首先要硬朗起来。

刘西尧的表情在台灯的映照下果然显得犹豫。邓小平说,看来要召开第二次高考工作会议了,说说你的想法吧。

刘西尧还是显得有些犹豫。邓小平说,一吐为快嘛,有什么话尽管说出来。

刘西尧搓搓手说,我是准备按小平同志的意图去办,不过教育部机关倒是闹翻天了。我听了听,大概有两种顾虑:一种顾虑是认为时间太紧,工作量有些排山倒海;还有一种顾虑,就有点上纲上线了。

邓小平含笑看着刘西尧，仿佛早就预料到这位教育部部长会说出什么严重的字眼来。果然，刘西尧在一番犹豫以后，说出了"恢复高考不符合以阶级斗争为纲的原则"的话，后来又说出了"这是右倾翻案"的话。刘西尧说出这两句话后，眼睛都不敢看邓小平。

这样的言论确实太刺人了，一般人都不敢在邓小平面前转述，而刘西尧犹豫半天还是转述了，他觉得应当让邓小平明了这种思想问题的严重性。

而邓小平的脸上却是波澜不惊。

邓小平点燃一支烟，笑了一下，然后慢腾腾地说，恢复高考，如果非要说是翻案的话，那就是翻案吧，关键要看这个案该不该翻。科教座谈会你们也都参加了，既然所有人都认为这个案应该翻，翻这个案，对国家有利，对人民有利，对实行四个现代化有利，既然如此，我们就应该义无反顾地去翻这个案。认准了是对的事情，就应该坚决去做。这件事如果有什么风险的话，一切由我来承担。

教育部部长听着这话有些震惊，他眼睛直直地看着邓小平，觉得"一切由我承担"这句话的分量太重了，重如千钧。

看起来这位复出的邓大人，是铆足劲儿往前走的。

于是这位教育部部长下定了决心，说，小平同志，要真是出了什么问题，也不是您一个人承担，我们教育系统的同志都愿意承担。

邓小平说，好，你这个态度很好。然后他就递给刘西尧一封信说，这是教育部几十名干部联名写给我的信，要求调查教育部原部长周荣鑫的死因。我上回就跟方毅同志和你说过这件事，请你们抓紧调查，我不知道你们动手了没有。

刘西尧心里打鼓，说还没有。邓小平看定他说，你是教育部部长，查清楚周荣鑫部长的死因这件事，还是由你牵头，抓紧调查，尽快作出结论。该平反就平反，不能含糊。

刘西尧一听这话，松弛下来的眉头又紧皱了起来。他明白，复查周荣鑫甚至平反周荣鑫，这可是一件很棘手的事儿。一九七五年邓小平在各条战线全面抓整顿的时候，作为教育部部长的周荣鑫是铆足劲儿紧跟的，他大声疾呼要为知识分子和教育工作者恢复名誉，旗帜鲜明地指出"我国知识分子绝大部分是愿意为社会主义服务的，反对社会主义的是极少数。不应该说他们都是资产阶级知识分子。要依靠现有的教师队伍办教育，充分调动广大知识分子的积极性"。周荣鑫为之还先后召开七省市中小学教育座谈会和四所高等学校高教座谈会，多次发表谈话，批判极"左"思潮。所以随着邓小平的再次倒台，他也遭到江青、张春桥、姚文元的当面点名，随后便是教育部造反派对他进行的无休无止的批斗。他们正式提出"打倒邓小平、周荣鑫、李琦"的口号，反复追问周荣鑫三大问题：一是周荣鑫到任后发表的那些谈话的观点是从哪里来的，二是周荣鑫到三〇五医院与周总理谈话的内容，三是周荣鑫与邓小平谈话的内容。周荣鑫每一次都以沉默来对抗。造反派甚至在他因心脏病住院的时候，还把他从医院里揪出来批斗，导致有一次他在批斗中当场昏迷。所以周荣鑫最后的病死到底与无休无止的迫害有没有直接关系，是一个问题。不要说邓小平牵挂这件事，作为接任教育部部长的刘西尧，也牵挂着这件事。

但是要这么快地去调查清楚周荣鑫的死因，也是有风险的，不仅要得罪教育部的许多人，而且直接牵涉"翻案"。有人会攻击他刘西尧紧跟邓小平翻案，也有人会预言他刘西尧在步周荣鑫的后尘。

这些都是可能的。但是这个任务不可能不接，邓小平已经两次提到这个问题了，这一次又把这封沉甸甸的群众来信交到他的手上，他就不能不马上花大力气去做这件事了。

反正，他想，跟着邓大人走吧，哪怕落得一个跟周荣鑫老部长差不多的下场，也就认了。这可能是教育部部长的宿命。

预计开五天的科教座谈会，是按计划结束的。结束的这一天，是一九七七年八月八日。邓小平在这一天的前夜，却破天荒地没有睡好，他在想着总结的事，想着在这次总结会上自己要说些什么。

思来想去，邓小平觉得自己还是应该说一说"两个估计"的问题。这个问题，是与会专家们冲破思想顾虑大胆说出来的，也是涉及毛泽东主席言论的问题。这个问题微妙而复杂，但也确实至关重要，涉及对当代中国知识分子的整体评价。这个问题如果不说透彻，与之相关的很多问题都无法得到解决。

邓小平心里想，该说的现在就应该说了，什么事情都要正本清源。对中国当代知识分子创造性的劳动，我们应该要有一个明确的说法了。还是那句老话，别人想怎么评价就让别人去评价吧，兵来将挡水来土掩就是，没什么好怕的。

这么想着的时候，邓小平的心情就非常轻松了。

所以在这一天的总结会上，邓小平坐上沙发时，表情是非常轻松的。他向笑容满面的所有与会者挥手致意，然后开始发表讲话。他说，同志们，我们这个座谈会已经开了四天了。这四天，我是来当小学生的，是来向大家学习、听大家意见的。尽管大家讲的好多东西我是不懂的，但还是从中学到了许多东西，了解了一些情况，也开始了解某些应该解决的问题，当然还不是所有要解决的问题。四天时间太短，科学教育的许多问题，可能大家还没有全讲出来，有的是没时间完全讲清楚，好在以后还有机会。

说到这里，邓小平向坐在对面的苏步青招招手说，苏老啊，以后你有什么想法和建议，随时给我写信、打电话，都行。

这句话一落地，除了苏步青高兴地频频点头外，大家都开心地鼓起掌来。然后，邓小平就开始了会议总结。他单刀直入地谈到了"两个估计"的问题，这时的会议气氛一下子庄重严肃起来，大家都感到了大会主持人的力量，和这个会议本身的力量。

方毅、刘西尧和田志远纷纷掏出笔，聚精会神地作记录。对"两个估计"的问题，邓小平字斟句酌但又从容不迫地说，我个人考虑，是不是可以这样来看问题：对科学教育战线的总体估计，对我国知识分子的总体估计，要系统地研究和把握毛主席一系列指示的基本精神。中国的知识分子是爱国的，是有骨气的，是讲气节的。毛主席曾经亲自对我说"老九不能走"，为什么不能走？就是有作用嘛，离不开。

说到这里，邓小平就概括了一个基本结论，说毛主席对知识分子总体上也是肯定的。

那么，对"黑线专政"这个问题又怎么看呢？邓小平对这个问题也说得很明确。他说，"黑线专政"这个词就是"四人帮"发明的，是他们对科学教育界的敌视，是对知识分子的污蔑。"四人帮"的污蔑，根本不能代表毛主席的想法。

邓小平再次强调，要全面地准确地理解毛主席关于科学教育工作的一系列指示。应当肯定，中华人民共和国成立以后的十七年或者说二十八年，我国的科学教育战线，是"红线"不是"黑线"；我国的知识分子总体上是社会主义的劳动者。

邓小平还说，为了弄清楚这个问题，中央要专门组织力量对"两个估计"进行研究，尽快作出符合实际的结论。

最后，邓小平提到了自己愿意当"后勤部长"的问题。他的那一段话是这么说的：解决了"两个估计"和高考招生两个问题，大家在精神上可以放下包袱，开动机器了。但是，光有精神还不行，没有物质基础，科学、教育一样搞不好。连个实验室都没有，连个玻璃瓶也没有，怎么搞科研？资料没有，仪器没有，科研又怎么能搞得上去？

所以，他要求各级党委要为科研工作、教育工作服务，要为科研工作者和教育工作者创造工作条件，使他们能够专心致志地从事科研、教育工作。邓小平考虑得非常周到，会议之前，就把各级党委的工作做了详细分工，包括提供资料、搞好图书馆、跑器材等，也包括为科研服务的实验设备的购置和中间工厂的建设，还有办好食堂、托儿所等。最后，邓小平笑着说，学院党委在一定意义上讲要成为一个后勤部，教育部也要兼后勤部。我干什么呢？我愿意当大家的后勤部长。

为了这段话，不仅在场的许多专家当场就泪花闪闪，全国科教界的专家在听到广播以后流下热泪的也不在少数。

后来邓榕对爸爸说，老爷子，您这个"后勤部长"一说，说得真好。

邓小平回答说，我就是干这个的。我们这些人，就是为科学技术的发展做后勤工作的，这是我们的本分。

四

刘西尧在教育部接连召开的几个会议，已推动高考工作，但是他在这些会议上都有点如坐针毡的感觉。几个副部长都还不敢明说什么，都明白邓大人推动高考的力度之大，但是到了司局长这一级，话就很尖锐了，有些话就像连珠炮似的发在他身上，简直使他招架不住。有一个姓侯的局长，当面冲着他说，十一大马上就要开了，中央是什么精神还很不明朗。刘部长，您也不一定知道中央有什么新的精神吧？现在各方面舆论都很多，下一步到底往什么方向走，大家心里都没底。这个时候，我们教育部可不能出头，我们要小心犯路线错误啊！犯路线错误，那可是要"人头落地"的啊。当然，这个"人头落地"并不是说有杀身之祸，但起码您刘部长就不是部长，我们这些人也就不用坐在这儿当干部了。事情就这么简单，刘部长您恕我直话直说。

刘西尧面对着种种诘难和怀疑，还是咬着牙召开了全国第二次高校招生会议。当然，他没有参加这次会议，因为与参加十一大冲突，他委托一位姓李的副部长召开了这次招生会议。而李副部长，也像刘西尧一样，在这次会议上很有点如坐针毡的感觉，他面对的是一个又一个尖锐的问题。

有人指着他说，请问李副部长：第一，今年是否可以像"文化大革命"前一样招收应届高中毕业生？第二，应届高中毕业生要下乡锻炼，接受贫下中农再教育，这是毛主席定的。没有经过再教育就直接上大学，世界观谁来保证？第三，这几年高中也没有好好上课，就算直接从高中应届毕业生中招生，也保证不了生源质量。第四，如果今年考试和群众推荐都有的话，比例是怎样的？标准不统一怎么办？

另一位紧接着站起来说，我提一个问题：如果进行统一的招生考试，谁来出卷子？又该怎么划分数线呢？

在第三个、第四个人接连站起来咄咄逼人地发问时，这位副部长站起来就离开了会议室。他交代会议主持人说，先休会，下午提前转入分组讨论。每个人都把自己提出的问题想好 A、B、C、D 几个答案，再拿到会上讨论，否则这么乱怎么行？

这位副部长想，问题再多，也得顶着往前走，党的十一大马上就要召开了，听说华主席在政治报告中将正式宣布中国"文化大革命"运动的结束，虽然从政治上还是肯定"文化大革命"是"完全必要"和"非常及时"的，但毕竟是宣布"文化大革命"结束的。既然"结束"了，那就是说一些革命的办法就要废止了，一些新的办法就要实行了，"恢复高考"可能就属于这一类。

所以，恢复高考，要顶是顶不住的，只能顶着阻力往前走。在这个问题上，这位副部长倒是与刘西尧部长有了高度一致的思想认识。

五

人民大会堂里，并排高悬着两幅巨大的画像：毛泽东像和华国锋像，尺寸一样。

代表三千五百多万中共党员的一千五百多名代表，夹着文件包，在雄赳赳的军乐声中走进了会议大厅。

一九七七年八月十二日至十八日，中国共产党第十一次全国代表大会在北京举行。

会上，华国锋代表中央向大会作了政治报告，他主要总结了与江青反革命集团斗争的胜利，以及重申在本世纪内把我国建设成社会主义现代化强国的基本任务。叶剑英则代表中央作了《关于修改党的章程的报告》，从八个方面作了详细的说明。最后，邓小平为大会致闭幕词。他说，我们一定要恢复和发扬毛主席为我们党树立的实事求是的优良传统和作风，做老实人，说老实话，办老实事，这是一个共产党员的起码标准。一定要言行一致，理论与实践密切结合，反对华而不实和任何的虚夸，少说空话，多做工作，扎扎实实，埋头苦干。

邓小平的发言，赢得了在场人员的热烈掌声。

大会闭幕式一结束，刘西尧就马不停蹄地赶回办公室，立即找来李副部长询问高校招生会议召开的情况。刘西尧一边听李副部长的汇报，一边不停地揉着太阳穴，显得焦躁不安。

李副部长焦虑的程度更胜于刘部长。他说，这个会议本来进展就很慢，加上十一大开了，就完全停滞了。

说着，他就把一张《人民日报》放在桌上，指着报纸对刘部长说，你自己看看，华主席的讲话是怎么说的。华主席明确说"第一次无产阶级文化大革命的胜利结束，绝不是阶级斗争的结束，绝不是无产阶级专政下继续革命的结束"。所以，我们这个招生工作会议还能开得下去吗？很多代表公开说，恢复高考与十一大精神不符，问题的核心是怎么看待"两个估计"，怎样看待"文化大革命"。

刘部长，我看这一步很难迈啊，侯局长那天对我们当面说的"大家要丢官帽子"的危险，不是不存在啊。你是参加十一大的，是亲耳听见华主席讲话的，你更应该知道这个问题的严重性。

刘西尧当然感到头痛，他从参加十一大的头一天起就开始头痛了。叫他头痛的一个问题是，那个脖子很硬的侯局长，根本就不愿意接受组织重新评估"两个估计"的文章的任务，说："这种文章怎么写？以后白纸黑字的，我不就带着全家上法场了？"叫他头痛的第二个问题是，田志远带着一个调查组跑去调查周荣鑫老部长的死因，一直都没有确切消息，可见问题之难。叫他头痛的第三个问题，当然就是这个迟迟没有进展的第二次全国招生工作会议，非但看不到工作进展，会上还都是些火药味很浓的问题。

当夜，刘西尧连服了两片止痛片。在服药之前，他先拿起电话给李副部长布置了一个任务。他在电话里说：老李，我看，无论如何，小平同志的指示还是要落实的。既然全面的招生方案一时拿不出来，我看这样吧，先起草一个推迟招生和新生开学时间的报告。

他上床前对自己说，现在，我能做的，也只有这么多了。

六

田志远一大早就来到教育部，由于赶得急，衣服都被汗水浸透了。

北京的八月，气温持续升高，一早就闷得人透不过气来。田志远下车的时候，双手紧紧地抱着公文包，像藏着什么宝贝似的。

教育部部长刘西尧一听秘书报告是田志远来了，心里便是一喜，知道周荣鑫老部长的死因有眉目了。

果然，田志远一坐下，打开皮包，取出周荣鑫死因的种种调查材料，还有一份调查组的总体报告，连说"全清楚了"。刘西尧一边称谢，一边急忙翻阅起材料来。

果然全清楚了。

周荣鑫是在批斗会上当场昏厥，然后去世的，死时离花甲之年还差一岁。

这位惨遭迫害的教育部老部长是山东人，他在四十六岁的时候，也就是一九六三年，出任国务院秘书长，成为周恩来的助手。"文化大革命"期间，教育界遭到严重的破坏，教育部部长一职迟迟没有确定下来。谁执掌教育部，是一个关键问题。江青一直推荐北大的迟群担任此职，她的意图十分明显，就是借迟群之手牢牢地控制教育界。这个时候，周恩来与邓小平联手向毛泽东推荐了周荣鑫。毛泽东权衡再三，认可了这一推荐。一九七五年一月十七日，四届人大一次会议正式任命周荣鑫为教育部部长。新部长上任之初，周恩来与邓小平便分别找周荣鑫谈了话，鼓励他抓好教育界的整顿，鼓励他大胆讲话。所以周荣鑫在整顿教育界时发表了一系列言辞犀利的讲话，为中国知识分子所遭受的迫害鸣不平，对教育界的"两个估计"不满，还为此起草了一个直送党中央国务院的《教育工作汇报提纲》。周荣鑫的这种敢于"摸老虎屁股"的做法震惊了"四人帮"，他们把周荣鑫看成是周恩来与邓小平安插在教育界的马前卒，在邓小平被再次打倒后就立即开始揪斗周荣鑫，强令病中的周荣鑫出院接受追查、批斗。在整整四个多月的时间里，他们对周荣鑫进行的大小批斗会、追查会达五十多次。最后，在一次批斗会上，周荣鑫当场昏厥，最终不幸去世，年仅五十九岁。

刘西尧放下调查资料，吁了一口气。邓小平交代的三件事情，前两件都还没有眉目，现在田志远总算协助他把第三件事调查清楚了，这就让刘西尧肩上的"三座大山"卸下了一座。

情况虽已水落石出，但是要处理好这件事，也是"政治"，不能不再三斟酌。刘西尧问田志远怎么看。田志远看出了刘西尧的迟疑，便说，这后事的处理应直截了当，平反昭雪，恢复名誉，并以中共中央的名义在八宝山革命公墓举行隆重的追悼会。

田志远并且建议，周荣鑫老部长的追悼会由一位国务院副总理主持，请一位副总理致悼词。党和国家哪些领导同志参加追悼会，请小平同志定夺。

刘西尧站起来，背着手犹豫地走了几步。他说，老田，你讲的我全知道。但是，如此高调的平反，就可能直接涉及对"反击右倾翻案风"的评价。这方面的舆论，可能会很大。我当然很愿意为老部长的平反昭雪尽力，但是我的力量可能敌不过更大的力量。

田志远说，刘部长啊，依我看，更大的力量是人民。这是人命关天的大事，如果盖棺不能论定，逝者不能瞑目，生者心结怨气，总是个不安定的因素。所以，追悼大会还必须尽快开，要开隆重。我相信小平同志也会出席这次大会。

打算什么时候？

我们建议八月二十八日举行追悼会。

要这么急吗？

都清楚了，为什么还要等呢？

眼看田志远的态度越来越强硬，刘西尧便把手边的《人民日报》点给对方看，说，老田你看看这上面是怎么说的，要继续坚持无产阶级专政下的继续革命理论、继续坚持以阶级斗争为纲，这是什么意思？你肯定比我清楚。教育战线，过去是毛主席亲自抓的，是"文化大革命"的导火索。你想想，中华人民共和国成立以后，阶级斗争的哪一场运动不是从文化教育战线引发的？一九七六年的"批邓、反击右倾翻案风"，不也是从教育战线刮起来的吗？"批邓"是因迟群、谢静宜而起，荣鑫同志也是迟群、谢静宜迫害的，这个谢静宜可是通天的人啊，这里的水太深了。老田，不是我刘西尧患得患失，我真的打心眼儿里敬佩小平同志，也很想跟着他做一些事情。可是，刘西尧说到这里迟疑了一下，又说，这里边还在讲"两个凡是"呀。

田志远很理解刘西尧，刘西尧作为教育部部长，所处的位置十分尴尬，一方面不能违背邓小平安排下来的任务，另一方面也不能随意质疑毛泽东曾经定下的政策。一旦两者有冲突，偏向哪边都不合适。但是，田志远还是想，无论怎么说，刘西尧要有一个有力量的态度，在这个问题上，他要亮出自己的旗帜。于是，他便逼了一步，一字一顿地说，如果你刘部长觉得为难，不愿意以教育部的名义出面打报告，那我就以调查组的名义给小平同志写报告。

刘西尧的脸色一下子刷白，赶紧解释说，老田，你误会了，大是大非面前我刘西尧怎能畏缩不前、丧失原则？

说完，他便拿起手边的黑色签字笔，在文件上签上了大大的"同意"两个字。

田志远临出门时说，刘部长，我要向你学习。

周荣鑫老部长的追悼会是一九七七年八月二十八日在北京八宝山公墓举行的。邓小平果然出席，他与李先念、王震、谷牧并排向周荣鑫的遗像三鞠躬。

追悼会结束后，邓小平前脚走出灵堂，后脚就有很多知识分子和老干部围了过来，邓小平先后与他们握手，都握得很紧。这时候，一位年过半百的女士经王秘书引导走到邓小平面前，王秘书介绍说，这位是梁思成教授的夫人林洙女士。

邓小平微微愣了一下。在此之前，邓小平收到林洙的来信，信中说起自己丈夫梁思成惨死的原委，邓小平当时心里就一沉，他立即批转了这封信，请有关部门认真调查。

林洙女士说，邓副主席啊，梁思成已经平反恢复名誉了，他的骨灰现在安放在党和国家领导人专用的骨灰堂，与林徽因先生的墓只有一箭之遥。我代表梁先生和林先生，以及我们全家，向您致以衷心的感谢。

说着，她就向邓小平深深一鞠躬，泪水一下子浸湿了脸颊。

邓小平连忙扶起林洙，连说平反昭雪了这是好事。在邓小平的印象里，从五十年代开始就听说梁思成和吴晗为了北京的牌楼争得面红耳赤的事，吴晗还把梁思成当场气哭过。梁思成为保护北京的古建筑真是费了不少的心，也受了不少的委屈。邓小平很理解吴晗为缓解北京交通所下达的一个个"拆"令，更理解梁思成对北京古建筑的刻骨铭心的热爱。当然，梁思成的这种"热爱"面对"文化大革命"的"铁扫帚"那是百分之百在劫难逃的，如今，知道梁思成终于得以昭雪，邓小平心里也略略踏实了一些。

他对林洙说，看见北京漂亮的人，都会感谢梁先生。

他想了想，又说，梁先生要是健在，北京还会更漂亮。

七

全国招生工作座谈会还是像老牛拖破车一样进度缓慢，刘西尧甚至听见了那头老牛扑哧扑哧喘气的声音，但他也是干着急，他想推，一时也推不动。

思想怎么就那么难统一呢？

各种方案与措施的难产，也引发了一些想积极推动这项工作的同志的不满。这天早晨，会议大厅的门上，一首打油诗忽然出现了，说的是"招生会议两度开，众说纷纭难编排。虽说东风强有力，玉（育）门紧闭吹不开"。

新华社副社长穆大江带着记者任燕,还没进会议厅,就瞅着这首打油诗笑。任燕马上拉住正要进会议大厅的两位教育部办公室主任说,王主任、杨主任,采访你们一下,请你们说说,既然"东风强有力",招生会议为什么还开得这么艰难?

王主任愣了一下,说,其实啊,具体的方案不太难。这么多人,都是教育方面的老人了,很快就能拟出来。但是,大的方向没定下来,具体的就无从谈起啊。

杨主任也说,大方向上的问题呢,又没人敢提,所以就在细枝末节上纠缠不清呗。

任燕问,大方向不是邓副主席在科教座谈会上已经定了的吗?高校招生都要恢复考试,这还不清楚?

王主任问,那再往上呢?

任燕有些不解地说,再往上?

看着这位面容迷茫的新华社女记者,王主任笑了笑说,记者同志,你还年轻啊。你看啊,"四人帮"粉碎了吧?十一大也开过了吧?但是中央的方向还是以前的,路线、方针、政策,一律照搬。说到底,我们每个人头顶上还悬着一个"两个估计"呢。

任燕有点明白了,原来大家现在最顾虑的,是"文化大革命"之前的大学招生,也是有考试的,结果这十七年的教育工作就被认为路线错误,就被称作"黑线专政",这个定性一直没变。如果现在恢复考试,那就等于说,还要照旧往错误路线上跑,往"黑线专政"上跑。所以,尽管邓大人再说什么话,下面的很多干部还是畏畏缩缩,怕越雷池,他们心里其实还有一些隐藏很深的话没敢说出来:要是邓大人再一次倒了呢?以后中央会不会再发一个"批邓"的文件呢?这些吓死人的事,也不是不可能的,所以现在做工作必须谨慎再谨慎,不要闭着眼睛往坑里跳。

当晚,任燕回到家里,就打算起草一份新华社的内参报告,把她所感受到的一部分内心的焦虑写出来,要让上面明白,不然恢复高考这事儿还真难推动。她拧开笔套正要下笔的时候,就听见了咚咚的敲门声,原来是夏建国和田源。他俩开门见山,就是要探听招生工作会议的情况,这跟他们的前途大有关系。

任燕的父亲任大力,一见夏家与田家的公子到了,马上抱歉地说,我们总算要搬家了,国管局给了我们两间楼房,我去看过了,很不错。哎呀,十年前我们搬到这里占了后院，一晃十年了，挤了你们两家，真是对不起呀。

这些话已经憋在任大力心里很久了，其中包含了不少愧疚与感激之情。

田源马上笑着说，任叔叔真是厚道人，这不干您的事儿。您要不搬到这个四合院来，作为"工人阶级"掺和一下，我们这"反动"的两家，还指不定被遣散到哪儿去呢，这么说的话，还得谢谢您呢。谢谢您这些年替我们这么撑着，也感谢您让我们有了任燕这么好的一个朋友。

田源说话总是比夏建国灵活，他就是有这个本事，总是能够把话说到别人的心窝窝里，让人听着特别舒坦。

任燕说，爸爸您少说客气话了，他们找我是问高考的事呢。我们三个得聊一聊。

任大力便赶紧推门出屋去。

任燕让两位伙伴坐下，开宗明义就说，会议的情况不太乐观，开了快一个月了，进展很慢，招生方案迟迟拿不出来，问题的关键是在"两个估计"。

田源说那就先解决关键问题啊。他完全没有意识到这个问题为什么会影响到高考招生。

夏建国比田源冷静得多，他马上说，这个问题，不是说解决就能解决的。

田源紧张起来，说，照这么看，能不能恢复高考还不一定了？

夏建国一转念，忽然有了主意，建议说，任燕，我看你应该写个"内参"。邓大人这么明确的指示，还有人顽强地抵制，我看这个问题比天大。

任燕举着手中的笔说，我正准备写呢。

夏建国想一想，又说，你其实不要光写招生工作会议，还要写对"两个估计"的看法，这才是问题的实质。任燕，我甚至建议你找几个专家谈一谈，叫他们谈谈对"两个估计"的看法，只要把"两个估计"与恢复高考的内在联系抖搂出来，事情就有转机了。这一招，叫釜底抽薪。

任燕没有答话，只是呆呆地朝夏建国看，她觉得夏建国这个人太厉害了，不仅有勇，还有谋。

任燕当晚在自己的小桌上铺下纸，想把今天在教育部听到的那些情况作个追记，这时候脑子里首先跳出来的，倒不是教育部办公室的那个王主任和杨主任的形象，而是夏建国的形象。她挥挥手，想把夏建国那副有勇有谋的面孔像蚊子一样赶走，却总是驱赶不掉。

她呆呆地想，如果招生工作会议如期召开了，全国"高考"恢复了，建国哥也考上大学了，那该是一个多好的局面啊。建国哥会成为理科大学生还是文科大学生呢？建国哥的逻辑思维能力那么强，他肯定会喜欢理科，那毕业以后就走专家的道路，像他爹一样。但是建国哥的文采也不错啊，一年前他在天安门广场，一下子就写出了"欲悲闻鬼叫，我哭豺狼笑。洒泪祭雄杰，扬眉剑出鞘"那样精彩的诗句来。他也是个有形象思维能力的人，如果他真成了文科大学生，毕业以后保不齐就会分到文化战线或者新闻战线，甚至是新华社，那样就做成同事了，说不定还在一个编辑室呢。

这么想着的时候，任燕就更走神了，两眼盯着台灯的光晕，像泥塑木雕似的坐着。

任大力伸头来问，什么金贵文章啊，半天写不了一个字？

任燕说，不干您事儿，爸爸。

第二天一大早，任燕赶到新华社，没进办公室，就先去敲穆副社长的门了。她向穆副社长报告了自己的设想，说既然招生工作会议迟迟没有进展的原因是"两个估计"在作祟，是不是就可以拿这"两个估计"来展开一些采访和报道？干脆把问题的焦点端到大家眼前，说不定就能让这个招生工作会议得到推动。

穆大江感觉有点意思，认为任燕提出的这个点子直击要害。当然，他不知道任燕的这个点子来自她的邻居夏建国。

任燕说，"两个估计"出自一九七一年"四人帮"搞的《全国教育工作会议纪要》，就从这个《纪要》的形成入手，查阅当时的资料，采访参加会议，特别是参与起草《纪要》的一些当事人，这样应该就可以把"两个估计"的来历说清楚。

穆大江当即决定与任燕一起做这件事，他们很快就请到了六位曾经参加一九七一年全国教育工作会议的当事人来座谈。这一座谈，事情就清楚了，那个一九七一年《全国教育工作会议纪要》是"文化大革命"期间关于高等教育的指导性文件，它是当年在北京召开的全国教育工作会议的产物。这次会议一共开了三个月零十七天，经过十八次的反复讨论和修改，最后由张春桥、姚文元定稿，出台了这份由迟群主持起草的会议纪要。再后来，毛主席就圈阅了，于当年的八月十三日上了中央红头文件。

但是当年这份《纪要》是怎么逐步形成的,却始终是个谜,据说很多人都参与了,但他们都不是核心圈里的人。这"两个估计"到底是谁首先提出来的呢?穆大江在座谈会上问众人,大家都说不清楚。

任燕追问,这"两个估计"的基调是一开始就确定下来的吗?当时没有人提出反对意见吗?

有人马上回忆说,当然有人反对啊,反对的声音还不算少呢,现任教育部部长刘西尧同志就是一个,主要是大家都觉得这"两个估计"太严重,也太伤人了。

那大家为什么都没有再继续坚持这个反对意见呢?穆大江还是很好奇。

一个戴眼镜的干部说,听姚文元他们说,这是毛主席的意思,他们只是传达毛主席的话。这么一讲,就没人敢说话了。

另一个干部又说,现在回想起来,一九七一年的《全国教育工作会议纪要》和当时的《林彪同志委托江青同志召开的部队文艺工作座谈会纪要》一样,很可能都是"四人帮"蓄谋策划的。

讲到这里,穆大江终于单刀直入,问了一个最核心的问题:这"两个估计"到底是不是毛主席的话?

这话就把大家问蒙了,会议室里鸦雀无声,大家你看看我,我看看你,一时不知该说什么。其实,大家谁都没有怀疑过这个问题,也没有人敢去怀疑。

如果"两个估计"真如姚文元所说,是毛主席的原话,那是一个局面;如果毛主席根本没有说过"两个估计",是"四人帮"的炮制,那当然又是另外一个局面,尽管毛主席当时圈阅了那个《纪要》。

这当然是有很大区别的。这种区别往往可能使一件事整个儿地翻过来。

正当这个座谈会陷入长时间的沉默时,一位坐在角落里的姓金的主任忽然说,其实我知道这件事的原委。

于是所有的目光都集中到会议室的这个角落。金主任说,真的,我清楚这个事情。

穆大江心里紧张,但脸容仍显得平静。他问,老金,你说说,你是怎么知道的?

是从迟群那里知道的。

迟群?他怎么会告诉你呢?

不是他告诉的,是我查到的,金主任解释说,我原来在国务院科教组编辑《教育革命与通讯》杂志。粉碎"四人帮"之后,迟群受到审查,交出了所有的文件和笔记本。国务院科教组成立了迟群专案组,我就在那个专案组工作过,翻看过迟群的笔记本。我发现,就在一九七一年,谢静宜向迟群传达了毛主席的谈话,迟群在自己的笔记本里记下了这些"最高指示"。

听到这里,穆大江心情更加紧张,但仍旧语气平静地说,毛主席的谈话是怎么说的?

金主任从自己的文件包里取出一个笔记本,打开翻半天,放下,再取出另一个笔记本,打开又翻半天,最后说,就在这里,我把迟群笔记本里的话抄在这里了。你们听听,毛主席在一九七一年六月的指示精神是:对十七年不能估计过低。绝大多数知识分子是好的,是要革命的,拥护社会主义的;反对社会主义的、坏的是少数,很少数。

金主任念到这里,会议室里忽然响起一阵掌声,任燕激动得把手掌都拍红了。

穆大江沉住气,追问说,金主任,据您所知,迟群那个笔记本原件还在吗?

金主任说,迟群的东西都归档了,现在在哪儿我不清楚,你们可以通过组织程序去查。

这个座谈会开得真有价值,真相浮出水面了。"四人帮"炮制的"两个估计",与毛主席一九七一年对"文化大革命"前教育战线情况和知识分子情况的估计完全相反。"四人帮"当时严密封锁了毛主席的这段指示,却编造出了另外一套说法,这就为彻底推翻"两个估计"创造了很好的条件。

但是座谈会结束以前,金主任的另一番话却给大家兴奋的情绪当头泼了一瓢冷水。金主任的话是这样说的:毛主席的指示虽然是篡改过的,但是那份《纪要》确确实实是毛主席圈阅过的,也是放了中央红头文件的,也算是党中央的态度。现在中央的政策是"凡是毛主席的指示,我们都始终不渝地遵循"。凡毛主席圈阅过的,咱们也不能随便动啊。

为了金主任的这番话,穆大江与任燕商议了好半天,最后还是下定决心由任燕起草一份"内参","内参"的名字是《全教会纪要是怎样产生的?》。穆大江又对这份"内参"的措辞反反复复斟酌了几遍,但还是下不了决心发出这份材料。

任燕出点子说，穆副社长，您的老战友不就是田源的爸爸吗？田源的爸爸不是现在经常能与小平同志见面吗？这份"内参"能不能先转到小平同志那里看一看呢？也许问题一下子就迎刃而解了呢？

穆大江夸奖说你这个丫头真是鬼精灵，后来又说就这么办吧。

田志远却因为收拾新家的缘故，这一天忙得大汗淋漓。

虽已到了秋天，气候凉爽下来，庭院里也出现了一两片枯叶子，但是田志远爬上爬下，汗水始终没有停过。

"文化大革命"以来，田志远一直住着夏默的房子。现在，既然"国管局"让任大力搬走，后院恢复给田家居住，田志远就安排了一整天，准备把自己住的东厢房好好打扫干净，还给夏家。搬家，从来就是一件高兴的事儿，也从来就是一件痛苦的事儿，尤其是对田志远这个"老书生"来说。以前每次打扫房间，都是靠曹慧才能搞定，可是等了几个小时，曹慧迟迟没到。为了不让曹慧笑话，田志远决定自己动手，没想到一个上午下来，东西没怎么收拾好，已经弄得自己满脸是灰，头发基本上看不出本色了。

曹慧知道田志远厌恶打扫，原本打算一早请假，可是一早上就被熊总编叫住了，为了一篇稿子一忙就忙到了下班。曹慧火急火燎地赶到这个四合院后，一眼就看到满脸是灰的前夫，忍不住笑了出来说，老田你这是搞的哪一出？怎么就你一个人忙活，儿子呢？

田志远抱怨说，你怎么才来，我都累死了。儿子跟建国去图书馆找复习资料了，别耽误他们，这点活我们自己干就得了。你也赶快搬回来吧，后院给你两间，随便挑。你要暂时不跟我复婚，也可以，你先住着那两间房，儿子好歹也能每天看见亲娘了嘛。你要能开恩，烧点热饭热菜，让我蹭上一碗，我就很开心了。曹慧你别端着架子了，也别老教训我了，快回来吧，热热乎乎一家子多好啊。

曹慧听着这话，心里一热，可是田志远那句"端架子"又让她生出了一些厌烦，什么叫"端架子"呢？很多问题分明是涉及了革命原则嘛，这个架子是非端不可的，不端就害了你田志远，也害了儿子。儿子在政治上那么不安分，不就是受了你田志远的影响吗？所以曹慧一边操起抹布收拾房间，一边不冷不热地说，谢谢你两间房的恩赐，我还是等等吧，现在忙得四脚朝天，有家也难回。

田志远一边忙活一边说，好吧好吧，房间给你留着，什么时候想回来就回来吧。

曹慧忽然又纳闷起来，说，儿子到图书馆找什么复习资料啊？据教育部的同志说，即使恢复高考，招的也是应届的高中毕业生，已经上山下乡的青年们怎么招啊？这可是国家的大政策，不要误导小源他们白忙活一场，到时候不能考大学，又要噼里啪啦地埋怨国家一通。

曹慧的这个说法，倒是让田志远的心里一下子乌云密布了。按田志远的想法，既然放开高考了，涉及面好像也应该广一点，上了分数线的就应该进大学，恐怕不能局限于应届高中毕业生，不然对已经上山下乡的千千万万的历届中学毕业生就很不公平。

他这么想着的时候，心情就郁闷起来，很为孩子们的情绪担忧，于是闷闷地说，教育部的人就是喜欢这么老套套，又说现在方方面面的思想都僵化得很。

然后，他抬脸看着前妻说，你们那个刊物也该改改了，还像"文化大革命"时那样，三天两头发社论，只会念阶级斗争一本经，把人的思想束缚得紧紧的。

田志远说到这里时，没注意到前妻的表情忽然从温和变成了愤怒。曹慧双眉一竖，把抹布一扔，嚷嚷说，田志远，我看你刚出来工作两天就膨胀了，你还是不是共产党员？还讲不讲政治？

田志远愣了，没想到这几句话又一次惹恼了前妻，而前妻摔门刚走十分钟，儿子田源就回来了。田源心疼地看着灰头灰脸的爸爸说，怎么不叫我一起打扫呢？刚才听夏小妹说我妈来过了。

田志远不知道该怎么向儿子解释，如果照实说，免不得又要挨儿子的"炮轰"。穆大江就是在田志远一脸尴尬的时候找上门来的，他取出一份"内参"，交给田志远说，这份"内参"关乎天下学人的政治命运，包括你家小源的。小源不是也去图书馆寻找学习材料，想参加高考吗？烦请你这个联络员转呈邓大人。

田志远大致扫了一眼"内参"的内容，一惊，又一喜，说，我一定马上设法呈上去，老穆你这一招干得太漂亮了。

田源听了，却在一旁偷笑，不就是任燕写的"内参"吗？不就是建国出的主意吗？建国哥真是太有能耐了。

第二天，这份"内参"就送到了米粮库胡同。

邓小平看着这份"内参"，就知道田志远把事儿办到节骨眼儿上了。田志远马上说，这是新华社穆大江同志他们搞出来的。

庭院的路边，野菊花开得很盛。邓小平一边在庭院里走，一边对身边的田志远说，这份"内参"分量很重，把"四人帮"伪造毛主席指示、炮制"两个估计"的过程多数弄清楚了。这样一来，"两个估计"就没有立足之地了。我看呀，光是"内参"还不够，要请穆大江同志在这个基础上写一篇大文章，在《人民日报》公开发表，彻底推翻"两个估计"。

田志远一听这话就明白，邓小平抓住了突破口。邓小平不仅看准了这个突破口，而且要往纵深猛冲猛杀了，这是一个重大决策。于是，田志远兴高采烈地领命而去。

送走田志远之后，邓小平在那两棵相互依偎的老松树下站了许久，觉得还是要再搞清楚当时的一些事情。于是他招招手，叫来王秘书，让王秘书去请王海容、唐闻生两位上门，他要亲自问她们两位一些问题。

王秘书一边打电话一边还觉得诧异，老爷子要找这两个与"四人帮"过从甚密的人物聊天，到底要聊什么呢？他当然不敢多问。而在电话的那一端，接电话者更惊愕得目瞪口呆，不知这一趟应邀前往是祸是福。

王海容先是在北京师范学院学俄语，后来又到北京外国语学院进修英语。她是一九六五年调入外交部的，后来仕途一帆风顺，八年后就当上了外交部副部长，这当然与她多次为毛主席当翻译的经历有关。而唐闻生也几乎同样，也是在北京外国语学院学的英语，也是一九六五年进的外交部，九年后成为外交部美大司副司长、部党组成员，人称"领袖身边的才女翻译"。但是，"四人帮"粉碎以后，这两人要反思的题目，显然要比别人来得多。

邓小平当然一下子就看出了这两位女客人的紧张，待客人坐下后马上就关切地问，我出来工作以后，还没有见过两位，怎么样，还好吧，没有为难你们吧？

王海容略略迟疑了一下，说，粉碎"四人帮"以后，组织上没有为难我们，就是要我们帮助回忆一些过去的事情。对我们来说，也算是反思吧。

唐闻生也点点头，算是赞同王海容的说法。

邓小平说，要放宽心，在斗争最激烈的时候，你们帮助过周总理，帮助过我，也帮助了党和国家。这些，大家都清楚，今后两位还要好好工作呢。

两位女客相互对视，有些不知所措。

邓小平稍微停顿了一下，继续说，今天请二位来想了解一个问题。一九七一年召开全国教育工作会议，毛主席对十七年教育战线有过什么评价没有？请二位帮助回忆一下。

邓小平知道她们两个最近参与了核对毛主席历次谈话内容的工作，所以想从她们这里得到一些情况。

王海容知道了主人的邀请目的，也就宽心了。于是她向邓小平介绍了毛主席关于教育路线的一些谈话内容。比如，毛主席说过"对十七年教育工作不能估计过低"。毛主席还说过"执行封资修路线的还是少数人。'一年土，二年洋，三年不认爹和娘'，还是认得的，就是爱面子，当人的面不认，背地里还是认嘛，只不过有资产阶级思想，过后还是认的"。

邓小平一边听一边频频点头。

唐闻生补充说，毛泽东还说过"高教六十条，总的还有它对的地方嘛，难道就没有一点对的地方？错误的要批，批它错的东西。人家是教师，还要尊重他嘛。一讲不对就批评，哪能都讲对呀，讲不对没关系，讲错了没关系，大家共同研究，怎么能一下子都讲对，不可能嘛"。

午后的秋风并不凉，相反还有些暖洋洋的。邓小平走到窗前，长长地舒出一口气，心里想，情况都清楚了，确实是"四人帮"篡改了毛主席指示，精心炮制了"两个估计"。看来这个案子可以翻过来了，而且马上就得翻，这可不是"右倾翻案风"，这是"正本清源"。邓小平回转身，斩钉截铁地对两位女客说，二位又立了一功，将来会记到历史上的。

邓小平决定加快工作进度，他对于全国招生工作座谈会开得这么拖拖拉拉已经很不满意了。而教育部部长刘西尧也明显地感觉到来自邓小平的压力，所以他一接到米粮库胡同邓宅的电话，心里就怦怦地打鼓。他是带着教育部的几个副部长一起赶往邓宅的，车弯进胡同的时候，就看见方毅副总理的车也几乎同时弯进了胡同。他下车就对方毅说我今天是准备挨板子了，方毅没有搭话，一张脸也不好看。

果然邓小平说话的声气很重。

来客一坐下，邓小平就点上烟说，今天我和方毅同志请教育部的主要领导同志过来，想和大家交流一下思想。

说到这里，邓小平语气变得凝重起来：今天有些话，我要说得重一些，希望你们能听进去。

邓小平顿了顿，观察了一下大家迟疑的表情，继续说，我出来工作，作的第一个决策是恢复高考。从八月六号定下来这件事，到现在已经一个多月了，这一次招生工作座谈会已经开了四十天，到现在还没有个明确的结果，究竟要拖到什么时候？看来是遥遥无期，群众的意见大得很啊！

说着，邓小平用手狠狠地敲了敲桌子，一时间，整个屋子里安静得只能听到钟摆的声音。王秘书站在门外，心里怦怦直跳，老爷子这么发火，也是不多见的。卓琳提着一把喷水壶走过，看到王秘书脸上不好看，问是怎么啦，王秘书说是老爷子在书房里敲桌子。卓琳问了情况，说，怪不得他连着两个晚上都没有睡好，我也不敢问他工作上的事。让他敲敲桌子吧，心里有闷气，发出来也好。再说这事儿，咱们家的几个孩子也都有意见，说是要恢复高考了，啥动静都没有。工作这么推不动，也不是个好事。王秘书，你别站着了，找张凳子坐坐吧。

刘西尧在邓小平说话的时候一直低着头，局促不安，一张脸涨得通红。这时候，他听见邓小平又用很硬朗的语气说：第二件事，科学教育工作座谈会上大家提出应该推翻"两个估计"，我请教育部研究解决这个问题，到现在怎么样呢？你们一筹莫展，推不动。现在的状况仍旧是，广大知识分子的头上还戴着"资产阶级"的帽子，这让他们怎么能放下包袱一心一意搞四个现代化？所以，今天，我要对教育部提出严肃批评，给你们敲敲警钟。

说到这里，邓小平停住了话头，长长地嘘出一口烟。教育部来的几个部长都低着头，刷刷地往小本上记录着，刘西尧的笔尖还打着战。

这可是面对面的、不折不扣的批评啊。这种境遇，刘西尧是很少遇到的，可能也只有在邓小平这里，才会碰上这种情况。他脑袋里忽然闪过"钢铁公司"这个词，那是一九七四年冬天毛主席对邓小平当面的评价——"你开了一个钢铁公司"，毛主席这句话倒确实是真的。

方毅一直没作声，他默默地做着记录。教育部机关的思想现状，他也是很不满意的，当然他们也难，关键是整个中国的政治气压还很低。敢于把工作抓得这么狠，而且急于拨乱反正的，看来也只有邓小平，但是他这么冲锋陷阵，是不是有百分之百的胜算呢？

方毅心里很忐忑。

邓小平在接上第二根烟的时候，语气和缓了不少，但是话语中的"钢铁"却依旧棱角分明。邓小平是这样说的：你们教育部应该是为广大知识分子服务的，却不为广大知识分子说话，使知识分子至今还背着"两个估计"的包袱。所以，作为教育部来说，你们是没有尽到自己的职责的。怎么能把几百万、上千万知识分子一棍子打死呢？我们现在的人才，大部分还不是十七年培养出来的？我认为对《纪要》要进行批判，划清是非界限。《纪要》是毛泽东同志画了圈的，毛泽东同志画了圈，不等于说里面就没有是非问题了。我们要准确地完整地理解毛泽东思想的体系。毛泽东同志在延安为中央党校题词，就是"实事求是"四个大字，这是毛泽东哲学思想的精髓。

教育部部长刘西尧的笔尖，哆嗦得已经快记不下去了。他那涨红的脸上似乎抹了一层薄薄的汗水，这时候他忽然听见邓小平在喊他的名字"刘西尧"，急忙抬头，果然是邓小平在对自己说话。邓小平说，西尧同志，你在延安中央党校学习过，你看我对毛主席哲学思想的这种分析对不对？

刘西尧连忙起身，答非所问地说，我没有学好毛主席的哲学思想，辜负了您的希望。

邓小平看着刘西尧这副模样，倒是笑了起来，说，我看呀，不是没有学好，是你们还没有取得主动。你坐下，你坐下。

刘西尧坐下后，邓小平又说，这个情况的出现，至少说明你们胆子小，怕又跟着我犯"错误"。教育方面的问题成堆，必须理出个头绪来。现在群众劲头上来了，教育部不要成为阻力。教育部首要的问题，是要思想一致。赞成中央方针的，就干；不赞成的，就改行！

邓小平虽然是微笑着说这番话的，口气也和缓了很多，但是这番话里面的"钢铁"倒是像一把钢刀。"不赞成的，就改行"，这话锋利得很啊。于是刘西尧的心狂跳起来：邓大人是不是要把我拿下啊？

邓小平似乎看出了整个屋子的紧张氛围，又笑了一下，摆摆手说，教育部要解放思想，争取主动。过去讲错了，再讲一下，改正过来。现在要做的工作就是拨乱反正，语言要明确，含糊其词不行，解决不了问题。办事要快，不要拖。

方毅忽然放下笔记本，带头鼓起掌来，他认为邓小平的这番话说得硬气，但又说得在理。看来大象屁股就得这么推，不推动不了。看到方毅鼓掌，几位教育部副部长也都一起啪啪啪拍起了手,闹得书房一片掌声。邓小平急忙举起双手,示意大家停下,说你们这是干什么,又不是开大会。

方毅点头说,拨乱反正,太精辟了。

刘西尧马上跟着说,小平同志,感谢您的批评,我们马上回去开会,尽快拿出解决问题的方案来。

邓小平看着他说,西尧同志,你也不要有太大的包袱。有的时候,响鼓也得重敲才行,现在是一天也耽误不起呀。

听到邓小平这么说,刘西尧狠下心马上说,请小平同志放心,三天以内,拿出恢复高考的方案;一个月之内,写出批判"两个估计"的文章,我愿立下军令状。

看到刘西尧这样表决心,邓小平满意了,点点头,又请他坐下,然后说,恢复高考,主要是把握好招生的条件,删繁就简。招生的条件,主要抓两条:第一本人表现好,第二是择优录取。批判"两个估计"的文章,田志远同志和新华社穆大江副社长已经在组织了,估计还有一定的难度,这件事情教育部必须牵头。

说到这里,邓小平又看着刘西尧说,在这件事情上你们一定要解放思想,有什么问题我来负责。

听邓小平说到这个份儿上,刘西尧长期背着的思想包袱算是彻底放下了。他想,就按照小平的军令往前冲吧,也别前前后后再顾虑啥了。教育部的面貌和全国教育战线的面貌,也确实要改一改了。说到底,邓大人是高瞻远瞩的。

次日,刘西尧就召开了全国招生工作座谈会的全体会议。他坐在主席台的话筒前,挥着拳头说,今天我们来开一个全体大会,既是动员会,也是总结会,以后不再开大会了。昨天,我向邓副主席作了保证,三天之内提交今年的高校招生方案。如果不能完成,我自动辞职。

话音一落,全场惊呼声四起,都不知道刘部长今天的情绪为何会这么高昂。

刘西尧敲敲桌面,示意全场安静,又斩钉截铁地说,我根据部党组会议决定,布置这三天的工作。今天,确定今年招生工作的基本原则并形成初步方案;明天一天和后天上午,讨论和修改完善招生方案;后天下午,部党组讨论通过方案并报方毅副总理和小平同志;后天晚上我请大家会餐,宣布这一次全国招生工作座谈会圆满结束。

全场又一次哗然，很多代表简直不敢相信自己的耳朵，但转念想一想，又都理解了教育部党组的这个决心。教育部办公室的杨主任对王主任说，咱们刘部长去了一趟米粮库胡同，回来像是换了一个人。

王主任说，换了好啊，现在也该换了，就是这个气候了。

这时候，坐在主席台正中的刘西尧第二次敲了敲会议桌，再次示意全场安静。他高声说，现在，我引用小平同志昨天说的一句话来结束今天的会议。小平同志说"拨乱反正，语言要明确，含糊其词不行，解决不了问题。办事要快，不要拖"，这是我笔记本上当场记录的，一个字也不差，就这么执行了。

这次全体会议，是在一片掌声中结束的。什么事情，只要领导层下了决心，雷厉风行地布置，面貌的改变，也就是一瞬间的事儿。但是与会者都没有料到，对于具体的高考招生工作怎么进行，领导层的意见还是有种种分歧，而且这种分歧是针尖对麦芒的。在不久以后举行的研究高考招生方案的会议上，这种分歧就更明显地反映了出来，虽说那次会议还是邓小平亲自出面主持的。

八

邓小平这一天上午赶到了人民大会堂的台湾厅，亲自主持这次研究高考招生方案的会议。

邓小平心里知道，这次会议不会开得风平浪静，思想的冲突在所难免，在招生方案的一些重大问题上，教育部的思想可能还跟不上。他在去人民大会堂途中，坐在汽车后座，一直闭目默想着这次会议上可能出现的种种思想波澜。

有些话是必须说的，而且要说得干脆。决策只有下得果断，才能凝聚人心，拧成一股绳。

不出邓小平所料，出席这次会议的教育部的领导层，以及来自全国各地的教育部门的负责人，对高考方案的一些重要举措还是显得措手不及，教育部部长刘西尧与田志远甚至还当面起了冲突。

会议开始的时候，气氛还算平静，尽管与会者对这次高考改革的一些基本问题都还心中无数。主持人邓小平胸有成竹，他用明朗的语气，向大家宣布了一九七七年高考改革的总体计划，说是从一九七七年开始，高等学校招生改变"文化大革命"期间不考试的做法，恢复统一考试、择优录取的办法。此次考试时间定在十二月份，招生时间推迟到第四季度，一九七七年新生于一九七八年二月底前入学，推迟三个月。

邓小平话音一落，整个会场就一片哗然。对于在短短三个月的时间就要完成这个艰巨的任务，大多数人的脸上都显出难色。

邓小平对此并没有多作解释，他仍然用明朗的语气接着谈三个问题。他说，首先，哪些人有资格参加高考？我最初的考虑是，为了改善生源质量，要减少群众推荐的比例，适度增加高中应届毕业生的比例。现在的文件规定百分之八十招收应届高中毕业生，这已经相当高了。但是，有个问题是原来没有考虑到的。应届高中毕业生的数量和质量，能否满足这百分之八十的需要？能否真正起到改善生源质量的作用？

说到这里，邓小平把目光转向田志远，示意他向大家宣布一份调查的结果。

其实，田志远这一次的调查任务，起先是邓小平布置给国务院政策研究室的。邓小平觉得了解一下应届高中毕业生的情况十分必要，结果政策研究室负责人胡乔木还是把这个任务交给了田志远。田志远跑了一下后，感到问题严重，光是在应届高中毕业生中招生看来行不通。但是他也知道，如果不在应届毕业生中招生，而面向全社会，这个口子就开得太大了，很多人都会反对，教育部也有可能不赞成。但是邓小平听了他简要的报告之后，还是建议他在高考招生会议上大胆提出来。

于是田志远站起来，字斟句酌地说，在过去一周时间里，受乔木同志指派，我和几个同志走访了北京的三十所中学，重点调查高中应届毕业生的实际文化水平。这次调查使我们很震惊，我们发现一个基本事实，就是目前高中应届毕业生的文化水平普遍较差。例如，现在北京最好中学的高中毕业生，只有"文化大革命"前初中三年级的水平，特别是数学，问题尤其严重。

这时候田志远就看见会议室里瞪成一片的圆眼睛。田志远想，我再说下去可能就要炸锅了，但是也没有办法，在保证大学生源质量的问题上没有退路，要说的话还是必须得说。于是他大声说，如果这一次高考招收大学生仅仅是从应届高中毕业生中招收，是难以保证大学生源质量的。我们有这样的建议，今年，也就是一九七七年的招考，至少百分之八十的大学生，须在社会上招考，尤其是在下乡知识青年中招考，这才能保证质量。

话音还没有落地，整个场子果然就轰动起来，而让田志远没有料到的是，第一个大着嗓门起来反对的，竟然是教育部部长本人。

刘西尧本来是不想第一个站起来说话的，因为小平同志和方毅副总理在场，他也没摸底，不知道他们两个对这个问题事先有什么态度，但是这个问题的牵涉面实在太大了，简直是不可能完成的任务，他田志远也未免说得太轻巧了。而且，刘西尧想，如果自己不发表意见，教育部的所有同志都不敢在这个场合发表意见。所以，他就大声地嚷嚷了起来。他先是对着邓小平说，邓副主席，我反对这个方案。然后，他面朝整个会议室说，要是这样做，这个政策的牵扯面就太大了，影响也太大了，不是现在就能解决的。

田志远马上反驳说，刘部长，咱们还没有研究过这个方案，不能过早下结论。

刘西尧听了这话，更加激动地说，这还用研究吗？十年没有考试了，十年里积压的社会青年有多少？下乡知识青年有多少？虽然没有统计过，但至少也有上千万人吧？就算打个折扣，也有几百万人。现在时间的紧张，你不是不知道，一下子加进这几百万人，是不可能实现的嘛。整个世界也没听说过这样的考试啊！

田志远马上针锋相对地说，困难肯定有，但是抓紧的话，未必不能解决。

这两个人就当着大家的面唇枪舌剑斗起来，会场也是轰轰然一片，陷入了混乱。

教育部的侯主任站起来说，让我说几句吧。而他的意见是坚决支持刘西尧部长，他认为农村是一个广阔的天地，到那里是可以大有作为的，知识青年到农村去，接受贫下中农的再教育，很有必要。他特意指出这话是毛主席曾经说过的，而这话现在还有强大的生命力。他说，正在接受贫下中农再教育的知识青年，让他们大规模地参加高考，整个农业战线不就乱套了吗？这对国家有什么好处呢？

侯主任说到这里的时候，旁边就有人扯他的衣襟，侯主任一看，竟然是李副部长。李副部长声音不大，但是说得很清晰，他说，大规模的"上山下乡运动"是一九六八年展开的，最早的一批是当年在校的初中和高中生，也就是一九六六年、一九六七年、一九六八年三届的学生，全部都到农村了。这批学生的文化基础，应该是比较好的。把他们纳入招考范围，可以解决生源质量问题。

李副部长的这个意见，倒是说得田志远频频点头。但是侯主任的脸色愈发难看起来，他大着嗓门反问，一旦有人考上了大学，那他还扎不扎根农村了？

刘西尧当即接上侯主任的话说，对，一旦有人离开了农村，其他人还安心得了吗？这可是牵一发而动全身的，而且这涉及全国，不仅在城市，更直接关系到广大农村，这么多分散的人，要报名，要考试，怎么组织啊？

一时间，会场又大乱，各种意见争论得不亦乐乎，但是不多久声浪就慢慢平息了下来。全体与会者都不约而同地看着坐在主席台正中的邓小平，这才发现邓小平半眯着眼睛，坐着一动也不动，大家这时候都想知道邓副主席对这件大事的态度。邓小平却迟迟没有说话，他睁开眼，环顾了一下渐渐安静下来的会场，缓缓地说，这个问题，关系恢复高考后第一届大学生的质量，更牵涉千家万户，关系国家大局，要特别慎重。既然现在还不能决定，就先不要着急。一会儿我和方毅同志还有一个外事活动，现在先休会，大家再多考虑考虑，明天接着开会。

邓小平说的外事活动，是指他要会见美籍华人物理学家丁肇中。

好在人民大会堂离中南海紫光阁不远，邓小平一会儿就握上了丁肇中的手，他说，欢迎欢迎，让客人久等，真是抱歉。丁肇中笑着说，能见到您是我的荣幸。

提出见丁肇中，是邓小平的想法。邓小平觉得，作为美国实验物理学家，丁肇中这位美籍华裔，最有可能向他如实讲述西方先进科学技术的情况。邓小平急于知道这些情况。中国的科学技术要奋起直追，就不能不好好地看看人家。这位丁先生，出生在美国密歇根州的安娜堡，他的父母本想让他出生在中国，成为中国公民，不过他在父母访问美国时提前出生了，所以丁肇中成了美国公民，最终还成了美国麻省理工学院教授。这样一位美籍华人科学家，一定能说出一些非常中肯的话来。

丁肇中对于能在北京见到邓小平，也特别开心，所以他一坐下就说，邓副主席，得知您复出的消息，海外华人都很高兴。

邓小平笑了，说大家抬爱了，这次出来工作呢，主要管两项，一个是军队，另一个是科学教育。这是我自告奋勇要管的。

丁肇中说，邓副主席允文允武，让人甚为敬佩。

我是个军人，本行是打仗。科学教育，我是外行，现在是外行管内行，所以要多向内行学习。丁教授，你好不容易来一趟，要不吝赐教啊。

能帮上忙的，一定知无不言，言无不尽。

丁肇中的这个态度令邓小平甚是感动。邓小平说，中国还是太落后了，要赶上世界水平，必须从科学教育着手，要培养人才。承认落后，就有希望。爬行主义是不能吸收世界先进成果的。要先学，学得好，才能赶超。

两人的谈话，气氛非常融洽。丁肇中介绍了不少西方科技发展的进度，邓小平听着听着，忽然就提出了一个建议，希望每年派出十位科学家参加丁肇中的研究工作。对此，丁肇中欣然答应。邓小平赶紧解释说，我们也有高能物理研究所，当然现在还比不了美国。不过我相信，中国人是很聪明的，是可以学好的。细节上，由方院长跟你谈。我们想多派几个人去，当然，得根据你们的接待能力而定。

对邓小平的这个提议，丁肇中表现得十分爽快，愉快的心情一直延续到了午餐上。邓小平一边劝丁肇中吃菜，一边转换了话题，开始向丁肇中讨教起美国的大学招生制度来。

丁肇中说，美国的大学很开放。美国的招生可以说是不拘一格，任何人都可以报考，只要考上，学校就可以录取。

任何人吗？没有年龄之类的限制吗？邓小平显得有点惊讶，同时转脸看看方毅。

丁肇中说，没有限制，很多学校都有五六十岁的人在读。

邓小平还是有些顾虑，又问，那能够保证生源质量吗？

美国是宽进严出，门槛比较低，但是想毕业可就没那么容易了。不过，这需要一个前提条件。

什么条件？

美国人口少，大学又多。所以才能这么搞。所以，这种招生制度可能并不适合中国。

你说得对，邓小平立即对丁肇中的话表示赞同，中国的教育资源太紧缺了，这直接导致中国的人才缺乏。

但是中国有一笔巨大的财富，很有潜力，中国成千上万的知识青年就是中国最大的财富。

丁肇中这句话说到了邓小平的心坎里。邓小平点头说，中国的知识青年有将近两千万，他们有正规教育的基础，又有社会实践的经历。如果有合适的办法把其中的优秀人才选拔出来，中国的人才危机就能够度过，我们的事业就大有希望。

丁肇中有些激动地说，听您这么说，我感觉中国的希望近在眼前。

邓小平这时候把脸转向一旁的方毅，清晰地说，对科技和教育工作，要想得远一些，看得宽一些。一是要派人出去学习，二是要请人来讲学。不但学校和科研机构要这样，企业也要这样。现在对企业的科研没有抓，在发达国家企业科研比重很大。总之，要注意科学。科学是老老实实的事，一点不能弄虚作假。

邓小平这一天回到米粮库胡同之后，显得很愉快，尽管耳边还一直回响着会议室里那种争吵声，但心里已经拿定了主意。他想，中国目前的人才危机一定能够度过去，再不能因为"工作量大"这类原因而不敢做应该做的工作。看来教育部还不能紧紧跟上，得再烧一把火。

晚上，邓小平用热水泡脚的时候，外孙女眠眠走过来，把采来的野菊花撒了他一头。他呵呵地笑，看着眠眠的小圆脸，心里想，到她这一代考大学的时候，中国的人才危机应该已经彻底消失了。

九

送走丁肇中后，邓小平独自站在紫光阁门前，一时思绪万千。

天空中没有一丝云彩，吵人的蝉声已经被秋天的凉风吹散。中南海里的红枫叶高高低低，在若有若无的秋风里抖动。邓小平走了几步，弯腰拾起脚边一片褶皱的树叶。中国的教育制度，是不是也如手中这片枫叶一般毫无生机了呢？丁肇中教授介绍的美国自由开放的教育制度，确实有它明显的好处。

枫树后面的空地上有操练声传来，邓小平便信步走了过去，他看见了军官和一队士兵，于是向他们举手致意。负责的军官见到邓小平，迅速跑过来敬礼。邓小平端详着军官，见这位青年军官身着一身合体的军装，配上大檐军帽、整齐的武装带，黝黑的脸上闪亮着一双炯炯有神的眼睛。邓小平心里想，看样子是学生兵出身，于是问，多大啦？什么文化程度啊？

报告首长，我一九四九年出生，今年二十八岁，一九六八年高中毕业。

邓小平掰开手指算了一下，说，你是老高一的，对不对？下过乡吗？

是，首长，我是一九六八年下的乡，从农村参的军。

邓小平说，果然是个秀才兵，知道今年要恢复高考了吗？

军官再次行军礼，说，报告首长，听说了，但还不知道详细情况。

想上大学吗？

报告首长，做梦都想，但是已经没有机会了。

怎么会没有机会呢？

这位年轻军官于是就报告了自己的担忧。他说，高考是应届高中毕业生的事儿，我都已经二十八了，即便可以报考，也要单位批准。我是刚提拔的连长，部队不会放我的。其实，与我年龄差不多的那些"老三届"学生，肚子里的墨水还是很多的，文化基础知识也比较扎实。如果没有考大学的机会，对他们来说很不公平。而且"老三届"中的不少人，已经在农村结婚成家了，有的还有了小孩，他们看起来是根本没有当大学生的指望了。

他最后说，首长，老实说，这不公平。更重要的是，这对国家来说是个损失。

这位军官的直言不讳，使邓小平的心里波澜起伏。整整十年，国家耽误了多少年轻人哪！

邓小平笑一笑，对青年军官说你们继续训练吧，然后再也没多说一句，只对身后跟上来的王秘书说，联系一下叶帅，我想去看看他。

叶帅在北京城区的房子，位于小翔凤胡同。

北京有许多胡同，胡同是北京的符号，最能体现出老北京的风格。胡同的名称里，有朴素的美，譬如胡同里有口水井，就叫井儿胡同；有座砖塔，就叫砖塔胡同；如果有一些江南水乡的韵味，干脆就叫苏州胡同。

坐落在北京西城区的小翔凤胡同，在明清时期是达官贵人的居住区域，虽然已近迟暮之年，却风骨犹存，无论从规模还是建筑工艺上看，都有过人之处。走在胡同里，倚着恭王府的高墙慢行，路人常会生出一些感慨来，高墙那端的一世浮华早已消逝，而鼻子呼吸的却是后海飘来的总是那么清新潮湿的空气。

耄耋之年的叶剑英就住在这充满人文气息的小翔凤胡同里。随着天气的转凉，他时有咳嗽，于是准备把工作场所暂时挪到广东去，顺便也休养几天。动身前，他得知邓小平要来家拜访，心里一阵高兴。

这天，为了迎候邓小平，他一大早就坐在自己的院子里。邓小平复职后在科技、教育方面的一系列活动和举措，他早有耳闻，心里自是十分欣喜。中国就这么一步一步地整治下去，何愁不会迎来国家的新局面？而这次邓小平提出要来小翔凤胡同，这位已年过八旬的老帅知道，他肯定是有事急于商量。

叶剑英看着院子里的一株红枫，心里想，不管来访者找我商议什么事，凡是自己能撑着他的，就一定撑。他现在的奋战，对未来中国的意义实在不可小觑。

所以，邓小平一下车，叶剑英就走到门口拉着邓小平走进客厅，开口就问，怎么样，忙坏了吧？第一炮就惊天动地，拨乱反正、恢复高考，大快人心啊。

邓小平也是开门见山，坐下就说，老兄啊，恢复高考，牵一发而动全局，如履薄冰。是否允许下乡知青参加高考，现在倒是有点举棋不定，赞成者的声音和反对者的声音都很大，叫我进退维谷了。老兄你一向是"吕端大事不糊涂"，我来找你讨个主意。

叶剑英一听是这个话题，倒是来了兴趣，笑着说，凡事预则立，不预则废。咱们先来分析一下，这件事，利和弊分别是什么。先说弊。

邓小平说，高考改革这件事，政策性强，牵扯面广，既涉及家家户户，又关乎知青政策，加上时间紧迫，弄得不好，好事变坏事，甚至会激起民变，可能会一发不可收拾。

叶剑英说，利呢？

邓小平说：第一，能够保证大学新生的质量，有助于真正选拔和培养急需的人才；第二，能够激发青年学习知识的积极性，营造尊重知识、尊重人才的社会风气；第三，有助于促进社会公平。

这时候，叶剑英就笑了，说小平同志啊，我记得你跟我说过，一九七五年你把王洪文斗到浙江、上海去蹲点了，他走的时候对你说了一句话。

邓小平一下子就记起了那句话，那是一句很见分量的话，那句话是：咱们十年后再见分晓。

邓小平回忆起了这件事，于是对叶剑英说，他仗着年纪比我们轻啊。

叶剑英说，是啊，我也常想到这句话，想到"十年"这个概念。十年后，我们恐怕也无能为力了。

邓小平听着这话就笑了起来，他知道叶剑英明白了他的意思，也全力支持他顶着压力往前冲，于是心情一下子开朗起来。他朗声说，十年后，中国各行各业的栋梁，必将是这一批大学生！

叶剑英也哈哈大笑起来，点着头说，看来，你早就想好了嘛。

窗外的那株红枫，把窗户映得很红。邓小平凝望了一会儿枫叶，心里想，我和叶帅就像这枫叶一样，都是晚秋的人了，我们无论如何都要把十年后的中国交给真正有智慧的一代年轻人，这才是中国的希望所在。

在继续召开的研究高考招生方案的工作会议上，邓小平用不容置疑的口气给出了高考招生准则的新规定。他觉得这次会议非常重要，于是仍旧亲自主持这次会议。

面对着一屋子兴奋和怀疑的目光，邓小平朗声提出，这次招生考试必须面向全社会，工农兵及一切知识青年都可以报考。他改变了只招考应届高中毕业生的原计划，提出大部分要从社会上招考的建议。最后，他特别提出要招收上山下乡的知识青年，要求教育部一定要保障他们参加考试的权利。

邓小平提出的这一系列决策，直接关系到国家以前执行的上山下乡政策，顷刻间，会场叽叽喳喳起来，陷入了一片混乱。

尽管没有人向坐在主席台正中的邓小平耳语汇报什么，但邓小平直接听到了会场各个角落传来的一些质疑声：这不是对上山下乡政策产生冲击了吗？在全国农村的两千万知青不是要大乱了吗？邓大人能承担得起国家大乱的责任吗？

满场的喧哗声似乎一点也没有影响到邓小平的情绪，他端起茶杯慢慢地呷了一口茶。而教育部部长刘西尧一直低着头，在小本子上不停地记着什么。邓小平想，这一切的反应，都是正常的。当天清早起身，他在自家院子里慢步绕行一圈的时候就想到了这些情况。他家庭院里的枫叶也红了。

邓小平待会议室里的喧哗声慢慢平息下来后，向大家解释说，很多同志刚才担心我们推行的这个高考政策会不会冲击"上山下乡运动"，这个担心是可以理解的。"上山下乡运动"有其特殊的历史背景，也是根据当时的实际情况制定的。同样的，现在也要根据实际情况制定我们的政策。"上山下乡运动"是否变化，还需要研究。但我个人的意见是，这并不是长久之计，应该逐步减少。过去我们主要考虑的是生源质量问题，但现在看来，近两千万知识青年的命运也同样需要关注，应该给他们这个机会。社会主义不就是要讲社会公平吗？

一时间，再也没有人嘀咕了。

坐在主席台上的刘西尧也抬起了头，脸上十分平静。

邓小平心里想，这个问题不能再反复地讨论下去了，当断则断。于是他一改以往的讲话风格，直视全场，果断地说，这个问题大家有异议吗？好，没有异议，那就这么定下来了。第二个问题，讨论招生原则。这次教育部提出的招生原则是"十六字方针"吧？

坐在主席台上的刘西尧部长马上说，是十六个字，"自愿报考，单位同意，统一考试，择优录取"。

邓小平问全场，怎么样？

全场一片静默，所有的与会者似乎对"十六字方针"毫无异议。

半杯茶的工夫，还是没人出声。邓小平开口了，说我看，"单位同意"这一条可以去掉。为什么要去掉呢？譬如考生很好，要报考，队里不同意，或者领导脾气坏一些不同意报考，怎么办？我取四分之三，不要这一句。

所有的与会者都没有想到，邓小平会想得这么细，而且想得这么在理。确实，要是不去掉这四个字，在报考工作中不知道会生出多少事来，各个单位的情况确实是太复杂了，有时候所谓"单位同意"也就是某一个领导人是否点头。对这一点，大家心里都有数。

邓小平话锋一转，又提出另外一个问题。他说，更主要的是，报考的资格，应该放宽。

与会者的神情又都惊讶起来。方毅问，如何放宽呢？

邓小平思索了一下，说年龄限制要放宽，至少要到三十岁，婚否不限。

会场又开始叽叽喳喳起来。大家议论半天，都觉得邓小平提出的年龄界限是合情合理的。邓小平看大家的思想在慢慢地统一，于是趁势又提出要招收一九六六和一九六七两届老高中生，而且考虑到这两届高中生大多是正在工作的职工，为了减轻他们的负担，应该让他们带着工资上大学。

在这次会议结束之前，邓小平忽然又想到了一个问题，于是提出了一个小小的但却很惊人的建议。他说，现在定的报名费是每人十元，这对于普通百姓来说太高了。我的意思是，每人只收五角钱，不足的国家来补。还有一点，要注意招收一定数量的台湾省籍青年入学，以促进两岸关系的发展。

顷刻间，会场再一次喧哗，有人情不自禁地鼓起掌来。继之，全场掌声雷动。

在会议代表们都走空之后，田志远还一个人呆呆地坐在座位上，为自己的儿子和隔壁的夏家孩子们高兴，也为全国两千万知识青年中有可能参加高考的孩子们高兴。他想，应该马上把这个好消息告诉儿子，同时也应该告诉曹慧，让他们真正地感受到中国的教育制度从此开始了翻天覆地的变化。说"翻天覆地"，一点也不过分，从这个不平凡的一九七七年开始，中国的高等教育招生将恢复统一考试的制度，这意味着被积压了十几年的几千万中学生，和已到而立之年的"老三届"们，终于等到了一个使人振奋但又伴随着焦虑的历史机遇。这个由邓小平亲自主持的研究高考招生方案的工作会议，应该载入史册。

田志远慢慢起身准备离开会议室时，忽然发现还有个人坐在会议室的一角发愣，仔细一看，竟然是教育部部长。田志远走到他身边，说走吧，刘部长。刘西尧轻轻地叹一口气，说，事情是千头万绪啊，工作是难啊，可是小平同志的意见还是对的，他考虑得比我们长远。

田志远说，谢谢你，刘部长。

高考招生制度的改革，在教育部的统筹安排下呼啦啦地向前推进了。各级红头文件的下达，使全国的知青以及社会青年兴奋异常，几乎每一个中国的普通家庭，都被这些突如其来的政策搅动了。各地新华书店门口都排起了长龙，青年们急需数理化的复习用书，但大都失望地离去。书店根本拿不出这一类书；去图书馆找，图书馆里的这类书也被糟蹋得差不多了。但是，兴奋和激情依然在所有的年轻人或所有的中国家庭中涌动着。

然而，这项令人兴奋的政策，在贯彻过程中也伴生了一系列棘手的问题，比如看似合理的"审查制度"，就把许多渴望上大学的青年学子拒之门外了。这些被拒之门外的人中，有一位是前国家主席刘少奇的儿子刘源。

邓小平是看到女儿邓榕递来的一封信，才知道刘源被"拒之门外"的情况的。那一天，邓小平正披着毯子，靠在沙发上闭目养神，一边听着王秘书念修改过的招生文件。那文件是这样说的：突出"以阶级斗争为纲"和"政治挂帅"，严密注视"黑五类分子"。政审结论可基本分为四类：1. 可录取机密专业；2. 可录取一般专业；3. 降格录取；4. 不宜录取。

邓小平听着听着，眉头就皱了起来。妻子卓琳和小女儿邓榕就是这个时候走进办公室的。邓榕递给父亲的这封信，正是刘少奇儿子刘源的亲笔信。

刘源是刘少奇的小儿子，受父亲的牵连被下放到农场，后因肝病被送回北京，身体康复之后又被安排到北京起重机厂当铆焊工。在工厂的日子里，刘源做事谨慎，勤奋努力，多次被评为先进生产者。这一次得知恢复高考制度，隐藏在刘源心底多年的大学梦再次被点燃，然而由于父亲的关系，审查无法通过，连参加考试的机会都没有，无奈之下才提笔给复出的邓小平写信。

在这封信的开头，刘源直接称呼邓小平为叔叔。邓小平看到"叔叔"这两个字，心就揪了起来。

刘源在信中说，听说您恢复工作抓高考，很高兴，大家都很振奋。我想考大学，现在厂子里不让考，如果因为我父母的原因、我的出身不让我考，我就很不服气，何况您这个招生简章并没有这么讲。让我考，我考不上，那是我自己的事情，谁也不怨。

刘源的信不长，但字字刺痛了邓小平的心。他离开沙发，在办公室里站了一会儿，又觉得心绪有些烦躁，便走到了夕阳中的庭院里。邓榕主动陪父亲散步，试探着问，老爷子，刘源的权利不应该被剥夺吧？应该帮帮他。

邓小平没有搭话，绕着庭院的"大圈"走。他走过枝干遒劲的"双龙树"，又走过枝叶青翠的樱桃树，然后慢慢停下步子，对邓榕说，不是要帮刘源一个孩子的问题，是要帮助像刘源这样的许许多多孩子的问题。这是一个大问题。

一听这话，邓榕心里那块石头便放了下来，她刚才拿着这信时还流了些眼泪。

邓小平回到办公室以后，就在那份报给他的招生文件上的"政审条件"旁，重重地批了六个字：烦琐、烦琐、烦琐！

这天傍晚，邓小平的心绪一直波动着，在和全家吃晚饭的时候也照例没有吭声，吃完饭便回到了自己的办公室，坐在台灯下闭眼想了半天。

几天以后，邓小平召开了关于审定高考文件的会议。他提出要对招生条件作修改。他特别强调，关于政审，主要看本人的政治表现。政治历史清楚，热爱社会主义，热爱劳动，遵守纪律，决心为革命学习，有这么几条就足够了。

教育部的侯主任听着一愣，站起来说，邓副主席，这个政审条件也太简单了吧？政审条件放到这么宽的话，就没必要政审了。除了关在监狱里的，基本上所有人都能通过。

有人附和说，侯主任的意见对，政审说得太简单了，那就干脆不要政审了吧。

邓小平说，就是要简单！

看着大家发愣，邓小平便和缓了口气，缓缓说，政治审查，什么叫政治？马克思主义认为，政治是一种科学，是一种艺术。过去几年，我们对于人的评价定了很多条条框框，其中最荒谬的就是"血统论""成分论"，说什么"老子英雄儿好汉，老子反动儿混蛋"，这是马克思主义的观点吗？

大家默不作声。侯主任脸上红一阵白一阵，显得很不自然。

邓小平继续说，改变政审条件，就是要为受家庭出身、社会关系之累的可堪造就的青年才俊打破枷锁，给他们平等的竞争机会。

说到这里，邓小平停顿了一下，语气也更加缓和了。他说，我说过，招生主要抓两条：第一是本人表现好，第二是择优录取。不仅招生要这样，将来还要逐渐扩展到征兵、招工、提干等各个方面。

刘西尧坐在一旁认真地做着笔记，不敢漏下任何一句。邓小平这一系列的决策太重要了，他打破的是套在千千万万中国人头上的政治枷锁。多少年来，无数人因为"家庭出身""社会关系""海外关系"而受到了莫名其妙但又如泰山压顶般的牵连，许多可以走的道路在他们面前消失了，应有的人身权利变得遥不可及。许多人因此悲观、颓废、绝望，甚至轻生。邓小平今天的这一讲话，如果在日后形成了强有力的政策，将会使多少中国人或多少中国家庭因此而精神松绑！刘西尧心里想，太重要了，这些话太重要了。

见刘西尧记录完毕，邓小平眼观全场，继续说，大的原则基本上都确定下来了，今天你们把会上定的政策落实到文件上，晚饭前报给我，我晚上看一下，明天正式报中央。

仅仅过了一天，邓小平就在北京友谊宾馆接见了新组建的全国招生工作领导小组成员。邓小平向大家宣布说，同志们，昨天，中央政治局已经正式批准了恢复高考的方案。从今天起，中断十一年的高考制度就正式启动了。

话音一落，全场就爆发出了雷鸣般的掌声。刘西尧的鼓掌特别有力，仅两天的工夫，许多阴霾就在他心头消散了。

待掌声散去，邓小平继续说，大家有幸参加这项工作，很光荣，很有意义，但也很辛苦。时间紧，工作量大，政策性强，牵一发而动全局。我们只有细致地工作，才能不辜负这项伟大的任务。这里，我要代表党中央，也代表全国的考生感谢大家。

待第二次热烈的掌声平息后，邓小平又大声说，我们有个危机，就发生在教育部门，把整个现代化水平拖住了。我们现在是人才断层，青黄不接，这样下去，实现"四个现代化"就是一句空话。恢复高考，就是为了快出人才，为社会主义事业打下基础。我相信，历史将会证明，我们今天的这个决策是完全正确的。

第三次掌声响起。此刻，没有什么比掌声更能够表达大家激动的心情。田志远把手掌都拍红了，他想起了昨天夜里自己儿子与夏建国相对落泪的场景，想起了电话那端前妻惊愕的声音"这怎么可能"，也想起了任燕半夜骑着自行车送来的一册破旧的《代数》课本。田志远一边拍手一边想，我的老首长太厉害了！他举重若轻，伸出手指轻轻一翻，就把一页沉重的历史翻过去了。当然，还有华主席，还有叶帅，还有其他老同志，他们都相信主管全国科技与教育工作的邓小平的魄力与决心。

这时候，他就听见了邓小平在这个会议上说的最后一段话：要组织好这次史无前例的考试，我们将面临非常巨大的挑战。同志们，我们今天工作的意义，也许要十五年、二十年后才能显现出来。但是，中国教育和科学的春天，是从今天开始的。你们的工作和贡献，将永存青史。

十

田志远连续几天都由于一连串的喜讯而激动，这些喜讯来自科技领域和教育领域。他记录着所有的这些春天般的讯息，尽管窗外的秋意已经越来越浓。

首先是来自上海复旦的消息。数学家苏步青已经当选为全国人大常委会委员、上海市人大常委会副主任，并被任命为复旦大学校长。他自从北京开会回去后，就宣布"把星期日当作星期七，把一切节假日当作工作日"。他的数学所恢复了，数学所的"十八罗汉"也全数归位了。苏步青给田志远打来长途电话，喉咙都是哽咽的。

而数学家陈景润的情况也使他感到欣喜。他那天把作家徐迟领到陈景润身边时，陈景润的脸还是木讷的，说"怎么能宣传我呢，我是白专典型啊"，但以后就开始配合徐迟，详细地叙述他在数学王国里的一路探索，情绪越来越高涨。

当然，前妻曹慧的笑容也使他感到高兴，因为儿子终于能够到处寻找"数理化"教材开始高考冲刺了，这是全家的一件大事。这对已经离婚十年的夫妻，头一回以如此喜悦的神情笑脸相对。

他每天回到家，都把一杯泡好的茶端到儿子桌边，手里拿着圆规与三角板的儿子总是说，爸爸您快走开。他每次听着儿子那不耐烦的声音，心里总是美滋滋的。他告诉儿子中央马上就要在报刊上正式公布知识青年可以参加高考的决定，又问儿子什么时候返回西双版纳去，因为毕竟要在那里参加报名。儿子说那就等消息公布吧，一公布我就赶回去，您把火车票的钱给我筹好就行。

曹慧连续几天脸上都挂着一丝淡淡的笑容。她这个细微的情绪变化，连杂志社的总编都看出来了。那天下午，杂志社编委会会议结束后，熊总编还故意跟她打趣说，曹慧啊，什么事叫你乐的？

曹慧那一天跟熊总编单独谈了整整半个小时，在这之前，她几乎不跟社里其他领导谈任何个人私事。而这一回，由于儿子有可能通过高考成为大学生，离开遥远的云南，她心里开心，所以忍不住向总编敞开了心扉，谈了她对自己个人生活问题的考虑。

她考虑在儿子考上大学以后，就跟田志远复婚。想想老田也不容易，这十年来虽然她主动离去，但老田并没有重组家庭，一直等着与她破镜重圆。儿子也隔三岔五地催妈妈回家。又考虑到田志远经过"文化大革命"的洗礼，也检查了自己的错误，提高了政治觉悟，现在又重新恢复了工作，这样也就基本扫除了当年离婚的思想障碍。

但是曹慧还有不少担心，她看着窗外慢慢暗下去的天色，用带着一丝忧愁的嗓音对熊总编说：我家老田啊，就是有点盲目，低头拉车是把好手，抬头看方向却总是差那么几步。我多次劝说，他也总当耳旁风。这个邓小平，复出之后，有些事情做得还不错，比如恢复高考，让年轻人重新有机会上大学。我那一贯调皮捣蛋的儿子也有可能从此收了心，好好地入学深造了。但是邓小平这个人，从本质上讲我对他是有怀疑的，他对毛主席亲自发动和领导的"无产阶级文化大革命"运动是认识不清的，连毛主席要他对"文化大革命"做个正确的结论，他都不干。他是不把毛主席放在眼里的，内心是反对毛主席的无产阶级革命路线的。我想起这一点就心寒，毛主席能否定吗？要不是毛主席，我父母早就被地主老财压榨得没命了，这世界上也就没有我曹慧了。我就怕中国出个野心家、阴谋家来反对毛主席，否定毛主席，所以对邓小平这个人，我心里是吃不准的。说实话，当年在部队，邓小平也算是我的老首长了。我当年非常尊敬刘伯承、邓小平，但就是中华人民共和国成立以后，他和刘少奇搞在一块儿，拼命反对毛主席，这就叫我恨得牙痒痒的。现在他重新出来工作，我心里总是有点七上八下，怕他气候一到就反对毛主席。中国要是出现这样的政治局面，那是很让人后怕的，那红色江山就整个儿兜底翻了，资本主义就彻底回来了。熊总编，我今天跟你掏的都是心里话，我之所以在跟老田复婚的问题上一直举棋不定，思想抵制，也就在这里。熊总编，你说我是对，还是不对？

熊总编在听对方这么絮絮叨叨的时候，双手捧着暖和的茶杯，眼望着窗外的余晖，一声不吭。末了，面对曹慧诚恳的脸容，他才缓缓地说：对邓副主席，我们也不能说啥。邓副主席是中央领导，我们从事理论刊物工作的同志，能评论他什么呢？但是我告诉你，曹慧同志，你的种种思考，都是没有错的，是很深刻的。对任何人，我们都要听其言，观其行，不轻易作出结论。中国的事情太复杂了，我们这些坚守在党的理论战线上的共产党员，一定要站稳原则立场，保持头脑清醒，不能跟风也不能盲从。还有，更重要的一点是，我们的政治立场，是听英明领袖华主席的。华主席指向哪里，我们就打向哪里。同时，我们要遵循的一条原则是，听中央分管领导的。现在中央分管意识形态工作的是汪东兴副主席，那么我们就听东兴同志的具体指挥。我们为我们的刊物叫"红旗"而感到自豪，我们红就红在这儿。

结束了这次为时半个小时的推心置腹的谈话后，曹慧回到她的单人职工宿舍，一头倒在那铺得厚厚的小木床上，皱着眉头想，我是不是还要按原来想的，在小源考上大学之后跟老田复婚呢？这时局还会不会起大的变化呢？今天听熊总编讲话的口气，中央领导层内部还很微妙呢，还大有玄机呢。看来，还是要慎重。

后来，她在迷迷糊糊睡着之前又想，上山下乡知识青年与社会青年参加高考的事情，该不会有什么反复了吧？据老田说，教育部已经把一系列文件都拟定好了，可是为什么中央还迟迟不公布正式决定呢？

各大媒体公布恢复高考的消息，是在一九七七年的十月二十一日。《人民日报》的头版刊发重大消息《高等学校招生进行重大改革》以及社论《搞好大学招生是全国人民的希望》。这两篇文章的发表，标志着中断了十一年的高考制度得到正式恢复。

虽说季节已入初冬，但是对全国考生来说，仿佛是迎来了一个无比绚烂的春天。对于每一个知青来说，这个冬天的每一阵寒风都是温暖的。可以说，几乎全国的年轻人都在雀跃，几乎全国的家庭都在沸腾。

苦熬在农村的上千万的知青，这些天都在为这个喜讯而奔走相告。不少已经为人父母的"老三届"知青们，为了改变自己的命运，也纷纷报名参加高考；就连那些曾经政治地位极其低下，甚至一度被呼为"狗崽子"的知识青年，也预感到了自己的命运即将出现巨大的变化。

夏建国火速赶回了陕北，而田源也踏上了奔赴云南的列车，两人都要赶回原单位去报名参加高考。夏建国在离开北京之前，把自己好不容易搞到的一本《初中代数》和一本《初中物理》分别抄了一遍，自己带上抄件，而把两本书寄到了安徽凤阳小岗村。他鼓励自己的大妹建红也赶高考这趟列车。这是一趟呼啸而过的列车，对每一位知青来讲，机会都是很难得的。

继续在小岗村蹲点的妇女主任夏建红，是这一天傍晚从乡邮递员手中接过这两册课本的。随书寄来的，还有哥哥建国的一封充满豪气的信。她一念完这封信，豪气就上来了，急忙离开队部往大田上跑，她知道刘金锁正带着乡亲们在掘红薯。刘金锁被夏建红拉到沟渠边，拍拍身上的土，就看着夏建国的信。夏建红说我俩一起考吧，我哥也是这个意思。这时候她发现刘金锁的表情有些迟滞，后来就听他迟迟疑疑地说，建红，你参加高考我很支持，有啥我能帮上忙的，尽管说，我就不参加了吧。

为什么？怕考不上？你原来的成绩不是挺好的嘛。

不是，咱们的情况不一样。

夏建红一听就急了，扯住刘金锁的破衣袖就说，你给我说清楚，什么情况不一样？

刘金锁却说，这会儿就不说了吧。天黑之前，我们俩把红薯都装车，等忙过这一阵儿再说吧。

直到晚上，夏建红进刘金锁家见金锁与自己的奶娘相对着喝粥，一点也没有要说话的意思。

刘金锁吃完饭才说，建红你赶快回去复习吧，代数和物理都需要下功夫，需要抓紧时间。你把我这只羊油灯拿去，你那只太暗了。

夏建红想，也许他是舍不得病怏怏的母亲，但是这也说不通啊，他当初怎么就能扔下母亲往广东跑呢？甚至想往香港跑呢？如果金锁真的考上了大学，可以把妈妈往北京送啊，她毕竟是我建红的奶娘啊。

但是刘金锁始终没说自己的打算。他只是感到自己与脚下这片土地是完全连在一起的。他跟夏建红毕竟还不一样，人家是北京大姑娘，总是要回大城市去的。

晚上睡觉的时候，刘妈妈隔着一条布帘子问躺在床上翻来覆去的儿子，咋跟建红吵嘴了？刘金锁说哪吵嘴了，舍不得和她吵呢。

这时候刘金锁就披衣起来，推开房门，独自坐在自家门槛上，呆呆地望着头上闪烁的星空和星空下这一片深秋的大地。

刘金锁心里有建红，他知道建红心里也有自己。但是，时代的列车开来开去，每个人的面前都会出现新的站口，尤其是年轻人。

刘金锁凝视着天边最远那颗光芒微弱的星星，心里默默地说，建红你就好好复习吧，上你的大学吧，我就守着这块土地了，我就不信小岗村翻不过身来。眼看"四人帮"都被逮了，那种大呼隆的"农业学大寨"的做法可能也会改一改了吧，农村的生产还是有指望的。我不想一下子拔脚离开，尽管夏建国的那封信说得火烧火燎。

田源回到西双版纳的农垦场，见到昔日的战友们三三两两地已开始复习了，而他所带来的一册《高中历史》和一册《初中数学》竟成了大家疯抢的对象。

农垦场的大胡子场长，走过来一掌拍在他的肩头说，你这个小刺儿头，总算装病装完了，上头要"清查"你了，你知不知道？现在《人民日报》社论说要高考了，你小子才赶回来，真是"司马昭之心"。

田源却头一回对这位场长露出了恭顺的笑，并从一只破旧的军用挎包里掏出一包北京蜜饯塞了过去。田源知道小不忍则乱大谋的道理，高考对他来说绝对是天大的事。当天晚上他就跑到场部邮电所给父亲挂了长途电话，告诉父亲自己已经初步跟农垦场领导搞好了关系，请父亲放心。

而田志远也在电话里欣喜地告诉儿子，说自己参与写作的《教育战线的一场大论战——批判"四人帮"炮制的"两个估计"》一文已经在《红旗》杂志第十一期上发表了，而且《人民日报》也马上加以转载了，说这是一个关键的思想理论问题，对今后教育制度的改革会起到至关重要的作用，连小平同志看到这篇署名为"教育部大批判组"的文章都说写得好。

田志远这么兴高采烈地说着的时候，却不料电话那头早就被按掉了，田源可没有心思听这个，他满脑子都是数学、历史和地理。再说长途电话费那么贵，他哪有钱来支付父亲讲理论的通话时间？

十一

邓小平要南下广州去参加一次军委扩大会议，动身之前，他安排了一次与美籍华人、数理逻辑学家王浩教授的会见。这些天，他心里一直琢磨着即将开始的全国高考，他很想听听王浩教授的意见。

他要见王浩教授的原因，是前些日子他读了王教授的一篇文章。

王浩教授回到中国后，看到国内科学界的学者们目前精神状态特别好，每个人都能够专心搞科研，心里很受鼓舞，于是写了一篇名为《关于促进教育科技发展的几点意见》的文章，直接寄给邓小平，希望自己的这篇文章能够对中国的教育事业发展有所帮助。邓小平读完这篇文章就萌生了与这位王教授当面聊一聊的念头。

会见地点，选在人民大会堂的福建厅。福建厅似乎是人民大会堂所有厅中出镜率最高的，因为这个厅恰好位于迎宾的主要场所北大厅之后，所以领导人接见宾客的地点，通常都会选在福建厅。

主宾一坐下谈话，话题马上就集中到了正在紧张筹备的全国高考上。王浩教授表达了自己的惊叹，他说，竟有五百七十多万考生参加高考，美国可组织不了这样的考试。

邓小平笑了，解释说，这不是高考的常态，是要弥补我们以前犯的错误。今年高考的问题还很多，考生形形色色，准备也太仓促，明年要组织得更好些。譬如今年是各省市自主命题，从明年开始，至少在全国大多数地区要统一命题、统一考试，这样可以减少试卷出现问题，关键是要保证公平竞争。

对于这一次全国即将举行的高考，客人提出了不少建议。客人尤其强调，除了保证大多数人的公平机会，也要照顾一些特殊人才，这才是教育的智慧。王浩说的这个意思，邓小平很有同感。邓小平点点头说，科学领域总是后来者居上，否则人类难以进步。虽然过去有些方法有缺陷，不容易发现有特殊才能的人，但这样的人是有的。

对于即将全面铺开的全国高考，邓小平心里的轮廓越来越清楚，他觉得王浩教授的许多意见都很中肯，值得在高考的组织工作中加以把握。这时候，邓小平忽然想到了另外一个问题，于是笑着问，王教授，对艺术你有什么建议吗？

王浩也笑了，说，艺术我不太懂。

邓小平说，艺术和科学也有相通之处，都要注意对特殊人才的选拔和使用。音乐学院原来的院长告诉我，发现了一个七岁的娃娃会拉小提琴，能拉很难的交响乐曲子，而且拉得不错。但是因为中国不喜欢讲天才，所以很容易把有潜力的孩子耽误了。根据现在音乐学院的规定，只有满十一岁的孩子才可入学。我认为像这样的娃娃，应该吸收到音乐学院来，提前录取，以便深造。

两人的聊天，涉及的领域很广阔。王浩离开人民大会堂后很久，还一直为邓小平谦逊好学的精神所感动，譬如邓小平说"我还是个小学生，要学习的东西还很多"；他也为邓小平在中国目前的政治条件下表现出来的胆识所感动，譬如邓小平说"一定要保证科研人员至少六分之五的业务工作时间。政治学习的内容要精简，特别要反对一些形式主义的东西"。

王浩想，中国的科技事业，有了邓小平这样的领导人，是完全可以寄望的。

第四章

"第四只鸭子"是个严肃的问题

一

南行广东的十二天，所见所闻，给邓小平刺激很深。尤其是广东农家的那"第四只鸭子"以及宝安密密麻麻的铁丝网，一直在邓小平的脑中盘桓，以至于好几次出现在他的梦中。

他本来是可以不去广东的，定于年底召开的中央军委全体会议的筹备工作，完全可以在北京进行，是他提议由他带着会议筹备工作班子去广州会见叶帅的。因为他考虑到叶帅其时去广州工作与休养不久，如果让叶帅马上赶回北京开会，北京干燥的冬天容易使他的咳嗽加剧，于是邓小平请军委秘书长罗瑞卿考虑，干脆把筹备工作会议的地点放到广州，一边在那儿讨论主报告，一边就近请教叶帅，同时自己也顺便视察一下广东的工作，近段时间"逃港"这个词一直刺激着他。

罗瑞卿也觉得邓副主席这个提议很合适，自己虽然腿脚不便坐着轮椅，但是并不妨碍飞抵广州；而叶剑英事后得知了会议筹备工作的地点更改到广州，也好几次感慨，说小平同志心里考虑的总是别人。

这次南下，邓小平决定携家眷同行。这不光是因为他需要卓琳的随行照顾，同时，他也想听听家人对南方的种种观感。

这一天晚饭过后，他对卓琳说，卓琳呀，带上眠眠，我们一起去看叶帅吧。卓琳问孩子们都去吗，邓小平说都去。

卓琳说，你去工作，带着我们这一大家子人，合适吗？

邓小平想了想说，合适，你们不去呀，还得安排一群人来搞服务，更加兴师动众。家庭是个好东西。人老了更需要家庭。毛主席晚年，要是有个温馨的家庭就好了。

卓琳听丈夫这么说，心里咯噔一下，她忽然觉得自己更加明白了这个家庭在邓小平心目中的地位，这不是一个简单的"家"的感觉，也不是一个"人老了"的感觉。邓小平考虑种种问题的出发点，很多方面都是以中国人所珍视的"家庭"为视角的。

卓琳当晚就把丈夫的这个意愿告诉了三个女儿。邓林、邓楠、邓榕一起说，让我们一路照顾爸爸吧。

二

北京开往广州的特快列车加挂了几节车厢，这就算是邓小平的"专列"了。"专列"上的邓小平一直读着文件，这是王秘书为他备好的中央军委全会的主报告初稿。

其实，军委秘书长罗瑞卿送来的这个初稿，他在离开北京前已读了一遍，这次在列车上又从头到尾读一遍，仍旧觉得字里行间有很多疙瘩，比如说"以阶级斗争为纲"。

他心里想，起草文件的这些秀才们怎么就是喜欢这样提呢？也许不是秀才们的问题，而是更深层次的问题。一个国家，总是深陷于"阶级斗争"与"七斗八斗"之中，这绝对不是国民之福，也不是国家前进之途。

他站起身来，慢慢走向紧靠着他的另一节车厢。那节车厢里，坐着写作班子的二十几个成员，主要是军人，也有不是军人的，比如田志远以及新华社副社长穆大江。这些人一路上也在叽叽喳喳地讨论着他们所写的这个主报告的内容，甚至争论不休。"爱抬杠"的田志远与总政宣传部的曲径副部长总是成为论战的两极。曲径叫屈说，老田，咱们不是老战友吗？怎么你老爱跟我较劲？

田志远说，你老兄的脑瓜子里，"阶级斗争"的弦总是绷得太紧，这样绷下去是要绷坏的，我得给你松松弦。

他们这样大声嚷嚷的时候，不料邓小平慢慢地走了过来。

车厢顿时安静下来，只听见车轮哐当哐当的声音，窗外的树木风驰电掣地往后闪着。

邓小平坐下来说，都说什么了？继续说嘛。你们的主报告，我都看了几遍了。

会议筹备班子的秀才们，你看看我，我看看你，一时都不敢接话，因为他们不知道邓小平对这个主报告有什么样的初步观感。

邓小平说，既然大家都不说话，那我出个题目，大家说说各自的意见可好？

曲径看了看大家，见大家一时都没有开口的意思，便说，邓副主席，您也是我的老首长了，我就有话直说了。对于"抓纲治国"，我是非常拥护的。这里面的纲，当然是"阶级斗争"，以阶级斗争为纲嘛。这个纲应该年年讲、月月讲，常抓不懈。我认为，抓纲治国应该贯穿于我们建设社会主义国家的始终，一直到"四个现代化"建成。就是国家现代化了以后，我们也不能丢掉这个法宝，这也就是毛主席带领我们全党、全军、全国各族人民从胜利走向胜利的无产阶级革命路线。

邓小平点头，又问其余的秀才：你们看呢？也是同样的观点吗？

穆大江迟疑了一下，说，我觉得吧，中央提"抓纲治国"，主要是针对当前的形势。这个"纲"呢，我的理解，就是揭批"四人帮"。通过揭批"四人帮"，改善各项工作的面貌。我觉得，这个"纲"，应该能管相当长一段时间。

邓小平看着田志远说，你怎么不吭声？刚才你不是喉咙最响吗？

田志远笑了，说，我对这个问题，确实是有点不同的看法，可能不太成熟。

曲径忍不住插嘴说，太不成熟了。

邓小平说，不成熟有什么关系，我这儿又没有棍子、帽子，随便讲嘛。

田志远说，刚才曲径同志和穆大江同志说的，都有一定的道理，他们所说的"纲"，都是我们国家针对某个特定的历史时期所说的。而我感觉，从长远来看，抓纲治国的"纲"，应该是搞四个现代化。

曲部长瞪眼说，老田，你这可是走偏了啊。毛主席说"阶级斗争是纲，其余都是目"，这句话说得很清楚嘛，难道你连这个论断都忘记了？

田志远说，我没有忘，而是思考问题的角度不同。党的宗旨是为人民服务。搞四个现代化，实现国富民强，才是最根本的为人民服务。

曲部长摇摇头说，搞四个现代化没有错，但这不是纲，纲仍然是阶级斗争，这是不会变的。这个纲，当前具体的体现就是揭批"四人帮"。至于搞四个现代化，那绝对是"目"，这是抓纲以后所得出的结果。毛主席说"要抓革命促生产"，这就是明确地告诉我们，阶级斗争是纲，搞四个现代化是目，纲举才能目张。

田志远说，老曲呀，你的观点，我不能同意。你一张口就给我背毛主席语录，咱们还怎么讨论问题？

曲径说，那咱们总不能离开毛泽东思想啊。

田志远没有接话，他一时觉得说不下去了，于是看看窗外那些一闪而过的树木，又看看坐着的一直在眯眼思考的邓小平，久久没有吭声。

列车放慢了速度，哐当哐当的声音稀疏下来。

本次列车的列车长，在王秘书的陪同下走进了车厢，报告说，首长，前面就是广州站了。

邓小平起身，微笑着说，我看，大家的讨论很好，很热烈。这是一个重要的问题，大家还可以继续思考。现在准备下车。

三

邓小平一家下榻于广州南湖宾馆的三区七号楼，而叶剑英当时住的是四区一号楼，相隔得不算远。叶剑英一见赶来广州的邓小平，心里就高兴，紧紧拉着邓小平的手说，小平同志啊，难得抽空来广州，把工作放一放，好好休息一下。许司令，你可要尽好地主之谊呀。

坐在会见室一角的广州军区司令员许世友马上站起来拱手说，早就盼着邓大人来，酒管够。

邓小平呵呵笑说，你许司令是酒仙，周总理都喝不过你，我就不凑这个热闹了。这次到广州来，一是看看叶帅，就军委全会的筹备工作听听叶帅指示；二是也想到下面去看一看，特别是贫困地区，还有广东和香港交界的地方。

叶剑英说，好嘛，我要是走得动，也同你一起去看看。

许世友说，不用劳烦叶帅，我陪同。

邓小平说，不敢劳驾你们了，我不要陪同。您许司令一出门，地动山摇的。你们这几位将领，就在家里商量军委全会的文件。我们罗秘书长搞的文件一大摞嘛。你们好好看看，多提提意见。我悄悄地走，悄悄地回，回来再和你们细谈。

于是在座的军委秘书长罗瑞卿、总政治部主任韦国清、海军政委苏振华、广州军区司令员许世友和政委向仲华一起点头。

邓小平离开会见室的时候，专门走到罗瑞卿的轮椅前，握着他的手说，难为你了。罗瑞卿说，我这腿脚坐飞机没事儿，现在感觉也好一些了，但是如果有机会我还想好好治一下，现在形势这么好，军委工作又这么多，我不能站起来走路，心里真是有点着急。说到这里，罗瑞卿又不放心地问，听说邓副主席在火车上又审看了我们的主报告，还听了写作班子的讨论，是不是不满意我们这份报告？我心里真是没底啊。

邓小平看着这位一脸着急的四川老乡笑了，说，你莫着急，急啥子哦，我们在广州有时间好好讨论这个问题嘛，大家的看法会慢慢统一起来。

罗瑞卿听了这话，心情舒畅了不少。他回到房间之后，曲径跟了进来，向他汇报了一路上田志远所说的许多怪论，说田志远试图拿掉主报告征求意见稿里关于阶级斗争的论述，思想倾向很有问题。罗瑞卿听他讲了半天，始终没表态，只是心里隐隐约约地生出了几分厌烦。

在曲径背后汇报田志远的许多"谬论"时，田志远却抽空连续跑了广州的好几家书店，竟没能买到一本数理化的中学课本，最后无奈地跑进一家邮电局，给云南挂了长途电话，告诉儿子小源说整个广州没有一本有助于高考的复习参考书，叫儿子加紧向朋友借抄。儿子在电话里说，爸爸您好好陪邓大人视察吧，我可知道怎么复习。我数学稍微差点，可是语文成绩肯定会挣回来，我对作文充满信心，这可是您的遗传。

田志远听了这话，这才放下心来。可是他回到南湖宾馆之后，却又叫曲径给当头浇了盆冷水。他是在宾馆大门口遇见这位老战友的。曲径知道他是为儿子去买教科书，便把他拉到一边凑着耳朵小声说：老田你是我的老战友，我也不怕冒昧了，说句倒霉的话。您家这个爱闯祸的公子，上过清查名单，身上那么重一个包袱，怕是高考没资格吧？你别往他灶膛里送柴火，免得他到时候心理打击更大。

曲径的话倒一下子叫田志远愣住了。他左思右想之后，觉得曲径的这番忠告还是有道理的，于是心里七上八下起来，紧接着跑到穆大江的房间里，悄声询问穆大江关于天安门事件，中央口径有没有松动迹象。穆大江说不知道，田志远说你别瞒我，透露几句嘛。穆大江说华主席方面真的没有任何消息。心里忐忑的田志远晚上又通过宾馆总机向《红旗》杂志社的干部宿舍区挂了长途，前妻曹慧在电话里说中央对这件事情的立场是始终鲜明的，因为这个案子是伟大领袖毛主席定的，是铁案，又问田志远为什么要问这件事，是不是听邓小平说了一些妄图翻案的言论。田志远连说不是、不是，慌忙就把电话挂了。

田志远直到后半夜也没有睡着，一直望着窗外月光下的椰子树。那椰子树的剪影，在月夜里呈现出一个个的"不"字，搅得他的心情益发烦乱。

四

邓小平在广东的"顺便看看"，还是惊动了广东省委甚至一些基层的区县，尤其是毗邻香港的宝安县。这个县的地方官员不知道邓小平的车队会突然停在哪一个公社的哪一个村口，所以一时都有点紧张，因为许多村庄的墙上都还有"继续批邓"的大标语，来不及刷掉，要是被邓大人见了，那可真是了不得。另外，有些村子太破败，太贫困，也不想给北京来的大首长看。

于是县领导纷纷给各个公社摇电话，要他们尽量采取一些补救措施。

宝安县龙岭大队的杜支书是当天晚上接到县里电话的，于是连夜在那个四处漏风的大队礼堂召开了全体村民大会。他站上那个地板已经碎裂的舞台，在一盏结满了蛛网的昏暗的灯泡下面，诚诚恳恳地向他的男女社员们说，各位社员同志啊，有件大事要赶紧跟大家说啊。明天早上，有一位北京来的中央首长，可能会路过咱们大队，而且可能进村来啊，大家可要做好准备。

社员们大多是老人和妇女，大队礼堂里一时间嗡嗡嘤嘤一片。

有人喊，来的是谁啊？不会是叶剑英吧？听说叶剑英喜欢咱们广东啊。

杜支书说，我也不知道是谁，公社领导说这是保密的。

有人说，不会是邓小平吧？报纸上说他重新上台了。

杜支书说，别问了，我真的不知道。

又有人喊，县里那么多公社、大队，哪会偏偏往我们龙岭村来啊。

杜支书一下子严肃起来，说，我们就是不能有这种侥幸心理，毛主席说世界上怕就怕"认真"二字。公社领导再三强调了，我们这一带的每个大队都要做好准备，说这个中央首长的车队没有规定路线，他爱往哪儿开就往哪儿开，"危险"也就在这里。

然后，这位杜支书又说，大家不要再吵吵嚷嚷啦，现在我就把我们大队党支部紧急会议的精神给大家传达一下喽。

见大队支书这么严肃，众人就都安静下来。杜支书说：第一条，明天，地富反坏四类分子全部监督起来，不出工，不出门；第二条，家里缺桌子的、缺凳子的，会开完了，把会场里的条凳拿回去一张。大队部里还有几张木桌，也可以搬回去，明天下午来还。家里再没东西，也要摆个面子，听见没有？

众人说，听见了。

有个老头举着烟杆说，要是中央首长问我们政治觉悟的事，"批邓"那是不能说了，邓小平又上台了，再说"批邓"，我们就没觉悟了。

杜支书立即肯定说，对，不说"批邓"。他又接着说，最后一条，也是最重要的一条，明天都打起精神来，中央首长问生活怎么样，怎么回答呢？就说：通过学大寨，大队精神面貌大变样！

众人应说，听见了。

杜支书说，大声点！

众人大声说，听见了！

那个举烟杆的老人又问，明天来的不是英明领袖华主席吧？

杜支书一听这话就有点恼了，说，不是再三讲过，这是保密的吗？反正是中央首长不假。你连这点保密观念都没有，还算个贫下中农吗？

由两辆面包车和一辆开道吉普车组成的邓小平车队，第二天上午就出现在宝安县境内。车队所开往的方向，就是毗邻香港的分界线，而那条距分界线不远的岔路，就是通往龙岭村的。

而在驶进那个岔路口之前，邓小平的视察车队还被一个突然情况"路阻"了一下。原来车队突然遇到一辆临时抛锚的军用大卡车，满头大汗的司机正在掀开的车头盖下忙碌着。

开道车里的两位军人急忙下车，喝令说，快让开，快，快！

满载的卡车载的不是物，而是人，车厢里挤满了灰头灰脸的成年男女，押车的是警察。警察看见军人，马上抱歉地说，首长，对不起，老爷车，坏了！

军人警惕地问车上什么人，警察说是逃港人员，是要押回原籍的。军人说快让出道来，这是首长车队，于是几位警察急着向车内人吆喝说：全体下车！快，推车！让出道路！

听见一声喝令，被麻绳连串拴着手的逃港人员纷纷跳下车。由于麻绳牵绊的缘故，好几个人在跳下车的时候一起摔倒在地。

警察吆喝说，快！起来！推车！

三十几个被拴成串的逃港人员一齐推车，大声喊，一，二，三！一，二，三！

邓小平隔着面包车的窗玻璃，注视着这一幕，他听见王秘书在耳旁小声说，据说是抓回来的外逃香港人员，要押回原籍，大多是农民。

邓小平一动不动，一直凝视着这群人，直至车队重新启动，他那凝重的神色还没有缓过来。

这些娃儿，他想，账应该算到他们头上吗？是娃儿的责任，还是我们自己的责任？是他们要跑，还是我们要推？

邓小平的眉头越皱越紧，许久得不到舒缓。在遇到一条岔路的时候，他仿佛看见一排椰子树后面坐落着一个村子，于是吩咐说，转弯，去村里看看。

龙岭大队的杜支书远远望见三辆汽车裹挟着一路黄沙驶进岔路，不由跌足说，果然来了，撞上我们大队了。

他一举手，早已候在村口的锣鼓队立马就咚锵咚锵敲打起来。那锣鼓队七人，一式的缺牙老头，敲打的都是小锣、小钹、小鼓，还有一支唢呐，声音听上去不甚整齐。

在几位省、县领导的引导下，身着深灰色中山装、脚穿一双黑色布鞋的邓小平径直向村里走来。杜支书一见，顿时吓得眼睛发直，说，邓……邓小平？

只听陪着来的县委书记远远地喊，哪位是大队支书啊？快上来迎接，邓副主席来视察我们龙岭大队啦！

杜支书在冲上去迎接之前，赶紧指挥参差不齐的锣鼓队转移到一堵白墙边吹打。原来这白墙上有一条漆色斑驳的大标语：高举大寨红旗，深入持久

"批邓"！

锣鼓队紧贴白墙一站，这条大标语便被遮挡了。

杜支书双手挥舞作欢迎状，像兔子似的蹦过石桥，大喊：热烈欢迎中央首长视察我大队！响应县委号召，掀起农业学大寨新高潮！

村民李双喜是没有料到中央首长会进自己家门的，但是他根据大队党支部的统一布置，也做了准备工作，于是把一件借来的有拉链的褐色外套使劲地往身上绷，尽管他下身那条裤子已经破烂不堪。

他同时也帮六岁的孙女翠翠穿上一条借来的红裤子，劝着说，翠翠要听爷爷话，快穿上，大领导来村子了，万一跨进我家门槛来呢，你光屁股不就闯祸了？翠翠说不嘛，裤子太长了，要摔跤的啊！

李双喜拼命把裤子往孙女腰上系，说翠翠乖，裤子长了爷爷给你卷起来，你看，红红的，多好看！

杜支书的喊声就是这时候从门外传进来的，杜支书喊，李双喜，中央首长来看你了！还没等李双喜醒悟过来，邓小平已经进屋了。

大队支书急忙介绍说，这是村民李双喜，贫下中农，这是中央军委副主席邓小平同志！

李双喜看着站在面前笑吟吟的客人，忽然觉得不好意思了，低下头说，我当年该死啊，不该喊"打倒邓小平"啊！邓小平笑了，说，老人家，这是你孙女？

李双喜一把拉出身后害羞的孙女说，快叫爷爷好，翠翠说爷爷好。邓小平蹲下来问几岁了，翠翠举起右手，张开五指，想一想，又举起左手，添上一根指头，邓小平明白了，点头说六岁。

翠翠这时候又往爷爷身后躲，忽然就踩着了自己的裤腿，绊了一跤。

田志远急忙扶起翠翠，说，裤管这么长，不是你自己的？

李双喜说，咳，哪能是她自己的。

杜支书心里一紧，脸白了。田志远说，老人家，您这衣服也不配啊。李双喜说，将就穿穿嘛，明天就还了。

杜支书拼命使眼色，李双喜大约是眼力不济，根本没看见。

这时候，站在邓小平身后的县委书记伸出头来狠狠瞪着这位大队支书，直把杜支书闹得额头冒虚汗。

邓小平看见了一张木桌，像是办公桌，桌沿上印有一行"龙岭大队部"的红色漆字，便问，老人家，你儿子是做村干部的？

李双喜凄然说，哪能啊，我儿子跑香港做工去了，连个音信也不通，闹得老婆也丢了，就剩下翠翠跟我，哎呀，一提起就伤心啊！田志远听明白了，说，这桌子是大队部临时借来的？李双喜说，我没借，是支书叫人拉来摆的，说一户人家没一张桌子不像样，就这么放着吧，用完拉走就是了。

一听这话，宝安县委书记和龙岭大队党支部书记的脸一齐拉长了。

邓小平摇了摇头，对陪同的广东省副省长说，这样做要不得！

一时，屋里没人敢说话了。邓小平沉默着，走向厨房，伸手揭开锅盖。他看见了半锅饭汤，上面漂浮着一些零星的菜叶子。

邓小平转脸问，老人家，就吃这个？李双喜嘟哝说，不吃这吃啥哩。

这时候就听屋后传来几声嘎嘎的叫声，田志远问，老人家也养鸭子？李双喜说，是翠翠养的，不养过不了日子啊。田志远问，养了几只？李双喜伸出三个指头说，这个数。

翠翠忽然指向一个破菜橱，那橱上有只小竹箩。

田志远把那小竹箩端下来一看，见是一箩鸭蛋，有十几个，便展露笑容说，那你孙女至少可以每天吃个鸭蛋啊，小翠翠，是不是？

翠翠不吭声，眼神怯生生的。李双喜说，哪舍得给她吃，就那几个蛋，供销社一个蛋换八分钱，全指望那点活钱了。

邓楠走上前，在父亲耳边嘟哝了一句，于是邓小平点点头说，王秘书，你是不是把它买下来啊？

王秘书马上递出两张一元的纸钞说，老人家，这篮鸭蛋，我们买下了。

李双喜赶紧说不要这么多钱的，王秘书说没事，你看这鸭蛋多大啊，李双喜说，那您就把这只篮子一齐带走。

田志远说，老人家，鸭蛋，我们买了，但是不带走，给你孙女吃。就是说，这鸭蛋你不能再卖了，全给翠翠，同意不同意？

翠翠听明白了这位叔叔说的话，瞳仁亮了起来，满怀希望地看着爷爷。这时候李双喜的眼泪就流了出来，一迭声说，给她吃，全给她吃！

客人出门的时候，翠翠忽然怯生生地尖叫一声说，我妈妈在哪里，你们知道吗？

邓小平一听，便停住了步子，回身又朝小姑娘走过去，第二次蹲下来，双手扶在翠翠肩头，久久地注视着她清澈的眼睛。

邓楠的鼻子顿时酸了。邓小平回头看看邓楠说，跟眠眠一样大啊。邓楠点点头，眼眶里都是泪花。

杜支书在一旁大声说，我们已经找到她妈妈了，我们会动员她妈妈回来的！

邓小平默默站起，不作声，慢慢走出门外。

龙岭村的一个村干部，一见中央首长出了李家的门，马上指挥锣鼓队员排队，说，快，快，客人要出来了，靠墙，靠墙！

七位缺牙老头急忙靠拢一条长长的泥巴土墙，那墙上也有一条用石灰水写的大标语：批邓出干劲，深入学大寨！

他们一见客人们沿小路走过来了，就赶紧敲敲打打。县委书记有些恼，对杜支书说，叫他们别吵了，中央首长不喜欢。杜支书俯在县委书记耳边悄声说，他们离不开那墙。县委书记一下子明白了，再不吭声。

田志远指着桥边的一家农户，对邓小平低声建议说，再走一家吧？邓小平说，行啊。

五

施家大嫂在客人进门前急急忙忙地做好了一件事，就是把她在后院养着的九只鸭子缚紧了嘴巴和双脚。她开始也没有想着要把她的这些鸭子通通"噤声"，因为中央首长也不一定会进她的门院，但是杜支书事先已经派人来交代了，家家户户都要做好防备，所以她才开始火速地收拾这些鸭子。

施家大嫂一边麻利地干活，一边对鸭子说，听话，听话，莫叫，莫叫，啊？

旁边屋墙的窗棂子里，她老伴从病床上探出脸说，你倒是快一点啊，我听门外有脚步声。施家大嫂手忙脚乱地说，别催，催啥命啊？

门院外果然传来叽叽喳喳的人声。

丈夫说你看，你看。这时候他们就听见了杜支书爽朗的喊声：施家大嫂，中央首长来看望你们啦!

果然,邓小平一行逶逶迤迤地进了她家那个残破的篱笆门院,而几乎在同一时刻,施家大嫂已经缚完了最后一只鸭子,她拍着手冲到前院说,欢迎,欢迎!

前院养着三只嘎嘎叫唤的鸭子,走在头里的田志远差点踩在一只鸭子上。他说,大嫂,你家养鸭子?

施家大嫂急忙赶开鸭子说,走开,走开!报告首长,就养了三只!

三只鸭子满院跑,扇着翅膀嘎嘎地叫。邓小平看着,觉得奇怪,问,怎么家家都养三只?

田志远说,大嫂,首长问你,你是不是养了三只鸭子?

施家大嫂说,三只啊!

邓小平问施家大嫂:家里院子这么大,为什么只养三只鸭子啊?

杜支书说,施家大嫂,你是贫农出身,好好回答!

施家大嫂不假思索地说,养三只鸭子是社会主义,养四只鸭子是资本主义。

邓小平觉得奇怪了,转头,看看陪同的副省长。

副省长马上说,这个嘛,数量,省里倒是没有具体规定,但是各地都颁布了一些量化标准。因为没有标准不好掌握。原因嘛,很简单,那就是我们要学大寨,谨防资本主义思潮复辟,及时割资本主义尾巴。

县委书记进一步解释说,省上出的精神,县里下的指标。

邓小平听罢两人解释,不作声,转身又问农妇:你想养第四只鸭子吗?

施家大嫂态度激烈地说,不想!哪里想!上级要求养三只,我们就养三只!四只不行,养四只是资本主义!

杜支书一听他的村民回答得这样斩钉截铁,脸上顿时充满笑意,而这时候,邓小平却微笑着说,施家大嫂,带我去看看你的第四只鸭子吧,还有第五只、第六只。

施家大嫂一听这话,愣住了。

田志远看看邓楠与邓榕,大家都有点莫名其妙。

邓小平指着鸭棚边上的饲料盆说,大嫂子,就凭你拌的这些饲料,你养的鸭子也不会少于十只。

施家大嫂顿时十分吃惊,半天合不拢嘴巴,这时候杜支书脸上的笑容也渐渐地僵硬了。

田志远说，施家大嫂，那就带我们去看看别的鸭子吧。

一行人走到后院之后，才发现在竹篱笆后面窄小的空地上，另外拴着一群麻鸭，而且鸭嘴皆有麻绳缚着，缚紧的嘴巴发不出一点声音。

田志远笑着数：一、二、三、四、五、六、七、八、九。

杜支书拉下脸，斥责说，施大嫂，你这是怎么回事啊？你的资本主义尾巴怎么这么粗？

施家大嫂带着哭腔说，我马上就杀，马上割资本主义尾巴。听着她这么说，一群客人都沉默了。

杜支书这一刻快要哭了，说，邓副主席，各位领导，我们大队工作没有做好，问题虽然出在十二只鸭子身上，根子是我们大队党支部对大寨精神没有理解好，没有贯彻好。

施家大嫂转身就拿刀说，我马上杀，全杀！

邓小平说等一等，然后又说，施家大嫂，我告诉你，你养十二只鸭子，没有错误。你这第十二只鸭子，也是社会主义的。哪怕再养十二只、二十四只鸭子，也是社会主义。

杜支书看看县委书记，县委书记也看看这位大队支书，大家一时都觉得很纳闷。

邓小平继续对农妇说，不要割什么尾巴。要割尾巴的，是我们这些领导同志，我们要割掉很多旧思想的尾巴。你们广东省委，也赞成十二只鸭子是属于社会主义的吧？

那位胖胖的广东省副省长迟疑了一下，尴尬地说，这个，邓副主席定什么主义，就什么主义吧。

田志远说，施家大嫂，邓副主席说的话，明白了吧？

施家大嫂不知怎么表态才好，看看大队支书，又看看县委书记。

邓小平说，施家大嫂，你说实话，要是放开规定，让你照多里养，你能养多少只鸭子？施家大嫂说，要说实话，我以前养过一百二十只。邓小平说，你是生产能手，我看你比乡亲们更会养家禽。你要做个榜样，要多养家禽，养多了，富裕了，把全村带动起来。

施家大嫂不知怎么回答才好，眼睛看着杜支书。杜支书一时也不知怎么回答，磕磕巴巴说，我们要研究，要研究。

邓小平说，施家大嫂，家里还有什么人啊，孩子们呢？

施家大嫂一听这问话，就不作声了，眼睛直看着自己的布鞋，那双鞋上全是鸭屎。

邓小平有些诧异，目光转向了杜支书。杜支书就支支吾吾说，她家两个仔，都不在家，"逃港"了，我们工作没做好。

施家大嫂再也忍不住了，带着哭腔冲着天说，不懂事的烂仔，跑啥啊？扔下风瘫的阿爸，扔下我这个腰腿疼的妈，就你们两个脚长。

这时候从一边的窗户里传出了一个男人病恹恹的抽泣声。施家大嫂马上对客人说，是我老伴，病了六年了，没来迎接各位。领导们，对不起啦。

邓小平沉默了一下，对施家大嫂说，"对不起"这句话应该是我们对你施家大嫂说的，是我们的政策有问题啊，我们的工作没做好啊。

邓小平的话音刚落，就听门外忽然传来一连串的呵责声：快走，快走！这吆喝声是如此粗粝，引得客人们纷纷走出施家门院，往村道上看，原来是两个荷枪的民兵押着两个衣衫褴褛、头发蓬乱的村民出现在桥头。

田志远惊讶地问这是怎么回事。杜支书急忙介绍说，这两个是外逃的村民，都逃两次了，可耻！丢人丢大了！我们村里都没脸面！这次抓回来，先押到大队部去，明天召开群众大会，公开批斗！

胖胖的广东省副省长一听，就对押解人员厌恶地摆手说，快走，快走。邓小平却举起手，示意等一下，接着便问那两个被押的年轻人叫什么名字，但两个年轻人都低着头不吭声。

田志远说，首长问你们，你们就说嘛。其中一个就说，我叫刘勇；另一个说，我是施二贵。

邓小平问，多大了？

那个姓刘的说二十六，姓施的说虚岁三十，实足二十九。正说到这里，就见施家大嫂大哭着奔出家门，抓着那个姓施的又捶又打，喊说，不懂事的烂仔啊，再苦也得熬日子过啊，跑啥啊，你就能忍心扔下你那个瘫阿爸啊？你就能扔下我这个可怜的老妈啊？

这时候这位头发蓬乱的外逃人员突然跪下了，哭着说，妈，我这是去找钱啊，找钱给阿爸治病啊！

施家大嫂紧紧护着儿子，对杜支书大哭说，书记啊，别对他无产阶级专政啊，我儿也可怜啊！

邓小平默默地看着这一幕，转脸对田志远说，你给他们提个建议。

田志远马上对杜支书说，支部书记同志，我给你一个建议，批斗会，不开了，改成大队干部当面思想教育。

杜支书一愣，说，好，好。

田志远说，晚上，也不要押在大队部了，放他们回家。

杜支书忽然委屈地说，首长啊，不给他们点厉害，他们还得外逃。再跑人，村里都空了。

田志远说，听见我的建议没有？

杜支书马上说，听见了，听见了！

施家大嫂拉着儿子一齐冲着邓小平跪下，哭着说，谢谢领导大恩大德啊！

王秘书与田志远急忙上前，分别扶起两个下跪者说，不兴跪，不兴跪。

广东省副省长与宝安县委书记互相看看，一声不吭，他们只听施家大嫂的儿子一边抽泣一边说，我不是叛逃啊，我只是想去外头讨口饭吃啊，孙家村的孙狗子逃到香港，才一年他家就起房子了啊！我这里干一天，只有七角钱，对面香港干一天，有七十港币啊！

邓小平仔细听着这位年轻村民的哭诉，脸色越来越阴沉。

六

离开了龙岭村之后，车队转了两个弯，便驶近了毗邻香港的界河。这一路，邓小平脸上都没有笑容。

他侧脸，问坐在身边的田志远，志远同志，你怎么看？

田志远说，学大寨学成这个样子，肯定不对，三只鸭子是笑话，评工记分一年一评也是笑话。但是，小平同志，怎么说呢，毛主席肯定过的，要变也难。

邓小平说，就是按毛主席说的办，也有个实事求是的问题。

田志远听着这话，心里咯噔了一下，接着他又听邓小平这样说：志远同志，农村的政策，你们要多考虑考虑。还有一个港澳问题，涉及祖国统一，是我们这辈人需要解决的问题，你们也需要多研究。我有一个考虑，为加强对香港、澳门工作的集中统一领导，应该在国务院成立一个港澳事务办公室，作为中央港澳小组的办事机构。

田志远听着这话，心里想，小平同志的这个决策，真是有远虑啊。

邓小平从警卫手中接过望远镜，从左至右地察看着界河两侧，他脸上的神情比在龙岭村时还显得冷峻。

他看见了长长的铁丝网，巡逻的军人、警察，界河两侧的小树林以及大片的遍布着慌乱脚印的滩涂地。

陪同考察的广东省副省长和一名军队负责人先后向邓小平介绍内地群众外逃情况以及界河保卫情况。副省长说，邓副主席，现在外逃成风，我们防不胜防。我有个数字，从一九五四年开始，一直到现在，试图从我们广东外逃的人员共计达到五十六万五千人。

邓小平问，多少跑成了？

副省长说，跑出去的是十四万六千人，幸亏大多数都抓回来了。我们的部队功不可没。部队负责人说，报告邓副主席，现在外逃势头还很猛，没能遏制住。最近两个月，是高潮期。

副省长紧接着说，邓副主席，您放心，遏制这股叛逃歪风，我们一定会加大力度。

邓小平放下望远镜，转脸平静地对副省长说，副省长同志，不能只怪人家跑，问题恐怕出在我们自己的政策上。

听邓小平这么说，副省长一时不知如何接话，心里扑通扑通跳，想着这位邓副主席看见问题，怎么老是怪自己，不去怪人家，还讲究不讲究无产阶级专政了？

汽车返回广州后，邓小平觉得自己有些疲劳，但他还是坚持着请广东省委的几个主要负责同志都过来，说要跟他们谈谈话，并且请罗瑞卿、苏振华、韦国清等人一起参加。卓琳劝他不要太着忙，因为看他从宝安回来后，神色有点疲惫，心情也不轻松，于是劝他多歇息一会儿，但是邓小平摆摆手，示意卓琳别再说下去。有些话，邓小平很想说，而且想早一点说，他希望能在广东早一点打开局面，广东是有这个基础的。卓琳深知丈夫的脾气，就再也不提什么了。

邓小平与广东省委负责同志的谈话，一开始进行得并不轻松，因为话题比较沉重，轻松不起来。

农业与农村就是个沉重的话题。

邓小平开门见山地说，我下去转了一下，受益匪浅。现在农村中好多东西是搞形式主义，把农民弄得很穷很苦，这样下去，我们的社会主义还有什么优越性可言？

广东省委的同志听邓小平说出这句重话，心里都不安起来，但是广东农村的情况确实是这样，他们也是心里有数的。说到底，全国农村的情况，恐怕与广东也差不多，一时要改变面貌还真是难。

这时候他们又听见邓小平这样发问：现在大家都在说"逃港"是个大问题，为什么"逃港"呢？

这一发问，在座的各位心情就越发沉重了。这几个月确实是"逃港"的高发期，边界传来的消息每天都使人心惊，一边在不断地遣返，一边又是大批的"逃港者"从全国各地蜂拥进入宝安，防不胜防，堵不胜堵，抓不胜抓，也容易酿成悲剧。

此时的会见室，一片安静，而邓小平的脑海里也出现了一连串令他记忆深刻的画面：连绵不绝的铁丝网，界河泥滩上那一大片奔逃的脚印，那一群被押解遣返的年轻人的脸庞。这些脸庞中还包括施家大嫂的儿子，还有那句哭喊着的话——我这里干一天，只有七角钱，对面香港干一天，有七十港币啊！

看着一屋子人默不作声，邓小平自己给出了"逃港"问题的答案。邓小平用沉重的口气说，为什么"逃港"，我看主要是我们的政策不对头，老百姓生活不好，差距太大，这是造成"逃港"的关键。如果我们的政策对头了，生产上去了，生活改善了，老百姓会往外头跑吗？如果我们自己这边干一天的活，也能赚到七十元钱，而不是七角钱，他还能往外边跑吗？家里老的老，小的小，他能扔下不管吗？所以，"逃港"问题的实质，是我们的政策问题，不怪老百姓，怪我们自己。

邓小平这一番话，说得很直接，一时间大家纷纷议论起来。在座的军人与地方上的同志一起点头，都觉得邓小平的话点到了问题的实质。

确实，任何时候都不能怪中国的老百姓，老百姓首要的需求就是温饱。如果社会主义连老百姓的温饱都提供不了，还能叫什么社会主义？这样的"社会主义"能够靠铁丝网与军队来巩固吗？

在座的几个军人于是一起说，我们要从根本上检讨边界治安问题。

邓小平点起一支烟，放缓了口气说，我看，"逃港"问题，也不能把板子都打到广东身上。香港问题到一九九七年要有个了断，我们现在就要研究这个事情，不能临时抱佛脚。我准备向中央建议，成立个港澳办公室，请廖承志廖公挂帅，抽调一些同志，专门做这方面的工作。

说到这里，邓小平看了一眼坐在后排的田志远说，小田，我看你可以参加这项工作。

田志远马上站起来，应一声：明白。

田志远坐下去，心里想，这倒又是个新任务，看来小平同志确实特别关心港澳事务，自己也应该在这方面多下点功夫，多研究些问题。这时候他看见邓小平站了起来，脸上的神色也放松了。

邓小平站起来对大家说，今天请诸位来，不是请你们来吃批评的，是请你们来吃饭的。这些年，广东省的领导很辛苦，工作做得也不错。今天晚上，我们几个请大家吃饭，犒劳你们。我还特意为你们点了一道北京名菜，诸位可以猜猜是什么。

在座的所有人都不明白邓小平说的是什么意思，没有人敢搭茬儿。

邓小平笑着说，我点的是"烤鸭"，我请大家尝尝这只鸭子，看看是社会主义的味道，还是资本主义的味道。

广东省委的所有领导同志都面面相觑，不知道发生了什么事，唯有那位跟着邓小平视察的副省长心里已经猜到是怎么回事，于是一会儿左边咬咬耳朵，一会儿右边咬咬耳朵，向广东省委的几个负责同志悄声叙述着什么。

邓小平说，不用猜谜，我把谜底告诉你们。

屋子里静了下来。

邓小平说，你们的宝安县，向农民提出一个标准，宣布养三只鸭子，是走社会主义道路，超过三只，就是走资本主义道路。据说，省委没有出台这样的文件，是各市、地、县自己搞的，是不是这个情况？

广东省的几位领导都点头说，是。

邓小平说，目前农民的生活，非常不好过。大家觉得，这样的政策合理吗？

省委的一位主要负责同志急忙说，邓副主席批评得对！我们学大寨学偏了，学了表面的东西。其实，学大寨最终的结果，是要看农业有没有真正发展起来，农民的日子是不是好过了。关于农民自养家畜家禽的问题，我们一定放开，我们马上下文件。各位同志，我敢保证，邓副主席今天晚餐请我们吃的鸭子，绝对是社会主义味道。

这位负责人的讲话，引来了一片笑声，而在半个小时以后，他在餐厅里举起一只小瓷杯所说的话，引来了更大的笑声。他那个时候是这样说的：所谓宴请，本来总是要喝两口的，因为邓副主席不喝酒，在座的各位部委领导同志也不喝酒，所以我们今天就免酒了。没有酒怎么举杯呢，那就以鸭汤代替。所以，诸位面前的小瓷杯里，盛的就是鸭汤。

围着大圆桌坐的就餐者都大笑起来，这位同志在大笑声中又说，现在我提议，为欢迎邓副主席视察我们广东，为邓副主席和军委领导同志的身体健康，干杯！

众人起立，互相碰杯，一饮而尽。

邓小平说，都喝完了？

众人纷纷示意手中的小瓷杯说，喝完了。

邓小平说，什么味道？

大家一齐说，社会主义味道。鲜美。太好喝了。

这时候田志远站起来，笑盈盈地补充说，请允许我介绍一句。这只鸭子，就是宝安县的同志特意从那位多养鸭子的农民大嫂手里买下的，就是她养的第四只鸭子。

就餐者发出了更大的笑声，唯有那位副省长咀嚼鸭肉的时候，面部似有痛苦状。旁坐的一位就餐者问他怎么了，这位胖胖的副省长说，塞牙。

其实他不是牙缝有些堵塞，而是心里有些堵塞。宝安县下发的那份"量化"文件，他是老早就知道的，也是旗帜鲜明地赞成过的。干什么工作，都得有个量化标准，没有标准就不能执行；不能执行，资本主义倾向就要泛滥。毛主席说严重的问题是教育农民，农民是需要教育的，而现在这宴席上为什么大家都笑得这么放肆呢？当初他们不也是大会小会都在喊"割资本主义尾巴"的吗？

想到这里，这位副省长更觉得"塞牙"了，于是借故提前离了席。

七

当晚，在南湖宾馆曲径的房间里，关于"三只鸭子"的故事，却引起了三位老战友之间一场激烈的争论。

曲径对田志远所转述的龙岭村的"三只鸭子"，觉得特别不好理解。他说，大事不说，光说三只鸭子，犯不着嘛，三只鸭子算是什么笑话？我看限制小自由也没有错，总有一条界线嘛，三只太少，那就规定五只。五只太少，那就规定十只。超过十只，一律割资本主义尾巴，这也没有什么不对嘛。

田志远说，老曲，我不同意你的意见。你想想，我们国家鸭子多了有什么不好？农业生产发展了有什么不好？

曲径说，鸭子多了就是不好。社员都关心自己的小利益，谁去关心大集体？资本主义思想就是这样累积起来的，这就是一个从量变到质变的过程。在防止资本主义复辟问题上，一定要防微杜渐。老田你是搞理论研究的，你呀，学习毛泽东哲学思想要更加专心哟。

田志远说，毛主席哲学思想的基本出发点，就是实事求是，我反对把鸭子数量的多少定义为社会主义与资本主义的分水岭。老曲，不是我扣你帽子，你这位老战友就是有点教条主义！

穆大江说，好了好了，一个小问题，犯得着吗？

曲径说，老穆啊，反对学大寨还是小问题？反对毛主席还是小问题？那份军委全会主报告的修改，我昨天跟罗秘书长都争起来了，他说要把这也划掉，那也划掉，我就不同意。毛主席的许多指示都划掉了，毛泽东思想的红旗还怎么高举？我就是要让华主席、邓副主席在他们的报告中多提提毛主席的伟大指示！我这个人，别的优点没有，坚持高举毛泽东思想伟大旗帜的政治立场，是不会动摇的。这一点，我比老田强，也比你老穆强。老穆你这个人就是有点墙上芦苇随风倒，和稀泥。

穆大江哈哈大笑说，睡觉去了，睡觉去了。我看这份主报告，在广州也改不好了。

军委秘书长罗瑞卿这些天为修改军委全会的这批文件煞费苦心，他专门抽了个晚上去邓小平的南湖宾馆三区七号楼，想再听听邓小平的意见。

这天晚上，他向邓小平转述了主报告起草过程中很多次的争论甚至争吵，而争论的这些问题，基本上都围绕着我们国家还要不要坚持走"以阶级斗争为纲"的发展道路，很带原则性。

罗瑞卿说，小平同志，您说的国家应当结束以阶级斗争为纲的局面，这句话我还是没敢添上去。

邓小平点点头说，是啊，现在不能公开讲。这个大题目，先小范围提出来，总之，要好好讨论。

罗瑞卿脸上掠过一丝担忧的神色，轻声说，小平同志，我从内心讲，非常赞成您的思路，可是我们国家不再提以阶级斗争为纲，那可是天大的事，全党能统一思想吗？这是毛主席再三说的话啊！工人、农民、知识界，都能同意吗？这个问题，不好碰啊！

邓小平笑了，用手拍拍罗瑞卿的轮椅扶手说，罗长子，你是怕我再次被打倒？

罗瑞卿犹豫了一下，说，您说对了，我怕。因为您离开工作岗位，不是您个人的损失，是全中国人民的损失。

邓小平说，罗长子啊，天下之事，怕不得。看准了，就要去做。

罗瑞卿叹息一声，点点头。

邓小平说，我们不是为个人安危，是为国家的安危。

罗瑞卿点点头，忽然觉得自己眼眶湿润了，说，明白了，小平同志。

八

同住在南湖宾馆的叶剑英，听说邓小平以"第四只鸭子"的鸭汤宴请了广东省委负责同志，乐得呵呵大笑。两天后他见到邓小平上门时，脸上的笑容似乎都还没有退去。他对邓小平说，小平同志啊，你这一盅"鸭汤"请得好啊。

邓小平说，叶帅，这次我在农村转了几天，感触颇深啊。广东农村的情况，我看，不是广东一地的问题，是全国性的问题。再这样学大寨，全国上下继续搞以阶级斗争为纲，农业生产怎么上得去？

叶剑英收了笑容，点点头说，是啊，"文化大革命"已经结束了，以"阶级斗争为纲"究竟要管多长时间，这个问题要研究。我们现在要搞四个现代化，这与阶级斗争是什么关系，也要研究。首先在理论上要搞清楚。

邓小平说，我也一直在考虑这个问题。恐怕一个时期要有一个时期的纲。不同时期有不同的纲，不能总是长期提以阶级斗争为纲，我觉得不行。社会主义的主要矛盾是什么、根本任务是什么，这些都要认真研究。要是不说清楚，路会走偏的。

叶剑英说，说得好。不过，要开展研究，首先要解放思想。你在科学教育战线开的第一炮，就很有力。

邓小平说，虽然我们给教育家、科学家们鼓了劲，打了气，但是他们每个人的紧箍咒还箍在脑袋上，各种帽子还压得他们喘不过气来。这种情况下，怎么能要求他们全身心去搞科研呢？

叶剑英说，是啊，从中央到地方，也包括军队，各行各业的问题都非常严重。这些天来，每天都有很多人通过各种方式找上门来，要我帮助解决问题。冤、假、错案牵连的人成千上万，至今解决不了，什么原因？依我看，现在我们搞四个现代化，首先是要解放思想，要有敢于打破一切禁区的勇气，这在当前是十分重要的。

邓小平说，叶帅说得太好了。解放思想，实事求是，过去我们搞革命靠这个，现在搞现代化建设，更要靠这个。叶帅呀，有个问题我一直想和你探讨。

叶剑英凝视着邓小平说，请讲。

邓小平说，我感觉到，我们这个国家不能再这样穷下去了，我们必须横下一条心来，一心一意地搞经济建设，不能再整天搞运动、瞎折腾了。揭批"四人帮"不能没完没了，也不能把什么问题都推到"四人帮"头上去，现在应该考虑党和国家工作重点的转移问题了。

叶剑英听邓小平这么说，忽然有了坐不住的感觉。他站起来走到客厅门口，看看门外几株高大的椰子树和盛开的木棉花，又走回来，对邓小平说，小平同志，我一个时期以来，也在考虑这个事情。问题的关键，是要找到一个突破口，以此带动全局。

邓小平马上站了起来，看着叶剑英，语句清晰地说，叶帅，我想好了，"两个凡是"就是这个牵动全局的突破口。只有打破"两个凡是"的思想束缚，才能够真正解放思想，探索一条新的道路。

叶剑英低头沉思，良久，频频点头说，看来，是到了捅破这层窗户纸的时候了。

邓小平与叶剑英的两双手再一次紧紧地握在了一起。南方的风透过窗户，把整个屋子都吹得暖洋洋的。

中国的事情，有转机了。

在离开广东回北京的前一天，田志远又来到曲径的房间，与他聊了一会儿。田志远看见曲径一直埋首在军委全会主报告稿的修改之中，眼圈都发黑了，便说，老兄你不要这么苦地一遍遍改下去了，其实那天你要跟着小平同志到下面走一走才好呢，你会感觉到许多理论上的表述与实际情况是脱节的。这份报告的好多地方确实要改一改，我看小平同志在与各级领导的谈话中都透露出了要改变的意思。我们这些搞文字工作的，也要跟上这些变化，当年我们在战场上打仗，不就讲究个灵活机动吗？教条主义真是害死人。

曲径却有点不耐烦，说，老田，你不要啰唆了。党的十一大精神，不是靠你说说就能改变的，也不是靠邓副主席说一些什么话就能改变的。马列主义毛泽东思想是一个伟大的体系，是一个总纲。我们的笔再千变万化，总也不能跑到总纲的外面去吧？谁跑出去，谁就犯错误。老田啊，我看你有点受你儿子的蛊惑。

说到儿子，田志远的心情又一下子阴暗下来。他放低声音问曲径：老曲啊，依你看法，那天安门事件的定性，有可能降温吗？

曲径叹了一口气，又伸一个懒腰，然后站起来拍拍他这位心事重重的老战友的肩膀说，老田啊，我告诉你，这案子是毛主席亲自定的，你就丢弃这个"降温"念头吧。我知道你在担心儿子的高考前程，我也知道邓副主席心里也想改变这个事件的性质。但是你想想，我们中央的集体领导班子，尤其是英明领袖华主席，敢动这个铁案吗？

最后曲径又用关切的声音说，你家小源的事，我看还是你想想办法，在北京给他找一家靠得住的企业，安排当个工人。你呢，早点和曹慧复婚，这样你们三口之家也算是安定了，我看你这几年过得也够辛苦的。

这一夜，田志远躺在南湖宾馆松软的床上，翻来覆去一夜没睡稳，尽管广州的十一月还暖和得像春天，特别舒适。

第五章

骑上了快马，还必须挥动马鞭

一

为高考的事情忙得团团转的教育部部长刘西尧，接到王秘书的电话，说小平同志从外地回京了，请他赶快过去一趟。刘西尧知道他的教育部又要接新的任务了，心里一阵紧张，邓大人实在是个一边骑马一边不停挥动马鞭的人。

果然刘西尧在邓小平面前一坐下，还没喝一口王秘书端上来的茶，就听邓小平布置了一个关于"回炉"的新任务。邓小平从办公桌上高高的一叠信中抽出一封，说，东北《铁岭日报》的一位北大六五级学生祁庆富给我写了一封信，要求"回炉"，这个问题也要重视。

邓小平从广东回到北京后，连续几天一直在紧急地处理着各种公文与信件，工作量特别大。邓林说了王秘书好几遍，说你干吗老是捧着那么多的文件去老爷子的办公室，你不怕把他累死啊？王秘书总是叫屈说，是首长要求拿这么多的，不要说你不忍心，我也不忍心啊。

确实，这段时间，邓小平每天都要收到来自全国各地的信，尽管王秘书筛了又筛，但还是有大量的信被送到了邓小平面前。在推翻了"两个估计"之后，全国各地的知识分子建言献策的积极性很高，纷纷向高层提出自己对本领域事业发展的看法。这些信件被送往各个主管部门，其中有相当一部分就被直接寄给了邓小平。知识分子们寄希望于邓小平尖锐的眼光和敢于碰硬的魄力。邓小平很为这些信件中所流露的热心肠而感动，也为其中的远见卓识而激动。工作的繁忙并不使他感到特别疲惫，相反，他的工作情绪还越来越高。尤其是这一次在广州，他与叶帅就反对"两个凡是"的意见达成共识，更使他感到有了底气，他越来越有一种"时不我待"的感觉。

这封来自东北铁岭的信件，邓小平一连看了两遍，他觉得这是一个重要问题，需要尽快与教育部部长当面沟通，予以妥善解决。果然，刘西尧不理解邓小平所说的"回炉"，他问"回炉"是什么意思。

邓小平解释说，一九六四年、一九六五年入学的大学生，实际上只学了一两年，现在很多人想"回炉"，就是想回大学补课。建议大学要办"回炉"班，或者叫进修班。

邓小平顿了顿，又说，这里面也包括我的二女儿邓楠，我认为这是合理的要求。

刘西尧仔细看了这封信，点点头说，这封信的要求倒也合理，作为教育部部长，我当然也很同情。只是小平同志啊，教育部为了高考的事情已经忙得都开夜车了，我暂时也有点焦头烂额，这两天血压都高了。这件事是不是容后再办？

邓小平摇摇手说，仍旧不能拖，该在今年办的事情就得今年办。你身体要当心，健康问题麻痹不得，但是教育部要把这些事情都考虑起来，一件一件去办。而且，还有一件事你也要注意，我看也是当务之急，一刻也不能耽误。

刘西尧察觉到邓小平严肃的态度，脱口问，什么事？

邓小平说，关于教材的事情，前两天有人给我写信，说目前我国学校所使用的教材存在很大问题，最重要的是与现实脱节，与时代脱节，更不要说与世界水平存在巨大的差距。不仅是大学教材，中、小学教材也是如此。比如，信里反映，一本为儿童编写的英语教科书中，描写了"一个住在伦敦的可怜的英国女孩"的生活，把现在的英国依旧描写成像狄更斯时代那样贫穷。此类材料，在英国社会成为笑话。这是编者和出版社对外国无知的反映。请教育部调查一下，赶快采取措施加以改正。

刘西尧说，我们马上组织调查，尽快改正。

邓小平举起茶几上摆放的一支熊猫牌香烟说，改正了这个，也只是一个个例。问题的关键，在于目前的教材已经不堪使用，必须尽快编写全新的教材。离新一届大学新生入学只有几个月了，学生找来了，没有教材，怎么办？这是个刻不容缓的问题呀。中小学生就更不能耽误了。所以，中小学教材必须由国家统一审定，明年秋季开学的时候，要让新生们用上新教材。教育部必须从现在开始抓教材。

邓小平说到这里，把站在门外的王秘书叫进办公室，问这香烟是怎么回事，烟身越来越短，过滤嘴越来越长，没抽几口，一支就没了。

王秘书笑着解释，这也是烟厂同志的好心，您不能抽得太多。

邓小平笑笑说，哎呀，你们总是限制我。

这时候他又听见教育部部长在叹苦经了，说是只有半年多时间，新生就要入学，要重新审定从小学到高中的全部教材，这个工程太大了！

邓小平说，刘西尧同志，这的确是一个大难题，但是我们必须面对，不能回避。

这一天，刘西尧的汽车开出米粮库胡同时，他的衬衫后背都湿了。他觉得这个教育部部长实在是太难当了，尤其是在邓小平的直接领导下。但是，想想邓小平说的这几项工作，也确实重要并且合理，看来也拖不得。他想，那就每天加班吧，人的干劲是逼出来的。当年国家确实把知识青年逼得太苦了，现在也该逼逼我们这些当局长、司长、主任的人了。

二

其实，关于教材要审定这件事，是夏默提出的，是夏默给邓小平写的信。所以刘西尧后来得知这个情况，在布置教材审定工作时，就提出请夏默同志帮助。

邓小平同意了刘西尧的要求，特许夏默和田志远协同刘西尧一起处理教材审定之事。

夏默参与了这份工作，心里一直激动。激动的原因，不仅在于自己的这份建议得到了邓小平的认可，而且在于自己几十年的专家身份得到了上层的充分肯定，还有什么能比一个知识分子获得通畅的建言渠道更让人高兴的呢？

在接下来的一段时间里，他与田志远带着五六个教育部的干部，窝在教育部招待所的小会议室，浏览、分析、琢磨着来自全国各地的大中小学的五花八门的教材。几天下来，他们累得筋疲力尽，也惊得瞠目结舌。全国教材的实际情况相当糟糕，大部分教材不讲逻辑性、连贯性，只突出政治性，而且乱删乱改，教师无法教，学生无法学。看起来，所有的教材都需要重新编写。

然而重新编写又谈何容易？夏默忧心忡忡地对田志远说，我们欠缺两个基本条件。第一，就是要有人员，必须集中一大批全国最优秀的专家、教师和教育工作者。而且，为了保证效率，大家必须在北京封闭工作，直到任务完成。第二，要有编教材的原材料。但是目前看起来，由于国内科技和教育界长期混乱，这些年都没有什么完整的成果和体系，真不知道该以什么为依据。

夏默所说的这两个问题，都是实实在在的问题，也是他们无法解决的问题。但是他们仍旧写出了方案，往教育部报，希望部里解决。

教育部部长刘西尧看到这个方案，一夜没睡着，第二天就把田志远和夏默请进了他那个堆满文件和报纸的办公室。刘西尧直截了当地说，你们的方案是合理的，但是你们所提的这两个问题，恐怕我们教育部都解决不了。

田志远说，刘部长，能这么严重吗？教育部不是有专门编教材的人民教育出版社吗？

刘西尧说，原来编教材的机构和人员都没有了，人民教育出版社的班子和人员当初一律下放到安徽教育部"五七干校"接受再教育。一九七二年，他们中的绝大部分同志都被分配到全国各地工作了。

田志远听刘西尧这么解释，就提出了从全国征调的建议。不出意料，田志远的这个建议也被刘西尧当即驳回了。刘西尧的担心并不是凭空想象，八月份举办的科教座谈会，仅仅请了三十多名专家学者来北京开五天座谈会就费了九牛二虎之力。现在田志远提出要征调全国上百位专家和业务骨干来北京集中封闭工作将近一年的时间，这简直就是个不可能完成的任务。再说，"文化大革命"十年来，科学教育工作的常规秩序完全被打乱了，以前的资料多数都销毁了，能找到的，也就是六十年代的老教材、老资料，而刘西尧认为这些东西的用处都不大。

一直不出声的夏默此时开口了，他说，能否从国外购买教材，作为资料参考呢？

刘西尧马上摇头说，涉外采购，这可是大事，需要中央审批，麻烦不少。而且，教育部是完全没有渠道的。

夏默继续问，能否委托外交部代为采购呢？

刘西尧觉得很为难，说，这也得中央批准，不过我可以先行联系试试。但是，我要告诉两位啊，这个办法也是治标不治本啊。

这一次的研究无果而终。看着田志远与夏默失望离去的背影，刘西尧陷入了苦苦的思索。刘西尧从心里觉得他们两位的建议都是合理的，而邓小平布置的这项重大工作也是必须完成的，但实在是苦于没有好的方略，教育部也没有这么有力的手段。想来想去，要推动这件事情，还需要一只更有力的手，而这只有力的手，只能是在北京的米粮库胡同里。

他当即决定，把田志远与夏默所递交的方案送邓小平副主席。

邓小平的拍板，出奇地快。邓小平读到报告，当即就找来了刘西尧，斩钉截铁地对他说，再穷不能穷教育，再苦不能苦孩子，哪怕是勒紧裤带也要办教育。而对于刘西尧提出的一系列难题，邓小平表示会全力支持，要钱给钱，要人给人，一定要把最能反映现代科学文化的先进水平，同时符合中国实际情况的新教材搞出来。

与此同时，邓小平让刘西尧以中央的名义起草文件，从全国集中各类专家到北京进行教材改编与修改，以保证教材的质量。此外，邓小平又对刘西尧说，夏默同志提出的从国外购买教材作为参考的意见相当重要，编写教材一定要吸收世界先进的东西，洋为中用，特别是自然科学方面的相关知识，更是重中之重。教材要反映出现代科学文化的先进水平，同时要符合我国的实际情况。你们所提的要求，我一概同意。

刘西尧当时感动得几乎热泪盈眶，他没想到邓小平处理这件事情如此干净利落。他从沙发上站起来连连说行、行、行，小平同志您放心，我马上去起草文件，新教材一定能按照您的意见如期编写出来。

那天下午三点，卓琳领着孙子和好几个外孙女一直站在走廊上，不敢进邓小平的办公室。他们原先是想给这位工作疲累的爷爷带去一番闹哄哄的欢乐的，但是看到邓小平与刘西尧如此紧张地谈话，还是没敢进门。卓琳对孩子们说，奶奶带你们到院子里去玩"老鹰抓小鸡"吧。

一个礼拜之后，中央就下发文件，命教育部的工作人员到全国各地的机关、学校、科研机构、教育部门征调各领域专家。

教育部的这一举措，得到了大江南北的积极响应。全国有十八个省、市、自治区的两百多位专家，几乎同时冒着初冬的寒风前往北京，关起门，在"封闭"的状态下修改教材。

夏默也几乎整天都待在教育部招待所，跟来自全国的教育专家们泡在一起。但是他同时有了一种越来越沉重的担心，因为他觉得国内的许多教育专家与学者，思想还停留在几十年前，思想禁锢是修改教材最大的一个问题。看来，当务之急是马上出国购买国外教材，让国外的新鲜教材打开大家的思路，这可能是一条捷径。他当然想到了出国之难,但是他从刘西尧部长口中得知,他这个去国外购买教材的想法,是得到邓小平赞赏的。所以他想,我应该直接走一趟外交部,求得外交部的帮助。

外交部部长黄华亲自接待了夏默。

头发略显花白的黄华,生性爽快,一见到夏默就哈哈大笑说,你讲的修改教材的事儿,可是攸关国运的大事,这件事我能够帮上忙,那是很荣幸的。教材不修改不行啊,我的孩子也都受这种教材的苦啊。而且我告诉你,邓副主席已经把教育部的文件都批转到我这儿了,不仅批转了文件,还亲自给我打了电话,说这是非常关键的事,要我全力支持。我接到文件以后,已经指示了几个使馆,派人先去作前期调查,摸一下情况。

夏默一听外交部部长这些话就激动起来,赶紧询问调查的情况。黄华说,国外的教材非常丰富,购买渠道也畅通,不存在封锁问题。不过,数量很大,需要进行筛选。

能形成目录吗?我们研究、筛选一下。

形成目录需要时间,现在时间太紧张了。而且,仓促形成的目录恐怕也难以展现书籍的完整情况。

夏默一听外交部部长这么说,眉头就皱了起来。他想了想,说,部长同志您说得对,那我们该怎么办呢?

窗外的枯枝上落下了几只鸟,叽喳了一阵,又都飞走了。

黄华看着窗外飞走的鸟儿,用手中的红铅笔敲敲办公桌上的玻璃台板说,按照我的想法,还是你夏默同志带个队,带几个懂行的专家,直接去国外筛选购买,我们的使馆人员将全力配合。

黄华还补充说,其实我的这个建议,是跟小平同志沟通过的,他也赞成。

夏默一时间非常感动,但就在这时,他又听见外交部部长用比较严肃的口吻说,不过,还有件事情,需要提前说明。

夏默略感事情不妙,马上在靠背椅上坐正了,静听下文。

黄华说,工作可以由我们外交部来做,但是购买这批教材,需要一笔不小的开支,而且要用美金,恐怕还得教育部来出。

夏默愣了一会儿,小心翼翼地问,据我所知,教育部没有这么多钱。外交部没有外汇吗？

外交部没有这么一笔外汇指标。你夏默同志可能不太清楚，这种状况已经好几年了，国家外汇储备极其紧张，可以说是捉襟见肘。如果有大一点的项目，支付都会出问题。

夏默愣了，说，那该从哪儿弄啊？

黄华站起来，慢慢走到窗边又走回来，沉吟着说，要动用国库储备，恐怕只能再找小平同志了。

他说完这句话，沉吟了一下又说，这样吧，咱们共同起草一份报告，以外交部和教育部的名义报邓副主席，把这个情况反映上去。

夏默起身说，黄部长您说得对，这件事可能也只能这么办了。没有钱，怎么买书啊？我即便到了国外也只能干瞪眼。只是想到这些具体问题，一遍又一遍地都要麻烦小平同志，由他来推动，我心里的滋味总是不太好受。部长同志，您知道，从现有教材里看出问题并且给邓小平写信的也是我，为了这件事，已经打搅小平同志太多了，我真是过意不去。

黄华轻声说，夏默同志啊，我跟你一样，也有这个思想负担啊。虽然说小平同志现在不分管外交，但是我碰到什么棘手的情况，都还是想着打电话向小平同志讨教，就他能出一些特别好的点子。说起这些，我心里也很内疚啊，但是这就是现状。夏默同志，我们共同努力吧。

邓小平接到了这个难题，并没有拿起笔批转文件。他知道，钱的问题，不是靠一支笔批一批就能完事的。第二天，他就登上车直奔李先念住处，他要搬动李先念这个"财神爷"。

但是邓小平明白，李先念也远远算不上是"财神爷"，国家的口袋里没几个钱。李先念管经济，也是捉襟见肘，八个碗七个盖，经常焦头烂额。这也是邓小平坐在汽车里一路微微皱着眉头的原因。

再苦不能苦教育，邓小平对自己说，不能委屈了孩子们，他们今天的知识结构决定着国家明天的复兴程度。

李先念知道邓小平上门，心里开心，一直跑出门来迎接，说小平同志，欢迎欢迎啊。

邓小平拱手说，我是无事不登三宝殿啊，不说你也知道，请财神来了。我主管的科学教育，有个当务之急，非得劳烦你不可。

接着他就谈到了重编教材的问题，以及缺少一笔外汇购买国外教材的问题。他说，新教材必须得吸收世界最先进的东西，所以必须购买国外的教材作为参考。

说到这里，邓小平就看到笑容在主人的脸上慢慢凝固起来，这是他所预料到的。

要多少？主人问。

邓小平伸出一只手掌，并且往后翻了翻，说，十万美金。

买教材需要这么多吗？李先念眼睛瞪得老大，表情十分震惊。在他看来，教材根本花不了什么钱，顶多几千块的事儿，哪里需要上万，而且还是美金。

李先念沉默了，眉头紧皱起来。其实李先念心里很理解邓小平，不到万不得已，邓小平是不会亲自出马找自己的，但是一下子要拿出那么多外汇去买教材，他还是十分犹豫。于是他说出了自己的苦衷：小平同志啊，国家的外汇储备情况你是知道的。这十万美金可不是个小数目啊，一旦动用会影响其他好几个项目的进展。而且，用来买教材，是属于消费性质的，短时间内没有收益，这笔外汇就这么消耗掉了。

李先念会说出这番苦衷，邓小平早有预料。于是邓小平笑一笑说，先念同志的意思，我明白。进口教材，短期看，可能是没有太大收益，但是咱们把这批教材买进来，可能要比进口一批钢材更划算。先念同志，我给你介绍的可是一笔好买卖啊。

当然，邓小平的这番话也对，好多事情是不能看短期效应的，但是主人仍然不吭声，只顾自己喝茶，也劝客人喝茶，并不接对方的问题。窗外传来啪的一声，可能是一枝枯枝断了。北风显见得越来越凉，这时候邓小平哈哈笑起来，说财神爷啊，知道你难啊，但是有句古话说"授人以鱼，不如授人以渔"，用这批教材培养出一批人才，中国就能有自己的钢材、设备和产品，这用不了多少时间。到时候，不就是十万美金嘛，我按一万倍还给你怎么样？

李先念听到这里就扑哧一下笑出声来，邓小平的固执他是知道的，于是他叹口气说，道理呢，讲不过你。那你说，眼前这事怎么办？其他项目朝我要钱，我怎么说？

邓小平干脆地说，就按毛主席说的，十个指头弹钢琴，统筹协调嘛。一九六○年那么困难，主席让你调粮食，你不还是给调来了，一下子救了多少人命呀！现在这点事儿算什么？

李先念笑着摇摇头说，哎呀，小平同志啊，其实你一开口我就知道，这笔外汇是保不住了。

次日，夏默就被召到米粮库胡同去了。当他知道这十万美金是邓小平亲自到李先念那儿抠出来的，眼眶都湿润了。

邓小平表情严肃地对夏默说，国家的外汇储备非常紧张，这笔钱可以说是国家从牙缝里挤出来的，你们要好好利用，不能有一点浪费，好钢要用到刀刃上。

夏默一时说不出话来，只是拼命点头。

邓小平说，不过呢，该花钱的时候还是要花。这次出去，要尽量一网打尽，把能代表国外最先进水平的资料都买回来。还有一点，出去一趟不容易，你要顺便走访一些学校，了解一下国外的教育状况，学习人家的先进经验，把这些经验都带回来。

夏默依旧是激动得说不出话来，还是拼命点头。

三

夏默从国外买回来的几大箱五颜六色的教材，让齐聚在教育部招待所的一百多位专家都震惊不已。大家连续几天都在翻看、思索、议论和感叹。

有的大叫，你看法国的教材，人家已经在中学课本中引入微积分和概率统计的知识了！

有的感叹，从英国的高中生物教材来看，"从分子水平阐述生命活动本质和生命活动规律"已成为常态。这些内容，在我国的大学专业教材中也不常见，差距实在是太大了！

夏默当然也感慨，点着好几本教科书对大家说，人家中学的物理课本，讲的是半导体、激光。咱们呢，物理讲"三机一泵"，化学讲土壤、农药、化肥，生物讲"三大作物一口猪"。

于是大家都拍着夏默的肩膀说，老夏，你真是有功之臣啊。夏默说累是累点，不过心里高兴。

他还给大家讲了一段过海关的小插曲：当时因为海关的工作人员不懂外文，看到这么多外文书当场就傻了眼，一时不敢放行，急得夏默直跳脚，最后还是经过外交部部长黄华的协调，这两千多册书才得以顺利抵达教育部。

而这时候，刘西尧又派人来找夏默，说小平同志那里，你还得马上去一趟。

邓小平这一次见夏默倒没有多问他购买教材的情况，而是问了另外一个问题，问他对西方国家的经济现状有没有什么认识。夏默一怔，心想这个问题还真是不好回答，也不能随随便便回答。但是从另外一个方面考虑，自己心里想到什么，还是应该直接说出来。毕竟出国一趟不容易，自己作为专家，跑了欧洲那么多的国家，应该把感受向邓小平作个汇报。于是他双手捧着茶杯，小心翼翼地说，邓副主席，这回出去，主要是购买教材、考察教育事业，对于经济问题没有进行专门研究。不过，我有一种直观的感觉。

邓小平问他是什么感觉，他依旧用很谨慎的语气回答说，西方的经济确实已经很发达了，但是目前资本普遍过剩，急于寻找出路，尤其是海外的投资市场。或许，中央可以研究一下这个问题。

说到这里，他就看见邓小平的眉毛微微地拧起来了，好像陷入了很深的思索。过了好一阵子，这两条锁着的眉毛才舒展开来，并且伴随着一阵笑声。

邓小平笑着说，专家就是不一样啊。你说的没错，西方国家急于寻找投资市场，这对中国的经济发展来讲，是个契机。

夏默没想到邓小平会如此肯定他的见解，竟然一时接不上话来。

邓小平笑着化解了他的尴尬，说夏默同志，你是专家，要多关注一下国外的科教和经济进展，以作借鉴。

邓小平的话提醒了夏默，他想到自己与编教材的专家们交流时，很多人都提出我们应与美国、英国、日本等国家互派留学生，加强学术交流，这样得到的信息量会更大，更有利于国内水平的提高。于是他把这个想法告诉了邓小平。

其实，对于这个问题，邓小平也考虑过不止一次了。他在一九七五年搞"整顿"的时候，就认真思考过这个问题，也有所动作，但是由于当时的政治环境，这种战略很难付诸实施。

邓小平点点头说，这个问题，教育部要开始计划，要加强国际间的学术交流与合作。但是，当务之急还是要全力以赴地组织好高考报名和教材编写工作。

夏默连日来都睡得很少，每晚从教育部回家，吃过晚饭就窝进书房，翻看各种各样的资料，书写各种各样的方案与建议，他没有察觉妻子高兰脸上挂着的忧愁。

待到夏默从书本里抬起头来喝一口红茶的时候，高兰才凑过去说，老夏，我倒是有点担心哪。

夏默奇怪地问，担心什么？

高兰担心的是已经返回陕西农村的夏建国的高考前途。因为她这天傍晚特地赶去派出所问了，陈所长好意告诉她天安门事件的定性一点都没有松动的迹象，说这是毛主席定的铁案，这是个很大的政治问题，如果牵涉其中就无论如何也算不得"本人表现好"。这个说法叫高兰的心里一沉。其实，高兰之所以下午要匆匆忙忙走一趟派出所，也是因为中午时分曹慧打到她医院的一个电话。曹慧在电话里问你家建国怎么样，说我家小源在西双版纳遇到麻烦了，那里的农垦场领导说田源现实政治表现有严重问题，而且还每天出工不出力，经常逃回宿舍看他的物理化学，闹得农垦里人心不安。太多的农场知青都在寻找和互相传抄中学课本，这种状况非常不好，动摇军心，危害国家的上山下乡政策。说像田源这样的人，本单位是不会允许他参加高考报名的。这一下就把田源急坏了，连着好几个长途电话找他爸爸都找不到，他爸爸在教育部忙着编写教材，所以电话就打到了曹慧那儿。

曹慧的心揪了起来，当然高兰的心也揪了起来。而高兰跑到派出所一问，陈所长的那番话让她的心更加缩成了一团。高兰对台灯旁的丈夫说，我知道你在为邓小平交代的任务忙，我也开心，但是儿子的事情你也得关心关心。我怕他的处境也和小源一样，人家根本就不给他敞开报考大学的门。

夏默一听这话，也顿感事情的严重性，赶快跑到后院去敲田志远的门。谁知一排屋子都没有灯光，黑洞洞的。田志远工作起来也是个拼命三郎，保不齐今天就住在专家们所在的西苑宾馆里，不回家了。

夏默回到屋里，对愁容满面的妻子说，其实也不用太担心，我听老田说过，小平同志在审改招生文件的时候，把政审条件放宽了很多，其中有一项，就是把原来"十六字方针"里的"单位同意"一条去掉了。

高兰问，那又怎么样呢？

夏默说，你赶紧给儿子写封挂号信，告诉建国，如果公社不让他报名，他可以直接到县里报名。文件写得清清楚楚，一定能报上名的。这封信还是你写吧，我这两天实在太忙了。

高兰一听这话，先是高兴，后来仍旧有点担心，说报名工作好像就要开始了，写信已经来不及了吧？

夏默想了想，说，有了，我明天还得回西苑宾馆。劳你驾，你明天赶紧去新华社找一下燕子，新华社在各地都有记者站，没准儿她在陕北有认识的人，叫那人去跟建国说说，让他无论如何要安心。人家燕子一直是关心我家建国的，这我都看得出来。

三天以后，远在陕北的夏建国突然收到了一封"鸡毛信"。这是一封真正的鸡毛信，信的封口处整整齐齐地粘着三根鸡毛，而且这封信上没有邮戳，是新华社陕西分社的人通过延安地区革委会的朋友直接捎到田边的。夏建国坐在田埂上，忙不迭地拆开了这封信。一起插队的几个男青年纷纷放下镢头，挤上来要看鸡毛信的内容，都被夏建国挡回去了。夏建国说看什么看，没准儿是我的情书呢，你们甭眼热。

伙伴们便哈哈笑着跑开了。

冬日的陕北，不是黄尘蔽日，就是阴霾漫天，四野一片苍茫。凛冽的寒风伴随着黄土高原的沙土，卷起一阵阵沙浪。每一阵寒风吹过，经霜的树叶便猝然脱离树枝，像一群飞鸟一般，在风中飞舞。延安周围的山野光秃秃的，看不见一星半点的绿色。

夏建国坐在凛冽的寒风中，看着信上陌生的笔迹，这位在新华社陕西分社工作的人转述了北京新华总社任燕的口信。这口信至关重要，也使夏建国的心一下子热了起来，心里一声喊：小燕子，我的好妹妹！

第二天，夏建国就起程赶去了县里。

从县城的高考报名点出来后，夏建国再次确认了一下手中的准考证，他有些不敢相信自己的眼睛。看着满街熙熙攘攘的人流，他有一种想大声呼喊的冲动。这时，他看到路对面的县邮局，突然想起一件事，快步走了进去。他要用口袋里仅剩的钱，给远在西双版纳的田源挂一个长途。

四

田源接到夏建国的电话，心里连日来的阴霾一扫而散。他忙不迭地拉上几个日夜在一起复习而又经常挨大胡子场长训斥的伙伴，一起赶往县里报名。

他怎么也没有想到，那位经常耷拉着脸的大胡子场长，会坐上他那辆破吉普，一路颠颠簸簸地赶到县城。大胡子场长三步并作两步冲上县教育局办公楼的楼上时，田源和他的七八个伙伴才赶到十五分钟，一个个正在填表。田源回身看到脸色铁青的场长，心知不妙，赶紧上前阻拦，却已经被场长逼到门边。场长小声对他说，不要怪我不客气，我不是跟你一个人过不去，我是跟这件事儿过不去，你别以为一包北京蜜饯就能把我的嘴封住了。然后，他一把架开田源，冲着教育局的几位工作人员就吼，哪个是招生办的主任？给我听清楚了，本农垦场的职工报名，我们场部还是有发言权的！

县教育局招生办的矮个儿主任笑嘻嘻地说，场长同志，你可能不知道今年的招生规则……话刚说到这儿就被场长打断了。场长吼着说，什么可能不可能，今年的招生规则我全知道，我们农垦场也收到了文件，我咋能不知道？无非是没有"单位推荐"这一条呗，可是现实表现要不要讲？现实表现谁来讲？我们场领导还有没有说话的份儿了？你知道这帮人的现实表现吗？你知道他们当中有人谩骂领导吗？有人打过群架吗？有人偷过老乡的鸡吗？有人无缘无故跑回北京泡病号半年吗？有人上了"反革命事件"的清查名单吗？你们啥都不知道，凭什么就给人填招生登记表？我们场领导没有盖章的权力，总还有说话的权利吧？就凭他们这些人这一个多月来出工不出力，猫在宿舍里天天念叨"ABC"，这算是表现好吗？都影响我们农垦场的生产进度了。你让我怎么面对那些在生产一线起早贪黑割橡胶的积极分子？你让我怎么面对我们场里任劳任怨的那些劳动模范、生产能手、红旗标兵？我这个做场长的就是要奖励先进，惩罚落后，批判反动，不然我还当什么场长？

大胡子场长一边慷慨激昂地发泄着自己的怒气，一边砰砰砰地把一张办公桌拍得山响，差一点将一只蓝墨水瓶掀翻了。

县招生办的矮个儿主任好不容易逮上机会插话说，场长同志你别光发火，我再给你解释今年的政策……话刚说到这里，眼珠子暴突的场长几乎像一头野猪似的向对方扑了过去，办公桌顿时倾翻了，掉在地上的墨水瓶把七八只褴褛的裤腿都染上了深蓝的颜色。场长与招生办主任互相扭着滚倒在墙角，田源指挥着他的伙伴好不容易才把他们两个拉开，也好不容易才让他们气咻咻地坐上面对面的两排木椅。县教育局所有的干部都涌进门来，戴眼镜的教育局长耐心地把一份文件递到场长面前，细声细语地说，场长同志，我们县里是很尊重你们农垦场的。你们的前身是云南生产建设兵团，解放军撤走以后，你们接收这个摊子也不容易，你们的辛苦我们大家都知道。我的一个外孙就在你们农垦场的二分场当会计，但是场长同志，今年的招生确实不需要本单位盖章，也不需要单位领导给出品德评语。如果有什么突出政治问题，县里的公安系统会跟我们联系的。请你喝口水消消气，这里有两只香蕉，你吃了吧。

大胡子场长最后是捂脸哭着下楼的，一直到坐上吉普车，他那两只满是泥土的手还没有从脸上移开。报考的年轻人中，只有田源一个人下楼送场长上车。田源趴在已经发动的吉普车窗口说，场长同志，我们这帮人不承认自己表现差，我们"偷懒、泡病号"，都有我们的苦衷。您别老是斜着眼看我们，老天爷给了我们这次机会，我们总是想冲一冲的。冲得上，是我们的"运"；冲不上，是我们的"命"。您老人家就别往死里拦我们了。

吉普车司机见田源扒着车，一直发动着不敢开，只听田源又对坐在车里擦着泪眼的场长说，不过刚才说的那个政治表现，尤其是教育局同志说的那个"突出政治问题"，还有什么"公安系统会跟我们联系的"，倒是叫我心里揪着哪。我跟其他几个考生的情况还不一样，我有我的事儿。场长同志，到时候真找到您了，您可得帮我说几句啊，您得放我过关啊。"泡病号"我认了，"反革命"我不认啊。

场长啥话也不说，只对司机大吼一声"开"，司机便一下子挂上了挡。汽车卷着一阵泥土开走了，一直趴在车窗上的田源几乎飞了起来，摔了一个大筋斗。

在慢慢消散的尘烟里，田源一直呆呆地坐在地上，脑子里翻腾着"突出政治问题"这六个字。他不知道这六个字在他的报考途中，会不会是一只异常凶恶的拦路虎，只觉得心里没底。伙伴们跑下楼来拉他，说骨头没裂吧。田源说骨头没裂，心有点裂。

五

在大江南北一起进入寒冬的时候，全国的高考报名工作也已基本结束。方毅与教育部的几位部长带着一大把数字，兴冲冲地赶往米粮库胡同，要向邓小平报告这个来之不易的报名成绩。

这一群兴致勃勃的客人都没有料到，邓小平竟然会在数字上"加码"。

邓小平靠在沙发上，双眼盯着面前慢慢升起的一缕烟雾，说录取率还是低，能不能想办法再多招一些？

在这之前，刘西尧刚刚兴高采烈地汇报了这样一组数字：全国范围的高考报名工作已经结束，一共有五百七十万考生，计划录取二十五万人，录取率约为百分之四。

方毅与刘西尧对望了一眼，他们顿时感到邓小平对这个"百分之四"的不满意，但是，要多招学生就意味着各方面的设施都要跟上去，显然这是个难题。

刘西尧心里知道，这位已经骑上快马的邓大人，又要挥动他的马鞭子了；而这种"加码"，依目前的情况看，国内的教育系统是难以承受的。于是他想，必须从一开始就让这位骑者停止鸣鞭。

想到这里，刘西尧就坐正身子直视着邓小平，斩钉截铁地说，小平同志，我说实话，以现在全国大学的容纳能力，只能招这么多了。

邓小平一听，马上揿火了他那只还没抽到一半的熊猫牌香烟，声音干脆地说，非常时期要用非常办法。刘部长，想想办法，至少再多招两万人。

这时候，教育部的两位副部长都盯着他们的部长，心里揪了起来。但就在几秒钟以后，刘西尧便干脆地点了头，他说行，我办。

刘西尧心里想，就让小平同志鸣鞭吧。根据以往的经验，很多几乎做不好的事情，都是在他的鞭子响了几下之后奇迹般地完成的。自从邓小平恢复工作以来，大家已经见证了太多的不可思议。

所以这次，他想，咬咬牙也能够拿下来。

方毅笑了起来，鼓励地朝这位教育部部长点点头。

邓小平擦了一根火柴，把刚才抽了一半的香烟又点燃了，显然他对刘西尧的这个比较及时的表态感到满意。而这时候，坐在刘西尧身边的李副部长却开始吞吞吐吐起来，像有什么话要说。邓小平看在眼里，便指着他问有什么问题。李副部长壮着胆子说，据测算，全国马上需要五百七十万份高考试卷，我们已经安排了印刷厂，能够保证质量。

邓小平点点头问，那么你的问题呢？

李副部长说，问题是，这五百七十万份试卷的用纸无法全部落实。

邓小平摇摇头，又开始不满意了，说，这是为什么？偌大一个国家竟然缺高考试卷的用纸，简直莫名其妙。这件事我不管，无论如何，一定要确保高考顺利进行。

看着邓小平沉下脸色，李副部长心里打鼓，但是也觉得豁出去了，这个纸张问题看似小问题，却绕不过去，必须解决。于是他汇报了详细情况，说自己已经连续跑了北京的各大印刷厂，北京确实纸张不够。其他的省可以解决，但就是北京不能解决，因为北京是用纸大户，一年的印刷用纸量是其他省的好几倍，一点富余都没有。

李副部长说到这里，顿了顿，又说，其实，纸是有的，北京库存有更多的纸，但这些纸都不能动。我再三打听之后才知道，原来这些纸的用途关乎"最大的政治"，那就是准备用来印《毛泽东选集》第五卷的，这是无论出现什么情况都不能动用的纸，也是每位中国领导者都难以动用的纸，这件事关系到"政治"，甚至也关系到"政治生命"。

李副部长说完这些情况之后，房间里几乎所有人都屏住了呼吸，而邓小平也几乎在同一时刻站了起来，他想接上第二根烟，但手拿火柴，却没有点火。

邓小平一字一顿地说，实在没有纸张的话，就用印《毛选》五卷的纸张印试卷，五卷可以稍后再印。

屋内的人面面相觑，大家心里都盼望着这句话，但又确实担心这句话的后果。毕竟邓小平这次正式复出才半年不到，党内党外有多少双眼睛都在盯着邓小平，有热烈期盼的，有观望怀疑的，甚至有居心叵测的。但偏是这个人，却在自己米粮库胡同的家里做出了移用印刷《毛选》纸张的决定。刘西尧前倾着身子小心翼翼地询问，小平同志，这会不会不妥？

邓小平手一挥，说，"科举"大如天，出了问题我负责。

六

这一年的十二月十日，尘封了十一年的中国高考考场终于大门重启，五百七十万名考生陆续走进了设在全国各地的考场。这些考生从农村、城市、工厂、部队一路风尘赶来，其中许多人已经到了而立之年，还有很多人已经为人父母。他们怀揣着难得的名额、忐忑的心情和奋发的意气而来，争取挤入当年仅二十七万余名额的大学生队伍。

在这一天上午，田源进入了西双版纳考场，夏建国进入了延安考场，夏建红进入了安徽凤阳考场。

在北京的那个四合院里，前院的夏家与后院的田家都处在一种焦急的等待中。他们知道，两天的考试结束后，孩子们都会从遥远的地方向他们挂来长途电话。年轻人命运的这种可能的改变，将深刻地牵动这两个家庭。这样的家庭在全国将达到二十七万余个，而受到震荡的家庭将更是数不尽数。心情同样焦急的，还有任燕。她坐在新华社编辑室的办公桌前，一个上午几乎没有写下一个字。她担心着田源，也担心着夏建国，可能担心得更多的还是夏建国。她仿佛觉得自己的命运可能与夏建国的未来有某种重叠。她一直呆呆地把脸侧向窗外，窗外的枯枝摇动着，一刻不停。

北京的风，好大。

第六章

高考！高考！

一

这注定是一个不眠之夜。

全国五百七十万考生中，有将近一半的考生，在走出第一天的考场后秉烛夜读，加紧复习第二天的考试科目，准备最后冲刺。而这五百七十万考生中的另一多半，这天夜里却瞅着自己那张没有用过的准考证发怔，有的在哀叹自己的数理化基础实在太差，以至于鼓不起勇气走向考场；有的因为没有路费，无法赶往县城；有的则是误了行程。

五百七十万领了准考证的年轻人，在这一夜紧张、兴奋、彷徨、忧愁、感叹，他们在电灯下、油灯前、星光里，以各自的方式掂量着这一天。

同样掂量着这一天的，还有北京地安门米粮库胡同五号的主人。邓小平这一天吃午饭的时候几乎一言不发，吃晚饭的时候也是一直沉默，晚饭后许久了还毫无睡意。他甚至连夜把教育部部长刘西尧以及田志远叫到家里，说想听听第一天全国高考的情况。

他说，没有睡意啊，惦记着孩子们啊。

刘西尧取出随身携带的一大沓刚统计出来的报表，汇报说，第一天的考试总体上还是比较顺利的，没有出现大的纰漏。但是，毕竟考生数量太大，而且都十多年没有考过试了，还是发生了很多始料不及的情况。

他说，首先是缺考情况严重。虽说知青们在刚刚得知恢复高考的事情之后，着实激动了一阵子，特别是报名十分踊跃，但是真正进入考场的却只有三分之一，考场中很多位置都空着。很多学生都是报上名之后压根儿就没敢去考场，还有人到了考场门口却不敢进去。他们痛切地感到，高考对自己来说已经是可望而不可即的事情了。

田志远补充说，除了刘部长刚才讲的那些自动弃考的学生之外，还有一些偏远地区的学生没有按时到达考场。这是因为考点太少，加上路途比较远，很多考生在路上耽误了，还没赶到考场，结束考试的哨声就吹响了。

刘西尧点点头，继续汇报说，还有一个最重要的原因是，很多知青没有钱，根本就掏不起路费和住旅馆的钱。如果是夏天还好，露天将就一夜，勉强还能参加考试，最多就是精神状态不太好。但是在寒冷的冬夜里，别说是在室外住上一夜了，就是在外面站上几个小时，身体也吃不消。

田志远又补充说，从各地反映的那些情况来看，考场里面也出现了种种意想不到的情况。有的考生因为不熟悉情况而被判定为"作弊"，其实是有些监考老师没有讲清楚规则，同学们以为还能在考试中翻看教科书；有的老师管理得太不严格，一遍一遍地讲话和啰唆，严重干扰了考生的考试；还有一些考生没有带准考证，考卷上无法写考号；还有一些人带着铅笔去考试，这不符合规定；还有些考生甚至不理解考卷上装订线的意思，直接把名字写在了试卷上。

听完了这些情况汇报，邓小平长时间没有讲话，他的脸色在台灯的映照下显得格外沉郁。邓小平慢慢地站起来说，我们到院子里去走一走吧。两位客人几乎同时惊叫，说这怎么可以，外面已经是零度以下了，还有薄冰。而邓小平却坚持让护士取来大衣，穿上以后就慢慢地走到了庭院里。邓小平一直往前踱步，走到那两棵枝干遒劲的"双龙树"跟前，抬起脸望着满天的星光。夜空中密密麻麻的星星在眨着眼，仿佛也被冻着了。

邓小平长叹一声，说娃娃们不容易啊。突然，他又回转身，目光直视刘西尧说，我们组织考试的准备工作也不充分啊，有疏漏啊。

刘西尧在寒风中点头说，邓副主席说的是，我们有教训，有教训。

这样吧，邓小平沉思了一下说，你马上回去，今天晚上，赶紧以教育部的名义给各省发封明码电报，把第一天出现的问题做个通报，同时提出相应的预防措施。大家再加把劲，一定要确保高考顺利进行。

刘西尧说，好，我马上就回去。

邓小平说，小田你再留一下。

田志远又陪着邓小平绕庭院缓慢地走了两圈。

庭院里静极了，除了慢慢行走的脚步声和一些风中的枯叶与地面刮擦的声音，几乎听不到任何声响。

北京万籁俱寂，但是走在这个庭院里的两位踱步者却心潮翻腾。邓小平停下步子，对田志远说，有点像在大别山指挥打仗的感觉了。

　　田志远说，是的，我也有这种感觉。

　　邓小平又不说话了，默默前行，在走到门厅时一挥手说，小田你也回去吧，天晚了。

　　这一夜，邓小平到后半夜才睡着。考场里那一半以上的空座位，密密麻麻地在他的脑海里盘旋着，他睡前泡脚的时间也比平日长了一些。

二

　　对于高考第二天的情况，邓小平连夜听了汇报。使他略感安心的是，这一天的考试情况比前一天确实好了不少。

　　邓小平觉得，这次高考需要好好地总结一下，下一步的招生方案也需要认真研究。这些天，他的案头又叠起了很多信件，反映的问题各种各样，许多都与高考有关。

　　教育部的几个部长与田志远又一次齐集米粮库胡同。

　　这一次的商讨，话题是从北京市的一张数学卷子开始的。邓小平取出了那张北京市教育部门设计的数学试卷，这令客人们很惊讶，他们面面相觑，都不知道邓小平是从哪里弄来的这张试卷。

　　原来邓小平最近听到反映，说北京市的高考数学题过于简单，不利于选拔人才。邓小平第一时间找人调查此事，结果属实。这张试卷，就摆在了邓小平的案头。邓小平事先让自己的三个女儿都看了这张试卷，结果三个女儿一起摇头说"真的太简单了"。这一刻，这张试卷在几位教育部部长与田志远的手中转了一圈之后，又小心翼翼地摆回了邓小平的案头上。几位客人的脸上都堆起了苦笑。

　　邓小平说，这种简单的考题不像是选拔人才的，更像是中学生的摸底考试，而且最多是期末考试题。按这种标准选出来的大学生，可能会很细心，却不一定具备分析问题和解决问题的能力。

邓小平要求教育部与北京市共同调查一下，看看有没有办法补救。

话题转向第二个方面，这个话题也是邓小平提出的，那就是扩大招生。邓小平要求马上把这个方案做好。

其实，扩大招生是一个时期以来邓小平一直在考虑的问题。他总是想着要把全国各大专院校的潜力都发挥出来，招收更多的大学生，培养更多的人才。中国的文化断层已经太久了，必须加快速度弥补，而这里面的一个重要指标就是大学生的素养。

邓小平的这一考虑，获得了在座所有人的赞同。中国人才短缺的现状，大家都是心里有数的。刘西尧点头承诺，扩大招生的方案，马上就做，而且要做好。

接下来的话题，就是高考结束后的阅卷工作和录取工作，这也是整个招生工作中任务量最大、最艰巨的一项工作。邓小平提出，要赶快召开全国高校录取工作会议，研究新一届大学生的录取问题。

这时候邓小平忽然又想起了什么，他问刘西尧，我听说，很多高校不愿意招收一九六六、一九六七两届的高中生，有这么回事吗？

刘西尧解释说，有这种情况，很多高校反映一九六六和一九六七两届高中生年纪都比较大了，很多人结了婚还有了孩子，把他们招进来，会给学校带来麻烦。

听刘西尧这么说，教育部的几位副部长都点起头来。这种麻烦当然是可以想见的，然而他们没有注意到，邓小平的眉头却在此刻紧紧地皱了起来。邓小平说，我们有些同志啊，看问题从来就是这么简单武断，就学不会换位思考。老高中的学生底子好，是我们搞的"文化大革命"耽误了他们的学业，耽误了他们的前程。我们要向他们道歉，要帮助他们把损失弥补回来，怎么能怕麻烦呢？

客人们显然都没想到，邓小平思考问题的重点会是这么一个角度，又有点不知所措。

其实，从邓小平眼里看来，这是一个再正常不过的逻辑问题。邓小平首先感觉到的是，党和国家对不起这两届学生。他们大好的青春年华与求知的渴望，被那场突如其来的"红色革命"打断了。他们被迫卷到了政治旋涡里，后来通通地被下放到了农村，掌心有了锄头，肩上有了扁担，成了接受"贫下中农再教育"的对象。这首先是一个国家对不住他们的问题，是一个感情问题。不从这个角度思考问题，而仅仅着眼于大学校园里可能出现的麻烦，这怎么能是一个领导者所应该具有的思路呢？

一直以来，邓小平对于一九六六、一九六七两届学生都佩服有加，尤其是对于其中敢于进入考场的这部分考生。这说明这些人十年来始终没有丢弃自己的理想，还愿意以自己的学识报效国家与社会，这是多么可贵的一代。想到这里，邓小平的手不由自主地拍了一下办公桌。

这一拍桌的动作，让所有的客人都吓了一跳。这时候他们就听见邓小平一字一顿地说，如果我们对他们进入校园也怕麻烦，这样的我们将成为千古罪人。

显然，这句话说得是够重的。

客人们一起点头，表示接受邓小平的这个意见。邓小平和缓了口气，对教育部的几位领导说，你们一定要认真对待这个问题，妥善解决好。

告辞的时候，刘西尧以明晰的语气对邓小平说，小平同志，我们一定妥善解决好这个问题。

他说这句话的语气，是十分诚恳的。走出邓家大门的时候，田志远小声对刘西尧说，刘部长，刚才听小平同志说出"千古罪人"四个字的时候，我真有一种想哭的感觉。我这个戎马一生的首长，对娃娃们，是菩萨心肠啊。

刘西尧说，别说了老田，他是对的。我们这些人啊，过于事务主义。

举世瞩目的高考终于在寒冬中结束，全国各省市的邮电局刹那间成了"香饽饽"。各地走出考场的考生们，纷纷挂长途电话或者寄信，向各自的家庭报告迎考战果。这一天，田源从西双版纳邮电局挂到家里的长途电话，正好被母亲曹慧听见了。曹慧这两天几乎天天跑来四合院，询问田志远有没有儿子的电话，田志远总说没有，但偏是在这一天，令人等得心焦的电话铃声终于响了起来，曹慧大叫说来了，来了，快呀，老田。

看着腰系围兜的前夫从厨房跑出来时那副不知所措的样子，曹慧干脆一个箭步抢上前去抓起了桌上那部电话。

果然是儿子的电话。儿子在电话里说，妈，您怎么在爸爸家？你们住一块儿了吗？您放心吧，我觉得我这次考试发挥得特别好。对，我第一志愿报的是北大历史系。我觉得没问题，尤其是作文。您是不知道，当时考的时候，别人都抓耳挠腮的，我觉得文思如泉涌，那是一气呵成的。写完以后，我觉得心里压抑了十年的郁闷一扫而光。妈，我文章写得好，可是从小受到您的熏陶啊。

曹慧激动得连连应声说好、好、好！填报北大历史系好，妈妈真是太高兴了，你要跟爸爸说话吗？

曹慧还没有来得及把听筒交给田志远，那头的电话已经挂上了。田志远握着发出"嘟嘟"短音的电话听筒，说可能他没钱了，然后接着问前妻儿子到底怎么样。

曹慧满心激动，以至于话都说不流畅了，只是断断续续告诉前夫儿子发挥得很好，尤其是作文写得挺好，但是儿子那一句"心里压抑了十年的郁闷一扫而光"是什么意思，她却解释不了。田志远也一下子解释不了，但是心里却划过了一丝隐忧。

这对昔日的夫妻，在亮着台灯的木桌边坐了许久。曹慧也应邀吃了田志远烧的那顿简单而难吃的饭。他们断断续续的话题都是围绕田源展开的，没有一句涉及两人未来的关系，也许双方觉得这个话题，就目前来说并不特别重要。

曹慧临走时又问了一句，老田啊，"心里压抑了十年的郁闷一扫而光"到底是什么意思啊？

田志远说他也不知道，但是此刻他心里的隐忧又添了几分。

当然，远在千里之外的田源，根本不会感受到父母亲对他这句话的担忧，也不会明白他所说的这句话，会连接着一场后来使他目瞪口呆的政治风暴。

三

教育部在一九七七年严冬的状态，犹如一座嗡嗡作响的大蜂巢。各个司局的工作人员，都如一群群提前降临到首都的蜜蜂，忙得不亦乐乎，许多人连上楼下楼都采用跑步的姿态。

刘西尧抓紧落实高考录取工作。他自己也是起早摸黑，一个礼拜之后脸都瘦了一圈。

相比考试来说，录取工作显然烦琐得多。特别是第一次改革之后的高考录取工作，对全国各高校和各级教育机关而言都是一次巨大的考验。由于时间过于紧迫，不能实现省一级统一阅卷，只能下放到地市一级组织阅卷，但"下放"就容易导致漏洞。刘西尧拍板决定，阅卷工作封闭进行，阅卷人员不能与考生有任何关系。

对于招生工作中的一系列重大决策，他难以作决定的，都及时与方毅副总理甚至邓小平副主席直接沟通与请示。

譬如，关于要不要给少数民族考生"特殊照顾"的问题，他就向全国招生办和各省招生办传达了邓小平的意见，邓小平是这样说的：我个人的意见，中华人民共和国建立以后，我们完全实行民族平等的政策，而且在具体政策上更多地照顾少数民族利益。少数民族考生在文化学习上要克服更多的障碍，在录取上可以采取适当的照顾政策。中央有民族学院，地方院校也可以专设少数民族的科班。要注意培养少数民族人才，将来便于在少数民族地区开展工作，这对于我们这个多民族的国家非常重要。

又譬如，关于要不要给解放军考生"特殊照顾"的问题，邓小平是这样说的：解放军应该是群众的榜样，战士们要在训练间隙进行学习，确实不容易，但这正是我们人民军队的光荣传统，也是一种锻炼人才的手段。解放军考生不要照顾，因为照顾反而对解放军不利。这个道理要给全军讲清楚，军委要发文件，而且军队应该保证战士们的学习条件。

刘西尧觉得自己的工作劲头越来越大，他的几个副手也有同样的感觉。现在整个中华人民共和国教育部上下都有了一种共同的认识：一九七七年的这次全国高考工作和招生工作搞好了，对我们这个具有明显人才断层的国家而言，真是一种决定性的推动。这是民族之幸，也是教育部的荣耀。尤其是移用印刷《毛选》的纸张印刷考卷，更是在工作之余为大家津津乐道。

邓小平对这段时间教育部的工作状态是满意的，但他也明白，长期笼罩在教育部上上下下的习惯性思维是多么顽固，而这确实也不能全怪教育部的同志，这是关系到全党全国的思想理论问题。如果这些思想理论问题没有突破，全国各个领域的工作都无法有效地推动。

在这一年时近年底的时候，他好几次把中央党校副校长胡耀邦请到米粮库胡同商谈，他希望胡耀邦及党校的那个写作班子，能在思想理论的研究和阐述上有所突破。

他好几次对胡耀邦说，你们那帮秀才，思想还要再开放一点。

胡耀邦是在具体主持中央党校工作之后才拉起这个班子的，这个班子兼顾写作与编辑，他们出的不定期刊物就是《理论动态》。这份刊物的文风尖锐泼辣，广采百家，不拘一格，在许多地方都有新鲜的论述，而且胡耀邦把每期的《理论动态》都急送中央政治局和各部委、各省市自治区党委，一时间颇有影响。而这一点，颇使邓小平感到满意，但是他觉得还不够，他对胡耀邦说，还应该有说理更透彻的文章，说说究竟什么是社会主义按劳分配的原则，说说到底什么叫实事求是、怎么样才能实事求是，说说怎么样才能完整、正确地领会毛泽东思想。

除了谈思想理论领域的突破之外，邓小平还要求胡耀邦大胆地推进平反冤假错案的工作。他说，你刚刚兼任了中央组织部部长，马上要走马上任，平反冤假错案的工作重哟。你看看我的案头，每天都要收到那么多老同志的申诉，我看着心里都沉重。帽子一顶又一顶，很可能都是"莫须有"的。总之，做这项工作，思想还要解放些，工作力度还要大一些，凡是冤案、错案、假案，通通都要翻过来，而且还要注意不留尾巴。我们有的同志就是有一些习惯思维哟，总是要在人家的档案袋中再留一条尾巴，这个要不得，小尾巴一条不留。

胡耀邦听着邓小平这么讲的时候，每一次心情都很激动。这个在江西瑞金时期就担任"少共秘书长"的"红小鬼"，革命冲劲一直很足，他明白老一辈无产阶级革命家尤其是邓小平同志对自己在政治上的充分信任，心里想，一定要尽自己最大的心力，把应该做的事情做好，把应该挑的担子挑起来。不仅老同志看着他，更重要的是老百姓也看着他，他所做的事直接涉及全国千千万万个家庭的政治命运。

他对邓小平说，我努力。

胡耀邦作为新任中组部部长，到中组部大楼上班的头一天，就注意到大门外黑压压地挤着一大群人。这些人不顾寒风凛冽，总是抱团挤着、嚷着、喊着，其中大多数人都已白发苍苍。胡耀邦曾经问过一位副部长这是怎么回事，那位副部长说都是申诉的，每天挤着，有时候还有哭的、喊的、跪的，既妨碍交通，也导致我们机关干部上班困难，但也没办法，头疼死了。

胡耀邦听着这样的解释，心里不甚满意，第二天他到中组部上班的时候，发现大门口挤着的人更多了，于是他干脆让司机把车停在远处，自己徒步走向大门，要看看究竟。

　　这时候他看到的却是一幅奇异的景象，只见一位白发苍苍的老干部带着一家人在往围墙上贴大字报。说是大字报，也不像，六七张白纸都工工整整地抄着小楷字，仔细一看，却是《人民日报》刊登的文章。胡耀邦看见有人拍着这位老同志的肩说，干吗自己的冤屈不申诉，到这儿来贴《人民日报》的评论员文章？你是闲着没事干？

　　那位贴大字报的白发苍苍的老干部放下手里满是糨糊的扫帚说，大伙儿别误会，我确实贴的不是大字报，这是《人民日报》上礼拜发表的文章《毛主席的干部政策必须认真落实》。我为什么要连夜抄这篇文章？我为什么今天要贴这篇文章？你们知不知道，这是中组部新任部长胡耀邦组织中央党校的人写的，这消息不假，是中宣部的一个干部透露的。既然他胡耀邦有这份心，我就是要把这篇文章抄下来贴在中组部大门口，我就是要看看这位新上任的胡部长能否说到做到，能不能为我们洗刷不白之冤！

　　胡耀邦挤在人群里，心里想，今天上班倒是遇到个考官了。他这么寻思着的时候，突然感到自己的肩膀被一个人扳了过来，那人惊奇地大喊，我认识你，你不就是胡耀邦吗？这一喊，所有的人都里三层外三层地围了上来，接着就是海浪般的"胡部长，胡部长"的喊声。许许多多的手，以及这些手上举着的、捧着的材料都凑到了胡耀邦面前，有的材料甚至在挤碰中掉落到地上，随即就引起阵阵慌乱的惊喊。

　　胡耀邦赶紧招手说，大家不要挤，不要挤，我是胡耀邦，有话好好说。

　　那个扳过胡耀邦肩膀的大个子大喊，胡部长，我要感谢你啊。

　　有一个高个子挤到前面，说，耀邦同志，我能握握您的手吗？您在中央党校把老干部政策都落实了啊，我大哥就是你们党校教务处的，戴了这么多年的"反革命"帽子，平反以后，在家里哭了整整一夜，我代表我大哥感谢您啊！

　　胡耀邦大声说，实事求是嘛，不实之词应该推倒嘛！

　　高个子说，可是国家机关还有那么多干部，还在受委屈啊，还戴着帽子啊，还在受群众专政啊，也包括我啊！胡部长，我无非是说了一句"太阳里面也存在黑子"嘛！为这句话，我已经被批斗十二年啦！

　　又有一个挤上来说，说我也是现行反革命，我就说了一句"斯大林杀了很多自己人"，就这一句话，说我是恶毒攻击无产阶级革命领袖。胡部长，我是社会科学院的，我研究的就是斯大林，我没有罪啊！

一个头发花白的老人挤上来说，胡同志啊，他们说我是脱党分子，是叛徒，是内奸，可是那一年我的两个上级都被捕了啊，我实在找不到党组织啊，我脱党八个半月也是内心痛苦的啊，可是我没有被捕过也没有出卖过任何一个同志啊。他这么说着的时候，眼泪就哗哗下来了。

胡耀邦急忙扶住说，老同志年岁大了，千万保重身体。

这位头发花白的老同志朝天恸哭说，我的儿子为我说几句公道话，就被开除了团籍。党啊，您睁眼救救您的党员啊，我死不瞑目啊！

老同志这么一号啕，后面跟着的几个都一起大哭起来，有的老人露出了稀疏的牙齿。看着这些，胡耀邦感到一阵心酸。这时候又有一个戴鸭舌帽的挤上来说，胡部长，我是东北赶来的，我们吉林光机所现在还在抓"反革命"啊。我们那个头头恨知识分子啊，我们再不跑到北京来申诉，都要被抓了啊。胡部长你不要怨我们拦轿告状，实在是刻不容缓啊。

胡耀邦大声说，好，好，你们把材料都拿着，现在别塞到我手里，我捧不动，我们中组部会有人出来接的。让我们先听听这个往墙上刷《人民日报》文章的老同志有什么问题。

那老同志一听胡耀邦这么说，扔了手上的糨糊扫帚就痛哭起来，大声说，胡部长啊，我是化工部的，一九四七年我在天津与党组织失去联系半年，"文化大革命"中把我打成叛徒，一家人都下放农村，我来中组部申诉都一年了，就是不受理我的材料。

老同志的话还没说完，中组部干部审查局的局长就带着几个解放军战士，使劲地打开了一条人群中的通道，一边推开两边的上访者一边说，让开，让开，留条道，快让胡部长进门，你们这是干吗呀？

胡耀邦却对这位穿灰色中山装戴眼镜的干审局局长说，你等一等。你不是干部审查局的局长吗？昨天的见面会上你不是代表中组部机关同志发言的吗？

眼镜干部说，是，我是干审局的局长。

胡耀邦说，你能用昨天的讲话口气，对他们讲话吗？局长同志啊，这些老干部是我们党的宝贵财富啊！

干审局局长的神色马上谦和起来，他大声对举着申诉材料的老干部们说，我知道你们来了好长时间了，你们辛苦了！你们都把手中的材料送到那边传达室，我们会专门派一个年轻同志来收。

说得很好，胡耀邦予以肯定，能不能说得更好？

干审局局长愣了，不知道"说得更好"的话该怎么说。胡耀邦转身，对申诉干部们大声说，同志们，这位就是干审局的局长同志，干审局是负责干部审查工作的职能部门，我建议由这位局长同志亲自收下你们各位的材料。我作为中组部部长，以后会一个一个地追问政策落实情况，请你们回去等待消息，好不好？

老干部们听了这话，一起愣了，似乎相信，又似乎不相信。

胡耀邦又大声说，我很明白大家的心情，你们的心情就是盼望回家的心情。你们离开党的怀抱久了，都想早日回家，都想继续过组织生活，都想继续为党工作。你们安心等待吧，我们中组部一定会秉着实事求是的原则，一个一个地为大家落实干部政策。组织部是干什么的？就是全心全意做干部工作的。

这时候就听那位高个子干部一声喊，我们相信胡部长，他不是推三阻四的人，把材料交出去没错，我们今天都回吧。

胡耀邦接着说，回吧，回吧，同志们。今天太冷了，地上都是冰碴儿，你们走回去的时候，脚下留神一点。

老干部们犹犹豫豫地散尽以后，胡耀邦拍拍干审局局长的肩，跟他一起走向大楼。干审局局长一路嘟嘟囔囔地说，想不到，想不到，怎么都会走光呢？胡耀邦却笑着说，他们没有走光，他们全在这儿，问题不解决，他们怎么能走呢？

说这话的时候，胡耀邦指指跟在干审局局长身后的那五六个干审局的干部。那群干部，每个人的手上都捧着一大沓申诉材料。

半个小时以后，这两百多份申诉材料全部堆在了干审局大会议室的会议桌上。

胡耀邦指着堆成小山的材料，对坐满了一屋子的干审局干部说，这是半个小时前干审局在大门口接收的申诉材料，而在十五分钟前，我在干审局三间大办公室的每只大柜子里面，都看到了堆放得像小山一样的申诉材料！局长同志告诉我，这些要求复查、要求平反的申诉材料，有的放了五六年，有的放了七八年，有的放了十年了，"文化大革命"一开始就放着了，更久的，还有一九五七年"反右"时期就送上来的申诉材料。

说到这里，胡耀邦激动得站了起来，挥着手臂高声说，我们不能让一大批在各种政治运动中蒙受冤屈的老干部年复一年地受苦蒙冤了！我们要有勇气，要敢于推翻一切强加在他们头上的不实之词！所有的申诉材料，哪怕它们堆得像一座山一样，我们组织部门也要一份一份地尽快处理！要中组部解决的，你们马上报到部务会议上来，要各部委、各省解决的，马上就把材料转下去，而且要限时督办！同志们，这是一项最紧迫的工作，我们不但要抓紧，而且要抓好，抓彻底，不留死角！

会议室顿时叽叽喳喳起来，接着就响起了一片掌声。胡耀邦在掌声平息后说，今天我听到掌声，很高兴，说明同志们想的跟我想的是一样的，但是，在这里，我还要特别关照同志们四条：第一，大家共同努力，务必把我们中组部办成"党员之家""干部之家"，要坚决改变"门难进、脸难看、话难听、事难办"这四难的官衙作风！第二，今后，凡是挨整的老干部要当面找我胡耀邦诉冤，一律不得阻拦，请他进中组部大院说话，把他所有的申诉要求都记下来；凡是写着"胡耀邦"的来信，一律直接交给我本人，不许扣押，也不要代为处理！

胡耀邦此言一出，许多干部的脸上就浮起了惊愕的表情，继而便是钦佩之色。

胡耀邦接着说，第三，在中组部专门成立"老干部接谈组"，不管什么话，都听，都记，不要动火，不准训斥。第四，平反冤假错案是个硬仗，我们不受年代的限制，凡是中华人民共和国成立以来的冤案、假案、错案，不管是哪级组织、哪一个领导人定的、批的，都要实事求是地改过来！我们必须旗帜鲜明，坚决冲破阻力，一件一件地办到底！

突然，屋角有干部举手。胡耀邦说有问题吗，请讲。那位干部站起来，犹豫了一会儿，说，毛主席批的，怎么办？

胡耀邦斩钉截铁地说，照样平反！

会议室静默了好几秒钟，接着便是一阵掌声，但是鼓掌的人不多，更多的人是疑虑。胡耀邦突然问，小平同志关于陶铸同志问题的批示，干审局的同志都学习了吧？

好几个干部一起回答，都说学习过了，但是问题无法解决，因为中央专案组不肯把材料移交给我们中组部，既然没有材料，我们也无从复查。胡耀邦说，那好吧，我来追问这件事。

四

中央党校副校长兼中组部部长胡耀邦的风风火火的作风，在中央各个机关都引起了一些议论。曹慧所在的《红旗》杂志社里，好些同志颇不以为然，说平反冤假错案，不管怎么说都有一条准绳，那就是毛主席的指示，是不能随便动的。这一动，是非全都没了界限，这不是要把几个干部的事情翻过个儿来，而是整个党都要翻个儿了，这太危险了，这是不能允许的。

曹慧听着，也有同感，觉得胡耀邦办事确实没有章法，他背后可能就是邓小平。听说他在党校办的《理论动态》，好几期都受过邓小平夸奖，而那些危险性十足的观点，在《红旗》杂志社里面都是被嗤之以鼻的。

曹慧有一次在给田志远打电话时也说到了这个动向，但是田志远并没有表态，只是说，曹慧你把心放宽一点嘛，你们那帮同志别那么较真好不好，我现在每天惦记着的倒是批卷子。我们的儿子在这次高考中到底能不能得高分，虽然小源自己是信心满满的，我心里总有点不踏实。

这时候田志远就想起了他的老战友曲径在广州说的那番不祥之言。

在田源为自己那篇高考作文写得痛快淋漓而志在必得之时，夏建国的那篇高考作文，却已经率先得到了定评，文章得到了在场所有评卷老师异乎寻常的肯定。

当然，夏建国本人那一刻还不知道这一点。

延安地区高考阅卷场是一个戒备森严的小楼，四周空旷寒冷，没个遮挡。从各县抽调的老师们就在这里开始紧张的阅卷工作。窗外北风呼呼地穿过陕北高原，把大片枯枝扫得哗哗乱响，黄沙遮天蔽日，连这个阅卷小楼的玻璃窗都时常震动着，发出阵阵的响声。但是阅卷的老师们，却在某一刻大声欢呼起来，因为他们在高考作文中发现了一篇写得特别有感情的文章。文章是写邓小平的。

在批阅这些高考作文的时候，这群来自陕北的老师们很难发现几篇令他们中意的文章。有的文章别说中意，连小学水平都达不到；有的文章是通篇的革命口号，整篇文章似乎是"口号集结"；有的文章错字连篇，甚至连标点符号都没有；有的文章写得不知所云，连基本的条理也没有。在这种状况下，出现一篇充满激情、表达流畅的优秀作文，是很令阅卷老师兴奋的一件事情。坐在窗边的那位戴眼镜的老师首先眼睛一亮，他读了一遍以后就跳了起来说，诸位，我现在一定要给你们朗诵这篇佳作了，我三天的疲劳一点都没有了，这篇《难忘的一件事》是这样写的。于是那老师就大声朗诵了起来："今年的七月三十日，是北京最热的一天。这一天，工人体育场的温度达到了沸点。这不是天气的沸点，而是人心的沸点。一位三落三起的老人的复出，让冷却了十年的人心重新焕发出热情……"

朗诵一结束，满场就响起了欢呼声。那些抽自陕北各县的阅卷老师们，都像小孩子一样摇头晃脑，喜不自禁。

在语文阅卷工作全部结束以后，这篇《难忘的一件事》理所当然地被评为了"状元作文"，且是满分，还立即被作为优秀作文的典型上报陕西省教委、招生办。

当时的夏建国，还在生产队里为一条被损毁的沟渠挑泥。一百五十斤重的担子压得他肩膀生疼，这时候的他根本就没有想到，自己的那篇高考作文会跟"状元"两个字挂钩，被直接放在了陕西省招生办主任的案头。

而一直以为自己的作文会获得高分的田源，却没想到自己的那篇"佳作"会在西双版纳的高考阅卷楼中被判为零分，还作为问题作文上报，被放到了云南省招生办主任的案头。

当然对于这篇作文的评分，起初是有意见分歧的。阅卷室里，少数老师认为还是应该给一点分数的，起码这篇文章的题目《攻书莫畏难——我想当个小司马迁》那么有气势，而且通篇看来语言犀利，思想深邃，努力抨击时弊，甚至有许多直接批评"文化大革命"的言论，也有一些话对现行政策颇有微词。甚至有位老师说，从某种角度讲，给个满分都好理解。但是，阅卷室里更多老师并不赞成这篇文章的政治内容，认为这位考生的阶级立场和思想观点有问题，他居然敢对伟大领袖毛主席亲自发动和领导的"无产阶级文化大革命运动"提出如此尖锐的批评，这是在公然违背十一大精神。

改卷组的组长最后义正词严地对全场阅卷老师说，我同意大多数老师的意见。我们的社会主义社会，还是要坚持以"阶级斗争为纲"，这一点不能有任何动摇，现在的党报党刊都还在强调这一点。我们作为基层的老师，也应该要有鲜明的无产阶级立场。对考生的观点，应该有一个正确的评判，而这篇文章对"文化大革命"如此污蔑，恐怕不能给予任何分数，否则我们这些阅卷老师会犯政治错误。这样吧，为保险起见，此文暂时先按零分处理，立即上报省招生办。

田源当日也正在农垦场里用手拉板车运送一批木头椅子，上坡的时候呼哧呼哧地喘，累得像一头牛。大胡子场长走在他后面，心里想，这可怜的小子，再怎么积极可能也是白搭，你的问题大着呢。哪怕你的亲爹现在是中央机关的大官，也不顶用。不过这小子带回的那包北京蜜饯倒很好吃，儿子到现在还伸出小手讨要，嘴里"蜜饯蜜饯"地叫唤。

五

在全国招生阅卷工作紧张进行之时，参与修改教材的来自全国各地的一百多位专家，也在夜以继日地忙碌着。他们起先是挤在教育部的招待所里，居住空间十分局促，甚至不能保证一人一间，后来由于邓小平的亲自过问，全体专家搬入了条件优越的西苑宾馆，每人都拥有了自己的单间。然而，由于西苑宾馆周围环境比较嘈杂，在邓小平的再次安排下，专家们又被安排到了自然环境优越的北京香山饭店。

香山饭店坐落于北京城区以西二十多公里外的香山，环境十分幽雅清静。这里原是康熙皇帝避暑行宫的故址，在二十世纪五十年代，由周恩来总理亲自批准建造，郭沫若亲笔题写了店名。此后，这个香山饭店就成为接待重要外宾的场所。当然，在邓小平的心目中，这一百多名重新编写教材的专家，也是他请来的重要宾客。这个饭店的优雅，与他们所从事工作的那份神圣感，应该是相得益彰的。

虽是冬天，大多数树木都掉了叶子，但是香山的鸟儿叽叽喳喳的，仍然很多。而饭店大会议室里那些关于教材的争论,也如窗外的鸟儿一样喳喳不停。

夏默连续听了专家们几天的争论,觉得头脑有些发涨。许多关系当代政治的问题,他一时也拿不准主意。到底要放多少?怎么放?放进去的内容是不是妥当的?这些都不是他拿得准的,而完全照搬国外教材的内容,显然与中国国情也不符。

那天,教育部的李副部长来电话询问情况时,夏默就建议他也抽时间来香山饭店听一听,说这儿的讨论非常有意思,但自己也确实没有办法。李副部长放下电话就赶来了,并且在黄昏时分坐进了那个争论声叽叽喳喳一片的大会议室。

他听见有专家正站起来大声说,过去的中学历史教材有很大篇幅在说"儒法斗争"的问题,而且倾向性是比较明显的。

他又听见另一个专家附和说,是啊,很多学生反映"听了这一段就一个感觉:法家都是好人,儒家都是坏人",这肯定是不符合历史真实的,在新编教材中是否要进行修正?我看是要修正的,不能再这么糊里糊涂了。

另一名戴黑框眼镜的专家马上站起来反对说,这个问题比较麻烦,毕竟过去这些年,尤其是"批林批孔"以后,我们对儒家一直是持贬斥态度的。我看没什么大问题,该教育的还是要教育,毕竟是社会主义中国的教材。

接着就有两个专家不约而同地站起来反对,两人几乎一起说,"批林批孔"是"四人帮"的政治阴谋,目的是批"当代的儒",矛头是指向周总理的,现在当然应该纠正过来啊!

那位戴黑框眼镜的专家随即反驳说,如果要纠正过来,那"儒法斗争"该怎么定性呢?它如何体现古代社会的阶级斗争呢?我说过,我们毕竟是在编社会主义中国的教材,对中国的古代史,我们一定要有区别于资产阶级的无产阶级历史观,这是个大是大非问题。

然后马上就有更多的争议声轰然而起,一个大会议室里几乎同时开始了七八个小会,大大小小的嗓门搅成了一锅粥。

李副部长听得皱紧了双眉,夏默凑在他耳边说,我听了十来天了,也头痛啊。以前是争论"关于农民战争和农民战争内部两条路线斗争"的问题,后来又争论"中国现代史教材中出现的革命领导人、无产阶级革命家和革命先烈,该如何把握"的问题,再后来又争论"中国历史和世界历史的下限以及下限以后的部分,该如何处理"的问题。今天专家们提出的是"儒法斗争"的问题,这全是一些原则性问题啊。

夏默悄声问李副部长能不能定夺这些问题。李副部长说，我哪能啊？哪怕刘西尧部长来，他也定夺不了啊。中国的"农民战争"问题，他能定吗？"儒法斗争"问题，他能定吗？这些专家们讨论的，哪里是"历史"，是"政治"啊！

李副部长思考再三，最后要求夏默把专家讨论中的一些原则问题全部梳理汇总，做成一个上报材料，由他带给刘西尧部长。

夏默问，你不是说刘部长定夺不了吗？

李副部长干脆地说，他马上会把这材料递送给可以定夺的人。

夏默心领神会，说，这就对了。

刘西尧见到夏默汇总的《关于中学历史教材中几个原则性问题的请示报告》之后，不敢怠慢，马上就驱车去人民大会堂见邓小平。

自从高考招生工作开始以来，邓小平每隔几天就要召集教育部的工作人员在人民大会堂召开会议，听取高考录取情况。他认为，行百里者半九十，越到最后越要注意。

全国高校招考工作已经临近尾声，各省市的阅卷工作已先后结束，录取工作也正在有条不紊地进行，一些高校已经陆续发放了录取通知书。根据教育部的要求，通知书上必须写明"凡我校录取的学生，毕业后都要服从党的需要，到祖国最需要、最艰苦的地方工作"；此外，还要写明"新生报到时，必须带户口迁移证和粮油关系转移证及商品供给关系，必须每人一张，要注明原地区停止供给时间，从三月份开始由学校供给"等具体事宜。

招生工作中的具体问题确实很多，一点也马虎不得。

邓小平看见匆匆而来的刘西尧，马上就问，录取工作中还有什么问题吗？

的确还有很多棘手的问题，主要是关于一些有特殊情况的考生。

刘西尧汇报的"特殊情况"，主要集中在考生的文科考试中，主要是作文涉及阶级立场和世界观、历史观的问题。有的学生文笔很好，但是所持观点引起阅卷老师的争议很大，尤其是一些考生对"文化大革命""以阶级斗争为纲"以及"两个凡是"的提法，持有异议。这些考生的作文大多暂时按零分处理，都挂在各省的招生办，悬而未决。

刘西尧说的这些问题，倒引起了邓小平的深思。对于我们国家的政治现状以及曾经发动过的各种政治运动，这些经历了生活磨难的考生拥有各自不同的看法，甚至勇于在自己的试卷中大胆表达，这是完全可以理解的。至于观点表达得恰不恰当、话说得轻了还是重了，似乎都不应该吹毛求疵。邓小平想，这些娃娃其实还是蛮可爱的，被阅卷老师批成零分、暂时挂在招生办的那些试卷的写作者们需要多大的勇气啊，怎么能埋没他们呢？

这些娃娃不仅不能埋没，以后还得用。

中国最缺的，就是思考与头脑。

想到这里，邓小平从茶几上取过一支烟，慢慢点上，对刘西尧说，我看，要允许不同意见，要鼓励学生有独立思考的能力。录取的标准就一个，把人才招进来不能有那么多条条框框。好的作文，要登报、广播。有争议的要复审，省里解决不了，可直接报教育部。总的原则是，不能埋没人才。

对邓小平表达的至关重要的意见，刘西尧赶紧一字一句地记录，他心里想，小平同志敢说这些话，真是显出了他那与众不同的魄力。那些被批成零分的纸卷，看来是有救了。这时他听见邓小平又说，总的来说，对于这次高考还是持肯定态度的，但是时间仓促、各省自主命题、地市阅卷，也不公布分数，这些都是今后举行高考时需要考虑的问题。明年高考，要全国统一出题、省里统一阅卷，要让考生查对分数。要总结这次经验，抓紧做好一九七八年的高考筹备工作。

刘西尧听到这里，突然停了笔，并且倒抽了一口冷气。两次高考只差半年，这可是考试史上从来没有出现过的。

邓小平看着刘西尧脸上出现的那种惊愕，知道他是为如此大的工作量而担忧。但是邓小平想，特殊时期、特殊国情，也真得采取这样的特殊办法，该做的事情还是不能有任何的松懈。邓小平于是建议说，两届可以一起上课，这两届的学生是十年的精英，三十年后挑大梁的。工作一定要做细致，不能愧对历史。

刘西尧合上了笔记本，声音明朗地说，明白了，我们马上修正，稍后再向您汇报。

邓小平说，过几天，我要去缅甸和尼泊尔访问。不过，重大问题我还要过问。基本原则我刚才说了，你们放手去办吧。

临走前，刘西尧把那份《关于中学历史教材中几个原则性问题的请示报告》递给了邓小平，说我这里还有一项重要的工作要请示，这个问题好像有点棘手。邓小平接过报告，大致扫了一眼，问谁起草的，刘西尧说是夏默同志。

邓小平说，这样吧，请你通知夏默同志，叫他跟我一起去缅甸和尼泊尔访问。教材的事情，让他把问题集中一下，路上细谈。

六

在眼看着要被"埋没"的年轻人中，就包括劳作在黄土高原上的夏建国。

当然，那一刻，夏建国还不知道自己的命运究竟悬在哪个位置上，但他确实是已经感觉到"悬"了。

夏建国向生产大队借了一辆破旧的自行车，拼命踩着，往县上赶。

陕北延安乡村，狂风咆哮，大树在狂风中摇摆，干枯的树枝就像一条条狂舞的皮鞭在空中抽打着。满天都是厚厚的、低低的、灰黄色的浊云。房檐上已经开始结冰了，冰溜子像一根根透亮的水晶柱子，错落有序地挂在上面。

在自行车快到县街的时候，为了躲避一辆迎面而来的小毛驴车，夏建国还摔了一跤，但他马上爬起来，骑上车又踩，连半身的尘灰都来不及掸。

他心急如焚，因为昨天在沟渠边劳动的时候，有个小伙伴一边啃着黑乎乎的硬糜子馍一边笑嘻嘻问他"你收到录取通知书了吗？听说隔壁村的小赵已经收到了"，他一听这话心就揪了起来，接着就是整整一个不眠之夜。待到鸡叫的时候，他就决定向队里借一辆自行车，亲自上县招生办打听。

他真正地有了一种危机感。

而就在十多天前，他对自己的高考前景还是相当乐观的。他听邻村一个从县上回来的知青说，县里的大喇叭都在广播一篇高考作文，还说是县里的"状元作文"，写的是体育场里看见邓小平的事，随即还念了好几句。夏建国一听，心里就乐了起来，没想到自己写的这篇文章还与"状元"挂上了钩，那自己能成为大学生应该是一件没有悬念的事了，但是为什么邻村的小赵接到了录取通知书而自己这边却毫无音信呢？

县招生办所在的小楼挤满了人，似乎都是来问录取情况的。工作人员一迭声地喊，不要挤，不要挤，一个一个地来。

排队排了一顿饭的工夫，终于轮到夏建国了。夏建国向坐在门边办公桌旁的一位戴八角帽的干部小心翼翼地递上自己的准考证，说，我叫夏建国。

那个戴八角帽的干部，一边瞅着他的那张准考证，一边翻动着一册厚厚的大本子，寻找他的名字，一页又一页，找了又找。

夏建国突然感到自己的双腿不由自主地打起了哆嗦，他心里想，怎么搞的，挺住，别这么不争气。

然而晴天霹雳还是响了起来。

其实这个晴天霹雳的音量是很轻的，戴八角帽的干部只是很轻声地对他说，分数够了，但是"政审"没过。

夏建国一下子像被电击了，张大了嘴，泥塑木雕般地一动不动。

什么？他问那干部，声音很轻。其实他心里已经完全明白了是怎么回事。八角帽干部看着夏建国惊愕的表情说，高分，但你被拘留过，有现行的政治问题。等着吧，县里已经把你的情况上报省里和教育部了。

绝望之中似乎还有一线希望，于是夏建国依旧轻声地问，要等多久？

像夏建国这种情况的学生，八角帽干部见得多了，所以神情也变得有些麻木。他面无表情地解释说，小伙子，你的分数是很高的，尤其是作文，得了个满分。我们县里出了你这么个高分，也都觉得没录取很可惜，正在争取。听说省里也做不了主，报中央了。

说到这里，八角帽干部忽然话锋一转，说，小伙子，两手准备，要做最坏的打算。要我说，希望不大。

夏建国没再说什么，只是转过身，默默地往外走。

在回生产队的路上，他甚至没有骑车，只是推着那辆哐当哐当作响的自行车慢慢往回走，他需要时间思考，思考县里的争取与上面的决断，思考自己的政治前途，也思考整个国家的政治命运。他想，自己个人的命运完全是跟国家的命运捆在一起的。自己个人出路的前提，是国家必须有正确的前进方向，不然两者是拧不到一起的。或许，只能走田源曾经试图走过的路，去广东宝安"扑网"或者泅渡，到香港去。后来他又想，事情可能还没有变得这么绝望。

于是他飞身上车，继续在尘土漫天的泥土路上哐当哐当地骑了起来。

与夏建国这一天的心境一样,身在西双版纳的田源也是坐立不安。眼看一起去县里拿准考证的伙伴们,接二连三都收到了各大学用挂号信寄来的录取通知书,自己这边却毫无动静,这算是怎么回事儿呢?自己对试题的估分不是很有把握的吗?尤其是自己那篇行云流水般的作文,不是很铿锵有力的吗?他甚至多次设想过阅卷老师举起他的作文试卷惊喜万分的表情。

又过了两天,当同寝室一个姓陆的伙伴也拿到录取通知书时,他再也忍不住了,迈开双腿就往县城赶。他走进县招生办那栋熟悉的小楼,上了二楼,向工作人员递上自己的准考证,说麻烦查一查考生田源的情况。

工作人员在一分钟之后就回答他,分不够,没有录取。

田源浑身一震,说,分不够,怎么可能?我的分数是多少?

具体分数不知道。

我要求查分。

今年不能查分。

为什么不能查分?

工作人员有些不耐烦地说,今年时间太紧,根本没有开通查分渠道。你可以走了,后面的那位上来。你怎么不走?你快走呀,我答复过你了嘛,你不要妨碍我们工作!

田源双手扶着桌面,身体前倾,直视着那位工作人员说,你干吗要我走?你不答复清楚怎么行?我考得那么好,怎么会分数不够?你把话说清楚,要赶我可不行,我可是一门一门估过分的。你们想蒙骗我,天下没这个理!你再给我好好查查,肯定弄错了!

排在田源后面的几个年轻人说,叫你走,你就走,吵什么吵?让开,让开,该轮到我们查询了。

田源回头怒气冲冲地说,我事儿还没办完呢,你们的前途要紧,我的前途也要紧啊!

一听这话,后面几个人就动手了,使劲把田源推到一边,而田源也怒气上了脸,出手就跟这几个年轻人厮打了起来。一时间,半个办公室就哐哐当当地像是打雷,一伙人接连摔倒在地上,吓得招生办所有工作人员都赶了过来。招生办主任尖着声音大喊"住手,住手,都给我住手,招生办里竟然打架了,成什么体统",随后就把一身灰土、流着鼻血的田源带到了自己的小办公室里。

田源一边擦着鼻血,一边坐在小木凳上,嘴里还呼哧呼哧喘着气。他想哭,但是没有眼泪。招生办主任直到面前这位小伙子情绪有所平稳之后,才告诉他作文分数为零的情况,说你其他几门成绩都还不错,但是由于这个零分,总分就到了录取线以下。

田源说,我这么好的文章,居然给零分?我看阅卷老师是个白痴。

招生办主任笑了笑,慢悠悠地说,在目前我们国家的政治形势下,你竟在作文里宣称自己要做个司马迁,胡说一通政治,你这才像个"白痴"。小伙子你自己说,是不是这个道理?

田源想哭,眼睛里好像有了点儿眼泪,但还是挤不出来。招生办主任看出了小伙子的悲伤,安慰说,不过还没有定论,你还有一线生机。

生机?什么生机?

招生办主任慢悠悠地说,凡是零分作文,都要送到省里复议,现在应该快出结果了。你要是着急的话,也可以直接上昆明问问。

田源在第二天就赶到了昆明,问了半天路人终于找到了省教育局的招生办,可是工作人员的回答并没有令他满意。那位工作人员说,你还是先回去等消息吧,现在大家的意见无法达成一致,省里也没法作复审,已经决定上报教育部了。

田源目光空洞,问,什么上报教育部?

工作人员说,就是我们无法定的事,无法定的事就得上报北京。

田源突然爆发了,举起拳头砰的一声砸在桌子上,大吼一声,什么破大学,老子不上了!

工作人员呆了,所有听见响声跑过来的工作人员一齐呆了。大家听见这个像一头发怒的狮子的年轻人正在声嘶力竭地大喊,老子写了那么好的文章,你们还给零分,还说什么"县里不能做主,省里不能做主",还要什么报教育部,你们这都是胡扯淡!上你们这种大学,老子还不如不上呢。

好几个工作人员上前七手八脚地扶住田源,连说冷静、冷静、冷静,你还是有希望的,你再等等。

田源却瞪着血红的眼睛说,你们难道都没长耳朵吗?老子告诉你们,不上这个破大学了,你们难道都没听见吗?

他十足咆哮了五分钟才安静下来，然后迈着冷静而坚定的步伐走下了楼梯。

田源走下楼梯的时候，耳边忽然很奇怪地响起了一阵提琴声。他知道，这优雅的琴声可能是一种幻觉，但是他确乎听到了一种行云流水般的旋律。而且，他知道那旋律来自香港，拉着提琴的那位女孩叫吴怡茹。他想，她肯定是找到了她的舅舅，并且有了一把特别好的新提琴，已经开始了音乐般的生活。

而他自己，人生途中所有的音乐都停止了。

中央是怎么考虑这种问题的？我们这一类人还有救吗？邓小平不是已经出来工作了吗，难道他面前的阻力还是那么大？

破大学，不上了！田源走出大门的时候，又狠狠一拳砸在"云南省教育厅"的大木牌子上。

七

邓小平起了个大早，独自一人在庭院里散步。旁边放置的收音机里播放着关于高考录取情况的新闻。

边散步边听新闻，已经成为邓小平每天早上的必修课。

散步结束后，邓小平走进自己的办公室，开始了一天的工作。他一坐下就发现茶几上放着几封信和小女儿邓榕的一张字条。邓小平拿起字条来看，上面写着：爸爸，这是几个被打倒的老干部的子女给您的信，他们都因为政审问题没有被大学录取，请您方便时关注一下。

在邓小平准备看信的时候，王秘书火急火燎地走了进来，手中也捧着一摞信。王秘书弯下腰，把信放在办公桌上，轻声说，首长，这些来信都是反映大学录取问题的，大多数都牵涉政治审查这个问题。

几乎整整一个上午，邓小平都在看这些信，皱拢的眉头始终没有松开过，直到十点整，他站起来，走进庭院进行第二次散步。这次散步的运动量是二十个大圈。他绕的每一圈，都牵着信上那些求援的声音。那些声音，像粘连在树枝上的枯叶簌簌地响个不停。邓小平走到第十圈的时候想，这些问题是必须干预的。他走到第十五圈的时候想，明天就得请方毅和刘西尧来。他走到第二十二圈时，已经下了决心，下午就要见他们两个。于是他回转身，对王秘书说，临时请方毅和刘西尧来，就是今天下午，问问他们是否方便。

邓家的院子，绕行一圈是一百八十八米，王秘书与保健医生专门测量过。医生建议的散步圈数是不少于二十，邓小平也是严格按照保健医生的嘱咐这么做的，觉得身体累的时候会减少几圈，但有时候思考问题很紧张，也会不知不觉地多绕上几圈。王秘书经常远远地站着看，心里默默计数。这一次是走到了第二十二圈，邓小平才停了下来。王秘书于是知道，邓小平心里的某个主意已经很清晰了。

这时候，邓小平看见外孙女眠眠蹦蹦跳跳地跑过来了，后面跟着几乎一路小跑的卓琳。

眠眠说，爷爷，爷爷，您看我头上的小辫子。

原来眠眠头上梳了二十个小辫子，看上去就像个维吾尔族姑娘。

邓小平看到孩子就笑了，说，哎呀，真的有这么多的小辫子，小辫子是不是给人抓的呀？爷爷就要抓你的小辫子。

眠眠一听爷爷这么说就开始往回逃，一边逃向奶奶一边说，爷爷要抓我小辫子！

卓琳也笑了，护住眠眠说，奶奶保护你，不让人家抓你的小辫子。

邓小平远远地看着扑在卓琳怀里的外孙女，感叹一声说，小辫子都是怕人抓的啊，其实也不是什么小辫子啊，是不应该随随便便就抓小辫子的啊。

王秘书不明白邓小平指的是什么，只是点头说是、是。

卓琳看着邓小平的眉头有所舒展，心里就高兴了。她最担心的就是邓小平闷闷不乐，一个上了年纪的人，长时间为工作所累、所苦、所烦，真是很伤人的。所以早上当邓榕拿着一摞信要放进父亲办公室的时候，她就试图拦阻过，说啥事儿啊，别动不动就往你父亲房里送东西，家里不是有规矩嘛。邓榕当时说，我知道规矩，但是这几封信不送也不行，都是考大学受政治牵连的，这种问题不能不关心。卓琳一听是这些问题，也就不吭声了，都是卷入过政治旋涡的人，明白其中的甘苦。

下午三点半，十分准时，方毅与刘西尧的车就双双弯进了米粮库胡同。

二人一到，邓小平就问高考录取的进度，而听教育部部长说"只剩下一些有争议的考生还没有作结论"时马上就追问，何为有争议的考生？

刘西尧看看方毅副总理，沉吟了一下，说主要是两大类，大部分是政治审查没有过关，还有一些是在答题过程中体现出阶级立场有问题的。

邓小平说，哦，是这么两个问题。关于"政审"，我不是已经说过"政审"主要看本人表现吗？

刘西尧忙说是的，遵照您的指示，我们已经把条件放得很宽了，很多人因此得到了高考机会。不过，有几个硬性条件，至少目前，我们还不敢放。

邓小平问是什么硬性条件，刘西尧放低音量说主要是中央定的几个大案子。这时候邓小平看上去有点恼了，说你刘部长大声说嘛，你怕什么？

刘西尧赶紧坐正身子，提高了音量说，主要是中央定的几个反革命大案，譬如刘少奇案、"六十一人叛徒集团"案。我们统计了一下，牵连最多的还是天安门事件，因为当时参加的人数比较多，而且大多是年轻人，不少人被拘留审查过，有案底。这些考生的考卷和档案都集中到了教育部，我们经过非常激烈的争论，最后慎重起见，还是决定不予录取。

方毅担心地看看刘西尧，又担心地看看邓小平，他知道邓小平对这个问题的回答是不满意的。

邓小平忍住气，又问刘西尧，那么你刚才说的答题中的"阶级立场"问题，又是什么意思？

刘西尧说，关于这个问题，我们是放宽了处理的。举个例子来说吧，云南有个考生，在作文里议论"文化大革命"，有不少攻击性的言论，这类考卷也都集中在教育部。大家讨论决定，根据您的指示精神，采取宽大处理，既不追究本人责任，也不把试卷作废，只把这一道题判作零分处理。

显然，邓小平对于教育部的处理方法是不满意的。他心里清楚，如果这篇作文判了零分，那么这份语文考卷也就基本作废了。

邓小平不说话，取一支烟来抽，抽了半根，还是没说话。方毅与刘西尧的情绪显得不安起来，刘西尧嘟哝着说，我们的做法可能是还有些问题。

这时候邓小平开口了，他用沉郁的语气说，我们要对孩子们负责啊。立场问题，要作分析。反对共产党领导、反对社会主义、坚持"四人帮"立场的，坚决不能录取。属于思考和议论政治问题的，要慎重。我看你们应该多找一些人，对那些有争议的作文再复议一下。

刘西尧对此颇感为难，小心翼翼地说，邓副主席，我们都知道您关心考生，但是根据十一大精神，我们处理问题，也不得不如此啊。

邓小平忽然双眼一瞪，说，十一大精神要考虑，但是我们发布的招生文件的精神是否都落实了呢？

他看到两位客人的神情都紧张了起来，于是缓和了语气说，我常说，我们人才不够。从长远来说，要抓紧培养人才，善于发现人才。这次高考，给了我很大信心，就在于发现了一些了不起的人才。许多人抵制"四人帮"的压力，自学完成了全部的大学课程，有些可以直接读研究生，个别的还可以当研究员。还有一些十五六岁、十七八岁的青年可以上大学。但是我们的录取工作，依然跟不上节奏。虽然文件做了规定，但实际上还是有过去的阴影，思想太不解放。这样不行。

方毅突然开口，小声问，小平同志，您的意思是再放宽政治条件？

邓小平一拍沙发扶手说，不错，现在录取工作的框框还是太多。古人都知道"我愿天公重抖擞，不拘一格降人才"嘛，我们现在要建设现代化，一定要打破这些条条框框。我看，目前至少有两个问题要解决：第一，不能再看家庭出身了，"血统论"太荒谬。刘部长，你觉得对"走资派"的子女该怎么看？

看到刘西尧一脸为难的样子，邓小平解释说，我也是个"走资派"，组织上对我的一切处理，我都毫无保留地接受。但是我的子女和我的错误没有关系，让他们受牵连，是没有道理的。

邓小平停顿了一下，语气也变得严肃起来，继续说，比如刘少奇案，当事人已经不在了，但是他的孩子是一名工人，工作、劳动都是得到大家认可的，这次高考够分数线了，像这种情况，该不该录取？

说完，邓小平停下来，环视周围，看大家都不出声，他便自问自答地说，我看就应该录取。

方毅接口说，既然刘少奇的孩子能录取，其他老干部的子女也就没有问题。

刘西尧心里有底了，马上说，好，特事特办。

看到两位客人的态度发生了转变，邓小平的心里顺畅起来，他决定进一步提出一个更为敏感的问题，于是他接上一支烟。方毅提醒他"小平同志，您可不能接连地抽烟"，邓小平却摆摆手说，我在说这个问题的时候，请你们允许我抽着烟说。两位客人都轻轻笑了起来，他们知道邓小平可能要说一些值得大家深思的话了。

果然，邓小平提到的是天安门事件。邓小平说，还有一个，就是天安门事件的问题。我早就说过，这是个革命行动。现在虽然还没有平反，但我认为，不能因为这件事耽误孩子们的前程。我们共产党人，要学会用发展的眼光看问题。虽然天安门事件的彻底解决需要一个过程，但不能因此埋没人才，这件事在高考录取中反响特别大，群众意见也特别大。

说到这里，邓小平顿了顿，语气里带着几分惋惜地说，我听说延安有个北京知青，分数很高，够北大的线，作文都广播了，但就是因为参加过天安门事件而不能录取。这样不行，会把人心伤了。城破了可以重建，但是人心伤了，可是一辈子都补不上的。

方毅一听邓小平如此评价天安门事件，态度也立刻坚决起来，说这一条我同意，这是个得人心的事情，干脆借这次高考把这件事情推动一下。

邓小平看着方毅说，你这个说法是对的。我们这么做，就是一次推动。

这次谈话时间很长，招生录取中牵涉政审的几个关键问题，都在邓小平的直接过问下得到了解决。

客人告辞的时候，邓小平带着满意的神情站了起来。

方毅走到门边，又走回几步，对邓小平说，小平同志，今天的谈话对我而言，教益颇深啊。我当初觉得恢复高考无非就是一次招生制度的转换，有利于选拔人才，保证高校生源质量。今天听您一番话，我算是全明白了，这可不仅仅是一次教育改革，更是一场新革命的开端。小平同志，您这步棋，下得颇具深意啊。

邓小平看着两位客人说，我们现在建设"四个现代化"，就是一场新的革命。进行这场新的革命，首先就是要解放思想，要敢于突破成规。恢复高考是第一步，这个决策本身就是解放思想的结果。刘部长，你想想，如果不解放思想，这几个月的时间，咱们能完成这么大的改革吗？

刘西尧回想起这几个月发生的巨大变化，点点头，感叹说，开科教座谈会前，我真是想都不敢想啊。这几个月，多少事情啊，多少情况啊，多少难题啊，千头万绪，不过也干下来了。

邓小平笑着说，我早说过，事情啊，想明白了，只要抓紧，就不难办。孙中山先生当年讲"知难行易",就是这个道理。所以,接下来,我们要把解放思想贯穿到工作的每一个环节,录取、扩招、编教材都要解放思想、拨乱反正,为我们走出一条新路打开突破口。教育部还得再加把劲,要把这个突破口开好。

刘西尧坐进汽车的时候想,教育部已经忙得人仰马翻了,还得"再加把劲",这工作真是艰辛啊。不过想来想去,像这样"再加把劲",也是应该的,相信教育部上上下下都会跟上来的。可能有些同志还有些不理解,会跳起来说这说那的,尤其是涉及天安门事件的问题,但是邓小平已经把底儿摆明了,这个事情迟早是要平反的。我们的工作,照着这个思路走就行了,也没有什么好怕的。

于是他对司机说,老金,开快点,回教育部。然后他又对坐在前座的秘书说,马上召开部委会,招生办副主任以上干部全体列席。你回到部里就马上电话通知。

秘书说,可能都在家里吃晚饭呢。

刘西尧说,我都不吃晚饭了,他们还吃什么晚饭?吃了一半,也给我放下饭碗,赶回部里。我们要分秒必争啊,要尽快给一批考生增加分数啊,赶快摘掉他们头上的紧箍儿啊。我们现在饿一顿,有什么了不起的?

八

远在陕北的夏建国,此时还没有感受到来自教育部的高考新政策的恩惠,他只感觉到四面八方的风都是那么寒冷。

但是他的心底却慢慢地沉静起来,他觉得首先应该让父母亲的情绪逐渐平息,让全家人都能以一种比较平静的心态接受他的这种命运波折。

来自陕北的长途电话,是高兰首先接到的。电话直接挂进了三〇一医院。高兰接到电话的时候差一点就哭出声来,她一边擦着脸上的泪痕,一边听着儿子语调平静的叙述。儿子在电话里一直安慰母亲说,政审不过关的结果也是我预料之中的,妈妈您不要伤心,叫爸爸也不要灰心。上不了大学,总还能干些别的工作。看起来，我要提前从政了。中国的什么事情都离不开政治，只有把"政治"这两个字摆正了，我们这个国家才有希望。

高兰在电话里告诉儿子说，你爸爸昨天高兴得一夜没睡着，因为你安徽的建红妹妹来电话了，她虽然没考上中国医科大学，但是已经收到安徽医学院的录取通知书了。爸爸这两天一直在等着你的电话呢，谁知道……

这时候电话那一端就响起了儿子急忙的安慰声，儿子说妈妈您不要哭，对我来说，这不是哭的时代，我要斗争，妈妈您知道吗，我要为天安门事件的平反而斗争。这件事对我来说，才是至关重要的。

高兰回到家时，看见丈夫正在衣柜里翻衣服。丈夫说他已接到通知，年底要跟随邓小平出访缅甸与尼泊尔了，这次访问要半个月，也是邓小平复出后的第一次出访。夏默觉得能够跟随邓小平这一路走，实在是一件幸福无比的事情，他估计邓小平之所以带上他，也是想在出访的旅途中多听听他这位专家的各种建议和意见。

然而衣柜里都只是一些旧衣服，几乎一件像样的都没有，夏默抖开这一件又抖开那一件，不知怎么办才好。他回过身，看到妻子回家了，说今天我们晚点吃饭吧，你慢慢烧，反正小妹说她也不饿，你先来帮我挑几件衣服怎么样？

这时候他发现了妻子脸上的阴郁，于是问，你怎么不高兴啊？今天是多了几台手术，你累了吧？后来又说，你赶快坐下，喝口温水，我念一段报上的文章给你听听。这可是一篇报告文学啊，说的是陈景润，是一个叫徐迟的作家写的。老田打电话叫我一定要看，他说所有看过这篇文章的读者都快要疯了，兴奋至极啊，这才感觉到我们中国的科学家是多么伟大。这其实是给"臭老九"彻底平反啊，登这篇大文章的是《人民日报》啊。听老田说，还是小平同志亲自建议《人民日报》刊登这篇文章的，这个影响就太大了，听说当天的《人民日报》全部抢空了，真是科学家伟大，作家也伟大啊。我读了一遍，真的是不错，振奋人心。你快坐下，我念给你听。

然后夏默一把抓起桌上那张报纸，摇头晃脑地念了其中一段：

当他已具备了充分依据，他就以惊人的顽强毅力，来向哥德巴赫猜想挺进了。他废寝忘食，昼夜不舍，潜心思考，探测精蕴，进行了大量的运算。

一心一意地搞数学，搞得他发呆了。有一次，自己撞在树上，还问是谁撞了他？他把全部心智和理性通通奉献给这道难题的解题上了，他为此而付出了很高的代价。他的两眼深深凹陷了。他的面颊带上了肺结核的红晕。喉头炎严重，他咳嗽不停。腹胀、腹痛，难以忍受。有时已人事不知了，却还记挂着数字和符号。他跋涉在数学的崎岖山路，吃力地迈动步伐。在抽象思维的高原，他向陡峭的巉岩升登，降下又升登！善意的误会飞入了他的眼帘，无知的嘲讽钻进了他的耳道。他不屑一顾。他未予理睬。

念到这里，夏默的脸已经因为激动涨红了起来，但是他忽然发现妻子的眼睛里竟包含着热泪，他弯腰问，高兰你是感动了，还是怎么了？

妻子没有回答，夏默突然意识到一件事，问，陕北来电话了？

高兰突然趴在桌面上，呜呜大哭起来，刚才在医院里不敢流的眼泪现在痛痛快快地淌了出来，吓得正在里屋写作业的夏小妹赶紧跑出来，摇着妈妈说，妈妈，是爸爸骂您了吗？

这天晚上就寝前，夏默对默默地坐在床头的妻子说，高兰啊，我看，别着急，有些困难暂时解决不了，但很快会有转机的。马上又要高考了，我们的儿子应该还有机会。

高兰说，还有机会？啥叫"还有机会"？这事儿谁说得准啊？

高兰瞪大双眼直视着丈夫问，邓小平不是特别倚重你吗？还要带你出国，你这一路上不是可以问问吗？让邓小平给解决一下啊。

夏默说，这怎么行？可不能给小平同志提这种纯粹个人的事儿。在这方面，我可是要坚守纪律的，小平同志想的是全国和全世界的大事，要他去解决我们儿子的一个大学名额问题，你说这像样吗？

高兰一听这话就赌气睡了。夏默直到后半夜才上床，心里也是闷得不行。他想，自己的儿子考了个"状元作文"，却偏是"名落孙山"，这种事情也太叫人哭笑不得了，对孩子的心理打击肯定很重。

他深深地叹了口气。这就是政治。

夏默起了个大早，就往二十公里开外的香山饭店赶。他想在那个饭店里设法给陕北挂一个长途电话，好好地安慰一下儿子，也询问下儿子下一步的打算，到底是回北京，还是继续在陕北高原上挥他的镢头。

可是，这个长途电话半天没打通。那边生产大队的人说，小夏可能在水利工地上，也可能在别的地方，一时找不见。夏默失望地放下电话时，却意外地发现田志远坐车赶到了香山饭店。

原来田志远就是奔着夏默来的，有些话田志远必须当面告诉他，也分享他的喜悦。田志远带来的喜讯是，教育部关于政审问题的松绑。田志远哈哈笑着，拍着夏默的肩膀说，你家建国的问题总算可以解决了，我早上还听说高兰昨天哭了一晚呢，所以我要了辆车，长了翅膀飞到你这儿来了。

夏默一屁股跌坐在沙发上说，哎呀，真是没想到，我儿子遇到贵人了。

田志远大笑着说，你家建国本来也是因为支持小平同志才受牵连的，这也算是天道循环吧。

夏默感到有点奇怪，说，真是邓小平亲自过问了这件事？他亲自点到了陕西那篇"状元作文"？小平同志怎么会知道？

田志远笑嘻嘻地说，我开始也不理解其中的奥秘，也觉得挺神的，小平同志怎么会举你家建国这篇文章来说事儿？后来我问了刘西尧部长，他告诉我是新华社同志写的一篇高考综述的"动态清样"，就是那篇"动态清样"举了建国的例子。

夏默这时候就更加惊讶了，说，"动态清样"怎么就点了建国的名了？

田志远说，听说名字倒没点，就是举了很多例子，你家建国是其中一例。没想到这个例子，小平同志就记住了。

夏默突然拍着沙发扶手说，明白了，是新华社的小燕子写了这份"动态清样"。

说到任燕，夏默心里就涌出许多感动来，这个昔日的邻家女孩，总是在关键时刻跟建国站在一起。他俩不仅是思想上合拍，情感上可能也心有灵犀。

这倒是件好事儿。

田志远也说，很可能是小燕子搞的，这姑娘有灵气，我到时候可以问问我那战友老穆。

说到这里，夏默就关切地问起了田源的事儿，说云南那边有消息吗。田志远摇摇头说，哎呀，我也急坏了，他妈妈也急坏了，就是没个消息。几次打电话过去，都找不到人，都说宿舍里没有他，橡胶园里也找不到他，整个农垦场都不见人影儿。我想跟他们领导说话，他们领导也不接电话，现在真的不知道我那个宝贝儿子到底怎样了，总不会再去"扑网"吧？一想到"扑网"，我心里就痛，这小子也太不把自己的命当成命了，什么事情都有个过程嘛，就知道冲动，冲动，冲动。

九

夏家的两个孩子先后收到了入学通知书。夏建国当然是经受了一番波折的，所以当他接到通知跑去公社办公室领取录取通知书的时候，头脑里几乎是一片空白，只觉得几个公社干部的笑脸在面前转悠，还听到他们一迭声地说"恭喜啊，恭喜啊"，于是他火速打开信封上写有"北京大学"的入学通知函，上面每一个字都是那么真切：

北京大学学生入学通知

  陕西省延安地区革委会转夏建国同志：经学校录取，陕西省高校招生委员会批准你入我校经济系政治经济学专业普通班学习。请于1978年3月4日至6日，凭本通知到校报到。

                 北京大学革委会
                 1978年1月25日

夏建国念罢，浑身来了劲儿，伸出拳狠狠地打在桌面上，吼出一句"天要变啦"。这一拳震得一只茶碗都差点倾翻，公社干部慌忙扶住，连声笑着说"没事没事"，又说"恭喜恭喜，咱公社也出了个北大的啦，咱脸上也沾光啊"。夏建国的感觉没有错，中国的天确实正在慢慢地发生变化。

夏建国的妹妹夏建红被安徽医学院录取的消息，也为安徽凤阳这个小县城添了不少光彩，梨园公社的陶书记逢人就说"我们公社少了个妇女主任，但是国家多了个大学生，值了"。

但刘金锁显然不是这样算这笔账的，他心里复杂得多。这种复杂，夏建红一眼就看出来了。刘金锁心里明白，一旦夏建红离开凤阳，进了大学，多半是不会回来了，想到这里他心里就有一种说不出的难过。为了减少分别的伤痛，他慢慢地与夏建红疏远了，能不见面就尽量不见面。有时候在村道上，远远见到夏建红的身影，他会赶快转向绕着走。夏建红有一次直奔刘金锁家，当面把他堵在屋子里说，你干吗躲着我？你以为我以后就不会回来了吗？

刘金锁躲闪着她的目光说，你当然会回来啊，我妈妈不是你奶妈吗？你那么有孝心，肯定会回来看你的刘妈妈啊。再说，你毕业以后当了医生，或者在北京做大夫，或者在省城做大夫，搞个巡回医疗队啊什么的，可能也会来我们凤阳巡回一圈啊。

夏建红双手抓住刘金锁的肩膀说，金锁你就是这么想我的？刘金锁这时候就低下头躲闪着对方的眼睛，因为他实在难以想象今后的日子。双方地位的巨大差异，是明摆着的事，这是个现实问题，不是单凭美好的想象就能解决的。这时候夏建红就听到从里屋传来的奶娘的啜泣声，她跑进去问怎么啦，奶娘却不回答，只是一个劲地哭。

这些天，刘金锁靠着一个强大的信念，成功地抑制住了即将与夏建红分别的惆怅。他心里一直萌动着一个计划，而这个计划在粉碎"四人帮"之后轮廓变得越来越清晰，他甚至专门跑到公社找陶书记谈过一次。他没有回答陶书记关于他自己为什么不报考大学的疑问，也不赞同陶书记提出的"大力宣传一个回乡知青扎根乡村干一辈子革命"的提议，他只是说，陶书记，你能不能给我一点自主权？

陶书记瞪大眼睛问，你想干什么啊？

刘金锁迟疑了好半天，凑过脸去小声说，我想试试让生产组的组员分开单干。

陶书记像被雷劈般地愣了，半天才回过神来，指着墙上那幅"农业学大寨"的大幅标语说，你小子想对着干？不要命了！

刘金锁委屈地说，所以我才那么小声地说话啊。我知道这个事儿犯忌，与中央口径不符，但我一直在琢磨，咱们搞了这么多年大呼隆的"农业学大寨"，只讲集体利益，不讲个人积极性，到头来没人好好出勤出力，集体利益也保证不了，大伙儿只好年年讨饭，家家户户穷得叮当响。人不好好伺候土地，土地怎么会好好伺候人呢？陶书记，这是个简单的道理啊，我一直在琢磨这个事儿，这里面怕是有一个"生产关系必须适合生产力"的重大问题啊。

陶书记瞪眼说，你刘金锁不要拿这种哲学问题来唬人，咱们听上级的没错。我这个公社书记要是不带头高举大寨红旗，那我就一天也当不成这个书记。你不是想坑我吧？

刘金锁小声地说，陶书记，你也别对外说了，你就装作不知道，让我这个当生产队长的试验它一把，看看用这个法子能不能调动大伙儿的积极性，成不成？因为我听村民宋学友说了，听村民严德旺也说了，他们都在说自己给自己干，可能劲儿就不一样了。所以我就一直琢磨其中的道理，这说明了什么？这可不是说贫下中农觉悟低，而是体现了我们国家目前组织农业生产的一种现实的方法。我这么想了以后，就想做个试验，如果我们生产队成功了，可能我们公社也就成功了；我们公社成功了，可能凤阳也会成功；如果凤阳成功了……

这时候陶书记干干脆脆地打断他的话说，那你就进到公安局的号子里出不来了。你是恶毒攻击大寨红旗的罪魁祸首，那时候我连给你送牢饭的机会都没有，因为我就关在你的隔壁。

刘金锁被说得目瞪口呆，连声问，陶书记，真有那么严重吗？你不是吓唬我吧？

话刚说到这里，忽然门外响起了一阵非常凄厉的哭声，夹杂着"金锁金锁"的呼喊声，原来是刘妈妈跌跌撞撞地赶到公社来了。刘妈妈一进门就抱住儿子大哭"金锁啊，金锁啊，了不得了"，一边喊一边哆哆嗦嗦地拿出一堆碎纸屑搁在桌子上。刘金锁惊愕地把那纸屑一拼，竟然是安徽医学院发给夏建红的录取通知书。刘金锁惊叫，这是怎么回事？

他母亲哭喊着说，是她自己撕的，我拦都拦不住。她说不想上大学了，说就要跟我在一起。儿啊，这可使不得啊，这是坏了建红的前程啊。

在刘金锁呆若木鸡的同时，陶书记却长叹一声，北京的好知青啊！革命的接班人啊！难得的典型啊！我要让县革委会报道组好好地报道一下，一个是回乡青年主动放弃考大学的机会，一个是北京来的知识青年考上了大学又决定扎根农村干一辈子革命。这两件事都出在我们梨园公社，那可是说明了我们梨园公社全体社员的革命觉悟啊！是我们高举大寨红旗的丰硕成果啊！是毛主席无产阶级革命路线的伟大胜利啊！哎呀，我都快激动死了！

　　刘金锁家的小煤油灯一直亮到下半夜，刘金锁和他的妈妈面对着一脸平静的夏建红，双方都没有睡意，都处在一种情感波动之中。刘金锁已经把撕成十几块的那份安徽医学院录取通知书糊好了，却被夏建红用缓慢的手势又撕成了四瓣儿。夏建红对刘家母子说，我这样做，其实也不是一时冲动，我是深思熟虑过的。我的面前确实有好几条道：一条是像我妈妈一样做一个医生，救死扶伤，一辈子为人民服务，实现我的人生价值；另一条是在乡村做我的乡村干部，与贫下中农一起，逐步建设一个社会主义新农村，让大家过上不愁吃不愁穿的舒心日子，这也能体现一个人的人生价值。这两者有区别，但是没有特别大的区别。尤其是金锁哥，这么多年了，我觉得跟你在一起心里就特别踏实。要是没有这种感觉，我上次回到北京，也不会咬着牙跟着你再回凤阳来了。本来我是想跟你一起报考大学的，咱们并肩走另外一条道路，但既然你放弃了高考，我就问自己是不是也该放弃这次机会。我心里一直有两个人在打架，而后来打赢的那个小人儿告诉我，你应该把那张安徽医学院的录取通知书撕掉，你的命运应该跟安徽凤阳是同一个命运。

　　刘金锁点头说，建红，我明白了，不过我心里确实有一种滋味很难受。

　　这时候刘妈妈又抱着夏建红呜呜痛哭起来，连声说好孩子啊，好孩子啊，好孩子啊。

　　夏建红从凤阳县邮电局向北京家中挂电话的那一刻，她父亲正好在镜子前试一件西装。西装是高兰从医院的同事那儿借的，一套黑色卡其布西装，再配一根红色的领带，好歹把丈夫打扮得像样一点。而高兰在穿衣镜前刚露出笑容不到五分钟，马上就伤心地哭泣出声，大女儿电话中的那个消息不仅使她感到突然，而且完全无法理解。她那痉挛的手简直要把电话听筒拽裂了，她一个劲问为什么、为什么、为什么，忽然又一连串地说你太傻、你太傻、你太傻，直到小女儿跑进来抱着妈妈说，妈妈，您别这样。

　　倒是夏默显得冷静，他说，我早知道建红是个由着自己性子做事的人，从她那天非要跟刘金锁一起回安徽，我就预感到她已经在选择自己的未来了。不过我看刘金锁倒也是个憨厚的人，我家建红跟着他也不至于受太大的委屈。就是那地儿，实在穷了一点，真的不行，以后咱就把他们接到北京来住嘛，好歹是自己的女儿女婿嘛。以后经济发展了，生产上去了，给找两个工作岗位也不是件太难的事儿。高兰，你就别太伤心了，你再这么哭下去，我怎么安心到缅甸、尼泊尔去啊？

待妻子的哭声渐渐平息下来以后，夏默又说，不管咋讲，咱比起后院的田家来说不知好多少。人家那个小源都失踪得没影儿了，老田这几天着急得像热锅上的蚂蚁一样，曹慧也逼着他去云南跑一趟寻找儿子的下落。现在的高考试卷复议规则，倒是不讲究什么政治观点了，对"文化大革命"什么的骂几声也不当回事儿，知青在作文里诉诉苦也不算什么"颓废"了，田源那篇作文"当个小司马迁"什么的，老田都跟我探讨过了，都算不上啥了。小源进大学，应该说也不算什么问题了，就像咱家建国一样，可是事情偏偏出在人失踪上，满农场都找不见，你说急人不急人。

田源确实失踪了，没人知道他跑哪儿去了。他大闹了一通云南省招生办以后，第二天就回到了西双版纳，然后也不出工，一直在宿舍里拉他的提琴。他拉琴的本事实在不怎么样，姿势也不潇洒，乐音也不连贯，有时候拉得像锯木头一样吱吱嘎嘎地很难听。一个名叫杜鹃的女战友听不下去了，指点他好一阵儿，他才有点上了路。

在那种难听的吱吱嘎嘎的提琴声响了三天之后，田源就连人带琴一起失踪了。有人说他黑夜走的，有人说他凌晨走的，反正谁也不知道他上哪儿去了。杜鹃说他肯定逃回北京去了，就像他以前做的那样，所以谁也没把田源的失踪当一回事儿。倒是那个大胡子场长，后来听说田源北京家中打来好几个电话问孩子的行踪，才感到有点纳闷，但后来也没把这件事往心里放。那个年头乱糟糟的，旷工、逃跑、出事的比比皆是，老是为这些事儿烦心，那就没办法指挥全场的生产了。

只有杜鹃在某一个夜晚想，是不是田源嫌我教得太差，跑外面去找提琴拉得更好的人当老师了呢？这个人可能想走音乐的道路，那模样儿也有演员的相，后来她就睡着了。

整个农垦场没一个人再记挂田源失踪的事儿了。

十

夏默穿着黑西装，打着红领带，随邓小平的访问团接连走了缅甸、尼泊尔。他一路上很注意自身的形象，老是告诫自己要挺起胸膛来，不要习惯性地佝偻着肩。这十年被关"牛棚"、扫厕所，他的腰背一不小心就有了弧度，而团长邓小平倒是处处显得轻松，一路上咨询了他许多问题，他也根据自己所掌握的情况小心翼翼地对答着。

邓小平在尼泊尔主人陪同下参观巴德冈杜巴广场北面的五十五窗宫时，就回身问了夏默一个问题，夏默当时正为这座宫殿的艺术造诣所震惊。这座五十五窗宫是尼泊尔马拉王朝王宫巴德冈故宫的一部分，建于一四二七年，主体宫殿是一座四层砖木结构建筑，墙为暗红色。因其上开有五十五扇黑漆檀香木雕花木窗而得名，其窗棂所饰宝石、雕花则显示出尼泊尔中古时期精湛的木雕艺术水平。

邓小平让夏默走到他身边，指了指古韵十足的雕花木窗问，感觉怎么样？

夏默说，大开眼界！尼泊尔虽然国家不大，但古代文化很是让人着迷。

邓小平说，这些都是人类文明的宝贵遗产，夏默同志，你对我们国家的传统文化怎么看？

夏默一时不知怎么回答，有些犹豫。邓小平一挥手说，不用顾虑太多，说实话。

于是夏默说，中国传统文化博大精深，虽然有些糟粕需要剔除，但是总体上看是极富魅力的。上次我出国采购教材，访问了一些学校，很多外国老师都对中国的传统文化感兴趣，不是一般的兴趣，而是非常非常感兴趣，有位老师还在自己的手臂上刺了一条中国龙。

夏默看到邓小平点头，便放大了胆子继续说，我有个感觉，这些年我们国家"破四旧"，有些是非常必要的，有些则过头了。譬如说，清华的西门都被学生砸了，圆明园的遗址也遭到毁坏，建筑基址只剩下一个轮廓；湖南株洲的炎帝陵也被夷为了平地；山西的舜帝陵也被毁了；绍兴的大禹庙也被砸了，听说大禹塑像还被放在平板车上游街示众；曲阜孔庙里的孔子墓也被挖掘了，孔子的骨骸还被示众后焚毁；安徽和县的霸王庙、虞姬庙和虞姬墓，都被砸成了一片废墟；连河南南阳"诸葛草庐"里的塑像和明成化年间塑造的十八尊琉璃罗汉，也全部被砸；幸亏杭州的灵隐寺没有被中学生砸成，还是因为紧急赶到的浙江大学和美术学院的大学生手挽着手护在庙门前才保护下来的，真是惊险异常。

夏默说到这里时，两个眼睛都湿了，于是赶快掏出手绢悄悄拭了拭眼角。

邓小平长叹一声说，是啊，老话说"敝帚自珍"，何况是这么好的宝贝，自己的要保护好，别人好的东西也要学过来。搞四个现代化，对人类文明的好东西，就要采取"拿来主义"。

中国代表团成员听到自己的团长用这么肯定的口吻说话，纷纷点头，他们好久没有听到国家领导人对文化传统说出这么有力的话了。邓小平看着大家，又说，中国是个历史悠久的国家，曾经为人类文明作出过杰出的贡献，为什么后来落后了？就是闭关自守。火药是中国发明的，可是在鸦片战争中，帝国主义就是用炮舰、火炮把我们打垮的。中华人民共和国成立以后，虽然也有一段时期发展是好的，但是使我们发展缓慢的一个原因也正是闭关自守。要总结这个经验教训。

夏默一边点头一边快速地在本子上记录着这些话，这时他突然听见邓小平又直截了当地问，你们的历史教材编得怎么样了？

说起历史教材的编写情况，夏默脑袋都大了，他马上说，不是很顺利，在很多重要问题上都卡住了。

车队在回宾馆的路上，邓小平又把夏默叫到自己身边，要他讲明白刚才汇报得吞吞吐吐的事情。于是夏默一五一十地汇报了中学历史教材编写过程中遇到的几个重大问题，牵涉对历史上农民斗争的看法、对帝王的评价、对传统文化的认识，包括"评法批儒"之类。

邓小平在听这些话的时候，把头靠在车垫上闭着眼一直沉思着，最后他睁开眼说，夏默同志，你讲的这些问题都非常重大，需要慎重应对。但是，有一个总的意见，就是思想不能僵化，历史观也不能僵化。

夏默点头，表示同意。邓小平又说，唯物主义历史观是科学，应该用事实去支持理论，而不能打着理论的旗号随意摆放事实。所以说历史被混淆，常常不是因为史料被篡改，而是因为被片面地陈述。

说到这里，邓小平让夏默把刚才汇报的问题都集中一下，正式写个报告给中央，说这个问题需要讨论。

听邓小平这样讲，夏默又大着胆子建议说，我觉得，中央应该成立一个教育科学研究院，专门研究教育领域存在的问题。

邓小平拍一拍座椅扶手说，这是一个非常好的建议。教育是要教授科学的，它本身也是一门复杂的科学。我的意见是，应该成立一所"中央教育科学院"，为全国的教育事业提供支持。回去以后，你也就此写个报告，交中央讨论。

晚上睡在尼泊尔宾馆松软的床上，夏默想，从"五十五窗宫"到"中央教育科学院"，邓小平的决策真是快啊，分析问题也很深刻，要是所有的疑难问题都被这样讨论和决策，中国的发展速度，真是可以期待的。

十一

田志远是在广东宝安樟木头收容所里找到自己儿子的。他接到来自广东的电话后就连夜坐特快列车赶往广州，后来果然看见了蹲在地上胡子拉碴的儿子及其手边一只破旅行袋和一只琴盒。他痛心地对儿子说，小源啊，我真不知道该怎么说你，你妈妈为你的失踪都急疯了。

收容所的同志告诉田志远说，这小伙子表现还行，并没有发生"扑网"的事儿，只是一直在宝安闲逛，我们怕他有意外才把他留在了这里。田志远这时候从自己的皮包里拿出一份大学录取通知书，说他还是个大学生呢，他那篇作文过去是零分，现在是九十分了。西双版纳的农垦场找不到他，所以把录取通知书寄到北京家里来了。

这时候田源突然就眼睛发亮，抢过录取通知书一看，却又愣了。原来录取他的大学并不是北大，而是景洪师范专科学校。他惊愕地问父亲，怎么回事？

为了这件事，田志远也专门打电话询问了云南省的招生办。省招生办的答复是这样的：考生田源的试卷是前两天教育部才改判的，而全国高校的录取工作已经结束，有些学校都开学了。所以，田源的这一情况，只能走扩招系列。经云南省招生办合议，决定按计划外的方式录取田源为景洪师范专科学校中文系的新生，这已经是破例了，再没有其他办法。

田源抬起头，直接对父亲说我不去。父亲问，是不是离你的期望落差太大了？

田源说，这种问题还要问我？爸爸您自己都想得到，反正我不去。

父亲说，那你妈妈听了这话是要伤心死的。

田源说，要是去了这个学校，我才伤心死了。

父亲说，那你下一步怎么办？要么回西双版纳，要么跟我回北京。反正界河你是过不去了，我知道你心里是想过去的，但是你应该知道我们国家正在起变化，可以说，爸爸每天都在为这种变化激动着。你也要相信我们这个国家，虽然它特别多灾多难。

田源当时就没精打采地答复说，那我就回西双版纳吧，那里好歹还有点工资，总不能老回北京吃家里的闲饭吧，再说您烧的白菜又那么难吃。

夏建国随着六十多位新生一起走进一间教室，挑了个靠窗的座位坐下来，一颗激动的心始终在怦怦直跳。

这是一九七八年的三月，窗外的风已经有点暖意了。校园里草坪上的草色，远远看去似乎也出现了一点毛茸茸的鹅黄色。

北京大学经济系迎新会就在这一间阶梯教室举行，写有"北京大学经济系一九七七级迎新会"字样的横幅挂在教室黑板正上方。尚未正式宣布平反的老校长马寅初以及陈岱孙等著名经济学家都来参加迎新会。马寅初其时已经九十六岁高龄，他是坐在一架轮椅上被工作人员推进教室里的。这位老校长说他一定要亲自赶来教室，看一看通过高考进入大学的这些年轻学子们，谁也拦他不住。

在马校长的轮椅被推进教室那一刻，夏建国激动得不能自持，一下子就站了起来，他早就听说过这位传奇的、敢于坚持真理而不惜与毛主席意见相左的学者。这位受尽"革命大批判"的马校长，是在邓小平此次复出以后才恢复部分名誉并担任第五届全国政协常委的，但还没办法彻底平反。夏建国当然也知道其中的原因，连他参与的天安门事件都还没有平反，一位一直在人口论问题上跟伟大领袖唱对台戏的学者，怎么会彻底平反呢？

但这时候，教室里的掌声已经噼噼啪啪响成爆竹了。

经济系主任陈岱孙首先致辞说，亲爱的各位同学，我怀着难以言述的激动心情来欢迎大家，代表北京大学经济系的全体老师欢迎各位。同学们，你们通过了去年的高考来到这里，从几百万人中脱颖而出，我相信你们每个人都经历过无数的困难坎坷，我也相信你们一定会珍惜这来之不易的学习机会。

系主任讲完之后，六十多位新生逐一进行了自我介绍。这些新生年龄不一，有的是叔叔辈的，有的甚至还育有儿女。大家就这么一边介绍一边互相认识着，坐在轮椅上的马寅初老先生也听得连连点头。

接下来就是马寅初先生发表即席讲话了。他用一种与九十六岁老人很不相称的嗓音清晰地说，同学们，首先呢，当然要恭喜各位，顺利地考入北京大学经济系，这说明你们都付出了超出常人的努力。刚才我听了各位的自我介绍，相当感慨。你们能够从四面八方聚集到这里读书，是中国教育史上的一个奇观。我相信，这是空前绝后的事情，这是你们的荣耀。同学们，你们带着这份荣耀来到这里，不仅为你们自身开创了一个完全不同的未来，你们还要肩负起为祖国开创崭新未来的使命。我今年已经九十六岁了，垂暮之年能够"得天下英才而教育之"，这也是我的荣耀。我们北京大学经济系，是个出人才的地方。我衷心地希望，不久的将来，能够在你们之中看到共和国的总理、世界银行的行长、经济学的大师。

顷刻间，掌声雷动。夏建国心潮澎湃，不能自已。

马校长的这段讲话，直至很久以后还一直在全班同学的心头轰轰作响，简直震耳欲聋，起码对夏建国来讲是这样。

礼拜六晚上回到家以后，夏建国敲开父亲的房门，认认真真对父亲说，爸，我想写一份入党申请书。

夏默愣了一下，接着就露出满意的笑容说，好，爸支持你。

儿子在政治上正在走向成熟，了不得啊。

任燕也知道了夏建国写入党申请书的计划，她立刻往北京大学打电话向夏建国表示了自己的祝贺。她觉得初春的阳光真是明亮，她甚至看见了他们两人的命运在未来相交的那一刻。

就在夏建国伏在台灯下写入党申请书这一天，远在西双版纳的田源却大腿骨折了。

田源是在农场一次砍大树的活动中为救杜鹃受伤的。当时，眼看一棵大树被电锯锯断就要轰然倒向杜鹃,他像只野兔一样扑了过去。姑娘被推开了,而田源的左大腿却被树干狠狠地压住了,他当场就昏了过去,吓得杜鹃趴在他身上大喊田源、田源!

田源日后的命运与夏建国的命运,显然已拉开了距离。

十二

田源是打着石膏、躺在担架上回到北京的。大胡子场长原本想让田源在场部医院疗伤,说田源因为舍己救人已被评为农垦场的先进工作者,以前工作偷懒、抵抗领导、参与天安门事件的反革命嫌疑,都不再提了,农垦场的墙报上也做了"向田源同志学习"的专题。在这种情况下,大胡子场长希望田源还是不要离开西双版纳了。然而田源终究感到待在农垦场没味儿,提出回家疗伤,于是大胡子场长与一个睡在田源上铺的叫陆大洲的战友一起抬担架,送田源回到了北京。同行的还有那位被救的杜鹃,她说自己非得送送恩人不可,而且一定要在田源的双亲面前道一万个感谢。

杜鹃果然见到了田志远,接着也见到了匆匆赶回四合院的曹慧。杜鹃在叙述田源壮举的过程中泣不成声,差点没对田志远和曹慧跪下来。这一幕弄得田源很不好意思,他坐在床上说,杜鹃你这是干吗呀?我无非是推了你一把,谁都会那样做嘛,你别弄得这么惊天动地的。

陆大洲则回忆起田源在农垦场的其他感人肺腑的点点滴滴,比如把仅有的半斤饭票借给别人,又比如练提琴的时候怕声音难听而躲到畜牧房的后面去,再比如把身边仅剩的一个馒头给了当地一个傣家小孩。陆大洲这一说,又叫田源发怒了,说你咋不说说我参与打群架的事啊?咋不说说我与领导对骂的事啊?我的坏脾气可多着呢。

田源这一说弄得大胡子场长也很不好意思,连说谁没个优点缺点的,一个人只能看主流,田源同志成为我们农场的先进生产者,那是铁板钉钉的事儿。我们全农场都要向他学习,包括我自己。

田志远提出要留他们住几天，看看北京，但他们都没答应，只到天安门广场看了一眼毛主席画像和金水桥就匆匆赶往火车站了，说西双版纳的生产任务很重。客人们走了以后，曹慧摸着儿子硬邦邦的石膏腿巴巴地掉眼泪，说你这么不安分，叫妈怎么放心得了啊？本来上了景洪师范就啥事儿都没有了，偏偏你脾气这么倔。

田志远却说，过去的事儿就过去了吧，反正小源回北京来也是好的。我看了他的X光片，手术做得很好，年轻人腿骨复原也挺快的，一点都不会受影响。我在战争年代先后大大小小骨折过三次，几个月之后就照样跑啊跳啊，一点不碍事。不过有一封香港来信，倒是挺奇怪的。

曹慧听到"香港"这两个字双目就瞪圆了，她现在最听不得"香港"。田源一年半以前的"扑网"，以及一个月前在广东宝安的晃悠，都使得曹慧非常紧张，她总觉得儿子有一颗蠢蠢欲动的"投敌"之心，尽管儿子现在已经是西双版纳农垦场的先进分子了。曹慧从田志远手里抢过那信一看，信封上的落款果然是"香港九龙"。那张小小的邮票上也果然是英国女王维多利亚的侧面头像，连邮戳上也有英文。她马上问儿子，难道香港有你的朋友吗？不会是敌特机关吧？这件事，你一定要跟妈妈说清楚，这可是比参加天安门事件还要大的事儿啊。在这个立场问题上，妈妈是不会跟你有丝毫含糊的。

田源也感到纳闷，香港会有谁给我来信呢？他突然脑子一闪，会不会是那个叫吴怡茹的女孩呢？我确实曾经告诉过她北京的家庭地址，但她那时候并没有动笔记下来啊，难道她记忆力这么好？

在父母亲四道目光的紧张注视下，田源快手快脚地拆了信，边看边念——

田源：你好！

试着写了这封信，凭印象寄到北京你说过的地址，也不知道你是否能收到。

分别以后，我九死一生逃到了香港，又历经曲折，终于找到了舅舅。现在我在舅舅的公司做事。

过来一看，真像人家说的，香港和内地确实有天壤之别。这里的工作虽然很辛苦，但是人的精神面貌完全不同，生活水平更是差得太多。所以，虽然历经凶险，我并不后悔。

遗憾的是，你和刘哥被我拖累了。不知道你们后来怎么样，是不是受了伤？我想着，你们或许还会从别的渠道来香港。还幻想着没准哪天在大街上就会碰到你，就像我们遇见时那样。可是，到现在也没有。我就告诉自己，你们可能回家了吧。不过，你如果还想来香港的话，我就帮得上忙了。有机会的话，我一定要报答你和刘哥。

另外，烦请你把那把琴保管好。虽然也不是什么贵重的东西，这边也能买到更好的，但是它毕竟见证了我们一段难忘的经历。

最后，希望你一切都好，期待与你再次相逢。

吴怡茹于香港

就这一封简单的信，在一般人看来不过是普通朋友之间的通信，再正常不过了，然而田源心里却涌起了一种异样的感觉，最起码，吴怡茹还记得自己。

曹慧看着儿子脸上那种似笑非笑的奇怪表情，紧张地问，这是什么朋友啊？要在前两年，这就叫"有海外关系"，是要向上级报告的，是要被追查的。

田源说，要是前两年，也没人会从香港给我写信啊。告诉亲爹亲娘，这是我新认识的一位朋友。

曹慧说，女朋友？你香港有女朋友？

田源解释说，不是跟您讲过，我前年去过广东、到过香港边上嘛，就是那时候认识的朋友。这个朋友，刘妈的儿子刘金锁也认识。她后来就跑过去了，我和刘金锁没去成。

曹慧再三问不算是你女朋友吧，听到儿子否定的答复后才松了口气，心里想，能横下心往香港跑的女人，再好也不会好到哪里去。

曹慧说，幸亏你没去成，现在成了先进工作者，算是挽救回来了。不然咱们家里出了一个在香港的儿子，这以后的日子怎么过啊？

田志远说，好了，好了，别说这些没用的话了。小源回来了也好，再扎扎实实复习一下功课，准备参加今年的高考，保不齐今年还真能如愿考上北大呢，无非就比夏建国晚了一年，他算是一九七七级，你算是一九七八级。

这么一说，曹慧也来了劲，说赶快复习，赶快复习，骨头虽然断了，骨气还是要有的。

田源抬头对曹慧说，妈，这么多年来，头一回听您说了一句很入耳的话。

第七章

**用春天来打比方,
是一点也不过分的**

一

邓小平沿着庭院小径慢慢地绕圈子。没有风，只有几只鸟儿叽啾着落在枯枝上，然后又扑啦啦飞走了。

邓林支着一张画板在描画那两株枝干遒劲的"双龙树"。邓小平慢慢地走过她身边，忽然停步说，哟，草都绿了。一旁的王秘书疑惑地说，好像没绿啊，还枯着呢。

邓林说，老爷子说绿了，那肯定是绿了。王秘书您仔细瞧，有没有发现那些枯草之中已经浮现出一种淡淡的鹅黄色？那种鹅黄色再仔细看，又像是一种淡淡的草绿色，您看清楚了吗？

王秘书仔细瞧了半天，说倒也真有这个味道。

邓小平看着大女儿说，到底是画家的眼光啊，能看出名堂啊。

邓林说，老爷子，您的眼光比画家还厉害啊，每年春天都是您先发现的。她想一想，又说，老爷子，我昨天听您说，我们国家要迎来科学与教育的春天了。您是不是指马上就要召开的那两个大会啊，一个科学大会，一个教育大会？

邓小平笑了，说这又是你画家的想象了。然后他继续走路，觉得心情特别好。

这两个大会，是邓小平主抓科技与教育工作以来具有标志性的两个大会，一个叫"全国科学大会"，一个叫"全国教育工作会议"，规模都很大。

邓小平早就开始部署这两个大会了。这两个大会不仅规模空前，而且关键是要开成"拨乱反正"的大会，在很多方面都要厘清思想，分清是非。这就能矫正方向，鼓舞士气，也就是"迎来科学与教育的春天"的意思。

起码在这两个重要领域里，人们能惊喜地感受到久违的春意。

所以，邓小平在这两个大会的筹备会上曾经明确地对方毅说，我主动请缨分管科学教育工作已经半年了,两个大会是对这半年来工作的一个总结,也是科学和教育的一个新的开端。一句话,要开成拨乱反正的大会。

方毅当时感慨地说,这个科学大会,参加人数多达六千人,这种会议规模是中华人民共和国成立以来从来没有过的。恢复高考招生以来,教育战线的面貌也是焕然一新。总之,科教领域这半年的变化,可以说是天翻地覆啊。

邓小平点点头说,"变则通,通则久",不变可不行。首先,参加两个大会的主角要明确,科学大会的主角是科学家,不是行政人员;教育工作会议的主角是教师,不光是大学教师,更重要的是中小学教师。关键是,要以这两个大会为标志,迎来科学和教育的春天,形成尊重知识、尊重人才的社会风气。至于我自己,还是那句话,给大家当好后勤部长。

这时方毅有点疑惑,马上问,我们是要按照这个精神,层层选拔大会代表?

邓小平明确说,开会耗费人力物力,一定要解决问题,要不开它干什么?现在还是问题太多,不是成堆,是成山。转折时期,解决问题靠什么?一是要解放思想,二是要大胆地试,大胆地闯,不要怕犯错误。发现错了,纠正过来就是了。怕什么?坚持这种态度就不要紧,就不会犯大错误。我们的方法是,摸着石头过河。

全国科学大会,初步定于一九七八年的三月十八日在北京人民大会堂召开。随着会议日期的一天天临近,筹备工作越来越紧张,那几天的方毅忙得团团转。即便如此,邓小平的头脑中还是不断地冒出一个个新想法,并且他总是首先把方毅叫去进行布置。

那天,方毅被邓小平请进人民大会堂新疆厅的休息室之后,便又听见邓小平的一个新想法。邓小平说,这次开全国科学大会,科学院院长郭沫若应该有一个报告。

方毅解释说,小平同志,郭老病得厉害,恐怕做不了。而且,据我所知,郭老也有顾虑,害怕说错话。

邓小平说,郭老德高望重,是中国科学文化战线的一面旗帜,应该让他来讲话。粉碎"四人帮"之后,他那首《水调歌头·粉碎"四人帮"》至今还家喻户晓,是不是影响大得很啊?

方毅笑起来说,是啊,我也记得。随后,他就抑扬顿挫地念起了郭沫若的那首诗:大快人心事,揪出"四人帮"。政治流氓文痞,狗头军师张。还有精生白骨，自比则天武后，铁帚扫而光。篡党夺权者，一枕梦黄粱。野心大，阴谋毒，诡计狂，真是罪该万死，迫害红太阳。接班人是俊杰，遗志继承果断，功绩何辉煌，拥护华主席，拥护党中央。

邓小平点点头说，这首诗的影响，确实大啊。

这时候方毅的笑容却渐渐淡了下去，他小声地对邓小平说，不过，小平同志，郭老也写过一些文章。

邓小平立刻摇摇手，笑着说，我知道，他前年写过一首《水调歌头》嘛，我也记得。接着，邓小平也抑扬顿挫地吟咏起来：走资派，奋螳臂。邓小平，妄图倒退，奈"翻案不得人心"，"三项为纲"批透，复辟罪行怒讨，动地走雷霆，主席挥巨手，团结大进军。

听邓小平一字不落地念出了郭沫若写的那首《水调歌头·庆祝无产阶级文化大革命十周年》，方毅简直目瞪口呆。

邓小平说，也是好词啊，不是吗？

方毅一时不知该怎么回答，便小心翼翼说，那就还是请他来作报告？

邓小平说，他是诗人嘛，诗人是要抒发感情的。当时的政治情形，不允许他有别的思想感情嘛。覆巢之下，岂有完卵？现在这个时候，我们不妨学学魏武帝，付之一炬。

方毅豁然开朗，说您说得对，就怕郭老本人不愿意讲。

方毅讲的这个问题，倒是一个实在的问题。邓小平知道，郭沫若的脾气有些固执，也很倔强，不过他的这种秉性，也是邓小平格外敬重他的地方。邓小平心里琢磨着，自己应当亲自上门去看望这位已经八十六岁高龄的中国文坛宿将，一方面是请他在身体许可的条件下出山讲话，他毕竟是中国科学院的现任院长，二来也得减一下他的某些思想包袱，错写过几篇文章，或者错吟过几首诗作，又有什么关系呢？对待政治家尚不这样苛刻，何况是对待一个文人呢。

邓小平对方毅说，我们一起去走一趟吧。

二

时年八十又六的郭沫若住在北京前海西街,其居所是一处环境幽雅、二进深的典型四合院。这里原是清代大贪官和珅的花园,后来成为恭亲王奕䜣府的草料场和马厩。民国年间,恭亲王的后代把王府和花园卖给辅仁大学,把此处卖给达仁堂乐家药铺作宅园。从一九六三年十月开始,郭沫若便居于此,安享晚年。

邓小平的登门拜访,使得郭家上下讶异不已,继而也十分欣喜。邓小平和方毅在郭沫若夫人于立群的带领下,进入宅院东向的大门,走过甬路,向北进垂花门,接着就踏入了坐北朝南的二进四合院。前院有正房五间,西为会客厅,东为办公室、卧房,后院有十一间后罩房。院子中间,一株高大的银杏树根深叶茂。

郭沫若半卧在床上,一双棕褐色的眼睛深陷在眼窝里,饱经风霜的脸上布满了深深的皱纹。虽然看上去健康状况不太好,但是头发却打理得很整齐,一身整洁的中山装,一看就是为了见贵客而临时换上的。

郭沫若一见邓小平进屋,就挣扎着要坐正身子。邓小平见状,两步上前按住郭沫若说,郭老,躺好,躺好。

郭沫若的神情显出了激动,他连声说邓副主席好、方毅副总理好,然后一时又说不出话,嘴唇微微地颤动着。于立群在旁边说,早上接到电话,说是小平同志要亲自登门,老郭的嘴唇就这么打哆嗦,一直打到现在呢。

邓小平点点头,扶郭沫若躺好。方毅帮忙搬把椅子放在床边。

邓小平坐下,问郭老身体感觉好些吗,郭沫若便说自己怕是好不了喽。邓小平马上安慰说,郭老,这么长的冬天都熬过来了,转眼就开春了,你要安心静养,会好起来的。

郭沫若直眼看着邓小平,叹息一声说,小平同志,我感触很深啊。您复出这半年多时间,主管科学教育工作,可是办了不少的大事啊。我虽然病重,但是都让他们仔细说给我听了,了不起啊。难怪总理临走的时候说国家的未来就靠你了,我当时就觉得总理的话里有千钧,他没有看错人啊。可是我后来又糊涂,胡诌了几句诗，脑昏眼花辨不明方向啊。

邓小平马上说，提那做什么？不要说您郭老，我、他方毅同志，我们这些人说错话、做错事，难道还少吗？现在"四人帮"抓起来了，他们的思想余毒也正在被肃清，我们国家的方方面面都在好起来，都在逐步走向正常。我们马上要召开全国科学大会，也是我国科学界总结经验、继往开来的一个誓师大会。郭老要是身体状况还许可的话，我倒是非常希望您能到大会上跟大家见个面。

听着邓小平这话，一丝光亮突然出现在郭沫若眼睛里，但慢慢地这束光就灰暗了下去。郭沫若说，我知道，全国科学大会，那是中国科学界的盛事。可是，您看我这病体残躯，怕是不中用了，大限将至喽。我这些年，白驹过隙，浑浑噩噩，多有不谐。现在是人未入木，心已成灰了。小平同志，您举办这些盛事，是要开创新局面的，老朽就不要再去了吧，有碍观瞻！

听着郭沫若这么说，邓小平心里便有底了。他知道，郭沫若以目前的身体状况，到大会上去坐一坐，那是没有什么问题的。郭沫若其实还是在看邀请方的邀请力度，而这种担心的前提，说到底，也是对自己前一阶段某些言行举止的一丝愧疚。

邓小平趋前伸出手握着郭沫若干枯的手掌，诚恳地说，郭老，您是我国学识渊博、才华卓具的著名学者，和当年的鲁迅先生一样，是我国文化战线上一面光辉的旗帜。您从新中国成立之初就为科学界奔波，是科学界的元老。您在科学文化方面作出的贡献、在革命实践中立下的功绩，赢得了全中国人民和世界进步人士的尊敬。您的那首"大快人心事，揪出四人帮"，写出了全国人民的心声哪，我们家里老老少少都能背诵啊，您的心与全国人民的心是跳在一起的。您看，我们这次科学大会，请来了全国各地的知名科学家，如果您这位科学院院长不为大家讲讲话，岂不如同好词少了半阕吗？那才是全国科学界的遗憾啊。

听邓小平这么说，郭沫若忽然老泪纵横，一旁的于立群立即递去了一块毛巾。

郭沫若擦干泪，看看邓小平，又看看方毅，叹一声，说小平同志啊，既然您这么看得起老朽，我一定把这个言发好。

邓小平笑了，说那就请郭老为这个发言取个题目吧。郭沫若顿时闭上了眼，沉浸于思索之中。他心里想，邓小平这次复出，主管科学，很有成效，且大得人心，这次科学大会不就是邓小平给中国科学界带来的春天么？春天，是一个多么使人充满期待与希望的词啊，不仅是一个词，也是一种境界。想到这里，他便突然睁开双眼说，小平同志，我想好了，我的发言题目就叫《科学的春天》。

邓小平说这真是一个好题目，一旁的方毅也说诗意盎然、温暖人心啊。

邓小平又问，郭老，您准备讲些什么呢？

郭沫若郑重地说，小平同志，我是病入膏肓的人了，人之将死其言也善，我想告诉大家，任何时候，任何社会，都不能糟蹋知识和有知识的人！

邓小平临走时，又再次握住了郭沫若那双嶙峋的、依然热量充足的双手，两双握在一起的手摇了又摇。邓小平想，郭老能够出席这次大会，能够这样讲话，可以说是为中国科学界的复苏增添了一抹春色，真是难能可贵。他又想，郭老毕竟年事已高，出席会议前后的方方面面的安排，一定要十分精细，要无微不至，一定不能出丝毫的差错。

三

郭老要在全国科学大会上唱诵春天，这当然使人喜悦，但他的讲话仅仅是科学院院长的致辞，而这次大会的主报告要讲什么，是个值得研究的问题。邓小平提出的是：要讲一些新话。

事实上，邓小平早在一九七五年就萌发过开全国科学大会的想法，没想到时事变迁，这一想法当年落了空，而且一拖就是三年多。不过，邓小平也认为，此时开可能更有利，因为"四人帮"下台后的中国正在逐步形成一个向科学技术现代化进军的热潮。在这种情况下，鼓点和进军号更是十分必要。他也想，此时的中国，不仅科教领域，而且全党、全国的各项工作，都要开始一种新变化。这次全国科学大会，是一个契机，在大会响彻全国的麦克风前也应该有一些新话，而且这些新话要对社会各个领域的深刻变化都能产生推动作用。

连续几天，他在自家的庭院里一圈一圈踱步时，都在反复思索着这些"新话"。一些观点慢慢地在他心中有了雏形。

他于是请方毅、胡乔木、邓力群、田志远等人来到京西宾馆，跟他们讨论这次大会的主报告。京西宾馆已经确定为出席这次大会的代表们的下榻饭店。

方毅一坐下来就说，关于这次大会的主报告，我们几个事先也议论了好几次，但是有不同的看法。后来越讨论心里越没有底，有些话真的不知道该怎样讲，所以想来想去，还是想请小平同志给定一个调子。

邓小平说，我今天把你们找来，也是想说说这个"调子"的问题。我觉得，我们还是要讲"新话"，那么什么是"新话"呢？

邓小平坐在沙发上，摸起茶几上的一支烟，整理了一下思绪，他看见大家都掏出了笔记本。邓小平吐出一缕轻烟，慢慢地说，我觉得，大会的主报告，应该讲四个部分。首先，要开宗明义地讲清楚：四个现代化，关键是科学技术的现代化。没有现代科学技术，就不可能建设现代农业、现代工业、现代国防。没有科学技术的高速度发展，也就不可能有国民经济的高速度发展。

胡乔木说对，这就切题了。邓力群也说开始部分这样讲，很好。

邓小平说，接下来，要讲四个问题。第一，对科学技术是生产力的认识问题。

田志远眨眨眼睛，显得有些吃惊，说，小平同志，您说科学技术是生产力？您还要提这句话？

这时候所有的目光都凝聚在邓小平脸上。邓小平又吐出一缕轻烟，环顾众人，笑着说，怎么，害怕啦？没错，一九七五年我提过这句话，后来毛主席没有表态，但是我至今认为这句话是正确的。我们这一次，一定要旗帜鲜明地阐明这个马克思主义的基本观点。其实，早在一百多年以前，马克思就说过，机器生产的发展要求自觉地应用自然科学。此外，马克思还指出，生产力中也包括科学。也就是说，科学技术的发展，使科学与生产的关系越来越密切了。多年的实践已经证明，科学技术作为生产力，越来越显示出巨大的作用。

方毅连连点头说，对，是该说了。

是啊，邓小平说，今天，科学技术作为生产力的作用越来越明显，越来越大。不把这个问题讲清楚，全国科学大会就没有开到点子上。

胡乔木与邓力群几乎异口同声地说，这就对了，这就击中要害了。

邓小平说，现在我讲第二个问题，那就是要讲清楚红与专的辩证关系。大家要明确一个观点，一心扑在科学研究上，全心全意地为四个现代化作贡献，就是红，就是专。把专心搞科研的人说成是走"白专"道路，这是荒谬的。

说到这里，方毅插话说，根据小平同志的指示，这次全国科学大会准备安排陈景润作大会发言。

说起陈景润，邓小平忽然询问方毅有没有安排好陈景润的新居所。方毅介绍说，陈景润已经搬入位于中关村的一套"大三居"，很宽敞，光线也明亮，里面的家具也配置得一应俱全。方毅又笑着说，开始给陈景润看这房子的时候，陈景润还慌忙逃出来说"这么好的大房子不该是给我住的，可能弄错了吧"，后来听说是邓副主席亲自指示，院务会议郑重决定分配下来的，他才搬了进去，嘴里还不停地说"这怎么担当得起啊"。

邓小平对方毅的这一汇报非常满意，接着他就提出了这次会议的第三个问题。他说，关于建设宏大的又红又专的科学技术队伍，发展科学事业，没有人不行。科技人员分两个层面：一是要有相当数量的科学家，二是要有广泛的科技人才后备队。这就要提高全体人民的科学文化素质。总之，需要队伍，需要人才。

邓小平稍作停顿，继续说，第四个问题比较具体，讲讲在科学技术部门的各个研究所中，怎样实现党委领导下的所长负责制。也就是说，我们党要怎样领导科学技术工作。

要说这个问题，以及要说清楚这个问题，也是一件不太容易的事情。在许多人看来，这简直是个"雷区"。这个问题很容易涉及"是否坚持党的领导"的重大原则问题，弄得不好就会被扣上一顶重得不能再重的帽子。但是邓小平提出要讲的四个问题当中，偏偏又把这个问题列入其中。大家议论了好一会儿，觉得这次大会的主报告讲这四个问题，还是合适的，是击中要害的，是"新话"，是能够为大家鼓足劲儿的。

邓小平说，是啊，尽管二十多年来，我们积累了一些经验，但是怎样科学地组织管理和领导好社会主义的科学技术事业，我们面前还有很大的未被认识的必然王国。毛主席曾经教导我们，"以其昏昏，使人昭昭"，是不行的。

胡乔木感慨说，小平同志啊，有了您这样一个提纲，这文章就好做多了。当然，要做好也不容易。

邓小平一听胡乔木说这话，就用手指着他笑着说，那就要看你这个党内第一支笔的本事喽。拿出个初稿来，我们再来商量。

会议结束之后，邓小平专门问田志远，说夏默同志是不是还领着一大帮专家在香山饭店编教材？田志远说是。邓小平说他们确实辛苦了，脑子也动得多，我应该去看看他们。田志远一听就高兴了，说小平同志要去看他们，那他们可真是要高兴坏了。

这时候邓小平就喊住方毅说，方毅同志，我们一起去，让刘西尧也去。

四

果然，邓小平在香山饭店讲的一番话，使一百多位正在编写教材的专家们欢欣鼓舞。邓小平一开始就充满热情地说，同志们辛苦了，我代表党中央来看望大家。俗话说"十年树木，百年树人"，各位专家现在所做的工作，是一项功在千秋万代的大事业。我们常说，实现四个现代化，教育是基础，而教材则是基础的基础。

邓小平说话的时候，已经变得和煦的春风正从窗外一阵阵掠过大厅，带来了香山青草的气息。

邓小平对大家说了很多勉励的话。他深知重新编写教材的工作难度很大，过去"四人帮"把许多事情弄颠倒了，把人们的思想弄混乱了。在这种情况下，想要拨乱反正，会遇到很多棘手的问题。他最担心的就是大家放不下身上的包袱，不能够放开手脚大胆工作，如果是这样，教材编写工作就不能够顺利推进了。邓小平的预期目标是，在一九七八年秋天新学期开学的时候，让全国的中小学生们都能用上新的教材。

邓小平坦率地向大家谈了自己的种种想法，也谈了工作要求。他的讲话使一百多位专家一次又一次地鼓掌，有位老专家甚至在掌声中站起来激动地大喊，请小平同志放心，我们一定不辱使命。

离开香山饭店前，邓小平再次叮嘱送出大门来的夏默，编写教材，最关键的，既要解放思想，又要严谨求实。新的教材，要反映科学研究的新成果，要有利于国家的现代化建设。总之，要对子孙后代负责。

夏默说我们一定照着去做，又说，您在缅甸与尼泊尔所作的、关于我国优秀传统文化的指示，我已经原原本本地传达给有关方面，他们都很重视，说很久没有听到这么解渴的话了。

邓小平点点头，忽然又想起一件与夏默有关的事。因为国务院正在酝酿成立国家进出口管理委员会，急需加强与西方国家的经济交流合作，而夏默是这方面的专家，国务院副总理谷牧点名要调他去国家进出口管理委员会，所以邓小平提醒说，你要有思想准备啊。

夏默愣了一下，马上说，我随时听候组织调遣。

邓小平笑着对方毅说，你看，既有知识分子的修养，又有共产党员的风范，搞四个现代化，就需要这样的干部。

素有"党内第一支笔"之称的胡乔木，很得意于自己拟就的全国科学大会主报告。他按照邓小平那天讲的四个方面的内容，精心写了上万字的稿子，铿锵有力，"新话"连连。

谁知这份讲话稿在征求意见的时候，汪东兴却表示了异议。当然，汪东兴的异议并不是针对这篇讲话稿的文采，针对的是内容，是提法，是观点中的那个"新"字。邓小平是在听取写作班子汇报的时候知道这个情况的。

当时，方毅看着田志远说，田志远同志，你讲吧。

田志远于是汇报说，小平同志的这篇讲话稿，送交各位中央领导同志审阅后，大多数领导都没有提出异议，只有汪副主席提出一些意见。

邓小平心中略略一惊，但又坦然起来。他知道，起这种思想波澜，也是自然的。

于是他微笑着问，哦，汪副主席怎么讲？

邓小平这么一问，在场的所有人都紧张了起来。因为汪东兴的意见，他们都与田志远讲过，刚才进门的时候还在琢磨这事儿怎么向邓小平汇报。

田志远迟疑了一下，决定按汪东兴的原话说。于是他放慢语速，用清晰的嗓音说汪副主席的原话是：这稿子马列主义水平不高。毛主席关于科学、关于知识分子，有那么多的指示，稿子中为什么不引用？譬如，毛主席说的"知识分子要改造世界观"，就应该在稿子中谈一下嘛。

邓小平仰在沙发上思考了一会儿。田志远看看方毅，又看看胡乔木，再看看邓力群，发现大家也都在看着他，于是他轻轻咳了一声，压低了声音说，您看，要不要根据汪副主席的意见，再对这份讲话稿作一些修改？

邓小平一摆手，很干脆地回答说，一个字也不要改！

说着，邓小平看着一旁的方毅，问他还有什么问题。方毅便回答说，宣传部门有位负责人给我写信，对小平同志的讲话稿提出两点意见。第一个是个小问题，是文字错误，要求要改一个标点符号。

邓小平表示赞同，说文字错误，应该杜绝。

方毅说，第二个问题就不简单了。那位同志建议把讲话稿中关于中国知识分子"已经是工人阶级自己的一部分"改为"我们已经有了一支又红又专的知识分子队伍"。

邓小平微笑了一下，看着大家说，这个问题，你们怎么看？

对于这个问题，肯定会出现分歧，这一点邓小平早已料到。即便在理论界，对这个观点的讨论，也是十分激烈的。有人赞成，有人就觉得奇怪。阶级是"皮"，知识分子是"毛"，毛不是附在这张皮上，就是附在那张皮上，毛本身，怎么可以就是那张皮呢？

胡乔木与邓力群互相看了一眼，一时没有答话，但是田志远却朗声开口了。其实，他早就知道这个问题会引起很大的争论，在这次汇报前就做足了功课。他拿出一份事先准备好的材料说，根据资料，毛主席在一九五七年三月十二日所作的《在中国共产党全国宣传工作会议上的讲话》中，就曾提出，中国的知识分子有五百万左右。五百万左右的知识分子，如果拿他们对待马克思主义的态度来看，似乎可以这样说：大约有百分之十几的人，包括共产党员和党外同情分子，是比较熟悉马克思主义，并且站稳了脚跟，站稳了无产阶级立场的。毛主席在这次讲话稿中清楚地表明了他本人对中国知识分子的态度。将原来提出的中国知识分子已经是工人阶级自己的一部分，改为了我们已经有了一支又红又专的知识分子队伍，这是以往的文献依据。

邓小平听到这里，就向田志远伸出手说把你的材料交给我，然后戴上自己的花镜，仔细地阅读了这份材料，略有所思。

方毅、胡乔木和邓力群都很奇怪地瞅着田志远，不知田志远拿出这份材料来干什么，这份材料不是正呼应了汪副主席"这稿子马列主义水平不高"的意见吗？

邓小平放下材料，看着田志远问，你怎么看？

田志远胸有成竹，毫不迟疑地说出了自己的看法。他说，毛主席的这段话是五十年代说的，现在已经过去二十多年了，知识分子的人数和结构较过去已经发生了重大变化。不能仅凭毛主席二十多年前的一段话，就简单地给现在的知识分子队伍定性。我赞成"中国知识分子已经是工人阶级自己的一部分"这个提法，这样说符合实事求是的原则，也更有利于发展我国的科学事业。

邓小平点点头，然后把目光转向众人，问大家有什么意见。

方毅立即用与田志远同样明朗的嗓音说，我同意田志远同志刚才表达的观点。这个问题我也听说过，有各种各样的看法，但是许许多多知识分子都是愿意把自己看成是工人阶级的一部分的，尤其是愿意看见我们党明确地把他们归入工人阶级的一部分。在他们看来，这是一种很大的荣耀。

随后，胡乔木与邓力群都说这样的提法是可以的。

大家的这种态度，正是邓小平希望看到的。他当即拍板说，既然这样，我做个主。第一条意见，我们欣然接受；第二条意见，保持原文，一字不改。

胡乔木在离开会议室之后，悄声对邓力群说小平同志太厉害了，然后又扭头对田志远说你也厉害。田志远笑一笑，没有搭话。

五

"全国科学大会"这个六字会标，用的是郭沫若的手书，字体俊逸。会议是三月十八日在北京人民大会堂隆重开幕的，由中共中央主席华国锋主持。主席台上并排悬挂着毛泽东和华国锋的彩色画像，画像两侧是十面红旗，另有两条红色巨幅标语横贯大会会场，一幅是：高举毛主席的伟大旗帜，为在本世纪内把我国建设成为社会主义的现代化强国而奋斗！另一幅是：树雄心，立壮志，向科学技术现代化进军！

八十六岁高龄的中国科学院院长郭沫若抱病出现在会场，使六千名与会代表惊喜异常，台上台下的人都用尊敬的眼神向这位从医院直接赶到会场的中国文化界领军人物表示敬意。

郭沫若在大会开幕的这一天没有讲话，他与所有的代表一起聆听了邓小平所作的大会主报告，听得心潮激荡。

六千名会议代表的这种激荡的心情，在分组讨论会上得到了充分的表达。李国豪、华罗庚、陈景润等著名的科学家，都在讨论时表达了自己"如沐春风"的感受，尤其是苏步青，他说，小平同志关于知识分子是工人阶级一部分的论断，算是说到我们心坎里了。我想，有了这个讲话，知识分子被贬为"臭老九"、四处抬不起头来的日子，一去不复返了！

临时抽调到会议秘书处帮助工作的《红旗》杂志社编委曹慧，一边记录着苏步青的即兴发言，一边心里琢磨，邓小平报告里所说的这个论断，有些科学家听在耳朵里自然是心里高兴，但是这个论断的科学性到底有多少呢？前几天《红旗》杂志社里，就有好多编辑为这句话起了争论，赞成的少，否定的多。有人甚至说，这在理论上根本不通，不是马列主义，也不是毛泽东思想，而且毛泽东对这个论断是有过明确指示的。现在党内有高层领导把这个论断当作旗帜一样高举，很有点哗众取宠之心，是想讨知识分子欢心吗？其实质，可能还是反对毛泽东思想，这样做是很阴险的。

曹慧当时听了同事们这样的议论，也觉得很有道理。她想，知识分子就是知识分子，他们又不做工，又不挖矿，不从事生产活动，怎么能说是工人阶级的一部分呢？

曹慧在这次小组讨论会结束后，寻个空找到了正为会议忙碌不停的田志远，向他"讨教"这个问题，说是讨教，说话却咄咄逼人。田志远马上就明白了前妻的意思，于是耐心解释说，小平同志的这个报告，不是说得很明白了吗？知识分子从事的脑力劳动，也是生产的重要组成部分，甚至是提高生产力的关键部分。"许多新的生产工具，新的工艺，首先在科学实验室里被创造出来"。所以，我看，说知识分子是工人阶级的一部分，没有什么问题。

曹慧还是觉得有问题，她说等等，你别走，你听我说，工人阶级是与社会化大生产相结合的，是国家的领导阶级。就算知识分子对国家有贡献，该怎么夸就怎么夸，讲话里用的那个"又红又专的科技队伍"也就可以啦，怎么能混淆这种阶级界限呢？

田志远说，哎哟，我的曹慧同志，你肚子还不饿啊？餐厅里快没有菜了，好不容易能吃会议餐，沾一点荤腥，这机会多难得啊，你不馋，我可馋了。

他紧接着又说，曹慧同志啊，你还真觉得知识分子不是一个阶级啊？你是怎么区分的？那你自己呢？你的工作是在杂志社做编辑、写文章，也不直接从事生产，按照你的逻辑，你更得算一个知识分子，你也不能算是工人阶级呀。

曹慧说，我是堂堂正正的国家干部，无产阶级革命者。

田志远听了这话就笑了。这时候正好著名桥梁专家、同济大学校长李国豪教授走过来，他一见到田志远就显得特别亲热，说，这不是田志远同志吗，您为了让我参加科技座谈会，专门赶来上海，又赶来南京长江大桥，您怎么还不去餐厅吃饭啊？

田志远说，我正在与这位同志讨论"知识分子到底算不算工人阶级的一部分"这个话题呢，好像还有点不同意见呢。

李国豪一听这话，突然就没了笑容，沉吟了一下说，不怕二位见笑，我今天亲耳听到邓小平说"知识分子是工人阶级的一部分"这句话，当时就掉了眼泪。这个论断贴切不贴切，我说不好，但我内心的感受是：我得到了第二次解放。

这位桥梁专家说出了"第二次解放"这个词，倒是让曹慧愣了一下。李国豪把一只手按在田志远的肩上说，老田同志啊，我李国豪是四十年代初在德国得了两个博士学位，然后在一九四六年回国的。回国后，一看政府如此腐败，整整四五年里我一事无成。中华人民共和国成立后，我才感到被解放了。十几年间，您也是看到的，我先后主持设计了武汉长江大桥和南京长江大桥。可是后来呢？"文化大革命"了，关"牛棚"了，我的好多同事受不了侮辱……我是咬着牙活着的，在"牛棚"里我也坚持搞设计，那时候是什么东西支撑着我？就是中国传统知识分子的骨气，就是那句"位卑未敢忘忧国"，个人受点苦不算什么。那时我就想，大不了我就做个小司马迁吧。

田志远、曹慧闻言，不禁相互对视一眼，他们一时都想到了自己的儿子那篇高考作文《我想当个小司马迁》。

只听这位桥梁专家继续激动地说，我也不怕二位见笑，你一个搞桥梁的学什么司马迁？我学的是司马迁的精神。司马迁是封建时代的大知识分子，受到宫刑是奇耻大辱，但他没有选择死，而是忍辱负重完成了《史记》。我写不出《史记》这样的传世巨著，但还能用我的知识为社会做些事情，那我就当个小司马迁吧。那次在南京长江大桥上，您老田告诉我邓小平说要尊重知识、尊重人才，我当时就号啕大哭了，为什么呢？我想，我不用再像司马迁那样忍辱负重了。今天，我又听见小平同志说我们知识分子都是工人阶级了，是领导阶级的一部分了，我就觉得我李国豪真的是被彻底解放了。我是第二次解放啊，我为我们这个时代庆幸啊，我们终于可以心情舒畅地为国家作贡献了，再也不用像司马迁那样背着耻辱为国家做事情了。

说到这里，李国豪打开手中的文件袋，取出一沓稿纸说，二位知道我正在写什么吗？我在为我所剩不多的时间订计划，我要投桃报李，要报答邓小平的这个论断。我李国豪不当司马迁，要做当代的李春。未来十年，我要造江阴长江大桥、上海南浦大桥、广东虎门大桥！

曹慧在餐厅吃饭的时候，觉得自己吃不下去，一直想着那位桥梁专家的激动之言。她心里想，邓小平这个论断的直接结果，看起来，确实是没有什么疑问的，人家都已经用"第二次解放"的词汇了，可见威力之巨大。但是，在我们搞理论的看来，这个论断到底该怎么掂量，还得打个问号。

她又想，邓小平这个人，这么敢讲话，倒也真是值得佩服。很多人说他想翻"文化大革命"的案、翻"最高指示"的案，他就是不避嫌。

郭沫若没有出席闭幕式，是由于身体健康的原因，所以他在闭幕式上的讲话《科学的春天》是由播音员朗读的。郭沫若的激情，回荡在灯火通明的人民大会堂主会场：

我的这个发言，与其说是一个老科学工作者的心声，毋宁说是对一部巨著的期望。这部伟大的历史巨著，正待我们全体科学工作者和全国各族人民来共同努力，继续创造。它不是写在有限的纸上，而是写在无限的宇宙之间。

春分刚刚过去，清明即将到来。"日出江花红胜火，春来江水绿如蓝"。这是革命的春天，这是人民的春天，这是科学的春天！让我们张开双臂，热烈地拥抱这个春天吧！

邓小平、聂荣臻、方毅等领导同志与六千名代表为郭沫若所形容的春天热烈鼓掌，这样的热烈与京城三月处处绽放的花朵的热烈是一致的。"人民的春天"，确实已经又一次降临到了这片饱受苦难的国土上。

第八章

山雨欲来风满楼

一

郭沫若那篇热情洋溢的《科学的春天》，在北大校园里也引起了学子们热烈的反响。已经入学近一个月的夏建国接连绘声绘色地朗读了好几遍，他甚至有了排练的冲动，想把这篇文章搞成男女声朗诵，在经济系举办的五一晚会上作为学生节目演出。但是，随后发生的一件事儿却令他有些心烦意乱，以至于完全打断了排练这个节目的思绪。

那是关于他递交的入党申请书的问题。

他在入学后的一个礼拜，就向系党总支递交了这份申请书。那时候他的情绪非常亢奋，初春的北大校园给了他一种喜洋洋的感觉，这种感觉也包括政治上的。他觉得自己站到了一个新的起点上，想在学校解决组织问题，以便毕业后更好地为国家效力。他的这个想法，当时就得到了任燕的鼓励。任燕那天下午甚至还赶到北大校园，亲自指点他应该怎么写这份申请书。

那天，任燕看着春风吹拂的大学校园，看着明亮的教室以及夏建国充满激情的脸庞，一迭声地说真好、真好、真好！仿佛除了"真好"以外，她再也想不出别的字眼。任燕的激动，是显而易见的。

任燕还对夏建国说，入党申请书交得越早越好，要让组织上早一点看到你有进步的要求，早一点安排考察，说不定你在学期末就能解决组织问题。据我所知，在大学里发展党员，是不会慢的，党组织对新党员是有数量要求的。

于是夏建国次日就递交了入党申请书，而且是直接递交到系党总支书记手中的。但是，三个礼拜过去了，不仅没有任何动静，反而还听到有人在他耳边叽咕，说学校党委办公室的一个主任在背后议论经济系新生夏建国敢递入党申请书，不知轻重，不懂世事。

这一下夏建国就傻眼了，他不知道这个消息是真是假，心里扑通了好几天，终于在三天之后抽了上午一节自修课的空隙，直奔学校办公大楼，一直跑到三楼，气喘吁吁地敲开了党委办公室主任的门。

戴着黑边眼镜的党委办公室主任，人倒是挺和气的，一问明来意就拍拍对方的肩膀让他坐下，还从橱柜里找出了一只茶杯，问他习惯喝红茶还是绿茶，然后再一次拍拍他的肩膀，语重心长地说，夏建国同学啊，你要求入党的愿望是好的，值得肯定，但是呢，你的情况，你自己有数，我们也都很清楚。当然，这也不是你一个人的事情，是一批人的问题。特别是你，北京市公安局是有案底的，上面有明确的规定，请你体谅学校的难处。

夏建国一下子就站了起来，说，主任同志，请您评评理，我们在天安门广场朗诵诗词也好，演说也好，都是在怀念周总理，都是在怨恨"四人帮"。现在您说，反对"四人帮"有错没错？

主任急忙回应说，当然没错，反对"四人帮"怎么有错？

夏建国说，主任同志，现在"四人帮"已经粉碎了，小平同志也已经复出了，这就说明我们做的是对的，是革命行动。您觉得我这么说，可以吗？

主任说，你这么说，也不能算错。

夏建国说，既然没错，为什么不能同意我入党？

主任扶一扶自己的黑框眼镜，在办公室里走了一圈，又搓了搓手，说，夏建国同学，你应该明白，中央文件上白纸黑字写得很清楚，天安门事件是反革命事件，这是毛主席定的。凡是毛主席作出的决策，我们都坚决维护，凡是毛主席的指示，我们都始终不渝地遵循。这是当前的政治要求。这个问题，不要说你们经济系党总支不能改变，我们校党委也不能改变，整个北京市委甚至我们全党，都不能改变。这是一个很浅显的道理，我建议你回去多学几遍《人民日报》社论，你的思想慢慢就会通的，尽管这个过程有点痛苦。

夏建国听到这里，再也按捺不住自己的激愤，跳起来说，难道我夏建国就没有向党组织靠拢的机会了吗？

这位眼镜主任最后的回答是：假以时日吧，或许会有转机。也有一个可能，那就是永远没有转机。没有转机怎么办？那就在党外吧，在党外也能干革命嘛。

夏建国是强忍着情绪离开主任办公室的，泪花已经在他的眼眶里打转，但是他忍住了，他一点也不想让这位主任看见他的软弱。

怎么会永远没有转机呢？没有转机，我还能上大学？我还能坐在北大经济系的教室里？什么都是会有转机的。如果毛主席的话句句都要兑现，那邓大人现在还陷在"批邓"的旋涡里，根本不会出现在北京工人体育场向欢呼的人们招手。

他又想起了自己写的那篇高考作文，自己都觉得写得很好，主要是那篇作文不仅写出了一个事实，写出了一份感情，而且更重要的是写出了一种气势，这是一种呼啦呼啦往前推进的气势。这种气势，能改变许多东西，甚至是一个国家的政治面貌。

他想，我也要做其中的推进者，不然，这个国家没有出路。

他又想，应该尽快与任燕聊一聊。

星期天，夏建国就回了趟城。他约了任燕到天安门旁边的中山公园走一走，对任燕说了自己"主动出击"这一想法。任燕沉吟着说，你说的也有道理，可是这么大的事，咱们能有什么办法呢？现在政治上的风声仍旧很紧，意识形态工作是归汪东兴副主席管的。他三天两头找人开会吹风，说大家政治上要谨慎，凡是毛主席有过指示的任何事情，都不要随便用新的口径报道，谁出事谁负责，厉害得很。

这时候夏建国的眉头就皱了起来。中山公园星期天人很多，熙熙攘攘的，这两天有点"倒春寒"，气温不太高，还有不少游园的孩子啃着冰糖葫芦，嘴里嘎嘣嘎嘣响。

夏建国说，燕子，如果按照汪副主席这么个做法，我们国家的前途就没有指望了。现在邓大人推动工作的力度很大，你看：一个是教育，连我们这号人都上了大学；一个是科学，那么多科学家都解放了出来，许多研究工程都上马了。可就是有人到处都掐着，这也不让动，那也不让动。我感觉这种局面，是迟早要冲破的，我们年轻人还是要在冲破条条框框方面打头阵，就像我们以前做的那样。

任燕觉得夏建国讲得很有道理。说实话，她佩服夏建国的，就是这种神鬼不怕的勇敢与魄力。一个男人就应该有担当，何况又是年轻人？但是究竟怎么个做法，任燕一时也没有底，是街头演说，还是继续轰大字报，还是到天安门广场或者中南海门前去拉横幅呢？做这些事的效果到底有多大呢？如果公安机关一干涉，一抓人，不仅没有什么宣传效果，而且付出的代价也太大了。尤其是夏建国，好不容易成了北大学生，一下子整个儿人都赔上，就犯不着了。

夏建国也为此思索了好久。当他俩离开中山公园，一路逛到西四的护国寺附近，找个面馆坐下来吃一碗素面的时候，夏建国脑袋里已经有了主意。他把脸凑过油腻腻的桌面，悄声对任燕说，我有一个办法，我们可以在舞台上说话。

任燕诧异了，悄声说，演讲？再去天安门？这办法好吗？

夏建国说，不是广场演讲，是舞台演讲！我上海有个朋友叫宗福先，他是编话剧的，我不是好几次跟你说过吗，我半年前在上海避难的时候，就是小宗他们几个把我藏在上海工人文化宫的那个小屋子里的。小宗听我讲了好几夜的天安门故事，都听得掉眼泪，他说他一定要写一出话剧，来演我们天安门呐喊的事。他是个说到做到的人，我相信他这时候可能已经把剧本写出来了。我想抽个星期天连夜走一趟上海，他要是有了剧本，我们就拿这个剧本自己来演，我们就在舞台上喊出我们自己的声音，让首都人民都能听到我们这一代人发自肺腑的声音，让大家听一听，这到底是革命的声音，还是反革命的声音？是害中国的声音，还是救中国的声音？

任燕觉得奇怪，夏建国怎么会如此别出心裁？舞台演讲，这能行吗？但仔细想想，他这个想法也有一定道理。

夏建国这时候又激动起来，说，我干脆今天夜里就动身，我坐夜班火车去上海，如果你能借我一点车票钱的话。我相信小宗的剧本一定编好了，要是没编好，我一定催他快点儿编，我简直一天都等不及了。

任燕掏出钱夹子，数出了几张大票给他，说，只能委屈你买"站票"去上海了，又说，即使把剧本拿来了，演员怎么办？夏建国想一想说，这倒是个问题，但也不是很难。我们北大有一个学生剧社，很活跃，可以排演话剧。我甚至想过了，剧本里的主要角色，田源就可以演，他有真实经历，有激情，口才也好。我记得清明节我们在天安门广场，我作一首诗，他马上就朗诵，那个范儿，让人群都轰动了。我想，只要我把剧本弄来，剧社就可以悄悄地排演了，我可以把田源带到北大去。我们每天排演，田源没地方睡就跟我挤一个铺吧。他一定能演好。到上舞台公演的时候，他的腿伤也早已好了。

夏建国连夜就挤上了去上海的特快列车。在第二天中午，他敲开宗福先房门的时候，却见到了他的这位上海伙伴的毫不惊讶的脸。宗福先对他说，知道你会来找我，你放不下这个剧本。而这个剧本，我不仅写好了，而且已经修改过三遍了。

于是两人整整十个小时都在讨论剧本，讨论这部四幕话剧《于无声处》，讨论如何在上海与北京两地同时秘密排练，并且争取在民众的惊愕之中突然亮相舞台。宗福先深思熟虑后说，我是准备豁出去了，你呢？夏建国跳起来说，还用问我？我本身就是你剧中的这个"逃犯"！

夏建国又在这一天的后半夜登上了返回北京的特快列车，他怀间揣着这一沓厚厚的剧本，因为兴奋，他的心脏怦怦地跳得很快。他幻想着即刻就要开始的排练，幻想着在舞台上演出之后所引起的全场震动，幻想着公演以后自己的命运——鲜花或者是手铐，心里激动得几乎不能自持。

夏建国回到北京，没赶回北大，而是先到了自己的家，然后一头扎到了田源的房间里，与这位腿上打着石膏的伙伴密谋了个把小时。田源听夏建国叙述了这么一个富有创见的计划，乐得合不拢嘴。他说，建国哥既然看得起我，认为我能演好"逃犯"，我当然义不容辞。表演才能我还是有的，我记得小学二年级我就开始唱歌跳舞了。说着他就动弹起来，随之又哎哟地大叫一声，显然是石膏里面的腿伤由不得他，这吓得夏建国急忙扶住他说，别动，别动，赶快把你的伤养好。你要是永远这么瘸着，就演不成这个戏了。

二

在北大剧社的一群学子悄悄而严肃地酝酿排演话剧《于无声处》的时候，一件更严肃并且带着几分戏剧色彩的事情，也在《光明日报》社的总编室悄悄上演。

这几分戏剧的色彩，就体现在到底是该署名"评论员文章"发表这篇力作，还是该署名"特约评论员文章"发表此文。这两者的差距是相当大的，如果采用前者，那这篇文章的发表就必须按规定报送审批，因为这篇文章的标题正是《实践是检验真理的唯一标准》。而在当时"两个凡是"的宣传口径下，显然这篇文章相当"反动"。到底什么是"真理标准"？难道不是毛主席著作与毛主席的重要指示吗？离开了毛主席的话，哪里还有"真理"呢？

杨西光想了半天，想出了一个"特约评论员"的署名。中宣部并没有规定

"特约评论员文章"也必须报送到中宣部审查，因为是"特约"的，那就不是报社内部的人写的，而是从报社以外的单位组织过来的，在权威性上可能就要差一个等级了，报社便可自主决定是否发表。

杨西光觉得这个办法好，其他两位副总编也觉得这个办法好。因为说实话，这篇文章是从南京方面的来稿中发现的，最初确实并非报社特意组织撰写的，尽管编辑部为此改了好几遍，杨西光也动笔改过，而且他跟中央党校副校长胡耀邦讨论的时候，胡耀邦也提笔改过这篇文章。文章标题中的"唯一"两个字，就是胡耀邦添上去的，胡耀邦说加上"唯一"就更有针对性了。

杨西光把这篇文章最初的作者胡福明从南京请到北京反复作修改的时候，曾经告诉过胡福明，这篇文章要请胡耀邦同志审定，他站得高。胡耀邦在中央党校专门成立了理论研究室，办了个内部刊物，叫《理论动态》，发表在《理论动态》的文章都要经过他的审阅批准。所以，我们这篇文章要交给中共中央党校理论研究室修改，请胡耀邦同志审阅，先在《理论动态》发表，《光明日报》第二天就公开发表。

当然，这是一步险棋。一旦发表，在很多人眼里，包括在某些中央领导同志眼里，这篇文章就是明目张胆反对"两个凡是"的居心险恶的大毒草。

杨西光不怕，这位年过六旬的安徽人有一股子闯劲，他受"四人帮"迫害被非法拘禁了七年，骨头已经硬了，他做好了遭受政治上迎头痛击的准备。他当然也有点担心胡耀邦，胡耀邦是中央党校的实际主持者，又是中组部部长，他要经受的风浪可能更大。但是，既然耀邦同志都决定豁出去了，他杨西光还有什么可顾虑的？

杨西光在好几个晚上都跟妻子说过类似的话，说他在《光明日报》总编辑的位置上可能待不了太久，报社是个发表言论的地方，言论往往是要被治罪的，而他杨西光又是一个愿意坚持自己想法的人。妻子季宝卿每次听了这样的话，都笑一笑，不作声。她信赖自己的丈夫，这么多风雨都过来了，也习惯了，她只是提醒丈夫说，别的我不管，你少抽几根烟就行了，每天两包，怎么了得？我看，你的性命不会是被政治夺去，很可能是被你那要命的烟给夺去。杨西光笑笑说，好好，听你的，我每天就少抽一根行不行？

杨西光是被中组部部长胡耀邦看中，而后安排在《光明日报》总编辑的位置上的。胡耀邦觉得这位与自己同龄的杨西光思想敏锐，知识涉猎面广，对时局的判断以及对政治局面未来的发展，与自己都有相近的看法，于是果断向中央提出调任此人主掌《光明日报》。杨西光走马上任以后，果然很快就给《光明日报》带来了一种新的气象。一些关于思想探索的文章得以在报纸上接二连三地露面，尤其是这篇《实践是检验真理的唯一标准》，杨西光特别看重，视其为思想理论领域的一发重磅炮弹，其直接摧毁的目标就是"两个凡是"。公开发表这篇文章，当然是一个惊天动地的举动。为了文章能够顺利面世，杨西光思虑再三，抽了好几包烟，才确定"本报特约评论员"这样的"安全署名"。这一带有某种戏剧色彩的署名设计，也得到了胡耀邦的赞赏。胡耀邦在电话里说，西光同志，你的这个办法很好。事到如今，什么都不要顾虑了，我们两家同时发表吧。

这一天，胡耀邦走进中央党校《理论动态》编辑部办公室时，脸色是相当凝重的。他推开门就问，清样印出来了吗？

几位年轻的编辑纷纷迎上来说，胡校长，您来得正好，刚印好。

于是胡耀邦接过了这份《理论动态》第六十期清样。醒目的标题——实践是检验真理的唯一标准，扑面而来。他浏览了一遍，说，通知印刷厂加班，务必在九日晚印齐。

因为《理论动态》是每月逢五、逢十出刊的，所以如果《光明日报》决定在五月十一号刊出这篇文章，那《理论动态》就需提前一天，也就是在五月十号刊出此文。这样一来，两家基本上是在同一时间把这发炮弹轰出去了。

胡耀邦又对编辑部的负责人、白头发老吴具体交代说，文章在《理论动态》发表，用不着署名，在文末把文章的来历交代清楚就行了。你打电话告诉杨西光，《光明日报》的影响大，要他准备多加印一点，以备各方需要。另外，还请他及时联系新华社、《人民日报》、《红旗》杂志，请他们都转发，争取来个铺天盖地。

白头发老吴说好，我通知杨西光。胡耀邦便抬头说，大家各司其职吧，文章我来签发。

胡耀邦刚掏出钢笔，白头发老吴却弯下腰，碰碰他的手肘悄声说，胡校长，还是我来签发吧。

胡耀邦看看老吴，问是怎么了。老吴用更低的声音俯在他耳边说，您是副校长，华国锋主席是校长，这篇文章又是针对"两个凡是"的，您要是签发了，就很不方便。华主席两天后就从朝鲜访问回来了，要是一查问，说这篇文章是您副校长签发的，这影响就大了，还是我来签吧。我反正也这把年岁了，您就让我签吧。

白头发老吴这番话虽然轻得像蚊子叫，但是房间里所有人显然都听清楚了，整个房间静得连一根针掉地上都能听见。

胡耀邦抬起脸，环顾了一下办公室，发现所有的眼睛此时都在看着他，便又问了一句，都怎么啦？

胡耀邦想一想，笑了，说，我知道，你们是为我担心，想保护我，我谢谢大家了。可是这个字，我是一定要签的。同志们，共产党人光明磊落，什么道理正确，我们就说什么道理；什么事情应该办，我们就办什么事情。心底无私，我们何怕之有？我相信，天是不会塌下来的。哪怕天塌下来了，大个子顶不起，小个子肯定顶得起。

胡耀邦说到这里，所有人脸上的表情都轻松了，笑声也随之而起。胡耀邦很快就在《理论动态》的大样上签下了自己的名字，动作十分流畅。

三

这一发直接轰向"两个凡是"的重磅炮弹，在五月十一日的《光明日报》头版刊出后马上就激起了反响。很多嗅觉灵敏的人发现，这篇刊登在头版下半部分的文章不同凡响，有异样的政治气息。它与头版上半部分刊登的那则领袖活动消息，似乎在思想意味上很有些不相协调。那条新闻的大字标题是《满载朝鲜人民对中国人民的深情厚谊 华主席离平壤回国 金主席到车站热烈欢送》。

田志远在那天早上就给夏默打了电话，说老夏你看了今天的《光明日报》没有，就在头版，那篇文章的观点跟邓大人的想法很接近啊，看了很受鼓舞呢。夏默说，《光明日报》登的，可能是一种学术探讨吧？估计反响也不会太大。

夏默的感觉是对的。这一天《光明日报》所引起的反响，与次日《人民日报》与《解放军报》转载、新华社转发、全国省市级二十三家大报相继转载这篇文章的影响，显然不能相比。这也迅速引起了中央高层的注意，主管意识形态工作的汪东兴副主席几乎是惊愕了，他随即与政治局委员纪登奎联名致电华主席报告此事，认为此事影响甚大，后果堪忧，请示应对的方针。华国锋踱步想了半天，回复说，还是慎重。

其实，新华社的转发以及《人民日报》与《解放军报》次日的转载，也是杨西光一手促成的。在当时，只有"有来头"的重要文章才能被新华社转发，或者被中共中央机关报《人民日报》和代表军方的《解放军报》所转载。当《人民日报》总编辑胡绩伟与《解放军报》社长华楠询问杨西光文章的"来头"时，杨西光很明朗地回答，这篇文章是经过胡耀邦同志阅定的。于是问题就全部解决了，全党、全国随之受到震动。

五月十二号这天，田志远又打电话给夏默，声音很激动，他说老夏你看见没有，全都转载了，这篇文章大有来头啊，而且我在中央党校的《理论动态》上也看到这篇文章了。《理论动态》的文章都是经过耀邦同志审阅的，这就说明耀邦同志是旗帜鲜明地反对"两个凡是"的，他冲在前面了。

就在田志远刚搁下电话的时候，电话铃又响了，话筒里传来的是前妻曹慧紧张不安的声音，老田你看报纸了吗？我们杂志社的人都像炸了锅一样，大家都在问这是怎么回事，难道中央的风向要变吗？这是不可能的事情啊。

田志远反问说，你们《红旗》杂志下一期登不登这篇文章啊？新华社都转发了。

曹慧说，绝对不会，我们熊总编都瞪出眼珠来了，说这篇文章的政治问题非常严重啊。

田志远放下电话后想，白刃相见了。

他又想，这一天，迟早是要来的。

就在十二号这天深夜，人民日报社的第四任总编辑，也就是现任总编辑胡绩伟，在人民日报社值班室接到了中国老报人、《人民日报》第二任总编辑吴冷西的电话。吴冷西口吻十分严肃，似乎是在传达更高级别领导人的意见。胡绩伟立即掏出笔，作了电话记录。电话的记录稿是这样的：

> 这篇文章犯了方向性的错误。理论上是错误的，政治上问题更大，很坏

很坏。

文章否认真理的相对性，否认马克思主义的普遍真理。文章说马克思主义要经过长期实践证明以后，才是真理，列宁主义关于帝国主义时代个别国家可以取得革命胜利的学说，只有经过第一次世界大战和十月革命的实践以后，才能证明是真理。就是说列宁提出这个学说时不是真理，一定要等到二十三年以后，实践证明了才是真理。那么，人们怎么会热烈拥护，会为之贯彻执行而奋斗呢？文章是提倡怀疑一切，提倡真理不可信、不可知，相对真理不存在，真理开初提出时不是真理，要经过实践检验才是真理。这是原则错误。

文章在政治上很坏很坏。作者认为"四人帮"不是修正主义，而是教条主义，不是歪曲篡改毛泽东思想，而是死抱着毛主席的教条不放，因而现在主要不应反"四人帮"，反修正主义，而是应该反教条主义。如文章所说的，要粉碎人们的精神枷锁，就是要反对"圣经上说了才是对的"，所谓冲破禁区，就是要冲破毛泽东思想。文章结尾认为当前要反对的就是"躺在马列主义毛泽东思想的现成条文上，甚至拿现成公式去限制、宰割、裁剪无限丰富的革命实践"，就是要反对所谓教条主义，要向马列主义开战，向毛泽东思想开战。

文章用很大篇幅讲马克思、恩格斯如何修改《共产党宣言》，毛主席如何修改自己的文章，作者的意思就是要提倡我们去怀疑毛主席的指示，去修改毛泽东思想，认为毛主席的指示有不正确的地方，认为不能把主席指示当作僵死的教条，不能当圣经去崇拜。很明显，作者的意图就是要砍旗。文章批判林彪"一句顶一万句"，"句句是真理"，难道一句顶一句也不行？难道句句都不是真理才对吗？

毛泽东思想是我们团结的基础，如果都去怀疑主席指示有错，认为要修改，大家都去争论哪些错了，哪些要改，我们的党还能团结一致吗？我们的国家还能安定团结吗？所以这篇文章在政治上要砍倒毛泽东思想这面红旗，是很坏很坏的。

这电话打了很长时间，胡绩伟记录得手都酸了。手酸还是次要的，心里的沉重才更要命。胡绩伟在自己的办公室里接连踱步好几圈，寻思着要不要把这通电话的内容当夜传达给杨西光。因为这通电话所隐含的政治压力,确实是够沉重的,以后还会不会有接踵而至的组织措施呢?

当然,后来据吴冷西回忆,他那通电话的措辞并没有像胡绩伟的记录稿那么严厉,他只是阐述了四个方面的问题:

第一个问题,这篇文章提出"实践是检验真理的唯一标准"这个原则,是马克思主义认识论的常识,这是没有疑问的。但是文章中既然提出"理论与实践的统一,是马克思主义的一个最基本的原则",就应当全面地阐述理论和实践的相互关系。可是文章只强调了理论来源于实践并受实践检验,而没有充分说明理论是实践的概括和理论对实践的指导作用。

第二个问题,一个科学理论,只有实现了才是真理,还没有实现就不是真理。那么读者会提出这样的疑问:现在全世界还没有一个国家实现共产主义,那马克思主义关于共产主义的科学理论是不是真理呢?

第三个问题,这篇文章的基本内容,不是用实践标准来检验"四人帮"反革命修正主义,而是要检验和修改马列主义、毛泽东思想。文章用很大的篇幅讲马克思、恩格斯和毛主席如何犯了错误和修正错误,接着指出,不仅革命导师的个别论断要修改,而且他们的理论都可以修改,也就是说要修改马列主义、毛泽东思想的基本原则。虽然文章也提了一下马克思主义的基本原理必须坚持,但这并不能掩盖文章的基本倾向是要修改马列主义、毛泽东思想。文章提出这样的观点,会引起思想混乱。

第四个问题,这篇文章把"四人帮"强加在人们身上的精神枷锁,同毛主席过去批判过的"圣经上载了的才是对的"倾向相提并论,这就混淆了修正主义和教条主义的界限。

不管怎么说,这个长长的深夜来电所蕴含的意义是十分明确的。胡绩伟想,杨西光要是听到了我的复述,他会不会感到重压如山呢?而审定了这篇文章的耀邦同志会不会也寝食难安呢?因为这电话实在不像是吴冷西同志的个人意见啊。

思虑再三,胡绩伟还是走到了电话机前,向北京一家宾馆的某个房间拨了电话。因为杨西光就任《光明日报》总编辑后,还没有来得及把家从上海搬来北京,一直与妻子借住在这家宾馆里。

深更半夜的电话铃声,一下子就把杨西光、季宝卿夫妇惊醒了。杨西光睡眼惺忪地接听了这个他预料中的电话。尽管电话里的声音叙述得很长,但是他的睡意一直没有退去。他毫不惊讶,这样的政治反应在他的脑海里其实已经预演了几十遍,他早已想明白了这一切。于是接完电话以后,他又接上了睡意,继续倒在枕头上睡觉。

妻子季宝卿使劲把他推醒,问他到底怎么啦,因为电话里的声音在深夜显得特别清晰,她也几乎听明白了一半。然而丈夫回答她的只有呼噜声,以及夹杂在呼噜声中的几句含含糊糊的短语:没啥事儿,没啥要紧的,早就知道了,没问题,快睡吧,别胡想。

然而季宝卿睁眼到天亮,心里怦怦怦直跳。

四

三张中央大报先后登载这篇重要文章后在全国激起的反响,异乎寻常地热烈。北大书报亭的《光明日报》与《人民日报》,都被学生们争购一空。话剧《于无声处》的导演夏建国还把报纸拿到校学生会的道具仓库里,向几位业余演员认认真真宣读了一遍。他说,今天暂停排练,先学学这篇文章。我有一个预感,这篇文章绝对有来头,对我们以后争取公演《于无声处》也绝对有帮助。

他们这个小小的剧社,每个礼拜都在这间道具仓库里悄悄排练,互守保密承诺,不事声张,生怕引来学校的干预。腿伤痊愈不久的田源每个礼拜两次赶到北大参加这一悄悄进行的排练,心里又紧张又喜悦,觉得干这种事情确实太刺激了。而他的表演才能也获得了大家的认可,都说这个男主角字正腔圆,撑得住台面。当然,最主要的,还是归功于宗福先创作的这个戏不错,一共四场,说了一个在天安门事件中被通缉的"逃犯"的故事,很别致。

而在军队方面,军委秘书长罗瑞卿连读了两遍《实践是检验真理的唯一标准》,还忍不住打电话给《解放军报》社长华楠,说这篇文章你们转载得好,你们有政治敏感。说完肯定的话以后,罗瑞卿还要求《解放军报》多注意部队的反应,多登一些指战员们的学习体会文章。华楠连声说明白了。

罗瑞卿刚放下电话，电话铃又响了，抓起一听，是副总参谋长杨勇。杨勇说他跟副总长兼总参政治部主任迟浩田商议了一下，决定马上布置在总参认真学习《实践是检验真理的唯一标准》，说这篇文章太解渴了，总参各部不仅要学习好，而且还要以总参的名义写一篇文章表示支持。

罗瑞卿听了心里高兴，说杨勇同志，就这么布置吧，重视这篇文章是对的。这是一篇符合马克思主义的文章，是驳不倒的，你们完全可以组织学习，也可以写文章。

而总政的态度，却一时没有总参那样积极。总政治部主任韦国清当晚来电话向罗瑞卿报告，说总政机关想下一个文件组织各部好好学习一下这篇文章，却在内部引发了一场争吵。有些同志有疑虑，尤其是曲径副部长，他说这篇文章味道不对，明显是冲着"两个凡是"来的，是冲着伟大领袖毛主席和华主席的，还应该看看形势的发展再定，尤其是不要随便下什么组织学习的文字通知。即便要下，也得先请示一下军委主席华国锋同志。军队是党的军队，不能瞎折腾。

这个电话倒是让罗瑞卿愣怔了好大一会儿。他想，部队内部的思想确实有些混乱，有些同志的思想观念实在跟不上时代变化的要求。部队的思想工作任务很重，他觉得应该找个机会跟这位曲副部长好好谈一次。

那天晚上雾气很重，甚至有蒙蒙细雨的感觉，但是罗瑞卿心绪难平，非让警卫推着轮椅在僻静的小街上转一圈，弄得眉毛都湿漉漉的。警卫再三请首长回屋，而罗瑞卿自己也觉得十二年前跳楼引起的左腿伤痛在隐隐作祟，但仍然坚持着又转悠了半圈。他在雾蒙蒙的夜空中仿佛看见了曲径副部长情绪激动的面容以及激烈的手势，他甚至有迎着飞沫的感觉。他觉得这种激烈不是没有来由的，这体现了部队不少同志的一种现实思想，同时，从这种反应中也能够更加清楚地感受到《解放军报》转发的这篇文章的分量。

甚至，他想，某些中央高层领导可能也会因这篇文章而恼怒，但这只说明了形势的复杂和斗争的复杂。思想解放这一关，无论如何是要过的。如果任凭党内思想僵化，继续"两个凡是"，国家与军队的建设就根本无从谈起，"文化大革命"还有可能卷土重来。这可不是危言耸听。

细雨逐渐浓密的时候，罗瑞卿才扭头对警卫说，推回去吧。

《实践是检验真理的唯一标准》这篇文章在中国农村所引起的反应，远远没有像城市那样激烈，但是安徽凤阳梨园公社小岗生产队队长刘金锁却嗅出了别样的味道。他那天是在公社开会时从广播匣子里听到这篇文章的，越听越觉得有味道，随后就到公社陶书记办公室把那张《人民日报》从报夹子上卸了下来，并且带回了村子。

他直接冲到夏建红所居的小泥房里，把报纸摊在油灯前让夏建红看。

刘金锁把灯草芯又拨高了一点，让光亮更大，夏建红这就看见了文章的标题以及内文。

夏建红问刘金锁你想说什么。其实夏建红也知道刘金锁想说什么，因为自从返回凤阳以后，刘金锁一直在琢磨着怎么改变生产队的记工方法。他越来越觉得这种学大寨的"轰轰烈烈"，挠不到社员实际利益的痒处。人的长期利益，不是光靠几句口号或者在田头插几杆红旗就能维持的。

果然，刘金锁说，你看懂这篇文章了吗？这篇文章特别强调实践！也就是说，无论什么事情，做得对不对，都得试一试才知道。既然这是党现在的方针，我觉得，眼下真的可以尝试一种新办法来鼓励大伙儿的生产积极性。

夏建红问他想出什么新招没有，刘金锁拍拍脑袋说，还得想想，不过只要能鼓励生产积极性，只要能把粮食生产搞上去，让乡亲们不再受穷，那肯定就是好方法，连中央的邓小平都说过"黄猫、黑猫，只要捉住老鼠就是好猫"。

夏建红说，金锁，你想尝试新招，我也不反对，不过凡事要有分寸，现在"农业学大寨"上面都还没有松口，你要是搞一套跟大寨精神完全对着干的招数，上面可能也饶不了你，甚至要抓你的"典型"，那就惨了。

刘金锁问，上面？哪一级？

夏建红说，公社！县！地区！省！

刘金锁盯着油灯里跳动的火苗沉思了一下，说，我想给省委万里书记写封信。

夏建红吃惊地问，你要写什么？

刘金锁说，借地种粮！建红，这一招我其实想很久了，一直没跟你说。你是公社蹲点干部，这件事你装作不知道就行了。

刘金锁走后，夏建红愣了半天还没有回过神来，心里想，如果金锁闹得太欢腾了，自己作为蹲点干部，一无所知，也不行啊，也是一个政治问题啊。不过，要是这件事儿被省里领导肯定了，那又将是件好事儿。金锁这个人，确实肯动脑筋。

五

不仅中国基层农村的一个小小的生产队长，在琢磨着采取什么新招早日改变乡村的落后面貌，在国家决策的最高层面上，邓小平也在苦苦思索，如何能用一种最见效率的方法改变中国极其落后的生产局面。

邓小平那天在晨鸟的叫声中一起床就对王秘书说，跟谷牧副总理联系一下，我想看看那个纪录片。

邓小平两天前听说冶金部的一个访日考察团带回了日本"新日铁"赠送的小型电影纪录片。看过的几位同志传来的消息说，看了都觉得很震撼，我们目前的钢铁生产状况与人家日本相比，差太远了。

王秘书问，今天就想看吗？

邓小平说，看。一个人，早上起来就要洗脸，要看镜子，我们也得把人家当面镜子来看看。看人家，是为了看自己。

当天下午，邓小平就坐在人民大会堂一个放映厅的扶手沙发上，日本的"新日铁"画面在他面前缓缓地转动起来。

片子是新的，色彩很鲜明，但是显然，片子的内容给人的印象更加鲜明。谷牧紧挨着邓小平坐着，不停地在他耳边介绍着种种画面。谷牧是三年前任国务院副总理的，分管对外经贸工作，在协助邓小平的"整顿"工作中一直很踏实。

谷牧指着画面小声说，您看，这是炼钢，这是自动轧钢，都是计算机操纵指挥生产。他又说，您看，日本最小的高炉也是四千立方米了，而我们的高炉才几百立方米。还有，您看，我们的轧钢机都是横列式的，要人工喂钢，操作事故也多，而日本现在已经做到全连轧了，轧制速度一秒钟超过了七十米。

片子放完以后，邓小平久久没有说话，后来看看谷牧说，我借你这部片子用一用，送给鞍钢，要把这部片子给鞍钢的同志看看。

谷牧说，鞍钢的厂长看过了，这次去日本，他参加了。

邓小平说，厂长一个人看不行，厂里的干部、技术人员，甚至工人，都要看一看。总之，我们的钢铁工业不能再原地踏步了。

邓小平特别着急钢铁的生产。没有优质的钢铁，一个国家的现代化就是一句空话。邓小平一九七五年复出的时候，首先抓的就是钢铁、交通与煤炭。他曾经花十一天时间主持了全国钢铁工业座谈会，把十一个大型钢铁企业的头头都召在一起开会、研究整顿，接着他就调整了冶金部的领导班子，还在国务院内成立了钢铁工业领导小组。才一个来月的时间，全国钢铁的形势就逐渐向好，几个大钢厂的钢铁都不再欠产。而在次年，邓小平再次被打倒之后，全国的钢铁生产又出现了萎靡的状况。

全国钢铁企业的老化现象和钢铁生产技术的落后局面，却一直是邓小平的一块心病。要改变这种状态，光靠调整领导班子，或者是开几个会，或者是来一些"大会战"，都是不能解决的。只有一个办法，那就是向发达国家看齐，下决心在技术上进行改造，也不妨采取"拿来主义"。

关键是要有清醒的认识。尤其是鞍钢，中国最大的钢铁生产基地，上上下下都要有"我们落后了"的清醒认识。所以，邓小平要谷牧把"新日铁"的流水线送去鞍钢，哪怕仅仅是在一盘录像带里。

谷牧说我马上送。邓小平说，我们不光要了解日本，也要了解美国、欧洲。现在，中美还没有建交，我们一下子去不了美国，但是这次，你谷牧同志带考察团去欧洲，可以好好学习学习。这些年，我们与外界的交往欠了很多债，我们到底比发达国家落后多少，心里确实没有底。这次你们到欧洲实地看一看，把情况大致摸清了，回来向中央汇报，我们再研究。

谷牧说，我明白了。

邓小平又想起了什么，说，你们那个欧洲考察团的人员名单，我看还是保守了一点，要多带一些人去，把一些懂经济的专家都带出去看一看，比如夏默同志，就可以去。

谷牧马上点头答应。邓小平又说，一定要搞清楚发达国家经济发展的最新水平。如果人家提出要进行经济合作，我们一时吃不准，不要谢绝，带回来研究。他们的资本要找出路，我们不要拒绝，用人家的钱发展我们自身，有什么不好呢？束缚自己的条条框框，可以打破。我记得美国有个石油巨头，叫哈默，当年就是他到莫斯科去帮助列宁的，解决了苏俄的一些经济困难。红色国家可以接受西方的帮助，这没什么不好。

这时候王秘书快步走进小放映室，在邓小平耳边报告，说罗瑞卿秘书长想见您，他说有急事要汇报。邓小平想一想，说这就打道回府吧。

罗瑞卿来见邓小平，是急于反映部队思想建设中的一些突出情况。他这几天老是思虑着总政宣传部那位曲副部长激烈的反对之言，而且这种言论在军委各部都有一些人响应；更使罗瑞卿不安的是，《解放军报》华楠社长又在电话里向他报告了一些值得深思的信息，这些信息包括吴冷西半夜三更打给《人民日报》胡绩伟总编辑的电话。罗瑞卿隐隐约约感到会有一场风暴袭来。而在前一天，他找总政宣传部曲副部长单独谈话的时候，那位副部长竟然把一份"语录对照表"摊在他眼前，摊了一地，把他半个办公室的地面都占了。

更使他吃惊的是，这位曲副部长所收集的"语录"竟然是三部分，一部分是毛主席的语录，一部分是华主席的语录，而另外一部分则是"邓副主席语录"，他竟然把这三份语录都对照起来，造成一种矛盾效果。

罗瑞卿当时心里就一紧，这也太不讲道理了吧？

其实，曲径开始并不想搞这份"语录对照表"，他知道搞这种表会给自己带来一种现实政治的风险，但是在经过一次老战友之间火药味十足的"辩论会"后，他再也控制不住自己的情绪了。

那次"辩论会"开始也只不过是一次普通的战友聚会，地点就是田志远所住的那个四合院，也是田志远出面召集的。他说老战友好长时间没相聚了，抽个时间包一顿白菜饺子，再议议当下形势。

他邀请的几个老战友是中办的秘书局副局长刘鑫、新华社的副社长穆大江、总政宣传部的副部长曲径，同院住的夏默也兴致勃勃地加入了进来。而曹慧一听这聚会消息，火急火燎地赶过来，她特别害怕田志远在这个问题上过于激进，以致走火入魔，因为这几天《红旗》杂志社的熊总编对那篇《实践是检验真理的唯一标准》已经万分恼怒了。

说是白菜饺子，馅儿里也有点肉味儿，田志远把家里剩下的两张肉票全买了肉来剁了进去，又加了姜末，味道还是很可口的。可是这顿饺子刚吃了几口，舌战就开始了。话题倒是刘鑫先提起来的，刘鑫问曲径，说总参专门发了通知要求组织学习《光明日报》特约评论员文章，是怎么回事？曲径马上就愤怒了，说就为这个事情，我专门打电话问了总参的迟浩田副总长，我说我们总政还没有通知组织学习，你们总参怎么就擅自行动啦？还写了简报，像是表态呀。刘鑫放下碗问他迟浩田怎么说，曲径说这个迟副总长口气好大啊，他说文章讲的是马克思主义的基本原理，很重要，很有针对性，为什么不能组织学习？这时候田志远就笑了，说迟总长很有胆识嘛。曲径说什么胆识，说严重点是犯上作乱，这不是我扣他大帽子。你想想，这篇文章的矛头明明就是指向华主席提出的"两个凡是"的，这样的文章在部队组织学习，是不是煽动"枪杆子"？老穆，你们新华社也够盲目的，什么味道也不嗅一嗅就马上转发，老穆你以后翻了船都不知道为什么！

曹慧很同意曲径的观点，也介绍了《红旗》杂志社内部对这篇居心叵测的文章的激烈态度，说杨西光这个人非得作检查不可，听说上面已经有精神了：这是一篇"砍旗"的文章，砍的就是毛泽东思想的大旗。

说到这里，曹慧更加激愤起来，目光炯炯地看着大家，尤其是看着自己的前夫，板着脸说，我告诉你们这篇文章的错误在哪里，这篇文章的要害是否认真理的相对性，否认马克思主义的普遍真理。文章说马克思主义要经过长期实践证明以后，才是真理。列宁关于帝国主义时代个别国家可以取得革命胜利的学说，只有经过第一次世界大战和十月革命的实践以后，才能证明是真理。就是说，列宁提出这个学说的时候不是真理。按这种说法，那么现在党提出十一大路线就不是真理，一定要等到二三十年以后，实践证明了才是真理。那么，人们怎么会热烈拥护，会贯彻执行而奋斗呢？这是提倡怀疑一切，提倡真理不可信，不可知，相对真理不存在，真理在开初提出时不是真理，要经过实践检验后才是真理。这就是原则错误。

穆大江吃完最后一个饺子，抹抹嘴说，哎呀呀，不愧是《红旗》杂志的编委，分析起问题来还是一套一套的。

曹慧说，我这是代我们熊总编说话，要不是他点拨了一下子，我都还不知道这篇文章有这么阴险。

田志远听到这里就恼了，他说，曹慧你嘴巴紧一点行不行，什么叫阴险啊？我看这篇文章就是光明磊落，强调实践有什么不对？毛主席还写过《实践论》呢。

曲径这时候就指着田志远的鼻子说，老田，你不能这样说曹慧。我认为这篇文章在政治上就是很坏很坏。文章所谓"要冲破禁区"，就是要冲破毛泽东思想。这篇文章反映了当前的一种政治思潮，非常危险。

曹慧马上对曲径的话表示赞许，说曲副部长在政治上很强。这时候夏默说，我能插几句话吗？依我说，现在我们最大的问题是思想僵化、迷信盛行，就像刚才曲副部长说的那样，是躺在马列主义毛泽东思想的现成条文上，甚至拿现成公式去限制、宰割、裁剪无限丰富的革命实践。不破除这种思想上的禁锢，我们就无法前进。

田志远当即说，我看，老夏说得对。这篇文章实际上揭示了"两个凡是"的反马克思主义实质，真正是击中了要害。

曹慧再也忍不住了，筷子一甩，厉声说，田志远，你这是明目张胆地与党中央唱反调。你中毒太深，走得太远了。

田志远一愣，刚要发火，马上被夏默和刘鑫按住了。刘鑫说，既然大家把话说到这个地步，我也不能不透露点内部消息了。其实，中央对这个问题已经表态了。前两天，东兴同志召集胡耀邦、杨西光开会，明确对他们说这篇文章是"丢刀子"的，是"砍旗"的。

曲径眼睛一亮，大声说，对，是"丢马列主义刀子"的，是"砍毛泽东思想伟大旗帜"的，这定性太准确了。

田志远、夏默、穆大江倒一齐傻了，夏默喃喃地说中央不会这么说吧。这时候他们又听刘鑫这么说，东兴同志还严厉批评报纸党性不强，把关不够好，把得不严，把得不紧，要求这些新闻单位接受教训，下不为例。

田志远问刘鑫这消息来源到底可靠不可靠。曹慧抢上前说，老田你还糊涂着啊？人家老刘是中办的，他的消息不权威，谁还权威啊？

这时候大家又听刘鑫说出了一句更为重要的话。刘鑫用不容置疑的口吻说，而且据我所知，这也是华主席的意见。

曹慧顿足大叹说"哎哟，果然是英明领袖华主席的指示，这可太重要了"，然后便一手指在田志远的鼻前大声说，老田，我看你悬了。

刘鑫劝曹慧说，老曹啊，你别对老田这么厉害，老田也是巴望你早点搬回这个四合院。你做的炸酱面比老田包的这种饺子不知要好吃多少倍，我们都还等着你隔三岔五地做地道的老北京炸酱面给我们尝呢。

听刘鑫这么说，曹慧不由得眼眶红了起来，说你们这些老战友都给评评理，老田他这么顽固，这不是存心气我吗？我还能搬得回来吗？我也想让你们早点吃上我做的炸酱面啊，我是使不上力啊。

这顿饺子吃得越来越沉重，吃到最后大家都没有心思了，都说要走了。田志远送客时也沉默无言，只倚着大门嘟哝着说了一句话，咱们以后还是看实践吧。

六

曲径的那份"语录对照表"，就是当天晚上他在自己家里搞出来的。他用糨糊把几张米黄色的大纸粘连起来，用毛笔一句一句地抄写着不同的语录，一边抄一边嘴里嘟哝说，混乱，混乱，就是混乱，前后矛盾。

妻子推门进他的书房说，还没睡啊？从广东开会回来，就没见你消停过一天，孩子的功课你也不管了。老曲你知道吗，现在和前几年不一样啦，上大学都得讲分数，你到底知不知道啊？

曲径对妻子说，哎呀呀，真的是不一样啊。

妻子很惊奇问什么不一样。曲径说，毛主席说的，华主席说的，邓小平说的，一人一个样。来，你来看。

曲径指着自己抄写在大纸上的语录说，你看看，关于阶级斗争问题，毛主席怎么说？毛主席说，阶级斗争，一抓就灵，又说，阶级斗争要天天讲，月月讲，年年讲。华主席怎么说？华主席说，要抓纲治国，始终坚持以阶级斗争为纲。你再看看，他邓小平是怎么说的？

妻子好奇了，问，邓小平是怎么说的呢？

曲径指着地上说，你看，邓小平偏偏另说一套。邓小平说，摆在我们面前的最迫切的任务是抓好社会主义四个现代化建设。你看看，这个邓小平，他心里根本没有"抓纲治国"，他根本不吸取教训，还是他的老一套。

妻子吓了一跳，说你可别瞎说，人家现在是中央的副主席。曲径说，我可不是为个人安危，明白吗？我是为党的安危，我是为国家的安危。你要知道，在我们中国，阶级斗争必须常抓不懈，不然就像苏联社会帝国主义一样。

他看着妻子吓白的脸又说，你再看看，在关于学习马列主义方面，他们又是怎么说的？毛主席说，认真看书学习，弄通马克思主义。那么华主席怎么说呢？华主席说，要用马克思主义、列宁主义、毛泽东思想，特别是用毛主席关于无产阶级专政下继续革命的伟大理论武装全党。你再看看，邓小平是怎么说的呢？他又说得不一样，邓小平说，毛泽东同志在这一个时间，这一个条件，对某一个问题所讲的话是正确的。在另外一个时间，另外一个条件，对同样的问题讲的话也是正确的。但是在不同的时间、条件对同样问题的讲话，有时分寸不同，着重点不同，甚至一些提法也不同，所以我们不能够只从个别词句来理解毛泽东思想。

妻子眨巴着眼睛不作声，曲径说事情是明摆着的，按他邓小平的说法，对毛主席的话这样理解也不行，那样理解也不行，那我们今后还怎么学习毛主席著作？我们还怎么去执行毛主席的指示？你再看看关于"学大寨"的论述，毛主席说，农业学大寨。华主席怎么说呢？华主席说，我们要奋战几年，在第五个五年计划内，把全国三分之一的县建成大寨县。他邓小平又怎么说呢？邓小平说，大寨有些东西不能学，也不可能学，比如这个评工记分，它一年搞一次，全国其他人民公社、大队就不可能这样做。邓小平还说，大寨的取消集贸市场这一条，也不能学。自留地完全取消，这一条也不能学。

妻子有些慌了，问丈夫写下这些东西到底想干什么。曲径严肃地说，我写下的这张大纸，不是别的什么纸，是窗户纸。我就是要捅开这层窗户纸，我要提醒大家，警惕有人要翻"文化大革命"的案，再来一次"右倾翻案风"。

妻子临出门的时候说，老曲，求求你了，把这张纸撕掉吧。

曲径摇摇头说，你快去跟孩子睡觉，我还要再校对一遍，怕写错一个什么字。这张纸非但不能撕掉，我还要挂起来。

这张大纸果然就挂起来了，挂在总政宣传部会议室的北面白墙上。那个下午正好是总政宣传部机关的学习日，曲径挂起的这张米黄色的"语录对照表"，吸引了一屋子的目光。曲径激动地对大家说，我不是想说谁对谁错，我只是想说，党中央的话这么不一致，我们到底应该听谁的，是听主席的还是听副主席的？我们是部队，部队要听一个号令，只有在一个号令下，我们的准星才瞄得准，这是个简单的道理。同志们啊，这段时间，我们搞宣传工作的同志思想是越来越混乱了。我不知道你们是怎么想的，反正我脑袋里经常是一团糨糊。

一个小时以后，这张米黄色的大纸铺在了军委秘书长罗瑞卿的办公室地上。警卫慢慢地推着罗瑞卿的轮椅，让这位军委秘书长把这张大纸上的字逐行看完。

这份"语录对照表"，是总政主任韦国清派人迅速从总政宣传部的会议室里揭下来后，把它送到了罗秘书长办公室的。罗瑞卿读完了这张纸就想，自己应该立刻找这位曲副部长谈一谈。一个小时之后，曲径赶到了军委秘书长的办公室，他心里有点不安，不知道迎接自己的将是什么，是批评还是理解？是训斥还是同情？曲径心里琢磨，估计前者的可能性大，因为这位罗秘书长坐轮椅的现状就是由"文化大革命"造成的，罗秘书长对"文化大革命"应该说是一无好感；他复出后到军委主持日常工作，也是几个老帅老将力荐的结果，背后很可能有邓小平做推手，所以对他有偏向的政治态度不能抱有不切实际的幻想。

果然，他一进门，罗瑞卿就指着铺在地上的那份"语录对照表"问，曲径同志，这是你搞的吧？花了很多脑筋吧？

曲径立正说，报告秘书长，也没花多少脑筋，都是明摆的事实。

罗瑞卿说，你坐下，请喝茶。你想过没有，你这样做，会给部队的思想建设带来混乱吗？

曲径赶紧起立，但仍然语带锋芒地说，报告秘书长，不是我造成大家的思想混乱，而是中央领导不同内容的指示造成了我的思想混乱。

罗瑞卿想一想，说，曲径同志，你再坐下。你是搞意识形态工作的，你的任务是努力理清混乱的思想，而不是扩大混乱。就算领导同志有些话说得不尽相同，需要采用这种形式无限放大吗？你这样做，对工作能起到积极效果吗？

此时曲径的脸涨得更红了，他大声说，秘书长同志，我可以向您汇报我的真实思想，我现在真的很担心，我们党内、国内、军内有一股歪风邪气，这股歪风邪气就是要处心积虑地否定毛泽东思想。

罗瑞卿皱眉说，你举例子。

曲径说，我举不出。我只是有一种感觉，这种感觉很强烈。

罗瑞卿说，我很强烈的感觉是，你以后不应该再在任何学习会、讨论会、布置工作的会议上，把中央领导同志的言论这样一条一条对立起来！

曲径感到了压力，但表情仍显得倔强，他说，秘书长同志，我明白了。

罗瑞卿说，各个领导讲话，各种文件，因事而异，因时而异，因问题而异，各有侧重。我们搞各种学习会，就是要了解讲话、政策、方针的前因后果、针对性和着重点。同志们经过学习、理解，再进行思考、消化，相互交流，才能够统一思想，便于开展工作。这个道理，你曲径同志作为总政宣传部的副部长，应该比我还懂。现在你在学习会上搞出这种对立的架势，甚至使同志们各有所拥而产生了对立情绪，难道这有什么意义吗？

曲径一时说不出话来，但仍然昂着脸，似有不服。罗瑞卿说，你自己再好好想想，回去吧。曲径问，我可以带走我的表格吗。罗瑞卿斩钉截铁地说，留下。这时候曲径的鼻子就轻轻地哼了一声，他敬礼后很快地退出了办公室。

他想，这个罗瑞卿，果然不出我所料。

罗瑞卿就是在曲径离开以后下决心紧急求见邓小平的。总政机关内部这种思想混乱的情况，导致了罗瑞卿的不安。从解放军报社传来的有人对《实践是检验真理的唯一标准》的严厉批评，更使他加重了思想负担。在这个当口，他很想听听邓小平的意见，同时也为邓小平的处境担忧，他知道现在有点针尖对麦芒的感觉。

罗瑞卿没有想到邓小平对于自己前来拜见，竟会出门相迎。邓小平看着罗瑞卿从车内被人扶出坐上轮椅，便上前握住他的手说，罗长子又上门喽。我再三说过，你坐轮椅不方便，不要自己过来。

罗瑞卿说，我是怕不这样亲自登门相请，邓副主席不肯答应来全军政治工作会议讲话。我今天是专门为请您这尊真神来的。

邓小平边跟着轮椅向庭院里走边说，华主席不是已经在会议开幕式上讲过话了吗？我就不一定讲了吧？

罗瑞卿说，您是军委副主席，您怎么能不讲话？您一定要讲，就给三百八十多个会议代表好好讲一讲，军以上单位的政治委员或政治部主任都来开会了，您给他们讲清楚一些问题，他们心里就都有底了。您就在我们这次会议的闭幕式上讲，做个总结性发言嘛。今天搬不动您这尊神，我罗瑞卿就不准备走了，留在您家喝小米粥。

二人哈哈笑起来，就在庭院里坐下，王秘书为客人泡上一杯绿茶。邓小平问，罗长子，你想要我讲什么呢？

庭院里花草间有几只蝴蝶扑扇着翅膀，然而罗瑞卿却没有欣赏的闲适心情，他一边让自己的秘书在庭院地面上徐徐铺开那张米黄色的"语录对照表"，一边说，现在讲话就要讲最要紧的话。目前军队的思想很复杂，甚至有些混乱，黑白颠倒，是非不分。现在急需邓副主席出来讲个话，以正视听。

邓小平说不用着急。罗瑞卿说，怎么能不着急呢？现在，军内有人公开指责说《实践是检验真理的唯一标准》的文章是大毒草，是怀疑毛泽东思想的。

听罗瑞卿这么说，邓小平的神情就严肃起来，说，《光明日报》的那篇文章，起先我并不知道，后来听说中央内部有争论，拿过来看了看，越看越重要。现在连实践是检验真理的标准都成了问题，简直是莫名其妙。

邓小平说到这里，就扭头看了看地上，见是一张写得密密麻麻的大纸，说，罗长子，你这是干什么，把大字报铺到我家里来了？

但是随后邓小平就收了笑容不作声了，他看懂了这张"语录对照表"的全部内容以及制作者的动机，后来也知道了制作者是谁。邓小平抬起脸，笑了一下说，我这位当年的部属很动脑筋啊。

罗瑞卿说，现在部队里不少同志都在传言邓副主席的讲话与中央的精神不符，有人还故意散布、扩大这种传言，比如这位制作"语录对照表"的同志。前几天，各大军区、各省军区都来问，《光明日报》怎么回事？《人民日报》怎么回事？中央负责同志最近踩刹车是怎么回事？邓副主席说的管用吗？您看这情况有多严重！

邓小平沉思了一会儿，说，看来是需要一场大讨论了。

罗瑞卿说，迫在眉睫，刻不容缓。

邓小平说，思想是活的东西，判断思想是不是正确的，唯一的办法就是看它是不是符合实际。每个人都应该开动脑筋，思考问题。这个道理，毛泽东同志早就说清楚了。没想到高举毛主席旗帜这么多年，却越来越搞不清楚旗帜蕴含的道理。什么说得不一样，该听谁的不该听谁的，连小孩子都知道，谁说得对就听谁的嘛！

听邓小平说完这番话，罗瑞卿觉得自己的心踏实了不少，而邓小平最后表示他会去全军政治工作会议的闭幕式上讲话，这更使罗瑞卿感到踏实。但临走时邓小平却对他说，把你带来的这张表格带回去，我劝你也不要把它收起来，仍旧还给那位同志。如果那位同志想继续张贴就让他张贴，道理越辩越明嘛。不同的思想拿到桌面上来好好讨论，讨论透了，是非曲直就清楚了。

　　送走罗瑞卿之后，邓小平没有回自己的办公室，而是继续在这个五月的庭院里踱着圈子。他觉得，是该推动一场大讨论了，而《光明日报》发表的这篇文章，就是一个抓手。既然围绕这篇文章有那么大的争议，那就不妨说透。

　　一只蝴蝶落在邓小平灰色中山装的肩头，邓小平伸手掸了一下，看着蝴蝶闪着天蓝色的翅膀慢慢飞远。这时候他忽然想起胡耀邦来，胡耀邦有好些日子没有登门了，甚至也没打个电话来。邓小平知道，这是胡耀邦不想给自己添压力，本来胡耀邦是大可以跑来倾诉满肚子委屈的。汪东兴当面斥责的压力确实太大，但是胡耀邦硬是忍了下来，那个《光明日报》的杨西光也是这样，他们硬是扛着，既没有到处诉冤，也没有按照汪东兴与中宣部的要求写出检讨书。这两位同志，很不简单。

　　蓝翅膀蝴蝶转了一个弯又飞回来了，一直围绕着邓小平转。邓小平停下步子想，应该在全军政治工作会议的闭幕式上说些什么呢？必须说些斩钉截铁的话，必须斩钉截铁地讲出马克思主义的一些最基本的道理，比如"实事求是"，这个最基本的观点，为什么时下实行起来就那么困难呢？当然，面对时下的现实政治状况，这份发言，似乎也不宜针锋相对地点出"两个凡是"，时候还不到。

　　总之，这是一场思想战役。

　　在这场思想战役的某个环节上，是必须明确反对"两个凡是"的。

　　而且，邓小平想，这句关键的话，也必须由我来说。

　　否则，谁说呢？

　　事情很明显，如果"两个凡是"不被点清楚，不被反对掉，国家的任何建设事业都将是步履维艰的。

七

  这一次全军政治工作会议的会期拉得很长，从四月二十七日开始，哩哩啦啦地一直开到六月六日，这也说明了部队政治工作在当时的复杂状况。

  会议终于要在六月六日闭幕，邓小平精心做了准备，他要在闭幕式上做一个态度明朗的讲话，尽管主席台的正中会坐着中央军委主席华国锋和中央其他的一些领导同志。

  当邓小平拿着发言稿沉着地走到发言桌前时，坐在台下第二排左边的曲径目不转睛地盯着他，不知道他的这位老首长今天当着华主席的面会讲什么。

  曲径是一个礼拜前收到被退回来的"语录对照表"的，有人传给他话说"如果要继续张贴，也没有关系，真理总会越辩越明"，但他毕竟不敢再次张贴了，只觉得现在形势很微妙，各种力量都在那儿较劲，他要看一看再说。妻子晚上看他烧了那张米黄色的大纸后说，这就对了，你总算不是个二愣子了。晚上好好辅导儿子功课，你儿子的作文没有一句话是通顺的，我都读不下去。

  坐在会场里的曲径早就掏出了他那册开本很大的工作笔记本，想以最快的速度把邓小平的每句话都记下来。他想，如果邓小平现场说一些太出格的话，到正式发表的时候，肯定会被中央拿掉的，而这一取舍之间就会反映出问题的实质。

  于是他听见邓小平这样说：我们一些同志天天讲毛泽东思想，却往往忘记、抛弃甚至反对毛泽东同志的实事求是、一切从实际出发、理论与实践相结合的这样一个马克思主义的根本观点、根本方法。不但如此，有的人还认为谁要是坚持实事求是、从实际出发、理论和实践相结合，谁就是犯了弥天大罪。他们的观点，实质上是主张只要照抄马克思、列宁、毛泽东同志的原话，照抄照转照搬就行了。要不然，就说这是违反了马列主义、毛泽东思想，违反了中央精神。他们提出的这个问题不是小问题，而是涉及怎么看待马列主义、毛泽东思想的问题。

  曲径手上的笔杆快速地抖动，他又听台上的讲话者这样说：我们不少同志，思想僵化得厉害。只要你讲话和毛主席讲的不一样，和华主席讲的不一样，就不行。毛主席没有讲的，华主席没有讲的，你讲了，也不行。怎么样才行呢？照抄毛主席讲的，照抄华主席讲的，全部照抄才行。

曲径记到这里，脸色顿时黑了下来，他仿佛觉得这段话就是针对自己讲的。他想，难道我那天搞的"语录对照表"，邓小平也过目了？

这时候他来不及多想，又飞速地记录着报告者铿锵有力的话：同志们！我们知道，实事求是，是毛泽东思想的出发点、根本点。毛泽东同志历来坚持要用马列主义的立场、观点、方法来提出问题，分析问题，解决问题。马克思主义的活的灵魂，就是具体地分析具体情况。马列主义、毛泽东思想如果不同实际情况相结合，就没有生命力了！

记录到这里，曲径忽然停了笔，他觉得自己没有精力继续快速地记录下去了，因为邓小平的许多表述仿佛都是冲着自己来的，这迫使他不能不浮想联翩了。他停了笔，呆呆地看着报告者波澜不惊的面容，脑子渐渐空白起来。下面的这一段报告，他甚至没有几句是入脑的，邓小平是这样说的：我们领导干部的责任，就是要把中央的指示、上级的指示同本单位的实际情况结合起来，分析问题，解决问题，不能当"收发室"，简单地照抄照转！同志们请想一想，实事求是，一切从实际出发，理论和实践相结合，这是不是毛泽东思想的根本观点呢？这种根本观点有没有过时，会不会过时呢？如果反对实事求是，反对从实际出发，反对理论和实践相结合，那还说得上什么马克思列宁主义、毛泽东思想呢？那会把我们引导到什么地方去呢？很明显，那只能引导到唯心主义和形而上学，只能引导到工作的损失和革命的失败。

出乎曲径意料的是，《人民日报》第二天就全文刊登了邓小平的这篇讲话，一句话也没有删改，非但如此，还配了一个很醒目的通栏标题——邓副主席精辟阐述毛主席实事求是光辉思想。

曲径在办公室里研读了好几遍，总觉得《人民日报》采取这样突出的标题来报道邓小平显得不妥，他忍不住给中办的老战友刘鑫打了电话，问《人民日报》那个胡绩伟是怎么考虑的。华主席、叶副主席、邓副主席都在这次全军政治工作会议上讲了话，怎么就邓副主席是"精辟阐述"呢？难道华主席的讲话不精辟、不重要？

刘鑫回答说，老兄，这种事情你就别刨根究底了，现在哪家报纸都有点思想倾向性。现在《人民日报》《光明日报》《解放军报》都有些胆大，对汪副主席的指挥总是有点阳奉阴违，《红旗》杂志的熊总编就比较谨慎。

刘鑫还告诉曲径一个令他难以置信的情况：面对汪副主席和中宣部张部长那么明确的要求写检查的指示，胡耀邦就是顶着不肯写，杨西光也顶着不肯写。

曲径搁下电话想，眼下这情况，简直太复杂了。

他又想，难道汪副主席不会再厉害一点吗？捍卫毛泽东思想，那是要拿出铁的手段来的啊。

八

尽管胡耀邦没有写出检查书，但是他遭受的政治压力肯定是很大的，而邓小平在全军政治工作会议上那篇讲话稿的发表，又无形中减轻了他的一些压力。

但这一时期，《人民日报》和《光明日报》所得到的纪律指示是十分明确的，所有以"本报评论员"或者"本报特约评论员"署名的文章都必须上报中央审查，决不允许有任何"打擦边球"行为的存在。一时间，全国各地对"实践是检验真理的唯一标准"这一话题的热议悄悄降温了。

罗瑞卿显得很着急，他觉得这一热度不能降下来，尤其是邓小平在全军政治工作会议上的讲话全文发表后，应该推动对"实践是检验真理的唯一标准"的进一步讨论，这样才能把禁锢得死死的思想魔咒打开。

这几天，轮椅所发出的吱扭吱扭的响声一直让他感觉特别不安，甚至有些痛苦。他想着是不是应该在军委直接控制的《解放军报》上登出一篇大文章，把这场刚刚兴起的大讨论接续下去。也就在这一天晚上，有人告诉他中央党校理论研究室有两位研究员，一个叫吴江，一个叫孙长江，他们写了篇文章，题目叫作《马克思主义的一个最基本的原则》，是直接阐述"实事求是"观点的，锋芒直指"两个凡是"，很见分量。罗瑞卿嘱咐赶快把文章取来看，一看就觉得十分过瘾，特别是看到这一段的时候还激动地拍了一下桌子：

正如邓副主席所指出，我们有一些同志天天讲毛泽东思想，却往往忘记、抛弃甚至反对毛泽东思想的根本观点、根本方法。有的人甚至不准别人坚持实事求是，只要求躺在马列主义、毛泽东思想的现成条文上，照抄照转照搬，而不顾实际情况如何。甚至不允许讲实践是检验真理的标准，不允许讲冲破林彪、"四人帮"设置的"思想禁区"，仿佛一讲实践标准，一旦冲垮那些"禁区"，马列主义、毛泽东思想就会站不住，就会大祸临头似的。真是怪事！世界上哪里有这样的马列主义、毛泽东思想？马列主义、毛泽东思想是人类历史上最先进最革命的科学思想体系，是经过千百万人民的实践证明了的普遍真理，它可以战胜一切倒退的、反动的思潮而决不被它们所战胜。马列主义、毛泽东思想的旗帜是砍不倒的。

还有这一段，罗瑞卿也拍了一下桌子：

我们有些同志自称信奉唯物主义，熟读《实践论》，但一听到实践标准，就如临大敌，究竟为了什么呢？应当认为，这是目前一种很值得注意的思潮。

罗瑞卿将这篇文章反复读了两遍，越读越觉得过瘾，甚至连夜趴在台灯下亲自作了一些文字上的修改。他决定由《解放军报》刊登这篇非常有针对性的重要文章，凝聚在中国思想界上空的日益沉闷的空气再也不能继续下去了。

他还特别嘱咐解放军报社长华楠在与两位作者讨论修改这篇稿子的时候，不要惊动胡耀邦，因为胡耀邦的压力已经够大的了，这次千万不要把胡耀邦再卷入其中。

罗瑞卿的这一嘱咐，使华楠与两位作者都觉着了这位军委秘书长的细心，同时也觉着了这位军委秘书长的魄力。

在《解放军报》发表这篇重要文章的前夕，罗瑞卿亲自去了一趟解放军报社，他觉得在这个当口必须给军报的同志鼓鼓劲，因为不管怎么说，他们接下来可能会面对来自中央某些高层的很大的政治压力。

因为罗瑞卿坐轮椅的缘故，《解放军报》编委会的同志专门在办公楼的一楼找了个房间作为编委会临时办公室。他们听着轮椅吱扭吱扭经过走廊直抵房间的时候，心里都有一种悲壮的感觉。他们知道，这位军委秘书长在直接指挥一场战斗，而他们自己，都是披挂着刀枪和弹药的战士。

罗瑞卿在轮椅推进门后，就让人关上办公室的门，然后坐到桌边，环视众人，直截了当地说，编委会的同志们，我现在向你们提三点意见。第一，文章明天（六月二十四日）发表，不再延迟了。我已经跟《人民日报》打了电话，请他们同时发表，《人民日报》也已经答应了。文章的署名，就用"《解放军报》特约评论员"。虽然作者吴江和孙长江都不是军队人员，但我们仍然用《解放军报》特约评论员署名，这就加重了这篇文章的分量。第二，发表这篇文章，可能有人反对，反对不怕，准备反驳嘛。出了问题，首先由我罗瑞卿顶着。要打板子，打我罗瑞卿。我愿意领受四十大板！第三，立即与新华社做好沟通工作，争取新华社转发全国。

社长华楠说，我马上就联系，我们派专人上门。

罗瑞卿说，同志们，不要怕，胆子要大，好好干！目前是我们国家要不要发展、能不能发展的关键时刻。全党思想不解放，怎么谈发展？我们自己思想不解放，那还叫什么解放军？

罗瑞卿这几句话，无疑是最好的战前动员，说得编委会全体同志摩拳擦掌。华楠连声说，板子都打我们头上吧，我们都豁出去了。

罗瑞卿说，光你们几个豁出去还不行，解放军报社的全体同志都要有这个思想认识，都要有昂扬的战斗精神。我看，你们把报社的全体同志都集中一下吧，我来一趟不容易，给大家说说话，打打气。

十分钟以后，解放军报社的近两百位军人和工人都整齐地站列在阳光下的内院里，看着罗瑞卿的轮椅缓缓地推近。

轮椅被推到正中。

罗瑞卿看着站得笔直的一个方队，满意地点点头，忽然一挥手，对身边的警卫说，抬起来！

四个警卫一齐动手，一声吆喝，竟然把罗瑞卿的轮椅高高举起，扛在自己的肩膀上。

站列得整整齐齐的方队在一刹那间全都愣住了，直瞪瞪地看着坐得高高的罗瑞卿，继而热烈地鼓起了掌。

坐在轮椅上又被高高地举起来，这一幕，确实是从来也不曾见过的。

罗瑞卿目光炯炯，看着众人，大声说，同志们，我现在是不是罗长子了？

呼喊声热烈，是！！

罗瑞卿说，林彪垮台以后，我就一直盼望着站起来，重新当我的"罗长子"。同志们，你们要知道，现在的时代，就是一个努力站起来的时代！现在的中国，就是一个努力站起来的中国！"文化大革命"里，我站不起来了，不仅我站不起来，我们这个国家都站不起来。这个情况，我想我们大家心里应该是明白的。可是现在，情况发生改变了，我们国家有条件、有机会重新站起来。如果我们再不解放思想，还不高高地站起来，我们党，我们军队，我们国家，就会被时代淘汰！我们的军委副主席邓小平同志看清了这一点，多次讲话，要求我们解放思想，坚持实事求是，不信鬼神，不受条条框框束缚，不照抄照转，不当"收发室"。我们难道还能面对阻力畏缩不前吗？今天，我到军报来，不光是为推动一篇重要文章的发表，更重要的是，要求我们军报的全体干部、同志，一定要在这一次思想解放的热潮中，走在最前列！

听罗瑞卿讲话的这两百名军人和工人，都明白讲话者的意思，都隐约知道了军报即将扮演的角色，一番窃窃私语后，便又是一番极其热烈的掌声。

罗瑞卿在掌声渐次平息后，动情地说，同志们，我最近要安排一次出国治疗，中央已经批准了。我希望用世界最新的医疗技术，把我的腿尽快治好。我很想再次站起来啊，我想多下连队去走走去看看啊。部队建设的任务这么繁重，我不能老是坐轮椅。军报的同志们，你们是思想的前导，你们担负着冲锋号手的重任，你们的腿很好，你们要跑步前进！下一次我来看望大家的时候，我希望跟你们一齐跑步！

站列整齐的方队里，忽然响起一个激动的声音，那声音说，罗秘书长您一定能治好腿！我们盼您带我们跑步前进！

更多的声音说，对，我们一齐跑步！

罗瑞卿坐在高高的轮椅上，他不再说话，眼里噙满了泪花。

这一天深夜，罗瑞卿迟迟不睡，心里还是对明天的《人民日报》是否能同日转载《解放军报》的这篇文章放心不下。他深知《人民日报》也在高压之中，汪东兴副主席的"下不为例"的训话以及相应的一系列硬性措施，都使得《人民日报》和《光明日报》举步维艰。但是空间还是存在的，这空间就是报社从业人员对推进思想解放大讨论的渴盼，对国家发展前景的憧憬。

罗瑞卿通过了解，知道当晚在《人民日报》值班的是副总编辑李庄，心里不禁一动。李庄这个人他了解，思想开明，更何况李庄还是把他罗瑞卿看作老师的，因为当年在延安抗大的时候，李庄是学生，而他罗瑞卿是副校长。有李庄在这天晚上当班，问题应该不会太大。

罗瑞卿啜了一口热茶，还是把手伸向了桌上的电话机，他决定亲自给李庄打电话。

李庄在电话里回答说，明天早上的《人民日报》同步发表《解放军报》特约评论员文章《马克思主义的一个最基本的原则》，没有问题，已经安排了。

罗瑞卿这下子放心了，在床上躺了下来，却不知怎么总是睡不着。老伴说你今天到底怎么啦，他也没回答，披衣坐起，又摸起床头的电话机，要总机再接《人民日报》社总编值班室。

接电话的依旧是李庄。罗瑞卿问他在校对《解放军报》的这篇文章时，有没有发现什么问题，如果发现表述上有什么明显不妥的，也可以再作临时的紧急修改。李庄说已经校对完毕了，据他的看法，文章挺好，也挺有力量，没什么好修改的。这么一说，罗瑞卿又放心了，于是再躺了下去，躺下去的时候他听见老伴在黑暗中重重地叹息了一声。

老伴后来在黑暗中说，你还想把腿彻底治好？就凭你这么扑腾来扑腾去的，你还能治好吗？

罗瑞卿没有回答，他闭上眼睛，努力想使自己睡着，但整个脑子依旧很兴奋，一点睡意都没有。凌晨两点钟的时候，他又给《解放军报》打电话询问一切顺利吗，有什么异常没有，都说没有，他才放心，接着又第三次给《人民日报》的李庄打电话，这一次他是详细询问《人民日报》如何安排版面。李庄回答说，当然是安排在头版，是下半部分，用通栏标题。头版的上半部分，是英明领袖华主席的会客消息，会见的是阿曼外交大臣。

罗瑞卿在了解完所有的这些情况后，才在后半夜逐渐睡去。

这也是一次领军打仗。既然是打仗，就必须精细而扎实。

他是军人，他懂得这一点。

九

邓小平在这一天的清晨就读到了《解放军报》的这篇特约评论员文章，不由眼睛一亮。

他同时也看到了《人民日报》的转载、《光明日报》的转载，也知道新华社为这篇文章发出了通稿。

新华社发通稿的事，是王秘书告诉他的。邓小平放下报纸，感叹了一声，说，这是一次正面突击，罗长子真是大将风范。

邓小平所评价的"正面突击"与"大将风范"，对罗瑞卿及其直接领导的这次"战役"而言，可以说是恰如其分。这是一次很成功的"战役"，《解放军报》的这篇特约评论员文章在中国日渐沉寂的思想海面上所引起的冲天水柱，是极其壮观的。胡耀邦击掌叫好，《人民日报》总编胡绩伟与《光明日报》总编杨西光深夜通电话互致祝贺。

整个中国思想界一片哗然，连田志远也忍不住给前妻曹慧打电话，问《红旗》杂志准不准备转载这篇重要文章。曹慧的回答却是冷冷的。她说，随风倒的还能叫《红旗》？我们可不登这种哗众取宠的文章，胡绩伟与杨西光等着挨整吧。

曹慧说的话当然有来历，她听到熊总编透露给她的一些情况，说中央主要领导对现在思想舆论界的一些出格表现很不满意，说华主席跟各地的负责人都打了招呼，要他们"不表态""不卷入"。汪副主席的话当然说得更厉害，他最近与山东省负责同志有一次谈话，在谈话里他明确地说，关于"真理标准"问题的讨论，"一不要砍旗，二不要丢刀子，三不要来一百八十度的转变"。汪副主席还说，"现在报纸上只宣传十七年，宣传粉碎'四人帮'后的两年，不宣传'文化大革命'。'文化大革命'成绩是主要的嘛，三七开嘛"。

曹慧在电话里语气严厉地对田志远说，老田你给我听仔细了，这才是中央的声音。

田志远听到这里，就忍不住自己的气。他对曹慧说，哪些中央领导说哪些话，我不管，我反正也没听到。只是这样宣传"文化大革命"，我是非常不赞成的。"文化大革命"把全国经济都搞死了，大学也不办了，各级政权都被冲垮了，年轻人都去农村挖土了，这"文化大革命"还有什么好宣传的？这话我不爱听。

曹慧说了一句"中央的话你都不听，你还听什么"，砰的一声就挂了电话。

所有的这些压力，罗瑞卿都感觉到了。这几天他桌上的电话铃声一直响个不停，直接上门来拜访的人也有不少，说话都是压着声音的，但是罗瑞卿都没有往心里去，这些压力他早就有所预料，而且他在当晚打电话给米粮库胡同的时候，一点也没有向邓小平提及这些压力。他只是向邓小平报告了他想去西德动手术的请求，说是置换一个人工骨关节，西德方面表示有百分之九十九的手术成功把握，叶帅也同意他出国治伤。他说，我一定要把伤腿治好，我不能坐在轮椅上视察部队，也不能坐在轮椅上推动军队的思想解放大讨论，现在全国的形势这么好，我不能让我的伤腿拖住我，请求小平同志予以同意。

邓小平接了这个电话，很是有点愕然，他当然是希望罗瑞卿早日治好伤腿，也相信西德的医疗条件相比起来算是可靠的，但是罗瑞卿毕竟年岁已到了七十二，开这样的大刀，能有多少把握呢？如果越治越糟，那损失就大了。

邓小平从来没有这么犹豫过，似乎一时失了方寸，他只是在电话里用不甚坚决的语调说，罗长子，你要治腿，我是赞成的。至于是不是一定要出国动手术，这要考虑。保守治疗，或许更为妥当。

但是罗瑞卿在电话里说，小平同志，我还是想试一试。现在形势催人，我不能再这么坐着了。

这一天晚上，邓小平又一次罕见地没有睡稳，他脑子里还一直盘旋着"西德、手术、伤腿"这样几个字眼。大儿子朴方的例子使他很有感触，一旦伤害涉及神经，这伤腿的复原就是极为困难的。邓朴方的坠地与罗瑞卿的坠地，也有某种相通的地方。现在是否要进行革命性的手术，置换整个关节，也实在不是做一个判断和下一个决心那么简单的事。

第二天早上，他忍不住又与卓琳探讨了这个问题，说自己总有一种担心，罗长子这么做总有一点冒失。卓琳皱眉想半天,也想不出个所以然。

邓小平在这一天中午时分,忍不住又吩咐王秘书给罗瑞卿家挂电话,询问出国寻医的具体安排,并且再次作了提醒,说还是请考虑在国内进行"保守治疗"。但是后来王秘书向邓小平报告说,西德方面已经做了细致的安排,华主席与叶副主席也都已首肯,罗瑞卿秘书长自己对就医动手术的决心非常大,看起来难以进一步劝说,军委还是同意他的请求为好。

听着王秘书的报告,邓小平没有作声,心头忽然涌上一丝忧烦。他觉得自己很久没有这样的心绪了,一时便走到了庭院里。

夏日的花草在庭院里开得郁郁葱葱,"双龙树"上伏着一只蝉,咻啦咻啦地长鸣。邓小平回身问王秘书,罗瑞卿准备哪一天动身?

王秘书说,若是组织批准,他一个礼拜之后就可以走。他夫人陪同他去。

过了一个礼拜,邓小平又问王秘书罗长子飞走没有,接着又向总后卫生部打电话,嘱咐他们一定要跟西德方面保持紧密的沟通,千万不能有一丝大意。

远在西德的罗瑞卿一直使邓小平的心悬着。邓小平一连好几天感觉心里不踏实,心脏似有一些早搏。保健医生来给他查了一下,说是无碍。

而躺在西德海德堡大学骨科医院里的罗瑞卿,也知道邓小平在牵挂着他。他对一路护送他来西德的总后卫生部同志说,你们方便的时候一定要通过波恩的中国大使馆向叶帅、邓副主席报告一下,我在这里挺好,我充满信心,请他们无论如何放心。飞机回到北京的时候,我会自己走下舷梯的。

十

在这个炎热的七月中旬,除了思虑远在西德海德堡医院的罗瑞卿的手术之外,邓小平思虑最多的还是如何尽快在全党、全国推进破除"两个凡是"的思想解放大讨论。他觉得这场大讨论的势头不应该减缓下来。中国只有保持一种生动活泼的思想政治局面,一切从实际出发分析和解决问题,才能有效推进国家的各项工作。

这段时间，胡耀邦好几次来到米粮库胡同，他带来的消息有喜也有忧，喜的是《光明日报》特约评论员文章以及《解放军报》特约评论员文章相继发表后，全国各地都自发地组织了学习，而且这些自发的学习和讨论确实也扎扎实实地推进了各地的工作，比如甘肃省就是一例。甘肃省委书记宋平就说过，也没有人指示我们讨论啊，但是如果不做这样的讨论，思想不开窍，我们什么工作都推不动啊。甘肃省委一组织讨论，《人民日报》就及时跟进作了报道，紧接着黑龙江省委也进行了讨论，新疆维吾尔自治区党委也进行了讨论。这样的讨论已经形成势头了，但令人担忧的是中央某些高层领导的泼冷水。这泼的水，还不是一般的冷水，简直是冰水，有人甚至说出了"砍旗""丢刀子"的结论。

胡耀邦说，我是顶住了"作检讨"的压力了，可是也有些同志就犹豫彷徨了，不知道下一步怎么干了。

邓小平坐在庭院里，听着蝉一遍又一遍地叫，摇摇扇子，缓缓说，《光明日报》的那一篇，还有《解放军报》的这一篇，反响这么大，说明文章写得好，是马列主义的，驳不倒嘛。现在关于这个问题，理论界有争论。争得好，要争，根源就是"两个凡是"。

胡耀邦说，对，就是"两个凡是"。

邓小平说，目前的情况是，讨论不能光局限于在报纸上发表几篇文章，必须要在理论界，甚至在全党、全国继续开展一场思想解放的大讨论。耀邦同志，你要当这个急先锋。

胡耀邦应声说，我就要当这个急先锋。既然看准了，我就敢干。现在啊，还有人拼命宣传"两个凡是"。我对人说过，如果现在还一定要"两个凡是"，我就不干了，我还不如回家抱孙子去。

邓小平知道这段时期以来，胡耀邦一直面临着很大的政治压力。在组织反对"两个凡是"的文章方面，他受到很大压力；在努力平反冤假错案方面，他也受到很大压力。但是胡耀邦的顽强与干劲，邓小平也是深有体会的，他不是一个轻言退兵的人。

但是，邓小平也琢磨着，自己也应该直接找中宣部部长张平化上门来谈一谈，尽管自己不分管意识形态工作，但是对中宣部在这个问题上设置的重重阻力，是应该来一个正面交锋，否则几家报纸与新华社的日子都将继续不好过。

就在邓小平这么寻思的时候，王秘书又悄声来报告，说是谭震林同志打电话来，非得请求马上过来一趟。邓小平问什么事，王秘书说他电话里不肯说。

胡耀邦走了没几分钟，谭震林的小汽车就开进了蝉声一片的米粮库胡同。

谭震林一走进邓家庭院就气呼呼地喊，小平同志，人家说我谭老板老放炮，可是这炮不放就是不行啊！

邓小平示意谭震林坐，说，谭老板，你先坐下，坐下才好放炮。

谭震林说，炮不放出来，坐不安稳啊。

邓小平说，好，好，你的炮口是朝着哪个方向呢？

谭震林坦言说，我就是要请你小平同志来评评理，天下有没有这个道理！

邓小平说，到底怎么回事啊？坐下来慢慢说嘛。

谭震林坐下说，小平同志你是最清楚的，我谭震林当年任过湘赣边第一个红色政权茶陵县工农兵政府的主席，还接替毛泽东同志担任过湘赣边第二任特委书记。我跟主席几十年浴血奋战，就想写篇纪念主席的文章，写什么呢？后来我看到了《光明日报》的那篇特约评论员文章，就受到了启发。

邓小平说，那篇文章争论很大哟，有人反对，帽子大得很，说是反对毛主席的。

谭震林说，我看那才是真正拥护毛主席的。我就是受这篇文章的启发，想结合实际谈谈毛主席倡导的实事求是的作风。小平同志，我是不要秘书代劳，关起门来一个字一个字写的啊，可是这帮混秀才，竟然要我把第四部分通通删去。

邓小平觉得有些奇怪，便问，第四部分写的什么？

谭震林说，什么才是检验真理的标准。

邓小平眉毛一动。这个问题当然敏感了，邓小平是深知《红旗》杂志社现在的政治态度的。

谭震林继续说，昨天，他们派了两个娃子来我家告诉我说，文章的第四部分，讲的通通是关于真理标准的问题，必须删去。我问为什么，两个娃子说汪副主席下了指示，要求党刊不能介入真理标准问题的讨论。你给评评理，他汪东兴凭什么就不让我参加讨论？

邓小平一听这话就笑了，说，现在党内有几个能和你谭老板比资格的？你是怎么回答他们的？

谭震林说，我说，娃子，你们听好了，如果说这篇文章的材料用得不恰当，文字不妥当，这都好商量，但是文章的观点，一丝一毫也不能改动！

邓小平放下扇子，朝谭震林竖起大拇指说，你谭老板还是当年大闹怀仁堂的气派。

谭震林说，两个娃子跟我说，他们也是奉命行事，做不了主啊，说得可怜兮兮的。我说，那行，那我就去找个能做主的评理去。我想来想去，还是得找你邓大人。

邓小平笑着说，这你可进错了庙门，这事不归我管。不过你既然来了，我就越俎代庖一次吧。你的大作带来了吗？

谭震林递上文章的铅印小样说，带来了，请邓大人过目。

邓小平从王秘书手里接过花镜，戴上，仔细阅读。

卓琳笑吟吟走来，亲自为客人斟满茶水。谭震林抬头说，哎哟，不敢当。卓琳悄声对谭震林说，年岁大了，老发火，对心脏不好。谭震林说，我也寻思，能不能不开大炮啊，把人弄得那么紧张有什么好？可是，做不到啊，都是逼的！这一逼，也好，我干脆开一通大炮，求个痛快。

谭震林一直等到邓小平看完文章，问怎么样。邓小平摘下花镜说，至少，这篇文章没有错误。这样吧，我改一下。

谭震林这下子惊奇了，扬起眉毛，说，邓大人亲自动朱笔？

邓小平说，我改一稿，交给党刊。如果他们还是不愿意登，就送《人民日报》登。

谭震林说，这样好，这样好。

此时，邓小平的脸色却忽然严肃了。邓小平大声说，为什么党刊要"回避"？为什么要说"不介入"？"不介入"本身就是介入嘛，这个现象不正常。

谭震林说，是啊，粉碎"四人帮"快两年了，我们这些老家伙着急呀，不能再拖了。现在的局面，只有你讲话管用，你不讲话，别人扛不动啊。

邓小平转身就向王秘书挥手，把他叫到身边说，给中宣部张平化部长打个电话，问问他什么时候有空，说这两天我想找他一下。

中宣部部长张平化是两天以后来米粮库胡同的。他在汽车停下来的时候，对自己一遍又一遍地说，一定要稳住，任他说什么，我都不要回嘴。

凭着职业敏感，张平化知道邓小平要对他说些什么。他在路上的时候就反复想，有些话是不该你邓小平说的，因为你毕竟不分管这一摊，你说多了也没意思。如果说过火了，那就更加不好，你这矛头就直接对着英明领袖了，这可是犯大忌的事儿。但是，既然你把我找来，肯定是有话要说，那么也就让你说吧，你是党中央的副主席，我是党中央宣传部的部长，我听着就是。至于执行不执行，怎么执行，那当然是我的事。我知道我应该对谁负责。

张平化给自己打足了预防针，然后就在庭院里的桌子边坐了下来，王秘书给他斟上茶。

邓小平这一次对张平化说的话是不温不火的。他亲自给对方递了扇子，说你先扇一扇暑气，然后说，平化同志，早些天就想找你聊一聊了。

张平化赶紧说，小平同志您就吩咐吧，有什么事我们能做的，就一定好好做。

邓小平开门见山地说，平化同志，对真理标准的讨论，你们是怎么看的？

张平化心里一紧，果然是单刀直入，于是不急不慌地说，我想听听小平同志的指示。

张平化想，接的球，还是踢回去好，这样才不至于被动。

邓小平仿佛看明白了对方的心思，干脆就把话挑明了：实践是检验真理的唯一标准，这个判断，是符合马克思主义的。《光明日报》那篇文章是对的，是驳不倒的，我是同意这篇文章的观点的。但是有人反对，说是反毛主席，帽子可大啦，这样不好嘛！

张平化听到这里，脑门子上就有一些细细的汗珠浸出来了。他没想到邓小平的话会说得这么冲，说是"反毛主席"，这不就直冲汪副主席的"丢刀子"吗？话说到这份儿上，就是逼着我"站队"嘛，这个态我可是不能表的。

张平化选择了沉默，掏出手帕擦擦汗，又把手中的扇子摇得啪嗒啪嗒响。

过了一会儿，他抬起脸，发现邓小平那两道严肃的目光仍旧直愣愣地对着自己。

张平化有点架不住了，吞吞吐吐说，对这个问题，是有一点不同看法。

邓小平说，所以，才要争论。争论是不可避免的，争得好。你们不要再下禁令、设禁区了，不要再把刚刚开始的生动活泼的政治局面向后拉了！

张平化额上的细汗又开始星星点点地涌出来了。他设想了很多情况，但是怎么也没有想到，邓小平会把话说到这种深层次的程度，可见邓小平对中宣部这个时期的"下禁令""设禁区"是恼怒非常的。

张平化张张嘴，似乎想申辩几句，但是嘴唇动了动后没有发出任何声音。他想，在此时，还是选择沉默为好。

沉默也是一种态度。沉默不说明"是"或者"不是"，沉默说明深思熟虑。往好的方面看，沉默甚至也是一种"恭顺"的表示。

于是张平化勉强地笑了一下，继续把手中的扇子啪嗒啪嗒摇得很响。

天气真热，他说。

他后来不记得邓小平又说了些什么，反正内容跟先前说的也差不离。他在离开米粮库胡同以后很久，也没有完整地记起邓小平最后到底说了几句什么。

他只是对自己说，这一关过了。我该干吗还是干吗。

几天之后，他走了一趟东北。黑龙江省委书记杨易辰向他报告省委常委会组织学习《光明日报》特约评论员文章的情况，他铁着脸听，不作一字表态。跑到吉林，吉林省委第一书记王恩茂向他请教对"真理标准"问题的看法，他转了个弯说"国内外的阶级敌人，都在骂毛主席，恶毒攻击毛主席。人民内部呢，也有些思想动态值得注意。比如，在我们宣传战线上有个别人不承认毛主席是我们党的缔造者"，然后他再说到"真理标准"讨论的问题，他说"只讲一条语录，不全面贯彻《实践论》不行，要融会贯通。还是学《实践论》吧，这是最好的教材"。王恩茂听不明白，还想再问。张平化摆摆手，不讲了。

张平化依旧对自己说，该干什么，还是干什么。

邓小平没有料到中宣部的态度会这样，丝毫不愿作改变。当然，这不是张平化一个人的问题，有些话自己可能得在更大的范围上说，甚至明白无误地说，比如直接点出"两个凡是"的反马克思主义性质。说这话自然要有策略，要选择合适的时机和合适的场合，但是，正面突击是不可避免的。

这些天他在庭院里散步的时候，面容都显得凝重。邓榕有一天陪父亲散步，说爸爸您这两天文件看多了吧，脸色都不好，想什么呢？

邓小平一边走，一边缓缓地说，我经常想起当年挺进中原，在那个黄泛区，我们的战士推大炮，遍地泥泞啊，推不动。战士们喊口号，一二三！一二三！推七八次，十来次，几十次，才能把炮推动。不容易啊！任何事情，不是推一次推两次就能解决问题的。何况现在要推动的，是一个党，一个国家！

邓榕听不明白，又仿佛听明白了。她没有再问。

但是令邓榕没有想到的是，几天之后邓小平的面容更加凝重了，甚至带上了明显的悲戚神色，那天的中饭也只吃了一小口就吃不下去了。

罗瑞卿在西德去世了。

罗瑞卿的灵柩在八月十日被运回北京，这一天的天气十分炎热，邓小平亲自赶去机场迎接。

王秘书曾劝说邓小平不要去机场，他怕邓小平见到灵柩过度伤心，毕竟已是七十四岁的老人了。但是邓小平说，罗长子回来了，我是要去接他的。

罗瑞卿的灵柩在其夫人的陪伴下，于沉重的哀乐声中被缓缓抬下专机的舷梯，顿时就响起了家属们悲伤的哭泣声。邓小平就是在这悲声中走上前去的。他伸出手扶住了白色的棺板，这一刻他明显地觉着自己的手指在微微颤抖。

他知道自己在与罗瑞卿双手相握。

老兄啊，邓小平心里说，你是说过要自己走下飞机舷梯的，谁知道你是躺着下来的。在国家和军队都需要你的时刻，你实在是不应该走的啊。

罗瑞卿确实不应该走，连海德堡大学骨科医院的主治大夫都没有想到罗瑞卿会这么一走了之。八月二日的手术，本身做得比较成功，人工骨关节被顺利地植入了。德国的大夫们都尽到了自己的责任，甚至有个大夫还开玩笑地对术后醒来的罗瑞卿说"你明天就可以下床走动了"，但是他们没想到，罗瑞卿的心脏病会在次日凌晨突然攫走了他的生命，"心肌梗死"来得闪电般突然。

德国的医生们措手不及，他们没有获得中国方面提供的关于这位患者的心脏病的既往资料，因为中国的高干们有严格的医疗记录保密制度，不示外人。意外的悲剧就这样乘虚而入。

铁骨铮铮的罗瑞卿在出国前好几次说过，愿意领受板子，甚至是"四十大板"。他做好了在真理标准大讨论中率军冲锋而遭受严酷打击的种种准备，却没有想到，打击自己的板子竟在自己心脏的某个部位轻微地响了一下，而且如此致命。

第九章

在东北"点了一把火"

一

在中国政治局面发展的关键时刻，失去一位阵前大将的哀痛，好几夜啮咬着邓小平的心。几天下来，邓小平的脸似乎小了一圈。

卓琳劝他节哀，邓小平叹口气说，我当时是劝他"保守治疗"的，我当时态度要是再坚决一些就好了。

这些天，使邓小平特别忧心的，还有一个江淮平原连月大旱的消息。安徽一带的大批农民不得不放弃抗旱，拖家带口离开龟裂的土地，拿起讨饭棒外出乞讨。这期间他收到安徽省委第一书记万里的一封来信，内中谈到，目前中央的农村政策不合理处颇多，不利于农业生产，也不利于当前农村群众的抗旱。按照一切从实际出发的方针，似乎应对当前的农村政策进行较大幅度的改变。安徽准备在这个方面做些尝试，不然就对不起安徽百姓。

至于怎么做尝试，万里在信中没有提及。邓小平放下信函，望着窗外似火的骄阳，心田似乎也有些龟裂。

万里如果要动，他是支持的。万里一九七五年担任铁道部部长期间，对邓小平的"全面整顿"贯彻得非常得力，对各个铁路局的班子都动了手术，狠狠打压了派性，一下子就使全国的大动脉畅通了。如今万里主政安徽，一定也会继续他的魄力与想法。

一个秉承实事求是的方针处理一切问题的省委书记，眼下殊为难得。

连续考察了安徽二十多个市、区、县的省委第一书记万里，一回到合肥，当天下午就召集省委班子开了会。农民放弃抗旱、离开土地、成群逃荒的情景一直盘旋在他的脑海里，同时盘旋在他脑海里的还有一些慷慨激昂但又觉得无计可施的年轻的农村基层干部，这里面包括凤阳县梨园公社小岗生产队那个叫刘金锁的生产队长。

万里其实是接到刘金锁的一封信以后,开始这次考察行程的。他首先就到了凤阳,并且在田头听到了刘金锁连珠炮似的对所谓的"农业学大寨"的炮轰。刘金锁那一天很激动,也很坦率,不仅话语激烈,连手势都很激烈。他在这位新任的省委书记面前显得无所顾忌,他似乎知道这位曾经在铁道战线大张旗鼓搞"整顿"的老部长一定会耐心听他意见似的。

那一天,田野上的风很干燥,刘金锁的嘴唇都干裂了,但是他的话一直如同连珠炮。他激烈地对省委书记说,我们要的不是空洞的理论,要的是实实在在调动农民生产积极性的方法。农民积极投入生产的动因,在农民的内心,而不是公社干部和县里的干部在大会上举着拳头喊的口号。刘金锁直截了当地说,农村现行的"三级所有,队为基础"的政策是行"左"实右,不符合农村实际,也不符合农民人心。我不知道大寨大队的实际情况怎么样,但是不能说大寨取消了自留地,我们这里也要取消自留地;大寨那个带头人当上了昔阳县委书记之后,全县都取消了自留地。他们县里的积极性咋样,我也不清楚,但是我知道,我们这里是不能这样干的。那个人说自留地就是家庭的一个资本主义司令部,就是指挥着农民去搞资本主义,就必须要搞掉。我是不同意那种看法的,那是空想社会主义,绝对的行"左"实右。我在这里敢说一句过头话,大寨这样搞,昔阳这样搞,都不可能持久,农民会起来反对的。这不是农民想走资本主义道路的问题,而是这种做法违背了生产发展的规律的问题,是脱离了实际的问题。

在这位生产队长激烈地打着手势的时候,万里一直在微笑,甚至对方的一些唾沫星子随风飘舞着,他也没有在意。他耐心地听着,心里想,这就是一个农民基层干部最真实的声音,而这种声音是在组织生产的实践当中发出来的。

刘金锁还对这位省委书记说,听说从山西大寨直接上调到国务院的那个陈副总理还给中央写信,要求将以生产队为基本核算单位过渡到以"生产大队"为核算单位,更是胡扯淡。中央幸亏没有听,听了更完蛋。

万里听到这里,不由得笑了起来,他后来才了解到,这位姓刘的生产队长是个中专毕业生,学过政治经济学。

万里离开凤阳,在其他县区视察的时候,也听到了类似的声音。有些说得很明朗,有些说得躲躲闪闪,但总的意思都是对农村现行政策不满意,认为搞垮农业生产的原因,除了大旱以外,就是政策不行。

在这个骄阳似火的午后,万里坐在闷热的小会议室里,用极其沉重的嗓音,说他没想到，安徽农村的现状是如此穷困。他举了个例子，说凤阳县有个前王生产队，紧靠津浦铁路。这个十户人家六十八口人的生产队，四户没有门，三户没水缸，五户没有桌子。队长史成德是个复员军人，一家十口人只有一床被子、七个饭碗，筷子全是树条或秸秆做的。安徽农村的情况并非个别现象。据原农业部人民公社管理局统计的数字，一九七八年，全国农民每人年均从集体分配到的收入仅有七十四元六角七分钱，其中两亿农民的年均收入低于五十元。有一亿一千两百万人每天能挣到一角一分钱，一亿九千万人每天能挣一角三分钱，有两亿七千万人每天能挣一角四分钱。相当多的农民辛辛苦苦干一年不仅挣不到钱，还倒欠生产队的钱。

他还说，目前安徽的农业局势非常危急，全省二十八万个生产队，只有十分之一能维持温饱，近七成的生产队人均年收入不到人民币六十元。去年光是凤阳县，就有一万三千人逃荒。

接着，万里叙述了连月旱情的严重性，说有的农村基层干部提出，可以采取借地种麦的办法，加紧种上保命麦。否则撂荒了，旱季庄稼将颗粒无收。

万里说到这里，就扬起一份刚刚起草完毕的文件说，省委要听取农村基层干部的合理意见，采取果断措施，立即调整目前的农业政策。

万里当即吩咐，把这份已经打印出来的文件发到所有与会者的手里。文件的标题是《关于当前农村经济政策几个问题的规定》，有六条内容，其核心思想是，安徽农村的一切工作以发展生产为中心。

文件一发到大家手里，会议室的气氛顿时就紧张了。马上就有一个常委举手说，我反对这个危险的提法，如果明确说农村的中心任务是发展生产，那就和刚刚下发的中央49号文件的精神截然相反，这是完全行不通的。

另一个常委马上附和说，我们这个草案如果通过，就意味着把农民刚刚割掉的资本主义尾巴又接上了。我认为这六条，条条犯忌，条条都是犯错误的。

这时候万里就站起来了。万里把面前的茶杯盖砰砰地敲了两下说，我提醒同志们注意了，大家可以提意见，但是不能乱扣帽子！我看，这个文件的制定，遵从了毛主席实事求是的指导原则，按照毛主席的指示办事，总是允许的吧？

会议室一下子变得鸦雀无声，省委班子的每个成员都觉得他们的书记这会儿是想动真格的了，而且是想触碰"政治高压线"了。万书记的胆子一向是大，但是大到这种程度，班子里的许多同志还是始料不及的。他们这时候又听万书记这样斩钉截铁地说,学大寨也要联系实际,实事求是!大寨的有些做法不符合安徽的实际,我们不能学,也学不起,我们不能只看领导的眼色行事,一切要从安徽的实际情况出发,我们必须对本省人民负责。这才是我们这个班子应该做的事,而且我相信,我们是能够做好这件事的!

虽然这个大胆的文件在这次常委会上以全票通过,但是万里也估计到会有人以某种渠道向中央反映这些情况。他已经顾不得这么多了,龟裂的土地要紧,安徽老百姓的肚子要紧,实事求是要紧,而那些又假又空的口号是最不要紧的。

这就是万里那天开完省委常委会后的心境。他知道,他的这种心境在中央至少有一个人会理解的,那就是邓小平。

二

刘金锁当天晚上就把他在田头与省委书记单独谈了半小时的情景,告诉了神情疑惑的夏建红,而夏建红也在第二天向公社领导转报了刘金锁与省委书记的谈话内容。当然,这些内容她都是听刘金锁说的,内容可能并不完整。

公社陶书记这时候也把刘金锁叫到公社,详细询问了当时的情况。因为那一天刘金锁与省委万书记边走边谈,走得很远,把所有陪同人员都落在了后面,大家都不知道这两个人谈了什么,只看到万里书记拍了小伙子肩膀好几下。

刘金锁向大家叙述的内容,只是他对目前实行的农村政策的不满与担心,他并没有说他自己想带头做一点改革的尝试。他觉得跟公社说这些话,甚至与夏建红说这些话,都还为时过早。他只是对万里书记说了自己的想法。

刘金锁的想法,是"单干"。

"单干"比较难听,他用了一个词,叫作"以家庭为生产单位,分田包干,生产责任分解到家庭"。

他记得他说这些的时候,万书记一直是很严肃地听着。万书记虽然始终没有表态,但是却伸手在他的肩膀上拍了两下。刘金锁从这两下拍的动作中感觉到了省委书记的某种赞许，可能赞许的不是他的具体计划，而是他以实事求是的态度解决问题的思路。

这重要的一段，刘金锁没有向上面汇报，也没做任何透露。他知道时机可能还不成熟。

一个礼拜之后，正在北大悄悄排练话剧《于无声处》的田源就看到了刘金锁寄自安徽的信，感受到了他与省委书记交谈的那种喜悦。刘金锁在信中对田源说，你记得我对你说过我总要想一个办法带领乡亲们挖去穷根吧？我目前正在考虑一个计划，想把它付诸实施。如果我的计划出成效了，那对我们整个梨园公社、整个凤阳县乃至整个安徽，都会是有帮助的。

田源把这封信读了三四遍，觉得刘金锁这位小老弟很有思想。田源又想，我现在每天悄悄排练的，不也是在谋求一种"振聋发聩"吗？到时候我在舞台上振臂一呼，不也是会有许多臂膀像森林一般举起来的吗？

田源在剧中扮演的是男主角李源。他们每次悄悄排练都在位置非常隐蔽的学生会道具仓库里，而且每次都把仓库的门紧紧关上，不让声音漏出去。

导演夏建国对他的表演总有一点挑剔，总是要他再来一遍、再来一遍。

而他这位"李源"，也每次都忍住气，密切配合。此刻，"李源"就大步站上一处台阶，忽然反身，以手直指一位面目不清的中年男子，大声说，你以为我不能认出你来吗？我在广场上看见过你！我在大街上看见过你！我在小巷里看见过你！我在家门口看见过你！

那中年男子后缩了一下。

一群青年男女渐渐围上来。

李源慷慨激昂地说，你以为我看不见你裤带上挂着一副手铐吗？我到底犯了什么王法？

中年男子说，你，你不要无法无天！

李源说，关心人民冷暖的周总理离开了我们，我们悼念总理有什么错？！我们送花圈，我们念诗文，我们怀念自己国家的总理，犯的是哪条王法？

中年男子向围观人群挥拳喊，走开！走开！

人群不理。

李源说，操劳百姓温饱的好领导被赶下了台，我们呼吁他回来有什么错？我们喊口号，我们流眼泪，我们要他回来整顿这个被糟蹋得不成样子的国家，犯的是哪条王法？

人群激动地说，他说出了我们的心里话，他是英雄，他是英雄！

李源被人群高高地抬了起来。

中年男子连连后退。

一瞬间，布景"电闪雷鸣"。当然此刻的"电闪雷鸣"还不存在，是学生剧社的几位工作人员用喉咙吼的，但是吼声够大，近乎雷鸣。

于是，人群说，惊雷响了，惊雷响了！他喊出了我们中国人心里的声音！！

李源接着就深情朗诵：万家墨面没蒿莱，敢有歌吟动地哀。心事浩茫连广宇，于无声处听惊雷。

人群掌声雷动，口号震天。

导演夏建国这时候就说，好，这一遍演得好，通过了！

田源刚松下一口气，人还没有在一只木箱上坐稳，忽然又触电般跳了起来。不仅他跳了起来，在场的学生剧社成员，一个个都跳了起来。原来是仓库的门被人悄悄推开了，一个面目阴沉的来自学校保卫部的人员出现在了门口。

那保卫干部皱着眉说，听你们在这儿哇哇地喊口号，不是有关政治的吧？

夏建国马上笑着迎上去说，不是，哪能呢？

保卫干部缓了神色，说，那好，没事，我不过是提醒一句。

待他走后，夏建国立即对大家说，刚才进来的是谁？为什么没把门插紧？我不是再三关照过，门一定要锁紧的吗？另外，以后我们学打雷的声音也好，呼喊口号也好，都要低两个八度，不能忘乎所以。记住，我们稍有不慎，立即就砸锅。我们的演出生命在于严守秘密。

三

北京饭店那位上了年纪的理发师傅进了米粮库胡同，是王秘书专门把他请来给邓小平理发的。

按照中央的工作安排，邓小平要出访一趟朝鲜，但是从朝鲜坐火车回国以后，邓小平却有一个计划，要到东三省走一走。有些关键的话，他在北京讲不方便，而在北京以外的地方讲，可能会有好的效果。

有些话，在东北讲是合适的。而且，要讲就要讲透，要直接把"两个凡是"点出来，不能再打迂回战，而要打攻坚战。这样的话，让别人讲，看起来都不合适，只有自己来讲。

邓小平听着理发剪子在自己头上咔嚓咔嚓响的时候，一直在思考这个严肃的问题。

这把火，我一定要点一下，他想。

这时候他就感觉到理发师傅在按摩他的头皮了。那师傅的手势轻重有致，十分熟练。

理发师说，首长，感觉好些吗？

邓小平说，好。

理发师说，首长，你有瘀啊，我一上手就有数。

邓小平说，哦。

理发师说，脑瓜子里的血，跟四肢的血一样，都要流通，通则畅，畅则和，和则安。

邓小平心里笑了一下。

理发师说，像您这样的大首长啊，心思都重，脑瓜里的血最容易淤积，一定要多按按。人家都说我这双手有福啊，能摸大首长的脑袋，人家连握个手的机会都没有。首长啊，年岁大了，不能老坐着，老开会，走得动还是要多走走，对活血化瘀有好处。

邓小平说，你最后这句话，我听得进。

理发师高兴地说，您看，给首长剃头剃多了，我这脑瓜子也有政治水平了。

邓小平理完发以后，觉得自己的心境好多了。

邓小平在去东北视察前，想到了鞍钢。

鞍钢这个老旧的中国钢铁基地必须尽快改造。缺乏优质钢铁，中国的现代化就根本无从谈起。但是采用哪一套改造办法，还值得斟酌。这时候邓小平又想再听夏默讲一讲他随谷牧出访西欧五国的有关情况，他让夏默把一些拍摄的影像资料都带到米粮库胡同。

其实，谷牧率中国政府经济考察团访问西欧五国之后，已经仔细地向邓小平汇报过了一遍情况。按照邓小平的意见，谷牧一行又向政治局其他领导详细地汇报了他们对于"腐朽的资本主义社会"的观感。这两次汇报极深地刺激了国家领导人的神经。他们都没有想到，这些年欧洲发达资本主义国家的经济会发展得这么迅猛，科技的进步是这么神奇。叶剑英感叹说："西欧的政治经济形势，谷牧同志的汇报讲清楚了。资本主义国家的现代化是一面镜子，可用来照照自己是什么情况，没有比较不行。出国考察，就是照镜子，解决我们自己的问题。"李先念也下定了决心："要利用西欧这个力量，把先进的东西搞过来。"聂荣臻也激情满怀地说："这次调查比较全面，可以说都看了。引进什么，从哪个国家进，应该拍板了！"听取汇报的所有领导人都没有对谷牧所说的"我们已经落后了二十年"这一结论表示异议。

中国落后了就是落后了，这是事实，关键是要追。

谷牧的这次出访，其实也是他生平第一次出国。说西欧五国的经济发达程度在他心中造成了震撼，是不为过的，所以他才有"中国至少落后二十年"的感慨。他的感慨也是夏默的感慨，夏默这一趟也是走得目瞪口呆。

夏默那一天在西德纽斯曼重型机械制造厂的数控机床前，足足看了三十分钟，人家拉他也不走。那个宽敞的车间里，几乎看不到走动的工人，只有数控机床在精密运作，机械手臂准确地翻转着加工件，工人只是坐在电脑屏幕前按动着各式按钮。那一刻夏默深深地叹了口气，回过身悄声对谷牧说，我们与这里的差距，恐怕不止三十年。

谷牧说，我看也是。

夏默说，要达到世界先进水平，谈何容易。

谷牧说，我看，就是把这样的自动化数控机床原封不动地搬回去，国内也没有人会使啊。

那天下午，德方的州长在与中国客人会见时所说的一番话口气之大，也使夏默目瞪口呆。那位穿黑色西服的中年州长是这样说的：我们对与幅员辽阔的中国进行商务合作非常感兴趣，听说你们资金困难，我们愿意提供支持。五十亿美元怎么样？用不着谈判，现在握握手就可以定了。

那一刻，这位穿黑西装的州长见中国客人没有明确反应，马上又说，如果五十亿美元不够，需要两百亿美元，那我们只需会谈一个小时，也可以敲定。

谷牧马上说，州长先生的建议，我们很愿意考虑。但是，比一个小时的时间要长一些，我们希望回去以后商议一下。

那位州长说，那也可以，我们恭候消息。中国的市场太广阔了，我们非常希望与你们进行经济合作。

谷牧说，州长先生，我们很欣赏贵方的诚意。我想，我们将来一定会有很好的合作。

这时候那位州长又说，如果中国客人不介意的话，我有一个美国的朋友，此时想进会议室来说几句话。

半分钟以后，会议室就走进了一个精干的瘦高个子，还跟着一个华裔的翻译。瘦高个子通过翻译对中国客人说，对不起，我代表的利益不是德国方面，我是美国西方石油公司驻欧洲办事处的主管。我今天想转达的是我们美国西方石油公司董事长哈默博士的愿望，他为贵国派出如此高规格的经济考察团的举动而鼓舞，迫切希望能与贵国开展商务合作，希望双方能建立有效的联系渠道。

谷牧说，谢谢哈默博士。

瘦高个子开始热情地分发名片说，这是他的联系方式，哈默博士希望能在美国见到诸位。

夏默接过这张印制得十分精美的名片，读了一遍。他知道哈默这个名字，这是一位善于跟红色国家做生意的美国人，当年就帮助过列宁的苏维埃。夏默想，西欧也好，美国也好，现在有这么多的企业与这么多的资金都想跟中国接触，我们要是再不抓住这个机遇，要是再闭关锁国、故步自封，实在愧对有五千年文明史的中华民族。

在应邀前往米粮库胡同之前，夏默又精心剪辑了一辑考察纪录片，把一些从西欧五国带回的资料画面都剪辑了进去。他认为邓小平会对这些感兴趣的。

邓小平果然感兴趣。

随着小放映机轻微的嗒嗒声在大会客室里响起，邓小平的视线就一直专注在跳跃的画面上。

夏默俯在邓小平耳边，伴随着画面的播放轻声介绍，这是西德维斯特法里亚的露天煤矿，年产褐煤五千万吨，职工只有两千人，其中矿山工人九百人，其他的都是维护人员。

邓小平说，差距太大了，我们五千万吨的煤矿，职工十几万人，相差七八十倍。

夏默继续说，这是瑞士伯尔尼公司一个低水头水力发电站，装机两万五千瓦，职工十二人。

邓小平说，我记得我们江西有个江口水电站，装机两万六千瓦，职工有三百人，相差二十多倍。

夏默又说，这是法国马赛索尔梅尔钢铁厂。这个钢铁厂有七千工人，年产三百五十万吨钢材。

邓小平说，我们的武钢，年产二百三十万吨，但是有六万多名工人。

半个小时的资料看下来，邓小平的眼睛似乎有些疲倦，他仰在沙发上闭了一会儿眼，但看得出他的思绪仍然很兴奋。他睁开眼，对夏默说，这些资料很重要，你要复制几份，做些翻译，马上提供给鞍钢，还有武钢，一些钢铁企业都要送。搞现代化绝不能闭关自守、夜郎自大，总以为我们是世界强国，实际上差距很大。

夏默说，是啊，我们与发达国家的差距确实很大，不过也有好消息。

邓小平侧脸问什么好消息，夏默说，这次我随谷牧副总理访问，所到之处都能感觉到，西方国家对同中国发展经济关系兴趣浓厚，比如，法国的总理一坐下来就说我们今天不谈政治，我们就谈经济。

邓小平这时候就笑了一声，摸起茶几上的一支烟。夏默说，我本来以为，按照国际交往的对等原则，来跟我们会谈的应该都是副总理一级的人物。可是，到了法国是总统德斯坦接见，到了西德是总统谢尔接见，到了比利时是国王接见。小平同志，您的判断是对的，现在是我们一个很好的发展机会。

邓小平说，不能犹豫。

夏默说，国外有意借钱给中国，也有意投资办企业。德国经济主管部长狄特马就对我们说，只要中方肯接受，德国经济界可以提供给中国的贷款不仅是四亿马克，而且可以是四十亿马克，政府愿意担保。

邓小平说，拒绝国际贷款，拒绝合办企业，很不明智，这不叫自力更生。现在中国缺钱，外资也在找出路，为什么不能接受？一定要解放思想，引进外资。只要是能使中国经济起飞的举措，我们都要尝试。

夏默说，还有一个信息，就是美国的石油大亨哈默也特地派人到欧洲来见我们，说你们不能只顾欧洲，不顾美国。

邓小平说，哈默这个人，有意思，也有眼光。至于美国，我看啊，很快就要轮到美国急了，美国人是很务实的。中美建交的步子要加快，我们总是要去美国的。

夏默说，我们跟美国还没有建立外交关系呢。

邓小平说，这个可以谈，双方的对立总不能搞一辈子吧？总之，国门一定要打开。

夏默临走的时候，邓小平又嘱咐他把资料片的编辑再搞快一点，争取在他这次去东北之前搞好，他要放给鞍钢的同志看。

这一趟走东北，邓小平把握着好几个重点。在思想领域里，他要对"两个凡是"直接发起冲击，这个话可以到吉林的时候讲一讲。这是一次"点火"，他对随后的"火星四溅"做好了充分的思想准备。

其次，他要好好看一看鞍钢，还有大庆，中国最大的钢铁基地与石油能源基地，都是他特别关切的。

四

出访朝鲜归来，专列通过鸭绿江一回到国内，邓小平就立即按原定计划开始了东三省之旅。

他首先走的是黑龙江，他要上大庆去看一看。全国工业学大庆，大庆是一面旗帜。大庆如何进行现代化建设，有着标杆的作用，他不能不予以关切。

大庆油田的革命委员会主任陈烈民，在邓小平的专列还没有到大庆之前，就在吉林省与黑龙江省交界的一个铁路小站上了火车，向邓小平汇报了大庆的班子情况、生产情况和下一步的工作打算。邓小平对陈烈民汇报工作的条理清晰感到满意。邓小平说，我这次来大庆，应该是第三次了。我每次都想看到一个不同的大庆。大庆的步伐，还是要加快哟。

听到这话，新华社的穆大江副社长就赶紧对任燕使个眼色，让她及时记下邓小平路上发表的每一句重要意见。任燕其实早就备了好几支水笔，她也是下定决心要一字不漏地记录下邓大人东北之行的每一句话的。她准备好好写一篇邓小平访问东北的长篇报道。她知道新华社领导这次派她跟随中央领导视察是一种培养，为此心情激动了好几天。

陈烈民在领着邓小平一行下火车，参观大庆油田设计院地质陈列室时，就明白了邓小平在火车上所说的"我每次都想看到一个不同的大庆"这句话的含义。邓小平是希望大庆步入现代化之路的快车道，他走出地质陈列室时是这样说的：我国在钻井、勘探和综合利用这些方面，同国外的差距很大。这些问题都要解决。罗马尼亚钻机不好用，你们可以买美国的，要快。

邓小平那一刻还停下脚步，询问了大庆的电子计算机每天的工作时间。他说，电子计算机不能工作一阵就休息一阵，这个不能停。你们要搞电子计算机中心，一天二十四小时都工作，不然就是浪费。

大庆萨尔图区原材料仓库的保管员姑娘小何，接到下午要为来访首长进行"蒙眼表演"的任务。她悄悄打听了一下，知道今天来访的首长是邓小平，心里一下子就兴奋了起来。她知道自己的父亲何队长当年直接向邓小平汇报过钻井队的工作，并且为那次当面汇报一直兴奋不已。哪怕是邓小平被再次打倒后，她父亲也一直悄悄向身边工友说，不管咋样，邓大人对我们钻井工人是特别关心的，问工资情况啊，问奖金啊，啥都不漏掉。哪个中央领导像他那样细心？怪不得我们的王进喜老队长生前一直说邓小平是个好领导。

听说女儿要直接为邓小平表演"在仓库蒙眼取物"的绝技，老何急得直拍床裆说，你赶快在家里再蒙眼里里外外走上几圈，找找感觉，别在邓大人面前出洋相。

女儿听了父亲的话，从中午起就一直蒙着眼在家里忙碌个不停，而且一点都没有磕磕绊绊，还蒙着眼给父亲换了腿上的纱布，上了药膏。这点叫老何特别满意。

老何说，行，闺女啊，你见着邓大人，一定要代我问个好，我这回是没机会面见他了。说这话的时候，老何鼻子有些发酸。小何赶紧答应，说我知道，爸您就放心吧。

老何因为在风雨中抢救井下设备而伤了腿，这几年一直无法回到他的钻井队去，但是知道他的女儿这一次能见到邓小平，心里也一样开心。他催促着女儿早点去仓库，不要误了时辰，自己则吃力地爬上一架木梯，为房子的后墙支一块木板，试图挡住墙面的倾斜。这两天这堵后墙老是掉泥灰，弄得床上都不干净。

小何一边喊着"爸爸您当心啊"，一边就急急地往仓库跑。

邓小平在初秋的阳光下，大步走向他上一回视察过的那口"光荣井"，边走边听着陈烈民的汇报。

陈烈民点着油田上那些起起落落的采油机说，油田目前的生产状况总体上还是平稳的，已经达到了年产油五千万吨，并且已经稳产了两年。邓小平问还能稳产多久，陈烈民回答说至少可以稳产到一九八五年。

这时候他们就来到"光荣井"的井架边，钻井队的工人们齐声呼"邓副主席好"，一张张黑黝黝的脸像绽开的花。邓小平一边高兴地回答"好，好，好"，一边环视众人，仿佛在找什么熟脸孔。他没有发现十多年前向他激动地汇报过工作的那位小何队长，虽然他一直没有忘记小何队长当年口若悬河的激动模样。

陈烈民说，邓副主席，这就是您十四年前视察过的那口"光荣井"。

邓小平说，辛苦了，同志们，日产量多少啊？

一位面容有些腼腆的新队长说，您上次来，日产量是三十二吨。现在，我们能达到六十三吨啦！

邓小平说，生活上有什么困难吗？

工人一齐吼"没有困难"，回应声音如雷，吼得陈烈民与他的班子成员暗自点头，脸上都是笑意。

这就是"大庆工人一声吼，地球也要抖三抖"的大庆工人啊，这就是大庆人的境界啊。

但偏是这时候，邓小平听见了离他最近的一位年轻工人的一句小声嘟囔。那声音是说"嘿嘿，不好说啊"。那位工人在嘿嘿笑的时候，还不好意思地挠了挠自己的后脑勺。

邓小平朝那工人招招手说，走到我面前来，有什么话说嘛。年轻工人显然犹豫了，看看油田几位领导严肃的脸，小声说，嘿嘿，不敢说。

站在邓小平身后的穆大江走上一步说，邓副主席让你说，你就说呗。于是那位年轻工人壮起胆子说，想要点奖金，我们老加班啊。

这话一出口，站在钻井台上的所有工人都捂住嘴笑了起来。一位油田政治部的负责人沉不住气了，赶紧走上两步，拍拍那个年轻工人的肩膀说，小同志，你可不能这么说。我们大庆人加班是为革命，不是为奖金！

于是年轻工人急忙说，算我没说，首长您别生气。

邓小平说，小同志，你这话没错，咱们社会主义国家原本也是要按劳取酬的嘛。你们做领导的，要研究怎么样搞好分配，这是工人群众正当的要求，应该满足。

陈烈民赶紧点头，在小本上记下了这话，而任燕也几乎同时记下了这话。任燕记下的还有钻井台上爆发出的一阵来自工人们的掌声，以及浮现在所有工人脸上的笑容。这时候，任燕又听见邓小平在问大庆油田革命委员会的陈主任，现在大庆工人的平均工资是多少？

陈烈民说，四十四元六角。

邓小平摇摇头说，太低了！贡献大，薪金就应该高。按劳分配原则具体怎么落实，需要研究。但是，不能搞平均主义，平均主义害处太大。

陈烈民说，是，我们一定照办。

这时候钻井台上又爆发出一阵掌声。邓小平对大家说，这没有什么新鲜的，社会主义本就该如此嘛。工人的生活条件，绝不是小事。要是马克思还在，他肯定也会这么说。

在邓小平一行离开"光荣井"很远后，"光荣井"那群工人们还在互相擂肩，都说有指望了。那位年轻工人说，要是工资能翻上一番，我明年一开春就娶媳妇儿。我请大家吃糖，不是供销社卖的那种小硬糖，而是奶糖，上海的"大白兔"！

在夕阳西下时分，邓小平一行在陈烈民的陪同下走进了大庆萨尔图区原材料仓库。一位穿着蓝色工作服的短发姑娘笑盈盈地站在仓库门口，迎接客人。

陈烈民指着这位姑娘向邓小平介绍说，邓副主席，这是小何，全国劳动模范、生产标兵！这仓库里十万多件储品，您点任何一件，她蒙上双眼都能在一分钟内找到，一件不差。

邓小平说，这么厉害啊？

陈烈民兴致勃勃地说，可以请小何同志现场给首长表演一下。

大家走进了储架林立的仓库。

陈烈民取出一块黑色方巾说，可不可以请邓副主席亲自为仓库保管员蒙上眼睛？邓小平说可以啊，于是就动手折叠黑色方巾，蒙上了姑娘头部，细细扎紧。

邓小平说，没有勒痛你吧，姑娘？

小何连声说没有、没有，邓小平又说现在看不见了吧，小何说看不见了。任燕自告奋勇说去检查一下，在小何头部四周查看了一下后证实说，真的看不见了，绑得很好。

陈烈民接着就把一册厚厚的仓储物品单递到邓小平手中，对邓小平说，您可以翻到任何一页，点任何物品。

随着邓小平翻动物品单和用手指点，陈烈民高声喊，十公斤外包装光明牌浅灰色聚氨酯漆一桶！扁嘴钢丝钳一把！手提式灭火器一只！

只见蒙眼姑娘敏捷如猴，在各式储品架前闪电般穿梭，甚至还攀缘一架短梯爬上爬下，只一会儿工夫，便把邓小平用手指点过的三件储藏品全部取到了客人面前。

陈烈民宣布说，我们的这位全国劳模，按邓副主席指点蒙眼取来三件物品，共计时间二十七秒，平均取一件物品九秒钟！

仓库里立刻爆发出热烈的掌声。穆大江低声赞叹说，真神啊，这本事怎么练出来的？而任燕则快速地作着记录。

小何姑娘要解蒙眼布，邓小平示意说等一等，说着就悄悄向前走了两步，从旁边的一只储架上取下一把小号钳工锉刀，举手向大家示意一下，接着就递到陈烈民手里。

陈烈民会意，高声宣布说，小号半圆形钳工锉刀一把。

蒙着双眼的姑娘马上灵巧地转身，走了几步，冲着柜架上伸手取物，却不料没取着东西，她往左一伸手，摸着一件东西，但马上扔下了，往后一伸手，又摸着另一件工具，也马上扔下了。

姑娘显然蒙了，呆了一会儿，难受地说，首长，我没能完成任务。

众人一下子都笑了起来。邓小平说快把小何姑娘的蒙眼布解下来吧。任燕闻声向前，手脚麻利地解下了姑娘脸上的黑色方巾。

邓小平说，小何同志，你要找的钳工锉刀，在这里。不好意思，我事先取下来了，让你犯了难。钳刀，我熟悉啊，我早年在法国就当过钳工，前几年在江西的拖拉机厂，也是天天都用它，我取下它是情不自禁。总之，小同志，我祝贺你，你通过了考验，完全合格！

掌声又一次在仓库里噼噼啪啪地响了起来，小何不好意思地笑了。

邓小平说，小何姑娘，可以告诉我，你的月工资是多少吗？

姑娘说，四十二元五角。

邓小平转脸问陈烈民，你看，合理吗？

陈烈民说，不合理。

邓小平说，实在太低了。她可以是八级，至少是七级。

陈烈民马上说，我们要研究，我们改正。

邓小平向众人说，大庆人艰苦奋斗、白手起家的精神，大庆人对工作一丝不苟、兢兢业业的作风，都在这位小同志的身上得到了体现，我们得向你学习啊！

这时候有个气喘吁吁的女工跑进仓库，挤到小何身边，一个劲跟小何打手势使眼色。

小何在跟那位女工咬了几句耳朵之后，忽然神色大变。

陈烈民对小何说，小何，首长夸奖你了，你也说几句啊。

小何想说什么，却张张嘴没说出话来，随后一直咬着嘴唇，脸色越发显得苍白。

邓小平发觉有异，问小何出什么事了。小何憋不住，说家里房塌了，她爸爸也伤着了。邓小平马上叫她回家，后来对陈烈民说，我们也上她家去看看吧。

陈烈民低声说，小何的爸爸就是当年英雄钻井队的队长，听说他当年还向您汇报过工作。邓小平说，那就更应当去看看他了。

邓小平一行赶到家属宿舍区何队长家时，看见医务人员已经赶到了，正在动员何队长去医院拍个片，而何队长则捂着腰，坐在倒塌的泥墙边连声说不碍事、不碍事。

小何说，爸爸您怎么老说不碍事，您站起来试试。

何队长使劲想站，却一直站不起来，一张脸痛苦得像歪瓜裂枣似的。

这时候邓小平一行快步走了过来。何队长一见邓小平就两眼放光，想站却站不起来，连声说邓副主席好。

邓小平连声说，你别站起来，你伤着了。我记得你啊，你就是英雄钻井队的何队长啊。十多年前，我们在井台上谈得很好啊。

何队长忽然泪眼蒙蒙了，哽咽着说，邓副主席，"四人帮"打倒您，我们不服啊，您是最关心我们工人冷暖的啊。邓小平说，这些话回头再说吧，赶紧送医院。

医务人员请老何上担架，而老何还在说不碍事、不碍事。

陈烈民大声说，老何，你听邓副主席的！

担架七手八脚地被迅速抬走了，陈烈民示意小何也赶快跟着父亲去医院。

邓小平围着塌了半边的这座"干打垒"走了一圈，又看看屋里的几件简陋的家具，心情不免沉重起来，于是对陈烈民说，去你那里吧，有几句话跟你们讲一下。

陈烈民没想到，邓小平对他以及他的班子成员所讲的话，会是这么沉重。

不仅是他，在会议室里的所有班子成员都感觉到了这种沉重，笔尖也沉重，心情也沉重。

邓小平是这样说的，每句话都说得很缓慢："干打垒"的艰苦生活，只能代表大庆过去的光荣历史。现在让工人们再住"干打垒"，不是自豪，不是成绩，不是光荣，只能说是我们的工作跟不上。工人们还是在拼命地干活，他们的居住条件竟是这个样子！如果社会主义老是让我们的产业工人住在这样简陋的房子里，还要这个社会主义干什么？

邓小平顿了顿，又说，所谓先生产、后生活，短期讲讲是可以的，长期讲不行！那么优秀的钻井队长，没有累倒在钻井平台上，却倒在"干打垒"里，叫人心疼。

陈烈民说，我们有责任，是我们欠债了。

邓小平看看大家，缓了口气，说，大庆的工人阶级为国家的石油事业，作出了杰出的贡献。大庆的红旗是毛主席亲自树立的，大庆是全国工业战线的榜样。

大庆工人阶级越是艰苦奋斗,我们大庆的领导班子越是要关心工人的生活,倾听他们的合理要求,要千方百计地让他们住得安心,吃得可口,有病能得到及时的、高质量的治疗,孩子有幼儿园可以进,有小学、初中、高中可以读。

陈烈民说,是,是。

邓小平说,我再说一遍,大庆工人的工资太低了,应该提高。房子,要盖得好一点,要盖楼房。我以后再来大庆,不希望再看到遍地的"干打垒",我要看到工人住进漂亮的楼房。你们要把油田建成美丽的大庆。我说的,你们不反对吧?

这时候,所有的与会者都放下笔,鼓起了掌。

邓小平最后又强调说,经费不够,好好盘算一下,要算好账。扩大再生产和保障职工生活要注意兼顾,黑龙江省委要专门研究大庆问题,给予支持。

邓小平是在傍晚离开大庆的。他在对大庆的领导班子说出了要关心、改善职工群众的生活那番话以后,感觉到心情舒畅多了,但是他没想到,他的车队在离开大庆厂区的时候,却忽然遇到了"路阻"。那是成百上千名闻讯而来的工人与家属冲着他的车队欢呼,一下子把道路阻得严严实实。

邓小平看见的是一片挥动的手臂:邓副主席!邓副主席!让我们看看邓副主席!

于是他赶紧从汽车上走下来,向大家挥手,但是欢呼声始终不息:邓副主席好!感谢小平同志!

邓小平显然被这样热烈的场面感动了,他不停地朝四面八方挥手。

陈烈民挤到邓小平前面,大声喊,同志们,别挤着了!邓副主席还要赶到哈尔滨去,大家感谢邓副主席对大庆的关怀,想多和邓副主席在一起,心情可以理解,可是小平同志工作日程很紧。

工人们仍然一阵接一阵欢呼:小平同志好!大庆工人感谢您!小平同志保重身体!

陈烈民说,请大家放心,邓副主席对大庆工作的指示,对工人同志们的关心,我们会尽快落实的!现在,请大家让出一条道来!小平同志,您请上车吧。

整整"路阻"了一刻钟,车队才得以开动,直奔哈尔滨。

坐在第四辆车上的任燕流着眼泪,靠在车窗边,一个劲地在自己的笔记本上写着感想。旁边坐着的穆大江副社长对她说，傻丫头，哭什么？

任燕掏出手帕，揉揉眼，说，我知道小平同志为什么受人爱戴了，他最知道人民群众在想什么，他的心总是与人民群众贴在一块儿。

到了哈尔滨，住下来以后，任燕忽然有种冲动，她很想通过饭店总机给在北大的夏建国挂个电话，说说她心里的感受，但是她后来还是忍住了。由于纪律的缘故，她这趟出来，不能给亲朋好友挂任何电话，甚至不能让亲朋好友知道她这一趟出差的名目。当然她也知道，夏建国与田源他们正在忙着悄悄地排演，精心酝酿着舞台上的一声"惊雷"。任燕觉得上上下下的努力都在往一个目的奔，那就是正本清源，让一切扭曲的事物都回归到本来的朴素面目。

中国的政治气候，是越来越见暖和了。

但是任燕以及她的上司穆大江怎么也没想到的是，邓小平会在东北这块丰饶的黑土地上，直接向"两个凡是"开炮。那一刻他们惊得眼珠子都要掉出来了。

那是在吉林长春，两天以后。

五

邓小平在哈尔滨住了一夜，次日上午就跟黑龙江省委班子谈了话。只谈了半天，他下午就动身赶往了吉林。他打算在吉林的王恩茂书记那里说些更为尖锐的话。

当然，他对黑龙江的工作是满意的。尤其是省委书记杨易辰及时组织省委班子学习《光明日报》文章之举，他相当赞赏。这说明黑龙江的领导同志肯动脑筋，着眼于破除框框解决实际问题。于是他对黑龙江的班子讲了这样的话：我们国家的体制，包括机构体制等，基本上是从苏联来的，人浮于事，机构重叠，官僚主义发展。"文化大革命"以前就这样。办一件事，人多了，转圈子。有好多体制问题要重新考虑。总的说来，我们的体制不适应现代化，上层建筑不适应新的要求。过去讲发挥两个积极性，无非中央和省市，现在不够了，现在要扩大到基层厂矿，要加强基层企业的权力。比如大庆，决定它引进的建设项目，从头到尾应由大庆负责，包括自己派人出去考察，每项技术怎么引进，怎么学，同外国人来往，签订合同等。

他的这些话，也使黑龙江的领导班子觉得新鲜，议论很热烈。大家似乎都渐渐明白了，怎么从一个更高的层面去思索和判断问题。

伴随着南下专列的哐当哐当声，邓小平一直闭眼端坐在车厢里，整理着自己的思绪。

要从一个什么样的角度，直接点明"两个凡是"的荒谬呢？这个问题不好讲，但是必须讲。在北京讲有难度，那就在东北讲。总之必须"破题"，必须由他邓小平自己来破。看来，这是历史的责任。

一个扎小辫子的列车员姑娘过来倒开水的时候，邓小平才微微睁开眼。

九月的东北平原在微微旋转。从窗外看去，田野上劳动的人不多，插着的红旗与标语牌却不少。

这时候，由于火车颠动了一下，茶杯里滚烫的水晃了些出来，列车员姑娘的鞋面湿了。

王秘书看见了，紧张地走过来说烫脚了吧，快脱掉鞋。列车员姑娘不肯，连说不烫、不烫。邓小平说脱下来看看吧，看看有没有起泡。

姑娘还是不肯脱鞋。其他的列车员姑娘闻讯赶了过来，将这位小辫子姑娘扶到座位上坐下，小心翼翼地脱下她的黑色布鞋。脚上倒是没有起泡，但大家惊奇地发现，姑娘的袜子是露出三个脚指头的，破得厉害，大块的补丁已经脱线。

邓小平叹口气，说，女娃，是担心我们看见破袜子，所以不脱鞋吧？

小辫子姑娘听了这话，一张脸越发涨得红了。

邓小平说，家里过得怎么样？

小辫子姑娘低着头不吭声，旁边的一位列车员姑娘代为回答说，小秦是最节省的，三十元的工资要寄二十元回家，她弟弟妹妹要读书。

小辫子姑娘一听这话，眼睛就红了。

邓小平说，铁路局发奖金吗？

几个列车员姑娘都抢着回答说，没有，加班再多也没有，说物质刺激是资本主义流毒。其中一位列车员姑娘说，首长，我们工资不多啊，生活都很紧张。上个月有同事的父亲生病住院，还是靠向工会借的二十元钱救急。

这时候，一位男列车员挤进来，低声说，首长，其实我们不该说这些，我们领导不让说。

邓小平说，让你们说什么？

男列车员说，揭批"四人帮"，人心喜洋洋。

这话说了以后，大家都不说话了，没有一个人觉得可笑。

邓小平看着那位小辫子姑娘说，女娃子，你袜子这么破，不是你害羞的问题，是我该害羞的问题。我是党中央的副主席、国务院的副总理，是我没有把这个家当好。

穆大江听了这话，马上对身后的任燕做了个手势，要她赶快记下小平同志的这句话。这时候，大家又听邓小平这样说，一线职工的薪酬长期过低，管理上又没有奖金制度，不能体现多劳多得的分配原则，这是全国性问题，闹得大家都过穷日子。你们刚才说人心喜洋洋，谁相信这是真话呢？但假话说多了，连自己都以为是真的。

火车长鸣了一声。

邓小平加重语气说，总之一句话，是我们的工作没有做好。

邓小平的这句话说完以后，列车又长长地鸣叫了一声。前方就是长春站了，吉林省委第一书记王恩茂与他的班子成员都站在站台上。

邓小平下榻于长春市的南湖宾馆，刚歇下，王恩茂就登门拜访。他已经召集了一个有厅局以上领导同志参加的干部大会，他希望邓小平在这个大会上讲讲话。

邓小平说，你王恩茂，这两个月来好几次捎信给我，请我来长春讲讲话，到底想听我讲什么？

王恩茂说，一直想当面请教您，小平同志。现在，我们面对的实际问题很多，但您说过，许多实际问题的解决，要靠理论的突破。可是理论问题，又该怎么突破呢？说破了天，也绕不过十一大路线吧？

邓小平说，你们不是学过《光明日报》那篇文章了吗？

王恩茂说，学过了，但还是不解渴啊。这篇文章说社会实践是检验真理的标准，只是说了一个哲学道理，具体该怎么落实呢？吉林省大大小小那么多问题，光机所的平反工作还没有完全解决，企业管理的规章制度迟迟建立不起来，旧设备到底该改造还是换新的……成堆的问题都卡在那儿，推都推不动，这把人急的，光讨论哲学问题有什么用啊？

邓小平问，光机所的事，都查清楚了？

王恩茂说，按照您的批示，我们派工作组反反复复调查了，情况是清楚了，一百六十余个受牵连的，基本上都平反了。还有十个，留了尾巴，平反不下去啊，天天闹，头痛着呢。这十个人里有一个，曾经执行刘少奇指示很坚决，刘少奇单独接见过，当面给予过表扬；有一个，说是跟"薄一波等六十一人叛徒集团"案有关联；有几个在国外的经历查不实，说是有疑点；还有三个年轻人，跟天安门事件有关系，去过天安门广场。光机所原来管事的那几个人说，刘少奇案、薄一波案是中央定的，是毛主席定的，你们敢动一下我们就告到中央去！如果彻底平反，那就是反党、反毛主席，帽子可大了！

邓小平说，你认为呢？

王恩茂说，睡不着觉，头痛。

邓小平问，你先说，我们现在开展的真理标准大讨论，目的到底是什么？

王恩茂想了一想，迟迟疑疑说，小平同志，有些问题，我们可是不敢想啊。

邓小平说，是啊，有些问题，你们确实是不敢想。但是，你们当真没有想过？

王恩茂说，当然想过啦，但是很多同志都有困惑，甚至我们省委常委会也看不清未来的道路。比如说，"两个凡是"，能突破吗？毛主席说过的话、定过的案子，能更改吗？许多同志问，我们下一步到底该怎么走啊？所以啊，这次小平同志来长春，无论如何得请您给我们说说。

邓小平说，不担心我点一把火？

王恩茂说，哎呀，我们就想听您的点拨！

邓小平说，好，那我就给你们说一说。

邓小平说话的地点是在吉林省委的小礼堂，一百多个厅局级以上干部坐得端端正正。

邓小平在麦克风前坐下的时候，心里想，就是这个场合了。有些不能不讲的话，就该在这里讲开了。

新华社穆大江副社长与任燕都坐在第一排。穆大江凭着一种敏感，似乎觉得邓副主席在这样的场合会说一些什么，便对任燕说，我们两个都记得全一点，争取每句话都不落下。

邓小平开门见山就说，同志们，我们现在正在广泛开展真理标准问题的大讨论。这场大讨论，是我倡导的，我很支持这样的讨论。有人说，搞这场大讨论，干扰了抓纲治国，干扰了深入批判"四人帮"的政治运动。这里，我想先问大家一个问题：批判"四人帮"的政治运动已经开展快两年了，这场政治运动什么时候是个头？是不是还要无休止地开展下去呢？谁来回答这个问题？

整个场子立即议论纷纷，但是没有一个人举手。

邓小平环视全场说，虽然没有人回答这个问题，但是我想，大家心里都有一个答案，那就是，这场政治运动不能没完没了，迟早是要结束的。什么时候结束为好呢？依我看，这场大规模的政治运动今年内就应该结束。那么，第二个问题就来了，结束了批判"四人帮"的政治运动，我们党的工作重点是什么呢？我们还要不要抓纲治国？如果要的话，将以什么为纲呢？恩茂同志，你想过这个问题吗？

坐在邓小平一侧的王恩茂站起来说，小平同志啊，老实说，我没有想过这个问题。

邓小平说，你坐下。这个问题，确实很多同志都没有想过，但是，不想这个问题不行啊。我告诉同志们，我们开展实践是检验真理的唯一标准的大讨论，目的就是要全党同志通过大讨论，在这个问题上解放思想，开动脑筋，尽快找到一条治国的新路子。那么，同志们想过没有，我们靠什么去找这条新路子呢？

场子里一片寂静。

忽然，后排有一位干部举手说了一句，我们靠高举毛泽东思想伟大旗帜！

邓小平听见有人说话了，但是没有听清，于是说，后面这位同志说的是什么？我耳朵背，没听清楚。

前排有位老干部赶紧站起来说，报告邓副主席，他说要靠高举毛泽东思想伟大旗帜。

邓小平说，好，说得好，我完全同意。毛泽东思想是我们党的指导思想。这面大旗，我们一定要高举。但是，同志们，怎么样高举毛泽东思想旗帜，是个大问题。什么叫高举？怎么样高举？大家知道，有一种说法，叫"两个凡是"，不是很出名吗？

这句话的话音刚落，台下顿起波澜，表示惊异的叽叽喳喳声立即传遍全场。

穆大江手里的那支派克钢笔忽然就掉到了地上，他赶快伸手去捡。而任燕此时也瞪圆了眼睛，邓副主席直接点名"两个凡是"，这太叫人吃惊了。

主席台上的王恩茂显然也露出了惊异的表情。他侧过脸，怔怔地看着邓小平。

邓小平略停一停，语调平静地继续讲，凡是毛泽东同志圈阅的文件，都不能动；凡是毛泽东同志做过的、说过的，都不能动。是不是这样呢？

整个会议厅都震愕了，邓副主席这是点谁呢？

能这样直接批评"两个凡是"吗？这可是英明领袖华主席多次讲过的话啊。

邓小平继续说，语调还是那样平静，但是充满力量：这是不是叫高举毛泽东思想的旗帜呢？不是！这样搞下去，要损害毛泽东思想！

全场渐次安静了，只听见笔尖划过纸张的沙沙声，其中数穆大江与任燕记得最快。

邓小平注视全场，声调坚定地说，高举毛泽东思想的旗帜，要掌握它的精髓。毛泽东思想的基本点，就是实事求是，就是把马列主义的普遍原理同中国革命和建设的具体实践相结合。毛泽东同志在延安，就为中央党校题了"实事求是"四个大字，毛泽东思想的精髓，就是这四个字。过去我们干革命，靠的是实事求是，现在我们搞建设，同样要靠实事求是。

这时候坐在邓小平一侧的王恩茂书记忽然站起来，举起手带头鼓掌，顿时全场掌声雷动。

邓小平揭开面前的白瓷茶杯盖，缓缓喝了一口茶水。他想，很好，话挑明了，而吉林省的同志们也听清楚了，而且当场就有了这样的反应，这说明大家是悟出这个道理了。

于是，邓小平继续说，实事求是，首先要求我们弄清楚我们的国情。同志们，我请大家认真地想一想，现在我们国家的主要矛盾是什么？是阶级斗争，还是经济文化落后、人民生活水平太低？我希望大家都来认真思考。在这个问题上，我们一定要解放思想，实事求是。不来个思想大解放，就找不到出路，我们就会被人民抛弃！

小礼堂内鸦雀无声，一片写字的声音。

邓小平提高音调说，我们共产党是干什么的？我们当年上井冈山是干什么的？"四人帮"叫嚷要搞穷的社会主义，胡说共产主义主要是表现在精神方面的，简直是荒谬至极！应该承认，现在摆在我们面前的主要矛盾是我们太穷了，太落后了，老实说我们对不起人民！

听到这里，很多与会者都屏住了呼吸。

邓小平说到这里，似乎动了感情，说，同志们，我们的人民太好了！今年，一九七八年，我们工人的月工资有多少呢，只有四十五元。农村广大地区，还处在贫困状态。这叫什么社会主义优越性？中国人民不能再这么苦下去了！我们的人民，是好人民，忍耐性已经够好了！国外有评论说中国人还能忍耐多久，我们要注意这个事情！如果社会主义是贫穷的社会主义，那我们要这样的社会主义干什么？人民就有权抛弃我们，我们就不配叫共产党！

说到这里，小礼堂内掌声雷动。

掌声长时间响着，许久停不下来。

坐在第一排的任燕飞速地记录着，泪水蜿蜒地流在她的脸颊上。穆大江在一旁看见了，嘟嘟哝哝说，傻丫头，傻丫头。

这时候，坐在主席台正中的邓小平站了起来，向全场摆摆手，待掌声平息下来后说，同志们，我们现在必须尽快结束揭批"四人帮"的政治运动，把我们的注意力集中到现代化建设上来。社会主义的优越性就体现在发展速度比资本主义更快些。我们只有一心一意搞建设，集中精力发展生产力，努力提高人民的生活水平，让全体人民都能够过上好日子，我们的社会主义才能够立于不败之地！

邓小平说到这里的时候，已经不光是任燕脸上有泪水了，很多干部眼睛里都泪花闪闪。有人大声感叹说，很久没有听到有人这么讲话啦！

王恩茂书记一边鼓掌一边喃喃自语说，开窍啦，开窍啦，说得透彻啊。他忽然对坐在他旁边的省委副书记耳语说，光机所的冤案，下决心彻底平反。会后就批下去，不过夜了。

六

吉林省委组织部的一位副部长，当天傍晚就赶到了长春光学机械研究所，立即在饭堂里召集了全所干部职工大会。

这位副部长是这样宣布的：省委决定，将无端制造冤案，残酷陷害一百六十余名干部群众，致使七人含冤自杀的原光机所军管小组组长、长春机械局局长立即隔离审查！

饭堂里刹那间静寂一片，随后突然爆发出了欢呼声。许多人简直不敢相信自己的耳朵。

这位副部长继续宣布说，省委还决定，长春光机所所有被无端扣上"叛徒、特务、间谍、反动学术权威"帽子的技术干部、技术工人一律给予平反，恢复名誉，返回原工作岗位！扣发的工资，一律补发！剥夺的待遇，一律恢复！遭受的损失，全部补偿！省委慰问大家，同志们受委屈了！

在这个破旧的饭堂里，欢呼声再度轰然而起。有人号啕大哭，也有人相拥落泪，还有人跨上摇摇晃晃的饭桌，举起双手泣不成声地高呼，共产党万岁！

当天晚上，心情激动的穆大江与心情同样激动的任燕商量如何发稿。

邓小平在吉林干部会议上的讲话太有针对性了，太震撼了，无论如何要向全国发出一篇稿子。这篇稿子与已经写就的《邓小平在大庆》全然不同，这是打破中国当前思想桎梏的一发震撼弹。思想解放的新篇章，可能就此开启了。

但是，叫这两个人犯愁的是，这样尖锐的稿子，这样尖锐的观点，怎样才能发向全国呢？根据穆副社长的新闻专业经验，邓小平同志的有些话，现在是很难公开发表的。

邓小平的这次长春讲话，简直就是一篇思想解放的战斗檄文，对推动国家发展有着不可估量的作用。无论如何也得把它发出去，这是每一个有良知的新闻工作者的责任。

焦虑了三十分钟之后，一个主意形成了。这个主意倒是任燕出的。任燕说，穆副社长，您忘了我们去年在全国招生会议上是怎么做的了？我们可以发内部文稿啊，发《动态清样》啊！

新华社社长、党组书记曾涛案头的电话，是在这一天的深夜响起的。他仔细听了一会儿，情绪便激动起来，说，我看就这样，出《动态清样》专刊，直接送省部级领导参阅。出问题，我担着。你们尽管胆子大一点。这段时间中央各部委、各省市自治区的真理标准大讨论如火如荼，出了一批好文章，我们也不能再做小脚女人！你们胆子大一点，马上就把稿子发过来！

曾涛搁下电话，搓搓手，心里想，这是有点短兵相接的味道了。虽然还不能以通稿的形式向全国媒体发送，但是《动态清样》一发，在中央各机关、各省市自治区党委内也将掀起一场波澜了。

他又想，反正是《动态清样》，也不必向张平化部长甚至汪东兴副主席报告。出什么问题，我担着。小平同志都敢那样讲了，我还不能以《动态清样》的方式转吗？

新华社这一期《动态清样》的连夜发出，果然在第二天形成了爆炸冲击波。中组部部长胡耀邦当时眼睛一亮，几乎要从他所坐的那张木椅子上蹦起来。他对秘书说，开会，开会，马上通知开中层干部会议。

然后胡耀邦就在中组部的中层干部会议上说，我这里有一份今天新华社发出的内部传阅件，大家都看看。邓小平同志在东北的讲话，何等尖锐，何等深刻！同志们，现在，话已经完全挑明了，束缚我们手脚的"两个凡是"到了必须破除的时候了！全国上下，必须以新的思路来想一想，国家的社会主义建设究竟该怎么搞？我们中组部要想一想，怎样才能更有效地开展我们的工作，尤其是加快冤假错案的平反进度。

他这一番话，说得会议室里的同志一齐点头。

胡耀邦又大声说，今天上午，整个半天，中组部机关各部门就集中学习小平同志的长春讲话精神。学习情况，各部门负责人中午向我汇报，散会。

胡耀邦又马上打电话给中央党校，嘱咐党校各部门也马上抽时间认真学习邓小平的长春讲话。刚放下电话，他便接着了《光明日报》杨西光总编辑的来电。杨西光兴奋得声音都有些变调了，他说光明日报社内也是一片叫好声，大家都为邓副主席公开批评"两个凡是"而感到无比振奋。

新华社所发的反映邓小平长春讲话的《动态清样》传到各省，也顿时激起了层层波澜。刚担任广东省委第一书记不久的习仲勋看到这篇讲话，也马上嘱咐召开新一届的广东省委常委会的学习会议，布置对这篇讲话的学习。

三十分钟后，习仲勋走进常委会会议室，对新任常委们说，小平同志来广东视察的时候，我还没有来广东工作，因此无缘亲耳听见小平同志的指示。我只知道小平同志关于广东工作的各项指示，已经在省内产生了很大的影响，广东的工作已经大有起色。所以，我一点也不奇怪，为什么我到广东报到的第二天，广东的同志就高高兴兴请我吃了一顿鸭子。说实话，那天鸭子的味道真是好！

大家听到这里，就笑了起来。

习仲勋又说，小平同志看得很深啊。从一只鸭子身上，他看到了我们制度上的大问题啊。我前两天去了一趟中英街，看到香港那边都是高楼，车水马龙的；我们宝安这边呢，都是茅草房子，这么萧条。我不知道同志们看了以后心里难受不难受。新中国成立都快三十年了，那边那么繁荣，我们这边这么破烂。我那天就跟宝安县委的方苞说，我心里堵得慌。所以小平同志说得对啊，人们"逃港"，是我们的政策出了问题。制止群众性外逃的根本措施，不是增加哨卡的兵力，不是加固铁丝网，不是把外逃的人抓回来严刑峻法，是改变大政策，发展经济，提高群众生活水平。

说到这里，小小的会议室里已经有不少人自发地鼓起掌来。新任省委第一书记有这么清醒而明确的判断，在座的人觉得有些意外，同时也觉得振奋。

接着，习仲勋就举起新华社的那份《动态清样》说，小平同志这一次在吉林省的讲话，是对我国政治、思想领域重大理论问题的深刻阐述，观点非常明确，可以说是振聋发聩。小平同志阐述得很清楚，"两个凡是"的观点是错误的，必须破除！我认为，小平同志的这次谈话虽然是在东北吉林，但是有全国意义，对我们广东省的工作，也是极具指导意义的。我建议，我们新一届省委常委第一次学习会议的内容，就是认真学习小平同志的这次重要讲话。多数常委都点了头，都说好，却有一名常委忽然小声建议说，第一次学习的内容，还是以学习毛主席著作为妥吧？

虽然这话说得很轻，但是会议室的气氛却一下子僵住了，大家一时都不知道该说什么。

这时候，只听习仲勋斩钉截铁地说，毛主席著作，我们当然也要安排学习的。但是，不在这一次。这一次，就安排学习小平同志讲话。秘书同志，请分发阅读资料。

秘书立即将已经准备好的新华社传阅件分发到每一位常委手中，动作很快。

在中央各机关和各省市自治区领导班子都自发地研读、学习邓小平长春讲话的时候，搁在华国锋办公桌上的那排电话机也接二连三地响起。电话里传来的声音都很急促，有的提醒英明领袖要"万分警惕"，有的说这是"信号"，有的提议必须"迎头痛击"，还有的要求"面见进言"。

华国锋一律听着，用他的山西腔普通话"嗯嗯啊啊"地应和着，但是没有表态，也婉谢了"当面进言"。华国锋搁下电话听筒后，默坐了好一会儿。他对新华社送来的那份《动态清样》已经看了三遍了，他觉得要好好想一想，要想想邓小平为什么那样说，要想想邓小平说的到底在不在理，也要想想"两个凡是"到底有没有不适应时局的状况。党的基本路线和毛主席以往提出的重大战略部署，该怎样坚持和发展？

这一系列问题都是重大问题。重大问题想得多的时候，头就会隐隐地痛起来。华国锋觉得自从夏天以来，他头痛的次数明显增多了。

七

邓小平东北之行的专列到了鞍山。

自从长春讲话之后，他觉得自己的心境明朗多了。随行的新华社穆副社长向他报告了下发《动态清样》的消息，同时也向他报告了各地对他长春讲话的初步反应。这些反应听起来都是很振奋的，这也符合邓小平的预计。

党内的舆论正在起根本性的变化，而且变化会越来越大，这是好事，邓小平想。所以，到了鞍山，刚住下，王秘书就向邓小平报告，说是北京市副市长张百发打来电报，请求邓小平回到北京后，抽空去看一看北京市的第一个居民住宅小区"前三门住宅区"的竣工，邓小平也愉快地答应了。邓小平还对王秘书说，不仅我要去看那个居民小区，而且还可以把大庆的领导同志请上，让他们到北京取点经验。大庆的那位被"干打垒"压伤的何队长，如果身体情况允许，也可以请上，一起去看看。总之，人民群众的安居乐业要提上日程，这不是小事。

鞍钢"英雄炉"的牛炉长有股聪明劲儿。这位年轻的炉长不仅打听到了要来视察鞍钢的中央首长是邓小平，而且还打听到了邓小平的下榻之处是鞍山宾馆，因而萌生了一个"直接面见邓小平求教"的念头。有工友笑他异想天开，还说这是"犯纪律"的，牛炉长便瞪起牛眼说，犯什么纪律？中央领导不是与工人心连心吗？就兴他党委书记汇报，不兴我们工人汇报？我挨了书记一顿骂，心里还不服呢，是他"崇洋媚外"，还是我故步自封？我就不服，我要找邓小平评评这个理。

牛炉长与他的几位工友被挡在鞍山宾馆门外，是当晚八点半左右的事。牛炉长点着自己工作服上的工号，反复对神色严峻的警卫说，我们不是可疑分子，都是根正苗红的工人阶级。我们都是鞍钢"英雄炉"的，我是炉长。

这些嘈杂声后来引起了王秘书的注意。王秘书向邓小平报告了宾馆门口的这一幕，说是有几位工人想见首长，其中一位是鞍钢"英雄炉"的炉长，说是不满意厂领导淘汰他们的设备，还说"英雄炉"无论如何也要保住，不能拆，这是中国钢铁工人的象征。

邓小平思忖了一下说，这个是有代表性的观点啊。我看，就请他们进来，听听工人的意见，有好处。

于是一个小型的座谈会就临时安排在鞍山宾馆的小会议室里了。邓小平笑眯眯地看着几位神色激动的年轻工人，听他们一个接一个地说着同样激动的话。

牛炉长说话的时候甚至用手指头嗒嗒嗒地敲着桌子，他强调说，我们就是反对随随便便把一杆红旗拔了。我们的"英雄炉"可是不简单，今年全厂的开门红就是靠它，五一大会战的最高日产量也是它创的。邓副主席您说一句公道话，您能赞成拔红旗吗？

另一位工人说，这"英雄炉"事故是多，炉子老了嘛，事故当然免不了。但在我们工人阶级面前，办法总比困难多嘛，每一次我们都能及时排除的。

牛炉长又接上去说，俗话说新三年，旧三年，缝缝补补又三年。勤俭办事是咱们党的优良传统。我们工人阶级能丢吗？绝对不能丢！不能动不动就淘汰，一双眼睛就盯着洋人的新设备，难道老设备就一定不能用了？邓副主席，我就是跟我们厂党委书记吵过，他要把旧设备连根拔，我们就是不同意。这与自力更生的大庆精神是唱反调的。我们不接受党委书记的这种批评。

待工人们七嘴八舌说完了，邓小平点了点头，说，你们的话我都听明白了。

你们是"英雄炉",我看过你们的材料,不简单,日单产、总产都创纪录,各位工友也都是劳动模范,咱们鞍钢为国家作出了很大贡献,我很感谢大家啊。

这话一说,四个工人都兴奋起来,牛炉长甚至感到自己的眼眶湿润了。他说,还是您邓副主席了解我们工人啊。

邓小平说,不过呢,我还有几句话,大家听听看,能不能说得通?

牛炉长说,邓副主席,您请说。

邓小平说,要我说啊,淘汰旧设备,更换新设备,为什么就是拔红旗呢?可能正好相反,能让红旗立得更久啊。

牛炉长听不明白,他的伙伴们一时也都听不明白。牛炉长说,邓副主席,您的意思是?

邓小平说,鞍钢对于大家,是不是像自己家一样?

牛炉长说,那当然,谁要是敢说鞍钢一个不字,我都要跟他急。

邓小平说,是啊,鞍钢的情况想必没有人比各位更了解了。鞍钢是我们国家最大的钢铁生产基地,承担着非常重的生产任务。鞍钢的生产情况,牵扯全国啊,其中的利害,大家一定清楚。

牛炉长说,邓副主席说的是,我们都为此自豪。

邓小平话锋一转,说,但是,各位肯定也比我更清楚,鞍钢的生产设备整体都很陈旧了,几乎所有的高炉都是日伪时期留下的,消耗大,成本高,产量低,事故频发,这也包括你们的那座"英雄炉"。牛炉长,我说的可有误?

牛炉长说,邓副主席,您这话是对的,炉子是旧了点,但是我们都能修好,也都能按时完成任务,从来没误过工。

邓小平说,没误过工,一来是因为标准低,再一个是你们各位加班加点,不分白天黑夜赶出来的。我没说错吧?

牛炉长说,这个,我们是心甘情愿的啊。

邓小平说,这不是愿不愿意的问题,是应不应该的问题。我相信,这些旧设备在你们手里一定能得到很好的维护。但是,很明显,它已经不适应整个国家的现代化建设了,再这样下去,会误大事。你们厂领导如果有规划,逐步淘汰老炉子,我看是好事,应该支持,各位也应该理解。

这时候牛炉长就激动地站了起来,他大声说设备虽然旧,但我们鞍钢人也有铁人精神!牛炉长这话一说,他的伙伴们也纷纷说人定胜天,工人阶级能够战胜一切困难！

邓小平伸手说，坐，坐，铁人精神可不是蛮干啊。这样吧，如果不耽误工友们休息，我这里有一部影片，半个小时，都是讲的钢铁生产，可以请同志们看一看。

王秘书插话说，这部影片是小平同志特意带来鞍钢的，同志们愿意看吗？

于是在后来的半个小时里，就由王秘书主持，为工人们放了半个小时的资料影片。画面上出现的那些欧洲与日本的现代化转炉、在电子屏幕前操作的工人、自动化的炼钢和轧钢程序，让牛炉长和他的伙伴们看得目瞪口呆。

这四位工人在夜风中离开鞍山宾馆的时候，还有点晕乎乎的感觉。牛炉长对他的伙伴们说，炼钢怎么就能这样炼呢？他们的工人都到哪儿去了呢？他们的炼钢工人怎么都戴着眼镜，戴着手表，坐在桌子前，像个干部呢？

这时候有个工友说，我也想当这样的"炼钢干部"，这样多舒服啊。话还没说完，他的后脑勺就挨了牛炉长的一个"栗子"。

任燕是早上醒来后才知道昨天晚上宾馆会议室安排了一场小小的"座谈"的，还放了半个小时的影片。她连连拍自己的脑门，说不该这么迟钝，得不到消息。所以次日上午，她随穆大江副社长跟随邓小平一路视察鞍钢厂区的时候，一直提着心眼儿，生怕漏掉一点儿应该记录而没有记录的情况。

她把自己戴的柳条帽掀得很高，以便观察四面八方的情况。

她听见邓小平一边走一边问鞍钢党委第一书记沈越，鞍钢现在的年产量是多少？

沈越书记说，全厂一共十座高炉，年产六百四十万吨。

邓小平说，研究过设备更新的计划了？

沈越书记说，厂长从日本参观回来，马上就开会研究了，初步计划是先淘汰一两座事故多发的高炉。目前正在跟国外接洽进口设备，问题是厂里的思想还不统一，反对意见不少。

邓小平说，我来鞍钢几次了，每一次看到大大小小的炉子，都还是老家伙，基本上都是三十年代日伪时期留下来的。我今天再来，这些高炉看起来更加破旧了。

邓小平说这话的时候语气十分沉重，周围的人也都听得心里沉甸甸的。空气中飘来一股硫黄的气味，一些人赶紧捂住了鼻子。

邓小平说，现在是七十年代末了，我们使用的，还是日伪留下的老炉子。这个样子，怎么能有效地发展生产？鞍钢的工人们有国家主人翁意识，发挥了超常的干劲，但是，不能光强调人的因素。设备落后，人就是累倒，产量还是上不去，更不要说质量了。现在国家很需要优质钢、特种钢，我们没有相应的生产设备。光靠手，是炼不出好钢铁的。鞍钢的有些同志不想更换设备，比如"英雄炉"的那些同志。他们的心情可以理解，但是他们的想法落伍了，我们要注意引导。

邓小平正说到这里，远处的东南方向忽然就传来了令人心惊的事故警报声，所有的人都吃惊地停住了脚步，向那个方向望去，发现是一座高炉的一角冒出了浓烟。

鞍钢的沈越书记失声叫了一声"不好"，马上就朝那个方向跑了过去。邓小平也往出事的方向走了几步，却被身边的两位警卫一把拉住。警卫说，首长，危险！

这个情况来得很突然，仿佛是现场回应邓小平刚才的那番指示。

一分钟过后，警报就解除了，好在事故不大。一会儿便见两副担架被人气喘吁吁地抬了过来，直往厂部医院方向走。邓小平快走几步，到一副担架前停了下来，担架上躺着一个半边脸熏得乌黑的年轻汉子。那汉子抬起头来，王秘书一看，惊得几乎叫出声来，原来这位伤者正是"英雄炉"的牛炉长。

担架上的牛炉长显得很不好意思，黑着脸对邓小平与王秘书说，我们只想放个卫星，谁知道……邓小平赶紧挥手，说不要多说话，赶快去医院。

穆大江和任燕通过王秘书的介绍才知道，这位伤者就是反对拆除"英雄炉"的牛炉长，他昨天晚上激动地向邓小平倾诉了一大堆肺腑之言。

一小时后，一位满头大汗的高炉抢修指挥跑进鞍钢总厂会议室，向端坐在那里的中央首长一行、冶金部的领导、辽宁省委的领导、鞍钢党委的领导报告方才出现的事故情况。他喘着气说，真是对不起，让首长们受惊了！今天事故的直接原因是高炉底部老化漏气。设备已经维修过多次，但是没想到今天又出了事故。还好不算太严重，只有牛炉长和另外一名工人烫伤，烫伤面积不大。我们对事故的发生估计不足，我们负有领导责任。

邓小平说，牛炉长受伤了，这样的劳动模范一定要尽全力精心医治。

现场指挥说，医院已经初步处理了，问题不大，两位伤者的精神状态都很好。

邓小平说，要做好事故的善后工作，认真吸取教训，不能再伤到我们的工人了。

抢修指挥说，已经决定这座高炉立即停止生产，彻底维修。

邓小平说，我看就不要再维修了。一遍又一遍维修三十年代的老炉子，不是办法。靠国家现在的力量，一时还造不出先进的炉子，怎么办呢？那就只有一个办法——引进。生产设备不能靠改良。靠这里打个补丁，那里打个补丁，终归不顶事。一定要引进世界上最先进的生产设备，鞍钢要彻底改造。我带来了一个资料影片，你们都已经看过一遍了，我建议你们再看一遍。少数工人有情绪，是因为我们的思想工作做得不到位，没有把道理讲清楚。日本是战败国，国土面积小，又没有矿产资源，别说富铁矿了，就连石灰石，都要从你们辽宁的大连进口。二十年前，我们与日本的钢铁年产量差不多。可是，仅仅十几年，日本就新建了八个千万吨级的钢铁厂，四年前产量就冲破了一亿吨。我们呢？我们去年才达到两千万吨，而且优质钢很少。

任燕伏在会议桌旁拼命记录，争取一句话都不落下，同时心里想，邓副主席怎么记得住那么多数字？整个中国的一本账，好像全在他心里整整齐齐地摆着。

邓小平看看大家，继续说，我们每年进口钢铁五百万吨，要花外汇二十亿美元。先念同志告诉我，明后年是用钢高峰，要进口钢九百万吨，那就要花外汇近四十亿美元。我们的外汇储备很少啊，可是钢铁进口每年都要占去一大部分。我们能够出口挣外汇的商品也很少，大庆石油工人辛辛苦苦打出石油来出口，能挣多少外汇？农民省下鸡蛋不吃，渔民打上深海黄鱼不吃，能挣多少外汇？都拿来换钢铁了，我们心疼啊！这种局面不能再继续下去了！

鞍钢党委第一书记沈越这时候觉得自己泪光盈盈了，点着头小声说，我们鞍钢的责任重啊。

邓小平说，一个民族，要站起来，靠腰杆硬。想腰杆硬，就得靠钢铁。要下决心，大规模引进世界先进的技术设备。引进以后，一定要按照国际先进的管理方法、先进的经营方法、先进的定额来管理，也就是按照经济规律管理经济。这是一个彻底的改造过程。一句话，就是要革命，不要改良，不要修修补补！

沈越兴奋了，说，对，要革命，不要改良！

邓小平说，不过呢，还有一个附带的问题。你们矿山现在有六万人吧？如果照美国的技术，只需要一万人。多出五万来，怎么办？同样，鞍钢引进技术后，只需要十万人，多出七八万人，怎么办？

这个问题一出，倒叫沈越呆住了，在座的冶金部的同志和辽宁省委的同志一时都没人敢接话。

穆大江皱起眉，心里想，这也是个现实问题啊。现在就业那么困难，多出来的人员要是处理不好，不仅是厂里的一个大包袱，还会影响社会稳定。

会议室里静默了一阵子。

邓小平说，这些问题都得考虑到，要妥善解决。首先，相当一部分需要转移到别的行业。加工业需要大力发展。我们的服务业几乎没有起步，空间大得很。鞍钢的修理行业也可以为其他冶金基地服务，为全国服务。

沈越听到这里，有一种豁然开朗的感觉，马上说，对，对，我们要把这个问题研究好。

邓小平扭脸看看他，说，其实，这也不是你们一个企业、一个省的问题。我有个设想，要扩大地方的自主权，特别是企业的自主权。你们大大小小的干部，都要开动机器，不要当懒汉，不要头脑僵化。以后既要考虑给企业的干部更多的自主经营权，也要对他们进行考核，要讲责任制，促使大家多想问题。

沈越说，我们一定会努力工作，迎头赶上。

邓小平说，那就好啊。还有，我们的管理实际上很薄弱。在管理上，一定要强调多劳多得。干得好的，有创新的，作出了重大贡献的，要给予奖励，要重奖！鞍钢的工人工资现在是五十八元，比大庆的四十四元那是高多了，但还是太低！工人起码应该是四级工，要有大量的七级工、八级工！我在大庆反复讲这个问题，今天也要跟你们讲。

与会者听到这里，顿时都交头接耳起来。

沈越书记对坐在身边的一位副书记说，这下工人们可要高兴坏了。

邓小平听见沈越的这句话，马上说，工人们高兴，工业才有希望。辽宁是重工业地区，国家发展重工业，要倚重辽宁，倚重鞍钢。全国人民的眼睛都看着你们呢，你们要敢于扔下包袱，快速前进，轻装前进。

在邓小平一行离开鞍钢的第三天，绑在牛炉长头上和腿上的绷带就卸掉了。

牛炉长的伤不重，但心情却很不轻松。他对来探病的一群工友说，这两天我躺在这儿左思右想，可能咱们是该和老伙计说再见了。他的同伴说，我还是挺舍不得咱的"英雄炉"的。

牛炉长这时候又瞪起牛眼说，谁舍得啊？不要说你舍不得，我也舍不得。不过，老伙计年纪大了，也是该退休享清福了，就像过个几年我也要退休了，那时候就指着你们几个了。

这话一说，工友们都笑说，炉长你比我们能大几岁啊。你退休，那是猴年马月的事啦。

这时候，年纪最小的一位工友说，那天晚上邓大人让我们看电影里的新炉子，那种东西我见都没有见过。咱不会用，咋办哪？还有啊，听说新设备根本就用不着这么多人，咱厂有七成的人得卷铺盖走人呢！

听这位小老弟这么一说，工友们一个个都皱起眉头来。这倒是个现实问题，要是干不过那些设备，咱还能干什么呢？这时候牛炉长的眼珠子又鼓了起来，他一拍床档说，你们一个个皱啥眉头，咱们是新中国的工人，怕什么？不会就学嘛，你们一个个年纪轻轻的，平时不是也挺机灵的吗，怎么就一定学不会呢？咱们可不能光想着自个儿，你看那电影上，那些大鼻子洋鬼子，还有小日本都跑到咱们前面去了，跑得还挺远呢，咱鞍钢工人能答应吗？反正我不答应。

牛炉长这番话说得他的几位小兄弟一起点头。牛炉长这时候又说，昨天沈越书记专门跑来慰问我了，还说起以后钢铁工人都富余出来了怎么消化的事儿。众人一听，都急了，连问怎么消化。牛炉长说，听说厂里不仅要引进生产设备，还要大大改善职工的生活。沈越书记说要新建好几个农副产品基地，养猪养鸡养鱼，还要再建一些商店，铺路，盖宿舍楼。沈越书记说可缺人手啦，就算咱们都换岗了，没准儿还不够，还得从外面聘人。沈书记的意思，大家听明白了没有？咱工人不会失业的。一句话，我们听邓大人的，没错！

病床前的这个小型会议开得很圆满。之后，鞍钢各分厂、各车间、各班组大大小小地开了几百次类似的会议，都开得比较圆满。

鞍钢要从根本上脱旧装换新衣了。

第十章

现在，应该注视大洋彼岸

一

邓小平从东北返回北京以后，就把谷牧与夏默找来，细细研究鞍钢从日本引进设备的一系列问题，同时，再跟他们两位议论一下上海"宝钢项目"的引进事项。邓小平知道宝钢项目争议很多，因为这么大的一个现代化钢铁企业，整个儿从日本引进，预计投资二百个亿，必定要大举借债，这就违背了中国经济建设中长期引以为豪的"既无外债又无内债"的"光荣传统"。但是在中国，新建一个年产六百万吨优质钢的特大型钢铁生产基地，实在是一个诱人的想法。毕竟当时全国的钢铁年产量只有三千万吨，比起美国与日本超过一亿吨的年产量，那是差远了。

夏默这一次走进米粮库胡同，心情似乎特别好。他比谷牧副总理先到，坐在邓宅阳光明媚的庭院里，眉上眼上都是喜。邓小平注意到夏默神情的愉悦，问他什么事这么开心。夏默笑笑说没什么，就是几位邻居朋友聚了一下，喝了几口二锅头。

其实在夏默家里搞的这次聚会，不仅夏默与高兰高兴，应邀来喝二锅头的田志远、中办的刘鑫副局长、新华社的穆大江副社长都高兴，大家都喝多了。这次聚会的主题是听穆大江绘声绘色地讲述他的东北之行。这次聚会的首倡者其实也是穆大江，他实在憋不住要把这一次事先没有告诉大家的东北之行和盘托出，为此他还带来了任燕，让她作补充。

于是这一次邓小平东北之行的风采，激起了聚会诸位的频频碰杯。四合院的前院厢房里不断爆发出一阵阵欢笑，尤其是讲到邓大人竟然公开在吉林省的干部大会上向"两个凡是""放炮"，而穆大江和任燕又如何连夜整理材料，通过总社向全国领导机关散发了《动态清样》的状况，厢房里更是叫好一片，任燕获得了叔叔伯伯们的高度赞赏。这次聚会，田志远没有按往例把曹慧叫来。曹慧的在场往往会引起一场思想激战。因为曹慧所在的《红旗》杂志社与其他几家中央大报的立场很不同，曹慧也深陷其中，所以田志远说，就我们这几位老战友和邻居聊聊吧，免得生出不愉快来。

在任燕回家的路上，夏默自告奋勇地送她走了一段，一路上回答了任燕很多好奇的问题，比如，夏建国他们的话剧最近排练得怎么样？夏建国的入党问题还是那样卡着吗？夏建国回家次数多吗？夏默不厌其烦地一一作答。他仿佛知道，在这位聪明而又漂亮的姑娘心里，他儿子夏建国的分量已经越来越重了。而他自己，似乎也日益把任燕当作未来的儿媳妇看待了。

所以这几天夏默的脸都是红红亮亮的，他知道这也是因为自己心情舒畅。他在国务院宝钢项目专家论证组跟人探讨的时候总是声音洪亮，有时候查资料也是连着几个小时，一点都不困倦。不少人都说"老夏你怎么从欧洲回来之后就像换了个人一样？食堂里吃饭也文明了，衣领袖口上的油渍都不见了"，这时候的夏默就会放下筷子哈哈大笑。

谷牧副总理赶来米粮库胡同之后，关于钢铁问题的探讨，就在那株茂密的樱桃树旁开始了。先是谈了鞍钢，邓小平表扬夏默整理的电影资料送到长春很及时。半个小时以后，话题就落在了宝钢项目上。

邓小平对有人提出的"放弃宝钢"的建议心里实在纠结。他对这个项目割舍不下，总觉得这个机会不能失去。这个机会其实是"新日铁"的董事长稻山嘉宽主动提出的。他提得很友好，说可以在中国上海整体克隆一个日本的现代化钢铁企业，日方为此作了论证，而且平心而论，日方的要价也不是特别高。邓小平从内心里是倾向于上这个项目的。这个项目一上，中国优质钢的生产局面便会大为改观。当然，争论激烈，国务院已经组织专家为此论证了好长一段时间。

邓小平坐在庭院里，看着满眼的翠绿，问谷牧与夏默，眼下，对这个宝钢项目的评估意见究竟有哪几种？

谷牧说，支持宝钢上马的，和反对宝钢上马的，差不多一半对一半。

邓小平说，说说主要的反对意见。

夏默说，主要是两个问题。第一，财政吃不消。建设宝钢，预计总投资两百个亿，现在国家一年的财政收入一共才六百个亿，一下子拿出那么多的钱办一个厂，确实困难。有人还说这是个败家子工程，两百个亿啊，相当于全国人民每个人出二十多元钱，太浪费。说这是把钱丢进无底洞，是上了日本人的当。

邓小平简洁地说，好，说第二个问题。

夏默于是就谈了第二个问题，他说上海宝山是软土地基，如果仅靠传统的多打桩、打深桩来解决，肯定不行，到头来会造成整个厂的水平位移，移到沙洲里去。夏默强调说这一点就连日方的设计人员也没有把握。

邓小平说，地质的问题一定要解决，要测算好，否则确实不能搞。

一个新建的钢铁基地，整个儿都滑到长江里去了，这还了得？

当然，这也可能是危言耸听。

谷牧说，我们已经从全国抽调了五十多位专家赶到现场去了，准备重新进行测算。

邓小平说，这样吧，测算一出结果，你们就告诉我。

这时候，王秘书跑来说，北京市的那个张百发副市长又来电话了，催请邓副主席去视察新竣工的北京"前三门住宅区"，无论如何要请邓副主席确定个日子。

王秘书说，张百发担心邓副主席工作忙，变卦了，不去看他主持建设的这个居民住宅区了。

邓小平扬起眉毛，诧异地说，怎么不去看啊？应该去看嘛，为人民群众提供住宅，这是大家都高兴的事啊。

二

邓小平是拉了老伴卓琳与几个女儿一起去前三门住宅区工地的。他对卓琳说，你们女同志心细，可以看出好多问题来。

在这之前，他还把大庆油田的职工住房建设总指挥请到了北京，他希望开始建设"美丽油田"的大庆人先在北京取取这方面的经。那位腰伤刚治愈的何队长也跟着一起来到了北京。何队长现在也算是油田住房建设总指挥部的一位成员了。

邓小平的车队颠颠簸簸地开到前三门住宅区工地的那一刻，可把等候在那里的张百发副市长乐坏了。张百发赶紧迎上去，一顶一顶地送安全帽，边送边喊，可把您盼来了啊！这是我们首都的第一个大型新建住宅区，您一直都很关心。没有您来验收指导，我们不踏实啊。

邓小平一边戴上安全帽一边笑着说，那我可要放开了提意见，你们要做好思想准备喽。当年打仗的时候，部队最怕的就是我战前检查找毛病。

张百发说，您能提意见，那太好了！

邓小平手指卓琳说，我还带了卓琳来，女同志心细。

张百发开心地连声说，欢迎多提意见！

邓小平转身说，大庆的同志来了没有？

这时候他就看见专程从大庆赶来的那位总指挥以及何队长，于是点着他们说，我特意请你们来首都，看看居民住宅楼建设，就是要你们把经验带回去。要花大力气，把工人的生活安排好。何队长，你的腰怎么样？

何队长赶紧说，谢谢邓副主席关心，咱的腰硬朗了。

邓小平说，回去就赶紧造房子，就像这位张百发副市长给首都人民造的这些新房子一样，工人都要从"干打垒"里面搬出来。

张百发听邓小平这么说，心里更是乐开了花，连声说大家请进、大家请进。

由于小区刚竣工，工地上还是坑坑洼洼的，一行参观者都走得小心翼翼。卓琳边走边问张百发这楼最高有几层，张百发说有六层的，也有五层的，卓琳便评价说，门框色彩很好，很漂亮。

这是第一句表扬。张百发听了心里高兴，连声说谢谢、谢谢！

但是邓小平看出问题来了。

邓小平走上楼梯后，看见住宅的房门上用的居然是挂锁，于是摇起了头，说，这楼房的门上用挂锁行吗？主人出了门，挂锁一锁上，这不是告诉小偷家里没人吗？

跟在邓小平身后的张百发顿时恍悟，马上对身边的一位工程技术人员说，记下来，不能用挂锁，立马改过来！

这时候，来自大庆的那位职工住房建设总指挥也低声对何队长说，记住邓副主席的这个意见。

邓小平在进入住宅之后，东瞧瞧西瞧瞧，趁大家都在七嘴八舌地议论厅堂和卧房之时，却一个转身悄悄走进了卫生间。

张百发一愣，急忙跟了上去，探头望。他看见邓小平在扭动洗手盆的水龙头，看水流畅不畅、龙头紧不紧，接着他又看见邓小平扭了一下抽水马桶的水箱开关，查看是否灵活。

张百发站在卫生间门口说，哎呀，小平同志，您真细心。这时候邓小平却走出了卫生间，对张百发作个手势说，现在，你递去，我关上门，你在抽水马桶上坐一下。

张百发不明所以，钻进卫生间，邓小平随之就把门关紧。

几乎是同时，张百发的头砰地撞在了卫生间的木门上。张百发摸着额头跳了出来说，太小了，坐不下去，一坐就撞头！

众人都围了过来，见着这情况就一齐大笑。邓小平也笑着问张百发，知道怎么改了吧？

张百发说，知道了，知道了！

卓琳对厨房也发表了批评意见，她在厨房里转了个身，说厨房挤了一点。邓小平说，说得对，女主人的工作平台不能太窄了。张百发说，是啊，是啊，我们会注意这个问题的，厨房和卫生间的面积都不能省。第二期工程，一定全部改过来。

邓小平环顾四周说，这个住宅比以前的确实强多了，不过，改善人民居住条件，我们还有更多的工作要做。

张百发连声说是、是，他心里想，这么多的毛病，以前设计的时候怎么就没有考虑周全？

这时候他又听邓小平说，今后修建住宅楼，设计要力求布局合理，尽量增加使用面积，要更多地考虑住户的方便。比如，尽可能安装一些淋浴设施。

张百发一拍头说，对啊！我怎么没想到，那就不用去挤大澡堂了。

邓小平接着说，还有，要注意内部美观，多采用新型轻质建筑材料，降低住房造价。以后呢，你们要注意，要请一些会挑毛病的人来提意见，研究一下怎么把住宅楼修建得更好些。

张百发赶紧说，小平同志的指示，我们一定件件落实！

走出住宅楼之后，邓小平一边摘下安全帽递还给工作人员，一边回身招呼大庆来的两位同志，对他们说，大庆新建职工宿舍楼，一定要吸取北京建住宅楼的好经验，需要改进的地方，也要注意。总之，要重视建筑质量，要让工人同志有一个好的居住环境。

何队长说，我跟总指挥同志刚才已经向张百发副市长要了建筑图纸，我们会注意小平同志今天提的要求，这些要求都很有针对性。

邓小平说，技术要求，一定要精益求精。要像你女儿那样，蒙上眼睛也能在仓库里穿梭自如。

何队长感动了，说，谢谢邓副主席还记得我女儿。我女儿选上"全国工会九大"的代表了，过两天就来北京报到了！

邓小平说，好啊。中国工会，二十几年没有开过代表会了，全国工人群众都很关心这个会议。请小何姑娘把大庆工人同志们的意见带到北京来，大家一齐好好讨论，怎么样才能把国家的工业生产搞上去。

何队长说，是啊，我女儿这几天就在收集工友们的意见、建议呢。

邓小平说，工人代表来北京了，我要去看看他们。

何队长说，那太谢谢邓副主席了！

邓小平笑着说，这也是我的工作嘛，也要学学工友们，精益求精啊。

何队长惶恐地说，哎哟，邓副主席，您这么说，我们可担当不起啊。

邓小平摆摆手说，当得起，当得起。

这时，他又仿佛想到了什么，转过脸，小声对张百发说，这些新建的居民楼，不知将来会不会卖给市民？

张百发一愣，也小声地说，小平同志这是什么意思？

邓小平更小声地说，如果卖的话，我想买一套两居室，给我的大儿子。

张百发愣了半天，抬头看着邓小平说，朴方？

邓小平说，朴方瘫痪了，生活不能自理。我对不起他啊。

陪同视察的卓琳在一旁听到了邓小平的这句话，忽然觉得鼻子一酸，泪水顿时浮在眼眶里。她赶紧背过身去，不让邓小平看见。

当天晚上，卓琳弯着腰，给坐在椅子上的大儿子洗脚时，悄悄地把她听到的邓小平想买房子的话告诉了儿子。

卓琳眼睛红红地说，真的，你爸就是这么说的。

邓朴方的眼睛里也出现了泪花，他说，老爷子这么忙，还惦记着我的事儿。

卓琳说，胖子啊，你爸心里头，全国人民，一个都没落下啊。

三

邓小平真的去了一趟北京饭店，看望出席中华全国总工会第九次全国代表大会的工人代表。这叫来自全国各地的工人代表喜不自胜，他们纷纷从刚刚入住的房间里涌了出来，直把走到大厅里的邓小平围了个里三层外三层。

来自大庆的小何姑娘挤在最前面，一迭声喊邓副主席。

邓小平握着她的手说，啊，是小何姑娘，咱们又见面了。怎么样，工资有改善吗？

小何激动地说，我已经评上七级工了，谢谢邓副主席关心！

邓小平说，这是你工作做得好，是应该的，你这次来开会要好好代表工人讲话啊。小何马上说她已经准备了十九条建议。邓小平满意了，说像个主人翁。小何又说，我爸爸一定要我向您报告，大庆的首期大型职工住宅区已经开工建设了，设计标准很高，大庆人都很高兴。

邓小平说，这就好，一期建好了，二期、三期都要跟上。小何姑娘说一定把邓副主席这句话带回大庆。正在这时候，来自鞍钢的牛炉长已经挤了上来，连声说我们鞍钢工人向小平同志问好，说小平同志在鞍钢的指示，大家都已经记在心头了，又说自己当时不懂事，太惭愧了。

邓小平关切地说，牛炉长，伤怎么样了？

牛炉长侧一侧脸，点着自己的左面颊说全好了，又说，现在，工人们的思想都通了，鞍钢领导已经确定了全面更新设备的计划，考察日本炼钢设备的专家团也出发了。邓小平听得高兴，说，告诉你们领导，要抓紧。

这时候又有一拨工人代表挤上前嚷嚷说，让我们也见见小平同志。邓小平眼睛一亮，他看见的是来自江西的工人师傅。

那位来自江西新建县拖拉机修造厂的工人拉住邓小平的手不肯放，泪眼迷蒙地说，小平同志，您离开江西回北京之后，江西的工友们一直惦念您啊！他们千遍万遍嘱咐我，如果能见到您，一定要给您带声好，还说以后都要来北京拜望您呢！

邓小平连连点头说，我也时常惦记江西的工人朋友们。在江西的日子，大家非常照顾我们夫妻俩。那天我在路上摔了一跤，第二天工友们就把工厂的后墙破了，开了个小门，给我修了一条直接通到步校的小道，让我二十分钟就能从步校走到工厂。江西工友们对我的关心，我们一家都铭记在心。你开会回去，也请向大家带好！厂革委会的那位罗主任，还有我们修理车间的那位陶排长，我都记挂着他们啊。

来自江西的这位工人激动了，连说是、是，我一定带到！

工人代表越挤越多，两位警卫忙着挡开，一迭声说，大家不要挤，不要挤。王秘书从旁也跟着喊，邓副主席是来看望大家的，请大家让开一条路，让邓副主席离开饭店，邓副主席还要去参加一个重要的会。

这时候邓小平就拦住了王秘书的话头，说，不忙，不忙，我还要再听听大家的意见呢。接着他又向工人代表们大声说，同志们，这次工会的代表大会是举国的大事，欢迎大家来北京一起商量国家的工业生产大计。趁这个机会，我想听大家说一说，此次来北京开会，大家最关心的是什么问题啊？

代表们愣了一下，后来便七嘴八舌说，管理要改善，生产要提高效率，生活水平也要适当提高。邓小平说，这话对。代表们继续七嘴八舌说，一定要按劳计酬，不能干多干少一个样。邓小平又说，这位代表的意见，也很好。

另一个工人代表挤上来说，现在生产效率低，事故太多。这里面其实有一个很大的原因，不过，我不敢说。

邓小平说，有什么不敢说的，说嘛，我今天来就是想听听各位的真实想法。

于是，那位工人代表直截了当地说，厂长不懂生产。

听他这么一说，在场的人都笑了起来。那位工人代表说，大家伙儿笑啥啊？现在不仅厂长不懂生产，有的工段长也不懂生产，难道你们那儿不是这样吗？都是上面派下来的，说的都是外行话，一天到晚只知道抓政治学习，从来不抓生产！邓副主席，我说这话，可不是我反对政治学习，更不是我反对党的领导！

邓小平说，你这位代表同志，也说到点子上了。今天我听大家说的，都很好。请同志们放心，我们这次开会，就是要说说这些问题，要搞研究，要使我们工业生产的管理来个大的改善，使我们工业发展的水平来个大的提高。我说这个话，你们赞成不赞成？

大厅里顿时一片欢腾，所有的声音都在喊，赞成！

邓小平专门去北京饭店看望工人代表，是为了当场问清楚工人们最关心的是什么，最想解决的问题是什么，之后他又请中华全国总工会的同志来汇报了些情况，因为他想在工会"九大"的发言中有针对性地谈一些问题。当前全国工业战线问题成堆，许多问题的症结其实也是"两个凡是"在作祟，没能科学地组织生产，而社会主义生产的高效组织，是自有一套客观规律的，不是几句"口号"和"精神"所能糊弄过去的。

既然要讲，问题就要讲透。

当然，解决问题也不可能一蹴而就，也要循序渐进。关键是要方向明确。

为此，他专门把胡乔木召到了米粮库胡同，直截了当对他说，中国工会的"九大"一定要开好。我要讲个话，要把工业战线当前的突出问题讲出来，尽量讲透。但是，现在给我的这个发言稿很平淡，没有鼓动性，没有写出中国工人现在想的是什么，他们的迫切愿望是什么，没有写出工业战线必须改革这个中心点。总之，没有破题，所以还是请你这个"党内第一支笔"动动手。

胡乔木马上躬身说，这是应该的。

胡乔木在前一阶段的"批邓、反击右倾翻案风运动"中说了不少出格的话，甚至写了"揭发"邓小平的材料，直接送到毛主席那儿去；两个月前还跑到胡耀邦家里去劝诫过一次胡耀邦，说是犯不着在破除"两个凡是"这件事上冲在前面；直至读了邓小平"北方谈话"的记录稿后，才忽然有大梦初醒之感，感到邓小平说的句句在理。

好在邓小平是个不计前嫌的人，遇到文字上的事，照样还是吩咐王秘书"去请乔木同志"，这就让胡乔木既惶恐不安，又心存感激。

邓小平说，我在东北一路上讲话中提到的一些想法，要在这次的讲稿中再讲得明白些。

胡乔木说，对，对，我已经多次学习了您在东北的讲话。您在大庆强调不要贫穷的社会主义，在长春指出一定要破除"两个凡是"的桎梏，这太重要了。我一定照您讲的意思，改好这个稿子！

胡乔木临走的时候，邓小平又叫住他，再次认真地嘱咐说，乔木同志啊，企业要发展，经济要发展，关键是搞好体制改革。这是一场深刻的社会革命，这是我要特别强调的地方。

胡乔木说，我一定尽力而为。

王秘书一直把胡乔木送出二门。胡乔木在弯腰钻进车子以后又推门下了车，对王秘书说，我真是服了小平同志了。王秘书笑笑，不说话。胡乔木又用压得很低的嗓音说，我实在不该写那个揭发材料送到毛主席那儿，小平同志都知道我写什么了吗？

王秘书轻轻地笑了笑，说，小平同志怎么不知道？小平同志什么都知道，但是像你这种事情，他通通都忘记了。

胡乔木愣了一会儿，大叹一声说，你讲得真好。

王秘书说，不是我讲得好，事实就是这样。

胡乔木很放心地钻进汽车，走了。

经过胡乔木修改的发言稿，果然就有了面貌上的彻底改观，所以邓小平在中国工会"九大"上作的报告，一次又一次地被全场一千九百多名工人代表自发而热烈的掌声所打断。

邓小平是这样说的：我们一定要把揭批"四人帮"的斗争进行到底。但是同样很明显，这个斗争在全国广大范围内已经取得决定性的胜利，我们已经能够在这一胜利的基础上，开始新的战斗任务！

邓小平还说：实现四个现代化，是一场根本改变我国经济和技术落后面貌，进一步巩固无产阶级专政的伟大革命。这场革命既要大幅度地改变目前落后的生产力，就必然要多方面地改变生产关系，改变上层建筑，改变工农业企业的管理方式和国家对工农业企业的管理方式，使之适应于现代化大经济的需要。

邓小平甚至直截了当地宣布：今后各个企业的车间主任、工段长、班组长要由本车间工段和班组的工人选举产生。

邓小平还加重语气说：为了提高经济发展速度，就必须大大加强企业的专业化，大大提高全体职工的技术水平，并且认真实行培训和考核，大大加强企业的经济核算，大大提高劳动生产率、资金利润率。因此，各个经济战线不仅需要进行技术上的重大改革，而且需要进行制度上、组织上的重大改革！

坐在台下的来自大庆的小何姑娘以及来自鞍钢的牛炉长，与所有的代表一样几乎把手掌都拍红了，而坐在主席台正中的华国锋主席也缓慢而严肃地鼓着掌。

在华国锋心里，邓小平讲的这些话，从道理上来讲都是对的，他听得进去。

邓小平并没有在这样的场合公开点"两个凡是"，这说明他还是有分寸的。华国锋为此感到安心。

四

邓小平在东北放话，矛头直指"两个凡是"，全国各个行业都出现了或多或少的挣脱思想桎梏的变化，而中共中央主席华国锋却没有对此有明确的表态，这就使北京的好大一批人惴惴不安，不知道中国下一步会朝哪个方向走。

总政宣传部的副部长曲径这段时间总是睡眠不好，总是在后半夜醒来，然后就再也无法入眠。他有一次甚至在黑暗中对妻子说，看起来真是要刮"右倾翻案风"了。妻子翻个身说，胡说，睡觉！

曲径忍不住第二天抽个空跑到了中办，一进秘书局副局长刘鑫的办公室就马上把门关上，显得特别紧张不安。他碰碰刘鑫的肩膀说，喂，老伙计，来你这儿探探风。马上要开中央工作会议了，这些天有什么新精神？我都烦死了，从来不吃"利眠宁"的，这几天每天晚上都一粒。

刘鑫说，老曲啊，你也太能琢磨事了，别那么挂心好不好？我先告诉你，这次中央工作会议，老田的前妻也参加简报组，也是老规矩了。

曲径坐下来，说，老伙计啊，不是我好琢磨事，是我感觉到风向越来越不对了，真理标准的大讨论势头越来越猛。我算了一下，到今天为止，全国已经有十八个省委书记和五个大军区司令撰写了署名文章，表态支持。一个哲学问题，至于这样兴师动众吗？是不是中央内部鼓励这样的做法，每个省都要这样表态？

刘鑫说，老曲啊，你有这个疑问，倒是好理解。不要说是你，很多人都来问我，一个接一个的省委常委会这样学习《光明日报》评论员文章，一个接一个的省委书记这样写文章表明立场，还包括那些大军区的司令员，这到底是不是中央下了什么内部文件，要这样搞？我可以明明白白告诉你老曲，中央没有下过这样的文件，也没有打过这样的招呼，都是各省各大军区这么自发地讨论起来的。每个省一讨论，《人民日报》那个胡老总就照发消息，一时间你仿我效，就弄成了这么大的一个局面，很有点轰轰烈烈啊。

听刘鑫这么一解释，曲径心里越发不踏实了，说，华主席难道就不管吗？听之任之吗？

刘鑫说，怎么管啊？人家也是学习嘛，也是写心得体会嘛。说到根子上，大家也确实觉得《光明日报》这篇特约评论员文章写得对，真理的标准确实是要拿实践来检验的。许多事情确实不是哪个领袖说过一句话就板上钉钉了，所以这个讨论势头才会越来越大。

刘鑫又说，老曲啊，我劝你不要心思太重，也别晚上睡不着觉了，放踏实一点。我看思想解放一点也有好处，起码各个领域都能蓬蓬勃勃发展起来。你没读到邓小平在长春的那个谈话吗？邓小平已经直接点出"两个凡是"的实质了，话说得很猛啊。他这么说了以后，华主席好像也没什么很明显的动静嘛。你再看看邓小平在工会九大上的讲话，那话也说得猛啊，华主席那天不也是坐在台上，亲耳听的吗？连华主席都在作思考，你老曲深更半夜地烦心又干吗啊？老曲我告诉你，前几天我跟老田、老穆几个又聚会了，听老穆描述邓小平在东北的一系列言行，我们都听得津津有味啊。这次没叫上你也是怕你心思太重，所以老曲你一定要想一想，是不是也得跟上一点形势了？

刘鑫立场的这种动摇，使得曲径很不满意。曲径站起来烦躁地走了几个来回说，我这个人就是搞马列主义毛泽东思想宣传的，我就是认死理儿的。党的十一大路线明明规定的是要抓纲治国，可是他邓小平怎么能在长春公开批评"两个凡是"？怎么能在工会"九大"上又明确地说要结束揭批"四人帮"运动，要搞经济改革？按他的办法去做，那我们国家，还要不要坚持以阶级斗争为纲了？还要不要以无产阶级专政下继续革命的理论为指导了？你知道吗，邓小平公开说"两个凡是"不对，我们总政《解放军报》的那帮笔杆子就开心得蹦啊跳啊的，听说胡耀邦啊，《人民日报》那个胡总编啊，《光明日报》那个杨总编啊，一个个都笑歪了嘴，把汪副主席要他们写检讨的指示都当作耳旁风了。这是个什么局面啊？我都担心死了。我曲径别的立场没有，我就抱定一个立场，就是时时高举毛泽东思想伟大旗帜。没有毛主席号召我们出来闹革命，我曲径这个穷娃子早就死在山沟沟里了。我曲某人就看不得有人要动摇毛泽东思想的这杆红旗，哪怕这个人是我的老领导、老首长，也不行。我这个人就是死心眼，我就见不得无产阶级专政下的继续革命被人整个儿推翻！

刘鑫把手交叉在胸前，默默地看着他的这位情绪激动的老战友，一时也不知道说什么好。

斜阳从西窗照进来，照在曲径的额角上，那额角上有一根青筋在扑通扑通地跳。

曲径一下子走到刘鑫的办公桌对面，两手扶着桌面，目光炯炯地盯着面前的这位老战友，厉声说，刘鑫同志，我看你是有点危险了。你是中办的人，心里一定要摆准党的主席和党的副主席的位置，你的心里不能邓副主席的影子越来越重，华主席的影子越来越轻。你们中办一定要设法稳定好全党全国的政治局面啊，大好形势来之不易啊，党的十一大路线还是要坚持啊，全党全国都不能乱啊。老刘，我这话是说得狠了一点，可也是为你老伙计着想啊。

刘鑫说，你坐，你坐，你别像个老虎一样瞪着我，其实我心里有时候也挺矛盾的，谁希望党和国家乱啊？我是希望全党的思想再解放一点，但是也不要陷入混乱。好在华主席从总体上讲，还是牢牢掌控着局势的。你看，马上就要召开党的十一届三中全会了，但是怎么开三中全会，华主席心里有谱，不会乱到哪儿去。在三中全会之前，我们马上要开个中央工作会议，华主席也是全盘掌控的。我可以告诉你，华主席已经为这次中央工作会议的议题，定死了三条：一是农业问题，二是商量明后年的国民经济计划安排，三是讨论先念同志在国务院务虚会议上的讲话。就这三条，不涉及其他。

曲径一听，放心了，说，就讨论这三个问题？不涉及真理标准什么的？

刘鑫斩钉截铁地说，不涉及，就这三个议题。

曲径临出门的时候，还有点不放心，又回过头说，老伙计啊，有时候人算不如天算，你看看中央工作会议到底会不会突破这三个议题，闹腾起来？那么多的省委书记、军区司令都在《人民日报》上发表文章，叽叽喳喳的，万一在中央工作会议上也叽叽喳喳起来，那不就麻烦了？如果邓副主席那些领导一表态说支持，那局面不就更乱了？华主席能掌控得住吗？

刘鑫说，老曲你快走吧，哪有那么多心事啊？怪不得你天天要吃"利眠宁"呢。我下面有个会，我还得开会去。

曲径走出中办，弯腰坐进他的吉普车的时候，心里还在寻思，邓小平已经拉下脸公开反对"两个凡是"了，他下面一定还有他的战略部署，他下一步会怎么干呢？他到底在思考什么呢？

五

在这个天气闷热得有些反常的季节里，邓小平考虑的一个重要问题，还是如何进一步打开国门、加快对外技术交流的问题。

中国落后的生产局面要迅速改变，就不能不更多地引进西方技术，而向西方大规模派遣留学生直接学习西方先进技术，就显得很有必要。

依邓小平的考虑，留学生要成千上万地派遣，今年就可以向美国派遣三四千名留学生。

邓小平一说出"三四千名"这个数字，几乎就吓着了教育部部长刘西尧以及国家科委的常务副主任蒋南翔。

刘西尧那一天小心翼翼地对邓小平说，我们已经向美国派遣留学生了，去丁肇中实验室的十个人已经动身了。

那一刻，邓小平是这样回答他的：十个人？十个人太少，我听说伊朗打算派三万五千名留学生去美国学习。我们近十亿人口的大国，从一九七二年到现在，一共才派了一千九百七十八人。我们说要赶超，赶超就要从最先进的学起，就要走出去，去人家那里学。我看要增大派遣留学生的数量，派出去主要学习自然科学。要成千上万地派，今年派三四千人，明年派万把人。

这"三四千人"与"万把人"，把刘西尧与蒋南翔吓着了。

他俩都没想到，邓小平的气魄会那么大，只一瞬间他俩就明白了，邓小平心里是着急啊。没有一大批青年学子学成归国，中国落后的生产技术局面，没法彻底改变啊。

但是，今年的三四千人和明年的万把人，也实在太多了。所以刘西尧后来又小心翼翼说，人去多了，很难管理。

邓小平当时就说，问题就出在这里。我看了你们定的规定，管得死死的。到了国外，外出还得两个人一起。

蒋南翔听邓小平这么一说就问，小平同志的意思是？

邓小平明确说，对留学生的管理方法要注意，不能那么死。现在不怕他们学不好，反而害怕他们不同社会接触，这样既不利于学好外文，也不利于了解社会。要把学生放到外国人家里去生活，胆子要大一点嘛，跟人家搞在一起，才能学到东西。

蒋南翔说，搞到一起，怕到时候就不回来了。"文化大革命"期间也派过一些留学生，就发生过滞留不归的情况。

邓小平马上说，这个不用怕！留学生绝大多数是好的，个别人出点问题也没有什么了不起的，即使一千人跑掉一百个，也只占十分之一。这是五年内快见成效、提高我国生产技术水平的重要方法。现在我们迈的步子太小，要成千上万地派，不是只派十个八个的。今年至少先派三千人出去，算一下花多少钱。当然，出国留学要贵一点，假定每人按五千美金算，三千人，才一千五百万美金嘛，花这钱，值得。

刘西尧说，去这么多人，不知道美国人会不会接受？

邓小平说，去和他们谈。过两天我要见普雷斯，也会谈这个问题。

美国总统卡特的科学顾问普雷斯，也是在这个炎热的季节赶来中国访问的。他要商谈美中两国在科学技术方面的合作问题，他坚定地认为美国在与中国合作的问题上不能落后于欧洲盟国。但令普雷斯没有想到的是，中国国务院副总理方毅会向他当面提出中国向美国派遣大批留学生的问题。

而且，一出口就是"三千人"，这简直有点不可思议。

行前，普雷斯亲耳听到卡特总统的交代，要他好好同中国人谈，说哪怕中美两国还没建交，但是两国的科学技术合作可以先行，要先摆上议事日程。总统说，现在，西欧和日本都开始跟中国做生意了，我们美国的大企业都着急啊。西方石油公司的那个哈默就直接给布热津斯基打电话，催问我们与红色中国到底什么时候建交，说中美建交谈判都谈了六年了，还没谈出个结果，还说白宫应该尽快回答这个迫切问题。

关于中美建交谈判的老牛拖破车问题，普雷斯知道，症结就是台湾问题。他详细听过国家安全事务助理布热津斯基介绍其两个月前访问中国的情况。布热津斯基说，在中国，是邓小平出面会见他的。会面的气氛很友好，邓小平还高兴地收下了布热津斯基带给他的"月亮"礼物。

布热津斯基说，他当时是当着邓小平的面取出那只玻璃盒的。布热津斯基说，这是一块月球岩石标本，是我国宇航员从月球上取下来的。

邓小平马上说，谢谢，可以打开吗？

当时，站在一旁的中国外交部部长黄华忽然警觉起来，他问，布热津斯基先生，这没有放射性吧？

布热津斯基说，请外长先生放心，我们检测过，可以打开。然后他就从玻璃盒中取出了那块小小的岩石，而邓小平马上接了过去，放在手心端详了一会儿，然后递给黄华。邓小平当时是这样说的：谢谢你，我很高兴能触摸到月亮。我相信，中国发展起来之后，中国的宇航员也能像美国的宇航员一样，上月球去看一看。中国自古有嫦娥奔月的故事，只是，我们中国发展慢了，让美国朋友先走了一步。

布热津斯基说，中国人肯定能上月球，这是没有疑问的。邓小平说，目前，我们更感兴趣的不是触摸月球，而是触摸地球。

布热津斯基一听这话，就知道邓小平即将切入正题。邓小平说，中华人民共和国的陆地面积有约九百六十万平方公里，有九亿人口。你们美国那么长时期不能接触这块土地，是令人奇怪的。

布热津斯基笑说，邓先生，我正是为了这件事赶来北京与您见面。我们的总统已经下定决心，他授权我告诉您，美中关系是美国全球战略的一个中心环节。我们已经做好准备，尽快承认中华人民共和国是代表中国的唯一合法政府。

邓小平当时就表示欣赏卡特总统的这一决断。布热津斯基马上接着说，去年八月，国务卿万斯先生访华，也见到了您。当时，我方表明了我们在台湾问题上的立场，我方政府工作人员要留在台北，当然，这是一种非正式安排，这种人员不具有外交人员性质，也没有国旗和政府印鉴等大使馆的特征和权利，我希望邓先生能理解这一点。

而邓小平却表示不理解他的话，布热津斯基记得邓小平当时是这样说的：布热津斯基先生刚才提到的这种非正式安排，在我看来，仍旧是"倒联络处"方案的翻版。四年前，基辛格先生来北京，向我提出，把设在北京的美国联络处改成大使馆，把设在台北的美国大使馆改成联络处。就这样倒一倒，我没有同意。为什么不能同意？因为这个方案的实质，仍然是搞"两个中国"。今天，你提出的所谓非正式安排，依然是让美国的政府工作人员留在台湾，这就是没有美国联络处名义的美国联络处，实际上也是一个没有标志或大门上没有国旗的大使馆。我们中国有句老话，叫换汤不换药，我们不能喝下这样的药汤。

接着，邓小平就摆明了他的底线：我看呢，中美要解决关系正常化问题，在台湾问题上，干干脆脆就是三条：废约，撤军，断交！也就是，废除台美共同防御条约！美军从台湾撤军！美国同台湾断交！

邓小平还说，总之，关系正常化，对中美两国来说，是带根本性的问题，正常化和不正常化大不一样，在经济和其他领域都会受影响。我们的观点很明确，就是断交、撤军、废约这三条，我们不能有别的考虑！

邓小平还补充说，日本方式，是我们可以接受的最低方式，就是在正常化的条件下，我们同意日本同台湾之间商业人员继续往来。我们不能承诺只用和平方式解决台湾问题。在此问题上，双方可以各讲各的，相互都没有约束力。

在邓小平强硬的态度面前，布热津斯基后来也表明了美国的态度，他当时是这样说的：邓先生，我们十分清楚中国在维持世界均势中发挥着中心作用，中美关系在美国的全球政策中具有中心的重要性，因此，美国政府已经决定，愿意接受中国关于双方关系正常化的三项条件。

他这话一出口，就看见邓小平点头微笑了，仿佛这位邓先生早就知道美国方面最终会亮出这样的态度。

当然，布热津斯基同时也表明了这样的态度：但是，我方要求中国方面保证以下三条。第一，美国在正常化时期，发表关于台湾和平解决的单方面声明，中国不要加以驳斥。你们不驳斥，我们美国国内的困难将更容易解决。第二，美国将在非官方基础上保留与台湾的全部经济、文化及其他关系。第三，美国可以继续出售武器给台湾。

当时邓小平是这样回答的：你们接受了我们的三个原则，这很好。我看，我们的立场接近了。至于彼此分歧，双方都可以继续表明立场，继续谈判嘛！我提议，就这些问题，我们双方立即开始具体磋商。

接着双方就同意，由美国驻华联络处主任伍德科克先生代表美方，中国外长黄华代表中方，双方立即开始进行进一步磋商。然后，邓小平就微笑着邀请布热津斯基去吃美味的"清朝宫廷御膳"。

那次"御膳"给布热津斯基留下了深刻的印象,他说那味道实在太好了。他就是在那个大饱口福的过程中向邓小平提出访美邀请的,他说,我受卡特总统的授权,真诚地邀请您去美国做客。

邓小平那时的回答也很明朗:美国是一个伟大的国家,美国人民是伟大的人民。我非常渴望能够有机会踏上美国的土地。我希望我们两国能够早一点实现关系正常化,早日实现我的这一夙愿。

布热津斯基就这样绘声绘色地述说他跟邓小平会谈的全部情况,当时卡特总统也在座。普雷斯记得,卡特总统在听完布热津斯基的情况汇报后显得有些激动,他背着手走到门边又走回到会议桌旁。卡特总统后来这样说:邓小平先生带话来说"中美建交就是一分钟下决断的问题",可是邓先生并不知道,我们的体制制约太多,因此,中方总是认为我们诚意不足。其实,本届政府在就任之初就把同中华人民共和国发展正常关系作为我们的目标。但是,我担心的是,不能走得太快、太远,必须充分考虑苏联和台湾的反应。

普雷斯也听到卡特总统对国务卿万斯说,我们不能放弃台湾,台湾游说国会的本领很大。但是,这不能妨碍我们加快同中华人民共和国接近。我们的决心应该下了,全球的政治形势和经济形势都要求我们不能不这么做。而苏联这边,或许中美关系的正常化,反而有助于我们同苏联人的谈判。

卡特总统还说,与中国建交,直接关系到美国在未来世界格局中的位置。美国与中国之间存在着这个世界上最重要的双边关系,没有理由错失这个机会。中美谈判是一个拉锯的过程,考验双方的耐心。但是,我们可以先解决容易解决的问题,比如我们现在就可以让普雷斯先生访问中国,争取跟邓先生见面,谈谈科学技术的合作,也可以邀请中国派遣留学生到我们美国来学习,这就展现了我们寻求合作的诚意。总之,我们不能落后于盟国。

普雷斯来中国之前,就明白了所有的这些背景,心情很有些复杂,他既对正在进行的中美建交谈判抱着一分志忑,也对中美首先开展科技领域的务实合作抱有一分信心。

六

普雷斯到中国以后，一切都使他感到新鲜。北京烤鸭使他感到美味，北京故宫的九龙壁、这个城市曲曲弯弯的胡同以及四合院门口悬挂的红灯笼使他感到这个国家的古老，不过他感受最深的是，这个国家对先进技术的渴望以及所展现出来的巨大的市场潜力。但是方毅副总理当面对他提出的当年就派遣三千名中国留学生去美国的建议，还是使他感到吃惊。

三千名！他确实没有想到。

在灯火辉煌的人民大会堂会见厅里，中国的副总理是这样跟他说的：这次会谈我们已经进行到第三天了，在许多问题上双方都达成了谅解和共识。普雷斯先生还建议中美双方互派留学生，我们对此很感兴趣。

普雷斯问，贵国计划派出多少留学生？

方毅说，在此之前，丁肇中先生私人邀请我们派一些人去他的实验室工作，我们去了十个人，但这只是民间往来。而这作为中美两国之间科技文化交流的正式项目，应当规模大一些。我们希望第一批派五百人，今年要达到三千人。

方毅的话音刚落，美方代表团成员便一阵喧哗，美国驻华联络处主任伍德科克走到普雷斯身边耳语几句，又回到座位上。

普雷斯说，今年三千人，第一批五百人？方毅先生，你确定？

方毅说，我确定。

于是普雷斯说，副总理先生，现在是否可以休息一会儿？我和我的同事们就有些问题需要交换一下看法。

方毅说，我们在隔壁房间为各位准备了咖啡，请。

就在隔壁的小房间里，普雷斯与他的谈判团队进行了紧急的磋商。普雷斯说，诸位，刚才我和中国副总理的谈话引出了一个新问题，那就是美中互派留学生。我来中国之前，和总统谈过这个问题，当时我们认为中方不会太注意这个问题。

来自美国航空界的一位官员说，既然如此，顾问先生，你为什么要挑起这个话题？

普雷斯说，留学生问题的谈判是中美关系实现正常化谈判的一部分，两国目前最重要的是建立外交关系，我只是把这个问题作为整体谈判的一个筹码。现在中国人认真了，只好请你们大家帮忙了。

来自美国教育界的一位官员说，顾问先生，我们能在哪方面给你帮助呢？

普雷斯说，你们都是美国航空、教育、农业、商业、卫生方面的权威。我想请你们迅速做出计算，看一看在你们各自的领域内能接收多少中国留学生。

那位官员说，顾问先生，在回答你的问题之前，我们必须明白，美国政府是否欢迎中国留学生？

普雷斯说，这一点我刚才已经说过，我们是欢迎的，但没有想到他们反应这样快。政府尚没有完整的预案，我现在紧急征求你们的意见，也算是临阵磨刀。

随行官员们迅速地议论了一下，然后就有了统一的意见。他们对普雷斯说，顾问先生，我们认为这个数字显然是美国可以接受的，但是美国哪些领域可以向中国人开放，建议还是开一个专门的会议来决定。

普雷斯这时候才松了一口气说，好的，谢谢大家的意见。

邓小平听到方毅报告他与普雷斯会谈的情况后，笑了起来，说，这个互相派留学生的问题，原先是美国人想投石问路，我们呢，为了自身的发展，正好接过来做文章。对于我们国家的现代化建设来说，向美国大批派遣留学生的问题尤其重要。

邓小平还要求教育部搞出一个方案来，既然派三千人过去，进哪些学校、学什么，教育部都要作好研究。

邓小平还信心满满地说，我明天就见普雷斯，把这件事情敲定。

邓小平是在钓鱼台国宾馆会见普雷斯的。

邓小平满面笑容地对普雷斯说，中国有句俗语说，有备无患。我听说你们觉得我们第一批派五百人上你们那儿去留学，人数多了一些。

普雷斯说，是有些多了。我们也承认，有些事情我们准备不足。

邓小平说，这样吧，我来算算账。美国人口一亿多，派了五十名留学生来中国。中国人口近十亿，派五百人去美国留学。你看，这样的比例是不是正合适啊？

普雷斯为邓小平的这个说法愣了半天，后来终于回过神来，笑了，说，阁下，您这样一算，我就无话可说了。

邓小平说，普雷斯先生，在这个问题上你表现得很坦诚，用我们的话说，这是个实事求是的态度。同样，实事求是地讲，美国的科学技术，在很多领域比其他国家先进一些，我们愿意吸收学习你们的技术。前些年不可能谈这些问题，也不可能欢迎你们这样的代表团来访，我们有些人吹嘘自己长得很漂亮，怕丢丑。实际上，我们很落后。我们现在需要向你们学习，世界上最先进的成果都要学习，作为我们现代化建设的基础。我们实行"拿来主义"，不管那些"洋奴哲学"的帽子。

普雷斯说，我非常欣赏阁下的这种态度，您既有长远眼光又有求实精神，能巧妙结合这二者，是很少见的。

邓小平拿起茶几上的一支烟说，普雷斯先生，我可以抽支烟吗？

普雷斯说，您请便。

邓小平说，你们提出关于留学生的建议是很积极的，我们非常欣赏。虽然有些问题我们还没有达成统一认识，但是通过谈判是能够解决的。

普雷斯说，是啊，坦白讲，两国的民间交往中还是有些隔阂的，中国人好像很怕受到我国文化的影响。

邓小平说，这也难免，双方都有责任。交往嘛，总会有影响的，而且影响是双方面的，难道你们不怕我们影响你们吗？

普雷斯笑了，说，我同意您的话。

邓小平说，该放下的东西就放下，先把大的问题解决了。中美两国建立正式的外交关系，将是影响世界的大事，卡特总统一定也明白其中的分量。

普雷斯同意邓小平的这个判断。邓小平说，我们还在等美方下决心，但是其他领域的工作不能等，因此在科技交流上，特别是互派留学生要尽早进行。这是开始，以后还可以商量更多的项目。我这样说，普雷斯先生意下如何？

普雷斯说，我一定将您的话向总统报告。我们会尽快发出邀请，请贵国负责留学方面的部门考察和确定相关事宜，争取在中美建交前达成协议。

邓小平说，这样很好。邓小平觉得普雷斯这个人不错，态度坦诚，也很有处理紧急问题的能力。

七

中国首批向美国派遣留学生的具体事项，迅速得到了落实。出发前的中国留学生都开始了集中培训，教育部抓得很紧。

邓小平很满意取得的进展，但是对这件事的实施过程还有些不放心，于是又让王秘书打电话请教育部部长刘西尧来一趟米粮库胡同。

刘西尧在乘车前往邓家的途中一直在想，小平同志心思真细啊。

邓小平果然问得很细致。刘西尧一坐下，他就问，第一批留学生什么时候出发？

刘西尧说，今年十二月二十六日。

邓小平沉思了一下说，十二月二十六日，是毛主席的诞辰纪念日，这一天出发好，继往开来。你嘴唇怎么那么干？多喝茶。

刘西尧急忙端起茶杯，他的嘴唇确实很干。刘西尧喝了一口，放下茶杯说，小平同志，美国虽然发达，但我觉得他们的可口可乐还是不如咱们的茶好喝。

邓小平点点头，说，随着中美建交，不但可口可乐要来了，还有很多东西要来中国。有好的，有坏的。我说过影响是相互的，他影响你，你也要影响他。西尧同志，留学生集训都有什么内容啊？

刘西尧说，首先是政治教育，如何看清资本主义的罪恶本质，还有如何抵制资本主义腐朽没落的生活方式。

邓小平，西尧同志，我记得上回就和你说过，我们这次派留学生出国，是去学习人家的优点和长处的。我问你，老师们去过美国吗？

刘西尧说，一个都没有。

邓小平，去都没有去过，又怎么知道资本主义的罪恶本质？又怎么知道什么是资本主义腐朽的生活方式？资本主义的发展也是有阶段性的。毛主席说过，要想知道梨子的滋味，就要亲口尝一尝。你能说喝了罐可口可乐就是资本主义的腐朽生活方式吗？反过来说，吃了中国菜就算接受共产主义吗？要把意识形态和各国人民的生活习俗分开。要熟悉人家的法律，尊重人家的宗教和生活方式。我看你们集训的内容要多从这些方面入手。

刘西尧没想到邓小平会从这个角度阐述出这么一番道理，有些恍惚，想了一会儿，说，我明白了。

邓小平说，要搞出点经验来，后面还有更多的人要出国呢。

刘西尧说，我们可以请一些在美国留过学的人来讲课。

邓小平说，这样好。不是讲这不能做那不能做的规定，而是讲这个怎样做那个怎样做的办法。我听说，你们给留学生定了很多规矩，不能打工，买东西还得自己垫钱，最后报销。穷家富路，钱可以直接给到手里，也可以让他们打打工增加些收入嘛。我当年在法国留学就靠打工嘛，我那时也就十六七岁，为了挣学费，先是在哈金森橡胶厂打工，后来去了雷诺汽车厂当钳工，还在铁厂拉过红铁。不过，我在法国待了五年，有四年在打工，连温饱都够呛，别说上学了，这是很让人遗憾的事。那时的中国政府没有钱，即使有钱也不会给我们花。

邓小平这么说的时候，刘西尧直点头。刘西尧想，小平同志确实很慷慨，他是有留学生的亲身经历的。这时候他又听邓小平这样说：今时不同往日，这批留学生，要让他们专心学习。还是我刚才的话，穷家富路，一定要保障他们具备必需的生活条件。

刘西尧说，我们马上落实。

邓小平说，总之，无论办什么事都要实事求是，要结合实践来制定工作计划和规章制度。合理的坚持，不合理的改掉。恢复高考、出国留学仅仅是我们对外开放的第一步，要真正走出一条新路，我们还有很多工作要做呢。

刘西尧离开米粮库胡同，坐在小车里又一次想，小平同志的心思真细啊。

第十一章

国际环境需要安宁，
　国内局面需要突破

一

新华社穆大江副社长了解了邓小平下决心向美国派遣大批留学生的决策过程，觉得这是一个打开国门、对外开放的重要姿态，心里很是振奋，于是布置任燕写了一篇记叙前后过程的内参材料，发往中央各部委和各省市。穆大江觉得这会对各部门有很大的借鉴作用。

任燕连续写了一批文章，在新华社内部受到了表彰，心里抑不住兴奋，终于趁着星期天赶去了北大，与正忙于排练话剧的夏建国和田源痛痛快快地谈了一阵，既谈到了大庆、长春与鞍钢，又谈到了首派五百名中国留学生去美国，一番话说得两位年轻的伙伴兴奋不已。

夏建国感叹说，邓大人真是在拳打脚踢啊，要是没有他这么起作用，中国的改变还真是难呢。只是天安门事件的重新评价，什么时候才能实现呢？

任燕说，那也得靠你们的推动，下面推了，上面才能顺势决策嘛。你们这就是在创造条件。

夏建国认为任燕的话很对，只有田源显得神情有些落寞。他说，我虽然在排练的时候每一次都慷慨激昂，但是心里却发闷。你看人家都要留学到美国了，建国哥也是北大的学生了，你小燕子也得到新华社表彰了，就我还啥都不是，西双版纳农垦场的一个职工，户口都没回北京，我这算什么呢？火起来，我真的又想往香港跑了，管他铁丝网不铁丝网。

说到这儿，田源的耳边又隐隐约约响起了小提琴的声音，他知道这是那位叫吴怡茹的姑娘在拉，吴怡茹一定是很有出息了。夏建国与任燕于是急忙安慰田源，说一切都会好的，田源的当务之急就是要在话剧舞台上把"四五英雄"的形象塑造好，推动这个大冤案的平反，这样一切都会有希望。

任燕临走的时候建议夏建国邀请他的父亲与田伯伯一起来北大看看排练。争取这两位家长的支持很有必要，因为这个话剧的排练和演出过程还不知道会遇到什么样的阻碍，让自己的家长首先支持，就很关键。

夏建国认为这个主意很好，他说今天晚上我就打电话给我爸爸，又让田源打电话给他爸爸，请他们都抽空来一趟北大。当然，都要悄悄地来。

大约半个月以后，田志远就与夏默结伴来到了北京大学。

他们没有暴露自己的身份，在黄昏时分被夏建国与田源悄悄地领进了北大学生会的道具仓库，然后木门就被紧紧关上，还用一张木桌顶住。排练的状况让田志远与夏默很满意。

夏建国的导演特别严谨。譬如，他是这样纠正演员的：田源，你说这一句台词的时候，手再往上抬一些。

于是，剧中人"李源"又把伸直的手臂抬高一些，高声说，我们要他回来整顿这个被糟蹋得不成样子的国家，犯的是哪条王法？！

夏建国说，对，就这样。田源的表演确实很入神，举手投足都很自如，每句台词都字正腔圆。田志远一边看一边想，早知道这小子是块演戏的料，他小时候眉飞色舞地念"青豆嘴儿，香椿芽儿，焯韭菜切成段儿；芹菜末儿，芦笋片儿，狗牙蒜要掰两瓣儿"就特别顺溜，现在果然应了这一说。

就在田志远这么入神地想着的时候，道具仓库的木门突然被人啪啪地击打，敲击的力量很大。田志远吃惊得张大了嘴，仓库里所有的人都愣住了，排练现场寂静一片。

夏建国也僵住了，心一时拎在了半空。

啪啪啪，木门继续响。所有的眼睛都看着夏建国。夏建国说，大家别慌，开门吧。

门一打开，却叫所有的人都吓了一跳。原来站在门外的神色严肃的人，竟然是教育部副部长兼北大党委书记周林，而且周林书记身后还跟着七八个神色同样严肃的人，其中一个还是北大的保卫部长。

这一刻，道具仓库里所有的演职员和几位现场观摩的学生骨干，都愣如泥塑木雕一般。

田志远与夏默都认识这位贵州籍的周林书记，不知道周林书记此次的到来是凶是吉，此时便窝在仓库一角，竖起衣领子，默不作声。

门外所有的人都走进了道具仓库，学校保卫部长手持一份名单，大声问，导演是谁？

夏建国上前一步，沉着脸说，是我，夏建国。

保卫部长说，你是经济系的学生，对吧？

夏建国说是。保卫部长又指着田源说，这位同学，你是哪个系的？

田源的脸顿时红了，犹豫了一下，说我叫田源。

保卫部负责人说，哦，我知道，你是这出戏的主演，不是北大学生，是云南西双版纳农垦场的知青，我没说错吧？田源说你没说错，对方便严肃地问，为什么滞留北京？田源说自己在养伤，并且指了指自己的腿。

那位保卫部负责人放过了田源，转脸问，何家昌、李正利在吗？

两个学生演员马上应答说，我们在这儿呢。

对方问，都是政治经济系的？

在得到肯定的答复之后，保卫部的负责人又对两位女演员说，你们都是历史系的，对吧？一个叫柴思花，一个叫徐超美，都对吧？

这位保卫部负责人又得到了肯定的答复，于是点点头严肃地说，我们得知同学们在排演话剧，校党委周书记亲自来看大家。下面请周书记讲话，大家欢迎。

有几位鼓掌，掌声稀稀落落。

于是周林书记走到了大家面前，扶了扶眼镜，又清清嗓子。夏建国十分紧张地看着他，又看看坐在屋角的父亲与田志远叔叔，心里咚咚地打鼓，几个可怜的结局闪电般地在他心头掠过：一个是禁演，剧组解散；更严重的则是追究责任，给予处分；再往严重了想，那就是开除学籍，尤其是作为导演的自己。

夏建国想，事到如今，也豁出去了，反正学校保卫部已经把情况弄得一清二楚了，他们都有预案了。

周林书记说，同学们，你们排演这部话剧《于无声处》，我知道得很迟，三天前才有人向我报告。

他顿了顿，又说，昨天晚上，我读了《于无声处》的剧本，剧本是有人专门抄录了送来的。告诉同学们，我整整一个晚上没有睡着觉。

此话一说，夏建国更加紧张，一颗心提到了嗓子眼。

周林书记说，作为北京大学的党委书记，我为我们北大的学生能够排演这样的剧本感到高兴，感到鼓舞，感到骄傲。

场子里所有的同学几乎都愣住了，简直不敢相信自己的耳朵。夏建国吃惊地张大了嘴,而坐在屋角的田志远与夏默同时舒了一口气。

周林书记接着说,同学们啊,这说明你们有敏锐的政治眼光,有高度的政治觉悟,你们敢于在舞台上喊出埋藏在中国老百姓心底的声音。

这时候在场的同学才醒悟过来,于是拼命地拍掌。田源激动得跳上一张椅子高呼"乌拉",而几个女同学则搂抱在一起哭了起来。

周林书记说,今天,我到这里来,只对你们提出两点希望。第一点,你们要有思想准备,要面对可能的责难和阻力,因为天安门事件毕竟还没有平反。从中央到地方,很多同志对这个事件还有不同的看法。

夏建国马上说,是,我们有这个思想准备。

周林书记说,很好。第二点,我希望《于无声处》中的这一声惊雷,不仅响在我们北大校园,而且要响到北京城里去,要争取让首都人民都听见这一雷声,要唤起群众的共鸣,推进我们国家的思想解放运动。这是我们北大的优秀传统,我希望北大的"五四精神"通过你们再一次得到发扬光大。

夏建国激动地高喊,我们一定会这样做!

周林书记点点头说,当然,在我们学校内部,对你们的排演,也存在不同意见。有一些同志认为应予取缔,我原先也曾经这样想过,可是昨天看了一夜剧本后,同学们,说实话,我被你们感动了。我支持你们,祝你们早日演出成功。我相信,不仅北京大学,而且中国的历史也会记住你们的!

夏建国忍不住了,突然冲上前去与周林书记紧紧拥抱在一起。在场的同学们一齐围了上去,有哭的,有笑的,团团抱在一起。谁都没想到,今天的排练会碰上这么一件意想不到的喜事。

这时候,周林就看见了田志远与夏默,接着也知道了田志远就是这出戏的男主角的父亲,而夏默就是导演夏建国的父亲。于是,他热情邀请两位家长去他的办公室坐一坐。

田志远与夏默欣然接受了邀请。

事后,夏建国有一次回家问父亲,那天周林书记与你们谈了些什么?

夏默说,谈的全是政治。又说,现在所有的人都在关心着我们国家政局的走向。现在的局势很微妙,都觉得有两种力量在交锋。这种交锋首先表现在思想领域里,究竟是进一步解放思想,把国家引导到健康发展的轨道上去,还是因循守旧,继续"两个凡是",继续"以阶级斗争为纲",让一部分人民斗争另一部分人民，让国家空耗？这是一个很尖锐的问题，也是一个绕不过去的问题，全党全国都要回答这个问题。作为你们北京大学的党委书记，他周林当然明白啊，当然忧心忡忡啊。但是他看到你们的剧本能够这样热血沸腾，也说明了他的良知和胆魄啊。

夏默还告诉儿子，说他临出门的时候还跟周林书记谈了夏建国的入党申请问题。周林书记没有明确表态，但是说他会关注这件事。

夏默的这个消息让夏建国兴奋了一个晚上，他甚至想连夜给任燕打电话报告这一重要进展，他知道任燕也一直为他的事揪心，但后来还是忍住了。

慢慢来，他想，曙光已经显现了，一切都会更加明朗的。

二

关于给予天安门事件平反的问题，邓小平也一直在考虑。当然，他知道推进这件大事还阻力重重，但推进是必须的，这不仅涉及许多当事人的政治生命，更重要的是涉及思想政治领域"正本清源"的问题。平反天安门事件与平反刘少奇冤案、陶铸冤案一样，都是平反中国冤假错案的重要标志，意义重大。

这天邓小平在与胡耀邦的谈话中就说到了这个问题。他是特意把胡耀邦约请来米粮库胡同的，他想把自己关于平反冤假错案"突破口"的想法告诉这位年轻的中组部部长。

初秋的风已经略微有些凉意，庭院里的花草依旧郁郁葱葱。邓小平与胡耀邦沿着庭院的小路极其缓慢地行走，但是胡耀邦明白邓小平内心的那种急切。他听邓小平这样说：昨天陈云同志给我打电话，谈到一些老同志的冤案应该抓紧复查，他说了一个数字，让我很震惊：刘少奇的案子牵涉一万多人！如果加上这些人的家庭和亲属，就有几十万人受牵连。这么多人背着沉重的思想包袱，是个很大的政治隐患。因此，平反冤假错案的工作必须加紧，要以复查平反一批大案为龙头，带动整个平反工作。耀邦，你的担子很重呀。

胡耀邦当然感到自己肩头的沉重。虽然邓小平以极大的胆魄在东北公开"点火",直接批判了"两个凡是",给予中国思想领域巨大的震动,引起了党内越来越广泛的共鸣,但是落到一些具体事情的处理上,许多人依旧小心翼翼,如履薄冰,不敢轻易越"两个凡是"的雷池。

邓小平停步,看着胡耀邦说,症结在哪里?要找到总根子。

胡耀邦指指自己的脑袋说:首先是这里的问题,思想上禁锢太多,怕被说成翻"文化大革命"的案,不敢越雷池半步;其次是机构问题,大案还在中央专案组手里,上次您发了话,分案划到中组部了,但在主案上,我们中组部的发言权还是很小。

邓小平想了想,说,复查平反大案,要找个突破口。陈云同志提出,可以从陶铸的案子入手。陶铸的案子,核心是"叛徒"这顶帽子。这明显是莫须有的罪名,摘掉这顶帽子,不难。

胡耀邦明白了邓小平的意思,认为这个突破口选得好,表示要马上组织力量来攻克陶铸的冤案,但他又担心会遇到中央专案组的重重刁难。

邓小平说,十一届三中全会要恢复成立中央纪律检查委员会,我准备向中央建议,把平反冤假错案的工作交中纪委和中组部共同承担。不要再搞专案组了,专案组名声不好。这样做,问题就会解决得快一些。

胡耀邦一听就兴奋了,说,这样好,中纪委一成立,关系就理顺了。不过,谁主持中纪委的工作?这非常重要。

邓小平说,耀邦啊,你要有思想准备。不管谁主持中纪委工作,都离不开你这位急先锋呀,你要算一个。至于挂帅的,还得找个压得住阵脚的明白人。

胡耀邦听到这里,心里有谱了,于是小声说,小平同志,我猜想,您准备向中央推荐的这个人,是陈云同志。

邓小平没有回答胡耀邦的这个问题,继续沿着花径朝前走,然后就谈起了天安门事件的平反问题,说这个问题不能再拖延了,当断不断反受其乱。

胡耀邦深有同感,也认为这件大事的平反与陶铸冤案的平反一样,是个突破口。在这个问题上可以说已经是民怨沸腾,民间都已经有了共识,就是中央一些领导和一些部门还在那儿犹豫,其根子依旧是"两个凡是",总认为这是毛主席定的案,是铁案,动不得。

邓小平告诉胡耀邦,全党的工作重点必须转移到经济建设上来,对过去造成的冤假错案都必须有个了断,不能再拖了,国家已经拖不起了。

胡耀邦又一次激动起来，说，小平同志，我已经听说了，您已正式向中央建议今年内结束揭批"四人帮"的政治运动，从明年一月一日起把全党工作的重点转移到经济建设上来。这个消息太令人振奋了。

邓小平说，是啊，不能再搞大规模的政治运动了。我们这个国家和我们的党都经不起折腾了，不过对这个问题还有不同的认识。我马上要去日本访问，临走前我还要同华国锋同志专门谈谈这个问题。

胡耀邦说，国锋同志顾虑太多。有的同志说，粉碎"四人帮"后这两年，我们实际上处在一种徘徊状态，这与国锋同志有很大关系。

邓小平说，中国不能再徘徊了。

他心里想，胡耀邦的这个判断是对的。尽管自己已经在东北明确点出了"两个凡是"的错误，但是华国锋并没有就此表态，汪东兴所主管的意识形态领域也没有任何跟进动作，反而还传来不少杂音。国锋同志是个厚道人，但是这种"厚道"从某个角度说，是要误事的。

中国实在耽误不起了。

三

出访日本之前，邓小平驱车去中南海专门见了一下华国锋，也直接谈到了加快平反冤假错案的问题，包括对天安门事件的重新认识的问题，但是华国锋只是和颜悦色地倾听，有时还点点头，最终没有一个明确的表态。这不免使邓小平有些失望，虽然这一状况也在他的预料之中。

华国锋也有种种不得已的情况，他被各种各样的观点和舆论包围着。

但是对于出访日本的事，华国锋的态度倒是十分积极的。他再三说这次访问非常重要，中日两国一衣带水，虽然历史上日本给中国造成了巨大的灾难，但是在认清历史的基础上两国还是应该携手前进的。尤其是中国目前处于现代化建设的重要关头，日本的资金与技术援助对中国而言就显得非常重要。华国锋表示出了对邓小平外交才干的赞赏，表示深信邓小平这次率团访日能顺利签订中日两国友好条约，访问会取得很大的成功。

邓小平也知道日本方面对他这次访问的期待，日本的电视与报纸这些天已经连篇累牍地报道了邓小平这位神奇而又有胆魄的中国政治家，期待着在日本刮起"邓旋风"。

出发前，卓琳专门嘱咐厨房煮了汤圆，祝愿此次访日甜蜜圆满。她对这次能陪同邓小平访问这个一衣带水的邻邦，也是欣喜异常。

飞往日本东京的中国三叉戟专机起飞三十分钟后，一只小巧的、用糖衣纸折成的千纸鹤出现在邓小平眼前。邓小平从夏默手里接过这只千纸鹤，端详了一下，说折得很精巧嘛。

夏默说，我的小女儿知道我要随小平同志飞日本，特别折了一只千纸鹤，表示祝福。

邓小平举起千纸鹤，对外交部部长黄华和随行团员们说，瞧，孩子们都懂中日睦邻友好的道理。这是一个大局，中国与日本是一衣带水的近邻，没有理由不好好地和平相处。

随行人员都活跃起来，传看着这只折得很精巧的千纸鹤。

邓小平看着大家又说，这次去日本，我们要签订中日两国的友好条约，这是一件大事。中国要发展，要建设现代化强国，没有一个和平的外部环境不行。所以，这次访日很重要，访问必须成功，要把中日两国的友好关系向前推进一步。同时，我们要借访日的机会，考察日本科技、经济发展的现状。我很想看看日本的钢铁工业。

黄华说，已经安排了。

邓小平说到这里又惦记起了宝钢的事，于是把夏默留在自己的座位边上，再次问他宝钢选址的专家论证现在到什么程度了。夏默回答说，选址的论证还在继续。初步看，问题不是致命的，建起来的钢铁厂不会整体滑移到海里去，现在当地的深钻取样工作还在继续。但是，对这个特大项目的上马和下马，两种意见还是针锋相对。谷牧副总理最近又开了一次论证会，认识还是没法统一。

邓小平说，你的看法呢？

夏默沉吟了一下，说，我个人认为，就宝钢这个特例来说，早点上马，利大于弊。我们国家太需要优质钢材了。当然，反对宝钢上马的声音也有一定的道理。

接着，夏默就列举了两个主要的反对理由：一个是沿海到底能不能放大工业，这牵涉战备；另一个是国家现在正处于经济调整时期，财政有非常大的缺口，不裁撤一批计划中的大项目，也确实不行。宝钢是个大头，一占就是两百个亿。宝钢这个大项目一撤，国家的财政盘子就有可能活了。

最后，夏默重申了他的意见，说宝钢还是应该上马，久拖不决不好。

邓小平听着夏默所表达的意见，久久没有吭声。夏默看着邓小平靠在座椅上眯眼沉默的样子，心里忽然有些后悔，觉得刚才不应该这么强烈地表达自己的观点，因为自己毕竟还是从一个专家的局部领域看问题，而小平同志则站在一个更高的层面思考全局，他有他的难处。做出这样一个关系到国计民生的重大决策，确实需要慎重考虑。

想到这里，夏默又小心翼翼地补充了一句说，小平同志，这仅仅是我个人的浅见，很可能是片面的。

邓小平点点头，又不作声了。飞机进入了云层，舷窗外白茫茫一片。

上飞机前，邓小平刚看过谷牧送来的有关国家财政的各种数据，知道国家财政短缺的难处，知道"两百个亿"的分量，知道李先念也为了这个问题皱紧了眉头。想到这里，邓小平就不再思考下去了，他拿起了座位边一沓关于日本社会情况的材料阅看起来。这是外交部给他准备的，出发前看了一遍，现在再看一遍。

一个问题思考久了，一下子得不出结论，就必须换换脑筋。

卓琳劝他闭眼休息一会儿，但是邓小平没有听。

这架尾翼漆有红色五星的中国三叉戟军用飞机，是在一九七八年十月二十二日下午四时二十二分降落于日本东京羽田机场的。

令邓小平和黄华外长都没有想到的是，日本的外相园田直会在他们下飞机前突然登上舷梯直接走进机舱，做出了亲自上机迎接邓小平的友好姿态，而这一举动是双方事先都没有安排的。

其实园田直临时改变原来的迎宾方案疾步登上舷梯时，守候在舷梯旁的礼宾官员曾经吃惊地阻拦过他，说外相您上飞机迎接，这太隆重了吧？这不合常理。园田直当时回身说，你应该明白，这是中国领导人第一次访问我国。

邓小平对日本外相的亲自登机之举显得十分满意，他立刻握着园田直伸来的热乎乎的手笑着说，你来北京的时候邀请我访问贵国，我还是来了嘛！

外相说，您给我们带来了难得的艳阳天！

大家都听出了日本外相这话的一语双关，他既指日本东京的久雨转晴，也指中日两国关系即将揭开崭新的一页。

显然，"邓旋风"在邓小平还没有出机舱的那一刻，就已经在日本的土地上刮起来了。

次日，《中日和平友好条约》批准书互换仪式在日本首相官邸隆重举行了。

令现场采访的日本媒体记者没有想到的是，在这个中规中矩的仪式上，中国的领导人做出一个意味深长的、充满人情味的外交动作：邓小平在条约批准书签字后，竟然走到日本首相福田赳夫面前主动与他拥抱。而自称是外交家的这位日本首相，显然对共产党国家领导人的这一举动缺乏思想准备，表现得有些慌乱，姿势僵硬。

记者们见状都大笑起来，随即就响起了一阵掌声。站在福田赳夫身旁的日本外相园田直正在为首相的形象担心，没料到邓小平会随即过来又同自己拥抱，由于一时反应不过来，显得有些狼狈。

这时候记者们的笑声就更大了，有个记者当场就大声感叹，名不虚传的"邓旋风"啊！

而在随后，邓小平端起葡萄酒杯，他的祝酒词也是那样地充满感情和打动人心。邓小平是这样说的：让我们为中日两国人民世世代代友好，为迎接中日关系更加光辉灿烂的前景，为亚洲和世界和平而共同努力！

在大家喜气洋洋仰脸喝酒的时候，几乎所有的日本记者都没有举杯，而是快速地在纸上沙沙地走笔，记录这些动人的细节。

邓小平在东京的下榻之处是赤坂王子饭店。这个饭店优雅的格局，不禁使邓小平回想起了巴黎，他甚至觉得这个饭店与凡尔赛宫有些相像。他对黄华说，这里就像是缩小了的法国凡尔赛宫嘛。

黄华也点头称是，他看得出邓小平心情很好。但是邓小平随后的提议，却让黄华小小地吃了一惊。邓小平说，黄华同志啊，关于这次访日的行程，我有个临时的想法，我想拜望一下田中先生。

黄华一愣说，田中角荣？前首相？

邓小平说，是啊，田中首相，他对中日邦交的建立有贡献啊。我到了日本，理应去看看他，不忘老朋友嘛。

黄华于是就显出了为难的神情。邓小平问他是不是不方便，黄华说是有些不方便。他小声告诉邓小平，田中前首相由于被指控接受美国洛克希德飞机公司的巨额献金，四年前被迫辞职，在日本国内遭到很多人的敌视和抛弃，声望大跌。现在去拜访，时机恐怕不合适。

黄华介绍的这个情况，也是实情。作为外交部部长，他不能不这么考虑。但是显然，邓小平有另外一个层面的考虑。邓小平说，你可以向日方公开表示，说田中前首相涉嫌案件，那是你们国内的事，但他对中日复交有大贡献，我们永远不会忘记。一九七二年九月，正是由于他的果断决策，中日邦交正常化才得以实现。你这么说，还有困难吗？

黄华部长还是显得有些踌躇，而邓小平则简洁地说，去办吧。

黄华知道邓小平决心已下，于是马上表态说，我现在就去找日本外务省协调。

日本外务省接到了中国方面关于临时增加拜会田中前首相的要求，大楼里一片惊呼，都说邓小平如此看重情义与旧谊，真是没有料到。而日本外相园田直则踌躇再三，最后决断说，既然中方郑重提出，我们一定要考虑。我去向首相报告，你们马上开始规划。

一个小时以后，来自中国的贵宾即将造访田中前首相的通知便传到了田中官邸。田中角荣起先不相信有这回事，以为自己听错了，后来便泪眼迷蒙起来，竟至以帕遮眼。他说，世态炎凉，落井下石者有之，避恐不及者有之。这几年，我田中家一直是门可罗雀，想不到中国领导人还惦记着我，知道日本还有田中角荣这个人啊！

田中夫人听先生这样说，也不禁热泪盈眶，说这正是邓小平先生用心之处。

田中角荣站起来，对自己的秘书说，不忘故交，这是中华民族的美德。快告知本派议员，全体齐聚在这里，一齐迎接邓先生！

田中角荣激动得连说话的声音都有点哆嗦。

四

在日本刮起的"邓旋风",也使得中国国内草木摇动。中国的报纸以及电视节目用了相当大的篇幅报道邓小平访日。中国民众随着邓小平一行的目光,客观地看到了中国的这个东邻经济与科学技术迅猛发展的现状,也感觉到了邓小平为赢得国际和平环境而做出的外交努力。

在北大的夏建国更是每天晚上都赶到学生会办公室的那台电视机前,从篇幅不是很长的报道中拼命查看中国代表团的风采,在邓小平一行里仔细寻找父亲的身影。即便是偶尔晃过的几个夏默的镜头,都让他兴奋不已。田源也凑在他耳边说,真为你爸爸能随着邓大人出行而感到高兴。

每天收看电视,也耽误了一些排练时间,好在《于无声处》的排练已经全剧拉通。除了反复排练、精益求精之外,更重要的就是要在北京市区寻找一个像样的演出场地了。

这个话剧已经在北大试验性地演出一场。那天北大礼堂里人山人海,演出之后更是山呼海啸、群情激奋。北大党委书记周林还带着他的领导班子成员上台接见演职人员,在与演员们握手的时候,大家都注意到周书记的眼睛是红红的。北大好几个系的教授还不约而同地跑到后台问长问短,都鼓励话剧社把这出戏演到北京城里去,演到中南海门口去,让北京人民和现在的中央领导都能来看看这出戏。戏里所发出的呐喊声,应该成为中国当今政治的"春雷"。

确实,夏建国与他的伙伴们都感到,这一声异乎寻常的"惊雷",必须尽快在北京的心脏地区轰隆炸响,以让北京的民众激愤,发出更大的政治声浪,撼动政局。上海的宗福先来信说他们的《于无声处》已经在上海试验性地演出好几场了,每一次剧场内都是掌声雷动,而走出剧场的人们也以更加鲜明的姿态质疑天安门事件为什么迟迟不予平反。现在这一声浪在上海可以说是越来越大,几成席卷之势。夏建国把来自上海的信件在剧组内部原原本本宣读了,读得大家周身血液奔流。但是,这幕话剧在北京的推广,却还是阻力重重,没有一家城区剧院欢迎"惊雷"在他们内部炸响。

"东风"谢绝了，"解放"谢绝了，连一家大型企业的内部剧场也谢绝了。

依照田源的意思，还是主攻北京人民艺术剧院。他说，在"人艺"演出影响大，干脆集中力量把这个剧院给攻下来。既然他们不回我们的请求函，我们就上门当面谈。我相信我们能打动他们，人心都是肉长的嘛，也许他们也有孩子在天安门广场呐喊过呢。

去了北京人民艺术剧院，才知道田源的想法还是有些书生气。夏建国与田源是在这家剧院的主任办公室见到那位嘴边留着小胡子的、矮矮胖胖的主任的。夏建国提到了一个礼拜前的请求信，又掏出自己的北大学生证，轻轻地放在桌面上。而那位姓秦的主任只是淡淡地说，拿回证件吧，我知道你们是北大的。

夏建国说，是这样的，我们上个礼拜给您发出的请求信上也说了，我们北大学生话剧社排演了一出话剧。

秦主任脸色漠然地说，知道，知道，《于无声处》，四幕话剧，你们的信函上不是都说清楚了嘛。我也知道你们在到处联系公演：去过解放剧场，解放剧场谢绝；去过东风剧院，东风剧院谢绝；现在到我这里，我能认下来吗？请问，我敢认下来吗？

两位年轻人情知碰壁了，于是默默地站了起来。而这时候秦主任的语调略微缓和了一些，他拍拍夏建国的肩膀说，看来你们都是统一战线喽？

秦主任说，年轻人，听我一言，别白日点灯白费蜡了，哪儿都一样，首都几十个大小剧场，没人敢演这样的戏！毛主席定的案子，华主席又说凡是毛主席的指示，我们都要遵循，小伙子，这是大是大非啊。

夏建国听到这里，觉得似乎还有戏，便也小声地告诉秦主任说，邓副主席已经反对了"两个凡是"，据说内部文件上都已经白纸黑字写了，难道你们都没有传达吗？

秦主任一听这话就嘿嘿地笑了起来，说，你这位年轻人是蒙我呢还是干吗？即使有这种话，也传达不到我们这一级啊。再说，要是毛主席说的话都能改变，那报纸上怎么不宣传呢？我告诉你，我接到的文件是，谁要散布违背中央口径的言论，谁就要承担政治责任。年轻人啊，这可不是开玩笑的，你们年轻人不怕掉脑袋，我还要养家糊口呢。

两位年轻人听完秦主任这番话，一声不吭，扭头就走，也不说再见。而在他们走下吱吱嘎嘎作响的木楼梯时，秦主任又追出了办公室，喊着说"两位同学，你们等一下"，接着就用很诚恳的语气说，我二弟也参加了天安门事件，我心里是很同情你们的，但是……

夏建国与田源不约而同地说了一声谢谢，失望而去。

第二天下午，他们又找到了北京的解放军八一剧场。找八一剧场的点子是任燕出的。她在电话里说，你们不妨干脆去找找部队剧场，邓大人不是兼着军委副主席吗？《解放军报》不是顶着重重压力，轰出了那篇《马克思主义的一个最基本的原则》的评论员文章吗？解放军的剧场可能会答复得很干脆。

戴着红帽徽、佩着红领章的八一剧场吕主任在听两位年轻人讲话的时候，显出了足够的耐心。他把双手放在办公桌上，轮流看着夏建国与田源，也轮流快速地转动着自己的两个大拇指。

而夏建国与田源则在解放军首长面前表现得非常激动，两人抢着说话，几乎一点空隙也不留。夏建国说，地方上这么多家剧场都拒绝了我们的公演请求，我们只有请求军队剧场的帮助了。我们服装、道具自备，义务演出，不要任何费用！

田源马上说，我们只求一个场子。

夏建国接着说，首都群众的心里，早就明白天安门事件的定性是有问题的。不光是首都群众，全国人民群众心里都埋藏着疑问。我们就是想把这个疑问公开大声地表达出来。

田源大声说，这是一个群众涉及面最大的冤假错案！

夏建国激动地站起来说，首长同志，我们信任军队，我们读过叶剑英元帅、邓小平副主席在全军政治工作会议上的讲话。你们《解放军报》最近发表的特约评论员文章，写得多么尖锐！首长同志，我相信你们能帮助我们。这是剧情梗概，这是在北大演出时的剧照，我们北大的校党委也支持我们排演这场重要的话剧。

吕主任笑着问他们说完没有，对方说完了，于是这位主任说，两位同学，我非常赞赏你们的勇气。我们军队的许多同志也议论过，目前对天安门事件的定性是不对的。

夏建国高兴地蹦起来说，谢谢！

吕主任说，年轻人，别忙，我必须向上级做一个请示。夏建国忙说，对，对，我们等您的好消息。吕主任说，请你们三天以后来听答复。

走出八一剧场的时候，夏建国与田源忍不住互相击了一下掌，都觉得任燕的这个点子太好了。部队越到上层，态度反而越鲜明，不然《解放军报》的那篇评论员文章是怎么出来的？毕竟邓大人现在兼着军委副主席嘛。

五

夏建国与田源当夜返回北大，向剧社的伙伴们传达了来自解放军八一剧场的好消息，说这次希望大了，这让几位演员激动得啪啪啪地鼓掌。大家当晚聚集在学生会办公室那台黑白电视机前看邓小平访日新闻的时候，也增添了几分激动。

他们这一天看到的是邓小平拜会日本前首相田中角荣的镜头。在这些画面中，他们注意到田中角荣以及不少田中派国会议员们的眼中，都是泪光盈盈的。

这天田中派国会议员几乎悉数赶到了田中官邸，而且事先在门口站好了队。不仅议员们按照田中角荣的要求站在官邸门外迎接，而且田中角荣本人率领全家也早早地候在了官邸门外。

这简直像是一个节日。

其实在门外站队之前，田中角荣的夫人花子曾经对丈夫低声说，现在天气凉，你还是慢一点站到门口去，时间早着呢。田中角荣连连说，不早了，现在就去站队！邓小平先生光临寒舍，这种喜事可不是天天都有的。

于是，田中角荣和夫人花子、女儿、女婿、外孙女、前官房长官二阶堂进以及田中派的四十八位日本国会议员，早早地就列队在官邸门口。日本警视厅派出的大批警察早就在四周值勤，引得路人都远远观望，纷纷投来惊奇的目光。这种目光使得田中前首相的脸上越来越焕发出光彩。

当挂有中华人民共和国国旗的国宾车队驶近的时候，田中角荣就更加显得容光焕发了。他大步迎向车队，紧紧握着步出汽车的邓小平的双手。田中角荣激动得声音都变了调，他大声说，阁下不忘故交，光临寒舍，田中实感荣幸之至！

邓小平听完翻译的话，微笑着说，田中先生对中日复交做出了很大的努力，中国人民都记得您，我来看您理所应当。

田中闻言大喜，连说请请请，这时候记者们的镁光灯已经亮成一片了。

在会客厅坐下以后，邓小平看着老朋友田中角荣及其身边坐得端端正正的几十位田中派国会议员，朗声说，我们两国已经互换了《中日和平友好条约》的批准书，这样，条约就生效了。这个条约，不单是中国人民，也是日本人民奋斗多年的成果。其中，包括您田中前首相，包括您二阶堂进前官房长官，包括在座的诸位。从中国人民的角度来说，我们非常感谢你们的努力。

田中不住地点头，充满感情地对邓小平说，我见到您，心情就同与已故的周恩来总理会谈时一样。一九七二年，我有幸访问中国，那次经历我终生难忘。

邓小平听了这话，很有感触。他说，是啊，一九七二年，那时候我在离北京很远的地方，没能见到您。

田中听了这句幽默的话，不由得笑了起来，但后来又马上止住了笑容。那是中国政治不正常的年代，田中角荣知道邓小平当时是在中国江西省一个偏僻的地方做着工人的工作，但是邓小平不管在什么情况下都对推进中日两国的关系抱有信心，这也是田中角荣能感觉到的。所以邓小平在这次见面中强调说，我们对于过去的老朋友是不会忘记的，这是东方人特有的感情。今天，我们就是来同老朋友叙旧的。

于是，田中的心情也特别舒畅。他念了一句孔子的话：有朋自远方来，不亦乐乎！

邓小平接着说，我们希望田中角荣先生，还有二阶堂进先生，在方便的时候能再到中国走一走。

田中一听这话，心里就开心，马上说，我很高兴接受阁下的邀请。坐在他身边的二阶堂进也马上欠身拱手说，内心充满感激！

邓小平说，我知道田中先生、二阶堂进先生对中国的发展都很关心。中国人民，也希望能在自己的国土上再次迎接田中先生和二阶堂进先生的访问。

这诚挚的邀请以及所有让人如沐春风的话，不仅在当场就获得了田中派国会议员的高度赞赏，而且都以极其醒目的位置登在了日本的大小报纸上。几乎所有的时事评论员都赞扬了中国不忘故旧的传统风范。有位评论家还说，看来中国人不仅记住了所有对中国动过一刀一枪的日本人，也记住了所有为两国关系添过一砖一瓦的日本人。中国人的心里是有本账的。

其实邓小平对这次造访田中角荣也很有感慨。在车队离开田中角荣官邸返回宾馆的路上，他对坐在身边的黄华外长说，刚才田中前首相说到了周总理，你注意到了吗？黄华说注意到了。邓小平叹息一声说，田中先生这么一说，我也想起总理了。周总理为中日两国人民的友谊，做了很多工作。如果他还健在的话，这一回，他一定会来的。

听邓小平这样说，黄华也叹息了一声，说，我们做外交工作的同志，也都很怀念总理。

邓小平这一路上就再也没有说话，他微微闭眼，思绪一下子就到了一九七五年。他记起了那一年他在周恩来的病榻边汇报工作的情状。那时，周恩来的脸色非常憔悴，病情显然已经很严重了。那是在中国人民解放军三〇五医院。邓小平记得，他是俯着身子对总理说话的，他那时缓慢地一字一句地说，总理啊，这一次全面整顿，已经使铁路系统贯通了，生产有所恢复。他记得周恩来问自己钢铁的情况怎么样，他说，已经派了工作组到鞍钢、武钢、包钢、太钢去蹲点，还成立了国务院钢铁领导小组，谷牧当组长，现在有些起色。这个月，全国平均日产钢七万两千四百吨，达到完成全年计划要求的水平。

他记得那一刻，周恩来点点头，用艰难的声音说，去年鞍钢两派武斗，我把他们叫到北京来坐在一起，对他们说，鞍钢不能乱哪，要不然全国三分之一的钢产量就没有了啊！恢复到这个程度还不够，我们钢铁的缺口还很大啊。

邓小平记得自己那时候说，我明白总理的话。然后，他刻骨铭心地记住了周恩来的一个饱含感情的动作。周恩来那一刻吃力地抽出手来，紧握住自己的手，一字一顿地说，你这一年，干得很好，比我强得多！

他也握着周总理的手，久久不放。当然，他不敢用力，握得很轻，但是握得很温暖。他记得自己是这样回答总理的：我还要努力。

然后他看见总理露出了微笑，总理显然感到欣慰。他听见总理对自己说，小平啊，你总是说这句话。就像当年在巴黎，咱们办《赤光》杂志，你当油印博士的时候一样。

那一刻，总理也想到了巴黎。那是一九二二年就开始的革命友情啊。他在周恩来的感召下成为革命者，随后又成为共青团员，紧接着又转为中国共产党的正式党员，是周恩来兄长一路牵着自己的手往前走的。

邓小平没有流眼泪，他是个很难流眼泪的革命家，但是他知道，这一刻，把自己的骨灰撒在中国的土地上和江河里的周恩来，一定已经注意到了流淌在他心底的莹莹的泪光。

六

随后参观的几家日本现代化企业，引起了邓小平浓厚的兴趣。讶异、兴奋、沉思这样一些表情，先后出现在他的脸上。不仅邓小平如此，随行人员也都如此。发达国家的先进生产工艺，对于长期陷于"阶级斗争"中难以自拔的中国人而言，冲击力确实是巨大的。

邓小平在神奈川县座间市的日产汽车组装车间里驻足很久，通过耳机认真地听取日产汽车公司总经理石原俊的介绍。在他眼前，组装汽车的流水线缓缓移动，四十八个产业机器人操着各种工具依次焊接车体，各种精确的自动组装动作有条不紊，电火花不停闪烁。

邓小平摘下耳机问，自动化程度达到多少比例了？石原俊回答说，尊敬的邓先生，本厂的自动化程度为百分之九十六。

这个比例似乎有点吓人，邓小平陷入了长时间的思索。这时候黄华凑到邓小平耳边说，按劳动生产率算，这个工厂是我们长春第一汽车制造厂的九十九倍。

邓小平感叹了一声，说差距太大了。

他想了想，又说，我懂得什么是现代化了。欢迎工业发达的国家，特别是日本产业界的朋友们与中国的现代化建设进行合作。

在大群日本记者紧张记录的时候，陪同邓小平参观的日本经团联会长士光敏夫挤到邓小平面前说，邓先生，我们一定会进行很好的合作。我们建议，最好能创办日中两国的合资企业。

邓小平听士光敏夫这么说，心里一动，觉得这倒是个好点子，于是马上表态说，士光敏夫会长的这个建议好，可以积极考虑。我们中国荒废了十年，在此期间，日本等其他国家进步了。因此，我们落后了二十年。

"二十年"这个词一出口，引起了日本记者一阵小小的惊呼，想不到中国的领导人会用这么一个数字来表达两国间生产技术的差距。这样的表达很坦率，也很客观，甚至很智慧，这体现了中国在生产技术方面欢迎日本援助的迫切而诚恳的态度。

邓小平抬起脸，看看众人，说，首先承认我们的落后，老老实实承认落后就有希望。再就是要善于学习。这次到日本来，就是要向日本朋友请教。我们向一切发达国家请教，向第三世界穷朋友中的好经验请教。我相信，本着这样的态度，我们是有希望的。

当时掌声就噼噼啪啪地响起来了，跟生产线上产业机器人手中的电焊声响成一片。一位日本记者向他的同行说，邓能这样说，太了不起了！而使这位记者更加没有想到的是，邓小平随后在公司的纪念册上还题写了这样的词句："向伟大、勤劳、勇敢、智慧的日本人民学习、致敬。"这位日本记者后来在他的报道中激动地写道，能题写"伟大"的，才是伟人！

千叶县沿海地区的君津钢铁厂是邓小平此次访日的考察重点。显然，对这个厂的参观、考察、判断，与是否推进国内的"宝钢"项目，有着一种客观上的关联。

奇怪的是，中国贵宾的车队从宾馆出发的时候，独独不见夏默跑出来。黄华看着手表，显然是着急了，说老夏今天怎么拖拉了，要不要再等一等？这时候邓小平果断地把手一挥说，不等了，时间到了就出发。

卓琳坐在邓小平身边，把车窗开了一道小缝，让十月湿润的风回荡在车内。她深知丈夫的脾性，按时行事，从不拖拉，但她同时心里也想着夏默，这个人怎么会掉队了呢？

代表团的人们后来才知道，夏默是晚了十五分钟才匆匆奔出宾馆的，他是被一份来自国内的电报耽误了。急出一头汗水的夏默后来在两位日本外交官的帮助下，才登上临时安排的汽车急急忙忙地追赶队伍。

邓小平一行头戴红色安全帽，一路走在君津钢铁厂，先是参观转炉，后来又参观巨大的轧板车间。新日铁董事长稻山嘉宽亲自陪同参观，他告诉邓小平，君津钢铁厂是六十年代搞起来的，现在的规模是年产量一千二百万吨。

正说到这里的时候，喘着粗气的夏默悄悄地出现在中国贵宾的人群中。

黄华笑了，走到夏默身边，友好地拍了一下他的肩膀。夏默惭愧地笑笑，算是作了解释，因为他这时候不宜多说话，怕妨碍了大家的参观。

邓小平这时候向轧钢机走了几步，把眼睛眯细了，他看见了轧钢机上的一块标志牌。标志牌写的是日文，但是上面有"1969"的明显字样。看见还在喘气的夏默，邓小平便把夏默叫到自己跟前，说夏默同志，我不懂日文，这里写着"1969"，是不是这台自动化轧钢机的生产年份？夏默弯腰一看，说是。邓小平接着问，一九六九年，你在做什么？夏默低头一想，轻声说，扫厕所，还没"解放"。

邓小平点点头，又转过脸，问另一位随行专家，你是搞物理的，一九六九年，你在做什么？那专家说，我在劳改农场养猪队。邓小平再问一位，你呢？那位专家说，白天清扫大杂院，晚上遭批斗。

邓小平长吁一口气，说，是啊，我们在折腾，人家在搞自动化。

卓琳听邓小平这样感叹，心里也叹了一口气。她想到了自己的一九六九年，就在这一年的十月，她与丈夫被押送到江西省新建县，邓小平被迫在拖拉机修造厂参加劳动。

这时候邓小平沉吟了一下，指着身边由计算机操纵的轧钢流水线又问夏默，你访问欧洲的时候，见过这样的流水线吗？

夏默说，在德国，见过数控机床。但是，由计算机操控轧制钢板，还没见过，也算开眼界了。

邓小平说，我们的鞍钢，是日本三十年代的钢铁生产水平。现在，时隔四十年，日本已经发展到这样的程度了。我们确实落后太多。我看这个君津钢铁厂很好，如果把它搬到上海宝山，对我们国家的钢铁生产一定是个好的促进。

夏默一听邓小平说到宝钢，马上报告说，小平同志，我今天迟到，实在不应该。因为国内传来了一份电报，上海宝钢选址的地基问题刚刚查清楚，我急着看，忘了时间。

邓小平马上问，什么内容？

夏默说，五十六名专家进行了十八个昼夜的打桩试验，证明了打六十米深的钢桩，完全能够承受钢厂需要的负荷！

这个信息立时让邓小平陷入了深思，以至于在轧钢机流水线旁迟迟没有迈步。此刻，他仿佛有一种正站立在上海宝山土地上的感觉。

是的，就在宝山，就在身边，长长的优质钢材缓慢而威武地向前移动着，电子屏幕闪闪烁烁。

当然，这是若干年以后上海宝山出现的景象。

中国需要一个或者几个君津这样的钢铁厂，不能再迟缓了。一个钢铁贫乏的国家是缺钙的。

出现在邓小平脑海里的这一形象和思路，一直断断续续地延续到当天晚上，直至深夜。在卓琳已经睡下之后，他还请王秘书把夏默叫到自己房间的会客室里。邓小平对惊讶的夏默说，打扰你休息了，这么晚请你来，是想请你去办一件事情。明天你不必随团活动，去和日本有关部门商谈一下上海宝钢项目的进度问题，然后立即回国。

夏默愕然了，一时反应不过来，但此时他又听邓小平说，回国以后，你直接找先念同志、谷牧同志，他们会安排你去宝钢的。夏默同志，宝钢的事情我想了很久了。宝钢是上马还是下马的问题，不要过多争论了。这件事我也犹豫过，两百个亿，不是小数。但是现在想，上，利大于弊。振兴中国钢铁工业，这是一项支柱工程，代表世界先进水平的。不争了，再争没有时间。我的意见：尽快上马！

夏默听到这里，心间立刻翻动起了潮水。他激动地说，小平同志的决策是对的，既然地基没有问题，就应该咬着牙上！我愿意参与这个工程。

邓小平说，好，你对各国现代化建设的特点有研究，可以发挥别人起不到的作用。你到宝山后，告诉前期指挥部的同志们，不要争论，不要怕，尽快开工建设。我们的钢铁工业以及整个国民经济的发展，再没有拖的本钱了。

夏默当即就答应立即回国，尽快去宝山。在告辞的时候，邓小平忽然提到了北大排演话剧的事，这倒让夏默一愣。邓小平说，你儿子在北大上学，听说北大学生排了个话剧，在学校演了一次，反响很大，很轰动，你知道吗？

夏默再次激动起来，说，小平同志您还真问对人了。我儿子就参与了这个剧，还算是导演。这个话剧有四幕，是上海的一个工人作家写的。上海也演过，也轰动了。我儿子把剧本拿到北大来排练，也轰动了。因为这个剧是反映前年天安门事件的，说的是年轻人悼念周总理、反对"四人帮"。北大的一些教授还联名写信要求公演，但是要公演却找不到场地，北大的那些学生很着急呢。我来日本之前，我儿子就打电话跟我说很苦恼呢，好多剧场都谢绝他们上门。

邓小平说，北大有这个传统，忧国忧民，敢为天下先。经过十年"文化大革命"，这个传统还是没有丢，是好事情。那个话剧叫什么名字？

夏默说，叫《于无声处》。

邓小平说，呵，于无声处听惊雷，有气势，好名字嘛。

夏默有些奇怪，问，这件事怎么都到了您这儿了？非同小可呀。

邓小平说，乱世之后，百废待兴，最重要的是解放思想。对学生的爱国热情和积极思考，要鼓励和正确引导，而不是压制和害怕。天安门事件，也到了该解决的时候了。

夏默惊喜起来，心里想，只要小平同志明确表态了，事情就有可能明朗化，离彻底解决的时候也不远了。临出门的时候，他又小心翼翼地问了一句，小平同志，您说学生们这个戏可以在北京城里公演吗？邓小平却没有搭话。但是后来王秘书对夏默说，老夏你可别这么打破砂锅问到底嘛，只要小平同志关注了，事情总会解决的嘛。

夏默一直到坐在回国的飞机上，心里还惦着这件事。他觉得邓小平很可能会亲自过问这件事，邓小平是个战略家，但有时也心细如发。

七

坐上日本的新干线，经历一次"子弹列车"的飞驰，对邓小平来说，是一次新奇而又兴奋的经历。

他在坐这趟车之前，就已经听取了相关介绍，也阅看了材料，很想知道高速铁路究竟是一个什么样的概念。而在坐上了列车，列车又在极短的时间内冲到高速之后，邓小平还是为这种"子弹列车"的平稳、低噪声和舒适程度而惊讶。他想，这是个好东西，中国的幅员比日本辽阔得多，在各大城市之间如果都架设了高铁网络，那就会对生产要素的快速聚合、国民经济的发展带来很大的促进。

他久久地看着车窗外面，沿线的树木快速闪过。

一位日本记者趋前，问邓小平说，请问邓副总理，坐这列车，您是什么感觉？

邓小平笑了，回答说，就是觉得快，有催人跑的意思，我们现在正适合坐这样的车！

车厢里响起了掌声，邓小平的这句话说出了中国代表团每一位成员的心声，也说出了中国经济蓄势待发的现状。

这时候，邓小平转过脸，对黄华外长和几位代表团的同志说，我们国家也要修这种铁路，首先应该是从北京到上海。

黄华点头说，对啊，那样的话，北京到上海只要几个小时就够了。

"子弹列车"在新干线上飞驰。

这一刻，身处高速行进列车当中的所有中国代表团的成员都心潮澎湃。高速和低速就是不一样，跟停滞更是不一样。高速会使一个民族充满自信和展现强壮，而这种速度在中国是完全有可能出现的。中国有这么辽阔的国土和这么勤劳的人民，只要我们有了一条正确的"新干线"，中华民族的行进速度是不成问题的。

在辞离日本前夕所举行的记者招待会上，邓小平也诚挚、客观地表达了这一想法。那一天，出席记者招待会的世界各国记者挤满了整个大厅。据统计，有四百多位记者，分别来自时事社、共同社、路透社、合众国际社、美联社、法新社、德新社等国际著名通讯社。

美联社记者对邓小平提的问题是：您这次访问日本的最大收获是什么？

邓小平是这样回答的：老实说，这次访问我看到了中国与世界发达国家在经济发展上的差距。中国要实现现代化，还有很长的路要走。走什么道路，制定什么样的目标，是我考虑最多的问题。我们愿意学习和借鉴日本和其他发达国家的经验，也愿意与他们合作。

日本记者的问题则带着日本特色，他问的是：我知道中国现在正在寻求与世界的合作，在经济合作方面，中国会优先考虑与日本的合作吗？

对这个问题，邓小平回答得很得体，他说，中国正在打开对外开放的大门。我们愿意在平等互利的基础上与世界上一切国家合作。然后，邓小平又看着这位记者，微笑着说，中日双方在经济方面合作的余地很大。我们要向日本学习的地方很多，也会借助于日本的科学技术甚至资金。我们之间已经签订了一个长期贸易协议，但只有这一个还不够，那是两百亿美元，还要加一倍至两倍。等到我们发展起来了，道路就更宽广。欧洲的朋友问我，说你们和日本搞得这么多，是不是我们就没有事做了？我告诉他们不要担心，需要他们同日本竞赛一下。

邓小平说到这里，会场上已经是一片笑声了。

而使记者招待会的气氛陡然紧张的是另外一个话题。一位日本记者在接过话筒之后突然提到了所谓的"尖阁列岛"。他问的问题是：请问邓先生，对尖阁列岛的归属问题您有什么看法？

此话一说，全场皆静，气氛陡然紧张。

记者招待会的主持人马上站起来说，对不起，按照中日双方早先的约定，这次访问不涉及领土问题，请大家不要提这样的问题。

但是，坐在主席台正中的邓小平表情却显得非常轻松。他面对四百多双睁圆的眼睛和一排又一排的电视摄像机镜头，沉着地说，这问题既然已经提出来了，我愿意谈谈我的看法。尖阁列岛，我们叫钓鱼岛，这个名字我们叫法不同，双方有着不同的看法，实现中日邦交正常化时，我们双方约定不涉及这一问题。这次谈中日和平友好条约的时候，双方也约定不涉及这一问题。倒是有些人想在这个问题上挑一些刺，来阻碍中日关系的发展。

全场安静得连根针掉在地上的声音都能听见，许多记者甚至屏住了呼吸。

邓小平继续说，我们认为，两国政府把这个问题避开是比较明智的，这样的问题放一下不要紧，等十年也没有关系。我们这一代缺少智慧，谈这个问题达不成一致意见，下一代比我们聪明，一定会找到彼此都能接受的方法。不光是钓鱼岛，中国南海的一些岛屿也存在同样的问题。对此，我们也持同样的看法。

听邓小平这样回答，全场的气氛都慢慢地松弛了下来。大家都觉得邓小平的这一回答相当务实，也相当智慧，而唯有那个提出钓鱼岛话题的日本记者继续咬住这个问题不放松，他再次站起来尖锐地发问，如果有一天日中两国在这个问题上发生冲突，您认为会出现什么样的后果？

邓小平听完这个问题，表情仍旧很轻松，他微笑着回答说，我认为中日两国会世世代代友好下去，这个趋势不可逆转。但是，日本有些人总想给两国关系找些麻烦，因此也必定还会有人在这个问题上闹事。我相信，到那个时候，中国的领导人会比我们这一代人更有能力和智慧处理好这个问题。中国人不会欺负别人，也不会让别人欺负。我们永远是维护世界和平的力量。

招待会上响起热烈的掌声。

邓小平在离开记者招待会的时候，心情依然很舒畅。他最后是这样向四百多位记者说的：我感谢日本人民的深情厚谊。我们是以一片喜悦的心情来到东京的，并将以一片喜悦的心情回北京去。

八

解放军八一剧场的吕主任是在组织剧场工作人员收看完邓小平访日新闻后，才匆匆跨上自行车直奔总政宣传部曲副部长家的。他知道曲副部长一般都回家吃午饭，有些微妙的问题，到家里请示比到单位请示更合适。

曲径的家在总政家属大院的最西头。这天午饭后，他挽起袖子，在自家前院里修理一张快要散架的方凳，接连把一个又一个钉子砰砰砰地敲在凳子的榫头处。吕主任一进门就恭维说，哎呀，曲部长钉得很准啊！我这人就是敲不准，一使榔头，钉子就弯。

曲径抬起头说，小吕啊，关键是钉子要摆正。榔头呢，第一下要轻，这是定位，第二下、第三下可以重一点。我们做工作也一样，首先是立场一定要准。吕主任说是，是。曲径说，什么事啊，中午还跑来？

吕主任递上《于无声处》剧情梗概和剧照说，有一个学生业余剧社，北京大学的，想在我们剧场演一场话剧，演一礼拜，时间不长。

曲径放下榔头，接过剧情介绍翻阅了一下，脸上显出了惊讶的神色。

吕主任说，我看了材料，他们演得还是挺专业的。另外，这出戏的思想意义，还是挺积极的。

曲径忍住气说，说完了？

吕主任说，我想，是不是先请他们来试演一场。然后，请部长同志莅临审查，审查通过后，再安排公演。前三天，请部队观看。后四天，向群众售票。

曲径说，你不怕我用榔头砸你的脑袋？

吕主任慌了，立正挺胸说，请部长指示！

曲径的妻子从窗户里向院子喊，老曲你小点儿声行不行？孩子做作业呢！

曲径忍住气，在院子里走了一圈，站住了，忽然说，我审查完了这场《于无声处》，然后，批准演出。

吕主任一愣，忽又一喜说，是！

曲径说，然后，给部队演三天，给地方演四天。

吕主任说，是！

曲径说，然后，部队轰起来，地方也轰起来，大家都说党中央、毛主席给天安门事件的定性是不对的，反革命事件必须平反！那些在广场上乱叫乱喊的年轻人是革命英雄！

吕主任听出了话音的不对，脸上绽放的笑容渐渐凝固了。

曲径说，然后，中央领导严肃批评，彻底查处。我离开总政，开除党籍军籍，回老家种地。

吕主任慌了，说，部长……

曲径继续咬牙切齿地说，把你也抓起来，戴上铐子，送军事法庭，以反对毛主席、反对党中央的现行反革命分子论处，至少判二十年有期徒刑！你老婆改嫁，你儿子姓人家的姓！

吕主任目瞪口呆，连连后退。曲径抓起榔头逼上几步，冲着对方大吼，你说我不拿榔头砸你脑瓜子行吗？！

这时候，窗子又开了，探出了曲径妻子一张气得扭歪了的脸。妻子说，老曲，你长耳朵了没有，就不能小声点儿？

曲径忍住气，放下榔头，背着手在院子里蹀了一圈，然后在吕主任的面前站下来，压着声音说，你呀，你这个小吕，平时脑瓜子还是挺灵的，当年还评上过学习毛主席著作的积极分子，这些我都记得，怎么现在就糊涂成这个样子了？小吕同志啊，中央工作会议马上就要开了，党的十一届三中全会也就跟着召开了。

现阶段，稳定军心民心，把人民群众的思想都引导到党的十一大抓纲治国的路线上来，引导到紧密团结在以华主席为首的党中央周围来，这才是我们军队政治思想工作者的光荣任务！小吕啊，小吕，我们不能麻痹大意，更不能为阶级异己分子所利用啊！

　　曲径的这段话说得推心置腹而又慷慨激昂，话音也越来越高，以至于他的妻子冲出房门，揪着他跟他论理。吕主任就是在这夫妻俩的吵嚷声中逃也似的离开的。吕主任一边蹬自行车一边懊丧地想，我怎么会碰这么个大钉子呢？其实，部队官兵也经常在议论天安门事件以后会有新的定性呢。年轻人悼念周总理，没有啥不对的，喊两声"邓大人出来工作"也是好理解的，武力镇压是不对的。为什么曲部长今天会生这么大的气呢？看来目前情况还非常复杂，但是不管怎么说，对北京大学的那两位年轻人也只能说一声对不起了。

　　当面拒绝来自北大的这两位热血青年的过程，无疑是痛苦的。八一剧场的吕主任为此踌躇了好长时间，而当两位年轻人如约上门的时候，他还是露出了非常热情的笑容。他热烈地跟他们握手，说，啊，你们来了！

　　夏建国笑着说，是，我们是来听消息的。我们两个一路上还在说，军队带给我们的一定是好消息。

　　这时候吕主任就冲门外喊，小李，快拿两个军用挎包来，再带两只军用水壶！然后吕主任就把军用挎包和水壶放在桌面上，对两位客人说，夏同学，田同学，我知道年轻人很喜欢军用品，这挎包、水壶是今年刚发的，送你们一人一套。

　　夏建国马上称谢。田源也说，其实，我当过生产建设兵团的战士，这些军用品，我最喜欢了，真是谢谢啊！

　　吕主任又冲门外喊，小李，再拿两副武装带来！然后吕主任又把武装带分别递给两人，说，这是我的心意，也是我们剧场所有同志的心意。

　　夏建国此时也知道吕主任心里想说的是什么了。这样的结果使他很难受，但是他仍旧保持着沉着的面容，拉一把田源，默默站起，走到门口回身说，主任同志，您的礼物，我们收下了。我知道这就是您的答复。谢谢您了，您一定是尽了力了！

　　听着这话，吕主任低下头，鼻孔突然发酸。

站在门口的田源心里也像有一把刀在搅一样，他咬着牙关说，没什么的，我们一定能找到一个公演的地方！人民群众心底的呼声，一定要在聚光灯底下吼出来！

吕主任轻声说，你们会成功的。如果哪天演出了，我一定当第一场的观众。还有，这份剧情简介和照片，如果我能够保留下来的话，我会很感谢你们的。

夏建国说，没有问题。

双方分别的时候，不仅行了举手礼，还紧紧地拥抱了一下。夏建国在吕主任耳边说，您的挎包、水壶、武装带，我们全收下了。我们明白军队的情谊。

九

访日中途提前回来的夏默，在分别向李先念副主席与谷牧副总理汇报了相关情况之后，也按照这两位领导的指示，准备迅速赶赴上海宝山，先期筹备宝钢上马事宜。

出发去上海的前一天晚上，他在田志远的屋子里就着花生米喝了土烧，还打了电话到《红旗》杂志社，把曹慧也找来了。而夏建国、田源和任燕这三个年轻人，也在他们喝酒喝到一半的时候兴冲冲地赶到了四合院。这一回邻居相会，讲话讲得最多的是夏默。他打开了话匣子，滔滔不绝，讲日本的汽车，讲日本的钢铁，讲日本各式政治家的表现，又讲邓小平的外交思想和外交风采，几乎没有停歇的时候。

他说，你们知不知道，这次邓小平的访日可以说是大获成功。这些天，可以说，全世界的舆论都关注着日本列岛。日本当地《朝日新闻》的通栏标题是《邓小平在为中国的崛起找药方》，而《纽约时报》则是大呼"美国人正在期待邓小平的到来"，美国人不急不行啊。

夏默举着湿漉漉的筷子说，从这次访日的情况来看，一个好的国际环境应该说是在基本成形之中。听说邓小平还要访问东南亚的几个邻国，再加上邓小平正在亲自主导中美建交谈判，如果这个问题有突破，那么中国就可以在一个相对安宁的国际环境中大力推进现代化建设了。这个前景多么鼓舞人心！邓小平在飞机上就对我们说："中国的发展离不开世界。我们要搞现代化建设，首先要争取一个好的国际环境。依我看，世界大战一时打不起来，至少可以延缓。现在我们是外交还债，要多派些人出去与世界各国搞好关系。"

夏默喷着酒气，手指三个年轻人说，建国、田源、任燕，你们以后都会代表国家出去，学习人家的先进经验，进一步巩固和平的国际环境，你们信不信？

三个年轻人连说不信。夏建国说，我们在北京连个像样的剧场都找不到，还能跑什么国外？田源则说，我的户口还在西双版纳呢，北京都回不成呢。只有任燕说，夏伯伯的话，是有可能实现的。

夏默说，邓小平还告诉我们："首先，中国周边要安定。但真正有影响的还是中美、中苏、中日以及中国和欧洲的关系。依我看，中美建交势在必行。这个问题要抓紧，力争在年内解决。从明年开始，我们要有一个新面貌。"

夏默向大家介绍说，邓小平的这段话是对黄华外长说的，我在旁边都听见了。也就是说，按照邓小平的意思，中美建交在今年年内就要搞好。这个就很厉害啊。中美这样的两个大国，一旦建交，足以震动全世界啊。这就是邓小平全球战略思想的高妙。

这个问题引起了饭桌边的一片争论。田源说，今年只剩两个月了，中美建交，怎么可能？任燕则说是有可能的，据她得到的消息，中美高层一直在互动，球递来递去的，许多问题解决了，但还有许多问题悬着。总之，是有可能的。

夏默又介绍说，邓小平还这样对黄华外长说："应该把党和国家的工作重点迅速转移到经济建设上来了。中国再也折腾不起了。你整天和外国人打交道，应该比我体会更深吧。再这么折腾下去，我们就要被'开除球籍'了。黄华同志，这可不是危言耸听呀。"

任燕听到这里就叫了起来，说邓大人"开除球籍"这个提法用得好啊，含义很深啊，我以后写稿的时候可要拿这个话来做文章。

这个晚上，夏默话说得很多，酒也喝得不少。他从日本的钢铁说到了宝山的钢铁，说邓小平与李先念以异乎寻常的魄力决定了上海宝山这两百个亿的投入，说中国现代化的钢铁工业即将起飞，还说自己肩上的担子也很重，只想早一点跑去宝山，扎扎实实地推动工作。他还说到邓小平主动问到北大话剧排练的问题，说学生在清明节跑到天安门广场悼念周总理是没有错的，说对这个问题要重新认识，说孩子们排练这个戏也是可以理解的。他这番话说得三个年轻人同时跳了起来，几乎要拥抱在一起，也让曹慧听得目瞪口呆。

夏默说到最后的时候，竟至泪流满面，好像只有泪水才能带走他的兴奋与压力似的。

身子软瘫的夏默，最后是被身强力壮的夏建国背回前院的。任燕也帮着搀扶，连说夏伯伯今天是激动了。

唯有田志远与曹慧这一晚话语最少，但两人在夏默父子走后相对而坐，心里很不平静。

田志远担心的是儿子主演的《于无声处》的演出受阻，而终于得知田源出演危险话剧的曹慧则是心慌意乱，连连追问田源是怎么得来的这个剧本，剧本主要讲的是什么，北大真的演出过了吗，上海真的在公演吗，怎么不见有报道啊，知不知道这个事件中央的定性并没有变化，知不知道这么做隐藏着巨大的政治风险。

这一连串的问题，田源都没有回答。他这一次表现得出乎意料地镇静。一段时间以来，他经历了太多的政治质疑，对此已经习以为常了。他今天并不想在言论上与母亲发生冲突。但是曹慧仍旧悄声而顽固地向儿子表达了自己的种种忧虑。她告诉儿子一个重要的政治情况，说就在去年三月份召开的中央工作会议上，她参加了大会简报组的工作，亲耳听到华国锋主席给各个大组的组长下的两条规定。华主席当时是这样说的："有两个敏感问题，一个是小平同志出来工作的问题，一个是天安门事件平反的问题，希望各组讨论的时候不要触及。"

曹慧说，你看，这不就表明华主席的态度了吗？而就在那次会上，中央委员陈云后来在发言中还是对天安门事件提出了看法，说要重新评价，而且耿飚、姚依林这些同志还支持了陈云。华主席在这样的情况下，仍旧坚持了原则立场。当然，他后来说的话有些缓和，他说粉碎"四人帮"之后"继续批邓"是必要的，也表示可以在适当时机让邓小平同志出来工作。华主席的话就很辩证嘛。对于天安门事件，华主席的话也是辩证的。他一方面同意一些同志的意见，说"群众在清明节到天安门去表示自己对周总理的悼念之情，是合乎情理的"，但是在另一方面，又仍然坚持天安门事件是"反革命事件"。而党中央的另一位副主席汪东兴也明确地说过这样的话：天安门事件如果是悼念周总理，这又有什么不好呢？

又有什么错呢？但是他们被反革命分子利用了。在批判邓小平错误的时候，反革命利用了这个东西，形成暴乱。

曹慧说，小源啊，我知道你今天不想跟妈妈辩论，但是妈妈还是把华主席和党中央目前的政治立场原原本本地告诉你了。你们年轻，有些事还不明白，不能听夏默说邓小平是什么意思就什么意思了，这里面还有一个严肃的组织原则问题，中央不是一个人说了算嘛。总之，有一条原则是必须牢牢掌握的，那就是要紧跟党中央的战略部署走，不然犯错误与跌筋斗是免不了的。你过去的荒唐，妈妈不说你了，但是你现在已经是云南西双版纳农垦场的救人英雄了，你要珍惜自己的政治荣誉，不要犯傻了好吗？急流勇退好吗？

田源离开四合院的时候只说了一句，爸爸，对于城里的剧场您有什么关系的，也帮我们疏通疏通嘛。

第十二章

首都剧场震动了，
　京西宾馆震动了

一

　　胡耀邦没有料到，自己在中组部一次小范围内带有恼怒情绪的内部讲话内容被人好意地泄露了出去，从而在陶铸夫人曾志的心里卷起了阵阵波澜。在那次讲话中，胡耀邦表达的是对中央专案组蛮横态度的不满。对方死死把着所谓的陶铸"叛徒材料"，不交给中组部，也不允许中组部的人员插手。

　　而陶铸案的复查和平反，是邓小平建议胡耀邦抓平反冤假错案的"突破口"之一。胡耀邦也觉得抓陶铸案的复查，这个方向是正确的。这个重大案子的平反，将会大大带动面上的平反冤假错案的工作，但是这项工作迎面就碰上了大石头，阻力重重，即便是胡耀邦亲自打电话也不行。

　　胡耀邦那天在中组部内部的一个小会上说，专案组凭什么那么不讲理？我党一个重要干部的政治生命，难道在他们心里就可以永远视如草芥吗？

　　就是这句话的余音，把曾志的心海深处搅成了旋涡。

　　积在曾志脸上越来越重的乌云，终于被她女儿陶斯亮发现了。她猜想到，一定是爸爸的平反问题，坚冰难融。果然，一问母亲，母亲就点头了。母亲叹了口气说，是这样的，你小平伯伯找了陈云同志和胡耀邦同志，要求正式复查陶铸案。据说胡耀邦部长提出要求由中央组织部来复查你爸爸的问题，但一次又一次都被打了回来。陶斯亮问是谁打回来的，曾志说就是中央专案组那些一直说你爸爸反毛主席的人。陶斯亮说，中央专案组直接归汪东兴叔叔管，我们去找一次汪东兴叔叔不行吗？

　　曾志叹了一口气说，好多事情你还不懂，复杂得很。我想了好几天了，我们还是去找你陈云伯伯反映你爸爸的情况吧。

　　陶斯亮说，陈云伯伯不是赋闲在家很多年了吗？他并不担任什么实际职务，能帮上我们的忙吗？

曾志说，马上就要召开的十一届三中全会据说要恢复成立中央纪律检查委员会，中组部的同志向我透露了，说是小平同志已经向中央推荐陈云同志担任新成立的中央纪委第一书记。他要是能出山，你爸爸的问题就有希望解决了。他是老人，当过中央组织部部长，了解你爸爸的历史。"文化大革命"前，党内只挂七个人的画像，毛刘周朱陈林邓。现在只剩下邓和陈两个人，他们两个可是我们党内的顶梁柱呀。

陶斯亮听母亲这么说，呼啦就站了起来，说妈妈那还等什么，咱们赶紧去找陈云伯伯吧。然而母亲脸上的表情依旧十分犹豫，她皱着眉头说，其实陈云同志是个很谨慎的领导人，不轻易说话。现在他还没有出山，这个时候去找他，会不会给他添麻烦呢？

陶斯亮着急了，说，爸爸的事情不能再拖了，您说咱们这样的日子什么时候才算到头呀？

女儿的这个意见是对的，应该立即去找一下陈云。曾志当下就从木桌抽屉里抓起申诉材料，挽上女儿的手，走出了中组部招待所后院的那间屋子。

母女俩刚绕到前院，就看见聚成一堆一堆的老干部们在大声讲话，有的慷慨激昂，有的咬牙切齿。曾志叹了口气，对女儿说，这些来上访的老同志们，其实个个都可怜啊。这中组部招待所每天都满满的，来的人多，问题得到解决的人少。不要说屋子里，连走廊里都临时搭起了铺。胡耀邦他们也不容易啊，每日加班加点地工作，冤案还是成堆成山的。

陶斯亮听母亲这么感叹着，也咬着嘴唇不说话。在绕过一群老干部的时候，她听见一位穿着满是补丁的旧军衣的老人在大声说，今天我又去专案组了，真是混账透顶，说的还是老一套，说中央有规定，"文化大革命"前的事，牵扯刘少奇、彭真、陶铸的案子，还有"薄一波等六十一人叛徒集团"案，都是毛主席定的，通通是铁案，没有解决余地！

旁边有人说，不能老是没有余地啊，总要论个黑白嘛，三中全会快开了，应该有希望吧？另一个高个子老干说，你别指望了，老天真。我告诉你，三中全会讨论的是农业问题，没其他议题。你别指望着啥三中全会，还是老老实实在这里磨蹭着吧，窝在中组部招待所里，几个馒头总还是能啃上的。

这时候陶斯亮就听见所有的老干部都哄起来了，直嚷嚷说，三中全会不可能光议论农业问题，全国那么多冤案，总得议一议吧？华主席党中央难道看不见、听不到吗？于是那个老干部用斩钉截铁的语气说，咋不可能？我有个老部下在中办，我亲耳听他说的，三中全会没戏！

陶斯亮越走越慢，在走出中组部招待所的时候几乎停住了步子。她问母亲说，刚才听到那些老干部们的议论了吧？都在说三中全会也不讨论冤假错案问题，我们现在去找陈云伯伯，有用吗？

母亲说，你看你，刚才是我犹豫，现在是你犹豫。小亮啊，别多想了，既然出了门，我们就咬紧牙关往前走吧，找总比不找好。

陶斯亮觉得妈妈的意见也对，于是坚定了脚步，直随着母亲往西城区北长街走去。

二

陈云所住的北长街七十一号，是一栋年久失修的二层小楼。陈云自一九四九年进入北京以后，就一直住在这里，没有挪过窝。这栋小楼除了墙面上的爬山虎还散发着每年的新绿外，整个墙垣与屋顶都已经残破了。这栋楼，曾志以前曾经去过一次，好找。

在曾志母女还没有找上门来的时候，陈云的书房里已经坐满了一批前来申诉的老同志。这些人都是相互打听着才知道这位党中央的老组织部部长住在北长街七十一号的，于是十几个人将这间窄窄的书房挤得水泄不通，而且叙述的话音里都带着哭腔。

时年七十三岁的陈云穿着一件很旧的中式衣服，垂眼坐在书桌前，被这些带着血泪的声音紧紧包围着。

一位老同志说，陈云同志啊，您延安时期就是中央组织部部长，我就是通过延安审查的，您是叫得出我名字的，我现在莫名其妙成了国民党特务，污水不能一泼就十年啊！

另一位老同志说，现在老百姓的冤案也多得要命，群众无处申诉。我昨天走过王府井，看见有张大字报，是一首长诗，题目叫《包青天，你在哪里？》，群众一边念一边哭！

又一位挤在墙角边的老同志说，陈云同志，我十六岁就到了延安，现在扣我一顶"刘少奇的黑爪牙"帽子，审查到今天也不给解放，我也不明白我到底错在哪里。

而一直站在门边找不着凳子坐下的一位老同志说，陈云同志，我是受"薄一波等六十一人叛徒集团"案牵连的，我这顶"叛徒"帽子戴得冤啊。我的入党介绍人是"六十一人叛徒集团"之一，所以连带着我了。真是奇怪了，革命了一辈子，怎么就成了叛徒呢？

这时候，一个嗓门很大的老同志说，我们大家还是不要七嘴八舌了，听听陈云同志怎么说吧。他是我们的老组织部部长、老首长，最知道我们的情况了。我们就听陈云同志说一句吧。

说到这里，这位老同志就转过身来，朝着陈云坐的办公桌认真地行了一个军礼，大声说，老首长，您帮我们说一句话，分量就不一样了。我们现在就仰仗老组织部部长出来主持公道了！

这一刻，所有热切的目光就一齐集中在陈云脸上了。陈云这时候就轻轻地咳嗽一声，坐得一动不动的身子也开始改变了一下姿势。大家以为陈云要开始讲话了，谁知陈云却默默地摇了摇头，然后缓缓地解开自己那件棕色外套，从内衣口袋里摸索出一张字条，轻轻抖开。

众人赫然见到的是陈云自己写的四个毛笔正楷字：医嘱勿言。

这四个字写得很大，也写得很工整，在灯光下一清二楚。

陈云在摊出这张纸的前后，神态一直很平静。老干部们面面相觑，大失所望，一阵椅子响过后便纷纷起身告辞说，那，陈云同志，您保重身体。

于是，陈云就点头，起身拱手相送，复又坐下，继续沉默。他听见纷纷退出屋子的老干部们在嘟嘟囔囔地议论说，这个老部长怎么一句话都不说呢？有人说，兴许是有难处？也有人说，可能真是有病。

曾志母女就是这个时候进入院子的。她们看着从屋里走出的这群嘟嘟囔囔的老干部，心里有点不踏实，不知道这一次当面申诉会有什么收效。就在这个时候，陈云的夫人于若木出来了。于若木看见曾志母女，眼睛就亮了，赶紧走上前来拉手，说，老曾，多年不见，真是稀客呀。这是亮亮吧，都长成大人了。快进屋，快进屋，老陈在家呢，是来见老陈的吧？

见曾志母女进门，坐在书桌后的陈云也是点点头，仍旧一副不动声色的样子。

于若木一边悄悄地推推丈夫的肩膀，一边热情地招呼客人说，你们来，真是难得啊！坐，坐，这几天家里走马灯似的总是不断人。唉，老陈的身体也不是很好。来，喝茶！

曾志坐下说，小亮，这是陈伯伯，快叫陈伯伯。

已经坐在椅子上的陶斯亮马上站起来，恭恭敬敬称一声陈伯伯，然后再落座。这时候陈云就微笑了，点点头，举举手，示意客人喝茶。

于若木说，老曾啊，你有话就赶紧说吧。老陈前一阵子还念叨过陶铸同志呢。

曾志感激地朝于若木点点头，然后面对陈云，恳切地说，陈云同志，这次来见您，只是为老陶的冤情。我这段时间一直在奔走，恳切希望中央能够认定这是一件冤案，早日给陶铸平反，也让陶铸九泉之下早日安心。

曾志说到这里，见陈云坐着一动不动，脸上也没什么特别的表情，心里微微一沉，心想这次来也许不会有什么大的结果，但既然来了，也必须把话说完，于是又接着说，陈云同志您是知道的，陶铸从广东调到中央之后，因为不听"四人帮"那一套，得罪了他们，他们此后不久就喊出了"打倒刘邓陶"的口号，把他与刘少奇、邓小平捆在一起批斗。这段历史，您是了解的。

这时候曾志母女都看到陈云微微点了一下头。曾志继续说，他们把老陶关在家里，窗户用木板钉死，每天晚上不让睡觉，五百瓦的电灯泡照在床头。后来，病得那样重，还把他赶出北京……

说到这里的时候，曾志眼里的泪水已经流了下来，而陶斯亮也用双手蒙住了自己的眼睛。在门外忙碌着的于若木断断续续地听到了这些话，也忍不住内心的感慨，忙着去找手巾擦眼泪。曾志说，我带着小亮去找过小平同志，小平同志当时没有明确表态。但我知道，他使了很大的劲。最近我听中组部的同志告诉我，小平同志在专案组的一份报告上亲笔批示要求加快复查陶铸问题。陈云同志，我请求由中组部来负责复查陶铸问题。对那个中央专案组，我们实在信不过呀。那些人本来就对老陶有成见，他们得出的复查结论，不可能实事求是。

陶斯亮忍不住插嘴说，陈伯伯，我妈这两个月没一天睡安稳，都是睁眼到天亮的。

曾志抹去眼泪继续说，我个人，陶铸个人，都不算什么。但是陈云同志，陶铸的案子，是全国性的大案，也牵涉一大批干部。对他的结论如果不能实事求是，那就会对一大批受牵连的干部不公，对党的事业是一个很大的损害，对广大人民群众的感情也是个很大的伤害！

陈云听着，仍然不作声。

曾志想了想，直入主题说，陈云同志，我们今天来，是因为听说马上要开中央工作会议了。我们知道，这次会议是为十一届三中全会做准备的。据说三中全会要恢复中央纪律检查委员会，您德高望重，有可能参与纪律检查工作，所以我们就冒昧地向您反映这些情况，供您参考。

书房里很安静，曾志母女都等着陈云说话，但是陈云仍旧没有吭声。这时候门外的于若木就有些不高兴了，一边进门提着热水瓶为客人续茶，一边又碰一下丈夫的手肘说，老陈，你倒是说句话呀。

曾志母女眼巴巴地望着陈云。陈云这时候身体动弹了一下，说话了，声音很轻，也说得很简单，只说了一句：陶铸的事情，我知道，你们把材料放这儿吧。

曾志赶紧就把申诉材料放在了陈云的书桌上。她心里想，有这句话就够了。我们母女俩晚上找到这里来，也就是为了这一句话。

曾志表示了自己的谢意，就拉着女儿出门了。于若木一直把她们送到大门外，反复解释说，陈云同志这段时间身体不太好，话不多。而于若木返回屋子的时候，却对丈夫提意见了，说看看亮亮这么可怜，你至少也应该安慰她们一下。

陈云依旧一言不发，拱着手默坐在书桌前面。于若木大声说，首长同志，我给你提个意见，你别再给那些上门的老同志掏那几个字了，以后人家就不敢上门了。什么"医嘱勿言"啊，你也不是一句话都不能说，人家受了冤屈的，这时候就巴望着听几句安慰的话啊。

于若木说到这里，也觉得自己的话可能说重了，于是不安地看着丈夫。这时候她发现丈夫抬起了脸，也在怔怔地看着自己，于是不免觉得有些奇怪，问丈夫，你干吗这么看着我？

陈云小声说，若木，在延安的时候，你与卓琳是不是陕北公学的同学？

于若木说，是啊，那时候我们非常熟悉。她是北京大学物理系的高才生，又活泼，又聪明，我们两个很谈得来。你怎么想起来问这个？

这时候她看见丈夫的表情渐渐地严肃起来，甚至起身慢慢地走了几步。

陈云站定了，回过身看着妻子，缓缓说，我想交给你个任务，你能完成吗？于若木有些奇怪，问是什么任务。这时候她看见陈云弯下腰去，在办公桌下面的抽屉里掏了半天，掏出一份材料，声音低沉但又郑重地说，这是我对当前一些问题的思考，我想请你明天去小平同志家里，把这个转交给小平同志。你是知道的，这个时候我不方便见他。

于若木双手接过信件说，我的首长啊，谢谢你啊，我也终于有一点事情可以做了。

确实，于若木心里有点高兴，高兴的不是她能够帮丈夫做一些工作，而是她知道，她的那位善于思考的丈夫所写的材料一定是关乎全局的重大问题，他与小平同志的沟通是一件十分有意义的大事。

这一夜，于若木都在想第二天怎么找去米粮库胡同，而且要悄悄地去，要尽量以不为人注意的方式进入那个胡同。

三

这天上午，邓小平沿着院子走圈散步的步速似乎比往常慢了一些，而且似乎圈数也增加了，超过了二十圈，却还没有停下来的意思，仍旧一步步地往前走，走过双龙树，又走过樱桃树。这叫在门厅里站着的王秘书有些奇怪，他看看站在身边的保健护士，发现保健护士脸上也有了奇怪的表情。

保健护士说提醒首长一下吧，王秘书摇摇头说，首长有劲，就让他再多走一会儿吧。

王秘书琢磨，两天以后中央要开个常委会，研究召开中央工作会议的问题，小平同志可能是在为此思索。中央工作会议是研究、部署全党重要工作的一个难得的会议，怎么样把它开好，那是大有讲究的。据说去年的中央工作会议上，陈云同志就提出了让小平同志出来工作、天安门事件要重新认识等尖锐意见，也获得了不少同志的共鸣，但最终这个意见还是被"化解"了，连大会简报都没有登载。今年又要开中央工作会议，来自全国的中央委员们将要齐聚一堂。这个会议如何开出成效来，那是要动脑筋的，尤其是在当前各种思想、观点、主张、诉求激烈交锋的情况下。首长一定是在想这个大问题。

王秘书又想，或许是陈云夫人于若木昨天送来的一封厚厚的信件引起了首长特别的思索，陈云同志在这封信上所阐述的对当前时局的判断、对"从明年一月一日起全党工作的重点转移到社会主义现代化建设上来"的看法，以及要敢于"思想突破"的主张，首长不能不重视以及作通盘的考虑。

一定是这样的，王秘书想。

所以在邓小平散步到第二十二圈的时候，王秘书才对保健护士嘱咐说该请首长回房了。

在两天后举行的中共中央政治局常委会议上，邓小平果然就提出了一个建议。这个建议是针对如何开好这次中央工作会议而提的。为了提出这个建议，他经过了长时间的思考。

这个建议，他首先是向华国锋主席当面提的。他说得沉着而坚决，华国锋当即就表示说可以考虑。而在接下来举行的政治局常委会议上，华国锋介绍了中央工作会议的三个议题后就请邓小平副主席提出他的这一建议。

华国锋当时是这样说的：这次中央工作会议的参会人数为二百一十八人，讨论的议题是三个。第一个议题是，如何进一步贯彻执行以农业为基础的方针，尽快把农业生产搞上去。第二个议题是，商定一九七九年和一九八〇年两年国民经济计划的安排。第三个议题是，讨论李先念副主席在国务院务虚会上的讲话。对这三个议题，同志们有没有其他的意见？

小会议厅很安静。汪东兴说了一句"没有其他意见"，算是代表了与会常委们的一致意见。

然后华国锋就这样说：邓小平同志刚才跟我讲，他对会议的开法有一个建议。现在请邓小平同志说一说。

负责会议记录的中办秘书局副局长刘鑫突然敏感了起来，仿佛知道有什么异常的事情要发生。他不由得抬脸看看华国锋主席的表情，又看看邓小平副主席的表情，再看看汪东兴副主席的表情，一时都看不出有什么异常。

邓小平朝华国锋点点头，开始讲话，声音平静地说，我在两个月前向中央建议，从明年一月一日起，正式将全党工作的重点转移到社会主义现代化建设上来，这已经得到中央的同意。这样一来，这次中央工作会议就显得异常重要了。为了切实做好党的工作重点的转移，我建议，这次中央工作会议，在讨论三个具体议题之前，先用一段时间讨论一下工作重点转移的问题。请参加会议的中央委员们就这个重要问题，都发表一下意见，以便在这个问题上统一思想。我就是这个建议。

邓小平话音刚落，汪东兴就眉毛一跳，心里想，这个建议究竟是什么意思？中央工作会议原定三天，他这么再加两到三天，那就是六天，这里面究竟包含着什么样的深意呢？

汪东兴一时琢磨不透，但这时他就听李先念副主席叫了一声好。李先念说，小平同志这个建议好。工作重点怎么转移，是要听听大家的意见。

汪东兴心里的担忧有些升级了，于是马上发言说，现在党内的思想很活跃，也很复杂。如果放开了让大家谈，刹不住车就麻烦了。

刘鑫飞快地记录，心里打鼓：事情果然有些微妙，看似一个简单的拉长几天会议的建议，这里面可能大有文章。在"工作重点转移"这个大框架下，大家不知道会谈出一些什么来。去年的工作会议上已经有很厉害的思想交锋了，今年的中央工作会议再来这么两到三天的"务虚"，还不知道会出多少情况。汪副主席的担心可能不是多余的。

但是此时，刘鑫听见叶剑英副主席说话了，于是又集中精力记录。叶剑英是这样说的：东兴同志，我看你多虑了。现在就是要多听听大家的意见。工作重点转移，这么大的事情，不统一思想怎么转得过来呢？我完全同意小平同志的意见，不但要讨论，还要鼓励大家畅所欲言。老同志要带头。

邓小平马上接上去说，叶帅说得对。党和国家工作重点的转移是一个历史性的转折。要做好这个转折，首先要解放思想、发扬民主，把全党同志的热情都激励起来，把全党的智慧都发挥出来。可不能不让大家讲话呀。这些年，我们吃"一言堂"的亏还少吗？

听邓小平、叶剑英都表达了这么强烈的意思，汪东兴也就不再吭声，心里想，大家说说话也好，只要会议掌控得好，注意方式方法，也许不至于怎么样。

华国锋看了看大家说，也好，那么就这样吧。这次中央工作会议开始之后，先拿出两到三天，请大家就"全党中心工作转移"问题，发表一下意见。

邓小平接着又说，两三天时间够不够，要看大家谈的情况。总之，既然要谈，我赞成叶帅的意见，放开谈。可惜我赶不上了，根据中央的安排，十一月五日起我要去泰国、马来西亚和新加坡访问。不过我会及时阅看会议简报的。

说着，邓小平回过脸向正在做记录的刘鑫说，中办的刘鑫同志，别忘了给我发简报呀。

刘鑫连忙站起来，点点头，他忽然感觉到自己心跳得很厉害。

这次中央工作会议，刘鑫想，一定是一次极不寻常的中央工作会议。可能汪东兴副主席，甚至包括华主席，事先都估计不足。

邓小平确实是个战略家，刘鑫在会议结束后走出小会议厅的时候又想，但是邓小平的这一提议无疑也是适时的。国家的政治形势发展到了这一步，来自全党的思想呼声和政治呼声是应该找个地方痛痛快快地发出来了。该推进的、该解决的，都应该推进和解决了。

四

在出访东南亚三国之前，邓小平觉得有几项急迫的工作还是要重点地抓一下，其中之一就是中美建交谈判。

这个重大问题能不能在年底之前就有个定局呢？时间还有两个月，来不来得及呢？他直接就问出了这个问题，他问的是负责外交事务的国务院副总理耿飚和外交部部长黄华。其时，他们两位都坐在邓小平书房里。

十一月初带着明显凉意的风穿过走廊，轻轻吹拂着书房的窗帘。

耿飚显得深思熟虑，他说，小平同志，根据今年五月您和布热津斯基会见时达成的协定，从七月五日到十一月二日，也就是昨天，黄华同美国驻华联络处伍德科克主任就中美关系正常化问题进行了五次会谈。这期间，九月十九日，美国总统卡特专门约见我驻美联络处柴泽民主任，主动谈及中美关系正常化问题。十月三十日，也就是四天前，美国国家安全事务助理布热津斯基约见柴泽民主任，明确表示美方希望在今年十二月或明年一月解决中美关系正常化问题。美方提出，如果错过这个特殊的时机，中美关系的解决将会被推迟到一九七九年的秋天之后。

黄华说，美国政府急于与我国建交，这有很多原因，包括卡特想连任总统，美国想与其他国家争夺我国这个大市场，等等。我觉得，我们应该因势利导，加快中美关系正常化的进程。

邓小平说，中美关系，是我国对外关系中最重要的一个环节。现在我们要一心一意地搞现代化建设，这就需要一个良好的国际环境。中美关系正常化，已经经过多年的努力，现在我们要再添一把火，争取早日实现中美建交。我看，年底前定局，有这个可能。

黄华说，和美国人谈判很麻烦，程序太多。他们的体制太复杂，每一个条约的改变都要有很多程序。目前看，美方的方案与我们的要求还有相当距离。

邓小平说，中美建交，核心是台湾问题。在这个问题上我们不能丢掉原则，要准备作艰苦的斗争。

耿飚说，美方提出希望能与邓副主席直接对话。按布热津斯基的话说，希望见到能够做出决断的人物。

邓小平说，没问题，我可以直接与他们谈。布热津斯基再来也行，与伍德科克谈也行。我们以诚相待。

黄华说，您看什么时候谈合适？

邓小平想了想，决定在出访东南亚三国回来之后就直接见美方代表，他请黄华外长把这个时间安排告诉美方。

美方急于见中国有决策权的领导人，这体现了美方的着急程度，也体现了美方的诚意。这样做，确实有助于问题的迅速解决。

邓小平想，要努力赶在年底之前把中美建交的盘子定下来。从现在的情况看，这是有可能做到的，当然还要经过艰苦的谈判，需要双方有足够的谅解和智慧。

半个小时后，出现在邓小平书房里的是胡耀邦与胡乔木。

客人一坐下，邓小平就说，看你们"二胡"脸上喜气洋洋的，聊什么了，这么高兴？

胡耀邦笑起来，说，我和乔木同志刚才等着您的时候，在您家院子里走了半个钟头。这一走，一聊天，一讨论，就弄清楚了一个理论问题。这半个小时，等得值啊。

邓小平奇怪了，问两位半个小时弄清了一个什么问题。胡耀邦说，乔木最近查了很多资料，证明阶级斗争不是社会主义社会的主要矛盾，以阶级斗争为纲是一个错误的方针。这其实是马克思主义的一个基本常识。

胡乔木点点头，证实自己确实查了不少资料，得出的结论十分可靠。

邓小平的神情顿时严肃起来，慢慢伸手从茶几上摸过一支烟，想了想，又放下。最近保健医生劝他少抽烟，他记住了。

他仰坐在沙发上，眼睛轮流看看"二胡"，感叹地说，我们革命了这么多年，却经常在常识问题上犯迷糊。这个问题更值得我们注意呀。我读的书不多，就是一条，相信毛主席讲的"实事求是"。我想了好久，提出把党和国家的工作重点转移到现代化建设上来，就要摒弃"以阶级斗争为纲"，这就是实事求是。我今天找你们来，就是商量两件事。第一件事是请乔木同志帮助我起草一个在中央工作会议上的讲话稿。讲些什么，我还没有想清楚，重点当然还是解放思想与实事求是。我因为要出国访问，请你先给我准备个草稿，等我回来后我们再仔细推敲。第二件事是请耀邦同志把这次中央工作会议和十一届三中全会的简报工作统一管起来。这项工作极其重要，不可小视。

胡耀邦与胡乔木分别表示愿意接受各自的任务。尤其是胡耀邦，想到去年三月的中央工作会议，陈云同志的尖锐发言不被允许刊登大会简报，引起了陈云同志和不少与会同志的反感，而这一次小平同志指定自己通盘负责大会简报工作，这里面的意思就很深了。

想到这里，胡耀邦又重申了一句，小平同志您放心，我一定搞好大会简报工作。我认为，做好简报工作的核心，也就是一个"实事求是"。

听胡耀邦这么说，邓小平就更加放心了，笑笑说，那就辛苦你们"二胡"了。

胡耀邦接着又汇报了中组部当前大力推进平反冤假错案的工作，说这项工作的开展很得党心和民心。许多被平反的老同志痛哭流涕，擦净眼泪之后又毫无怨言地奋斗在工作岗位上。这些情况都令中组部的同志很受鼓舞，从中也受到不少教育。但是从全国的面上看，平反冤假错案工作的开展，可以说仍旧是阻力重重，尤其是几个在全国有影响的大案还是难以突破。

胡耀邦说，就比如陶铸的案子，小平同志您交代过，要把它作为平反冤假错案的突破口来抓。我们也做了很多工作，但现在中央专案组硬是不肯放手，不肯交出材料，还坚称我们中组部无权过问，一次又一次地把我们挡回来。还有一个就是天安门事件的平反问题，这问题牵涉面广，群众要求平反的呼声也高，已经可以用"民怨沸腾"来形容，可是中央就是有人顶着不办，坚持称这是"反革命事件"，说是毛主席钦定的，无论如何不能动这个案子。我在想，这些重大问题这样拖着，怎么实现全党工作重点的转移？

邓小平沉吟了一下，说，最近陈云同志给了我一个东西，谈了他对许多问题的看法，我也受到不少启发。耀邦同志，平反冤假错案工作，你要多向陈云同志请教。关于陶铸一案的复查，建议你请陈云同志听专案组一次汇报，力争尽快解决。这么多老同志背着沉重的政治包袱，怎么实现全党工作重点的转移？这确实是个大问题，要找到一个突破口才行。

胡耀邦心里一动，觉得小平同志出的这个主意很高妙，把老组织部部长请出山来直接干涉一下专案组的工作，并且作出相应的指示。在现行的格局下，这确实是一个办法。

于是胡耀邦脸上的忧郁一扫而光，又恢复了笑容，就像他刚才与胡乔木一起在邓家院子散步的情景一样。

胡乔木这时候也出了个点子，他说有一个办法可以比较快地凝聚整个社会对于平反天安门事件的认识，这个办法就是演剧。他说他前一段时间去上海，上海市文化局的领导请他去看了一场话剧，剧名叫《于无声处》，看了很受震动。不仅他深受震动，场子里所有的观众心灵都受震动，大家一起呼口号，台上台下响成一片。而这个剧，就是描写参加天安门事件的年轻人的，非常有意义。

胡乔木还说，上海的同志做得不错，我想把上海的这个剧引进到北京来演出。另外，我也听说北京大学的学生剧社也根据剧本排出了这场戏，在校园里试演的效果也很好。我觉得这出戏也可以拿到北京市里来演，多演它几场，这就把尽快平反天安门事件的舆论组织起来了。

听胡乔木这么一介绍，胡耀邦也连声说好。而邓小平却淡淡一笑，说，我也已经知道这个事了，既然乔木同志有心推动，那就推动一下吧，反正是好事嘛。

胡乔木表示这件事他马上去办，胡耀邦也表示要以最快的速度与陈云同志取得联系，来推动陶铸冤案的平反工作。

当天晚上，胡耀邦就驱车赶到了北长街陈云家里。陈云在接待来客的过程中照例也没有多说话，但是也没有拿出那张"医嘱勿言"的纸条示人。他只是简洁地对这位中组部部长说，就这么办吧，我听小平同志的。

五

北京人民艺术剧院的那个小胡子主任是在三天以后进入北大校园的。他很快就在校学生会的办公室里遇见了跟他打过交道的两位小伙伴，也当即用一脸抱愧的神色说，夏同学，田同学，我们见过面。

夏建国和田源都没有想到，这位留着小胡子的姓秦的人民艺术剧院主任会主动上门，并且为他们带来了一个意外的惊喜。秦主任是这样说的：同学们，我今天是向你们作检讨来的。上回夏同学、田同学来联系演出，我没应承，怪我，思想跟不上趟。

夏建国马上说，不怪您秦主任，你们内部有指示。秦主任说，我今天就是来告诉同学们啊，现在我们有新的精神了。我们的新精神就是，热烈欢迎你们的话剧《于无声处》来我们人民艺术剧院演出！

夏建国一时不相信自己的耳朵，怎么对方就会来个一百八十度的大转弯？站在他身旁的田源和其他几位演员也都表现得很迷茫，但这时他们又真真切切地听见这位小胡子主任更大声、更激动地说，《于无声处》能在我们首都剧院（北京人民艺术剧院所属的专用演出场所）公演，是人民艺术剧院的光荣！

在接下来的一分钟里，这位小胡子主任就被兴奋的学生们抬了起来，向空中抛了好几下。

仰面朝天的秦主任着急地大喊，等等，我还有一句话！他被同学们放下来以后，又喘着大气说，公演是可以公演了，可是上面也有指示，不要宣传过分，海报不要做得太大。

夏建国说，这都不是问题。你们剧院能答应我们公演，已经是天大的喜事了。

第二天下午，学生剧社就开始了在人民艺术剧院的走台排练，人民艺术剧院的工作人员也都积极地配合舞台布置，双方的劲头都很高。

就在这一天的下午，中央专案组派出了专车，把陈云从北长街接到了中南海，殷勤地把他请上了中央专案组所在的办公楼。

在陈云的面前出现了一杯热腾腾的香茶之后，几位专案组的干部就笑眯眯地坐到陈云的对面，各自摊开了笔记本。

一位专案组人员字正腔圆地说，耀邦同志传达邓副主席指示，要我们向陈云同志汇报陶铸一案的复查情况。我们请示了负责中央专案组工作的汪副主席，他同意安排这次汇报。同时，汪副主席还指示，如果耀邦同志太忙，也可以不参加。所以，今天我们就没有通知耀邦同志。陈云同志，我是陶铸专案组的副组长，现在我就开始向您汇报。

陈云喝了一口茶，摆了摆手，用缓慢的嗓音说，且慢，同志。我要说明一下，我这次不是来听你们的汇报的，我现在只是一个普通的中央委员，中央并没有安排我参与冤假错案的平反工作。而且我认为，所谓的中央专案组，并不是中央的一个部门，它是"文化大革命"当中林彪、"四人帮"搞的一个很奇怪的机构。现在，"文化大革命"结束了，中央专案组的使命也应该结束了。案件的复查工作，应该移交中央组织部来管。所以，我今天不是来听汇报的，我是来做证的。

专案组的副组长听了这话，有些目瞪口呆。他朝两边看看，两边的同志似乎也都瞠目结舌。

在安静了一分钟之后，这位副组长有些尴尬地说，陈云同志，您的话，我不大明白。

陈云一听这话，脸上的表情就更严肃了。他依旧用缓慢而坚定的嗓音说，陶铸同志问题的核心，是所谓的叛徒问题。我是延安时期的中央组织部部长，对这个问题作过调查也作过结论。我是有发言权的。我奇怪的是，这么多年了，你们中央专案组一次也没有来向我了解过这个问题。因此，我有理由怀疑你们专案组的办案态度和办案能力。

专案组副组长马上说，陈云同志，请您相信，我们中央专案组一直是在中央的领导下工作的。对陶铸的叛变自首问题，我们是作了大量的核查工作的。

陈云说，既然如此，我再重复一遍我的话，你们为什么一次也没有来找过我？

　　这位专案组副组长一时语塞，他再向左右看看，看见其他同志也都垂下脸去，不吭声。

　　陈云于是从口袋里掏出一摞材料，慢腾腾说，你们不找我，我今天也算是自己主动上门吧。这是我查到的有关陶铸同志被捕入狱和出狱的证明材料。这些材料足以证明陶铸同志不是叛徒，而是一位对党忠心耿耿的好同志、好党员。现在我把这些材料交给你们，希望你们尽快把它移交给中央组织部，尽快为陶铸同志平反昭雪。

　　说完，陈云就把材料郑重地放到桌子上，起身就走。而在下楼进入小汽车之前，他又回身向那位表情木然的专案组副组长说，我陈云再次建议你们把这个案子移交给中央组织部尽快处理，我们不能再伤害自己的同志了。

　　专案组副组长连连点头，说我们一定马上向汪副主席报告。

　　陈云说，你也告诉东兴同志，找时间我专门去拜访他。

　　专案组副组长连声说，一定转达，一定转达。今天听了您一番话，很受教育，很受教育。

　　陈云见对方态度这样，也便露出了一丝笑容，说，没有嫌我话多吧？我这人呀，不想说时，慎言；想说时，谁也拦不住。

　　专案组副组长依然频频点头说，是，是，领教了，领教了。

　　陈云回到北长街住所后，坐在自己的书房里，似乎仍心绪难平。他从抽屉里掏出一张纸，摊在桌上，又取过一支笔，拧开笔套，但是迟迟没落笔。妻子于若木走进书房，看他一直发呆，心里纳闷，便问，你刚才去哪儿了？回来就一声不吭。

　　陈云挥挥手，示意她退出。于若木叹口气，刚出门外，陈云却又向她招招手说，若木，你去和肖秘书说一下，安排我们明天去杭州小住几日。

　　于若木更加纳闷了，说，下个礼拜你就要参加中央工作会议了，怎么还想着出远门？

　　陈云抬起脸，看着天花板，若有所思地说，就是因为这次会议太重要，我才要找个僻静的地方好好地想一些问题。这些问题都很重要，都要想清楚啊。

　　于若木盯着丈夫看了半日，知道丈夫不是戏言。这些日子每天都有登门拜访者，丈夫几乎没有时间好好思索问题，她知道丈夫有很多问题需要思考，这个年头是思考的年头，这个中央工作会议又是一个难得的全体中央委员相聚的机会，在这样的时刻她知道丈夫是有话要说的。

而且，陈云若是说话，说的就绝对不是一般的话。

于若木说，好，我马上请肖秘书去安排。

六

中办秘书局的刘鑫副局长，实在憋不住心头的疑惑，悄悄地跑到田志远的四合院，与这位老战友聊天，这一聊，就聊到深夜。刘鑫也不敢叫上其他战友一起来聊，怕情况泄露，毕竟田志远是在部队共事八年的老战友，互相知根知底。

刘鑫总是觉得这次中央工作会议前三天的自由发言可能会跑题，而且会跑得非常厉害。这个问题，只要想想去年中央工作会议的情况就知道了。而看邓小平、叶剑英、李先念他们那天在中央政治局常委会议上的发言，好像一点也不怕跑题，叶帅还说"要放开说"，这里面就很有文章，放开说，放到哪里啊？

田志远同意这位老战友的判断，说这次中央工作会议肯定会很热闹，但是"放开说"的主意绝对是正确的，而且是必要的。现在再不把党内的呼声都放到桌面上来，还要等什么时候？

田志远说，老刘你想想，现在刘少奇的案子还没有平反，陶铸还戴着"大叛徒"的帽子，"刘邓陶"就出来邓一个，这局面能向全党和全国人民交代吗？大家心里都有问号啊。再说天安门事件，明明是首都学生和群众缅怀周总理、希望邓大人重新出来工作，这难道能定"反革命"吗？直到现在，还死死捂着，不给重新评价，这正常吗？现在各省还有很多重大冤案，都说是毛主席定的、毛主席过问过的、毛主席有过话的，通通都在那儿捂着，是不是？不搞实事求是，就伤党员的心，伤群众的心。这么下去，对得住全国人民吗？我们那么多城市家庭的孩子，还都散在全国的农村，接受着无休无止的"再教育"，这哪里是个头呢？我相信，我儿子小源心里也日日揪着。这些问题，总该有个解决啊。总之，我认为"放开说"好，好得很，好极了。问题只有摊开了，摆到桌面上了，我们党能认真对待了，才有可能解决。

在田志远这么说的时候，刘鑫也缓慢地点着头，觉得对方讲得有道理。但是，最终，刘鑫也表示了自己的担忧，说一个会议总不能解决这么多的问题吧？

田志远这时候就哈哈地笑起来，说老刘啊，你怎么有这么多的担心？你这人，在部队就特别谨慎，怪不得你能调去中办工作。我告诉你啊，刘鑫，我也不相信会"毕其功于一役"，也不相信有天大的奇迹会发生。但是开这样的工作会议，总归是能够解决一些问题的，起码能把"两个凡是"给反掉。现在"两个凡是"还是有市场啊，《红旗》杂志社那帮人还在那里宣扬啊，包括我前妻曹慧在内，还在那里强词夺理啊。就连小平同志在东北放了那么大一把火，公开点名"两个凡是"，新华社都把这篇讲话转到各部委、各省市区了，中央的大领导还是对大家的欢欣鼓舞不表态，不支持，不吭声，甚至"阴风阵阵"。这种局面，就应该来个兜底翻，这样才能大快人心。

刘鑫是在这一夜的十二点过后才离开四合院的。他一边呼呼地骑着自行车，一边回味着田志远的话，觉得心里踏实多了。我们党就这样沿着思想解放的道路走那么几个快步，看来也不是坏事情。

七

在中央工作会议召开的前五天，邓小平率中国政府代表团启程出访东南亚三国。他访问的是泰国、马来西亚和新加坡。这次出访，他也带上了夫人卓琳，而外交部部长黄华也照例随行。

邓小平的精神看上去非常饱满，这使得赶到首都机场贵宾厅为他送行的李先念副主席开起了玩笑。李先念说，小平同志，这几个月来你一直鞍马劳顿，来回穿梭，这么辛苦，但又这么容光焕发啊。

此话一出，跟着李先念一起来送行的方毅与谷牧两位副总理都笑得咧开了嘴。邓小平也笑了，他回答李先念说，今年是马年嘛，我这叫马不停蹄，只是这匹老马也跑不了几年了。

卓琳一听丈夫这么说话，就忍不住插话说，老爷子，去年你可还说过，要再干二十年的呀。

李先念马上说，对，二十年，我看没有问题。

邓小平摇摇头，说，二十年，倒不敢奢望。按理说，你李先念、我邓小平现在这个年纪都应该在家享受天伦之乐了。可是不行啊，国家从大乱到大治，百废待兴，我们这几匹老马还得硬撑着驾辕出力呀。先念同志，最近陈云同志的身体怎么样呀？

李先念告诉邓小平，说是陈云身体弱，最近跑去杭州休息了。

邓小平一听陈云去了杭州，似乎有些意外。他凝神想了一想，对李先念说，深秋季节还是北京最美呀。你帮我给陈云同志捎句话去。李先念问是什么话，邓小平却轻轻吟出了人们耳熟能详的一句诗："莫道昆明池水浅，观鱼胜过富春江。"

这两句诗出自毛泽东的《七律·和柳亚子先生》。李先念听了一愣，似乎觉得不是很妥当，这是毛主席当年劝柳亚子先生不要过于发牢骚的戒句，怎么就带给陈云同志呢？但转念一想，似乎明白了邓小平托带此句的主要意思，小平同志是让陈云同志要及时从山清水秀之处脱身，来京城参与风云际会，于是笑着点点头说，我一定转告。

在机场工作人员的引导下，邓小平走向专机的舷梯，突然又回转身，上前几步，再次与李先念握手告别。告别的时候，他附耳李先念说，还是你亲自给陈云同志打个电话吧。

李先念笑着说，邓公的话我一定带到。

他心里想，小平同志真是细心啊。

他同时又想，这次中央工作会议，很可能不是仅仅讨论国民经济与农业的工作会议了。

风从对岸吹来的时候，一些秋天的枯叶就堆拥在湖边，甚至被湖水拍上岸来。

陈云在杭州已经住了两天了，这天他依旧独自徘徊在西子湖边，看着一轮轮有节奏地拍打着堤岸的波浪，以及卷在波浪中的叶子。

这两天来悉心思索，陈云心中已经形成了一个思想的轮廓。山清水秀确实是有助于思考的。陈云好几次想，怪不得毛主席这么喜欢杭州，他就是喜欢在湖光山色之中设想硝烟弥漫。

于若木从宾馆房间透窗瞭望，见丈夫老是一个人漫步于湖边，怕他思虑过度，就走出宾馆，向丈夫直步走去。

她越过大草坪，一直走到丈夫身边，挽起丈夫的胳膊，轻轻说这么专心啊，在想什么啊，别多想了，警卫处的同志建议明天弄一只船让我们游游湖呢！

陈云停步，像孩子一样歪着头，端详着自己的夫人，忽然从怀里掏出那张"医嘱勿言"的纸条，递在妻子面前。

于若木看丈夫这个调皮的举动，叹口气说，都想了一个钟头了，再想下去脑神经都要搅乱了。我告诉你，十五分钟之前，先念同志亲自打来电话啦。

陈云一怔，问先念同志说什么。于若木说，没说什么，就是捎来小平同志给你的两句话。

陈云不走了，神色顿时凝重，赶紧问捎来的是什么话。于若木这时候就倒背着手，挺起胸，看着水波荡漾的湖面，字正腔圆地吟哦：莫道昆明池水浅，观鱼胜过富春江。

陈云歪着脑袋想了想，跟着念了一遍，只一会儿，就语音清晰地对妻子说，通知肖秘书，明天一早回北京。

他一边说着，一边把那张写有"医嘱勿言"的纸条向空中奋力一扔，眼看着那纸条晃晃悠悠漂在湖面上，接着就被浅绿色的水波晃晃悠悠载走了。

于若木笑起来，说，不要了？

陈云看着妻子说，你说呢？还能要吗？

于若木笑着点点头，说你现在是急着观鱼了。

其实，在很多情况下，她都知道她的丈夫想的是什么，尽管丈夫平日言语不多。

陈云挽着妻子的手，越过草坪。他说，小平同志不是怕我有牢骚，他是担心我有意无意地误了中央的会议，其实我哪里会误呢。你是知道的，我这趟来富春江洗洗眼睛，为的就是回昆明湖观鱼啊！

八

中央工作会议的地点定在京西宾馆，开幕日期定在十一月十日。会议代表在九号就陆续报到了，各式小车一辆一辆地开过长安街拐入警卫森严的京西宾馆。而北大学生剧社在人民艺术剧院正式演出《于无声处》，也定在了九号晚上。这个日期是夏建国与田源征求了田志远的意见后定下来的，目的很明确，就是要借这个剧的上演以及随后产生的思想轰动，来对即将开幕的中央工作会议产生影响。夏建国还把开演日期的决定打长途电话告诉了在上海宝山忙碌的父亲夏默，他只听父亲在电话里大声说好、好，声音也很激动。

曹慧没想到这天晚上就看到了这么惊心动魄的首场演出，看到自己儿子的亮相引起了全场山呼海啸般的欢呼。她开始只知道这出戏当晚要在北京公演，心里还一直担心，生怕在这个政治敏感时期闹出什么乱子来，所以她在上午进入京西宾馆的时候脸色不是很好。

曹慧参加的是中央工作会议大会简报组的工作，这跟去年一样。每逢党的重要会议，《红旗》杂志社总是派她去从事这类工作，曹慧对此也熟门熟路了。快中午的时候，她在门厅里遇见了田志远。田志远当然是作为政治代表参加这次中央工作会议的。她劈面就问田志远，说小源今天要演那个戏了，你知道吗？田志远看她脸色苍白的样子，就劝她别担心，说让他们演吧，无非是一个话剧，而且上海那边都演了几十场了。上海的剧团也要进京来演了，群众都看好这个剧，咱们怕什么呢？

在田志远再三劝慰下，曹慧的心才慢慢平静下来。这时候他们就看见来自吉林省的王恩茂书记走进门厅来报到了，两人立即满面笑容地迎上去。王恩茂一见田志远就哈哈笑，说，好啊，老田，去港澳办工作了？还没祝贺你呢！

于是两人就热烈握手。曹慧这时候也朗声对王恩茂说，您好，恩茂书记。我是《红旗》杂志社的曹慧，参加大会简报组工作，这次分到东北组。您是召集人，我向您报到。

王恩茂说，好啊，简报工作非常重要，就请你多支持我们啦。哟，曹慧同志，我见过你，你跟老田不是两口子吗？怎么，你俩把家搬到会上了？

这话一说，曹慧就尴尬了。田志远也只是笑笑，不吭声。王恩茂这时候也看出了一些端倪，意识到情况有些微妙，于是赶紧道歉说，开玩笑，开玩笑，千万别当真啊。

他一边说一边就赶紧去会议报到处领取文件和房门钥匙，在那里他又看到了来自解放军总政宣传部的曲径副部长。曲径转过脸，见是吉林省委书记王恩茂，赶紧敬了个军礼，说，恩茂书记，您好。王恩茂握住对方的手说，是你啊，曲副部长，大秀才。我说，你们《解放军报》最近办得不错啊，旗帜鲜明，那篇特约评论员文章写得特别有锋芒！

曲径一听这话，脸腾地红了，尴尬地说，胡乱写，胡乱写。

而王恩茂还是很认真地说，哪里是胡乱写，力透纸背，读了很解渴嘛！我在这次会议上，非得说你们《解放军报》几句好话不可。

这话叫曲径听得越来越心烦，赶紧敷衍几句，跑开了。

就在当天下午的大会简报组工作会议上，曹慧才知道自己晚上要被派去人民艺术剧院观看那出叫人担心的《于无声处》。点名叫她去看的是田志远的战友、中办秘书局的副局长刘鑫。

会议开始的时候，刘鑫并没有发言，大家只是专心听中组部部长胡耀邦的讲话。胡耀邦是这样说的：中央工作会议明天下午就开会了。原来邓副主席要我专门负责简报组的工作，可是没想到中央指定我担任大会秘书长。这样一来，大会简报组的工作我只能兼管了。简报工作非常重要，在国外访问的邓小平同志特别嘱咐要及时送他阅看。我和几位副秘书长商量了，总的来说，还是由我来管简报工作。简报组的组长，请中办秘书局的刘鑫同志担任。下面请刘鑫同志布置工作。

然后，就是刘鑫讲话。刘鑫是这样说的：感谢耀邦同志的信任。这次中央工作会议连同后面的十一届三中全会，是在一个非常敏感的时期召开的，意义非凡。所以，大会的简报工作任务肯定非常繁重。中央很重视会议简报工作，昨天汪副主席专门找我去，要我们简报组密切注意会场内外的动态，及时作出简报向中央领导汇报。刚才曲径同志告诉我，今天晚上北京人艺剧场要演出一场北京大学学生排演的话剧，叫作什么《于无声处》，据说是反映前年清明节天安门事件的，这就是一个非常值得注意的动态。这样的事情就有可能对我们的会议产生影响，也对当前安定团结的政治局面产生影响。我考虑了一下，提个建议，今天晚上我们就派两个同志去观看这场话剧，现场收集一些反映。我们的第一期简报，在报道大会代表顺利报到的同时，也可以用一定的篇幅反映这个问题。因为听说有一些会议代表也慕名去看这出话剧，尤其是来自上海的会议代表一直在宣传这出话剧如何如何地引起轰动。

说到这里，刘鑫抬头看了看四周，突然就用手指向曹慧说，曹慧同志，你是搞评论的，你去比较合适。

曹慧心里想，儿子演的戏，偏偏轮到我去观看，还要回来谈评价，也真是巧了，不过去看看也好，弄个水落石出，心里可能就踏实了。她想到这里，于是就朝刘鑫坐着的方向点了点头，应了一声。

这时候，她又听见胡耀邦口气很严肃地这样说：这里我要宣布一条纪律，这次会议的简报工作非常重要，小平同志临出访前专门要求我全权负责。因此，每一期大会简报在开印前都必须报我审定，任何人不得擅自做主，也不得越级上报。刘鑫组长同志，你对这一条纪律没有意见吧？

这时候曹慧看见刘鑫迅速地站了起来，用立正的姿态说，没问题，坚决执行。

话剧《于无声处》当晚在北京人民艺术剧院的首演时间是七点三十分，在这个时刻之前，剧场里已经挤满了人，剧场外也是人头攒动，许多人希望能够遇到有人退票。曹慧挤过人群的时候，一再有人拦住她，急切地问有没有富余的票。

曹慧挤进剧场，找到座位才坐下，大幕就拉开了。而几乎同时，从她后排的方向伸过来一只手，轻轻拍了拍她的肩膀。她扭头一看，竟是田志远的笑脸，田志远还扔过来一句悄悄话：好好看看儿子。

曹慧当然看见了自己的儿子。

儿子的扮相很英俊，他扮演的是一个来自北京天安门广场的"逃犯"，在几幕戏中都是主角。

在剧中，田源的名字叫作"李源"。曹慧立即被紧凑的剧情吸引住了，看到后来甚至有些眼泪汪汪。

聚光灯下，李源站上一处台阶，顿然反身，以手直指一位面目不清的中年男子，大声说，你以为我不能认出你来吗？我在广场上看见过你！我在大街上看见过你！我在小巷里看见过你！我在家门口看见过你！

那中年男子后缩了一下。

一群青年男女渐渐围上来。

李源慷慨激昂地说，你以为我看不见你后腰里插着一把手枪吗？你以为我看不见你裤带上挂着一副手铐吗？我到底犯了什么王法？

中年男子说，你……你不要无法无天！

李源大声说，关心人民冷暖的周总理离开了我们，我们悼念总理有什么错？！我们送花圈，我们念诗文，我们怀念自己国家的总理，犯的是哪条王法？

中年男子向围观人群挥拳说，走开！走开！

人群不理。

导演夏建国站在后台，一直紧盯着舞台演出，生怕出现什么闪失。

在舞台灯光比较亮的时候，他还能看清台下前面几排的观众。他看见了自己的妈妈高兰和妹妹夏小妹，看见了男主角田源的父亲和母亲，也看见了任燕和她的父亲，甚至还有来自西城公安分局的那位陈所长，那位曾经送他军用挎包、水壶、武装带的八一剧场吕主任好像也在观众席中。

所有的观众都屏住气，目光紧盯舞台。夏建国知道，所有在场的人与舞台上的演员一样，与自己一样，思绪都回到了一九七六年清明节时的北京天安门广场，并且在不断升温的感情波澜中逐步坚定着自己的政治判断。

夏建国想，能够在党的中央工作会议召开前夕上演自己精心导演的这出戏，也算是为祖国的未来和人民的根本利益响亮地呐喊一声，这也够欣慰的了。想到这里，他的眼睛潮湿了起来。

话剧在演到第四幕的时候，剧情迅速发展到了高潮。

田源扮演的李源，此刻正在厉声发问。

李源在聚光灯下慷慨激昂地问，操劳百姓温饱的好领导被赶下了台，我们呼吁他回来有什么错？我们喊口号，我们流眼泪，我们要他回来整顿这个被糟蹋得不成样子的国家，犯的是哪条王法？

舞台上的人群激动，一个老工人高喊说，小伙子，够种，你说出了我们老百姓的心里话。

李源被激动的人群高高地抬了起来。

中年男子连连后退。

舞台上的人群大喊说，惊雷响了！惊雷响了！他喊出了我们中国人心里的声音！！

李源说，历史是人民写的！人民万岁！

舞台上的人群怒吼道，历史是人民写的！人民万岁！

戏至此处，剧场内的情绪早已不能控制，暴风骤雨般的掌声轰然而起。全场观众一排又一排地接连起立，大声喝彩，有人甚至站到座位上双臂挥舞着喊，"四五万岁"！

全场跟着高呼，"四五运动万岁"！"人民万岁"！

夏建国率领全体演员一遍又一遍地向全体观众鞠躬。但激愤的人群还在不停地喊着口号，有个年轻人甚至跳上舞台大喊，去市委大楼！要求马上平反天安门事件！

台下很多人响应说，去，一起去，人民不能再沉默了！

所有的观众都站立着，鼓着掌，喊叫着，欢呼着，唯有曹慧怔怔地坐在座位上，脑子里轰轰响，满脑袋都被各种各样的思绪挤满着，又好像脑袋里什么都没有，空白一片。

她的肩膀这时候感觉到手指的拍动，她知道是前夫，接着就听见了田志远俯在耳边的声音：应该为儿子骄傲，我们一起去后台看看儿子吧？

曹慧后来就机械地迈着双腿，被前夫牵着手，绕过剧院走廊，到了后台。在后台，她看到了还没有卸妆的儿子，也顾不得他满脸的油彩，就紧紧地抱住了他，连声说好儿子、好儿子。

田源俯在母亲的耳边小声说，妈妈，天安门事件是该马上平反了。曹慧点点头说，妈妈也不反对了。

曹慧当夜回到京西宾馆，就写了一大段文字交给刘鑫。她在文中所用的词句还是比较冷静客观的，并没有表现出现场的气氛有多么热烈，但字里行间还是表达了对这出话剧的肯定。

生性谨慎的刘鑫在送走曹慧后，反复斟酌，来回踱步，直至下半夜还没有拿定主意，要不要把这段对话剧《于无声处》的评论文字放入第一期大会简报。

后来他就疲乏地倒在床上睡着了，连外衣也没来得及脱。

九

次日下午，中央工作会议就在京西宾馆如期召开。来自全国各地的会议代表坐满了灯光明亮的会议厅，中共中央主席华国锋用他那带着浓重山西口音的嗓门朗声宣布：同志们，出席这次中央工作会议的，有各省、市、自治区和各大军区负责同志，应到二百一十八人，实到二百一十二人。这次会议的议题有三项。第一，进一步贯彻以农业为基础的方针，尽快把农业生产搞上去；第二，讨论一九七九年和一九八〇年的国民经济计划安排；第三，讨论李先念同志在国务院务虚会上的讲话。在讨论上面这些议题之前，先讨论一个问题，这就是在新时期总任务总路线指引下，从明年一月起把全党工作重点转移到社会主义现代化建设上来的问题。这是新形势的需要。列宁和毛主席都曾提出过按照形势的需要，实现这种转移。这是关系全局的问题，是我们这次会议的中心。所以，政治局决定，在会议的前三天，请大家分组专门讨论一下这个问题。

华国锋话音一落，会场里就嗡嗡嘤嘤地响起了议论声。

曲径心里也打鼓，虽然他前两天就知道了这样的会议安排，而且知道这个提议是出自邓小平之口，但是听党中央的主席公开宣布了这个议程之后，脑子里还是转起了圈子，觉得这三天的讨论要是开起"无轨电车"来，局面不知会怎么样，是可控还是不可控？现在的形势毕竟太微妙了，各种思潮和各种舆论风起云涌，有些还是咄咄逼人的，甚至昨天晚上还出现了公开要求为天安门事件平反的戏剧。据说剧场内剧场外都是口号震天，一小部分群众甚至还连夜赶到了北京市委大楼前公开呼吁，要为这次"反革命事件"平反昭雪，而北京的公安系统竟然无动于衷，也不采取强硬驱散措施，真是越来越没有章法了。如果这三天的会议变成了吵吵嚷嚷的政治舞台，那显然就危险了。

在餐厅吃自助餐的时候，曲径特意把自己的餐盘放到了老战友刘鑫的旁边，一边吃一边附耳跟刘鑫说，这三天的分组会到底怎么开啊？不会有人乱放炮吧？

刘鑫斜了他一眼，说，老曲你操什么心啊？要操心也是华主席他们操心。乱放炮？乱放炮也没啥了不起啊，党内民主啊，你还能捂住嘴不让人家说话了？

曲径马上说，对对对，是要有这种大将风度。好在你是简报组长，你能把关，即便局部出现问题，只要不上简报，就不会影响全局。去年中央工作会议上陈云书面发言，想放几炮，后来上不了大会简报，他那几炮不也成"哑炮"了嘛，影响不了全局。

刘鑫说，吃饭，吃饭，别给自己找烦。你看这么好的会议餐，荤菜都有三四个，肉也由你夹，鱼也由你夹，还有啥不满意的？你家里有几张肉票？能天天吃肉？

中央工作会议在北京开幕这一天，邓小平的东南亚之行正进行到第二站马来西亚。他是从泰国的曼谷飞到吉隆坡的。这天上午，他兴致勃勃地参观了马来西亚橡胶研究所实验站，下午又拜会了马来西亚国家的最高元首叶海亚·佩特拉国王和王后，然后马上前往总理府拜会达图·侯赛因总理，并与他举行了会谈。

而在次日早上，他刚从宾馆起身，马来西亚的中国大使馆人员就把国内会议的简报电文送到了他手上。于是，邓小平知道了前一天的下午二百一十二位代表齐聚北京京西宾馆顺利出席中央工作会议的消息，也知道了这一次的中央工作会议将按照他的提议，在前面三天就"把全党工作重点转移到社会主义现代化建设上来"的议题进行分组讨论。

邓小平点点头，神情很是满意。

两天以后，李光耀总理的双手就紧紧握住了走下波音707专机的邓小平的双手。他是专程到飞机场迎接这位他十分尊敬的中国领袖的，他握着邓小平的手说，很高兴能在新加坡迎接邓先生！

尽管已经连续访问了泰国和马来西亚，但是邓小平脸上一点也看不出倦容。他对李光耀说，我也很高兴，能在相隔五十八年之后旧地重游。

李光耀总理稍稍一愣，马上就明白邓小平所说的意思了，笑着说，我知道，邓副总理当年是在前往法国留学途中经过我们新加坡的。

邓小平说，是啊，一面之缘。那时候新加坡还是个殖民地，现在改变太大了。我来新加坡，是来向你们学习发展经济的经验。

李光耀一听这话，心里感动，马上说，邓副总理这么说，我们太荣幸了！

就在身处新加坡的邓小平与李光耀亲切交谈之时，夹着黑色文件包的陈云向站成一溜的北京京西宾馆的工作人员一路点头，然后表情严肃地走进了中央工作会议东北讨论组的会议室。

东北讨论组的召集人王恩茂一见陈云进门就马上站了起来，一迭声说请陈云同志到前排就座。

这次中央工作会议的讨论分组，分的是六个大组，即华北组、东北组、华东组、中南组、西北组、西南组。陈云所在的东北组，人数不少，会议记录员就是来自《红旗》杂志社的曹慧。进门的陈云听得小组召集人这样招呼自己，也就不客气了，直接走到会议桌前的第一排坐下，在桌上搁了文件袋。

这是分组讨论的第三天。陈云在小组会上和小组会外听到了不少议论和意见，会议发下来的各级简报也都摘录了各组讨论的一些观点和意见。陈云觉得有些意见提得比较尖锐，也比较有分量，比如胡耀邦的发言、谷牧的发言、万里的发言、田志远的发言，这些发言不同程度地触及了"两个凡是"的荒谬。有些看法则缺乏新意，不敢碰硬，更有些会议代表在发言中绕来绕去，完全不对当前全党出现的思想解放大讨论以及"两个凡是"发表立场明确的独立见解。陈云心里想，这一刻，该是自己发出声音的时候了。为在会议上发表这些意见，他事先在杭州和北京分别做了充分的准备。他在去年三月的那次中央工作会议上所发表的意见，还是书面意见，结果被大会"封杀"，没有进大会简报。这一次，他决定要真真切切地说话，起码要让东北讨论组的每一位同志都能听到自己的发言。而这一发言，将指明党目前面临的需要迫切解决的重大问题，究竟有哪几项。

陈云坐下后，小组召集人王恩茂侧脸小声问他，陈云同志，您还没发过言，是不是请您先讲一讲？陈云也不推辞，打开皮包，取出一册笔记本说，我就先说说吧。坐在陈云对面的记录员曹慧立即就作出了准备记录的样子。

陈云清清嗓子，会议室安静下来。

他看一看自己的笔记本，开始说话了，声音沉稳而坚决。陈云说，实现工作重点转移，现在大家还有些顾虑。顾虑什么呢？主要是中央对"文化大革命"期间发生的一些重大冤假错案还没有作出相关的平反决定。如果不解决这些问题，就会影响全党工作重点的转移。华主席说对于那些在揭批"四人帮"运动中遗留的问题，应该由有关机关进行细致的工作，妥善解决。我认为这是对的。但是，对有些遗留的问题，影响大或者涉及面很广的问题，是需要由中央考虑和作出决定的。对此，中央应该考虑和作出决定。现在我说六个问题。

一听说陈云要谈六个问题，几乎所有的同志都纷纷打开笔记本，拿起了笔。

陈云沉着地看看大家，开始说第一个问题，语调平静而缓慢：第一，"文化大革命"中震动全国的"六十一人叛徒集团"一案，应予平反！

此言一出，会议室的空气顿时僵了，与会者几乎都瞪圆了眼睛。曹慧手中的笔掉落到地上，她急忙弯腰去捡。

陈云放缓声音说，薄一波同志等六十一人所谓"叛徒集团"一案，必须平反。他们的行为是党组织和中央决定的，六十一位同志不是叛徒。在延安开党的七大的时候，七大的代表资格审查委员会就有过明确结论，那就是"这是由党决定的"，"本人不能负责"。他们所刊的"反共启事"一类的东西，是中央北方局决定的，党中央回电同意的。所以，这六十一位同志的案子，是冤案，应予立即平反。

话音一落下，整个会议室几乎轰了起来，许多人大声说，对，对！王恩茂对大家说，请同志们安静，请陈云同志谈第二个问题。

于是，陈云接着说，第二个问题，关于在"文化大革命"中一些干部被错定为"叛徒"的问题。一九三七年七月七日，中央组织部发出了关于所谓"自首分子"的决定，这个文件是我在延安任中央组织部部长以前发出的，与处理"六十一人叛徒集团"案的精神是一致的。这个决定也是中央批准的。我认为，中央应该承认"七七决定"和一九四一年的决定是党的决定。对于那些在"文化大革命"中被错误定为叛徒的同志应给以复查，如果并未发现新的有真凭实据的叛党行为，应该恢复他们的党籍。不解放这些同志，是很不得人心的。这些同志大体都已是六七十岁的人了，现在应该解决这个问题。

记录员曹慧手中的笔一直哆嗦不停，她心里想，这个陈云，真是敢讲啊。而陈云接着说的第三个问题更使曹慧目瞪口呆了。

陈云说，第三，关于陶铸等同志的问题。陶铸同志、王鹤寿同志等，都是在南京陆军监狱坚持不进反省院，直到"七七抗战"后由我们党向国民党要出来的一批党员。他们在出狱前，还坚持在狱中进行绝食斗争。陶铸一案的材料都在中央专案组一办。中央专案组是"文化大革命"时期成立的，他们做了许多调查工作，但处理中也有缺点错误。

听陈云讲到这里，会议室的角落里有好几位代表站起来喊，说得对，专案组该撤了！

陈云抬头看看那些呼应的同志，继续说，我认为，专案组所管的属于党内部分的问题，应当移交给中央组织部，由中央组织部复查。像现在这样既有中央组织部又有专案组，这种不正常的状态，应该结束。

坐在陈云身边的王恩茂一拍桌子，大声说，这个建议很好啊。更多的人附和说，对，中央应该马上作出这样的决定！

陈云停顿了一下，看看大家，又说，第四，要肯定彭德怀同志对革命的贡献。

曹慧一听，更加愕然，手中的笔都不知怎么记录了。会议室又一次变得出奇地安静，大家都知道"彭德怀"这三个字的分量。这位彭老总所有的"问题"和"定性"，都是毛主席亲自拍板的。陈云今天敢这么说，这是一种什么样的"挑战"呢？

而陈云不管在座同志的惊愕，继续沉着地说，彭德怀是担负过党和军队重要工作的共产党员，对党贡献很大，现在已经不在了。过去说他犯过错误，但我没有听说过把他开除出党。既然没有开除出党，他的骨灰应该放到八宝山革命公墓。

陈云说到这里，便听得掌声骤起。与会者的脸上都现出了笑容，唯有记录员曹慧脸色苍白，记录中的笔簌簌地抖个不停。

陈云看看大家，用更加坚决的口气说，我说的第五个问题，就是天安门事件。关于天安门事件，现在北京市又有人提出来了，而且又出了话剧《于无声处》，广播电台也广播了天安门的革命诗词。这是北京几百万人悼念周总理，反对"四人帮"，不同意批邓小平同志的一次伟大的群众运动，而且在全国许多大城市也有同样的运动。中央应该肯定这次运动。

听到这里，东北组的所有与会者都激动了，全体站起来鼓掌。这一次，连记录员曹慧也情不自禁地站了起来，拍掌不停。

曹慧想起了自己的儿子田源为躲避追捕而进行的逃亡，想起了昨天晚上他站在人民艺术剧院灯光明亮的舞台上。这么一想，她感觉到自己的眼睛也湿漉漉了。

陈云对所有站起来的会议代表说，谢谢大家，谢谢同志们。

待大家坐定，陈云话锋一转，说，我要谈的最后一个问题，是康生同志的问题。

众人闻言，又是一愣。曹慧觉得自己周身的汗毛都竖了起来，陈云难道要否定康生？她只听得陈云用缓慢的声音继续说，"文化大革命"初期，康生同志是"中央文革"的顾问。康生同志那时随便点名，对在中央各部和全国各地造成党政机关的瘫痪状态是负有重大责任的。康生同志的错误是很严重的，中央应该在适当的会议上对康生同志的错误给以应有的批评。

陈云合上笔记本，脸上的表情轻松些了。他说，华主席在讲话中要我们畅所欲言，我今天就提出以上六个问题，请同志们批评指正。

陈云发言完毕后，会议室顿时炸开了锅。王恩茂击桌说，陈云同志说得太好了，这六大问题统统应该解决，马上解决！

坐在窗边的几位代表一边议论一边竟至哭泣起来，说陈云同志讲到我们的心窝里了，康生害人啊！更多的人在旁边小声劝说，别伤心，别伤心，我们都受过康生的害。

陈云静静地看着大家，啜了一口热茶。甩出这六发炮弹所引起的震撼，他在发言前就有所预料。

他转脸悄声对王恩茂说，我还有一句话要说。王恩茂立时站起来，招呼大家说，请安静，请安静，陈云同志还有一句话呢。

在会议室安静下来之后，陈云说，我刚才的发言，提了六个问题。我想问一下大会简报组的同志，我的这次发言能不能登上大会简报？

瞬间，所有的目光都转向了曹慧。曹慧一时瞠目结舌，不知该怎么回话。

看着曹慧的这个模样，陈云微笑了一下，不急不慢地说，在去年三月的中央工作会议上，我也有个书面发言。我建议中央正式给邓小平同志平反，但是我的书面发言不给登简报。这一次我正式要求把我的发言登个简报，不知我们东北小组的同志是否同意？

这问话一提，便赢得全场的掌声。王恩茂趁机大声说，同志们，同意陈云同志发言登简报的请举手！

除了曹慧，坐在这个会议室里的几乎所有的同志都高高地举起了手。这个局面，也是陈云事先就预料到的。

曹慧在小组会一结束，就飞快地跑到简报组办公室，向简报组组长刘鑫汇报了陈云这犹如石破天惊的发言，还递上了自己写得密密麻麻的会议记录，直把刘鑫也唬得目瞪口呆。坐在大会简报组办公室里的每个人都紧张地站立起来。没想到，在大会分组讨论的第三天竟然会出现这么猛烈的冲击波，而且制造这个冲击波的竟是当过七年中共中央组织部部长的陈云。

刘鑫背着手，围着小会议桌绕了一圈，用犹犹豫豫的口气问曹慧，你的意见呢？

曹慧说，我心里其实也很矛盾。对于天安门事件平反，我是赞成的，当然这也是毛主席定的案。但是现在看起来，"四人帮"从中做了很多迫害工作，蒙蔽了毛主席，所以我赞成把这件事翻过来。可是，陈云同志所说的另外的问题，彭德怀啊，"六十一人叛徒集团"案啊，陶铸啊，康生啊，这些事儿都是毛主席把握过的。现在把这些都端出来，这又是指向谁了呢？难道毛主席定过的事儿都不算数了？那还叫什么战无不胜的毛泽东思想呢？

刘鑫沉吟了一下说，可是"实事求是"也是毛主席说的是马克思主义的精髓啊，万一陈云同志点出的这些事儿，确实是应该重新评价的呢？

曹慧说，按你的意思，还是要出简报？

刘鑫说，我也不是这个意思。现在只有一个办法，赶快上报，让上头去拿捏。胡耀邦部长不是说了吗，每期简报他都要亲自把关。我现在就去请示。

令简报组的同志没有想到的是，简报组组长刘鑫在二十分钟之后就跑步回到了办公室，并且只简单地说了四个字：全文照登。

简报组立刻紧闭房间大门，忙碌起来。

十

刊登了陈云发言并且引起整个中央工作会议一片沸腾的这期会议简报，邓小平是在第二天晚上看到的。新加坡中国大使馆的同志把这期简报的电文直接送到了邓小平下榻的宾馆。而在这一天的白天，邓小平还与新加坡总理李光耀肩并肩地站在新加坡住房和发展局办公大厦的二十二楼顶层，透过落地玻璃窗，仔细俯瞰着新加坡的几乎全部国土。

李光耀当时是这样对邓小平说的：我们的国家面积小，从这里看，已经可以看见新加坡的全貌了。

邓小平说，但是，你们发展很快。我到你们这里来，更觉得新加坡将是中国未来重要的合作伙伴。

李光耀说，中国是个大国，在世界有举足轻重的作用。明年是新中国成立三十周年，这也是个世界瞩目的时刻。

邓小平说，中国是个大国，但目前，还是个穷国。明年我们新中国成立三十周年，但是不搞大型的庆祝活动。我们穷，为什么要讲排场呢？好起来再说。苏联就吃这样的亏，自以为什么都是自己的好，其实农业、技术都很落后，结果自己骗自己。新加坡国土面积虽然很小，但是你们治理得很好，我们需要向你们学习。

李光耀说，邓副总理夸奖了。邓小平注视着一个方向，用手指了一指，说，这就是你们的新兴工业区？听到李光耀肯定的答复后，邓小平又说，你看，能不能搬一个到我们国家去？

李光耀说，您要搬过去的，可不是一个小小的工业区吧？邓先生，您心里，必有大计划。

李光耀的猜度是对的，邓小平不仅想要成规模地引进国外先进技术和国外的先进生产模式，还想跟所有的经济发达国家合作，采用各种灵活的合作模式，全面提升中国的经济发展水平。

当然，要做到这一点，普遍存在于中国国内的种种思想桎梏，就必须坚决打破，比如"两个凡是"之类。不扫清这些思想障碍，中国是没办法迈开社会主义现代化建设步伐的。而就在这个晚上，驻新加坡大使馆的同志就把一份载有陈云"六发炮弹"的中共中央工作会议简报电文，送到了邓小平下榻的宾馆。

邓小平读着电文标题的时候，想到了那句诗"莫道昆明池水浅，观鱼胜过富春江"。而把长长的电文读完后，他就闭上了眼睛，想象这次会议上应当会出现的种种热烈的场面。陈云同志是有智慧的，他抓的问题相当尖锐而又相当现实。

这些问题的重新审视和解决，必将进而带动影响更大的一些问题的解决，比如对共和国主席刘少奇的平反。当所有这些问题都按照实事求是的原则正本清源以后，一个国家就能轻装上阵。而九亿人口的轻装上阵，将是非常壮观的一幕，是世界上任何力量也阻挡不住的。

想到这里，邓小平的心情又激动起来，不由得再次戴上老花镜，重读电文。卓琳走到沙发旁边，问他看什么材料呢，一遍又一遍的，说明天上午就要告别新加坡回国了，欢送场面一定很热闹，你要保持体力，还是早点休息吧。

邓小平抬起脸，看着天花板下垂着的水晶大吊灯，答非所问：这盖子一揭开，会议头三天安排的务虚讨论恐怕就刹不住了，大家都会有很多话要说。这次会议，没个十天半月的怕是收不了场。

卓琳一时没有听明白，说，你在说什么呀？

邓小平的估计是对的。在邓小平回到北京以后，中央工作会议的"三天务虚"早就突破了三天的规定，以火山猛烈喷发般的气势轰轰然地向前发展着。六个讨论组几乎人人抢着发言，个个义愤填膺，任什么力量也难以遏制中国共产党内的这股思想解放的排浪了。

按华国锋主席的意思，这次中央工作会议在务虚三天之后就应该转入正题。首先开始讨论农业问题，他还安排纪登奎作两个会议报告，对两个农业文件进行说明。然而六个讨论组在讨论时，都没有按照这一要求进行，陈云所抛出的那六发震撼弹的余波，还剧烈地震荡在各个会议室。禁锢思想的闸门一旦破了个大口子，思想的洪流便排山倒海了。

万里在华东组慷慨激昂地说，陈云同志提出了六个问题，要解决，不然人们心里不舒服。如果这些重大问题不澄清，我们就很难一心一意搞建设。现在我们的国家，百废待兴，必须要有魄力！

胡耀邦在西北组发言说，我赞成把"文化大革命"中遗留的一些大是大非的问题讲清楚。这些大是大非问题的解决，关系到安定团结，关系到实事求是的作风，也关系到维护毛主席的旗帜。

胡耀邦是站着发言的，说话的时候激烈地挥着拳头。很多代表呼应，必须黑白分明！

在中南组，武汉军区司令员杨得志的发言紧密地联系了"文化大革命"。他情绪激动地说，不仅天安门事件要平反，我们认为，武汉的"七二〇"事件，也到了彻底解决的时候了！

湖北省委第一书记兼武汉军区政委陈丕显则手敲桌子说，我认为，影响到全国夺权的上海"一月风暴"问题，也应该彻底弄清楚！上海要尽早甩掉沉重的政治包袱，迅速发展！

各个讨论组的发言始终保持着高温灼热的状态，谈的都是思想和政治的大是大非问题，根本无法具体谈到农业。问题越摆越多，态度越来越激烈。大会简报组增加了人力，夜以继日地加班出简报，各个讨论组提出的问题都迅速地得到了交流。这种局面就迫使会议无法再按照原定的议程进行。华国锋对此有些发愁，他有一次问汪东兴怎么办。汪东兴说，现在还能怎么办呢？会议都开成这个样子了，现在已经有越来越多的会议代表提出要追究"两个凡是"的责任了。华主席，您千万要留意。

汪东兴又说，邓小平副主席已经从东南亚访问回来了，虽然还没到会议上来，但是会议的情况他应该是一清二楚的。我倒建议华主席找他谈一次，听听他的想法。"三天务虚"的建议不是他提出的吗？

华国锋没有表态。这天晚上，他在保健医生的指导下服了一粒半安眠药，结果到后半夜也没有睡着。

一天又一天，各个讨论组发言的那种热烈和激烈，还在持续；简报组一期又一期油墨未干的简报，还在被跑步中的工作人员迅速分发到各个热火朝天的会议室。

在陈云"放过炮"的东北讨论组，讨论更见热烈。解放军军事科学院院长兼第一政委萧克敲着桌子说，我们不能再拖了！陈云同志在十二日会议上提出的几件事，是有关安定团结的问题，也是落实政策的问题，提得好！要尽快解决，不能再拖！而且，我们还坚决要求，为所谓"二月逆流"冤案平反！

陈云接口说，二月是正流，一月是逆流！

中央军委副主席聂荣臻说，关于抓紧平反冤假错案问题，是小平同志首先提出来的，我很同意。这类问题，面相当大，各省都有一些，如武汉的"百万雄师"、四川的"产业军"，都必须搞清楚！

东北组召集人王恩茂说，我现在宣读朱德同志的夫人、全国政协副主席康克清同志的书面发言。康克清大姐说：我完全同意陈云同志提出的六点意见。我建议,凡是"四人帮"强加于人的一切污蔑不实之词,都应予以推倒!

后排马上有人站起来挥着手说,邓小平一九七五年主持的全面整顿工作是完全正确的,中央应予充分肯定,正式为所谓"右倾翻案风"平反!又有人站起来说,我认为,对于康生、谢富治在"文化大革命"期间的罪行,要坚决揭发、批判!对谢富治,要立案审查!

十一

中央工作会议上的这股强大的思想洪流,不仅完全突破了原定六天的会议日程,也以各种不同的渠道流传出了京西宾馆,冲激着中央各部委机关,甚至各省市的党政部门。

陶斯亮是从聚集在中组部招待所的那些老同志们的奔走相告中得到一些情况的。她当时就听得发愣了,然后马上冲到后院房子里,抱住妈妈曾志问,妈妈您都听说了吗,中央工作会议上陈云伯伯发言了,说到了爸爸的事?听说陈云伯伯说得很明确,爸爸在国民党监狱中斗争很坚决!爸爸不是叛徒!妈,您听到没有啊?这是真的,爸爸的冤案很可能要昭雪了!

陶斯亮看见妈妈点点头,也看见妈妈一直在发怔,于是问妈妈在想什么。曾志告诉女儿说,她也知道陶铸冤案的平反就在眼前了,但是在这个时刻,她不知怎么就特别清晰地回忆起与丈夫分别的那一天。那个画面是那么清晰,像放电影似的,在脑子里反反复复地走。她于是对女儿说,亮亮啊,我告诉你,那是九年前,那一天是一九六九年的十月十五号,中办来通知,要你爸爸离开北京,疏散到广东去。那时候你爸爸病得很重,我提出要陪他去,你爸爸对我说,你千万不要陪我去,我活不了多久了,你去也帮不上忙,何苦再牺牲你?你要争取和亮亮在一起,你们能在一起,我也就放心了,我们只有她这一个女儿⋯⋯

听母亲说到这里,泪水就从陶斯亮的眼中流了出来。她又听母亲这样说:第二天,我为你爸爸洗了最后一次澡。你爸爸那时候骨瘦如柴啊。你爸爸又对我说,我怕是难见到亮亮了。你看到她,要告诉她,爸爸对不起她,让她跟我受委屈了。但是，爸爸在政治上是清白的，是对得起她的，希望她要坚强。

母亲的这段回忆，让陶斯亮听得痛哭失声。当晚，她就坐在桌前，摊开一张纸，想写上几句。她心里有很多话想说，并且想倾诉在一张纸上，但是半天她也没有下笔。纸上的不是墨水，而是泪水。在搓衣板上搓着衣服的妈妈转脸问她在写什么，她摇摇头答不上来。

其实，她是想写一封信，写给九泉之下的父亲。

作为女儿，她实在有很多话要说，就像此刻坐在京西宾馆各个会议室里的那些叔叔伯伯们一样。

曲径参加的是中南组的讨论。每天坐在会议室里听着那些火辣辣的言论，他就觉得坐立不安。况且每隔几个小时就有简报组的工作人员跑来分发飘着油墨香味的新简报，那些简报上印的也都是各个讨论组火辣辣的言论。越来越多的会议代表在发言中把矛头指向了"两个凡是"，都说当前很多重大的冤假错案不能得到平反，一些重大问题不能加以实事求是的评价，就是"两个凡是"在作祟。眼看着原来研究农业问题和国民经济问题的中央工作会议越来越"变味"，曲径实在平息不了内心的不安与狐疑，几乎每天都去其他会议代表的房间串门，探听各种各样的消息和人们私下里交流的看法。

他每次去老战友田志远那里聊天，都觉得特别憋气。田志远总是显得兴高采烈，随着会议的进展笑容越来越灿烂，总是说现在形势大好，说党内民主从来没有像今天这样彻底实行过，说听一位老同志讲"气氛又回到了一九四九年酝酿开国大典那个时候，有第二次解放的感觉"，还告诉曲径说形势大好的标志是问题全抖搂出来了，而且正在逼近问题的根子，至于下一步，那就是要请华主席收回"两个凡是"的说法了，这一步是必定要做的，华主席对这个重大问题再也不能含糊其词了。田志远每次这么慷慨激昂说着的时候，曲径总是眉头紧皱，心窝里像百爪挠心。他心里想，如果华主席真的放弃了"两个凡是"方针的话，那不就意味着毛主席生前的很多重大决策和战略部署都要遭到质疑和否定了？那将是一个什么样的局面？但他在田志远面前不敢强力反驳，以免在发扬党内民主的大气候下自己显得格外僵化。

而在去老战友刘鑫那里串门时，曲径就会多说几句心里话，说说自己的担心。但是刘鑫这位大会简报组的组长却总是劝慰他放宽心，说既然会议都开成这样了，刹不住车了，就让它这样开下去吧。让大家把话说完也好，好些事情不解决也确实不行了，就比如天安门事件吧，北大那帮学生每天晚上在那儿演《于无声处》的戏。上海的《于无声处》剧团已进京了，也演得特别热闹，都已经到了"一票难求"的地步了，各个大单位大企业都在包场观看演出了。北京西单那块地儿，群众要求平反天安门事件的大字报、大标语已经贴得铺天盖地了。北京市委办公大楼前连着几天晚上都有黑压压的人群在那儿抗议、呐喊，要对天安门事件讨个说法。平反这个事件的大趋势看来是难以逆转的了，早晚的事，也不必想得太多。当然，对于曲径的某种担心，刘鑫还是理解的，就比如说会议总得收场吧，不能老是闹腾下去吧。刘鑫说我看也快了，出访的邓小平副主席已经回来了，他必定会发挥一些大的作用，安顿好这个会议。现在大家也都看着他了。他是最明确反对"两个凡是"和强调"实事求是"的，他有点像是"掌舵的"，现在就指望着他能把局面收拾好。

刘鑫的这些话，总还不能完全平复曲径这些天的极度不安和担心，曲径只有到了大会简报组工作人员曹慧的房间里坐下，双手捧起热茶，一颗心才能稍稍平静。因为只有曹慧的话才能与他的思想基本合拍。曹慧也表示了莫大的忧虑，说华主席与党中央的权威现在受到了危险的挑战，京西宾馆在大闹，北京的群众也在西单那儿贴大字报、大标语，会内会外联动，"山雨欲来风满楼"，如果闹成了，全党现在开始从十一大路线上全线后退，再也不讲"抓纲治国"了，不以阶级斗争为纲了，那也就意味着全面否定党在"无产阶级文化大革命"以来所有的方针与政策了。如果这个局面发生，那就太可怕了，等于是把毛主席在无产阶级专政条件下继续革命的伟大理论全否定光了。而那个邓小平看起来就是个处心积虑想否定伟大领袖毛主席的人，所以毛主席当初要打倒"刘邓陶"，看起来是有道理的。刘少奇就是"中国的赫鲁晓夫"，邓小平就是"中国的纳吉"，他们的目的就是想让中国变天。但是曹慧又说，如果光是天安门事件平反，她倒也是赞成的，她说，总不能把那么多革命群众都推到反革命阵营去嘛。

曲径知道曹慧与自己一样，都是穷山沟里的苦孩子出身，都是跟着毛主席、共产党闹革命才有了今天。就凭着这种朴素的阶级情感，他与曹慧在看形势的时候有了最基本的共同语言，一时都觉得有些"惺惺相惜"了。曲径有一次问曹慧是不是还打算与老田复婚，曹慧说，思想隔阂还是有的，话说两句还可以，说到第三句就说不下去了。但是想想老田现在已经是国务院港澳办的副主任了，也得给他点儿面子。另一个考虑是孩子的感受，孩子一个劲地催父母住到一起。所以这么想想，复婚也是迟早的事。

曲径这时候就说"是嘛是嘛"，然后就不再说什么了，起身就走。

而他刚走到门口时就突然愣住了，房间里的曹慧也同时愣住了，因为他们同时听到了电视机里正在播出的新闻，说是中共北京市委已经正式宣布天安门事件是革命行动。

新闻里的主持人正以激昂而兴奋的嗓音说，一九七六年清明节，广大群众到天安门广场悼念周恩来总理，愤怒声讨"四人帮"，完全是革命行动。因参加此事而被捕的三百三十八人中，没有一个人是反革命。对于因悼念周恩来、反对"四人帮"而受到迫害的同志，一律平反，恢复名誉。

田志远与曹慧相约着在第二天的晚上一起赶到人民艺术剧院，他们在演出结束后来到后台再次轮流抱住了卸妆后的儿子。曹慧呜呜咽咽说，总算摘掉"反革命"的帽子了。田源则对母亲说，我自从参加排练这出戏的那天起，就已经觉得自己是个"革命英雄"了。而难得掉眼泪的夏建国，握着田志远手的时候也是罕见地掉了眼泪，说他昨夜就接到了父亲夏默从上海宝山打来的祝贺电话，也接到了北大那位系党总支书记打来的电话，说他的入党申请正在被积极考虑。几乎同时，满脸兴奋的任燕也冲进了剧场后台，先是拥抱了夏建国，然后又拥抱了田源，松开的时候已经是满脸的泪水。

在田志远与曹慧离开剧场之前，田源又告诉他们一件事，说是云南西双版纳农垦场给他来了一封电报，就俩字：速归。田志远问是什么事，田源说不知道。田志远说兴许是单位又要表彰你了，田源说兴许是吧，现在反正是什么事儿都翻个儿了。

第十三章

闭幕讲话其实是启幕讲话,是进军号

一

胡耀邦是匆匆结束了这一天在中央工作会议西北组的发言后，急忙乘车赶去米粮库胡同的。他在这次发言中谈到的是彭德怀的平反问题与陶铸的平反问题，说这两件事都很重要，必须尽快解决，又说中央专案组在陈云等老同志的推动下也抓紧了复查工作，形成了一份复查材料，这是进步，但离问题的彻底解决还有距离。总之，这件事情还是要大力推进。

他就是说到这里的时候听到一位大会工作人员的轻声耳语，这才临时中断了自己的发言。

一听说出访归来不久的邓小平要见他，胡耀邦就特别兴奋，他觉得自己现在有许许多多的话要向小平同志汇报。这些天来的中央工作会议实在出现了太多的状况，而他这位大会秘书长此刻更想听到小平同志对全局问题的看法和判断，小平同志现在所起的作用委实太重要了。

胡耀邦坐在汽车里时，耳边还一直响着一些会议代表刚才慷慨激昂的发言。中央军委副主席聂荣臻是这样说的：康生是个坏家伙，在"文化大革命"中，他和林彪、"四人帮"是一伙的。他有职业病，总是戴着有色眼镜看人。在他眼里，没有一个好人，不是特务，就是叛徒。康生搞了许多假案、冤案。我提议，除了陈云同志提出的那些案件外，像彭真、杨尚昆的问题，也应该复查清楚。这些问题不解决，党内外很不得人心。

安徽省委第一书记万里是这样说的：真理标准问题的大讨论是一场斗争，到现在中央政治局还有一些同志坚持"两个凡是"，压制大讨论。应该对这些同志展开批评。

而广东省委第一书记习仲勋则谈到了当前严重的"逃港"问题。他是这样说的：广东的"逃港"问题很严重。我非常同意小平同志的观点，"逃港"主要是我们政策上的问题。广东毗邻港澳，与港澳的差距太大，这是造成"逃港"的根本原因。人家千方百计发展经济，我们整天搞运动，这样不行。我在想，我们广东能不能利用毗邻港澳的优势把生产搞上去？

兰州军区司令员韩先楚是这样说的：这次中央工作会议开得好。最重要的就是发扬了民主。我看"文化大革命"有错误，有教训。最大的教训就是不民主。党内没有监督是不行的。

财政部部长张劲夫则是这样提议的：我建议中央尽快成立纪律检查委员会，搞好监督，同时加快平反冤假错案。中央纪律检查委员会应该由德高望重的老同志负责。

张劲夫这么说了以后，胡耀邦就听见了许多会议代表的应和之声——"陈云出任纪委书记最合适"。胡耀邦当时心里就想，真是众望所归啊。

中央工作会议再往前开的总体轮廓，应该是清楚的，方向是明朗的。胡耀邦这么想着的时候，汽车就拐进了米粮库胡同。当他大步进门的时候，迎上来的王秘书却告诉他小平同志与谷牧副总理的谈话还没有结束，请他在会客室先小坐一会儿。

邓小平急于见谷牧，是想尽早推动中国的"经济开发区"建设问题和引进外资问题。他通过对新加坡的考察，更加坚定了要把这两个方面的推进作为改变国家现有经济模式的决心。所以他一见谷牧就直截了当地说，昨天我去见了叶帅，也和他谈起了要加快与国外经济联系的问题。我提出新加坡开发区的经验可以借鉴，我们能不能在沿海地区也办一些开发区、出口加工区，这个问题要进行论证。叶帅说他也在想这个问题。今天我找你，就是想请你牵头，找一些人论证一下这个问题。

谷牧很赞成邓小平的这个设想，他也转述了广东省委第一书记习仲勋在这次中央工作会议上数次提出的一个想法，也就是广东要发挥毗邻港澳的地理优越性，在对外经济联系方面要先走一步。谷牧说我准备与习仲勋同志好好谈谈这个问题，广东可以带个头。邓小平当即表示肯定，说习仲勋同志这个想法好，他有这个闯劲，要鼓励。邓小平接着又跟谷牧探讨了引进外资的问题，他说，我们一定要利用外资带动经济迅速发展。中国国内的体制需要改革，其中一个立足点要放在充分利用外资、善于利用外资上，不利用太可惜了。我们要下这么个决心，权衡利弊、算清账，略微吃点亏也干。

对邓小平的借外资以加快国家经济发展步伐，甚至"略微吃点亏也干"的思路，谷牧十分拥护，连说这是一个好方法。他心里想，过去我们国家老是宣传自己"既无外债，也无内债"，表面上很风光，其实并不高明。什么方式能快速壮大自己就应该用什么方式，这才是聪明人的做法。当然，做这个事的前提也是需要破除"两个凡是"的迷信。

谷牧在离开之前又以兴奋的语调提到了"宝钢"建设问题，他说上海"宝钢"已经按照小平同志和先念同志的指示，经过国务院批准，坚决上马了。夏默同志昨天还从宝山打来电话，说筹备工作一切顺利，各路技术人员、施工队伍都已陆续进场，日本专家也已经到位。筹备工作虽然千头万绪，但却有条不紊。

这个消息使邓小平特别高兴，直到胡耀邦走进办公室的时候，他脸上的笑容都还没有退去。胡耀邦一进门就握住邓小平的双手，说，小平同志您出访回来精神很好啊。

邓小平说，我精神好，我看你这个大会秘书长也是精神抖擞啊。我回来好几天了，一直忙着中美建交谈判。今天刚腾出身来。会议的简报，我已经看了一部分。你的简报也出得很及时，影响很大。京西宾馆现在是热闹非凡啊。

胡耀邦说，出乎意料啊，群情激奋啊，真有点刹不住车的感觉，会议的原定日程已经完全打乱了。

邓小平说，是好事，说明思想终于打开了。你坐吧。

胡耀邦坐下，接过王秘书给他泡的一杯茶，又兴奋地谈起了大会简报的问题，说起了如何果断地让陈云同志的"六发炮弹"在那期简报上轰然打响的情况，以及就此引起的激浪翻腾的思想洪流。他说自己初步算了一下，这次中央工作会议的简报要是出齐的话，篇幅将相当于三部《三国演义》、两部《红楼梦》，可真是开了中华人民共和国成立以来党内民主之先河了。

邓小平对在这次中央工作会议上实现的充分发扬党内民主的现状，也评价很高。他说，这正是我们开展"真理标准"大讨论的结果呀。不摆脱"两个凡是"的思想束缚，不解放思想，哪里来今天的成果？现在我们要借着这股思想解放的东风，乘胜前进，在这次中央工作会议之后，把党的十一届三中全会开成一次实现伟大历史转折的盛会，开成一个开辟社会主义新道路的盛会。

胡耀邦听邓小平说出了"开辟新道路"这个词，忽然心里一动，激情又上来了，心想，这个提法真好，很鼓舞人心。他问邓小平能这样提吗，邓小平说就该这样提，我们这个历经磨难的国家该到实现腾飞的时候了，不能再等了！

当然，要实现国家的腾飞，首先就要把十一届三中全会开好，要高度地统一党的思想；而开好十一届三中全会的前提，也就是把这一次中央工作会议开好，开彻底，开明白，开出成果。

关于这次会议，邓小平告诉胡耀邦不要急躁，许多要害问题是要等到党内民主充分发扬起来了，思想明确到一定程度了，才会顺利解决，这要有个过程。过程到了，一切迎刃而解。

接着，邓小平又开始过问陶铸一案的复查进度。胡耀邦说，被再三催促的中央专案组终于拿出一个结论报汪东兴副主席了，而汪副主席这些天也动得很快，已经作了批示。邓小平说，我昨夜已经看过东兴同志所作的那个批示了，他已经把复查结论材料送到我这里来了。我看了，有些地方提得不好，我改了两个地方。第一，标题叫《关于陶铸同志问题的审查结论》，不妥。中央专案组无权做审查结论，所以我把标题改为《关于陶铸同志问题的报告》。第二，这个报告实际上没有结论，含含糊糊，留了很多尾巴。我给他加了一段结论，我念给你听听，看看是否合适。

邓小平说着，就戴起花镜，一字一句地念了起来：总的说来，陶铸同志在监狱斗争是坚决的。几十年工作，对党对人民是有贡献的。过去定为叛徒是不对的，应予平反。对他的结论应该由中央组织部拟出报中央审定。

胡耀邦大声说，好，好，改得好！小平同志，这样写太痛快了，所有的尾巴都割掉了。

邓小平说，明天，我要正式向中央建议，解散中央专案组。冤假错案的审查全部交由中组部承担。耀邦同志，你要赶紧筹备彭老总和陶铸同志的追悼会，以中央的名义开，要特别隆重。我们要借这个事的东风，实现全面拨乱反正。

胡耀邦在离开米粮库胡同的时候，心情比来的时候还要振奋。他想，小平同志的判断和决策，一步步都是那么精彩和有力，真是值得好好学习。他坐进汽车的时候，甚至还忍不住哼起了京剧《借东风》，直弄得开车的司机一愣一愣的。

二

次日，邓小平就赶去了京西宾馆。他觉得有些重要而迫切的问题，需要在这次中央工作会议上谈一谈了。这天上午是中央负责同志听取各讨论组的阶段性讨论汇报。在这个汇报会上讲话，有助于把握整个会议的方向。

邓小平走进休息厅的时候，看见叶剑英和李先念已经先到了，正坐在沙发上交谈。邓小平马上上前与两位握手，说，倒让叶帅先到了，失敬失敬啊。

叶剑英说，小平同志啊，我抢先一步过来，就是想和你说一句话。你前天跟我说的广东可否借鉴新加坡经验搞个出口加工区的问题，我想了两个晚上，觉得可以试一试。你如果同意，我想请习仲勋同志、谷牧同志会同有关部门认真做一些可行性研究，以供决策。

邓小平高兴地说，好啊，叶帅，广东您是最熟悉的。我昨天刚和谷牧同志谈过，就是请他去和仲勋同志商量这事。先念同志以为如何？

李先念笑着说，英雄所见略同。我也想了这个问题，完全同意。

就在三人爽朗大笑的时候，华国锋与汪东兴走了进来。华国锋一见邓小平就眼睛一亮，紧着走上几步与他握手，说，小平同志辛苦啦，刚出访回来就忙于中美建交谈判问题，真是马不停蹄呀。

叶剑英说，小平同志回来就好办了。这一阵子国锋同志已经是焦头烂额了。东兴同志的日子也不好过呀。

汪东兴听叶帅这么说，也就摇了摇头。华国锋说，是啊，中央工作会议已经开了十几天了。各组的问题越谈越多，都等着中央拿主意。

叶剑英说，现在是两个会场。京西宾馆一个会场；西单还有一个会场，那里大字报很多，群众也发动起来了。

华国锋一听这话就说，局面很复杂啊。小平同志，您有经验也有权威，这个时候还请您多拿大主意呀。

几分钟后，中央的诸位领导就依次进入了一间大会议室。各讨论组的召集人纷纷起立，热烈鼓掌。王恩茂见到邓小平，显得尤为激动。这些天他逢人就提邓小平反对"两个凡是"的公开谈话是在长春他主持的会议上发表的，而现在，时隔两月，几成全党的共识，这是多么地叫人感慨。

王恩茂想到这里，也就首先举手，在汇报会上要求让东北组先来。他在汇报的时候嗓门很大，声音也比较激动，而且直接当着华国锋主席的面提"两个凡是"的问题。他是这样说的：我们参加东北组讨论的各位同志，通过这几天的讨论，一个比较一致的意见，也是比较强烈的要求，就是希望中央要对会议上大家提出来的一些主要问题、一些原则问题、一些大是大非问题，有一个明确的态度。比如，"两个凡是"的提法，到底要不要再坚持？

这时候，汪东兴就放下手中的茶杯，专注地看着王恩茂。

确实，"两个凡是"的问题现在成了思想旋涡的中心，但是直接当着华国锋主席的面这样提出，总还是使人觉得突兀。

而王恩茂的火力丝毫不见减弱，他继续用大嗓门说，我们东北讨论组的同志都认为，"两个凡是"禁锢了我们党的思想，损害了我们党的生命力，是我们党转移全党工作重点的一个思想障碍。对这个问题，中央要有一个明确的说法，这样就有利于我们的工作！

华东讨论组的召集人、全国政协副主席彭冲接上了话茬儿，他说，我想接着恩茂同志的话，补充一点想法。现在我们不能再用"两个凡是"的眼光看问题了，因为按照"两个凡是"，陶铸还得戴叛徒的帽子，彭德怀还是反党集团头子，一大批蒙受冤屈的老干部还是不能被解放，不能走上工作岗位。不光这些问题，我们华东组的同志还提出，"二月兵变"、上海的"一月风暴"，特别是"文化大革命"中各省市成立革委会时，中央都发了文件，点了不少人的名字，像上海的陈丕显、安徽的李葆华等等，这些问题中央都要给个说法，不然大家不好工作。

华国锋听着这些尖锐的意见，努力地在自己的笔记本上作记录。邓小平则坐得很端正，华东组所反映的这些问题也都是他早就想了又想的问题，只要时机到了，这些问题都应该彻底解决。

中南组召集人、河南省委第一书记段君毅则提出了纪登奎的问题，说我们中南组的同志提出，纪登奎同志在"文化大革命"中犯了很多错误。他的问题，中央应该有个说法。特别是河南省的同志对这个问题要求很强烈。

听到这个话，汪东兴明显地不安起来，手中的笔也停住了，默默地思考着什么。

而华北组召集人、北京军区司令员秦基伟则突然把话锋指向了在座的这位汪副主席。他说，我们华北组在讨论中，对汪东兴同志提了很多意见。有的同志提出，建议汪东兴同志少管一些事，多读一些马列和毛主席的书。

此时的汪东兴更加不安起来，他知道现在所有在场的人的目光都集中在他脸上了。但他只是做了一次深呼吸，继续执笔记录。

他不想辩解什么。在这样的大形势下，他觉得保持沉默最好。毕竟，在前一段时间，他为宣传"两个凡是"，为《光明日报》与《解放军报》先后发表真理标准问题的文章而到处灭火，还指令胡耀邦与杨西光为此检讨，这些都是客观事实，他甚至感觉到坐在会议桌一侧的胡耀邦此时也在注视着自己。

还是沉默吧，他对自己说。

此时，西北组召集人、新疆维吾尔自治区党委书记汪锋发言了。他说，上面各组提到的这些问题，我们西北组也都遇到了，也都讨论得很激烈。特别是对汪东兴同志和纪登奎同志，还有政治局其他一些同志，希望中央要有一个明确的态度。另外，大家都特别希望在中央工作会议结束的时候，请小平同志对这次会议和今后的工作作一个总结性的发言，以帮助大家统一思想。

这时候，王恩茂马上接上去说，对，我们东北组的同志也都希望小平同志能到各组来给大家讲一讲。

会议室里一时交头接耳起来，许多人的眼睛都看着坐得很端正的邓小平，连华国锋也把脸转向了身旁的邓小平，轻声对他说，小平同志，现在请您讲讲吧。

于是，邓小平站了起来，向大家摆摆手。会议室顿时鸦雀无声。邓小平又坐下去，说，各组的讨论，都很好，气氛活跃。这次会议，开得很成功，提出了很多需要解决，也应该解决的问题。有错必纠，是毛主席历来提倡的。对天安门事件处理错了，当然应该纠正。如果还有别的事情过去处理得不正确，也应该实事求是地加以纠正。因此，我建议，对这次会议上同志们提出的一些大是大非的问题、原则性的问题，中央要仔细地梳理一下，由华主席在全体会上正式表明中央的态度，给全党同志一个说法。这样做，对我们实现党的工作重点的转移，有百益而无一害。我们共产党人襟怀坦荡，应该勇于承认错误、勇于改正错误。这样，我们才能更好地凝聚全党的力量，才能够得到人民的拥护。

邓小平的这段话刚说完，叶剑英就带头鼓掌，顿时引动了一片噼噼啪啪的掌声，连汪东兴也使劲地鼓了掌。邓小平的意见无疑是正确的，适时的，也是大家所期盼的。

中央确实要拿出一个明确的态度。显然，现在，这已经成为大家的共识。

曙光在前了。

三

华国锋果然发表了重要的讲话。他是经过了连续几个不眠之夜才定下这份讲话稿的。他召集了好几个"秀才"，推敲了好多种句式和说法，这个弯转得很不容易。他知道，"两个凡是"必须由他来宣布打破。他只有代表政治局对天安门事件等一系列重大原则问题作出明确的表态，这次中央工作会议才有可能进入他原先设想的关于农业、国民经济等问题的讨论。

他讲话的时间定在一九七八年十一月二十五日。

一旦发言，他的语气还是很坚定的。

面对京西宾馆会议厅两百多双亮晶晶的眼睛，他语音明晰地说，当讨论全党工作重点转移这个问题的时候，同志们提出天安门事件和"文化大革命"中在中央和地方遗留下来的比较重要的若干问题。这些问题，中央政治局常委过去多次讨论过，准备加以解决。这几天，中央又研究了大量的意见。现在，我代表中央政治局，宣布以下决定：

第一，为天安门事件平反。中央认为，天安门事件完全是革命群众运动，应该公开彻底平反。十一月十四日中央政治局常委会已批准中共北京市委宣布：一九七六年清明节广大群众到天安门广场沉痛悼念敬爱的周总理、愤怒声讨"四人帮"，完全是革命行动。对于因悼念周总理、反对"四人帮"而遭受迫害的同志一律要平反，恢复名誉。

第二，"批邓、反击右倾翻案风"，实践证明是错误的。中央政治局决定：

中央在一九七五年下发的二十三、二十四、二十六、二十七号文件，一九七六年下发的二、三、四、五、六、八、十、十一号文件，全部予以撤销。贯彻执行这些文件的党委和个人是没有责任的，责任由中央承担。

第三，关于所谓"二月逆流"问题。中央认为，这完全是林彪一伙颠倒是非、蓄意诬陷，其目的是打倒当时反对他们的几位老帅和副总理，进而打倒周恩来和朱德。中央决定，由于这个案件受到冤屈的所有同志，一律恢复名誉；受到牵连和处分的所有同志，一律平反。过去各种文件、材料中关于所谓"二月逆流"的不实之词，都应作废。

第四，关于薄一波等六十一人所谓"叛徒集团"问题。现已查明，这是一起重大错案。中央决定为这一重大错案平反。

第五，纠正过去对彭德怀所作的错误结论。彭德怀同志是我党的一位老党员，曾任党政军的重要领导职务，对党和人民作过重大贡献。彭德怀同志已于一九七四年十一月二十九日病逝，他的骨灰应放到八宝山革命公墓第一室。

第六，关于陶铸同志的问题。陶铸同志是我党的一位老党员，在几十年工作中，对党对人民是有贡献的。经复查，过去把陶铸同志定为"叛徒"是错误的，应予平反。陶铸同志已于一九六九年十一月三十日病逝，他的骨灰应放到八宝山革命公墓第一室。

第七，关于杨尚昆同志的问题。经复查，过去把杨尚昆同志定为"阴谋反党、里通外国"是错误的，应予平反。中央决定，恢复杨尚昆的组织生活，分配工作。

第八，关于康生、谢富治问题。康生、谢富治的民愤很大，对他们进行揭发、批判是必要的。但是不设专案组，有关揭发材料送中央组织部审理。

第九，一些地方性的重大事件，中央决定一律由各省、市、自治区党委根据情况实事求是地予以处理。对于曾经分裂为两大派的群众组织，要妥善处理，不能引起派性斗争。要引导群众向前看，消除资产阶级派性。另外，对于"三支两军"工作，要历史地看。成绩要肯定，出现的错误由中央承担责任。

华国锋宣布的九项决定所引起的雷鸣般的掌声，是一点也不奇怪的，许多会议代表在鼓掌的时候甚至流下了眼泪。王恩茂事后的分析是有道理的，说华主席这一次的宣布虽然没有提到要破除"两个凡是"，但是他说的这九条没有一条不是针对"两个凡是"的，这就是巨大的进步。当然，还差一步，华主席如果能够像邓副主席一样公开反对"两个凡是",那就好了,好多问题就能够更加实事求是地认识。两个月前邓小平在我们长春干部大会上公开表示反对"两个凡是",这两个月以来我们吉林省面貌改变多快啊,许多问题都迎刃而解了。

王恩茂的这一感慨,说出了很多会议代表的心声。看起来事情还差一步。

而刘鑫在编这一期重要简报的时候,心情却有些异样。与他坐在一起进行文字校对的曹慧,心情异样得就更厉害一些。曹慧悄声对刘鑫说,我真是有点想不明白,怎么转眼之间什么都错了呢?这样的话,我们党还有什么威信可言?更危险的是毛主席没有威信了。再下一步,可能就是整个儿地否定毛主席。我跟你说句悄悄话,我看邓副主席这个人就是想彻底否定毛主席。想想他自己几次被毛主席打倒,想想他大儿子落成了残疾,我就相信他从骨子里是要否定毛主席的。一想到这个问题,我就浑身发冷。

刘鑫没有直接回答她的话,只要求她好好校对文字,最后说了一句,再看看吧,中央工作会议还没有完呢。

曹慧说,老刘啊,我们是不是也该换个思路看问题了。那天我听到邓副主席说,我们共产党人襟怀坦荡,应该勇于承认错误、勇于改正错误,这样,我们才能更好地凝聚全党的力量,才能够得到人民的拥护。我好像一下子明白了许多事情。

刘鑫像不认识似的看着曹慧说,曹慧,你变了。

曹慧笑笑说,老刘,变则通、通则达。时代变了,我们都得跟着变呀。

四

就在中央工作会议召开的那些不平凡的日子里,陶铸的女儿陶斯亮在台灯下趴了好几个夜晚,才伴着她那抑制不住的泪水,完成了写给九泉之下的父亲的信。

她知道中央正在加紧讨论给她父亲平反的议题,知道离父亲昭雪的日子不远了，此刻她真的有许多心里话要跟父亲叙说。

她把这封信定名为《一封没有发出的信》，寄给了新华社。她想，如果新华社有哪位编辑看着这封信合适了，也会推荐到什么地方给发表，她的这封饱含热泪的、充满真情实感的信或许能为父亲的早日昭雪作一些小小的推动。因为她知道，在中国，像她这样愿意给含冤而死的父亲或者母亲写信的子女，实在太多了。她的小小的情感或许能卷起许多中国人心底情感的洪流。

拆开这封写有"新华社收"的厚厚一叠信件的，正是新华社的年轻编辑任燕。她为这封信的标题感到吃惊，在没有读信的时候首先看了看落款，她不熟悉"陶斯亮"这个名字，也不明白这封信要表达的是什么，但是随着一页一页的阅读，她突然就涌出了眼泪，鼻子一阵阵发酸，竟致趴在办公桌上抽泣起来。同事们跑进她的编辑室问她怎么了，她说这是陶铸的女儿写给她父亲的一封信，我给你们念几段吧，真是太感人了。

于是她就念了一段，厚厚的信笺在她打战的手里簌簌地抖动——爸，我在给您写信，人们一定会奇怪："你的爸爸不是早就离开人间了吗？"是的，早在九年前，您就化成灰烬了，可是对我来说，您却从来没有死。我绝不相信像您这样的人会死！您只是躯体离开了我们，您的精神却一直紧紧地结合在我的生命中。您过去常说我们是相依为命的父女，现在我们依然如此。

小小的编辑室安静下来，所有的心都随着任燕的带着哭音的朗读声而颤抖起来。

任燕继续朗读：爸，我永远不会忘记这一天。一九六七年一月四日，半夜里有几个同学猛然把我从睡梦中叫醒，递给我一张《打倒陶铸》的传单，上面印着江青、陈伯达等人一月四日对一些群众组织的讲话，说您"背着中央文革小组独断专行"，是"中国最大的保皇派"，他们要"发动群众"把您"揪出来"。记得一九六六年十一月我离开北京回上海时，妈妈曾对我说："爸爸还是有一定的危险性，弄不好就会粉身碎骨，你要事事谨慎。"当时，我以为妈妈只是一般地叮咛，没有在意。可是，现在竟然真的大祸临头。同学们劝我赶快给家里打电话。电话是妈妈接的。她讲："情况就是这样，可究竟是怎么回事，你爸爸也不知道，他当时还在接见群众组织的代表呢！"听了妈妈的话，我惊奇极了，也伤心极了。您知道女儿是单纯的，我不敢想，可无情的现实却逼得我不能不想：为什么江青、陈伯达他们要这样从背后捅您一刀？这难道光明磊落吗？可怜的爸爸，在您被抛出来的最后一瞬间还被蒙在鼓里，成了一个可耻的政治骗局的无辜牺牲者。党中央政治局的一个常委，政府的一个副总理，没有经过党的任何会议，党也没有做过任何决议，以后也没有追发过任何补充文件，就这样任凭几个人的信口雌黄，莫名其妙地被赶出政治舞台，横遭囚禁迫害，我想不通，这究竟是为什么？为什么？……爸爸，我还记得，您多么珍惜那短短的放风。您经常目不转睛地凝视着四周池水里的荷花，对我说："亮亮，你要好好记住它。你看它出淤泥而不染，光明磊落，象征了一种崇高的品德。"爸爸，从此我也爱上了荷花，因为我知道，您是在用荷花来寄托自己的情操和志向啊。

任燕又朗读一段：有一次，趁监管的人不注意，我心怀疑虑地质问："你出卖过同志吗？"听了我突如其来的质问，您一下子愣住了，十分恼火，愤怒地直视着我的眼睛，难过地说："难道你也不相信爸爸？我是宁愿自己的热血洒在地上，也不会做对不起党的事的！"……有一次，我碰到了康克清妈妈，她悄悄地把我叫到身边，再三叮咛我，一定要劝爸爸、妈妈相信党、相信群众，要坚强地活下去。当我偷偷把这些话告诉您时，您微笑了……我知道，您一直到死，心里都带着同志们的信任，它给予您斗争的勇气和力量……亲爱的爸爸，十一年了，我不知在默默中给您写了多少封信，我既不能让人知道，又没有可投之处，可我却不停地写，不停地写……写在纸上的我不得不一封封毁掉，可写在心上的却铭刻得越来越深。现在，我终于给您发出了十一年来在纸上和心上反反复复写的这封信。它仅仅是我作为一个女儿在短短的时间里看到的，听到的，想到的。它怎么能装得下我积郁多年的感情，又怎么能表现您四十多年来的战斗生涯呢？它仅仅是一朵小小的白花，是女儿向您致哀和报春的一朵小小的白花。关于您一生的功过，党、人民和与您共同战斗过的同志是会给予正确评价的。

任燕读到这里的时候，发现编辑室里所有人的脸上都挂着泪珠。一位老编辑问她拿这封信怎么办，任燕说我推荐给《人民日报》，我相信他们敢发。我要把题目改一改，把《一封没有发出的信》改成《一封终于发出的信》。我相信这个"终于"。

任燕的判断没有错，《人民日报》以很大的版面全文发表了陶斯亮的《一封终于发出的信——给我的爸爸陶铸》。

当然，这封信得以发表，最后还是由总编胡绩伟拍板的。那天夜里的十一点多，胡绩伟的两滴眼泪就落到了报纸的清样上，他对站在他旁边的一位编委说，全文发表！我相信有许许多多的眼泪会落在我们明天的《人民日报》上。

胡绩伟的判断没有错，大江南北成千上万中国人的眼泪，都落在了一九七八年十二月十日的《人民日报》上。中央人民广播电台和各地的广播电台，都声情并茂地朗读出了陶斯亮对其父亲的情感以及对被扭曲的政治的质问。不少播音员在朗读的时候声音都是哽咽的，让收音机的电波也显出了潮湿。

那天傍晚，邓小平参加会议后从京西宾馆回家吃饭，一坐上饭桌就看见几个子女眼睛都红红的，没有了往日饭桌上的那种热闹。邓小平觉得奇怪，停了筷子说，平时吃饭都叽叽喳喳的，今天怎么不说话了？

卓琳说，孩子们都听了广播了，没有一个不掉眼泪的。她一边说一边就站起来，走到邓朴方的轮椅旁边，从轮椅的扶手下面取出一张《人民日报》递给邓小平说，是亮亮写的文章。

邓小平接过报纸，一看标题，明白了，说，是陶斯亮嘛，陶铸的女儿。

当晚，邓小平在台灯下也看完了这篇文章。他一声不吭，在办公室里踱了几圈，心想，怪不得几个孩子读了都要掉眼泪。

多少中国人都遭受过这种情感的折磨，这种阴暗的日子必须从中国根除。

晚上，卓琳问邓小平看过亮亮的文章了吗，邓小平没有回答，卓琳也没有再问。

邓小平急于考虑的问题是，如何把这次大大超过预定会期的中央工作会议开好。

五

中央工作会议依然是群情激奋，各个讨论组的热点话题还是集中在中央一定要对"两个凡是"有一个明确的态度以及一些重大人事问题上，譬如对政治局的一些成员要追究责任，譬如要增补中央的副主席和政治局成员，要设立中央纪律检查委员会。

曹慧每天整理着这些火辣辣的简报，眉头也越锁越紧。她心里想，华主席在那天大会上宣布了九项决定之后，明明宣布说"请各组召集人和同志们商量一下，对今天讲的这些问题，再讨论一天，即转入讨论一九七九年、一九八〇年经济计划的安排和李先念同志在国务院务虚会议上的讲话"，但偏偏就是贯彻不下去，各个讨论组依旧沸反盈天，一点都没有止歇的样子。一向文质彬彬的胡乔木为什么在小组讨论会上会作一个直接点名的发言："希望华国锋同志在会议结束时能谈一下实践是检验真理的唯一标准问题，对这次讨论作出一个结论"？为什么有那么多人点名批评中宣部呢？也有那么多会议代表点名批评我们《红旗》杂志总编辑熊复呢？

曹慧问刘鑫，这个会怎么收场呢？刘鑫叹着气说，会议真的转不动啊，有些人意见还很大啊，要对中央政治局动手术啊，说要拉下几个政治局委员，说他们跟"四人帮"是一伙的。国外有报道说一共要拉下四位，这就人心惶惶啊。有人还把矛头指向汪东兴副主席，要他下台。另外呢，有人要求增选政治局委员，要增补陈云为中央副主席，由他兼任中央纪律检查委员会书记。

刘鑫还告诉曹慧，这几天西单的墙上都是很有来头的大字报，铺天盖地。刘鑫说，你听听这样的标题："质问汪东兴、吴德同志"！"纪登奎在河南都干了些什么"！

看着曹慧目瞪口呆的样子，刘鑫说，现在看来，华主席是必须对"两个凡是"有一个明确说法了。另外，也只有邓副主席能踩这个会议的刹车了。不然，谁都挡不住这个会议的势头。

刘鑫的估计没有错，华国锋这些天正在对"两个凡是"的问题转弯。他在与邓小平作了一次推心置腹的交谈之后，表示同意在这次中央工作会议的闭幕讲话上澄清这个重大原则问题，收回自己以前的说法。紧接着，邓小平又驱车走了一趟西山，与叶剑英统一了思想认识。

其实，这两天叶剑英也一直在苦苦思考中央工作会议上那些激动人心的建议。他觉得要从政治局里拉下一些人来，似乎震动太大。他对邓小平说，关于人事安排，大家意见很多，建议也很多。这个问题不处理好，人心不顺。但是，一定要维护全党的团结。现在这个局面，来之不易。

邓小平很同意叶帅的这个想法，说，叶帅说得对，这是个大局，一定要安定团结。班子，不宜大动。

叶剑英说，现在你要多说说话。国锋同志也是这个意见。大家还是听你的。

邓小平说，是啊，我也在考虑，应该在这个问题上向大家打打招呼。我建议，中央开个会，政治局常委同志参加，部分省委第一书记和大军区司令参加，就人事问题，先统一出一个意见。

叶剑英很赞成邓小平的这个意见，他觉得在这个层面上如果能达到思想的统一，问题就好办了。

华国锋听了这个建议，也很赞同，但他要求邓小平在这个小会上多讲一些话。

到现在为止，也只有邓小平讲的话能收得住大家的心了。

邓小平在这个小会上所讲的话，确实是十分恳切的。他是这样对大家说的：会议开到这个时候，问题都暴露出来了。对许多历史问题，中央表明了态度。对"两个凡是"的问题，华国锋同志也承担了责任，政治局的一些同志也作了检查。我认为，这次中央工作会议把大是大非的问题搞清楚了。现在，不少同志提出要更换一些领导同志的职务，这引起了国内外的广泛注意。我要特别强调，国内，需要有个安定团结的局面。当前，安定团结确实重要，要给人民、给国际一个安定团结的形象。凡是有损于这个，就会给人以错觉，极为不利。这是个大局。同志们，算我一个请求，要以大局为重。道理在你们，在群众，你们是对的。

邓小平说到这里的时候，与会者的神情都显出了一种感动。邓小平继续说，关于中央人事问题，中央政治局常委意见是，任何人都不能下，只能上。对几个同志要批评，但不能动。实际上，也不止他们几个。

这话一说，会议室气氛顿时活跃，交头接耳者多了起来。华国锋的神情显出了一些不安，他知道邓小平最终是会把大家的意见统一起来的。但是在这个过程中，他也担心有人会横生枝节。

邓小平继续说，现有的中央委员，一个不去。有的，可以不履行职权，不参加会议活动，但不除名！可以加三个政治局委员。太多，也不恰当，不容易摆平。少了也不好。哪几位同志呢？陈云同志，"八大"就是中央副主席，建议他兼任中央纪委书记。还有邓大姐、胡耀邦。够格的人，有的是，如王胡子，也够格。有两个方案，一是三个人，一是四个人。

出了这么一个具体的增补方案，会议室的气氛又一次活跃起来，大家议论纷纷，总的感觉是这个方案比较稳妥，合情合理。

说到中央委员的增补问题，邓小平是这样解释的：正常来说，中央委员会不能选中央委员，现在看来要破个例，补一点中央委员，数目也不能太多。有几个第一书记还不是中央委员，如习仲勋、王任重、周惠，还有宋任穷、韩光、胡乔木、陈再道。这样，就舒畅了，将来再正式追认。

邓小平话音刚落，会议厅已经是一片掌声了。华国锋和汪东兴也起劲地鼓掌。大家都为在重大人事问题上达成共识而感到高兴。

坐在屋角的简报组组长刘鑫与曹慧互相看看，也都舒了一大口气。刘鑫的眼色似乎在说，你看，现在只有邓副主席能够统一意见，我这个说法没有错吧？

这时候曹慧忽然眼睛一圆，因为她听到邓小平此时提到了对毛主席的评价。

邓小平是这样对与会者说的：同志们，还有一个问题，就是对待毛主席的态度。我们绝不能说毛主席没有错误，但是，我们绝不能损害毛主席的形象。清华大学的几个青年贴大字报说，"反周民必反，反毛国必亡"，这个话水平很高。

会场骚动起来，又出现了议论纷纷的情况，但是一会儿就有掌声从一角响了起来，之后便以很快的速度弥漫了整个会议厅。

刘鑫忽然发现曹慧哭了，两条亮晶晶的泪水出现在曹慧的脸颊上。刘鑫心里一紧，问她怎么了，是不是不舒服。曹慧摇摇头，取出手帕擦净泪水，压低了声音对刘鑫说，我想不到，邓小平不反毛。听他这么说，我心里服了。

刘鑫说，你才开通？我比你开通得早。邓小平其实是个很明白的掌舵人。

当天晚上，曹慧在校对简报的时候精神显得特别抖擞，把稿子朗读得字正腔圆：十二月十日，在中央工作会议期间召开的中共中央政治局会议，对人事问题作出如下决定：拟增选陈云为中央政治局委员、中央政治局常委、中央委员会副主席，增选邓颖超、胡耀邦、王震为中央政治局委员，增补黄克诚、宋任穷、胡乔木、习仲勋、王任重、黄火青、陈再道、韩光、周惠九人为中央委员。准备提交十一届三中全会审议通过。

忙到半夜，曹慧还意犹未尽，打电话把田志远从房间里约出来，坐在大堂的一角聊天。曹慧对他说，现在才明了，老田你为什么要这么热火朝天地跟着邓大人跑。邓小平这个人果然是个掌舵的角色，既不因循守旧，又能照顾大局。原先以为他就想翻案，就想反对毛主席，现在看来我倒是小肚鸡肠了。

曹慧感叹了好长时间，一直停不住嘴，后来又说到自己所在的《红旗》杂志社，说我们这杆《红旗》现在也真是跟不上趟了，真理标准讨论硬是"不介入"，现在成了众矢之的。更可笑的是，中央工作会议一片为彭老总平反之声，我们杂志这个月还偏偏刊登了一篇批判"彭德怀反党集团"的文章，真叫人无地自容。我明天抽抽空，一定要找我们熊总编好好谈一谈，弯子不转是不行了，那就只能等着被淘汰了。

曹慧一直说了半个来钟头，才停了嘴。她这才发现一向爱说话的田志远这半个小时一直没有吭声，只是笑眯眯地听自己说。曹慧说你听见我刚才说的这些了吗，田志远只微笑着说了一句，过几天会开完了，你就跟我一起回四合院吧，我真的馋你的炸酱面了。

曹慧说你猴急什么，田志远笑着说，不光是我急，我前天还收到小源从西双版纳寄来的一封信，还没来得及给你看呢，信上就问妈妈还没有下决心回来吗。

提到儿子，曹慧的心忽然一紧，问儿子急急忙忙赶回去到底为什么。田志远说，也不是很清楚，反正现在知青都闹着要回城，有的要游行，有的要请愿。有一帮知青说要坐火车到北京静坐在中南海门口。这个举动倒是叫我们小源拦下了，我们家小源现在说话可有威信了。小源说这么闹不成，还不如大家集体写封信给邓大人，说邓大人与大家的心是相通的，能听得进我们知青的话。后来也不知他们有没有写信，反正现在全国各地的知青都闹腾得挺欢的。这帮年轻人长期在农村，总也不是个办法，是我们社会的一块心病啊。

听田志远这样讲，曹慧就为儿子担心起来，说我家小源为救人负伤，是个英雄形象，这次在舞台上演了个天安门英雄，形象又高了几分，可不能闹哄哄地夹杂在里面生事啊。

田志远劝曹慧不必担心，说现在要摈弃"两个凡是"，关于知青上山下乡这摊事儿，到底怎么看，也没个定数。那帮吵嚷着回城的知青，现在看来都是"刺儿头"，都是"捣蛋分子"，将来从历史看，保不定也是个正面形象。

曹慧听这话吃了一惊，说老田你思想可不能太超前了，你这样吓我，我又下不了决心回四合院。田志远急忙说，不提了，不提了，你早点去休息吧。我高兴的是，咱俩的共同语言现在越来越多了；急的是，整整十一年了，还没有尝到你亲手做的一碗炸酱面。

曹慧在对方肩膀上打了一拳，扭身就回到自己房里去睡觉了。

六

刘金锁在自己家的小茅屋里召集了一个秘密会议。他邀来了生产队的四位干部商议一件在他看来是十分重大的事情，这件事弄得不好可能关系到杀头。他不知道中央在北京的京西宾馆召开着什么会，也不知道跟他在田头恳切交谈过的万里书记在京西宾馆里几次作了慷慨激昂的发言，他只知道要按照自己的思路，就农业生产的某种管理方式做一次至关重要的试验。

这种试验，弄得不好就会被人说成是"反对大寨红旗"，说成是"资本主义复辟"，为首的可能被抓起来批斗，甚至判刑杀头。但是这个问题，他已经在内心酝酿两年了，先是朦胧的，后来逐渐清晰。尤其是跟万里书记交谈之后，他更加坚定了自己要闯一条新路的想法。

他开这个秘密会议，避开了夏建红。夏建红那几天要代表公社去县上出席妇女会议。刘金锁不愿意因为这件事与夏建红闹个脸红脖子粗，他知道夏建红对"大寨精神"的坚持，觉得还是避着她为好。

刘金锁在招来的四位村干部拍净肩头的雪花走进他的茅屋之后，便单刀直入地说，老哥们儿，自救吧，不能再按以前的红头文件办了，那是画饼充饥，是自己找死！再那样学大寨学下去，我们这些村干部就对不起村里乡亲，也对不起这块土地。

他继续说，我有个想法，肥西县搞包产到户，我觉得还不彻底。我们要搞就搞彻底的，来他个大包干，怎么样？

严德旺不明白，问啥叫大包干。刘金锁说，这些天我琢磨出几句话来：大包干，大包干，直来直去不拐弯。交够国家的，留足集体的，剩下都是自己的。

宋学友笑了，说，你这个金锁，说话还是绕，说白了就是分田到户呗。严德旺说，分田单干，不怕坐牢？刘金锁说，要坐牢，我去！严德旺说，你不能去，要去我去！刘金锁说，先别说坐牢的事。我这么琢磨，只要我们办的事是群众拥护的，上面也不一定会把我们抓起来。万里书记就是一个讲道理的领导，我当面向他反映过问题，他很开明，听得进去。

这个秘密小会开了半个来钟头，最后还是没有统一的结论。有人说，就该这么干；有人说，还要再想一想，就怕泄露出去，好事不成反惹一身骚，落了个"走资本主义道路"的坏名声。

刘金锁送大家走的时候表示自己要再想一想，反正这个方向是不会变的，还是邓小平那句话，不管黄猫黑猫，捉到老鼠就是好猫。

在中央工作会议临近结束的时候，邓小平也在家里召集了一个小型工作会议，重点研究他在闭幕会上的讲话稿。这个讲话的精神要统一当前形势下全党的思想，分量是不言而喻的。邓小平为这个讲话稿已经思索很长时间了。

这次他请来的四个人是胡耀邦、胡乔木、于光远、邓力群。这四个人在进邓小平书房之前，都拍净了帽子上和肩头的雪花。北京的这场雪特别大。他们走下汽车穿过庭院的时候，看见树枝上的雪都积得很厚，偶尔有一只小鸟落到枝头上，粉状的雪花就簌簌地下来一大片。

四位客人一坐下，邓小平就开门见山地说，原来有一个闭幕会讲话的稿子，我看了一下，不能用了。这次中央工作会议，超出了我们的预想，显现出了前所未有的重大意义。现在，我们党和国家，正面临着一个历史转折，我们正在开辟一个新的时代。为了促成这个转折，我思考了几天，决定重新起草闭幕会上的讲话稿。

听邓小平这么说，大家都点头。中央工作会议开到这个份儿上，原来的讲话稿显然是不能用了，而到底怎么重新写，确实是一个费思量的问题。但是看邓小平的神态，似乎他已胸有成竹。

邓小平从茶几上取一支烟夹入指缝，却没有去摸火柴，只是说，我想了一下，不准备长稿子，我想讲这么几个问题，请你们一起议一议。第一个问题，是怎么评价这次会议。这次会议了不起，一九五七年以后没有，一九五七年以前有，延安时期有。这个风气要传下去，这是很好的党的生活，党的作风，既有利于安定团结，又有利于防止思想僵化，实在可喜。

这个评价很实在，大家听了都点点头。这时候邓小平就说第二个问题，他说，第二个问题是解放思想，开动机器。这一次关于真理标准的问题，讨论得很好，越看越好，越看越是政治问题，是国家前途命运问题。

胡耀邦停笔插嘴说，这是全党思想的一次大解放！

邓小平听胡耀邦这么说，点点头表示肯定，接着说，第三个问题是发扬民主，加强法制。现在这个时期更要加强民主。集中那么多年，现在是民主不够。现在大家不敢讲，心有余悸。发展经济，要实行民主选举、民主管理、民主监督。工厂工人监督，农村社员监督。第四个问题是向前看。中央工作会议向后看，解决一些问题，目的是向前看。解决遗留问题，要快，干净利落，时间不要长。完全满意不可能。还有，要注意的是，安定团结十分重要。

胡乔木说，向后看是为了向前看，小平同志讲的这一点很重要，这是辩证法。

邓小平向胡乔木坐着的方向点点头，继续说，第五个问题，是克服官僚主义。要克服人浮于事、拖拖沓沓的现象，要学会管理，好的企业必须用先进的办法管理。党委领导好不好，看企业管得好不好，看利润，看工人收入。城市如此，农村也如此，各行各业也如此。第六个问题，是允许一部分企业、地区、社员先好起来。这是一个大政策。允许一部分先富起来，农村百分之五，到百分之十，再到百分之二十。城市，百分之二十。这样，才有市场，要反对平均主义。干得好的，就影响左邻右舍，大家向他学，就共同富裕了。

听邓小平说到这里，四位客人的神情都活跃起来，显然都觉出了一种新鲜感。胡耀邦大声说，这是一个很好的思路。

在大家议论了一番之后，邓小平接着说第七个问题。他说，这是加强责任制的问题。这里有一个责任到人的问题。讲集体负责、党委负责就等于无人负责。打屁股不能乱打一通。既然责任到人，就应该有权，没有权也就不可能有责任。领导得好不好，根本的是劳动生产率的提高，还有技术是否得到不断的更新，光靠体力劳动不行。

邓小平的这个思路也阐述得合情合理，说得四位客人都很兴奋。邓小平最后就提出了对稿子的总体要求。他说，稿子，短一些顶事。不能长篇大论，语言少些，干净利落一些，反倒明确。怎么样？

大家都说行，都说两天之内就拿一稿出来。

果然，两天还不到，按照邓小平的意见重新改写的闭幕式讲话稿就送到了米粮库胡同。可见胡耀邦他们几个也是开了夜车、下了苦功的。邓小平对这篇稿子阅读了两遍，又沿着自家的庭院踱了七八个大圈，思忖许久，觉得有些地方还写得不够有力，于是决定自己动笔再改一遍。当天晚上，早早吃罢晚饭，他就戴上花镜，趴在办公桌的台灯下，一边读，一边推敲，一边改了起来。他首先把标题改成了《解放思想，实事求是，团结一致向前看》，接着再一段一段地加以修改。

一直弄到夜深，卓琳进来三次，他还没有停笔的意思。

卓琳小声说，你都七十四了，哪能这么拼命啊！文字上的事，就不能让"秀才"们多动动脑筋吗？

邓小平头也不回，就朝妻子摆摆手说，你不懂，这重要着呢。你快去睡吧。

胡耀邦第二天一大早就赶到了米粮库胡同。他翻看了一遍邓小平亲自修改的发言稿，大为感佩，连连称好。

他对邓小平说，这发言的题目就改得很有力，既说清了必须坚持实事求是的原则，又强调全党团结，关键是向前看！

邓小平说，是啊，既然要讲怎么做，就要讲一些新鲜的话，不能循规蹈矩。我们搞现代化也没有现成的规矩可以蹈，还是靠摸索。中国有一句话，叫"摸着石头过河"嘛。

胡耀邦说，对，摸石头过河，这就是强调探索嘛，实事求是嘛。这次在会议上，我遇到了习仲勋同志。他跟我说，香港有许多商人提出要把工厂设到我们这边来，以后在我们这边招工。习仲勋同志认为这个办法值得采纳，他说这样做了，"逃港"风潮自然就会下降。关于这个举措，他希望得到中央的政策支持。

邓小平说，习仲勋同志有想法啊，他对港商支持，方向是对的。要改革，就要开放。所以，要强调改革，如果再不改革，社会主义事业将会被葬送。而且，还要关心职工生活，要打破平均主义。

胡耀邦说，据我最近了解，现在东北变化就很大。大庆的职工宿舍楼已经大面积动工，工人的工资评级正在进行。奖金制度恢复以后，工人生产积极性高涨，原油单日产量现在可以说是节节攀升。

对于全国工业战线最近出现的一系列新变化，邓小平也注意到了，但是他认为还远远不够，整个面貌还要有更彻底的变化。而这一变化的前提，就是全党的思想解放，以及实事求是工作作风的形成。他对胡耀邦说，总之，这次中央工作会议，要好好总结。更重要的是团结起来向前看，大家齐心协力，把国家的经济建设搞起来。

胡耀邦说，我现在也是充满了信心，党的变化将非常大，国家的变化也将非常大。我认为这个闭幕讲话稿的内容，将是纲领性的，有深远的意义。

说到这里，胡耀邦甚至闭了会儿眼睛。这位中央工作会议的秘书长，似乎已经看见邓小平作闭幕讲话之时全场掌声雷动的场面了。

不是全场，而是全党。

七

就在京西宾馆的中央工作会议酝酿闭幕的时候，上海"宝钢"的开工筹备工作正在如火如荼地展开。夏默忙得焦头烂额，但又信心十足，尽管一天只睡三四个小时，但面容也不显憔悴。

这天早上八点钟，他已经站在吴淞口宝钢建设工地的一个高坡上，开始他的慷慨激昂的演讲。他演讲的时候总是有力地挥动着拳头。这段时期以来，他几乎是天天都挥动拳头。他觉得浑身都是劲。现在，他的面前就是连绵的帐篷和工棚。前期指挥部的同志以及来自全国各地的勘探队伍和建设队伍，都站在他面前，站在裹着海腥味的十二月的寒风中。

这次，挥着拳头的夏默是这样说的：同志们，形势激动人心啊！我告诉大家，宝钢的水源问题解决了。上海人民已经痛下决心，把黄浦江上游的淀山湖水让给了我们，这让我们非常感动！同时，地质勘探问题也解决了。我们的专家已经测算出来，钢筋混凝土的管桩、方桩，打到六十米深，就能支起我们的宝钢，宝钢决不会平移到大海里去！现在，我要再问一次同志们，大家有没有信心？

所有的人都大吼着说"有"，那声音也有如他们身旁成排的浪花，然后夏默就继续挥动拳头说，同志们，邓副主席再三说了，我们全党全国的工作重心，要坚定不移地转移到经济建设上来。我们宝钢，就是全国瞩目的特大工程。我们的祖国迫切需要钢材啊，我们的钢产量绝不能只是日本的十分之一！同志们，我们要加紧各项筹备工作，我们没有任何理由不早日开工。我们要向全国人民报喜！

确实是没有任何理由不早日开工，地方上的各种支援是很有力的。上海扩建吴淞水厂的管网已经铺进了工地，上海食品公司、禽蛋公司、蔬菜公司都已经明确表态，宝钢十万建设大军的所有人员，都按人头，像上海居民一样发给各种票证。

同时，各路建设大军也在快速集结中。冶金部第五冶金公司一万余职工已经从成都基地赶到上海，第十三冶金公司已经从太原基地赶到上海，第二十冶金公司已经从河北沙河基地赶到上海，第十九冶金公司的人员也已经在四川攀枝花基地待命，克日动身。

而就在夏默的这次动员讲话结束后，一位副总指挥向他报告说，解放军基建工程兵00029部队全体指战员连同随军职工家属四万人已经赶到上海，而00039部队的官兵也即将在两天后报到。

一切振奋人心的消息都使夏默热泪盈眶。他当夜在写给儿子夏建国的信上说，爸爸虽然累，但是心里幸福。我们在做一件伟大的事情。这件伟大的事情眼看着就要揭开序幕了。我们在上海宝山的所有同志都有一个信念，决不让关心宝钢建设的小平同志、先念同志失望，决不让目前正在参加中央工作会议的全体同志失望，决不让全国人民失望。爸爸在这里写的，都不是豪言壮语，而是我们全体宝钢人的心里话。

写到这里的时候，夏默满是血丝的眼睛里早已盈满了泪水。

与大会秘书长胡耀邦所估计的一样，中央工作会议闭幕式上的掌声，一浪高过一浪。几乎所有与会者的脸庞，由于灯光和激动，都显得通红。

这次会议的闭幕日期，是一九七八年十二月十三日。

华国锋的闭幕讲话赢得了全体代表由衷的掌声，其原因是华国锋在闭幕讲话中对"两个凡是"的错误，作出了比较诚恳的检讨。华国锋是这样讲的：一九七七年三月，我在中央工作会议上所讲关于"凡是毛主席作出的决策，都必须拥护；凡是损害毛主席形象的言论，都必须制止"，这些话讲得绝对了。

华国锋又接着说，一九七七年二月七日中央两报一刊《学好文件抓住纲》的社论中，也讲了"凡是毛主席作出的决策，我们都坚决维护，凡是毛主席的指示，我们都始终不渝地遵循"，这"两个凡是"的提法就更加绝对，更为不妥。

接着，华国锋就作了这样一个结论："两个凡是"在不同程度上束缚了大家的思想，当时对这两句话考虑得不够周全，现在看来，不提"两个凡是"就好了。

当然，华国锋的这一结论还是说得很委婉的。尽管如此，全体代表还是给予了掌声。这毕竟是全党的真理标准大讨论中的一个重要成果。这个成果的意义，从我们党后来发展的历史进程来看，怎么估计其重要性都不为过。作为中共中央的主席，在这一刻能够这样作检讨，殊为不易。

而华国锋后来在讲话中，对他提出"两个凡是"的经过又作了一些说明，摆了一些客观因素，这就使很多代表有些不以为然，也没有给予掌声。华国锋的解释是这样的：提出"两个凡是"，是从当时刚粉碎"四人帮"的复杂情况出发的，是从国际共运史上捍卫革命领袖旗帜的正反两方面的经验出发的。

但这已经不重要了，重要的是，中国共产党已经把"两个凡是"的这一页，翻了过去。

全体代表把最热烈的掌声献给了邓小平所作的题为《解放思想，实事求是，团结一致向前看》的闭幕讲话。掌声山呼海啸，大家热泪盈眶。

邓小平是这样说的：同志们，这次会议开了一个多月，开得很好，很成功，在党的历史上有重要意义。我们党多年没有开过这样的会了，这一次恢复和发扬了党的民主传统，开得生动活泼。我们要把这种风气扩大到全党、全军和全国各族人民中去。今天，我主要讲一个问题，就是解放思想，开动脑筋，实事求是，团结一致向前看。

邓小平接着用很硬朗的嗓音强调说，目前进行的关于实践是检验真理的唯一标准问题的讨论，实际上也是要不要解放思想的争论。大家认为进行这个争论很有必要，意义很大。从争论的情况来看，越看越重要。一个党，一个国家，一个民族，如果一切从本本出发，思想僵化，迷信盛行，那它就不能前进，它的生机就停止了，就要亡党亡国。这是毛泽东同志在整风运动中反复讲过的。只有解放思想，坚持实事求是，一切从实际出发，理论联系实际，我们的社会主义现代化建设才能顺利进行，我们党的马列主义、毛泽东思想的理论也才能顺利发展。从这个意义上说，关于真理标准问题的争论，的确是个思想路线问题，是个政治问题，是个关系到党和国家的前途和命运的问题。

这时候暴风雨般的掌声席卷全场，王恩茂一边鼓掌一边激动地对左右说，小平同志是首先到我们长春公开批判"两个凡是"的。这句颇为自豪的话，他在这次中央工作会议上起码说过二十遍了。

邓小平在批判了"两个凡是"之后，又着重提到了毛主席的伟大历史功绩。他是这样阐述的：没有毛主席就没有新中国，这丝毫不是什么夸张。毛泽东思想培育了我们整整一代人，我们在座的同志，可以说都是毛泽东思想教导出来的。没有毛泽东思想，就没有今天的中国共产党，这也丝毫不是什么夸张。毛泽东思想永远是我们全党、全军、全国各族人民的最宝贵的精神财富。我们要完整地准确地理解和掌握毛泽东思想的科学原理，并在新的历史条件下加以发展。当然毛泽东同志不是没有缺点、错误的，要求一个革命领袖没有缺点、错误，那不是马克思主义。我们要领导和教育全体党员、全军指战员、全国各族人民科学地历史地认识毛泽东同志的伟大功绩。

这个评价所引来的掌声，也是排山倒海的。

这时候邓小平再次提到了实事求是的原则。他强调说，只有解放思想，坚持实事求是，一切从实际出发，理论联系实际，我们的社会主义现代化建设才能顺利进行，我们党的马列主义、毛泽东思想的理论也才能顺利发展！

在全体代表一波又一波的掌声里，大会简报组组长刘鑫带着几个工作人员，几乎同步地编写大会简报。刘鑫被这些热烈的发自肺腑的掌声感染着，他俯在曹慧耳边说，我的感觉，邓副主席的这篇闭幕讲话，实际上是马上就要召开的党的十一届三中全会的主题报告，也是中国共产党领导人民开辟社会主义新道路的宣言书。我这个评价中肯吧？

曹慧点点头，表示认可。她又朝后排边上的座位看去，见到唯一鼓掌鼓得很无力的代表，那就是曲径。这些天他瘦了不少，脸色一直有点苍白。曹慧想，中午饭后一定要到他房里去跟他聊聊，要给他讲讲自己的思想转变过程，或许会对他有所启发；当然更重要的，还是尽早找熊复总编辑聊聊。一杆颇有影响的"红旗"，可不能飘扬在全党队列的最后。

八

历时三十六天的中央工作会议结束之后,各省的书记和各大军区的负责人都急于赶回地方,一大摊事儿都等着他们处理。而他们现在处理起这一大摊事儿来,更加心明眼亮和得心应手,因为许多思想上、政治上的重大原则,都实现了正本清源。然而,中央向各位心急如焚的大员们都打了招呼,还是让他们在北京休息两天,不要回去,紧接着就安排召开党的十一届三中全会,就开五天,三中全会结束后一并回去贯彻会议精神。

这样的安排,也是合理的,也算得上是一鼓作气。许多重大原则问题已经在中央工作会议上显出了它们的正确答案,那干脆就立刻在党的十一届三中全会上形成历史性的结论,固定在史册上。会议仍旧在京西宾馆召开,更多的会议参加者入驻。出席三中全会的有中央委员一百六十九人,候补中央委员一百一十二人。这一次在京西宾馆大会场所响起的掌声,比起中央工作会议更见气势。

有九位并非本届中央委员或候补委员的同志,也在灯火辉煌的京西宾馆大会场就座了。这九位是:习仲勋、胡乔木、黄克诚、宋任穷、王任重、黄火青、陈再道、韩光、周惠。其实这九位都曾经担任过中央委员,因为蒙冤而没有进入党的十一届中央委员会的名单。这是全会的一次特殊的安排。这九个同志增补为中央委员,将提请党的十二大予以确认。

这五天的中央全会作出了一系列重要的战略性决策,郑重宣布在全国结束"以阶级斗争为纲",把党的工作重心转移到经济建设上来,正式宣布为天安门事件平反和完全否定"反击右倾翻案风",宣布纠正过去对彭德怀、陶铸、薄一波、杨尚昆等同志所作的错误结论,选举陈云为中央副主席,选举邓颖超、胡耀邦、王震为中央政治局委员,选举出由一百人组成的以陈云为书记的中央纪律检查委员会。以邓小平为核心的党的第二代中央领导集体就此形成。

在激动人心的京西宾馆大会场里,如林的手臂一次又一次地高高举起,热烈的掌声一次又一次地如春雷般滚过。会议代表们都从心底感觉到,中国的一条崭新的道路就从这个会场里起步了。

中共十一届三中全会所发出的会议公报，使整个地球都颤动了一下。

中国人民又一次站起来了。

在美国白宫，卡特总统一放下手中的《中共十一届三中全会公报》的译稿，转身就对布热津斯基说，美国与中国的关系正常化，现在已经到了关键时刻，必须全力促成。紧接着他又说，从今天起，我就要专心同邓这个打不倒的小个子打交道了。请你准备一下，我现在需要阅读他全部的背景资料。

在美国纽约的《时代》周刊杂志社，主编决定立即将本期周刊的封面换上邓小平的照片，封面标题写成"与中国打交道"。

在英国伦敦，首相詹姆斯·卡拉汉紧急召见了香港总督麦理浩，要他密切关注邓小平关于香港问题的言行。这位首相已经敏感意识到，在香港归属问题的处理上，邓小平是个特别难以对付的人。

而在台北阳明山，蒋经国在再三地阅读了《中共十一届三中全会公报》后对左右说，很显然，大陆现在是由邓小平主政了。他又说，这个邓小平，就是邓希贤，我的莫斯科老同学。当年，还做过我的团小组长。他当政，不是坏事。他对台湾事务将会非常务实。我估计厦门与金门战云密布的情况，也会有变化。

而蒋经国最为担心的是，大陆与美国的秘密接触。他说，尽管美国国务卿万斯访华后，邓小平宣称美方比发表中美上海公报时后退了，但是邓小平也说过，中国用一秒钟就同日本缔结了和平友好条约，同美国实现外交关系正常化也只需两秒钟。

这个世界连续几夜都没有睡好觉。各个国家和地区的政要，都明显地感觉到了来自中国的冲击波。

九

刘金锁站在仓库门口，把头缩在破棉袄里，看着他的乡亲们一个又一个地绕过残破的土墙，弯腰钻进这座破旧的生产队仓库。

风很大，也很冷。刘金锁不住地跺着脚，跟一个个迎面而来的乡亲打招呼，但是每一声招呼都压得很低。

这又是一个秘密会议。他要率领小岗生产队的十八家农户，完成一个生产方式上的巨大的转变。

这天上午，他刚去公社会议室，与所有的生产大队、生产队的干部们挤在那台小小的黑白电视机前，听着播音员用慷慨激昂的声调播送《中共十一届三中全会公报》。听完以后，他甚至来不及听公社书记进行例行的学习任务的布置，头一个就离开了公社，跨上他那辆破自行车回到了小岗村，并且同时发出了全队农户立即秘密聚会的通知。

实际上，关于这次秘密聚会，各家各户已经悄悄地酝酿多日，所以大家在弯腰钻进生产队仓库的那一刻都互相点头，心照不宣。

刘金锁心里琢磨，党中央最高领导机构都已经在号召全党解放思想了，作为基层生产队，我们还等什么？吃饭保命与生活致富是每个中国庄稼人的最基本的需求。就冲着这个需求去布置生产，还有什么好犹豫的？还有什么这主义那主义的？眼看过了冬就开春了，土地不等人，再不横下一条心就晚了。

本着这一信念，他在人员到齐以后就把仓库门关紧了。他看着大家说，全队十八户，都是户主，人齐了。大家听好了，咱们今天办的这事儿，是了不得的大事。

这时候有人提醒他说，要防着你那北京下来的干妹子。刘金锁说，建红去县上办事还没回来，她不在就没事儿。他又说，作为生产队长，我发起干这件事，分田包干到户，心里也是压着石头的。大家知道，报纸上三令五申，是严禁干这事儿的。

严德旺接口说，知道，知道，这算是"反革命"，不然早干了。

刘金锁看十七位农户代表都点头了，便从怀中取出一页条文，说，要救自己，只有分田，只有搞大包干，没别的办法。邓小平好几次说过黄猫黑猫的道理，我也就信这句话，今天我们就按这个道理干。大家伙儿知道不知道，邓小平在好多讲话中都提到我们农村的问题。他说过，一块水田没种上庄稼，社员就睡不着觉。他还说，如果再不实行改革，我们的现代化事业就会被葬送。大家听听邓小平说的对不对？我们今天的做法其实就是按他的说法在做。我们是实事求是地挖穷根，就这样分田大包干，豁出去了。大家伙儿看怎么样？

大家都说对。

刘金锁说，大家要清楚，大包干之后，我们收下的粮食，交够国家的，留足集体的，剩下才是自己的。

大家又说对。

看着十七家农户都没有异议，刘金锁就拿出了已经拟好的保证书，要求大家共同来作一个保证，也就是：第一条，分田到户要严守秘密，任何人不准对外说。第二条，收了粮食，该完成国家的就完成国家的，该完成集体的就完成集体的。粮食多了，要向国家多作贡献，谁也不要犯罪！

刘金锁念完了这两条，问大家怎么样，大家都说该这样，宋学友还说金锁到底是队干部。

刘金锁说，该不该？

众人说，该！

严德旺忽然举手说，不该！

刘金锁说，怎么？

严德旺说，不是说这一条不该，我是说，你条文里还缺一条。

刘金锁掏出笔来说，老严你说，缺哪一条？

严德旺说，第三条，如果生产队干部因包干到户倒霉，我们甘愿把队干部的娃抚养到十八岁。

众人一听，都有些发愣，刘金锁也皱了眉。

严德旺走到刘金锁身边，拍拍他的肩说，金锁，你是打头的，你担风险啊。你不是已经打算结婚了吗？有家就要有娃了嘛。大家伙听好了，万一打头的队干部有个三长两短，我们大家都要帮衬，把他的娃拉扯大。

大家听严德旺这么说，眼眶都红了，七嘴八舌说，就得这样，我们都愿意保证！

刘金锁说，那就这样吧，我也不客气了，我添上。于是刘金锁就取过笔，立即添写了一条。

然后就是签名与按手印，刘金锁首先签下自己的大名，然后取出早已备好的红印盒，伸出大拇指，在自己的签名后面按了一下。接着就是挨个儿签名与按手印，谁也没犹豫。

刘金锁说，不会签名的，我代签，但是手印得是自己的。

保证书很快就签好了。

严德旺说，签完了，金锁，可以分田了吧？

刘金锁说，我把队上的地图带来了，队里的地全在这儿。我事先已经分了十八块，大家认领就是。按照住家的远近分，互相谦让点儿。最后剩下的一块，归我。

严德旺说，最后一块归我就行，金锁你第一个挑。

刘金锁说，我咋能第一个挑？我是队长，当然最后一个挑。我提议，让我们队里的两位寡嫂先挑，她们家没有男劳力，要把最好的地分给她们两位。大家伙说咋样？

众人一齐说，该这样，没问题。

被刘金锁引到木桌前的两位寡嫂你看我，我看你，一时都不知该怎么挑。刘金锁弯下腰，手指地图耐心地指点说，依我看，这块好，这一块也好。

一位寡嫂忽然鼻子一酸，哭了起来。刘金锁慌了，说，怎么了，嫂子？

寡嫂说，金锁啊，咱们这么干，真的是被逼的啊，真的不是想反共产党啊。

刘金锁沉默了一下，抬起脸说，嫂子，各位父老乡亲，你们听我说，咱们谁都不是反共产党！咱们这是先走一步。大家记住我今天说的这句话，将来很多乡亲都得走这条道！再说，党中央开的三中全会闭幕了，许多好政策还要不断下来呢。放心吧，咱包干到户，也是干社会主义，就是有人误解我们，拉咱坐牢，咱也不怕。咱心底里是拥护共产党，拥护政府的。

这番话一说，在接下来的半个多钟头里，十八块地便很顺利地分完了，只是大家对刘金锁取最后一块地心里有些过意不去。刘金锁说，这有什么不妥的？你们看着吧，秋后打的粮，我不会比你们少。

刘金锁一回到家里，母亲就问他分完没有，刘金锁说分完了。母亲说没事吧，刘金锁就把严德旺增添保证书第三条的事儿讲了。母亲说乡里乡亲的，真是贴心啊，又说建红回来要知道了怎么办。刘金锁说怎么能让她知道，谁都不会给她透露一个字儿。说实话，咱把她蒙在鼓里是对她最大的保护，她可不能在政治上出事儿。

果然，三天后夏建红回到小岗村，谁见了她都笑着跟她打招呼，同往常一样，没半点儿破绽，但是夏建红仍然觉出了异样。虽说是寒风凛冽，但是乡亲们都不像往常一样窝在家里烤火哼曲儿，一个个都上了地里，有的在整理田垄，有的在修沟渠，有的在堆灰肥，都忙活得厉害。

夏建红拉着刘金锁说，这小岗我是一日不见如隔三秋呀，这才十几天，怎么队里好像换了个样儿了？社员干起农活来欢得很，金锁，你是怎么弄的？

刘金锁说，老道理嘛，生产力决定上层建筑，上层建筑又反过来影响生产力，就是这么一回事嘛。你不是学过政治经济学的吗？

夏建红说，我怎么听不懂你的话？

刘金锁说，十一届三中全会，这就是动力、活力。

夏建红想想也对，可能真是刘金锁很好地组织了学习，宣讲了三中全会精神，把大家伙"学大寨"的劲儿猛地推了上去。于是夏建红连夜写了一篇广播稿，题目是"三中全会精神学得透，小岗村学大寨更上一层楼"。第二天，公社广播站就把这篇稿子广播了。小岗村家家户户的广播匣子呱呱响，但是谁也没听见，男女老少都上地里了。

十

中国的土地与摆弄土地的人之间的关系，正在悄然发生变化。其实刘金锁在安徽凤阳小岗村所做的悄悄事，不是孤例，全国各地不同程度地都有发生，就如冻土下的种子，已在春气之中悄然萌动了。

而上海"宝钢"的顺利开工，也使得全国工业战线的精神为之一振。宝钢开工的这一天，正值党的十一届三中全会闭幕。在白天的爆竹、气球、红旗、歌声、口号、眼泪与拥抱结束之后，当天晚上，坐在宝钢建设总指挥部值班室的夏默，经过一番努力之后把电话直接接通了北京米粮库胡同。他用激动得几乎哽咽的声音对邓小平说，小平同志，我是夏默，我在上海吴淞口。今天是党的十一届三中全会闭幕的日子，我向您报喜啊，上海宝山钢铁总厂正式开工建设了！

接到这个报喜电话的邓小平，心里高兴。他在电话里对夏默说，你们这个经济专家组的任务，完成得很好。

夏默在电话里又说，小平同志，我顺便来向您报告一件家里的私事。我那儿子，也就是北京大学排演话剧《于无声处》的导演，也在今天入了党。我今天心里特别激动。我知道这些话不该跟您说，您日理万机，这是打搅，可是我忍不住，一颗心今天像开锅似的沸腾了。

邓小平一连声说"好，好，好"，直至搁了电话，脸上的笑意还没有退去。

见邓小平笑得这么长久，王秘书心里也高兴，走出门厅，正好碰见邓榕，便悄声对她说，老爷子这几天特别开心，脸上一直笑眯眯的。邓榕马上说，让眠眠去闹闹爷爷。我去叫眠眠，让眠眠给爷爷唱歌，对爷爷说晚安。

其实，在邓楠领着女儿眠眠走进邓小平书房之前，笑容早已从邓小平脸上消失了，代之的神色依然是严肃与冷静。

那一刻，盘旋在他脑子里的问题是前国家主席刘少奇冤案的平反问题。在彭德怀与陶铸的追悼大会开过之后，"刘少奇"这三个字就时不时地盘旋在邓小平的脑海里。这个冤案的平反，影响将更广泛，震动面也更大，将对全国冤假错案的平反工作起到极大的助推作用。

但是，这个"共和国第一冤案"要平反，其难度也是显而易见的，尽管"两个凡是"的方针已经在理论上被推倒。

他已经把这件事交给胡耀邦了，胡耀邦有担负"复查"的魄力。当初是怎么"罗织"的罪名？现在必须一条一条地予以查证，还事实以本来面目。

邓小平知道，胡耀邦在领受任务的当天就已经开始组织复查班子了。

刘少奇的遗孀王光美看见儿子刘源房间的台灯还亮着，知道儿子又在阅读什么了。

她走到门口说，别看了，都看了二十遍了。

刘源在阅读的，果然就是那张刊有彭德怀、陶铸追悼大会消息的《人民日报》。那个追悼大会开得很隆重，是十二月二十四日召开的，中央的六位主席、副主席都出席了，加上首都各界群众代表，共有两千多人参加。追悼会由叶剑英主持，邓小平为彭德怀致了悼词，陈云为陶铸致了悼词。

刘源放下报纸说，十年"文化大革命"，都说刘邓陶、刘邓陶，现在邓工作了，陶平反了，开了追悼会，只剩一个刘了，难道爸爸的冤案就是没有办法昭雪吗？

　　王光美在儿子边上轻轻落座，她是五天前才从秦城监狱回到家里的。整整十二年的牢狱生活使她清癯的脸容显得格外苍白，但是她的思路依旧十分清晰，说话也很有力量。这时候她就用她的轻轻的但是很有力量的口吻对儿子说，小源，你妈坐牢十二年，现在放出来了，这就是一个进步。你呢，在邓小平叔叔的关照下，能上学读书了，这也是一个进步。现在，陶铸平反昭雪了，这又是一个进步。儿子啊，什么事情都要有个过程。

　　这个过程的推进，无疑是艰巨的，王光美心里很明白这一点。"文化大革命"十年，加在刘少奇头上的"大叛徒、大内奸、大工贼"的罪名，一直被不明真相的九亿中国人喊着、嚷着、反反复复地批判着。这种思想烙印的根深蒂固，是不言自明的。刘少奇专案组那份厚厚的《关于叛徒、内奸、工贼刘少奇罪行的审查报告》，是一九六八年九月向中央提出的。江青在这份报告上的批语写得特别张牙舞爪："我愤怒！我憎恨！一定要把无产阶级文化大革命进行到底！刘少奇是大叛徒、大内奸、大工贼、大特务、大反革命，可说是五毒俱全的最阴险、最凶狠、最狡猾、最歹毒的阶级敌人。"显然，刘少奇一案的重新审查，来自正本清源，需要多大的政治胆魄与政治智慧，王光美非常明了这一点。

　　所以她还是对儿子说，小源，对我们的党来说，这个过程是需要的。我们还是要耐心一点。

　　刘源轻声说，我明白这个道理。但是，妈妈，应该加快这个过程。我昨天又梦见爸爸了。

　　说到这里，刘源的眼睛红了。王光美用手扶扶儿子宽阔的肩膀，半响，说，我在牢里，每天都能听见你爸爸在九泉之下跟我说"要坚持，要坚持，你是共产党员，天总是会亮的"。

　　刘源说，妈，我们去找小平叔叔吧？我觉得，是时候了。

　　王光美说，小源，你上学的事，已经给他添了不少麻烦了。说"刘邓，刘邓"，邓毕竟也是案中人，有些事由他来说不方便。还是找你陈云叔叔吧，他现在是中央纪律检查委员会的书记，他能管。

　　王光美母子是次日晚上赶到北长街陈云家的。

　　陈云一见王光美就握着她的手说，光美同志，你吃了大苦了。

听陈云这么一说，王光美母子的眼睛都湿润了。王光美说，比起少奇吃的苦，我的苦算得了什么？少奇被折磨至死，遗体拉去烧了，连名字都不让叫刘少奇，叫"刘卫黄"。这不是他个人的屈辱，是我们党、我们国家的屈辱。

说到这里，王光美早已泪流满面，刘源赶紧掏出手帕，帮妈妈擦干脸颊。而端着茶杯进门的陈云夫人于若木也抽泣得差一点晃出茶水。

陈云劝王光美不要难过，要保重身体，并且郑重地告诉她，邓小平同志已经向中央提出重新审查刘少奇一案，并且建议由中组部部长胡耀邦负责。这信息使得王光美大为惊喜，刘源简直要蹦起来，说，是真的吗？

陈云说，这个案子，与其他案子不同，当时是由中央全会通过的。所以，要推翻这个案子，也要走程序，不能太急。另外，过去加在少奇同志头上的罪名很多，我们需要一项一项甄别清楚，要对少奇同志有一个明确的交代。当然，这也需要时间。所以，你们不要太急，静候中央的消息吧。

刘源欣喜地说，谢谢您，陈云叔叔！

王光美说，我在秦城监狱十二年，很久没有机会为党和国家工作了，我希望在有生之年继续为党和国家做一些有益的事。

陈云说，这个，小平同志也已经考虑了。光美同志，你一定要把身体养好，这是第一位的。党，需要少奇同志回家。党，也需要你的健康。

这句话说得很有感情，王光美忍不住又泪眼迷蒙了。

回到家里，王光美对儿子说，我虽然受了很多的折磨，出狱才六天，但是有邓小平，有叶剑英，有陈云，我觉得我们党还是很可爱的，是值得信赖的。如果我有机会工作，我一定加倍努力，争取把损失的时间补一点回来；你毕业以后，不管在什么工作岗位上，也都要努力地为党工作。不为别的，就因为我是国家主席的妻子，你是国家主席的儿子。我们就是肝脑涂地，也要一辈子为这个国家出力，出大力。记住没有？

儿子说，记住了。王光美说，你再说一遍。儿子说，记在心里了。

刘鑫怎么也没有想到，胡耀邦会亲自打电话请他去一趟中组部；而更没有想到的是，他会接手一个他从来也没有想到过的工作。

胡耀邦说话一向单刀直入。在一杯热腾腾的茶放到客人面前之后，胡耀邦就对刘鑫谈了请他来的缘由，说要请他担纲刘少奇一案的复查工作。

刘鑫愣了很长时间才瞪圆眼睛对胡耀邦说，耀邦同志，您点将怎么点到我了啊？我可不是个合适人选啊！

胡耀邦说，老刘你是知道的，中央已经决定了，对刘少奇一案进行复查，任务就放在我们中组部。你当然知道，这副担子很重，要调集大批干部参加复查。老刘你得帮帮我啊。

见刘鑫沉默不语，胡耀邦就笑了，说，老刘，我跟你说实话吧，是小平同志亲自点你的将来参加复查工作的。当然，我也觉得你非常合适。你长期在中央办公厅工作，熟悉中央内部的工作运转情况。怎么样，别有什么顾虑了。

刘鑫欲言又止，他心里想说，其实自己挑这个担子是相当不合适的。对于"两个凡是"看法的弯子，自己也是转得比较慢的一个。在这次全党的真理标准大讨论中，自己一直置身其外，半是赞成半是抵触。耀邦同志对这些情况多少也是知道一点的，为什么偏偏要点自己来参加这个全党全国人民都特别关注的案子呢？谁都知道，"打倒刘少奇"是毛主席深思熟虑的决策。刘少奇背负的"大叛徒、大内奸、大工贼"的帽子，也是被许许多多的人"指证"的。厚厚的几大捆"罪证"材料，都是有人签字画押的。这个案子的复查，难度可想而知。凭自己的这种思想状况和政治觉悟，跟着走几步还差不多，何言担当？

胡耀邦知道这位客人在想什么，于是又笑了一下，坐到他面前推心置腹说，老刘啊，小平同志说了，刘鑫同志，曲径同志，都是对党忠诚的同志，虽然在一个时期里对"两个凡是"认识不清，思想认识一时跟不上，这很正常，也不是他们个人的问题。这些同志可能对我们现在的一些做法还有一定的疑虑，允许看，也允许他们保留和发表不同的意见。但我们对他们不要另眼相待，不能歧视他们，要让他们多参加实际工作，在工作中深化认识。对这些同志我们要爱护、帮助和相信他们。小平同志是亲口说了这些话的，而且我还对小平同志汇报了你负责中央工作会议、十一届三中全会的简报组的情况。小平同志还说，刘鑫同志工作表现很出色嘛，相信他能按照党的实事求是的思想原则，把这一重大案子的复查搞好。

还没等胡耀邦说完，刘鑫已经激动得站起来了。他说，耀邦同志，您别说了，我干。而且，一定干好。

刘鑫离开中组部大楼很远了，心情还没有平复。他忍不住让司机把车弯到了总政大院，噔噔噔就上楼冲进了宣传部曲副部长的办公室。

几分钟以后，一直盘旋在曲径心中的那块乌云慢慢地消散了。曲径一边咳嗽，一边对这位送消息来的老战友说，开完中央工作会议以后，我一直伤风咳嗽，胸口也闷得慌。今天听你这么一说，心里舒坦多了。其实，那天听了邓副主席评价毛主席的一番话以后，我也就开始反省自己了，我到底是不是全党全军思想解放运动中的一块绊脚石？昨天，曹慧打电话跟我说，他们《红旗》杂志社的熊复总编辑也在自己办公室门口贴出一张小字报，承认自己思想僵化，愿意改错了。我听了脑袋都一炸，幸亏你今天来了，还带来了邓副主席的那些话。看起来，我曲某人真是跟不上趟了。

刘鑫临走的时候安慰他的老战友说，咱们其实也没别的本事，干到老学到老吧。

第十四章

大国关系

一

　　米粮库胡同五号庭院里的松树、樱桃树和冬青，又覆盖上了一层白白的雪花。这个冬天，北京的雪量还真不算少。

　　其实，在中央工作会议和十一届三中全会期间，接连不断送到邓小平案头的许多急迫而重大的文件中，始终有一沓文件是关于错综复杂的中美建交谈判事项的。

　　这些文件中表达的各种信息，如同天空不时飘下的纷乱的雪花，一直飘舞在邓小平的心间。

　　按照邓小平的愿望与估计，中美建交谈判的众多悬而未决的问题，应该在十二月之内就全部解决。《中美建交联合公报》应该在十二月就由中美两国同时向全世界公布。而新年伊始，即一九七九年一月一日，中美两国就应该正式实现关系正常化。中美建交，将使我们这个地球震动，并且产生持久而深远的影响。

　　大国关系牵动着世界上最大政治力量的博弈，牵动着人数最多、影响最大的国家与民族的利益，向来是各国政要最优先考虑与筹划的关系。

　　尤其是中国与美国，这是两个体量最为巨大、恩怨最为复杂的大国。它们之间的棋，以及它们各自与世界的棋，一定要下好。

　　中国在结束了国内"阶级斗争"的噩梦，向着现代化强国的目标开始奔跑的时候，外部世界的安定，至关重要；西方先进科学技术对中国的支持，至关重要。

　　中美关系，重中之重。

　　邓小平在下这个棋。

　　邓小平擅长桥牌，在桥牌战技中善于计算，所以他处理大国关系的那种精到，是不难理解的。这种精到，既包括灵活，也包括原则。

上午十点，邓小平在白雪皑皑的庭院里走了三个圈子之后，扭头对王秘书说，马上请黄华同志来一下。

半个小时之后，邓小平用毋庸置疑的口气对匆匆赶到的外交部部长说，"废约"是个原则。这个原则，我们不能退。要告诉美国人，这是我们的底线。他们一直在试探我们，想要突破，但是我们不能有半步后退，这是九亿中国人民的意志。美国既然要跟中华人民共和国建交，就必须废除一九五四年与台湾签订的所谓《共同防御条约》。

邓小平这句话的冷静程度，与这一刻的气温一样，令人印象深刻。

美国人坐不住了。

那一刻，美国总统卡特也用很冷静的口气，对他的国家安全事务助理布热津斯基说，兹比格涅夫，出现问题了。关于废除我们和台湾之间的共同防御条约，这是个重大问题。这个废除，我们无法实施。

布热津斯基说，"废约"是中国人的"建交三原则"之一，是他们反复强调的。

卡特在他的椭圆形办公室里转了一圈，连连摇头说，这不行，这不行。

布热津斯基也感觉到了棘手，他小声提醒总统说，据我估计，邓小平是不会后退的。原则问题，他从来不松口。这算是他们中国人的一个重大原则。

卡特回到他的座椅上坐下来，搓搓手说，亲爱的兹比格涅夫，我今天打的这条领带，花色太鲜艳了吧？

布热津斯基说，很得体，总统先生。

卡特说，是啊，废约，我也觉得很难办。但是，你是明白国会那帮人的，他们恨不得揪住我们的一条两条尾巴。现在唯一能采取的办法，不是废除，而是终止条约，这是我这个总统能够实现的。

布热津斯基立即肯定了卡特总统的这个想法，连声说这个思路不错，但紧接着又表示了担心，认为"终止条约"的实施还是有问题。他说，总统先生，按国际法，这需要提前一年通知台湾方面。

卡特说，是的，这意味着这个条约还将延续一年。你需要与中国人磋商一下，看他们能不能充分理解我们的政治制度。在我们美国，不是所有的重大问题都是我总统敲敲桌子就能定的。

布热津斯基犹豫了一会儿，说，我只能说，我试试，总统先生。

在当天的黄昏时分，美国驻华联络处主任就要求紧急会见邓副总理。黄华外长指示立即将这一求见转报邓小平，他知道这一求见里面含有美国方面就重大问题所作出的新的考量。

邓小平也几乎在同一时间答复，可以安排即刻会见。邓小平的座车、黄华的座车与伍德科克的座车，几乎是同一时间到达北京人民大会堂的。

坐在邓小平面前的伍德科克说话很急，脸上表现出了明显的忧虑。伍德科克说，副总理先生，我们明白，你们再三要求废除我们与台湾的那个《共同防御条约》。但是，副总理先生，我要说明的是，"废除"这个词，有特定的法律含义。因为要废除一项正式生效的条约，那就要通过我们的国会。国会一讨论，一拖，时间又不行了。因为，美国国会很复杂，有各种各样的政治派别，这一点你们是明白的。

邓小平不动声色说，依你们的考虑，需要怎么样呢？

伍德科克说，邓副总理先生，能不能这样，那个条约，我们不是"废除"，而是"终止"？《共同防御条约》的有效期，是到一九七九年年底停止，根据条约规定，任何一方提前一年通知终止条约，那么条约到时候就自动失效。如果说一九七九年一月一日，我们两国能宣布美中正式建交，我们就马上通知台湾，一年后终止条约。这样，到年底条约就自动失效了。这一年时间，等于是灰色时间。我希望，邓先生能给我们这个灰色时间。

黄华听伍德科克这么说，不禁皱了皱眉，他提醒这位美国人说，伍德科克先生，您应该知道，共同防御条约是主权国家之间签订的。但是你们对台湾的这个防御条约没有废除，那就等于说，我们两国之间，有一个重大问题还没有真正解决。

邓小平从茶几上摸起一支烟。服务员已经事先把邓小平要抽的"熊猫牌"香烟放在那里。

伍德科克急了，说，邓先生，废约的议题，确实不能在我们美国的国会上讨论，很抱歉，我今天跟布热津斯基先生通了两个电话，甚至直接跟卡特总统通了电话。对于这个问题，我们方面确实只能采取这个方法解决。否则，对双方都会产生不必要的损失。

邓小平出语干脆，行啊，就按你们考虑的办。

伍德科克大舒一口气，似乎一下子瘫在了椅子上，接着马上就蹦了起来，说，邓副总理，真的太感谢您了！对不起，我要马上赶回去，向我们的总统报告这个好消息。

到大门口送走伍德科克之后，黄华回到邓小平身边说，小平同志，您这个决定做得非常果断啊。

邓小平轻轻吐出一口烟，说，他们提出的方案，也算是符合国际惯例。不要忘了，我们和苏联也有一个条约，是一九五〇年二月签署的，将在一九八〇年失效。根据那些条文，我们必须提前一年使之无效，也就是说，我们必须在一九七九年发出通知。当然，最主要的还是美国总统的职权所限，他要拍不了这个板，双方都麻烦。这个忙，我们可以帮他们。

黄华叹一声，说，小平同志，您对外交事务真是了然于胸啊。

二

中国方面表现出的这一灵活态度，使美国总统大为鼓舞。他对自己的国家安全事务助理说，中国的邓，原则性与灵活性都表现得很充分，亲爱的兹比格涅夫，你同意我的看法吗？

布热津斯基点点头说，总统先生的看法很正确。现在，基本谈妥了。我方向中方关切的几个问题，表明了这样的立场：第一，中美建交公报发表后，我国将终止美台条约，撤销对台湾的承认，关闭驻台使馆，同时召回大使。一年内，撤出一切军队和军事设施。

卡特点头，说这是自然的。布热津斯基接着说，第二，美国将保持与台湾的商务、文化联系，包括美国私人投资公司仍向美国在台湾的企业提供资助、信贷和信用保证。继续美台原子能合作，以保证其非军事性质。继续保持美台航空和海运联系，现在的关税安排仍旧有效。

听到这里，卡特从办公桌后面站了起来，在他的椭圆形办公室踱了几步。布热津斯基问可以吗，卡特点头说可以。布热津斯基继续汇报说，第三，我方在台湾设立非官方机构，由不在政府任职的人员主持，但机构的部分资金来自国会拨款，这和日本的做法一样。

卡特想一想，又点点头。布热津斯基接着说，第四，由国会通过立法，调整原来与台湾的关系，但不会构成对台湾的外交承认。

卡特说，国务卿先生认为可以吗？

布热津斯基说，万斯国务卿已经来过电话了，他虽然不甚满意，但还是表示基本同意。公报的措辞都达成协议了。

卡特不作声，绕着自己宽大的办公桌一连走了两圈，还是没有作声。布热津斯基知道，总统先生要下这么大的决心，确实是一件难事。各方的利益牵动得太厉害，但无论怎么说，中华人民共和国是当今世界格局中最不能忽视的一个存在。美国与中国重新确立彼此的关系，是大势所趋。

这时候，布热津斯基又听到卡特总统临时接了个电话。他对着电话听筒大声说，啊，建交谈判当然一直没有中断，但要说取得了突破性进展，为时尚早。没有签署什么文件，我可以负责地告诉你们，什么也没有签署。是的，应当告诉他们不要神经过敏。

显然，如果说中美建交的公报在一瞬间公布的话，卡特先生将面临巨大的责难和愤怒。

当然，祝贺、欢呼与喝彩也会同时爆发。这个世界就是这样。

一切都在于决断，在于对历史大趋势的把握。

这时候，卡特总统踱步到了布热津斯基面前，并且向他坐着的椅子弯下腰来，双目凝视着他的眼睛，轻声说，能不能在正式公布之前，双方暂时不签署建交公报？

布热津斯基瞪圆了眼睛说，不签署？这怎么行？中国人会怎么看？好不容易谈妥了条款，我们不签署，不是显得我们没有诚意吗？

卡特总统又踱了一圈，说，你应当知道，我们有我们的难处。这毕竟是一件大事。可以试一试吧，亲爱的兹比格涅夫，与中国人交涉一下？

美国驻华联络处主任伍德科克又接到了来自华盛顿的紧急电报，美国总统的想法在第一时间就传达到了北京。

伍德科克感到难办。他觉得向中国人提出这样的要求近乎荒唐，但是由于白宫的坚持，他也只能奉旨照办。而且他知道，如果要中国方面作出退让，也只有邓副总理能够决断。

显然，还是应该要求立即面见邓副总理。黄华接到了来自美国驻华联络处的电话，感到诧异，这个伍德科克怎么老是要面见邓小平？他想了很长时间，还是答应伍德科克，跟邓副总理联络一下试试，但是不能保证。

黄华的电话打到米粮库胡同之后，连接电话的王秘书都感到奇怪，说，小平同志不是刚见过那位美国人吗？怎么又要见？

黄华说，你赶紧通报一下，这件事情大，说不定小平同志会同意再次见面呢。我有这个预感。

黄华的预感没有错。邓小平听了王秘书的报告，想也没想就说了一个字：见。

美国人是务实的。他们把事情弄复杂的前提是，他们想解决这个问题。当然，从另一个方面说，这种复杂也是一种周全。

所以邓小平又对王秘书说，告诉外交部的同志，不要心急。有问题，尽量解决嘛。伍德科克，我见，就是现在。

伍德科克对在最短的时间里就能见到邓小平感到十分高兴，但似乎又感到了一种歉意。

他坐在人民大会堂会见厅的沙发上，身体前倾，表情急切地说，是这样的，邓先生，我们两国就建交公报虽然达成了协议，公布之日也商定了，问题是现在到公布之日这中间还有一段时间，我担心我们美国人保密不行，保不住就把内容传了出来，这样我们美国的国会就有一些反华势力要出来捣乱，这几乎是肯定的。因此我们提议，能不能对达成的协议，当天签署，当天公布？

邓小平思考了一下，微笑说，就这件事？

伍德科克抱歉地看看邓小平，又看看黄华外长，说，就这件事。我们想得到你们的谅解。

邓小平继续微笑，说，我看可以。

伍德科克大松了一口气，马上站了起来说，那我就不打搅邓副总理和黄华外长了，我得赶紧回去向白宫报告。

伍德科克告辞以后，邓小平对黄华说，在最后关头，美国人还会有些花样，他们会争取他们的最大利益。但是，我们还是要耐心，要沉住气，既讲原则又讲灵活，双方毕竟是有诚意互相做朋友嘛。美国需要中国，中国也需要美国嘛。

黄华说，依我看，这个伍德科克可能还会来打搅您。邓小平说，我也不怕打搅，无非是少休息一会儿。事关中国人民和美国人民的重大利益，我们不能掉以轻心。

而就在次日，布热津斯基又一次被紧急召到白宫，原来卡特总统在中美两国的协议中关于售台武器方面又萌生了不让步的想法。他认为，在这个方面，不能对中国大陆让步太多。台湾老朋友的面子和实际利益要照顾到，美国军火工业的利益也不能忽视。

当然，这是一个很棘手的问题，中国人肯定会说事关原则，不肯让步，但是美国方面也不能轻易让步。

匆匆赶到美国总统椭圆形办公室的布热津斯基果然也倒抽了一口冷气。他耸耸肩说，协议虽然已经成形，但是对台军售是个双方都不肯退让的问题。因此，显然美中建交协议还存在最后一分钟失败的可能。

卡特说，亲爱的兹比格涅夫，虽然你点出了协议失败的可能性，但是就我们的利益而言，我们还是不能轻易让步。

布热津斯基说，是啊，中方要求我们马上停止出售武器，但是我们国内的政治压力实在太大，台湾朋友方面的压力也实在太大。

卡特问布热津斯基，邓小平在这个问题上的态度会不会非常强硬？是否可以让伍德科克再当面摸一次底？如果邓小平能作一些退让，态度更加灵活，那就扫清最后一个障碍了。

而布热津斯基却没有这么乐观，他认为邓小平在这个问题上的表现将会相当强硬。在这个问题上要他退让，很难。但是布热津斯基也不反对让伍德科克再最后当面努力一次，他说，总统先生，可以试一试，但对方毕竟是邓小平，不能存太多幻想。

卡特说，亲爱的兹比格涅夫，你好像很佩服他。

布热津斯基说，我访华的时候，曾经和邓会谈过很长时间。坦率地讲，邓这个人，富有才智，机警，精明，理解很快，相当幽默，强硬而直率。他个子小，气魄却大。经过与他的当面交谈，我更加理解他何以能够经受住政治生涯中所有的挫折。但更重要的是，他的目的感和干劲使我印象深刻。他是一位知道自己需要什么、能和谁打交道的政治领袖。

布热津斯基对卡特说，在对台军售问题上，估计邓小平是绝对不会让步的。总统先生，我可以告诉您一个故事。

布热津斯基所说的故事，实际上是一个细节，那是黄华外长亲口告诉他的一个关于邓小平的细节。那一天，布热津斯基与黄华坐在北京西城区一个古色古香的四合院里喝茶。他们都穿着中国布鞋，用精巧的茶碗盖拨着茶碗里青翠的茶叶，兴致很高。布热津斯基当时说，我是越来越喜欢中国的茶了。黄华外长于是说，我要送您一套我国江苏宜兴出的紫砂茶具，极具东方韵味。布热津斯基当时就显出了高兴的样子，而黄华接下去就提到了邓小平的这个细节。黄华举着茶碗盖说，如果我透露给您一个消息——邓小平先生有一次讲到美国售台武器的时候，把茶碗盖举起来，这么合下去，砰一声，打碎了——您会怎么想？

布热津斯基当时听了就一怔，问，邓先生对此问题如此敏感吗？黄华当时的回答是：这是确实的。当谈到有人执意要源源不断地把武器售给台湾的时候，邓小平就重重地敲了一下茶盅，砰，茶盅盖子就碎了。这是我亲眼见到的。

布热津斯基认为，这个故事体现了邓小平在这个问题上的极其坚定的立场。

这个故事倒是让卡特总统很踌躇。他也明白邓小平是个很难对付的小个子，但是他仍然对布热津斯基说，在售台武器问题上，我们可以后退一步。我们要向中方清楚地表明，在两国关系正常化之后，我们对台湾的军售将只限于防御性武器，而且不会超过现在的水平，将来会逐渐减少。而且，我们保证，我们在出售武器时将作审慎选择，确保所出售的武器在性质上决不损害地区的安定。

布热津斯基说，那就再一次让伍德科克先生面见邓小平吧，如果邓小平还愿意再会见他的话。

卡特总统倒认为伍德科克或许会成功，他信任伍德科克。卡特总统之所以选择伍德科克这个劳工领袖和专业调解人担任大使级的驻华联络处主任，正是看重他的谈判技巧。此外还有一个原因，因为伍德科克在华盛顿政坛人脉甚广，不管他与中方可能达成怎样的协议，在国会的支持方面都很有胜算。

伍德科克在接到白宫的这一指令之后，一颗心都拎在了半空。

要谈美国继续向台湾军售的问题，那实在是太难了。这简直有可能一举摧毁已经达成的所有协议条款，从而使中美建交功亏一篑。但是思虑再三，他还是嘱咐部下立即向中国外交部挂电话，说有事关中美建交方面的急迫事项，请求立即面见邓副总理。

黄华一听说美国驻华联络处来了这个电话就拍桌说，你看，你看。

而邓小平还是同意了这次会见，答复得很快。

会见地点，选在人民大会堂的新疆厅。

伍德科克一坐下就转达了美国白宫方面的意见。他一边说话，一边心里打鼓。果然，当他把美国暂时不会马上向台湾停止出售武器的决策告诉邓小平的时候，他清晰地看到了邓小平的表情骤然之间发生的变化。

邓小平的脸颊上甚至出现了青色，他还敲了一下茶杯盖。不过他的这次敲击，没有像传说中的那次把盖子敲碎，但这不轻不重的一次敲击，也使伍德科克吃了一惊。

邓小平态度严峻地说，这个不行！我们告诉美国朋友，我们是很希望和平解决台湾问题的。但是美国要卖武器给台湾的话，那就给和平解决台湾问题设置了障碍，最终就可能导致用武力解决，这是跟你们的意愿相违背的。

听着邓小平如此强硬的回答，伍德科克直感到自己的脊背有些发凉。他看看黄华外长，这位外长也拉长了脸，脸色也似乎有点发青。

整个新疆厅的气氛都很紧张，尽管四周的灯光很亮堂，也很柔和。伍德科克努力使自己保持冷静，努力作出自认为最有说服力的解释。他说，我明白贵国不容易接受我们的要求。总统的意思是，我们在出售武器问题上将尽我们所能地克制，但是在美国政治进程的范围之内，我们不可能不重申我们在这个问题上的立场。我们会表示，美国将继续与台湾进行贸易，包括有节制地向台湾出售经过选择的防御性武器。在防御条约失效后，这种出售仍将以不危及该地区和平的方式进行。

伍德科克说了很多，打着手势，语调时而重时而轻。最后，他说，我把我方的意思表达完了。

一时间，新疆厅里鸦雀无声，仿佛连一根针掉落的声音都能听见。双方都在沉默中等着对方的进一步表态。

沉默持续了很长时间。

此时，似乎谁先开口就意味着谁妥协。双方都是久经沙场的谈判团队，深知此理。

邓小平想伸手取烟，手动弹了一下，没有去取。他的脑子迅速地转动着，各种因素、力量、利益的排列在他的脑海里迅速而不断地组合着。他的大脑现在是一颗转动着的地球。

黄华凝视着邓小平脸上的表情，他知道肯定有一个重要的想法已经在邓小平的脑海里慢慢地形成了。

果然，邓小平开口了。

伍德科克坐正了身子，紧盯着邓小平的脸。

邓小平一字一句地说，美国将武器出售给台湾，这在中国是非常敏感的问题。我们要求美国马上停止向台湾出售武器，中国不支持美国在这件事上的立场。

邓小平话音一落，在场的所有人都有些发呆。中方的原则立场一向是这样的，无非是再重申了一遍，但这也意味着，如果双方的立场就此僵持，中美建交谈判可以说就将到此结束。

伍德科克听了邓小平的这番话，表情显得十分沮丧。他心里想，隧道尽头的亮光已经被中国人给封住了。

这一刻，就连黄华的脸色也显得很凝重。在场的中方人员也似乎都对此次中美建交不抱希望了。

正在这时，邓小平突然话锋一转，说，但是，我们面对的时机，具有重大的历史意义。我们正在从事的事情，具有巨大的国际影响力。既然我们在搞正常化，就要最大限度地缩小分歧。军售问题，我们现在不会，将来也绝不会支持美国的立场。不过，这可以不影响两国建交。这个问题可以先挂一挂，建交以后，我们再谈判解决。但是，现在你们必须承诺尊重中国政府的这一原则立场。

听邓小平说到这里，伍德科克张大了嘴，又感到惊愕，又感到激动。他一时不知该说什么好。

这一刻，黄华的心也在激动着。他知道邓小平能够作出这样的决定，是十分艰难的，也是异乎寻常的，但这也是一个大政治家英明之处的表现。

这一夜，邓小平也罕见地有些睡不着，脑子里接连不断地闪现着新疆厅的画面。

卓琳在黑暗中问他怎么了，他只轻轻地咳嗽了一声，没有搭话。

他想，在美国继续对台出售武器的情况下依然决定实现两国关系的正常化，这一决定将使自己最珍贵的目标——在有生之年看到台湾回归大陆的愿望变得异常艰难。但是，显而易见的是，与美国关系实现正常化，会让中国更容易得到自己在现代化建设中所需要的现代科学知识、资本和技术，也有利于全球格局的重组和平衡，有利于世界和平。

确实，中国没有足够的实力使美国既同中国建交，又停止对台湾出售武器，所以这是一个让步，是必要的让步，但又是暂时的让步。中国不会放弃统一台湾的目标。中国统一，是九亿中国人民的坚定愿望，是中华民族的共同目标。这个问题，是不容怀疑的，时机的到来也将是必然的。

想到这里的时候，睡意已经一波一波地涌了上来。才要进入梦乡，邓小平心里一跳，又有个念头涌了上来。那个念头带着厦门与金门之间的海浪的呼啸，呼啸声里甚至有浓浓的硝烟味。

那是炮战。

邓小平想，那种时断时续的落在金门滩头的炮弹爆炸声，也到了应该停下来的时候了，毕竟已经二十年了。

他想，明天就去西山，与叶帅好好商量一下。

想到这里，睡意才不可遏制地弥漫上来。邓小平睡着了。

三

邓小平车队直上西山，车轮在厚厚的积雪上留下了两道深深的辙印。车子转弯的时候，松枝上有大捧雪落在车顶上，发出砰砰的响声。

叶剑英穿上大衣，亲自走出楼外迎接，惊得邓小平急忙扶住这位年已八十一岁高龄的老帅说，叶兄，怎么能这么冷的天赶到门外来？

叶剑英笑着说，天气冷，心里热啊。三中全会开完了，思想理论问题解决了，上海宝钢也开工了，炮声隆隆心里高兴啊。

邓小平一边扶着叶剑英往楼里走，一边说，我今天来见叶帅，是在想，另一种炮声是不是也到了该停下来的时候了？

叶剑英说，小平同志啊，我知道你是指哪里的炮声啊，已经响了二十年零四个月喽，也该消停了。

两人落座以后，就细细地探讨了停止金门炮击的方方面面。

炮击金门，表面上是与国民党之间的战争，实际上，却是中国与美国的斗争。那是一九五四年，美国同台湾订立共同防御条约，使原本属于中国内政的问题复杂化。于是针对这一妄图分裂中国的阴谋，毛泽东于一九五八年八月二十三日下令，在当日下午的五时三十分万炮猛击金门。聚集于福建沿海的中国人民解放军各炮兵部队猛烈开火，两小时不到，就有四万多发炮弹如倾盆大雨般倾泻到金门岛上，击毙击伤国民党中将以下官兵六百余人，有效地遏制了国外企图永久分裂中国的图谋。这一炮击，举世皆惊。

这一震动世界的军事行动，甚至使得当时的苏联都大吃一惊。苏联没有想到中国会采取这种炮声震天的军事举措，多次恼怒地责问中国究竟是什么意思，因为当时中苏两国间毕竟还有互相的军事支援承诺，他们听不得发生在中国东南沿海的突如其来的炮声。

当时，毛泽东根本不理会这些。毛泽东是在下中国的棋。中国国土的不容分裂，是大局。在这个问题上，中国不会有任何犹豫。因此，这一炮声一直没有停下来，直至发展到"单日打、双日不打""对机场、码头、海滩和船只四不打"这样一种公开昭告的具有浓烈象征意义的军事斗争方式。

福州军区司令员叶飞后来对人这样解释毛主席当时的想法：毛主席决定不拿下金门，现在看来有一个重要原因，就是要留下一个"对话"的渠道。后来讲"三通"，其实前线和金门之间早就用各种特殊的形式"通"了。

炮声一响，就是二十年。金门滩头阵地上的硝烟一直在断断续续地飘动。

邓小平认为，当前中美两国建交在即，美国已经表达出清楚的意愿，要终止美台间的共同防御条约。这个当口，应该是停止炮击金门行动的时候了。二十年前的万炮齐发与二十年后的万炮齐喑，都是很有意义的。

邓小平伸出双手，一边凑着火盆烤火，一边说，这样做，有利于台湾问题的解决。对自己的同胞，我们要释出善意，和则两利嘛。

对邓小平表达的这一意见，叶剑英非常赞同，他当下就建议中央对此问题正式开会讨论一次。叶剑英说，我看，停止炮击的日子，就选一九七九年元旦吧，那一天不是正式实现中美关系正常化吗？就选这一天，由徐向前同志以国防部长名义宣布停止炮击金门、马祖。

邓小平一听就说好，说这很有象征意义。他补充说，我们再提请全国人民代表大会研究一下，在同日发布《告台湾同胞书》。

叶剑英表示同意，说这样做对海峡两岸的形势发展都有意义。

说到这里，叶剑英忽然换了一个话题，说你不要看我八十一了，老弟你也七十四了，对自己的身体也要多加注意了。这么寒冬腊月的跑上山来，我就觉得不妥。电话里叫你别来，你还偏来。往后有什么重要的事，可以派人来说，也可以通电话，别这么大冷天的往山上跑。

邓小平学着叶剑英的话说，天气冷，心里热嘛。

说完，两人都哈哈大笑。持续的笑声使火盆里的火苗都飘抖了起来。

四

一九七九年元旦，北京天气晴朗。邓小平上午十点钟在自家庭院绕圈散步的时候，心情很是舒畅。他的三个女儿这一天兴致勃勃地跟他一起散步，甚至外孙女眠眠也甩开小脚紧跟在后面。几个人都走得喜气洋洋。

这一天，中美正式建交。在这之前发表的《中美建交联合公报》是这样说的：中华人民共和国和美利坚合众国商定自一九七九年一月一日起互相承认并建立外交关系。

公报还说：美利坚合众国承认中华人民共和国政府是中国的唯一合法政府。在此范围内，美国人民将同台湾人民保持文化、商务和其他非官方关系。

中华人民共和国和美利坚合众国重申《中美上海公报》中双方一致同意的各项原则，并再次强调：

——双方都希望减少国际军事冲突的危险。

——任何一方都不应该在亚洲-太平洋地区以及世界上任何地区谋求霸权，每一方都反对任何国家或国家集团建立这种霸权的努力。

——任何一方都不准备代表任何第三方进行谈判，也不准备同对方达成针对其他国家的协议或谅解。

——美利坚合众国政府承认中国的立场，即只有一个中国，台湾是中国的一部分。

——双方认为，中美关系正常化不仅符合中国人民和美国人民的利益，而且有助于亚洲和世界的和平事业。

中华人民共和国和美利坚合众国将于一九七九年三月一日互派大使并建立大使馆。

这一天，美国政府宣布与台湾断交，终止美台《共同防御条约》，四个月之内从台湾撤出余留的军事人员。

世界大格局出现了强烈的变动。中国人民以欣喜的目光看待着这一具有历史意义的大变动。

这天晚上，新党员夏建国还在北京大学的学生元旦联欢晚会上，就中美正式建交发表了一篇简短但又热情洋溢的演说。他挥着手臂说，世界由于中美关系的改善而变得更加稳定。中国由于更好地融入世界而获得高高飞翔的翅膀。我们赞赏自己国家领导人的外交智慧。我们知道在这种智慧中，有小平同志的高瞻远瞩。让我们再一次为小平同志喝彩！

夏建国的演说让坐在台下的任燕听得神采飞扬，她是应夏建国的电话之约赶到北大参加学生元旦晚会的。晚会结束后，她与夏建国在彩灯闪烁的校园内并肩漫步了很长时间。她抑制不住自己兴奋的心情，告诉夏建国自己已被新华社确定为邓小平访问美国的随行新闻记者。这是一份殊荣。得到这个喜讯后，她简直不敢相信自己的耳朵，而同事们向她表示祝贺的话语里甚至都带有不同程度的嫉妒之意。

任燕告诉夏建国，其实美国方面邀请邓小平访美，也是半个月前才由美国驻中国联络处主任伍德科克提出来的。两国建交后，邀请中国的领导人访美，是顺理成章的事；而通过中国领导人访美，又能在客观上压制美国某些政客的反华倾向以及遏制"台独"。

任燕说，这次访美意义很重大啊。听说邓小平也对访问美国很感兴趣。他曾经在接受访谈时表示访美是他的夙愿，他十分想去华盛顿看看。但当时在美国有台湾的"大使馆"，邓小平根本不可能去。现在情况改变了，邓小平的夙愿就能实现了，而且访问日子都定了，就定在中国农历新年，大年初一。一个多么红火的日子！

在任燕百灵鸟似的说了许许多多的话以后，夏建国只说了一句，我该怎么羡慕你呢？

夏建国冲动地一把抓起了姑娘的手。任燕的脸一下子红了，在她的记忆里，这是态度矜持的夏建国第一次有这么明朗的表示。任燕从他火热的手心里抽回了自己的手，低声说，每天都想着我，好吗？

一九七九年元旦，在这个美国终止了与台湾的《共同防御条约》并撤出驻台美军人员的非同寻常的日子，中国国防部部长徐向前发表声明，郑重宣布停止自一九五八年以来中国部队对金门等岛屿的炮击。这个声明使早就习惯了隔日炮击的金门国民党官兵感到错愕。他们纷纷从掩体跑出来，把钢盔扔到一边，坐到了冬日的太阳底下。

而在中国国防部部长发表声明的几个小时之后，北京的中央人民广播电台又开始广播《中华人民共和国全国人民代表大会常务委员会告台湾同胞书》。播音员用充满感情的嗓音说：亲爱的台湾同胞，今天是一九七九年元旦，我们代表祖国大陆的各族人民，向诸位同胞致以亲切的问候和衷心的祝贺。昔人有言，每逢佳节倍思亲。在这欢度新年的时刻，我们更加想念自己的亲骨肉——台湾的父老兄弟姐妹。自从一九四九年台湾同祖国不幸分离以来，我们之间音讯不通，来往断绝，祖国不能统一，亲人无从团聚，民族、国家和人民都受到了巨大的损失。所有中国同胞以及全球华裔，无不盼望早日结束这种令人痛心的局面。

播音员还用明朗的声音说：我们寄希望于一千七百万台湾人民，也寄希望于台湾当局。台湾当局一贯坚持一个中国的立场，反对台湾独立。这就是我们共同的立场，合作的基础。我们一贯主张爱国一家。统一祖国，人人有责。希望台湾当局以民族利益为重，对实现祖国统一的事业作出宝贵的贡献。中国政府已经命令人民解放军从今天起停止对金门等岛屿的炮击。台湾海峡目前仍然存在着双方的军事对峙，这只能制造人为的紧张。我们认为，首先应当通过中华人民共和国政府和台湾当局之间的商谈结束这种军事对峙状态，以便为双方的任何一种范围的交往接触创造必要的前提和安全的环境。

来自中国大陆的这道电波，原汁原味地回荡在位于台北阳明山的蒋经国书房里。

蒋经国原本是想关掉收音机的，但他还是坚持把来自北京的这一信息全文听完了。

自从半月前，中国大陆与美国同时发表《中美建交联合公报》，到今天中国大陆与美国正式实现关系正常化，美国正式宣布与台湾断交并撤军，他觉得这段时间自己似乎已经成了全世界不良舆论的中心。莫大的政治冲击使他好几天彻夜难眠。他耳边一直震响着台湾岛内的所有咒骂、愤怒、哀哭、仇恨、痛心、自嘲，这些杂乱的声音像海浪似的包围着他，使他的情绪为之剧烈波动。但是到了今天，他似乎觉得自己的心境已经慢慢地平复下来了。当台湾"行政院院长"孙运璇走进他的官邸，把最新出版的美国《时代》周刊杂志交给他时，他已经不再现出意外的神情，甚至不自觉地笑了一声，说，我的老同学又上了封面。

他在这本杂志的封面上看到了邓小平的笑脸。

孙运璇俯下身在蒋经国耳边小声说，邓小平要去美国，选的日期是农历的大年初一。邓小平去美国的企图很明显，那就是进一步孤立我们，对我们的安全环境构成威胁。

蒋经国对孙运璇的看法似乎并不完全赞同。他摇了摇头，说，这几天我也考虑明白了，大陆与美国接近，对我们台湾的安全而言，也并非全然是负面因素。这盘棋很复杂，我们不该有线性思维。

孙运璇说也是。蒋经国又说，大年初一，是走亲访友的日子，就让他们走走吧。

蒋经国的这句话，孙运璇似乎没有完全听懂，而蒋经国也没有再作解释。从邓小平再次登上中国政治舞台那天开始，蒋经国就已经料想到，他的这位莫斯科中山大学的老同学总有一天会把触角伸向台湾。

五

一九七九年的除夕，还没有入夜，北京的鞭炮声就已经响成了一片。愈近午夜，鞭炮声愈烈，北京上空噼噼啪啪都是红色的碎末。

春节的早晨，鞭炮声稀疏了。空旷而又寂静的北京街道上，一行车队冒着寒风，直驰首都机场。坐在车里的卓琳对邓小平说，外交部的人告诉我，你为什么要选春节这一天去美国。

邓小平笑笑，不说话。

卓琳说，按我们的习俗，大年初一是不出远门的，是走亲访友的日子。但是你偏偏要出远门，而且是跨越太平洋。你的目的就是想让美国人民感受到中国的诚意，让美国人民知道，在中国人民心中，美国人民就如同亲人一般。

邓小平又笑一笑，说，这个理解很正确。

登机以前，邓小平与黄华外长以及所有的随行人员一一握手。任燕把手伸向邓小平的时候，显得特别激动。她万万没有想到，邓小平一眼就把她给认出来了。邓小平说，哦，你这位新华社的小记者，我在东北的时候就看到过你。

任燕差点想说您在长春公开讲话反对"两个凡是"，新华社发的那篇《动态清样》也是我起草的呢，但是她没有说。这类话当然不能说。

按照飞行计划，邓小平的波音707专机从北京起飞，经停上海，先飞抵美国阿拉斯加州的安克雷奇空军基地，再到美国首都华盛顿，飞行距离为一万四千三百多公里，要飞十六个小时。按国际惯例，国家间没有建立通航关系的，应由所在国派出专门的领港人员为专机领航，而美国派出的两名领港人员已经提前一天到达上海虹桥机场，当专机经停上海时，就接上他们。谁知，专机关上舱门准备起飞时却出现了一个相当意外的情况。

飞机舱门是在八点半关闭的。邓小平与卓琳隔着舷窗向站在停机坪上的送行人员挥手告别，示意大家离去。恰在这时，随行的民航局负责人迈着急速的小步走过方毅副总理和黄华外长的座位，直接走到邓小平面前低声报告说，小平同志，现在上海报告，当地空域起了大雾，我们的飞机暂时不能起飞。

邓小平一听眉头就微微皱起来，问什么时候能起飞，对方说不清楚，邓小平说天这么冷，这么多送行的老同志站在停机坪上，等久了怎么受得了啊。

这个问题倒使得机舱里的人都犯起了踌躇。方毅副总理与黄华外长低声磋商了一下，忽然提出了一个建议，说是不是先将飞机滑出去，等送行的同志们离开后，我们的飞机再滑回来？

邓小平一听就表示赞同，说这个办法好。

飞机马上就开始滑行了。机舱内与机舱外所有的手臂都开始摇动。

经塔台同意，飞机在跑道上转了很大一圈，在送行人员全部离开后，又慢慢滑回原处。

但是仅仅如此，问题还只是解决了一半。塔台的一个令人忧虑的报告又送进了机舱，说是上海方面的大雾还是没有减弱，飞机还是不能升空。

邓小平轻声对黄华说，这样等下去也不是个办法啊。美国方面的计划已经安排好了，我们走不了，耽误了行程，那就误事了。

方毅副总理与民航局负责人进行了紧急磋商，又联络了空军方面的有关部门，再三权衡之后，拟定了一个方案，那就是让专机多加些油马上起飞，直飞东京。飞东京途中要经过上海上空，那时候如果虹桥机场大雾已经消散，则即行降落，接上美国的两位领港人员；如果虹桥机场实在无法降落，就直接飞向东京，加油后直飞美国。

邓小平批准了这个方案，说马上起飞吧。

飞机腾空而起不久，从上海方面就陆续传来了好消息，大雾正在逐渐飘散，能见度从不足两百米逐渐延伸到了一千米以上，这就让专机飞行员与机舱里所有的人都露出了笑容。任燕也松下一口气，心里想，老天爷最终还是站在中美两国人民方面的。两位来自美国的领港人员在上海虹桥机场顺利地登上了邓小平专机。他们一入驾驶舱就对中国飞行员说所有的浓雾都挡不住我们一起飞行的决心，中国飞行员回答说你们说得很好。

当波音707飞机平稳地飞行在浩瀚的太平洋上空的时候，任燕把脸贴在舷窗上，注视着平静的大洋，心里想，这真是一次伟大的跨越啊。我的笔，能把这次跨越的深刻表现出来吗？

她的心甚至为这个念头战栗起来。

坐在前舱的邓小平很长时间都没有闭眼，一会儿戴上花镜阅读美国的背景资料，一会儿把黄华叫到身边细细叙谈。卓琳好几次劝他闭眼休息会儿，他都摇摇头。他深知此次出访的目的与身上所担负的重任。这次出访对于中美双方将产生重大而深远的影响，所有行动都不能有一丝闪失。

此时，远在万里之外的华盛顿也同中国一样，接待的准备工作紧张而又热闹。美国总统卡特对邓小平的来访异乎寻常地重视，连宴会菜单他都要一项一项亲自确认，甚至对于鸣礼炮的数量也要亲自过问。而且，他定的数量是十九响，这个数字令美国的礼宾官员大为不解。

礼宾官说，总统先生，这个数字不符合礼仪。

据礼宾官介绍，按国际惯例，对等接待是外交场合的基本原则。接待国家元首，应是鸣礼炮二十一响，接待总理应是十九响，接待副总理级领导人应是十七响。中国的邓小平此次是以副总理的身份对美国进行访问的，应该鸣礼炮十七响。

卡特总统简洁地说，不是十七响，就是要十九响。接待邓小平，必须超规格，我还要亲自陪同他检阅三军仪仗队呢。

礼宾官再也不作声了，急忙去布置。

六

邓小平的专机是一月二十八日下午到达美国华盛顿安德鲁斯空军基地的，美国副总统蒙代尔和国务卿万斯赶到机场迎接。飞机落地的这一刻，华盛顿地区突然下了一阵鹅毛大雪，这让迈出机舱舱门的中国贵宾都乐了，这是好兆头啊——喜降瑞雪！

任燕看着邓小平夫妇在漫天的雪花之中走下舷梯，与美国副总统热烈握手的场面，心里想，这真是一幅吉祥而又有动感的画面。

而使任燕没有想到的是，当天的晚宴竟然安排在美国国家安全事务助理布热津斯基的私宅中举行。她向外交部礼宾司的官员了解后才知道，邓小平访美的第一场活动如此安排，是八个月之前邓小平与布热津斯基在北京首次会面时就约定的。当时，布热津斯基就说"如果中美关系正常化成功，我们一定邀请您来美国做客。而且，我本人希望您一下飞机就能成为我家里的贵宾。我家在弗吉尼亚州的麦克林镇，那儿离华盛顿很近"。因为布热津斯基邀请得诚恳，邓小平当时就笑着答应了。而这一天，邓小平果然不顾长途飞行的疲劳，在黄昏时分立刻驰车直接前往麦克林镇布热津斯基家。

更让任燕感到吃惊的是，布热津斯基站在家门口欢迎邓小平夫妇、方毅副总理、黄华外长进门的那一刻，他身后竟然会浓烟滚滚，呛鼻的气味不停地从他身后飘出来，散往空中，看上去仿佛是一幅刻意渲染的电影画面。布热津斯基似乎一点也没有注意到自己周身环绕着那么浓烈的烟雾，只是一个劲地对贵宾打着热情的手势，连声说请、请。而邓小平一行也在这殷勤的招待下若无其事地向楼房大门走去，钻入了弥漫的烟雾。

在客厅里坐下后，烟味似乎少了一些。任燕忍不住好奇，与几位美国记者往隔壁房间探头看了一下，这才发现是起居间壁炉的烟道发生了堵塞，呛人的烟雾正在往各个房间倒灌。布热津斯基的夫人穆斯卡和她的几个孩子此刻正手忙脚乱地把几台电风扇架上窗台，拼命向窗外吹出滚滚浓烟。

任燕禁不住扑哧笑出声来，真是一场虚惊。

然而，布热津斯基面对突如其来的浓烟装作若无其事的姿态，与邓小平夫妇、方毅副总理、黄华外长毫不犹豫走向烟雾的镇静步伐，都给任燕留下了深刻的印象。

布热津斯基的家宴布置得很简朴。任燕后来才知道，这个家宴是主妇和她的孩子们七手八脚筹备的，不停地把盘子端上餐桌的也是那几个手脚勤快的孩子。无论隆重还是简单，都体现了一种家庭的温馨。

主人备好的饭菜是美国式的，用的酒却是俄罗斯的上等"伏特加"，据主人介绍，这酒是当年苏联驻美国大使多勃雷宁赠送的。所以，布热津斯基高高举起酒杯的时候，满面笑容地说，今天我用勃列日涅夫所喜欢的佳酿向中国领导人敬酒。

这一别致的祝酒词引得邓小平哈哈大笑。

邓小平爽朗的笑声显然使得主人很受鼓舞，于是布热津斯基又想再来一次幽默。他满面堆笑地对中国贵宾说，卡特总统因为中美关系正常化问题而在国会遇到麻烦，中国是否也有类似的问题？

举着酒杯的邓小平立即笑着回答说，当然有，在台湾就有不少反对者。

布热津斯基一时没有反应过来，"啊"了一声，但瞬间就理解了邓小平的智慧。

他笑了，在座的国务卿万斯也笑了。

邓小平处处在表现"一个中国"的立场，哪怕连一句幽默的回答也不例外。

黄华外长扭头对站在身后的任燕说，你要赶快把这精彩的一问一答记录下来。任燕说已经记录了。

黄华这才发现新华社派来的这位记者姑娘手脚特别敏捷。

一九七九年一月二十九日早上，白宫南草坪披上了节日的盛装，五星红旗第一次悬挂在白宫正面的旗杆上，与美国国旗并肩飘扬。

这是正式欢迎仪式。

上午十点钟，邓小平和夫人一行乘车驶近白宫时，掌声与欢呼声就扑面而来。美国政府的许多高级官员和一千多名挥着小型中美国旗的群众参加了欢迎仪式。长期以来，美国民众对于地球另一端的古老神秘的国度一直充满着不解与好奇，邓小平的到来为他们提供了一道迷人的景观。他们挥舞中美两国的小国旗高声喊着欢迎，目不转睛地盯着这位神秘的满面笑容的中国小个子领导人。

邓小平与卡特总统紧紧握手。邓小平在握手的时候说，现在两国人民都在握手。

这话，卡特总统一听就笑了。卡特说，很正确。

卡特总统和夫人陪同邓小平和夫人登上铺有红地毯的讲台。乐队高奏中美两国国歌，礼炮鸣十九响。随后，两位领导人检阅了仪仗队。

一个高个子，一个矮个子，两个人都走得很沉稳。

在整个欢迎仪式上，国内外记者拍照连连，紧张地记录着这一历史性的时刻。站在记者区的任燕早已激动得热泪盈眶，不停抓拍，生怕错过任何一个伟大的瞬间。这时候她听见身旁的一位美国电视主持人对着摄像机镜头大声发表评论说，一个国家的总统举行正式仪式，隆重欢迎另一个国家的副总理，并陪同检阅三军仪仗队，这在世界外交史上极其罕见。

卡特总统在整个致辞的过程中始终精神抖擞。他首先对邓小平的到来表示欢迎，随后他就转过脸向众多的观礼嘉宾说，昨天，是中国春节的开始，是走亲访友的时刻，也是团聚和解的时刻。对于我们两国来说，今天是和解的时刻，是久已关闭的窗户重新打开的时刻。

卡特总统刚说到这里，忽然一个意外的情况发生了。这个小小的意外，谁也没有料到。只见在离讲台几米远的记者群里，突然冒出一男一女，挥舞拳臂大声呼喊，台湾是台湾人的！

夹杂在记者群里的美国秘密特工立即冲上前去，掐住这一男一女的脖子，直接把他们架了出去。记者席上发生的这一小小的骚乱很快就平息了。

卡特总统的致辞几乎没有受这一骚乱的影响，他甚至连头也没有朝记者席方向转一下。他继续大声说，我们期望美中关系正常化，能够帮助我们一同走向一个多样化的和平世界。

而站在草坪上的一千多名欢迎人士也大多静静地倾听总统讲话，对当众出丑的两位黄皮肤"记者"不屑一顾。

邓小平更是昂首站立在红地毯上，纹丝不动，一副沉稳的政治家风范。

这时候，任燕又听见她旁边的这位美国电视主持人对着摄像机镜头大声感叹，很显然，我们的总统与中国的邓，都是杰出的政治家啊！

邓小平致答谢辞的时候也一直神采奕奕。他高度评价了中美关系正常化的意义，同时也意味深长地说，世界人民的当务之急，就是要加倍努力维护世界和平、安全和稳定。我们两国有不可推卸的责任，要通过共同的努力，对此作出应有的贡献！

话音刚落，草坪上就爆发出热烈的掌声。一群鸽子呼啦啦地飞起。

七

美国西方石油公司董事长哈默,这几天一直盯着他客厅里的那台彩色大电视机,注视着邓小平每天的美国行程。

邓小平来到美国,使美国企业界的各大巨头们直接看到了商机,他们用各种方式与国务院联系,询问能够以什么方式接近中国贵宾,或者以后如何与中国方面迅速取得生意上的接触。

哈默虽然已年过八旬,但这位老人的嗅觉一点也不比年轻人差。他在以谷牧副总理为首的中国政府代表团首次访问欧洲的时候,就已经指派他的欧洲代表与中国人取得了联系。所以这次邓小平亲自率团来美国,他觉得天赐良机到了,自己无论如何得与邓小平见上一面。凭自己的独特经历与企业影响,他相信能取得邓小平的信任,并且随着邓小平的决断,自己的企业定能赶在美国同行们的前面,率先在中国取得生意上的成功。

在邓小平访美之前,他就给美国国务院打过电话,希望国务院能够安排一次亲见邓小平的机会,可是电话被客气地挂断了。在美国国务院看来,想要与邓小平见面的美国商人如同蜂群似的,何止哈默一人,加之中国贵宾在美国的行程安排得十分紧张,所以国务院只能客气地挂断哈默的请求电话。

连续几天,哈默一直坐立不安,在自己的客厅里走来走去。他在电视画面中看到,邓小平在美国白宫内阁会议大厅与卡特总统进行了会谈,在会谈中邓小平一直露着轻松的笑容;他也看到,邓小平出席了美国参议院外交委员会的午餐会,声音响亮地说,我们不再用"解放台湾"这个提法了,只要台湾回归祖国,我们将尊重那里的现实和现行制度。

邓小平说话的神采和果断的手势,使哈默更加心急如焚。他深知邓小平是个处事果断并且说话算数的人。与这样的领导人打交道,是最使人兴奋的。

哈默掐指算了算时间,觉得自己应该立即行动了,国务院那帮人的阻挠必须设法冲破。他夫人建议说,赶快再给国务院的那帮年轻人打电话。于是哈默很快地拨通了华盛顿的电话，并且指名要国务院的东亚事务主管接电话。他冲着电话大喊，我不管您有什么理由，亲爱的主管先生，您必须安排我见到邓小平本人。您听着，邓小平踏上美国的土地了，而我，哈默，一个最善于与红色国家打交道的美国企业界人士，却在美国的土地上见不到邓小平。您难道不觉得荒谬吗？

对于哈默的激动，这位温文尔雅的东亚事务主管却并不以为然。他仍旧用委婉但是坚决的口吻拒绝了哈默的请求。他觉得，想跟中国做生意的美国企业家太多了。如果谁一提要求就安排见面，那还不乱了套了？

确实要安排一些美国企业家与邓小平见面，安排的是加利福尼亚州的一批石油大亨，但不是他哈默。这是早有计划的，事关外交的计划是不能够轻易变动的。

不过，这位美国国务院的官员确实没有想到，数天后，这位脾气固执的哈默先生居然真的见到了邓小平，而且，应邓小平邀请，还成为第一个乘坐私人飞机访问中国的西方企业家。

因为当天晚上，哈默已经带着他的夫人坐进了他的高级座驾。他亲自发动了汽车。

我就是一路追也要追到邓小平，这位八十多岁的美国老企业家把着方向盘对自己说，事在人为，我不相信会有我哈默做不到的事。

他夫人说，对，这才是哈默。

哈默不再说话，紧盯着前方道路，风驰电掣。

邓小平这一天的晚上出现在肯尼迪艺术中心。

这是一场盛大的演出。美国总统卡特算得上是一个细心的人，他在自己与邓小平连续举行了三次会谈以后，为了让客人们不至于过于疲劳，专门嘱咐安排一场盛大的演出，让中国客人能够感受到美国艺术家的精湛技艺。

这一场演出真的使人感动，尤其是那些天真无邪的孩子们。

邓小平在演出结束后站起来热烈鼓掌，还对蜂拥而上的记者们发表了简短讲话，说艺术是使各国人民增进了解、消除隔阂的最好的办法。他一边说着一边就与夫人卓琳走向舞台，热情地拥抱和亲吻美国孩子。

邓小平亲吻美国儿童的场面，如此自然而真诚，令在场的许多美国人震惊了。任燕注意到好几位美国老人流下了激动的眼泪。

在中国贵宾们离开后，还有好几个美国记者坐在空荡荡的剧场里，迅速地写着各自的新闻稿。他们没有注意到，一个头发花白的高个子老头这时候正迈着大步冲进了剧场。

来者正是哈默。

哈默一边挥着拳头一边喊叫，为什么要等到中国人走以后才放我进来？这有什么意义吗？我能见到中国人吗？你们为什么这样对待一个已经八十多岁的石油公司董事长？

在剧场工作人员的再三劝说下，这位老人才安静下来，用忧郁的口吻问，请告诉我，邓小平先生坐的是哪个座位？

然后他就走到前排的正中，在一张座位上软软地坐了下来。

他一下子感到了极度的疲乏，几乎一动都不想动。

剧场的大胡子经理走到他面前说，我认识您，您是哈默先生。哈默说，对，我是哈默。剧场经理问，您是不舒服吗？哈默说，我驾车跑了二百五十公里，能舒服吗？我嗅到了邓在您的剧场看演出，明白吗？剧场经理说，我明白了，但您迟到了。

哈默跳起来，咬牙切齿说，我根本没有票！国务院那帮年轻人竟然不把我哈默放在眼里。您说得对，经理先生，我迟到了，但是您要知道，我不在这里见到邓，也会在下一站见到邓，如果经理先生能够告诉我他的下一站在哪里。

经理笑了，耸耸肩，做出无奈的样子，说，哈默先生，我实在无法告诉您邓先生下一站是哪里。我只能告诉您，邓先生三十分钟之前坐在这里。

哈默把双手插在裤袋里，一摇一晃地走出剧场，出门前说了一句，您是个说实话的人，经理先生。

他夫人一直坐在汽车里，见丈夫没精打采的样子就说，怕啥，明天打起精神再找嘛，反正他还在美国嘛。现在咱们先找个饭店好好睡一觉。

对于美国休斯敦的约翰逊航天中心的参观安排，邓小平很感兴趣。他终于看见了闻名遐迩的阿波罗宇宙飞船。航天中心负责人克拉夫特见中国客人如此兴致勃勃，便当即建议说，如果邓先生有兴趣，可以坐到驾驶舱里面去。

邓小平笑着说，我当然对这里的一切都有兴趣。随后，他就在宇航员艾伦·比恩的扶助下坐进了阿波罗17号的指令舱。比恩坐到邓小平旁边，为他戴上耳机，教他如何操作。

邓小平似乎一下子就学会了，两眼紧盯前方，在座舱的一片蓝光中开始以两倍于音速的速度模拟飞行。

任燕取出照相机接连朝阿波罗指令舱按动快门，心里想，邓小平驾驶阿波罗，这难道不是一种意味深长的象征吗？

而接下来参观登月车的安排同样使邓小平兴致勃勃。曾经登上过月球的美国宇航员阿姆斯特朗向中国贵宾介绍了登月情况。邓小平在听完介绍后，笑着称赞对方说，你是神仙。

阿姆斯特朗听到这句称赞，突然感到十分惊讶。

神仙？阿姆斯特朗想，我能登上月亮，确实是神仙。但是，能把我比喻成神仙的人，可能才是真正的神仙。

阿姆斯特朗哈哈地笑了，转过脸，对旁边的一位美国记者说，我听过无数人的形容，但却是第一次听到这样的形容。

方毅副总理说，这样的形容很正确。阿姆斯特朗于是更加高兴了，他热情地伸手邀请邓小平坐到登月车上去。

邓小平也不加推辞，在一阵热烈的掌声中坐进了登月车。

他调整了一下坐姿，面对着各种各样的仪表，坐稳了。

这个感觉确实神奇，他想，我现在甚至有嫦娥或者吴刚的感觉。

他又想，六个月前，美国总统科学顾问普雷斯来北京，给我带的礼物就是一块来自月球的岩石。我当时就琢磨，我们中国人什么时候也能上月球去采一下这些石头。想不到，我现在就坐在登月车上，有了直接采摘月亮的感觉。

他坐了好一会儿，才从登月车上下来。

任燕一看到邓小平离开登月车，便马上挤过人群拦住他，笑容满面地说，小平同志，您能谈谈坐登月车的感想吗？

邓小平看着这位面目清秀的新华社记者，想了想，郑重地说，我是代表九亿多中国人民坐进登月车的。

他想了想，又说，我们也应该登月。

再想了想，邓小平又补充说，我看不用一百年，我们努力一点，三四十年以后，我们中国人也会站到月球上，就像他一样。

说到这里，邓小平就指了指站在他身旁的阿姆斯特朗。

听了这话，所有的中国人都鼓起掌来。随后，美国人也鼓掌了。

八

就在哈默夫妇打听到中国客人在休斯敦参观约翰逊航天中心，并且驾驶着汽车风驰电掣地赶来休斯敦的时候，美方已经安排邓小平一行前往下一个参观点了。国务卿万斯热情地对邓小平说，邓小平先生阁下，我们应该去休斯敦郊区的西蒙顿市，出席那里的烤肉宴会，这是得克萨斯州的石油企业家专门为阁下举办的。

邓小平一听这个安排就笑了，他说我很愿意跟得克萨斯州的石油巨人们会面，我知道这里是美国财富的集中地。如果我没有记错的话，曾经担任贵国驻华联络处副主任的布什先生，就是在这里采石油致富的。

万斯吃了一惊，说，您的记忆力非常惊人，阁下！

哈默夫妇的汽车是在中国客人离去后一个小时赶到航天中心大门口的。警卫拦住了这辆汽车。哈默走下汽车说，知道这个名字吗，西方石油公司董事长哈默？

警卫摇头表示不知道，并示意汽车离开。

哈默急了，说，我要见邓，明白吗？

警卫继续挥手，这时候一位警卫主管走出了门外。他倒是认识哈默，扬手就打招呼，嗨，哈默，三年没见了，我是杰尼！

哈默像是逢着了救星，大声喊，杰尼，你要帮帮我！

杰尼问怎么帮你。哈默说，你见上了邓，我哈默不能不见上邓。这个原因你知道，我是美国最善于跟红色国家打交道的企业家。

于是杰尼向他摊摊手说，不是我不放你进去，而是你来晚了，你想见的人已经走了。

哈默一听就很懊丧。

杰尼说我倒是有一个消息。哈默说，你告诉我，亲爱的杰尼，我不会忘记你。杰尼想一想，下了台阶，走到哈默的汽车旁，俯在哈默耳边悄声说，邓马上要跟得克萨斯州的石油巨头会面。

哈默问，我应该去哪儿？

对方回答的声音更小，西蒙顿的烧烤餐厅。

哈默拥抱了他的朋友，说，我不会忘记你的帮助，杰尼！

杰尼向迅速远去的汽车挥挥手喊，小心开车，哈默先生，看来要下雨了。

雨说来就来。先是几滴粗大的雨滴打在汽车的防风玻璃上，紧接着就铺天盖地了，哗哗哗地似乎满世界都在震响。

公路前方已经看不清了。哈默瞪大眼睛，前倾着身子，打亮车灯，紧张得像头鬃毛直竖的狮子。他小心地踩着刹车，但又不想放慢速度，一边又咬牙切齿地对坐在副驾驶座上的妻子说，你看，这有道理吗？国务院安排得克萨斯州的石油企业家跟邓见面，就不给我们西方石油公司机会！国务院那帮小子真是瞎了眼！

夫人看着车窗上哗哗的水流，表示出了担心，说，既然这样，我们就别挤进去了！

哈默说，哈默是这种性格的人吗？

这时候夫人就大叫了一声停车，哈默不明所以，吓一跳，赶紧把车停在路边。

夫人转过身，把手搭在丈夫的肩上，轻声说，是不是一定要跟中国人联系？我们这么赶来赶去的，是不是有点难为情？这到底是为了什么？我们的生意还做得不够大吗？

哈默沉默了一下，说，听着，亲爱的，拿破仑说过，中国是一头东方的睡狮。现在这头睡狮醒了。我有一种感觉，只要这头睡狮一醒，世界的格局就会起很大的变化！我哈默必须赶上这个机会，我必须与邓小平在美中建交的第一时间里握手。中国太重要了，我不能没有中国。

夫人沉思了一下说，开车吧。

哈默一边启动汽车，一边说，我这一辈子都很感谢你，亲爱的。

大雨的轰轰声明显地减弱了，公路的前方隐约亮了起来。哈默的汽车迅速加速，直往西蒙顿市而去，一路上超越了很多汽车。

大约一个半小时之后，哈默夫妇的汽车来到了西蒙顿市一家正在飘出音乐与烤肉香味的饭店。哈默嘘口长气，对夫人说，赶上了，就是这一家了！

饭店的门卫是一位身材高大的女警卫，劈面拦住了走上台阶的这位高个子老人，说，请通报姓名。

哈默说，阿蒙德·哈默，一八九八年出生于纽约。

女警卫启动电子设备，查看名单说，没有您的名字，很抱歉。

哈默说，我是哥伦比亚大学医学院毕业的医学博士，现在是西方石油公司董事长。还没有查到吗，尊敬的女士？

女警卫再次核对了手上的名单，说，还是没有。很抱歉，哈默博士。

哈默想了一下，对女警卫说，请您再查一遍名单，或许漏掉了呢？

女警卫再次用电子设备核查名单，一个一个往下看，说，真的很抱歉，先生，您现在必须离开这里，尊贵的中国客人马上就要到了。

哈默说，尊敬的女士，我能看一遍名单吗？

女警卫想了一想，把名单递给了面前的这位一脸焦急的老人。

哈默突然惊叫起来，说，啊，我明白是怎么回事了。女士，您看这个名字，罗伯特·麦吉！罗伯特·麦吉是我们公司华盛顿办事处的一名高级执事，是他负责同白宫联系，安排我来这里出席宴会的！我的入场券是错误地以他的名字发出来的。肯定是这样的，天大的误会！

女警卫一听这解释，笑了，说，哦，原来是这么回事。请进吧，哈默先生，您的座位在五号桌。请不要坐错了，我们的规定很严。

哈默心里一喜，赶紧说，明白，谢谢，好心肠的女士！

当哈默挽上夫人，喜滋滋地穿过门厅，走入飘着烤肉香味的宴会大厅时，发现客人们已经在各桌坐满。他走向五号桌，但是步履很慢，似乎在思考什么。他的夫人则留意着这次宴会的丰盛程度，一路察看着香味浓郁的炭烤牛排、烤香肠、核桃馅饼、土豆沙拉以及富有牧场风味的烤豆子。宴会自然少不了啤酒、咖啡和软饮料。看来这是一次"野炊式的烤肉晚宴"。

夫人一边看着丰富的食品，一边感觉到自己的情绪越来越紧张。她轻轻推了推丈夫说，怎么办？我们没有座位，我知道你刚才施的是计谋。

哈默说，你看出来了？夫人说，能看不出来？我当了这么多年哈默的妻子。哈默耸耸肩说，中国人有句话，叫"走着瞧"。现在我们就走着瞧。我们去五号桌。

夫人说，五号桌坐满了。哈默说，我们加座。难道他们能赶我？我哈默既然进来了，谁也不能把我再赶出去。邓小平先生我今天是非见不可的。他见过我，知道我。听着，我无论如何要在今天谈成一笔大生意。上帝不是让每个人都有机会的，相信我。

在五号桌旁，哈默拖过两把椅子，硬是挤坐了下来。

邻座向他伸手说，我是罗伯特·麦吉，您是？哈默边握手边说，哦，罗伯特·麦吉，好名字，我对这个名字很熟悉。我是哈默，西方石油公司的。

麦吉说，我是石油供应公司的。我与您的石油公司有业务往来，怪不得您对我的名字这样熟悉。哈默博士，幸会。

哈默说，这是我太太。麦吉说，幸会。哈默夫人说，谢谢。

麦吉看着哈默说，我不明白的是，为什么我们得克萨斯石油巨头们的聚会，会有一位来自加利福尼亚州的客人？

哈默耸耸肩说，这是常有的事。我这位太太，对商机特别敏感，她帮助了我。机会应当共享，距离不是问题。

麦吉说，你说得很对。哦，尊贵的中国客人们来了！

这时候，所有在场的美国人都先后站了起来，椅子声响成一片。只听主持人高声宣布说，请女士们、先生们起立，欢迎尊贵的邓小平先生和中国代表团！

五十多位企业家和他们的夫人于是一齐热情鼓掌，掌声似乎把烤肉的香味搅得更浓了。

在美国国务卿万斯的陪同下，邓小平、方毅、黄华、章文晋以及中国代表团的其他成员依次进入了宴会厅。他们有的招手，有的鼓掌，每个人脸上都是舒心的笑容。

邓小平逐一与每桌的美国企业家握手。冀翻译陪着他，依次把企业家的名字告诉他，并说几句介绍的话。哈默俯在妻子耳边说，看着吧，我哈默的戏就要开场了。我真要感谢上帝！

一会儿，邓小平来到了五号桌旁。哈默立即满脸堆笑地向他伸出了双手。这时候，邓小平就对冀翻译说，哈默博士，我见过，你不用介绍了。

邓小平笑着握着哈默的手说，我们都知道你，你是在苏俄需要帮助的时候帮助了列宁的人。现在，你要来中国帮助我们呀！

哈默说，我非常愿意。可是据我了解，你们不允许私人飞机进入中国。我年纪太大了，不能乘坐商用飞机了。

邓小平一听这话，就把手一挥，好像把这个问题完全抛到了一边，说，这好办。你只要给我一封电报，告诉我你想什么时候来，我可以做出一切必要的安排。

哈默心里一喜，连声说好好好。

在邓小平与国务卿万斯一起在一号桌就座以后，哈默夫人凑到丈夫耳边说，你的表现太出色了。

但是，令哈默怎么也没有想到的是，坐在一号桌上的邓小平忽然会派他的外交部副部长章文晋走到五号桌，诚邀他去一号桌就座。章文晋当时是这样说的：哈默博士，您不应当坐在这儿，您应当和邓小平副总理坐在一起。

不仅哈默吃了一惊，连坐在哈默旁边的麦吉听到中国客人的这句建议，也大吃了一惊。

哈默立即站起来，兴奋地说，啊，我很愿意这么做。他赶紧随同章文晋副外长走到了一号桌。这时候工作人员已经在邓小平身旁添了一把椅子。

邓小平手指椅子，微笑着说，欢迎您，哈默博士。

哈默说，邓先生好，国务卿先生好。

坐在五号桌的麦吉先生远远地站起来，极为嫉妒地看着这一幕。这太不可思议了，一个来自加利福尼亚州的石油企业家，竟然在得克萨斯州石油界安排的聚会上，享受了这等殊荣。

哈默夫人这时候就小声地对麦吉先生解释说，这都是预先安排好的。麦吉先生仿佛明白了什么，呆呆地坐了下来。

邓小平说，哈默博士，您当时慷慨地帮助了苏维埃俄国。

提到这个话题，哈默就来了劲，于是一边嚼着牛排，一边当着国务卿万斯的面侃侃而谈。

哈默说，说起来，那也是一九二一年的事了。那一年我大学毕业，听说苏俄乌拉尔地区正在流行斑疹、伤寒，于是我花钱买下了第一次世界大战军队物资中的野战医院设备，运到了苏俄。我忽然发现，当时的苏俄迫切需要的不是医药，而是粮食。于是我就找到当地的苏维埃政府,告诉他们,我可以用船给他们运来粮食,只要他们在船上装上能在美国出售的货物。这个条件不太高,所以立即得到了当地官员的同意。很快,生意就做成了。我给苏联运去了一百万蒲式耳的小麦。

邓小平笑了,把第二块牛排夹到了哈默的盘子里,说,所以,列宁接见了您。

哈默受宠若惊,连声称谢,又接着说,是啊,就在这一年,列宁接见了我这个年仅二十三岁的美国青年,并建议我接受一到两项国家的特许权。于是我考虑了一下,选择了制造铅笔和石棉开采这两项贸易,建立了进出口机构,同时成为三十八家美国第一流大公司在苏俄的总代表。

邓小平说,您是靠同红色国家做生意起家的。哈默说,您说得太对了,邓先生。

邓小平问,为什么您能与当时的苏俄谈生意,而不能与现在开放的中国谈生意呢?哈默说,我就是为了这个目的,现在坐在您的身边。

万斯一听哈默这样回答,就笑出了声。他说,我预料到一笔很大的交易就要做成了。哈默说,国务卿先生说得对,我必须持续我的传奇。

邓小平说,哈默博士可以投资中国的矿产业,比如煤矿。

哈默心里暗喜,当即表态说,很好,我将坐着我的私人飞机,几个月之内就去中国考察。

邓小平说,我将在中国款待您。

哈默大为高兴,激动得站起来说,邓先生,我能再次握一握您的手吗?

在他们握手的那一刻,手脚灵敏的任燕按动快门,迅速拍下了这动人的一幕。

邓小平与哈默的这段对话令万斯国务卿印象深刻。他没有想到美国企业家投资中国的进程会如此神速,竟会在一次炭烤牛排的宴会上实现。而接下来更使万斯没有想到的是,兴致勃勃的邓小平在观看马术表演的时候,竟会毫不犹豫地戴上一顶美国西部的牛仔帽。

两名骑着烈马的女郎绕场奔跑到邓小平座位前时,停了下来,顺手向邓小平夫妇一人赠送了一顶边檐翘起的白色牛仔帽。

邓小平笑着问，什么帽？

女郎也露出灿烂的笑容说，牛仔帽。

邓小平兴致勃勃地戴上，说，好！

卓琳也戴上了，但她那顶太大，盖到头上时，连脸也遮住了。在场的美国记者们都没有想到，来自红色国度的领导者会戴上这样的牛仔帽，一个个惊愕得几乎尖叫起来，急忙拿起相机拍照，一时间咔咔咔的声音响个不停。

邓小平头戴牛仔帽的大照片，迅速出现在美国的各大报章上，引起了全球的轰动与热议。当期的美国《时代》周刊封面也采用了头戴牛仔帽的邓小平的照片，旁边附着的大标题很醒目，叫作《戴上美国西部牛仔帽的伟人邓小平》。

就由于这个晚上邓小平戴上了美国牛仔帽，做牛仔帽生意的商店也兴隆了起来。不少商店的牛仔帽被抢购一空，价格也直线上涨，一顶牛仔帽的卖价高达三十美元，还是供不应求。这样的消息也被许多报章做成了趣味盎然的新闻。

九

连续多天的安排紧凑的访美行程，使邓小平感觉略有些疲劳，但精神还是很饱满。卓琳每每劝他晚上早些上床休息，他还总是在台灯下兴致勃勃地看着各种反馈资料。有一次他就笑着说，你看，就连戴一戴帽子，美国人都喜欢做这么耸人听闻的标题。

卓琳看着美国报纸上的那些大照片，也说是啊。她心里想，我们中国人这么多年来戴的帽子式样都一样，不是新军帽，就是旧军帽。现在全世界看到邓小平愿意戴上一顶牛仔帽，还不兴奋得大做文章？

邓小平忽然想起一件事，摘下花镜说，卓琳啊，拜托你一件事。

卓琳问什么事，邓小平说，你代表我，去看望一下刚到这里不久的中国留学生。

听了这话，卓琳感到有些意外，说，我代表你去看？

邓小平说，是啊，看看他们有什么困难，给他们鼓鼓劲。我很记挂他们，只是我日程太满，脱不开身。

在邓小平访美的一个月以前，中国向美国派出的第一批五十二名留学生已经到达美国了。邓小平一直牵挂着这件事。邓小平自己当年也曾漂洋过海去法国留学，知道留学生活的艰辛。这种艰辛，不光来自生活方面，也来自精神方面。尤其是中美两国三十年来处于对立状况，中国留学生是否能顺利地在美国开始学习生活，总是使邓小平放心不下。

卓琳感受到了邓小平的这种心情，同意接受这项委托，笑着对邓小平说，这可是到美国以后，我第一次代表你去办理公事啊。

五十几名来到美国才一个月的留学生，没有想到邓小平夫人会亲自出面宴请他们，也没有想到卓琳的讲话是这样诚挚。

卓琳是这样说的：今天小平同志让我代表他，请大家吃一顿不大地道的中国川菜。他很想来看看你们，但忙于和美国人打交道，实在抽不出时间。同学们，你们是中国最优秀的人才。希望你们努力学习，早日归来。

卓琳在留学生们的掌声停息后又继续说，同学们，你们有机会出来学习，很不容易。小平同志为你们操了许多心。你们学成以后，一定要回去报效祖国。同学们，我说一句心里话，你们要是不回去，小平同志会很伤心的。

听到这里，好几位学生忽然掩住鼻子，止不住的眼泪流在了脸颊上。一位戴眼镜的女学生拉住卓琳的手说，卓琳奶奶，您放心，学成以后，我一定回国！我们留学生都知道，没有小平同志的交流计划，就没有我们今天的来美国。请卓琳奶奶转告小平同志，一定请他放心！

这话说完，所有的男女同学都噼噼啪啪地鼓起了掌。这掌声使卓琳很激动。卓琳说，我都知道你们的心意了。

这时候，又有一位女同学穿过宴桌，走到卓琳面前说，卓琳奶奶，我是四川人。这是我织的一只绒线小熊猫，请您送给小平同志，说明我们这些海外学生时刻怀念着家乡。

卓琳接过了玩具熊猫，与这位女同学紧紧相拥。

有泪水滴落在这只玩具熊猫的背上，不知是留学生的眼泪，还是卓琳的眼泪。

邓小平整整花了九天时间访问美国。他的专机在二月六日下午飞抵日本东京，在对日本进行了两天的访问后，邓小平一行于二月八日降落在北京机场。这是他一生中最后一次出国访问。

新华社记者任燕抵达北京后，没有回家就先去了她的办公室。她趴在夜晚的台灯下，为新华社即将发出的《内参》写了下面的文字：邓小平副总理圆满地完成了九天的访美之行。在访美期间，全世界的焦点都聚焦在这个个头不高、面容和蔼的老人身上，而在美国也掀起了一阵阵"邓热潮""中国热"。邓小平的访问改变了美国人对中国的印象，与此同时，也使中国民众开始了解西方人的现代生活。一种全新的生活方式呈现在中国人面前，让中国人民有所借鉴。有西方报刊评论，正是邓小平的这次访美，使中国成功实现了从封闭半封闭到全方位开放的伟大历史转折。

她刚写完这一段，桌上的电话就响了起来。任燕猜是夏建国来的电话，一听，果然是。

任燕奇怪了，说，你怎么知道我正好这个时候回北京，而且在办公室加班呢？

夏建国在电话里说，我不仅知道你在加班，我现在还看着你办公室的灯光呢。我就在大围墙外面。

心情激动的任燕搁上电话就奔下了楼，出大门后，果然看见披着大衣推着自行车的夏建国静静地站在寒夜的路灯下。

任燕再也顾不得什么，飞也似的扑了上去，双手勾住夏建国的脖颈儿，整个脸就贴紧了对方。

这是两位年轻人的第一次热吻。自行车倒在雪地里的惊心的声响，是这次热吻的伴奏。

第十五章

"让孩子们回来吧！"

一

邓小平种起树来，手脚还是很麻利的。他挥锹破土、挖坑、放树苗、填土、浇水，没有一刻消停。细细的汗珠甚至渗出了他的额角，在京城三月的阳光下闪现出亮光。

看见邓小平接连种下十几棵小树苗之后，叶剑英提着铁锹走了过来，不禁感叹说，小平同志，你还是身手不凡呀，不像我是来沽名钓誉的。

邓小平一听这话就哈哈笑起来。这一笑就急得他的小外孙女眠眠和小外孙萌萌一起叫，爷爷您怎么不种树啦？

这次来北京南城的大兴县庞各庄公社薛营大队植树，最欢快的就数眠眠和萌萌了。他们把这次植树当成了游戏，但却是一次认真的游戏。他们学着大人的样子给填好土的树苗浇水，自己的任务完成了不满足，还合力抬着一小桶水，给爷爷种下的小树苗也浇上水。

叶剑英夸奖说，还是这两个小家伙认真啊。

邓小平由衷地对叶剑英说，叶帅您能来，就是对全民植树活动最大的支持。

其实，邓小平一直是全民义务植树运动的倡导者和带头人。在第五届全国人大常委会第六次会议上，他提议把每年的三月十二日定为植树节，提案顺利通过。因为这次会议由叶剑英主持，所以当邓小平以后每年组织大家植树的时候，年迈的叶剑英也总是跟着来凑热闹，活络一下筋骨。而这一次原本打算住院调养的陈云，一听有植树节活动的安排，也跟着跑来凑趣了。

听到邓小平与叶剑英的笑声，陈云就开心地走了过来。李先念也出现了，说，哎呀，我这才种了七八棵，小平同志您都快种二十棵了。

叶剑英说，你们看小平同志把裤脚卷得那么高，就是干农活的样嘛，风风火火嘛。说到这里，叶剑英忽然又想起最近流行的一个名词"邓小平旋风"，于是笑着说，小平同志啊，你到哪里都是一股旋风呀。

一听到"旋风",大家都笑。陈云说,小平同志这回去美国,全世界的报纸都在说"邓旋风",这成流行词了。

邓小平这时候却显得有点不好意思,说那是美国记者瞎捧场啊。

李先念说,不,我看他们是真捧场。"邓小平时间""邓小平旋风",到现在依然风靡美洲大陆。中国人什么时候让西方这样夸奖过?小平同志,前几天有位华侨跟我说,您这一趟美国之行,硬是让东风压倒西风啦。

在大家的笑声里,邓小平的面容反而严肃起来。他说,这次去看了美国,看了人家的,再看我们自己,落后几十年啊,很多方面要向人家学习请教。我想,现在,我们必须横下一条心来,一心一意发展生产力,要顽固一些,要扭住不放才行,不然差距会越来越大。

陈云说,毛主席说过"虚心使人进步,骄傲使人落后",我看这句话现在还是管用。

邓小平对陈云的话很是赞同。他说,一个国家想要发展,首先要勇于承认自己落后,现在我们的技术水平还是西方国家五十年代的水平。所以,我们现在要搞的现代化,只能是我们自己的现代化。最近,我同外国人谈话,用了一个新名词——中国式的现代化。意思是到本世纪末,我们大概只能达到发达国家七十年代的水平,人均收入不可能很高。

李先念说,小平同志啊,您的"中国式的现代化"提法好。现在看,我们提出的到本世纪末实现四个现代化的一些目标,有些大了。

陈云说,我完全同意小平同志的意见。过去多年的经验教训说明,搞经济建设一定要切合中国实际,必须既积极又稳重,要防止国民经济比例失调。就像今天栽树一样,不能揠苗助长。

邓小平说,对喽,搞中国式的现代化。中国没有经验,只能摸着石头过河。

不过,邓小平还是认为,越是没有经验,越是要大胆地试,大胆地闯。他提议中央政治局开会专门研究中国的现代化问题。

邓小平的这一想法,得到了叶剑英的支持。不过,一向谨慎的陈云对此却表示出了担忧。他说,思想解放了,各种各样的思潮都出动了。现在,北京的西单墙热闹得很,说什么的都有,有反毛的,有反对无产阶级专政的。这样长期下去,恐怕不行。

听着这话,李先念也担忧起来,说,理论工作务虚会开了一个多月了,吵得一塌糊涂，什么问题都揭出来了。尤其是对毛主席功过的讨论，三七开的、四六开的、对半开的，甚至全面否定的，都有。我看应该有一个统一的思想依据才行。

三月的阳光依旧暖洋洋的，但小山坡上的气氛却沉重起来。

大家都知道西单墙目前的情况。北京电报大楼以西的这条两百米长的灰墙上，现在的"大鸣大放"已经出现了一些令人深思的动向。不少大字报公开要求实行"西方民主制度"，要求变更国体政体，造成了人们思想越来越剧烈的动荡。而目前正在进行的理论工作务虚会议上的种种争议，在一定程度上也是西单墙的折光。

叶剑英想到这些，眉头皱了起来。他说，理论工作务虚会是我提议召开的。我的本意，是想对全党工作重点转移之后的一些重大理论问题，作一些深入的研究和讨论。但是，会议也不能无休无止。小平同志，我看，还是要请你去会上说一说。对一些重大的问题，中央要有个说法，不然很难统一思想。这件事我想来想去，还只能劳你大驾了。

叶剑英此话一出，大家一齐点头，也一齐看着邓小平。

这确实是个重大问题，甚至大得不能再大了。全党全国要鼓足马力搞现代化建设，没有一个统一的思想，是迈不开步子的。

眠眠与萌萌一人一边扯着邓小平的裤腿，着急地喊，爷爷，怎么还不种树啊？

邓小平说，行，我去会议上讲一讲。

然后，他低头对自己的外孙女与外孙说，种树，种树，爷爷马上就种。

二

夏建国在北大学生食堂吃了午饭，就借了一辆旧自行车火急火燎地往城里赶。

他的目标是北京人民大会堂。他急于找的人是田源的母亲曹慧，他知道曹慧在人民大会堂召开的会议上担任简报工作。这次会议叫作"理论工作务虚会议",有五百多人参加,全国专事思想理论工作的领导都集中了,一开就是两个多月,据说争论得不亦乐乎。但是夏建国此刻关心的,并不是这个会议上争论的理论问题,而是要把一封火急火燎的信件通过曹慧往上递送,最好是直接送到邓小平手里。他是早上才接到这封来自云南西双版纳的挂号信的。挂号信很厚,因为这封信的后面十几张信笺都密密麻麻地签着名字。名字上有手印,粗算算就有一万多个。

这是一封万人联名信。这封挂号信里还夹着田源写给夏建国的一封便笺,信上说的就是,无论如何请夏建国以最快的速度把这封信交给他妈妈曹慧,并且要当面对他妈妈晓之以理,施加压力,让她紧急行动起来,找渠道往邓小平那里送。

田源在信上说,我爸爸是不会做这种事的,他总是不愿意为一些具体的事情麻烦邓小平。在这个问题上,还是母亲曹慧有可能出力。母亲毕竟心疼孩子长年累月在深山老林里没有出头日子的。

田源还告诉夏建国,是农场的那帮战友来电报动员他回西双版纳的,因为他们需要他做"头儿"。他是农场救人的英雄,也是舞台上光彩照人的"四五天安门英雄",他们需要他赶快回到西双版纳振臂一呼。那几个月,西双版纳农垦场已经陷于瘫痪了。知青基本上都不出工,他们日夜进行着各种各样的讨论、集会、请愿,质疑"上山下乡运动"的正当性,质疑前不久召开的中央"知青工作会议"的正确性。他们叫响的"我们要回城"的口号越来越震耳欲聋,不仅响彻西双版纳,也响彻云南各地的知青农垦场。这种强烈的呼声甚至引发了全国各地知青农场之间的互动。全国上千万的下乡知青都开始了越来越频繁的互相串联,逃跑甚至打砸、反抗等恶性事件愈来愈频繁地在各省发生。火正在愈烧愈烈。

更使田源、陆大洲、杜鹃这些云南知青愤怒的是,他们一个月前寄给邓小平的一封万人联名信,竟然被发现查扣在云南省"知青办"。这举动简直太粗暴了,直接剥夺了知青向上反映问题的正当权利。田源闻讯后怒火中烧,当即带着几十个知青冲到了昆明,大闹了一通"知青办",弄得几位"知青办"负责人灰头土脸,好几顿饭都没有吃上。

夏建国知道此刻他衣兜里的沉重,这不仅是田源他们再次写下的一封万人联名信,而且是一万声震耳欲聋的呐喊。这种呐喊,在已经结束了"以阶级斗争为纲"的社会来讲，无疑是具有正当性的，起码夏建国认为是这样。

不仅知青中的优秀分子要通过考试进入大学深造，成为中国现代化事业中的骨干力量，而且，所有的知青都应该回到适合他们的工作岗位上，用自己的才智为国家的现代化建设出力，不能只在荒山野岭里挥动锄头。

这是必需的。而且，刻不容缓。

夏建国此刻的心，与他兜里的一万个红手印一样，是滚烫的。

夏建国赶到人民大会堂的时候已近中午。警卫很严厉，远远地就挡住了他，根本不让他靠近那座宏伟的建筑。夏建国掏出自己的学生证，并且反复说明自己要找的是大会简报组的曹慧同志，要联系的事情属于"十万火急"级的。然而警卫根本不理会这些，指令他迅速离开。

夏建国失望地推着车离开了天安门广场，在骑过他最为熟悉的北京电报大楼的时候又下车停了一下，看着人头攒动的观看大字报的男女老少，又浏览了一些大字报的标题。满眼的"民主""政体""功过""专制"，他苦笑了一下。他想，现在，只有兜里的这一万声尖锐的呐喊，才是当前最迫切需要解决的问题。这牵涉到千万人，而且都是青年，而且绝大多数都是未婚。

还有比这更急迫的问题吗？

他把自行车推进西城区自己家的那个四合院，发现长在庭院中央的几处植物已经发出了绿绿的新芽。放学回到家的夏小妹蹦出来，欢欢喜喜拉住他说，大学生哥哥回到家里跟我们一起吃饭，真是太难得了。而母亲高兰走出厨房，神秘地对他说，田源妈妈曹慧正在后院与老田聊天呢，聊得挺热乎的。这可是好事儿，看起来他俩就要复婚了。

夏建国一听这话，高兴得差点没蹦起来。他马上对母亲说，我有事去后院见见小源的妈妈。您和妹妹先吃饭，别等着我，也别来打搅我。

急得夏小妹拍了哥哥一掌，说哥哥你忙啥啊，也不来和我说说话。

夏建国走到后院，直接就推开了田家的门，果然看见田志远与曹慧正面对面地坐着说话，两人脸上都是笑。

这么多年来，夏建国还从来没有见过田源的父母亲这么融洽。

田志远急着起身给夏建国泡茶，而曹慧也亲亲热热地拉住他说，快坐下来聊天，现在形势的发展真是太好了！我真是有很多话想跟你这个新党员唠唠。

夏建国说，小源妈妈，我是特地来找您的，要向您谈一件非常重要的事。

曹慧说，不忙不忙，我先跟你谈更重要的事。我认为现在没有什么事比这更重要了。你知道邓小平副主席今天上午在人民大会堂作报告了吗？你知道他是怎么给五百多个会议代表讲话的？我是按捺不住满心的欢喜才从人民大会堂直接赶到家里的，忍不住要跟老田说说我的心境。

曹慧说到这里，田志远就笑了，把一碗冲泡好的花茶放在夏建国面前说，建国你听见了吗，小源妈妈说回到了"家里"。这就是说，她已经把这里当成自己的家了，就说明她马上要搬回来住了。我这个理解很正确吧？

田志远话音还没有落地，肩膀上就挨了曹慧一击。曹慧说你猴急啥呀，老想着我哪天搬回来。我刚才给你讲的邓副主席那些话，你到底听清没有啊？

曹慧转过脸，又对夏建国说，我也给你讲一讲，邓副主席早上作的那个报告太解渴了。这么一讲，重大理论问题就有结论了，我看人心也就定了，理论工作务虚会议也就该闭幕了。他讲话的时候，现场那个安静啊，都是钢笔书写的沙沙声，连个咳嗽声都没有。讲完之后，那个掌声啊，就哗哗的、哗哗的，好多代表都站起来鼓掌。我听了也心里激动啊，好几年来总是认为这个邓小平上台后是想否定毛主席的，谁知道他今天讲了四项基本原则，就是要坚持毛泽东思想，讲得斩钉截铁，毫无余地。我听着眼泪就下来了，所以我刚才跟老田讲，你跟这个老首长，还是跟对了。我过去对老田不放心，现在想想，都是瞎扯。

听曹慧这么讲，夏建国也来了一点兴趣，说，邓大人到底怎么说啊？

于是曹慧就提纲挈领地讲了两条。她说，邓小平主要讲了两个问题。第一，要明确中国从一九七九年以后相当长一个历史时期的主要任务是什么。邓小平这里所指明的任务就是搞现代化建设。这是中国面临的最大的政治，代表着人民的最大的利益、最根本的利益。所以邓小平要求每一个党员、团员，每一个爱国的公民，都必须在党和政府的统一领导下，克服一切困难，千方百计地为实现四个现代化贡献出一切力量，要走出一条中国式的现代化道路。邓小平还说，要走中国式的现代化道路，首先要清楚我们的国情。我们的国情是什么？一是底子薄。中国仍然是世界上很贫穷的国家之一，过去三十年中，我们的经济经过两起两落，十年"文化大革命"对国民经济的大破坏，后果极其严重。第二是人口多，耕地少。人多有好的一面，也有不利的一面。在生产发展还不够的条件下，吃饭、教育和就业就都成为严重的问题。

说到这里，曹慧对夏建国说，在谈这个问题的时候，邓副主席还谈到知青的问题呢。

夏建国霎时瞪圆了眼睛急忙问，邓大人怎么说？

曹慧说邓副主席是这样说的：虽然大家都已经明确"上山下乡运动"是错误的，但是这上千万知青的出路在哪里，他们如何就业，人们却一直避而不谈，其实是不敢谈。扩大就业只能靠扩大门路，使城市能容纳更多的劳动力。

曹慧又说，不过，邓副主席在谈知青问题的时候也提到，这里问题很多，需要全党做实际工作和理论工作的同志共同研究，一定能找出适当的办法来妥善解决。

夏建国不作声了，手摸着下巴，陷入了思索。

他想，邓大人的这段话就表明了他的想法，与"全国知青会议"的精神是有区别的。他并没有严厉禁止知青回城的意思。这个问题，还是有讨论余地的。

想到这里，夏建国吁了一口气，他兜里的那封有一万人签名的信件又似乎火辣辣地热了起来。

这时候，他听见曹慧又在说，邓小平后来就指出了这次会议最重要的一个问题。他说，中央认为，我们要在中国实现四个现代化，必须在思想政治上坚持四项基本原则。这是实现四个现代化的根本前提。这四项基本原则是：第一，必须坚持社会主义道路；第二，必须坚持无产阶级专政；第三，必须坚持共产党的领导；第四，必须坚持马列主义、毛泽东思想。

曹慧说，你们听听，这个讲话多么有水平！这就阐明了拨乱反正、解放思想同坚持四项基本原则的辩证统一的关系，为整个现代化建设事业指明了政治方向，提供了政治保障。你们说是不是？我就觉得，再接下去，我们中国的这条大船就会走得相当平稳了，又有速度，又不会左右摇摆得太厉害。反正我听了上午的报告，就觉得心明眼亮。我在走出人民大会堂的时候，对我们熊复总编说，您无论如何要承认邓小平是个伟人，他要领着我们国家走一条崭新的道路。熊总编一个劲地点头说我承认，我承认。

田志远这时候就说，曹慧啊，你也无论如何要承认，问题落到我们两个人的家庭层面上来说，你是不是也该早一点回来了？我都催促你二十遍了。

曹慧瞪眼说，你这个人怎么大方向上看得很准，小问题上像个碎嘴婆婆似的。要我回来，还不是水到渠成的事情？你就嘴碎，当着人家建国的面还这么说！

田志远嘿嘿笑着，摸摸自己的头说，不说了，不说了，我是馋那碗炸酱面呢。

这时候，夏建国从衣兜里郑重地捧出了那封来自云南的沉甸甸的挂号信，说，小源妈妈，您看看这个。这密密麻麻的红手印里，有一个是小源的。我今天来找您，为的就是这封信。

曹慧听着有点发愣，直至把信看完，神色更加呆了。

她默默地把信递给前夫。田志远读了这信，一张脸也阴云密布了。

夏建国接着就转述了他所知道的云南农垦场的知青现状，以及他所了解到的全国的知青现状。他说，我总感觉到有一种声音在隐隐约约地响，那是火山喷发之前的岩浆的声音。我觉得这个问题已经是火烧眉毛了，国家要考虑一千万知识青年的前途问题。既然理论工作务虚会议上大家都认为"上山下乡运动"是错误的，邓大人也明确地支持了这样的观点，那接下来就是尽快妥善安置的问题了，不能再像"全国知青工作会议"所要求的那样让知青"坚守岗位"了，尤其是更不应该发生扣压知青写给邓小平信件的事情了。

夏建国还说，我在田伯伯面前也不隐瞒小源的想法了。他认为母亲还是有可能会想办法把这封万人联名信呈递给邓小平的，而父亲可能不敢。所以，他请我以最快的速度找到妈妈，递上这一万个新手印。

田志远一听这话就站了起来，皱着眉走了一圈，然后对曹慧说，还是你帮帮小源他们吧，这确实是个问题。

曹慧斜眼说，为什么你不帮？你去见你的老首长，不是比我容易得多吗？

田志远叹口气说，孩子这么信任你，你就帮他走这个程序吧。虽然中办的刘鑫已经临时抽调去干刘少奇案子的复查工作了，但是中办也还是有不少人很熟悉。我相信这封信会很快到达小平同志手里的，而小平同志也一定会有态度的。

夏建国一听田伯伯这么说，心里也踏实了，又说，动作要快。我是知道知青的心理感受的，我也曾经是知青。他们内心的火烧起来，就会很猛烈。

曹慧表示她愿意做这个事。她说，要是几个月以前，我绝不肯这么做，因为我是不肯否定任何一项"毛主席伟大战略部署"的。而现在不一样，我现在要想着中国实现现代化强国的这个总目标。但凡是有利于这个总目标的事，我就做。

更何况，这一万个红手印里，还有小源的一个。我也希望小源赶快从西双版纳回到北京。

然后，曹慧提出了两个方案：第一，这封万人公开联名信，通过最直接的途径呈送给邓副主席；第二，让一家有影响的北京报纸刊登这封联名信的摘要，帮助孩子们达成重新回城的心愿。譬如，《中国青年报》就成。这份报纸刚刚复刊，不仅在青年中间影响很大，中年人也很喜欢看。

夏建国有些疑惑，说，这样强烈的呼吁，报纸有胆量刊登吗？

曹慧沉思一下，对夏建国说，我有一定的把握。那家报纸的总编是我的老同行，我熟悉。我可以带着你一起去找他。万人公开联名信的摘要，是有可能出现在报纸上的。

夏建国跳起来说，我愿意跟您去！下午就去！

田志远说，曹慧啊，你这两个举措都很得力，我真是要向你学习了。你别以为我是在嘲讽你，我这可是肺腑之言。

三

当天下午，曹慧与夏建国的中国青年报社之行非常顺利。那位主编是个思想十分开放的人，答应得很痛快，在送客人下楼的时候还苦笑着说了一句肺腑之言。他说，老曹，实不相瞒，我们是同病相怜。我儿子和女儿都是黑龙江农场的知青，我和老伴想他们也想得半夜三更睡不着。

一听这话，夏建国说，明白了。

而仅仅在两天后，这封厚厚的《致邓副主席的公开联名信》就放在了邓小平办公室的案头上。王秘书在放下这封沉甸甸的信件的同时，还不忘在邓小平耳边解释了一句，这封信有一万多人签名呢，看来问题很严重。

接着，王秘书又从一堆文件里拣出一份报纸，小声说，这里还有《中国青年报》的一篇评论员文章，题目是《正确认识知识青年上山下乡问题》。您平时要求我及时递上关于知青问题的材料，所以我就送来了这份《中国青年报》。

邓小平在看联名信以及那篇评论员文章的时候，脸上的表情一直很沉重。半个小时后，他召来了王秘书，对他说，立即通知国务院知青办主任，还有王震副总理和农垦总局的负责同志，请他们来一趟，商量个解决办法。

邓小平所请的几位同志在一个小时后都赶到了米粮库胡同。他们没料到，在邓小平办公室一坐下，首先听到的就是邓小平略带恼怒的话语。

邓小平说，这是知青写给我的第二封联名信，据说第一封联名信已经被扣压了。给我的信怎么能随便扣压？如果你们总是这样采取压制、捂盖子的做法，上面怎么才能听到群众呼声，作出正确决策？

一听邓小平这批评，国务院知青办主任的脸唰的一下红了起来。其他几位客人也都屏住呼吸，不敢直视邓小平。农垦总局的鲁局长心里倒有点坦然，他想，正好趁这个机会向小平同志汇报一下知青的情况。自己也有三个孩子，分别在外地不同的农场。知青们的现状，自己心里有本清楚的账。相信小平同志是会有兴趣，也会有能力了结这本账的。

邓小平看着客人们一脸紧张的样子，缓和了语气，继续说，你们的思想没有解放出来。你们主管部门都不为广大知识青年说话，至少说明你们胆子小，工作没有取得主动。我知道你们工作有难处，但是，我们总是要敢于面对困难啊！知青的问题比较特殊，农垦总局的同志在这里先介绍一下情况吧。

鲁局长马上从公文包里拿出一份报告，边看边说，去年年底统计，包括建设兵团在内，全国国营农牧场已经发展到两千多个，拥有职工五百万人，而其中知青占一半多。他们属于正式职工，不享受插队知青的"三招"待遇，所以抱怨最多，情绪波动最大。

在鲁局长汇报了一刻钟之后，办公室又恢复了沉静，所有的人都感到了问题的严重与棘手。邓小平思考了一下，说，知青的情况，总的说来，比较特殊。但是我们处理起来，不能含糊。一方面我们要面对现实，实事求是，另一方面要给娃娃们讲清楚，我们一定会逐步解决他们的问题。

鲁局长壮起胆子说，小平同志，我说实话，各地知青出了那么多的状况，恶性事件也很多，板子也不能都打到知青屁股上，这与我们管理工作的混乱也是分不开的。有的系统和单位认为知青反正是要走的人，方法简单粗暴，一粒火星就点起了一片火，导致动荡不断。

刚说到这里，王震副总理赶到了，一进门就说，抱歉，抱歉，劳小平同志久等了。我是找报纸去了，是一份《中国青年报》。听说这份报纸上登了一篇"青年来信摘编"，摘编的是《致邓副主席的公开联名信》，指名道姓啊。听说小平同志今天找我们是研究知青问题，所以我怎么也得把这张报纸找到。喏，小平同志，您看看，真是点了您的名啊，他们等着您的表态啊。这份报纸也真胆大！

邓小平从办公桌上举起报纸说，你带的报纸，我也有一份。我已经看了，今天专门请你王胡子来，就是想听你这个农垦老战士说说这方面的工作经验。

谈到农垦，王震就太熟悉了。他一坐下就说，我就提几句历史吧。一九四一年，我们三五九旅在南泥湾，参加垦荒的战士是两千人；一九五三年，中央批准成立新疆生产建设兵团，参加垦荒戍边的有十一万人；一九五八年，我向主席建议开发北大荒，也仅仅是十万官兵。但是现在呢，全国农垦场的人员已达到五百万，其中知青占了大头。这人数太多了，不好办啊，娃娃们不安分啊。听说现在到处都在闹事，到底问题出在哪里呢？是不是和这些地方没有发展起来有关呢？起码也是原因之一吧。

邓小平一边听王震讲话，一边还举着那张《中国青年报》看，脸上依旧是忧心忡忡的样子。这时候，王震就噌一下从座位上站了起来。他当然知道邓小平担心的是什么，我们国家由于"文化大革命"已经损失太多，现在稍微有点起色，如果几百万农垦知青一下子全部回城，哪里来的就业岗位？对整个国家的影响也太大了，社会能安定得了吗？

王震于是直接表态说，他们闹事，我王胡子不怕，让这些娃娃找我好了！

邓小平摆摆手，让激动的王震坐下，然后缓缓地说，看来，我们对农垦知青这一块还是重视得不够，政策有问题。

鲁局长心里想，小平同志这句话说到点子上了。知青问题，说到底，就是国家政策出了问题。

邓小平想了想，继续说，西双版纳的自然条件很好，要把生产搞好。转告云南省委注意，把事情调查清楚，对存在的问题要坚决整改，争取尽快把事态平息下来。在中央对知青问题还在研究之际，希望广大知青还是要不误农时，搞好生产。

四

西双版纳傣族自治州派出的州委工作组火速赶到了西双版纳的农垦场，任务是做好知青的工作，让他们安心守着岗位，搞好生产，不要再闹事。

也是应云南知青办的紧急要求，省委才决定由州委派出工作组的。云南省知青办的同志在看到《中国青年报》上的文章后，才意识到问题的严重性。起初，他们以为云南知青在云南省内吵闹一下就完事的，没有想到，他们又把一封万人签名的信件寄到了中央，甚至还送到了邓小平的手里。

州委工作组的李组长深知农垦场的这些知青不好对付，他们敢闹敢打，甚至还能"通天"。但是，无论怎么说，安定是第一位的，生产是第一位的。什么都要服从大局，不能跟政府闹事。

而农垦场的田源、陆大洲、杜鹃这些知青也知道，这个州委工作组是不好对付的。如果工作组是诚心来听取意见和逐步解决农场知青回城问题的，那当然是好事，可以给领导留点工作时间，问题的解决总是逐步的；而如果工作组只是来安定人心，号召大家坚守岗位，并不解决回城问题的，那肯定就得摊牌了。因此，田源、陆大洲、杜鹃事先就与本农场的知青以及附近临沧、德宏、红河、文山等七个农场的知青进行了密集的串联。大家约定，一旦与州委工作组谈崩，就坚决起来抗争。

而且，这种抗争是有明确的目的的，那就是集体上北京请愿，汇聚到天安门广场去，或者汇聚到中南海门口去。到昆明坐火车也行，坐不成火车，哪怕步行也行。陆大洲甚至说"爬也要爬到北京"。

抗争所需要的横幅、口号、意志和决心，一两天之内就已全部准备就绪。

西双版纳这几个农垦场都脱胎于云南省建设兵团，几年来都是半军事化管理。如要说到抗争，说到请愿，那种排山倒海的力量是不容小觑的。

农垦场的大胡子场长嗅到了明显的火药味，心里紧张，连夜就跑到了田源所在的寝室，跟他说，我的英雄哎，千万不能再闹啦，听说要闹到北京去，你找死啊？你要注意自己的英雄形象哎！

田源说，中国的事情就是不闹不解决。要是我们当初清明节不在天安门广场闹，哪会有后来的大好形势？

大胡子场长说，什么大好形势啊？你们清明节一闹，邓小平不是就给整下去了吗？

田源说，不是后来又闹了吗？《光明日报》文章挑起真理标准大讨论，不就是闹吗？中央工作会议上，揭露那么多的严重问题，不就是闹吗？上海搞《于无声处》，我参加北大的《于无声处》演出，不都是闹吗？这么一闹两闹的，邓大人不是又出山了吗？邓大人不是开始把我们中国往现代化道路上推了吗？邓大人现在不是又表态说要逐步研究和解决我们知青的问题了吗？所以场长同志，您不必为我们担心。我们知青走了以后，您照样可以招当地的群众充实您的职工队伍，照样经营您的农场，生产也不至于像现在这样停顿，您慌什么慌啊？

当天晚上，这位大胡子场长回到自己家里，情绪变得出奇地平静，连他妻子都觉得反常。大胡子场长一边吃晚饭，一边安安静静地对妻子说，慌什么慌？我看天塌不下来。你别看田源那个小子，还真有点"英雄相"。

田源确实表现出了自己的"城府"。在与州委工作组见面之前，他再三跟陆大洲与杜鹃讲明白，谈话要有礼有节，要听清楚他们的真实来意再作出反应，不要轻易就冒火、对抗。

与工作组的见面，友好与平静的气氛至多也只保留了半个钟头，之后双方的调门就迅速升高了。因为田源与陆大洲这十位知青代表听见州委工作组李组长谈的全是老一套，说的都是"你们要安心，要坚守岗位""国家体谅你们的困难，你们更要体谅国家的困难""政策是党的生命，我们在具体贯彻时，可能存在这样或者那样的问题，对同志们思想、工作和生活上考虑得不那么周到"诸如此类的搪塞话。

陆大洲直接就站起来说，李组长同志，你到底想不想解决问题？你半句都没有提及我们的回城要求，你连邓小平同志说的"要继续研究和解决"的程度都没有。你们工作组就是这样来答复我们的迫切要求的？

李组长听见这么刺耳的话，一张脸立刻拉长了。

田源拉了一把陆大洲，让他坐下，耐着性子问，李组长同志能回答吗，为什么插队知青能陆续地回城，我们就不能回城？同样是知青，为什么区别对待？

李组长说，这不是很简单嘛？两者身份不一样嘛。你们是农场的正式职工啊，你们怎么能说走就走？

　　一听这话，杜鹃就蹦了起来，尖声说，你说得好听啊，什么正式职工，实际上就是剥夺了我们的知青身份，结果就是让我们永远失去回城的权利，而且把"病退""困退"这两条路也全给堵死了，真是缺德啊！

　　这么一说，在场的知青全控制不住自己的情绪，七嘴八舌叫嚷起来。这种叫嚷声使得早就候在门外与趴在窗户上听着的"联络员"都神经紧张了，他们纷纷用手势向各自的身后发出了信号。于是成排成连的职工们都开始向农垦场的场部会议室聚集过来，早已准备好的大横幅与小纸旗也都冒头了。

　　农垦场所有的知青都感觉到，一场风暴已经难以避免了。

　　而在会议室里，双方的争论也越来越激烈，唯有农垦场的大胡子场长拱着手，眯着眼睛，不发言。他心里想，吵吧，大不了就闹呗，只要不出人命就是。田源这小子聪明，问题就在一个"闹"字里解决的。

　　工作组的李组长见知青们一口一个"邓小平"，深知邓小平在知青心里的分量之重，于是也就决定搬出邓小平来说事。他站起来，挥着手大声说，中央和省委领导同志都希望你们能够顾全大局，坚守岗位，搞好生产！据我了解，邓小平副主席还对农场的发展作出了重要指示，邓副主席也是希望你们大家坚守岗位的。

　　一听这话，田源就蹦了起来，目光炯炯地逼问李组长，请问这是中央和邓副主席的意见吗？我不信！肯定是你们没有如实报告这里的情况！你不要假传圣旨。

　　李组长被彻底激怒了，砰地一拍会议桌，说，简直是胡闹！告诉你们，现在不是"文化大革命"，不是造反派为所欲为的时代！我们决不允许有人蓄意破坏知识青年上山下乡！我们一定要调查清楚发动写"万人联名信"的真相，谁带头的？谁串联的？把居心叵测的坏分子绳之以法！

　　田源一听这话就忍无可忍，突然冲到李组长面前，竖起两道剑眉，直盯着对方，咬牙切齿地说，我就是你说的"坏分子"！你以为你扣一顶"坏分子"的帽子，我就胆怯了吗？告诉你，我曾经的帽子是"现行反革命分子"。我曾经被通缉过，我还差一点潜逃香港。我今天实话告诉你，这都是被那个时代的坏政策逼的。我们现在就是为了要改变这种政策，才起来发表意见，才按上自己的红手印，给邓副主席写信的。你这次来，根本不是为了跟我们探讨解决问题的途径，而是一口一个"安定"，一口一个"坚守"。你知道我们农垦场七分场那位可怜的重庆知青是怎么死的吗？她怀孕生孩子，就难产在深山老林里一个根本不能称作卫生所的破烂房子里，连个好端端的医生都没有，一大一小两条性命就同时完了！你知道我们在这里干着开荒割胶的重体力劳动，到现在为止住的还是茅草房吗？知道我们一年里几乎有半年喝的都是咸菜汤吗？知青所受的苦，难道只是我们个人的苦？这是国家的苦！是全国家庭的苦！这种苦难必须结束！实话告诉你，我们全场一万名知青不可能再"安定"在你这种违背人性的"坏政策"下了！

田源话音一落，整个会议室满是一片抑制不住的叫好声。坐在屋角的大胡子场长又摸了摸自己的下巴，心想，这个田源，还真是个角儿。当初怎么没把他推荐到云南省话剧团去呢？

李组长显然被田源这一番劈头盖脸的话弄蒙了。刹那间，他清醒过来，盯着缩在屋角的大胡子场长，抖索着手臂厉声说，赶快派人，把这几个要造反的职工控制起来。

这时候大胡子场长就从屋角慢腾腾站起来说，对不起，我手下已经没有人了，所有的人现在都是听他们吆喝的。

说完这句话，会议室的门就砰一声被推开了。上百名情绪激动的知青带着他们愤怒的呼喊声一齐涌了进来，把田源、陆大洲、杜鹃围在中间。有人大声喊，我们生死在一起，不要命的就来吧！

州委工作组的八位成员面面相觑，一时不知怎么办才好。此时有位眼尖的组员挨近李组长耳边说，组长同志，您看看窗外。

窗外已经聚集起上千人的队伍，而且人数还在不断增多。得到消息的周边七个农场的知青们，带着自己的行李，分别坐着卡车、拖拉机或者步行，浩浩荡荡地向这里集中。

口号声刹那间雷霆般地震响了：誓死抗争！请愿北京！知青要做人！知青要回城！不达目的决不收兵！

看到这种突如其来的状况，州委工作组的李组长顿时头皮一麻，心想，这下坏事了，不来还没事，来了竟然闹成这个局面。于是他赶紧对身边的组员喊，赶快报告州委！报告省委！

五

田源双腿一屈，就朝两条铿亮的铁轨趴了上去。在胸脯贴上坚硬的钢铁那一刻，他甚至感觉到铁轨的微微震动。他知道，呼啸而来的火车可能不远了。而在同一刻，他也产生了两年前在宝安边境线"扑网"的感觉，两者都是这么悲壮。

远远谈不上"神圣"，但"悲壮"却是实实在在的。

几乎在田源卧上铁轨的同时，陆大洲也闪电般地扑了下去。而且，他扑在田源的左侧，那是呼啸而来的列车的方向。两公里外，就是昆明火车站。

而仅仅在陆大洲趴下去的两秒钟之后，杜鹃也趴在了他旁边，同时传来一声杜鹃的喊叫，让我做女人的先死吧！有什么大不了的！

一百多位知青就这么先先后后地趴了下去，任一批惊慌失措的铁路员工急奔而来苦苦相劝也决不起身，唯有一面写有"北上请愿团"五个大字的红色旗帜插在他们身边。

这一群云南知青北上请愿团卧轨者，是集体趴在昆明火车站以东两公里处的一个叫羊角凹的路段上的。立即，严重的事态出现了：当日由昆明方向开出的数十对客运和货运列车受阻，其中包括多对军用列车；昆明连接京沪、京广、陇海干线的铁路大动脉中断。

在铁路员工的紧急操作下，沿线的红灯接连亮起。曾经微微震动的铁轨彻底安静下来。

这种安静，首先就由田源的胸脯感受到了。他扭头对陆大洲说我们可能真成了"坏分子"，陆大洲说是。田源说，我们现在确实是切断了中国铁路大动脉的一角，但也许就是这种切断，使几百万中国农垦知青与城市的连接得到了畅通。我们的作为还是有意义的。

这时候田源听到了杜鹃在最前面咬牙切齿地叫喊，田源你不要作思想动员了，这道理我们都知道，历史将证明我们不是坏分子。我们一点都不坏，我们只是苦。

　　这群卧轨者能一路走到这个叫作羊角凹的地方，是经受了重重磨难的。从起先浩浩荡荡的来自八个农场的一千多人，一直到只剩下这义无反顾的一百多号人，其中的磨难可想而知。
　　当千人的请愿队伍分别从西双版纳傣族自治州政府的所在地景洪及思茅出发时，接到告急电话的云南省委就紧急电令滇南片区有关地、市、州委"切实做好说服工作，不放一个请愿知青到昆明"，接着就有各农场的大批知青被沿线民兵等组织拦阻在元江、景谷和哀牢山一线。在眼看无法成行的时候，田源与陆大洲商定，让一部分北上请愿的骨干分别花钱买车票，以个人旅行的身份集结于昆明。那面"北上请愿团"的红色旗帜也被田源折成了四四方方的小块，放入了自己的旅行背包。
　　终于，在这个叫作羊角凹的地方，这一百多个火热的胸膛紧紧地贴上了冰凉的铁轨。
　　田源将自己的额头紧紧地抵着路轨旁散发着柏油味的小石子，心里默默念道，爸爸，您原谅我吧，虽然您现在已经是国务院港澳办的副主任，在努力为国操劳。妈妈，您也原谅我吧。您是中共中央理论刊物《红旗》杂志的编委，您总是向全党全国挥舞着红旗。你们都原谅你们的独生子吧，无论他是死了，还是残了，还是伤了，还是判了，你们都原谅他吧。在这个动荡的社会里，他注定是个不安分的人。

　　十二小时过去了。这是紧张对峙的十二小时，是由无数个紧急电话、紧急电报、紧急指示所构成的惊心动魄的十二小时。
　　一百余位卧轨知青脸色坚毅，轮流卧轨，不听劝说，秩序井然，仿佛在从事一件精密度很高的工作。
　　铁路局派出的工作组，云南省革委会派出的工作组相继到达了现场。但是，他们反复的苦口婆心的劝说，通通无效。
　　阻止方不敢采取更为激烈的逮捕行动或者驱离行动，那将会引起这一百余位卧轨者的拼死反抗。甚至有人在某位知青的襟怀里发现了准备用来自尽的雪亮的剪刀。

依旧是僵持。

又是十二小时过去了。

天空飘过了一阵雨。雨过又天晴了。湿淋淋的知青们依然坐在铁轨上，或者卧在铁轨上，喊着口号，唱着歌，顽强地梗阻着中国铁路大动脉的西南部位。

田源小声地问陆大洲能否坚持得住，又小声地问杜鹃能否继续坚持，再接连问了十几位，得到的全是斗志昂扬的肯定的答复。

事情都到了这一步了，还有什么可怕的？全豁出去了！

整整六十小时。

终于，什么也瞒不住了。在昆明以东两公里处的这一最为严重的紧急事件，强烈地震动了中南海。华国锋、叶剑英、邓小平都先后得到了紧急报告。

邓小平这一天上午在庭院散步，只走了六圈，就再也走不下去了。王秘书注意到他的脸色特别凝重。

一刻钟后，王震副总理与国家农垦局的鲁局长就同时赶了过来。这两位客人的脸上，也是愁云密布。

邓小平在客人坐下后，许久没有开口，心间翻腾得很厉害。他在散步前还与国务院的其他领导人分别通了电话。他听到了不少斩钉截铁的意见，说现在接收一千万下乡知青回城，是完全不可能的。既然放下去了，就不能再回来。城市绝对没有能力安置他们，否则，刚刚有起色的国民经济将被严重拖累。现在的情况是只能按照现有秩序妥善化解。就是天大的难题，也要顶住。

说出这些意见的口吻，似乎是不容置疑的。确实，从某个角度来讲，这些意见是合理的，也是不容置疑的。然而，中国一代知青的正常人生历程被强制阻断，不应有的人生苦难大规模发生，也是不容置疑的现实。

王震见邓小平久不开口，叹口气说，小平同志，我知道您现在很难。您说什么，都很难。

邓小平摆摆手说，我看，这次事件的问题，既出在中央的政策上，也出在各级地方政府的工作本身。肯定是许多环节的工作没有做好，才把矛盾激化得这么严重。不是说要对全国知青工作会议所形成的《知青工作四十条》作一些重新研究吗？不是说让孩子们少安毋躁吗？为什么工作做下去了，矛盾就突然激化了呢？

王震说，那现在怎么处置呢？

邓小平没有回答，想了想，转脸对农垦局的鲁局长说，孩子们吃了很多苦，要真诚地关心、体谅他们，设身处地为他们着想。有条件解决的，立即着手解决。此外，要让孩子们了解当前的形势，体谅国家的困难。当然，最后处理问题，还是要有原则，要讲清利害。

在卧轨行动持续了整整六十个小时之后，突然有云南省革委会派出的特派员，飞也似的奔到了这个叫作羊角凹的路段。他手里挥舞着一张电报纸，跌跌撞撞地跑着。他的呼叫是这样的：知青同志们，快听我传达北京来电！中央同意知青请愿团赴北京反映情况！中央领导同志要直接与大家对话，要当面倾听你们反映情况，但是人数须限制在三十人以内！

一瞬间，飘着细雨的铁轨上出现了暂时的静默。但几秒钟后，欢呼声顿起，所有面色憔悴的知青都蹦跳了起来，互相拥抱，高声呼叫。

我们胜利啦，我们成功啦，我们要上北京啦！

田源首先停止了蹦跳，冷静下来，并且也让大家冷静。他挥手招呼大家说，快，全体撤下铁路，让火车通行！然后，他又把陆大洲拉到一边说，赶快组织三十个人，要挑身体最好的，西双版纳的八大农场都要有代表。其余的人都回农场，向知青们做好宣传工作，静等北京的消息。

陆大洲问各个农场的罢工是不是还要继续。田源认为罢工还是要继续，需要一种压力，因为现在的情况还不明朗，保持压力是必要的。

这时候杜鹃冲过来说，田哥，上北京能成吗？

田源说我看有八九成的希望。杜鹃问为什么。田源说，我也不知道为什么，反正有邓大人坐在北京，我就觉得我们知青的事儿能有改变。他是个能改变一切的人。

陆大洲说，田源这句话说得对，不过，他刚才那句话也对。杜鹃问是什么话，陆大洲说，罢工还是要继续。

六

田源又吃上了特别正宗的炸酱面。炸酱面是妈妈做的，面码儿调得特别地道。田源在吃到一半的时候就忍不住跳了起来说，叔叔伯伯们，我给大家来一段儿。

于是他离开饭桌，声情并茂地来了一段儿：青豆嘴儿，香椿芽儿，焯韭菜切成段儿；芹菜末儿，芦笋片儿，狗牙蒜要掰两瓣儿；豆芽菜，去掉根儿，顶花带刺儿的黄瓜要切细丝儿；心里美，切几批儿；炒豇豆剁碎丁儿，小水萝卜带绿缨儿；辣椒麻油淋一点儿，芥末泼到辣鼻眼儿；炸酱面只一小碗，七碟八碗是面码儿。

他这么一说一唱，看得田志远与曹慧热泪盈眶，一时都想起了儿子小时候的模样。在场的刘鑫、穆大江和曲径都啪啪地拍手，说田源天生是个戏角儿。

田源的高兴是不言而喻的。今天父母的复婚宴，主食就是炸酱面，这是田源一再要求的。当天早上八点半，田志远与曹慧便去区里的婚姻登记处办理了复婚登记。十点多钟，曹慧便系上了围裙，开始在灶间忙碌起来。

复婚的速度之快，连田志远与曹慧本人都始料不及，那是田源的硬性要求。田源率北上请愿团一到北京，住进国家农垦总局招待所，就给父母亲分别打了电话。他在电话里说，我们知青回城的要求，中央还没有明确答复，但是我本人有一个要求，你们一定要答应：我要回家吃妈妈亲手做的炸酱面。妈妈必须在家里做，而且必须以家庭主妇的身份做。你们俩没有理由不在一起了。你们要不答应我的要求，我就永远不回来。哪怕中央同意上千万的知青通通回城，就剩我一个，也不回来。

田源的这一"最后通牒"，听得田志远和曹慧都热泪盈眶，以至于这两位分手已经十一个春秋的冤家，在半个小时以后就在电话里敲定了一起去婚姻登记处的时间。然后，田志远的老战友刘鑫、穆大江、曲径，都接到了请吃炸酱面的喜气洋洋的电话。

复婚的当天晚上，田志远一家三口在夜灯下坐得很直。这个三口之家的话题，在这一刻变得沉重起来。

那一刻，把房门关紧之后，田志远是这样对儿子说的：小源，你对爸爸和妈妈提的要求，我们都做到了，而且做得分毫不差。但是爸爸也要对你提个要求，不管这次哪位中央领导接见你们、说些什么，也不管你们的要求是否得到了最终的解决，爸爸只要求你们一件事：你们要向中央承认，你们趴铁路、阻断国家的大动脉是不对的。你们要为此作检讨，你们太不懂事了。你们想把事情闹大的动机是可以理解的，但那有很多途径，不至于一百多个人要趴在铁轨上，把中国铁路的西南动脉活活切断。你们知不知道，国境线现在很紧张，军队有保卫国家的神圣职责，有多少军列现在要开赴国家的南疆？你们阻止了军列的通行，那是对国家整体利益的不负责任。所以你们在这个问题上，要反省，要有认识，要检讨。

就这个话题，田志远还说了很多，曹慧也不断地插嘴，加重事情的严肃性。

而田源在离开四合院，返回国家农垦总局招待所之前，只向父母亲表示了一个最简单的态度：明白了。

田源与他的二十几位赴京请愿伙伴没有想到，会见他们并听取他们意见的是中央政治局委员、国务院副总理王震老将军。

拄着手杖的王震将军是出现在电影院里的。他的两侧分别站着民政部的程部长和国家农垦总局的鲁局长。那时候电影《巴顿将军》刚刚放完，中南海剧场的灯在刹那间亮了起来，大家一下子就听见了拐杖响亮的咚咚声，看见了那位拄杖而行的头发花白的老将军。

在那一瞬间，所有的人都被王震将军的威仪震住了。

三十位赴京代表一齐站起来，向老将军鼓掌。

王震慢慢走到第一排前，示意大家坐下。

王震没有想到，那些敢于豁出一条命趴在铁轨上的知青们会向自己热烈鼓掌。这也是一种"礼遇"。

其实，王震这次来会见云南知青北上请愿团，是他自己主动向中央提出的。他说，我去会会这批娃娃们吧，我请战啦！

王震知道，国务院的各位领导现在都很难下决心让近千万的知识青年通通回到城里。据农垦局总局的统计，准确的数字是八百六十万。中国的城市几乎很难消化这些蜂拥而入的人口。在这样的情况下，王震的思想立足点还是，动员知青们回到各自的生产岗位上去，不要再闹事，不要误春耕，要以国家利益为重。

在王震准备会见知青代表之前，邓小平专门约他谈了一次。邓小平再三嘱咐他说，娃娃们受了不少苦，心里有很多话，要理解他们。一方面动员他们回去，另一方面也要告诉他们，相关政策，中央还在研究，要有一点耐心。

同时，邓小平又请他转告孩子们，有些问题看起来很难，但在发展中都有可能得到解决。生产搞好了，生活富裕了，好多问题就能迎刃而解。譬如，国家计委就可以在云南西双版纳搞一个发展规划，实行一些优惠政策，包括税收方面，也可以直接贷款。农场可以发展多种经营，种一些咖啡、可可、胡椒，既可以供出口换外汇，又可以为国家旅游业将来的发展储备一些资源。总之一句话，要调动一切可以调动的力量，全面发展经济。

王震觉得邓小平所说的思路十分管用。他想，如果自己把一切都说清楚，娃娃们安心回云南是不成问题的。

所以这一刻，王震看见三十位知青代表在为自己热情鼓掌，心里就觉得有底了。但是他想，在跟孩子们推心置腹说一些心里话之前，还必须指出他们的错处，而且这种指出要严肃。不然，一个国家就没有体统。一个没有体统的国家，谈何发展？

想到这里，王震就仰起脸，提高声音说，各位知青代表同志们，你们好！我是王震，党中央、国务院和小平同志委托我来看望大家！

又是掌声。

知青们愿意为这位穿着一身藏青色中山装、风纪扣紧扣、银发整齐往后梳的以军垦驻屯闻名的老将军鼓掌。

但是他们没想到，这位老将军突然表情严峻起来。他将手中的拐杖往上一扬，咚咚咚地在地上狠杵三下，厉声说，知青同志们，你们丢掉了军垦的光荣传统！现在全国都在加快建设步伐，你们却闹事！你们想想，对得起国家吗？

小剧场内的气氛顿时紧张了起来，大家没有想到这位老将军出语竟会如此严厉。在静默了片刻后，田源站起来大声说，王震副总理，我们承认我们有闹事的部分，比如我们趴铁轨、阻断铁路，就是一种闹事行为。我们给国家带来了不应有的损失。我们愿意为此道歉，向您道歉，向国务院道歉，向全国人民道歉。但是我们的请愿，也有不是闹事的部分。我们知青受到的待遇不公平，我们的命运不应该是这样的。我们要求拨乱反正，回到城市，开始我们知识青年新的生活。

王震点点头说，我明白了，你坐下。

这时候，大家又听到王震的手杖在地上咚咚咚地杵了三下，但是王震接下来说话的口气就明显地缓和了下来。他说他已经全文看了知青们的请愿书，看了许多相关的材料，明白知青们这些年的经历很艰难，知道国家的边疆生活很艰苦。他也转述了邓副主席关于要好好发展祖国边疆，特别是努力促进云南西双版纳地区经济发展的指示。他用高亢的声音说，西双版纳是个好地方嘛，要热爱它；中央并没忘记那里，恰恰相反，要建设好那里！

这一次的会见持续了一个多小时。王震说了很多，知青代表们也说了很多，但是大家最终还是听出来了，这位副总理表达的总的意思，还是要让知青们先回到生产岗位上去，有关问题由中央再行考虑如何解决。这样的结果，是不能让北上请愿团的知青代表们满意的。所以，当王震副总理快要离开剧场的时候，一位重庆籍的知青代表激动地站起来大喊，王震你不要走，你还是要直接回答我们的要求！

田源拉了拉那位代表的衣角，小声对他说，还是要冷静。

因为田源已经看出来了，中央在目前这个时期，还没有下定最后的决心。人数将近一千万的知青问题确实太大。看得出上下都在努力，也看得出问题难以啃动。

当天晚上，知青请愿团在国家农垦总局招待所进行了紧急闭门磋商。田源的意见还是先回去，不能耗在北京。陆大洲同意田源的想法，说问题的最终解决还是在基层。

杜鹃这时候却哭泣起来，她心里特别难受。

七

在三十位赴京请愿代表还没有回到云南的时候，国家农垦总局的鲁局长带着随行人员就已经飞到了昆明，并且连夜坐汽车赶往了西双版纳。

这次鲁局长亲赴云南，是邓小平安排的。邓小平在听取了国务院领导与云南赴京请愿代表的几次会见情况后，心间的阴云仍未散开。他知道，中央的权威和国家利益的通盘考虑，会给这些上京的孩子造成很大困扰；但他同时也知道，知青代表们所反映的深层次的问题，确实是存在的，无法从根子上解决。所以，邓小平当面嘱咐鲁局长立即去一趟云南，仔细看看那儿的状况，形成一个初步的解决方案，可以将情况直接向他汇报。

鲁局长从这次谈话中已经敏感意识到，这个"初步的方案"可能已经在邓小平的心海里沉沉浮浮了。心情激动的鲁局长在离开米粮库胡同的时候，忍不住对送行的王秘书叹了一声，说，邓副主席这些天一直为知青返城的事揪心，我看他已经快要下决断了。这真是好事啊，但也真是难事啊。

王秘书没有回答什么，只是点点头，嘱咐鲁局长去云南，路上保重。

这天坐在大圆桌上吃晚饭的时候，照例沉默着吃饭的邓小平却听见孩子们议论的话题，几乎都围绕着知青的返城。两个儿子都发表了各自的观点，三个女儿也都叙说了看法。尤其是邓楠，叙说了自己在汉中宁强县高寨子公社插队时的种种经历，感叹连连；邓榕也接着二姐的话，叙说了一番自己在陕北富县插队三年的思考。子女们热热闹闹的议论明显都带着一种旁敲侧击的意味，但是子女们也都小心翼翼地不把这种谈论搞得很激烈。他们知道他们的父亲很难，在这个问题上，做出任何的决定，都不是轻而易举的。

邓小平不知道，邓榕也正是在跟王秘书的闲聊中，才知道自己的父亲这几天为什么大事困扰着，所以会在饭桌上与她的哥哥姐姐们热烈地扯起这摊事儿。邓小平回到办公室的时候，只问了王秘书一句，农垦总局的同志是不是已经到云南了？

鲁局长在西双版纳和云南其他地区的农场连续走了十几天，所见所闻使他百感交集，每天夜里都难以入眠。嗡嗡嗡响在他耳边的，不仅有赶了又来的大蚊子，而且有各个农场知青的哭诉、呐喊与责问。伴随着这些声音的，是一些破破烂烂的场景：七歪八倒的草屋，见不到荤腥的饭菜，设备简陋、药品奇缺的各级卫生所和医务室。

作为知青家长的鲁局长，脚步越走越沉重。所以当云南农垦总局的一位领导把一份"黑名单"递在他面前，说这些人就是组织罢工、绝食的为首分子，说这些人如何打人、挖公路、躺铁轨、散布政治谣言、破坏国家安定团结，应该由公安来解决问题，鲁局长就再也按捺不住自己的情绪了。他说，你们认为这些知青要闹事、要造反，都害怕了，着急了，要公安部门派人来插手了？同志们，你们能这么考虑吗？中央没这个精神啊！我可以告诉你们，邓副主席是不主张这么干的。要抓人还不容易？趴铁轨的时候就可以抓了，到京上访的时候就可以抓了，为什么不抓？因为他们不是反革命，他们都是我们的孩子。他们闹腾，是因为他们心里有委屈。说到底，也是我们的政策出了问题。如果我们不从这个角度看问题，我们一定会激化矛盾，那不是云南之福，也不是国家之福。

鲁局长不仅这样说了，而且突然流泪了，还膝盖一软，跪倒在地了。这一突然状况的出现，是因为当时出现了极为意外的一幕。竟然有来自各个农场的一千五百名知青集结到了会议室外面的空场地上，齐声喊，我们要见中央来的领导。

鲁局长在震耳欲聋的呼喊声中走出会议室，还没有来得及跟这一千多位衣衫褴褛的知青们讲话，忽然就见知青们齐刷刷地全都跪下，"我们要回家"的哭声和喊声轰然而起。鲁局长始料不及，连退两步，大声喊"都给我起来"。话音还没落地，离他最近的杜鹃忽然冲上两步，抱住他的腿大哭说，伯伯，救救我们吧，放我们回家吧！我妈妈都重病了，我要回家！

顿时，哭声响成一片。

鲁局长就是这个时候冲着这一千五百多名知青跪下去的。他说，你们不起来，我也不起来了。咱们有话，都好好说。没有解决不了的困难，没有过不去的坎。

在知青们陆陆续续都站起来的时候，鲁局长也站了起来，掸掸膝盖上的泥土。

他回身看看站在他身后的几个目瞪口呆的农垦总场的领导，又看看站在南方烈日下的一千多位皮肤黝黑的城市知青，忽然拼尽全身的气力大喊，知青同志们，我是国家农垦总局的局长。我姓鲁，叫鲁田。我今天是以两种身份来看望同志们的。首先，我是一名国务院的工作人员，对同志们的情况负有了解、汇报、反映的责任。同时，我又是一个有三个知青子女的父亲。我在这里正式向你们说一声,你们,知识青年同志们,你们受苦啦!

声音听上去疲惫,苍老,沉重而又嘶哑,但却富有震撼力。

鲁局长看着流淌在一千五百张脸庞上的闪闪发亮的泪水,一千五百双眼睛也看着这位国家农垦总局局长脸上的闪闪发亮的泪水。

这一刻,直射的阳光下很安静,挤满了人的这块场地没有任何声响。

台阶上与台阶下的目光对接中,彼此感受到一种罕见的真诚。

鲁局长用平和的声音说,同志们,你们有什么意见,有什么困难,尽管提出来,我们一定如实向中央反映。

这时候田源就拨开人群,走到了鲁局长面前。

鲁局长一见田源就点头,说你叫田源,我认识你。他同时也想到了"黑名单"上的第一个名字。

他与这位长着两道剑眉的年轻人紧紧地握了手。

田源说,首长,您好!我们都知道您在云南走了很多天,也说过许多很温暖的话,您辛苦了!

鲁局长说,你说吧。

田源平静地说,首长,我们知道舍小家为大家、小局服从大局的道理,我们为知青连续的罢工、连续的请愿给社会带来的不好影响和造成的损失感到歉意。我在王震副总理面前已经表达过歉意了。我在这里当着我的战友们的面,再一次表达我们的歉疚之情。

鲁局长点点头,觉得这位知青很明白事理。

田源说,首长,作为城市知青,当初我们是响应毛主席的号召,豪情壮志、满怀希望地来到这里的。但是现在当我们挽着裤腿,裹着一身黄土,脸膛黝黑地走入城市的时候,才发现恍如隔世,我们离这个时代已经很远了。我们丢失了自己,而且国家也丢失了我们。对国家和对我们自己来说,这都是损失,都是不可接受的。在我们国家拨乱反正走向大发展的年代,我们需要回到适合我们的工作岗位上去。这就是我们的愿望,这就是我们的请求,这就是我们不变的决心。我们的全部希望,就凝结成两个字——回城!

田源把话说到这里的时候,"我们要回城"的口号声犹如海浪般地一波一波震响了。

待到口号声略为平息一些的时候,鲁局长对田源说,我能再一次握握你的手吗？

于是鲁局长又一次握紧了田源的手。鲁局长说，田源同志，你可以告诉你所有的战友，今天晚上我就跟中央领导同志直接通电话。你要相信我，我是真心说这句话的。

田源说，我相信。

八

当天晚上，鲁局长就拨通了北京米粮库胡同的电话。

电话很好拨，一路畅通。鲁局长估计是有人事先交代的。这种通信的顺畅，也使他感觉到了邓小平急于知道知青真实现状的迫切心情。

他在听见邓小平的声音的时候，突然鼻子一酸，眼泪扑簌簌地流到了电话听筒上。他听见邓小平在电话里说，不要急，慢慢讲。

他听得出这是一种安慰，同时也明白邓小平已经了解到他心情的激动。鲁局长一边用手帕轻轻擦脸，一边说，小平同志，我走了十几天，听了很多，看了很多，百感交集。我想向您报告的是，孩子们在这儿太苦了。我原来以为他们不懂事，不顾全大局，现在明白了，这不能完全怪罪孩子们，这里的很多情况令人难以置信。我以我这个调查组的名义请求中央改变知识青年上山下乡政策，让愿意回城的城镇知识青年全部回城。

这时候他又听邓小平说，你再详细说说吧。

于是，鲁局长开始了详细的、有条理的叙述。在叙述过程中，他似乎也听到了一种轻微的哽咽的响声，但他不能确定邓副主席是否也情绪失控了。他只是尽可能平静地把他所了解的、归纳的、总结的，一条一条地向邓小平汇报。

最后，他听见邓小平用很轻的但又很清晰的嗓音说，你说得很好。

电话挂断了。

这一夜，邓小平又有点辗转反侧。自从在东北公开说出反对"两个凡是"以来，他已经好长时间没有这个状况了。

他心里想，再难的事，牵涉面再大的事，凡是应该解决的，还是要想办法解决。这是国家欠的债。国家欠下的债，国家还是要设法偿还。这是一种道义。

尽管有许多同志要反对，反对的意见还很激烈，但是，这件事还是要推动。

他这么想着的时候，心里就平静下来了。

第二天早上起来，在院子里活动的时候，他对王秘书说，跟王震同志商量一下，召集一个会，请全国各地的知青工作负责人都来北京，农垦场的负责同志也来，再具体研究一下知青问题。我参加。

邓小平料想到了这个会议的嘈杂之声，但是没想到会这么嘈杂。发言情绪最为激烈的是来自各地农垦场的领导。对于农垦场领导来说，知青们首先是农村和边疆的建设者，其次才是有知识的青年。所以，如果知青全部返城，那么农垦场的工作由谁来做？这是他们最怕面对的问题。也就是说，知青对于农垦场来说是一笔可贵的财富。这笔财富不应该轻易消失。

情绪同样激烈的是国务院负责经济规划的部门。他们说，国家的经济刚有所起色，如果让八百六十万知青通通回城，那城市简直有崩溃的危险。这笔国家稳定账，是一定要算清楚的。

来自上海的同志说，上海是全国最大城市，城市人口最多，下放知青也最多。现在城里还乱得一塌糊涂，刚刚喘过一口气，无论如何不能再把农垦知青放回来，放回来一定没有饭吃。

北京市的一位领导紧接着表示，插队知青的返城已经使我们应接不暇了，招工、参军、招生、顶替，能用的招数都用上了。现在再回来一批，怎么办？北京是首都，前一段的知青返城已经导致了一些严重的社会问题，现在绝对无法再接收了。

邓小平一直没有吭声，默默地听着各省的发言。这些发言大多不赞成再出现一个知青返城的高潮，而且发言的火药味很浓。唯有来自他家乡四川的一位同志发言，赞成知青回城。那位同志是这样说的：把上山下乡当成运动来搞，证明是失败的。四川一亿人，平均一人不到一亩地。把城市人送到农村，就是跟农民抢饭吃。国家穷，饭不够吃，还要互相抢，双方都不愿意。"文化大革命"结束近三年，这个问题到必须解决的时候了。

邓小平一边听着这位四川同志的发言，一边心里默默盘算：根据劳动总局的统计，国家去年已安置知青二百五十五万人，接近"文化大革命"十年就业人数总和。而目前在乡知识青年还有八百六十万人，如果这八百六十万人都回城，就意味着安置数量还要翻两番，这就必然会对国家的经济发展造成巨大的压力。除经济压力外，八百多万知青回城要吃饭，要穿衣，要成家，要工作，这些现实问题当然会给城市造成难以想象的压力。

这一天的会议一直开到黄昏。讨论在很多时候发展到了争论，许多持不同意见的代表吵得脸红脖子粗，因为这个问题实在太大了。最后，不约而同地，大家都要求邓副主席作个指示。他们都想听听小平同志怎么说，小平同志说话往往很简洁，但又一言九鼎。

当然，大家也都心里明白，这句话不好说。这时候大家就看见邓小平站了起来，眼睛看着窗外，缓缓地说，现在看来，回城有问题，不回城也有问题。但有一点，就是我们不要怕，这终究是前进中的问题，我们一定可以用改革和发展的办法来解决。你们要问我的意见，我的意见就是一句话。

说到这里，邓小平深深地吸了一口气。

整个会议厅的人都屏住了呼吸。

邓小平一字一顿地说，让孩子们回来吧！

刚说完这句话，屋角有人突然以手扶额，痛哭失声。大家回头一看，原来他就是刚回北京不久的国家农垦总局的鲁局长。

九

火车刚刚在北京站台停稳，田源就第一个跳下了火车，而且在数秒钟之内就与来迎接的夏建国拥抱在了一起，接着又拥抱了任燕，还拥抱了夏小妹。

田源喊，胜利啦！

夏建国说，这是邓大人带给我们年轻人的又一次胜利。

站台上挤满了人，到处都是拥抱在一起的知青与他们的家长。

每一列绿皮火车驶入站台，车上的知青们就迫不及待地把车窗拉开，一张张面孔探了出来。到处在急切地挥手，到处都是急切的目光、急切的喊声。无数人随着火车在奔跑，在呼号。火车站台每天都在沸腾。

随着知青返城大门的开启，一列列开入全国各大城市的火车，几乎每天都在带回成千上万的知青。这些重新拥抱城市的男男女女，一个个皮肤黝黑，衣着不整，早已失去了十年前那种带着稚气与青春的容光。

但是，他们终于回来了。他们重新站到了生活的起跑线上。

田源冲进自家的四合院，向满眼泪光的父亲与母亲行了一个军礼，大声说，我回来了，大家都回来了！爸爸从"牛棚"回来了，妈妈从杂志社回来了，我从西双版纳回来了，我们这个三口之家总算团聚了！

说到这里，他从贴身衣袋里取出了一叠薄薄的纸，举到空中。

田源举起的是户籍迁移证明书、粮油关系迁移证明单、现实表现鉴定表。

一代知识青年都从农村回来了。

这些天，邓小平的睡眠状况越来越好，血压也越来越正常。

这个信息是护士告诉王秘书的。王秘书听了很高兴。

第十六章

中国可以这样敞开胸怀

一

　　回到北京的陆大洲可没有像田源那样洒脱，他几乎每天都要跑到西城区新街口办事处的门院里，盯着墙上的那块小黑板，看看自己的名字有没有出现在上面。那块使人心焦的小黑板在将近两个月之后才出现了杜鹃的名字，让杜鹃当场就跳了起来，而陆大洲的名字却始终上不了榜。

　　街道办事处负责安排知青的招工，庭院里每天都密密麻麻地挤着等待工作岗位的回城知青。工作岗位的稀缺使得知青们焦急难耐，尤其是家境比较困难的，比如陆大洲，心里更窝火。他好几次冲着那位走路慢腾腾的街道办事处胖大妈喊，怎么还没轮到我啊？要等到什么时候？见鬼，还让不让人活了？都好几个月了，再不给分配工作就断粮了。

　　杜鹃进的是"大集体"，是个菜场，当营业员。菜场虽然不是国营的，但也够她欢喜了。一个月三十二块钱的稳定工资，使她激动得无以名状。她当场就摇着陆大洲的肩膀说，你别嚷嚷了，有我工作，咱日子就可以过去了。我俩已经扯了证，虽然没钱办喜酒，但也算是正式的两口子了。我的钱就是你的钱。这三十二块，我们每个月给患病的老人十块，剩下的也够你我两个人吃饱肚子的了。再说菜场的工作，还能有些福利，有些要处理的菜听说还能优先处理给内部职工，这就够咱们便宜的啦。

　　有一次，陆大洲在街道办事处门口偶然碰见田源，问他干吗去了，说怎么老不见他影儿。田源说，急什么急？回来了就松坦着过日子呗，何必每天上班八小时铆在那儿啊？

　　陆大洲说，反正你父母都是官儿，有钱，饿不死你。我可不成，我一个大老爷们儿，不能吃杜鹃的工钱，吃了都害臊。

　　其实田源也感受到了家里的压力。尤其是母亲曹慧，好几次唠叨着让他早点找一份正经工作，说一个人有了正经八百的工作岗位，才有一份社会安定感；有了这份安定感，才能考虑下一步的恋爱与婚姻，人家姑娘才愿意跟你。

而田志远却没有曹慧那么心焦，吃饭的时候总是一边给儿子夹菜，一边说些大道理。比如他这样说：我近来又看到一份文件，咱们国家就业压力大啊。一九七八年的回城知青，就是二百五十五万人；一九七九年回城的，就有将近四百万人。你想想这个数字，吓不吓人？这些等待就业的知青，加上城市原有的待业人员，再加上新成长的劳动力，现在我们国家积累的城市待业人员已经达到一千五百万人。你想想，党中央国务院着不着急？小平同志着不着急？

田志远又说，吃饭，吃饭，咱们就别逼小源了。

他又对田源说，继续去北大，找你那帮演过戏、立过功的朋友们去玩吧。没事儿也去教室里旁听旁听，北大的教学质量还是好的嘛，听说有些老教授讲课讲得棒极了。别急着进工厂，家里总是供得起你的。

这话就叫曹慧听着不高兴了，说，就你宠着小源，一个大老爷们儿的，整天晃来晃去像什么话？既然喜欢去北大，那就好好旁听一番，订个复习计划，准备今年高考，这也是一条正路。你去年不是也考上了云南那所大学的吗？就你嫌弃，不愿意上门。那你今年就立个志气，进一所北京的大学。

田源说，你们烦不烦？我苦了那么多年，户口迁回北京才没几个月，就招工啊，复习啊，这么逼儿子干啥啊？我慢点儿上班，还能给邓大人减轻一份压力呢。

听儿子这么说，田志远也点点头说，确实是这样，国务院的压力实在太大了。农垦总局那个鲁田局长，半个月前刚刚调任国务院知青办主任，也为知青就业问题每天抓耳挠腮呢。

二

连续两天，鲁田都坐在嘈杂的大会议室中，举着笔皱着眉。

本来，开个全国知青办主任座谈会，是不应该这么嘈杂的。可是成堆的问题和尖锐的矛盾，使得各地的知青办主任一说话就上火。尤其是来自大城市的知青办主任，脾性更急。

鲁田忍不住打断大家的话，说你们别光叹苦，现在哪个地方不苦？你们说点你们的经验嘛！你们为安置回城知青动的脑筋还少吗？北京先说！

于是，北京的知青办主任打开笔记本就说，我们北京搞了些地方政策，允许一些工厂、商场和大集体单位搞"内部职工子女顶替"，这就解决了个别家庭极困难的待业青年就业问题。我们还允许一些单位招收临时工，也解决了一些内部员工的子弟就业问题。另外就是街道办事处帮助待业青年搞一些便民服务，比如组织搬运队送煤气罐。

但是说到这里，这位知青办主任还是放下笔记本叹起了苦，说，鲁主任啊，杯水车薪，剩下的缺口还很大啊。不是我要把自己比作一头驴，我实在是黔驴技穷啊！

鲁田皱皱眉说，上海的说说。

上海的知青办主任就说，刚才北京说的那几条，我们上海也做了。问题与北京一样，也是杯水车薪。不过，我们上海现在有个新情况。因为我们上海的小青年脑瓜子活络，一些待业青年自己想办法攒活儿挣钱，有的搞副食摊，有的搞服装摊，倒是解决了一些问题。但这种做法，并不合法，有争议，所以我们知青办不敢明确表态是鼓励还是不鼓励。

北京知青办主任说，我们北京小打小闹的也不少，工商局也是睁一只眼闭一只眼。说实话，要是真能放开了，让待业知青自谋出路，倒也是个解决办法。

话音还没落，云南知青办的那位女主任就噌地站了起来，说，放开？什么叫放开？这种放开，不是鼓励长资本主义尾巴吗？不是鼓励出现新的工商业者吗？要记住，我们是社会主义国家。这种资本主义经营方式不论规模多大，都是不能允许的。我们虽然是知青办，要解决的是知青的就业问题，但是这里面也还有个方向路线问题，有个提倡问题，有个引导问题。我们都是共产党员，我们要把好这个关。

坐在她对面的上海知青办主任一听这话，也噌地站了起来，说，你不要站着说话不腰疼，你们云南把人都给我们退回来，还说什么尾巴不尾巴，那么难听！怎么说，当年也是我们几万热血青年支援你们边疆建设，现在你们倒说现成话！你们想想，你们云南现在是怎么干的？我听说你们知青办把印都挂办公室门口，要返城的自己随便盖。你们云南甩了包袱，反而说我们上海长什么"尾巴"，你们这说的是人话吗？

女主任瞪圆眼睛说，我说的句句是人话！知青回城政策是国家定的，是中央的政策，和我们云南知青办有什么关系？！

鲁田就这么坐在争执与吵嚷声中，一直坐到会议快要结束。他最后平静地说，现在问题确实很多，矛盾也确实很大。很多政策性问题，从我们知青办的角度来说，也难以判断，更难以推动，我看还是给中央写个报告，全面汇报情况，看看中央怎么定。

一说到给中央写报告，会议室又顿时热闹起来。这个说，一定要写上我们那里待业青年太多了，天天没事干，打架斗殴，喝酒闹事，影响社会稳定。另一个抢着说，我们那里刚拨乱反正，气儿还没喘顺呢，知青又回来了。政府门口天天围着一大群人，问政策、等工作的，还有打标语、喊口号的，每天都在闹。这种混乱情况，也得好好写上。

鲁田敲敲桌子说，会议到此结束。

邓小平在三天后就看到了国务院知青办打给中央的报告。他一连将报告看了两遍，越读心里越沉重。那报告的标题与副标题就叫人心里发沉:《一项牵动全局的重大问题——关于上千万人要求就业急需统筹安排的报告》。

当天上午十点，他按时去庭院绕圈散步的时候遇到女儿邓榕。邓榕主动提出陪父亲走路，她一边走，一边像说稀奇似的给父亲说了一段"两个回城知青卖鸡蛋的故事"，仿佛她知道父亲眼下正在考虑哪方面的问题。

邓榕当然不知道，那两个蹲在胡同口的回城知青，一个叫田源，一个叫陆大洲。虽然她从北大学生剧社演的《于无声处》中看到过男主角田源，但她根本不会把英俊的男主角与蹲在胡同口的知青联系起来。她只知道摆在两个知青面前的一篮鸡蛋，很快就被经过那条胡同的行人们购买一空。她本来也想买几个的，因为那些鸡蛋个儿大、新鲜，甚至还带着鸡屎，比菜场里卖的中看。她那时候骑着单车，鸡蛋不好带，也就没买，但她觉得这个事儿挺新鲜。她与那两个卖蛋者简单交谈过几句，知道他们都是从云南农垦场回来的，一时无法谋生，所以就蹲在胡同口卖鸡蛋。虽然这不合法，有点儿像以前报纸上狠狠批判过的"投机倒把"。

邓榕说，我看这其实没啥问题，价格跟菜市场的一样，东西还新鲜，居民们还可以少跑路。所以买蛋的和卖蛋的，都很满意。

邓小平听完故事，没有作声，只是默默地继续绕圈。绕到快第十圈的时候，邓小平站住了，若有所思地说，草绿了。

邓榕随着父亲的目光看去，果然，一片若有若无的轻盈的绿色，已经悄悄地在两亩大的庭院里浮现了。

邓榕说，爸爸您眼真尖啊，草真是绿了呢。

这时候，邓小平心里琢磨的是，应该马上召集一个国务院经济工作会议，专门研究城市就业问题和国民经济发展中的几个突出问题。

其实，田源在菜场门口遇到陆大洲，看到他手中的那篮鸡蛋，也是偶然。他看到陆大洲那种踌躇而痛苦的样子，心里老大不忍，于是伸出右手拎过鸡蛋，又伸出左手拉住陆大洲，说你还不如自己摆个地摊卖，于是就把他拉到了那个行人络绎不绝的胡同口。

陆大洲在菜场门口百般踌躇，是因为他不想再给杜鹃添麻烦。他已经好几次到郊外从农户手里收购鸡蛋，然后通过杜鹃这个菜场营业员把这些鸡蛋转售出去，从中得到的差价使他感到了一个城市男人小小的价值。问题是杜鹃那个班组的组长已经小声警告过杜鹃了，说再这样做下去，他只能汇报给菜场领导了。

陆大洲没有想到，蹲在胡同口也能售出与菜场等价的鸡蛋，而且售卖得更快。价格的平实与鸡蛋的新鲜度一下子吸引了众多的行人，连骑车经过的邓榕都下车察看了半天。

半个小时后，田源就拍拍拎着空篮子的陆大洲说，在大城市里讨生活，不长个心眼儿不行。趴铁轨阻断铁路的那种豪迈，在这里可不管用了。

陆大洲数着皱巴巴的毛票和分票，笑着说，这是犯法，不过我也知道，这种犯法比起趴铁轨那种犯法，可是小多了。

田源摇摇头说，要是上纲上线说，这两种犯法一样严重。

三

　　中央好几位领导都出席了经济工作会议的关于知青就业问题的汇报会。国务院知青办主任鲁田汇报的口吻一直很沉重。他说了很多数字，说知青大返城之后，城镇待业青年达一千五百万，总数超过"文化大革命"十年安置就业人数的总和。保守估计，三年内陆续返城的知青人数加上城市待业人口将超过两千万，大体相当于城镇人口的十分之一，涉及城镇一半以上的家庭。

　　最后，鲁田以这样的话结束了他的汇报：庞大的就业压力已经使我们喘不过气来。如何尽快解决返城知青的就业问题，关系到国家的安定与团结。这个问题的急迫程度已如火烧眉毛。

　　会议厅的大吊灯发出柔和的光，但是所有领导人的神色都不轻松。邓小平不顾服务人员的提醒，已经连续抽了三根烟了。

　　谷牧打破沉默说，这么多人待在城里没事做，当然是个很大的不稳定因素。国务院每年划拨十亿元作知青经费，可以从这里腾出一部分辅助城镇安置待业青年，搞些集体服务。

　　李先念微微摇头，说这么多的城镇待业青年，光靠国家和集体企业，恐怕也消化不了。谷牧叹口气说，是啊，拿出五亿到八亿的经费安置就业，也只能解决四百万人左右。

　　邓小平看着谷牧，掐掐指头说，一个是四百万，一个是一千五百万，两者比例是一比四，大部分还是解决不了。我看，知青安置问题，还得多想一些办法才行。在这个问题上，我们的思想也要再解放一些，步子也要再大一些。

　　听邓小平这么说，鲁田来了劲，把一个他想了好多天的建议摆在了桌面上：这么多待业青年，国家都包下来也不现实。中央可以给个政策，让返城知青自谋职业，自找出路，比如可以给些安置点，鼓励搞点小个体，国家减免征税之类的。在我们召开的全国知青办主任座谈会上，有一些同志就提到了这个问题。但是更多的同志还是担心，担心这些个体都是体制外的，如果开放了，参与人数过多，就把我们社会主义的体制给打乱了，会引导出一些不好的倾向。

鲁田在这里用了一个"不好的倾向"，而没有用"资本主义倾向"，是怕后者的刺激性更大。"四人帮"不老是攻击邓小平是"全国第二大走资派"吗？现在邓小平就坐在这里，他怕给中央的领导带来压力。

但是他没想到，他的话音刚落，从会议桌对面就传来"我看不会"的斩钉截铁的四个字。

这是邓小平说话了。

此时，会议厅里所有的目光一同聚集到了邓小平的身上。

邓小平放下手中的烟，环视着与会者，声音硬朗地说，我看，这个"自谋出路"很好。现在就是要千方百计、千军万马地解决就业问题，就是要打破什么都由国家包下来的老思路。我们要调动各方面的积极性。其实，说到底，就是要改革这个体制嘛。一改，不是乱了，是活了。

听邓小平这么说，鲁田心里激动，迅速在笔记本上作着记录。他想，这就是领袖的具有开创意义的话了，虽然话说得平和，但却指向了一个新的方向。不仅政策要动，体制也该动动了。

这绝对是中国的出路。

这时候，鲁田就听到了李先念表示赞同的发言。李先念是这样说的：不少地方已经有偷偷干的了，就是我们还不敢承认他们。这也是客观规律，有需求就有生产，搞副食的、卖针头线脑的，都有。

邓小平马上接过李先念的话说，我看，知青就业问题，光搞小个体也不行，这还是小打小闹。要多搞点轻工业、服务行业，能用不少人。知识青年就业是经济上的事，终归还是要用经济的办法解决。现在就业压力这么大，就是缺少能人站出来带头。能人过去有很多，他们是生产的组织者。我们长期没有把这些能人用起来。

大家听出了邓小平话中有话，神情都有些呆了。

邓副主席所说的"能人"，指的是谁呢？

邓小平看出了大家的疑惑，便清晰地、直截了当地说，为什么不让原来的工商业者、资本家都参与进来？让他们一起想办法来解决我们的问题嘛。现在就是要千军万马行动起来，"八仙过海，各显神通"，人尽其才。原来的工商业者、资本家海内外联系广，经商办实业经验多。这是一支不可忽视的力量。这支力量,要好好地利用起来。

会议厅里一片记录的沙沙声。记录者都觉得这些话有些振聋发聩。要不是邓小平这么说,谁都不敢往这个方面去想。要是这么去想,照以前的说法,明摆着就是"阶级立场不稳",就是"向资产阶级投降",就是"走资本主义老路",谁吃了豹子胆啊!

邓小平继续目光炯炯地说着话,把他一个时期以来的思考都逐步阐述了出来。他说,我们连美国的大资本家都要引进,比如美国的石油巨头哈默,我们要用他的资金和经验。谷牧同志告诉我,哈默已经派人来跟我们联系了,要与我们合资开发项目。谷牧同志说要在国务院内设立一个专家组,准备把专事经济研究的夏默同志从上海宝钢调回来,担任专家组组长,专门与哈默以及外国投资者谈判合资项目。我看这个措施是有力的。我们能用哈默,为什么就不能用国内的能人?我们国内的能人也有经验,也有魄力,也有爱国热情。在项目上,我们还是要多搞点轻工业。这样做,能增加就业机会,还能改善老百姓生活。还可以搞服务业、旅游业。我们还有一个资源,就是在海外的侨胞、华裔。他们加在一起,有几千万人。这是一笔巨大的财富,也要用起来。

邓小平说到这里的时候,坐在他斜对面的王震忽然就激动地插了一句话,小平同志,您不是说要推荐能人吗?我可以推荐一个人!

王震说的人是荣毅仁。这个名字一说出,整个会议厅都惊讶地"哦"了一声。

邓小平却笑了,说,荣氏家族遍布世界各地,荣毅仁本人又非常熟悉企业管理,他当然合适。

李先念也笑了,说,我听叶帅也推荐过荣老板。叶帅说咱们共产党要开放,搞引进,人家资本主义不一定相信你。荣毅仁不一样,他在国际上知名度很高,家族中也有很多人在国外,由他出面能吸引一部分人来投资,这样也可以吸引到更多的外资。他这个优势,别人替代不了。

邓小平这时候就转脸对谷牧说,你去请荣老板出山吧。

谷牧在三天之后就造访了荣家,向主人说明了来意,并且还当着荣毅仁的面朗读了一首荣毅仁所作的诗:"往日风云过眼底,今朝人物数英雄。不甘伏枥添砖瓦,万里江山代代红。"

时年六十又三的荣毅仁没想到，堂堂国务院副总理能来到家中，态度还这么恳切，一时间眼眶都湿润了。谷牧拉着他的手说，毅仁同志，您以前办实业、管经济，善于与资本打交道，也善于与国内外的资本家打交道。邓公小平想请原来的工商业者都出出力，多办实业，也帮助引进些外资。您在这方面有经验、有路子，小平同志说了，这事非您莫属，他想请您当面谈谈。

荣毅仁说，谷牧同志，实不相瞒，我也一直关注世界经济状况。引进外资发展经济，中国现在机会特别好，确实不应该错过这个机遇。这方面我有一些思考和心得，如蒙邓公青睐，荣某定当倾心尽力。

一番话说得谷牧很满意，两人一而再，再而三地握手。

荣毅仁没想到，隔了没几天，他在心目中特别崇敬的邓公就会见了自己，而且把这次会见安排在邓公接见美国客人的场合里。穿着一身银灰色法式西装、打着蓝色领带的荣毅仁吃惊地握着美国财政部部长布卢门撒尔的手，也依次握着这位部长所带来的一大批美国企业家的手。而且，让荣毅仁没有想到的是，邓小平在回答美国人所问"贵国去年引进了一百多亿美元的项目，可外汇储备还不到两亿美元，请问贵国如何保证资金的偿还"这个问题时，竟然是这样地把自己介绍给美国客人：当然，做生意有生意上的一套，要回答怎样保证你们的利益和利润这个问题，我今天就把我们的大资本家请来了。今天在座的，不少是美国的钢铁大王、餐饮大王，可你们都比不上他。他叫荣毅仁，曾经是棉纱、面粉双料大王，管过大资产，是我们中国著名的企业家。他会做生意，懂商道，知道怎样以商人的方式跟你们打交道。将来招商引资，我们就想让他专门对口弄一个机构来进行管理，你们要投资可以直接找他。

邓小平的这一席话，让美国的财政部部长很是兴奋，却让荣毅仁吃惊不小。他没有想到邓小平会如此信任自己，一时说不出话来，只是频频点头。

他也没想到，邓小平在送走美国客人后又单独会见了自己，在听取了自己关于融资方面的建议后，随即指定由自己挂帅管理这个旨在吸引国外投资的融资公司，并且当场兴致勃勃地挥笔，为自己的书房题了"戒欺室"三个大字。

当然，他也没想到，时隔不久，邓小平会再次会见自己，并且把中国工商界的元老级人物胡厥文、胡子昂、古耕虞、周叔弢一起请到了人民大会堂的福建厅。邓小平热情地称他们五个人为"老同志"，还明确地说要给"资本家"摘帽子。邓小平当时是这样说的：要落实对原工商业者的政策，包括他们的子女后辈。他们早已不拿定息了，资本家的帽子为什么不摘呢？先摘帽子！

邓小平还积极地鼓励他们办公司。对于他们害怕政府"干涉过多"的疑虑，邓小平也回答得很干脆，说，没有什么好担心的，你的企业你做主。人、财、物，经营的方式，都是你说了算。我给你规定一条——你的企业，你全权负责处理，处理错了也不怪你。

荣毅仁当时就觉得自己的眼眶湿湿的，心里想，邓小平对我们这些老工商业者如此信任，说明了他心里的焦急程度。他是在为中国目前的经济落后面貌焦急，他想尽快改变中国现状。他把中国老百姓的利益切切实实地扛在了自己的肩上，甚至比每个老百姓心里都急。所以他的思想这么大胆，思路这么开阔，也不怕别人说三道四。

荣毅仁直到吃完邓小平所宴请的"涮羊肉"离开人民大会堂，还一路在想，我荣某人除了"肝脑涂地"四个字，还能用什么回报邓公的信任呢？

四

曹慧终于在一个偶然的机会中发现儿子竟然在帮着别人倒卖鸡蛋，而且数量还不小，从开始的一篮鸡蛋到了最后的一车鸡蛋，生意火得不行，不由大动肝火。但是田志远的情绪却不像她这样激动，他只是劝慰妻子说，咱们找小源好好谈一次吧。小源是个有脑子的人，在台上演"四五英雄"，在云南领着一帮子知青趴铁路，这次回北京陷到一堆鸡蛋里面，肯定有他的想法，咱们不妨听一听。要是他说不出个道道来，咱们就共同来劝他复习参加今年的高考，行不行？

田源听说父母亲要找他开三人家庭会议，心里有些紧张，找了夏建国聊，夏建国说没事；找了任燕聊，任燕也说没事。他俩都说，你只要把自己的真实想法向老爹老娘讲明白了，相信他们也会理解的。天下的路多着呢，不一定非得当大学生。

于是当天晚上，田源洗净了手上的鸡蛋味儿，规规矩矩地坐到了父母亲面前。随着父母亲的询问，他的话匣子不由自主地全部打开了。他把双手交叉着平放在桌面上，两眼平静地注视着父母亲，缓缓地说，爸爸、妈妈，你们知道，我打小就对历史感兴趣，幻想当个司马迁一样的大史学家，究天人之际，通古今之变，成一家之言，也就是志存高远吧。这些年我经历了太多的事情，眼看着我们的国家从乱到治一步步走到今天，我突然意识到，我们正有幸生活在中国历史发展的一个大变革、大转折的重要关头，生活在一个将在根本上改变我们国家面貌的伟大时代的起点上。我想，我既然生活在这个时代，就应该跟着这个时代的脚步走。有人说，我们这一代人是被耽误了的一代人。这话，我不服！像我这样的知青，全国有上千万人，而能够上大学的加在一起也不到一百万。没有上大学的这些人不应该被社会鄙视，更不应该被社会抛弃。当然，他们自己也不应该自暴自弃。我想和他们一样，不是靠父母，不是靠长辈，而是靠自己的力量在国家的改革大潮中闯出一块自己的天地来。回城以来，我跟建国、跟任燕反复地讨论过这个问题，最后得出的结论是：不等不靠自己闯，从练摊做起，干出一番返城知青自己的事业来。

看着母亲目瞪口呆的样子，田源继续说，妈，您要相信您的儿子是个有能力的人。我跟成千上万的知青一样，都没有一技之长，但是我就是要给他们做出一个榜样来。我不是一个人干，我要带着那帮生死与共的战友们一起干，我不能把他们落下。妈，以前我经常不听您的话，跟您倔，那是我错了。可是这次我认定了，我要走的不是弯路，而是我奋斗的方向。人生是要我自己去走的，路是要我自己闯出来的，谁也代替不了我。妈，我就是错了，您也让我试一回，给我个犯错的自由，行吗？

还没等曹慧说话，田志远就站起来拍拍儿子的肩膀说，行啦，给你这个犯错的自由。你妈同意了！

然后，田志远回过脸，用另一只手拍拍妻子的肩膀说，是不是，你同意了？

曹慧一边轻声说同意，一边用手捂住脸忍不住地抽泣起来。

过了一个礼拜，田源就与陆大洲跑到街道办事处，办理了申请个体工商户营业执照的相关手续。他们现在要做的行业不是鸡蛋，而是煎饼。这也是他们花了一个礼拜进行市场考察的结果。

田源笑呵呵地拍着陆大洲的肩膀说，你是"大洲煎饼"的大老板，我是"大洲煎饼"的二老板，怎么样？做新中国新一代的首批个体户，滋味怎么样？给他们办理执照的那位胖阿姨说，还能有什么滋味？煎饼滋味呗。

一句话说得这两位小老板哈哈大笑。

五

就在田源、陆大洲摆下"大洲煎饼"摊的不远处，耸立着北京著名的和平饭店。这家饭店现在有不少房间陆续作为写字间，被日渐活跃的工商业界租用了。这些写字间里的工作人员不敢每顿饭都在饭店餐厅享用，经常跑下楼钻到小胡同口，购买经济实惠口感好的"大洲煎饼"充饥。

这也使得陆大洲经常仰起脖子吆喝，快来买"大洲煎饼"喽，咱是和平饭店指定煎饼喽，咬一口香死人喽，买不到馋死人喽！

荣毅仁就是在这家和平饭店里租下一间写字间，开设他的新公司中国国际信托投资公司的。他聘请的几个帮手也都来自上海，大多已年过花甲，但都表示愿意用以往的从商经验来襄助荣毅仁。荣毅仁感叹地对他们说，我要的就是我们当年的"上海滩"经验，这才能跟国际接轨。

但是令荣毅仁始料不及的是，这天来拜访公司的客人，竟然是邓小平。

邓小平是带着夏默来和平饭店的。他对夏默说，你的问题或许荣老板有解决办法，我们一起去见见他。于是夏默就钻进了邓小平的汽车。

这几天夏默的睡眠一直不足。从上海宝钢回到北京担任国务院专家组组长后，他接手的第一个任务，就是与北方汽车制造厂一起，同哈默派来中国的首席代表谈判联合投资项目。项目是用在轿车生产上的先进的"前轮驱动技术"。当然，谈判之路关山重重。首先涉及价格，此外，许多国际通行的经济合作方法，中方也无法应对，或者很难应对。比如，投资的"担保"由谁来作？这关系到投资的风险保证，不是个小问题。

邓小平一直关注着哈默的投资，也一直关心着夏默的困惑，所以这一天专门挤出时间，特地带着夏默去见见金融经验丰富的荣毅仁。

邓小平突然出现在和平饭店，令荣毅仁的这个只有八平方米的小办公室顿时一片惊愕，接着是一片欢呼。

神情激动的荣毅仁向邓小平一一介绍自己的工作人员，并且掏出自己的记事本准备向邓小平汇报公司的运作情况。谁知邓小平却摇摇头笑着说，我今天不是来听汇报的。

看着荣毅仁的一脸迷茫，邓小平笑了，便给他介绍了同来的夏默。由于写字间窄小，邓小平便让几个随行的工作人员都退出了门外。在关门的时候，邓小平忽然又来了兴趣，指着门口的标识"CITIC"问，这个怎么念？

荣毅仁说，就按英文的发音规则，念作"锡迪克"。邓小平也照着荣毅仁的口吻念了一遍，说很有意思，又问荣毅仁这个标识是不是你自己设计的，荣毅仁点头说是。

邓小平笑着回身问，夏默同志，你看这个名字如何啊？

夏默仔细看着"中信"的标识，若有所思地说，这个英文的全称应该是China International Trust and Investment Corporation，是首字母的缩写吧？

荣毅仁点头称是，说这个全称太长，向外国人介绍起来十分啰唆。对洋人来说，要记住这么长的名字，实在麻烦。我就干脆取每个单词的首字母，这样容易记忆，读起来也上口。

邓小平说，这个想法好，简单明了。不过我看这个标识更像两扇窗户，左右敞开，很符合你们中国国际信托投资公司的宗旨啊，你们说是不是啊？

荣毅仁和夏默都说是，频频点头。

邓小平说，荣老板，既然你说是，你今天就打开这两扇窗户吧，我带着生意上门来找你了。

荣毅仁一喜，说，邓副主席亲自牵线搭桥的生意，一定是大生意。

邓小平说，北方汽车制造厂和哈默集团的合资谈判现在又出现了新的问题。夏默同志是主要负责谈判的，由夏默同志介绍一下情况吧。

于是夏默就拿出一份报告，向荣毅仁介绍了双方的谈判情况，说明双方是在资金的投入上陷入僵局的。夏默说，北方汽车制造厂缺少自有资金，如果国家继续拨款，那就破坏了双方的资本金比例。我的想法是，可否靠银行和国内外借贷集资的方式来解决资金问题？当然啦，风险肯定是北方汽车制造厂自己承担，还本付息。

荣毅仁一下子敏感地意识到了其中的商机,立即接着夏默的话头说,夏先生的这个想法非常好。我今天还在和公司的人开会讨论,以公司的名义在海外发债融资,再投资与国内企业开展合作。这本来也是我们信托公司的重要业务之一。我正在思考找一个有潜力的项目,没想到你们就给我送来这么块蛋糕。

夏默感叹了一声,说,荣老板,今天这一趟我算是来对了。你又给我们提出一个新鲜的概念啊。

这时候邓小平便问,企业负债,到底好还是不好?

荣毅仁说,邓副主席,是这样,负债的形式有多种,比如股票。企业用发行债券的途径筹到的资金可以自由使用,购买债券的投资者又无权干涉企业的经营决策,而债券的利息又可以计入成本。因此在国际上,这种方式是企业非常欢迎的。我们荣氏企业也常常是举债经营的,否则也无法得到迅速发展啊。

荣毅仁的这个答复让邓小平又陷入了思索。他长期以来就认为"既无外债,又无内债"是个不适合经济运作方式的狭隘观念,这一次在荣毅仁这里又得到了某种程度的证实。

邓小平想,一个企业是这样,一个国家也应该是这样。要快速发展,不能回避举债。举债也是自信的表现。当然,要量力而行。

想到这里,邓小平微微笑了,扭脸对夏默说,你这一趟来对了,我这一趟也来对了。荣老板的思路里,有很多东西值得我们好好咀嚼啊。

这次在北京和平饭店一个面积只有八平方米的写字间的交谈,足足持续了两个钟头。最后,荣毅仁充满信心地对邓小平说,我可以用中信公司的名义邀请哈默先生来中国,打消他的投资顾虑,全力支持合资企业的诞生。

邓小平说,很好,我看哈默会高兴的。当然,我们中国人民更高兴。

六

信心满满的荣毅仁没有料到,自己竟然会在人民大会堂的那次会议上,在窗外吹进的徐徐春风中,与全国人大法律工作委员会的一批干部、专家吵开了。

他本来是不想出席这个座谈会的，因为事儿实在太多，有点焦头烂额。但是彭真副委员长亲自打来了电话邀请他参加座谈，说《中外合资经营企业法（草案）》总算起草完成了，总算在专家们的争吵中达成了共识，但是在全国五届人大二次会议上付诸表决之前，还是想听听几位权威专家的意见，荣老板不出席不行。

荣毅仁是在这个座谈会开了一大半的时候发言的。在这之前的激烈讨论中，他都没有吭声。但是对草案中的某一个问题，他觉得如鲠在喉，不说不行了，于是就发了言。他是这样说的：我认为最大的一个问题是这个《合资法》的第四条，它规定了在投资比例中外资不低于百分之二十五、不高于百分之四十九。

主持人马上解释说，荣先生，我们这个比例规定，是委托驻外机构紧急查找各国相关法律之后作出的。大多数发展中国家，都规定了外资进入的上限。

听了这话，荣毅仁就摇头了，连连称不。他知道自己接下去的建议会引来反对的声浪，但他觉得自己还是要说。于是他就说了，并且站了起来：我们要考虑国家当前的情况。之所以我们要搞中外合资经营，是由于国内资源丰富，技术落后，资金特别是外汇资金缺乏。从这个情况出发，百分之二十五的底线规定是合理的，也是必要的。但是规定百分之四十九的上限，这就限制了外国商人的投入，不利于我们大量吸收外资从事建设的目标。我觉得，我们要突破这个上限。

他的话音刚落，草案起草组的一位教授就激动了，冲着他大声说，怎么可以没有比例的限制？外资比例超过我们的资本了，厂子不就成外国人的厂子了吗？主权何以保障？

荣毅仁继续站着，态度毫不退让。他说，如果规定外资不超过百分之四十九，那么每办一个企业，我们都要拿百分之五十一的资金去陪同外资搞经营。我们本来就缺乏资金，按照这个规定，外商有钱了也不能投资，这不反而限制住我们自己了吗？

坐在他对面的那位教授一听，眼珠子都快鼓出来了，说，荣先生，这个比例不是数字，是原则，是主权，是中国人民的志气！我们不能因为我们资金短缺就放弃原则！荣先生你要明白，我们是参考了很多法律才决定写下这一比例的。人家资本主义国家都防了一手，中国是社会主义国家，当然更不能允许此事发生。

荣毅仁很为这场争吵烦恼。他后来坐了下去，也说了很多话，但是赞成他的声音并不多，更多的声音是在叙说主权、原则、国家利益、人民尊严。荣毅仁只觉得头脑轰轰地响，脑子里有个声音在告诫自己：荣某人，你争什么呀？这又不直接关系你的事，彭真副委员长把你请来，也不是听你争吵来的。在涉及主权和原则的问题上，你赶紧退一步吧。人家不直截了当扣你一顶"丧失主权"的帽子，已经是很客气啦。

他回到家以后还是心神不宁，对夫人说我想和邓副主席谈谈。夫人劝他别去麻烦中央领导了，说那么小的事儿不该影响全局，《合资法》能在全国人代会上表决通过，才是大局。

荣毅仁急了，说，这怎么能算是小事呢？这个比例一定，很多外资不敢进来，生产发展不起来，吃亏的还不是我们国家？

夫人犹犹豫豫地说，那你就向中央办公厅挂个电话吧，我看人家邓副主席也不会为了这么一个百分之四十九来见你。

谁知道邓小平当夜就派车把荣毅仁接进了米粮库胡同。还没等荣毅仁叙说，邓小平就说，我已经知道你在人民大会堂"舌战群儒"了。我觉得你这个问题提得好，这确实不是个小问题。关于这个问题，我已经请谷牧同志专门去陈云那里一趟了。陈云同志这方面有经验，也可以听听他的意见。

听邓小平这么说，荣毅仁就安下心了，在沙发上慢慢坐下，接过王秘书向他递来的一杯茶水。他后来又再三向邓小平阐述了自己的观点，认为提高外资投入上限，绝对不是个主权问题。他说，就我接触到的外国银行、工商界人士来说，他们的资金非常充裕，希望投资到中国得到利润。我们把比例一限制，又拿不出那么多资金来陪同经营，他们有钱也无法投资啊。而且，我在想，人家投资，虽然赚了些利润，但是在中国形成了生产能力，带动了我们的企业发展。要是限制住他们，反而对我们不利。

这时候邓小平站了起来，沉思了一下，说，荣老板，我赞成你说的。所谓"影响主权"，这种说法貌似有道理。但是，人家到中国来投资，在中国境内投资，遵循中国的法律，怎么会影响我们的主权呢？

荣毅仁一听邓小平这么说，就激动起来。他认为邓小平点出了问题的核心所在。

这时候，他听邓小平继续说，我们就是要下这么个决心，权衡利弊，算清账，略微吃点亏也干。这是大账。立足点要放在充分利用外资上，机会难得，现在不利用真是太可惜了！荣老板啊，我们算是取得了共识。这个《合资法》目前不可能是完备的，我们现在的环境有局限，我们没有经验，与其说是"法"，不如说是我们政治意向的申明。我看，百分之四十九的上限，或者规定什么三分之二，都可以不写。

邓小平刚说完这句话，王秘书就走进来报告说谷牧副总理从陈云同志那儿回来了。邓小平笑了，说，那我们就一起听听陈云同志的意见吧。

这一次，谷牧走进邓小平办公室的脚步咚咚有声。谷牧说，小平同志，关于《合资法》规定外商投资比例的问题，我已经征求过陈云同志的意见。陈云同志的看法也很明确，他说只要外资愿意来中国，我们总有办法对付。

邓小平笑了起来，而荣毅仁脸上的笑容更见灿烂。荣毅仁说，邓副主席啊，我们这个《合资法》如果这样改，并且通过了，无论在社会主义国家还是在发展中国家的《合资法》中，都是一个大胆的创举。

谷牧说，确实是个创举。

邓小平坐回到他的椅子上，点点头，取出一支烟，总结似的说了一句话，就是要昭示中国推进对外开放的决心和信念。

荣毅仁当晚回到家里，只对他夫人说了一句话就匆匆上床睡觉了。他觉得这一天又疲乏又兴奋。

他说的那句话是：邓公魄力，无人堪比。

七

不多久，在北京举行的第五届全国人大二次会议就顺利通过了《中外合资经营企业法》（下称《合资法》）。《合资法》规定，在合营企业的注册资本中，外国合营者的投资比例一般不低于百分之二十五。果然没有提到投资的上限。而且，《合资法》明确规定，董事会处理重大问题，由合营各方根据平等互利原则协商决定。

中国通过的这一法律，使远在大洋彼岸的哈默十分满意。他说，好好，中国真的要迈开步子了。他决定亲赴中国，催生中美第一个合资企业的诞生。对他亲赴中国的决定，他的董事会成员大都表示出了忧虑，觉得哈默董事长没必要亲自去，步子不要迈得过大，资金不要投得过多。中国毕竟是个社会主义国家，风云莫测，说变就变，到时候想抽身都难。还是让董事长的私人代表史密斯在北京考察充足一点，谈判充足一点，思考充足一点。不要把曾经与苏俄做生意的经验套到中国。不要以为与共产党国家做生意，我们就一定会赢。

哈默注视着他的董事会成员说，有几个美国企业家与红色国家做过生意？你们小看了我哈默！

而他的一位助理却从另一个角度向他进行了劝阻。这位助理俯在他耳边说，尊敬的哈默先生，您已经八十多岁了，从纽约到北京飞行距离是一万零九百九十一公里，商业飞行需要超十六个小时，这会要了您的命。我这绝不是危言耸听。

哈默凝视着这位助理说，你难道只记住了我的年岁而忘了我的名字吗？我叫哈默！

西方石油公司董事长哈默将亲自前往中国考察的消息震惊了全美。临行前，哈默接受了美国《华盛顿邮报》记者的采访。

在回答记者"如何看待中国正在发生的变化"这一问题时，哈默挥舞着拳头说，我哈默博士可以预言，中国将爆发一场"革命"。当然，我所说的"革命"，是指一场伟大的经济革命。此次中国之行，我将兑现向邓小平先生作出的承诺。

记者问，您曾经与红色苏俄打过交道，并且被列宁亲切地称为"哈默同志"，现在您又将与另一个社会主义大国打交道，请问您是否认为现在是与中国打交道的最佳时机？

哈默说，这个问题，我不回答你。我只邀请你，明天上午带上你的相机，去机场拍摄一架私人波音727飞机的起飞。那飞机是直接飞往中国首都北京的。飞机里面坐着的，就是哈默博士。

八

在哈默的专机从美国东海岸起飞之后，国务院港澳办副主任田志远却突然接到了荣毅仁打来的电话。电话里的声音非常焦急，说哈默先生可能在北京落不了地了，能不能临时降落香港机场？

田志远很是惊讶，问为什么。荣毅仁说民航方面根本不批准哈默的航线，民航认为私人飞机直飞北京是绝对不可接受的。

田志远从办公室的座位上跳了起来，一边披衣一边喊，快要车，去民航局。

国家民航局的沈局长这时候也焦急得像热锅上的蚂蚁。他碰到的这个麻烦其实并不小。因为北京还没有跟美国通航，加上哈默乘坐的是私人飞机，所以民航局不可能同意哈默的飞机在北京降落。沈局长也冒出过"特事特办"的念头，但是他遇到的却是专业人士的一片反对声浪。

沈局长设想的是，哈默的飞机可以在香港降落，这是一个折中办法。所以他把这个建议告诉了荣毅仁，而荣毅仁则紧急打电话向国务院港澳办求助。

田志远赶到民航局，沈局长给他的计划是飞机降落在香港，然后请客人经过罗湖口岸进入中国。这样既可以走通程序，也可以给哈默博士一个交代。

田志远急了，说不是不可以降落香港，而是哈默博士是受邓副主席邀请来中国的。他是前来洽谈中美第一个合资企业的，这件事如何办理，直接关系到国家吸引外资、对外开放的国际影响。再说，中美都建交了，中美航空协议也签了，迟早是要通航的，让哈默先飞个航线过来并不算违反规定。

可是沈局长的脑袋还是摇成了拨浪鼓，说你田主任刚才讲的一番道理，我刚才在局务会议上都讲过了，但还是不行，关键是无法可依。这是我们民航局集体的意见，我个人不能推翻集体意见。

沈局长说到这里就缓了口气，因为他看到这位港澳办副主任脸上堆积的乌云实在太浓了，于是便轻声说，田副主任，您看是不是先跟哈默博士的专机协调一下，看对方能不能接受降落香港这个方案？

半个小时之后，哈默派驻北京的代表史密斯就把转飞香港的建议，通过航管部门送达了哈默专机。正在打盹的八十二岁高龄的哈默睡意全消，睁圆眼睛喊怎么可能，是邓小平亲自答应我的私人专机可以在北京降落的，他们不能这么不守信用。

哈默激动的情绪也使座舱里的二十几位美国企业家惊成一片。这些美国企业家都是跟随哈默到中国来寻找商机的。哈默曾经信誓旦旦地向他们拍胸脯说邓小平是自己的老朋友，会像热情欢迎自己的投资一样热情欢迎大家的投资。这些企业家疑惑地发问，是不是邓小平改变主意了？或者是中国的政局又发生什么变故了？

懊丧万分的哈默告诉机上的报务员，一定要指示史密斯向北京的接待部门说明，是邓小平在西蒙顿市吃烧烤的时候亲口答应他的私人飞机可以降落北京的。他把"亲口"两个字说得很重，几乎是喊出来的。

田志远的汽车又直奔民航局，这次他是带着夏默一起去的。夏默还带上了一份哈默博士的医疗报告书，这是专机上的哈默私人医生刚刚发到北京的。医疗报告书很详细，明确说明哈默先生的心脏不太好，乘机时间不能太长；如果转机再飞，会有困扰。

沈局长在一天之中第二次看到田志远时，脑袋瞬间膨胀。他知道田志远与夏默的来意，但是他在表示体谅这位田副主任的心焦的同时，还是再三说明民航局不能违例，因为不允许美方飞机在中国境内降落的规定并不是民航局定的，是部队定下来的，他就是想帮也没有办法。

夏默问，中美航空协议不是已经签订了吗？

沈局长摇头说，协议虽然已经签订了，但是两国还没有正式通航，所以美方飞机经过中国的领空需要部队同意。如果部队不同意，民航局就没有权力让哈默的飞机进京。

田志远恼了，说，到处都设禁区，不敢越雷池一步，开放还怎么搞嘛？

沈局长一听这话，觉得对方是在怪罪民航，脸色也青了，说，田副主任您这话太重了！要不，您把这报告送给军委的领导看看？军委那边只要说可以，我们这里怎么都好办。

田志远说，军委？小平同志不就是军委副主席吗？就是他请的这位美国客人嘛。

沈局长想也没想就接口说，那您就去找小平同志好了。

哪能为这种具体的事儿去麻烦小平同志？但是去找军委值班室，可能也没有哪个首长会拍板决定这样敏感的事。正在田志远犯愁的时候，夏默忽然说，你不是有个老战友曲径在总政吗？他或许可以跟哪位有决定权的首长讲一下，没准儿一个电话就办成这事儿了。无非是进来一架飞机嘛，又不是侦察机、战斗机，怕个啥啊？

田志远赶到总政大院的时候，曲径正好要外出，一见老战友来访，赶忙把他让到办公室坐下。但是，一听到老友讲到要美国飞机降落在首都北京，曲径脸上马上就显出了惊愕的表情。

那怎么行啊，曲径说，老田你是疯了，这是关系到领空主权的问题啊，亏得你还是部队出身的。

田志远小声说，老曲啊，这个忙你一定要帮帮。人家飞机都已经起飞了，八九个小时之后就要到了。小平同志可是亲口答应过准许他降落北京的。

曲径说，不行，不行，这件事你办不成。老田我告诉你，这件事无关小平同志的指示，但有关国家主权。有关国家主权的事，谁说了都不行。当然我现在也是很服小平同志的。我这人过去思想太僵化，很落后于形势，但是在国家领空主权问题上，我的观点就得这样"僵化"！

看到田志远脸色发青，曲径又把他拉到大墙上的地图前，指着说，老田你自己来看，他的飞机要从美国起飞，经太平洋，进入我国空域，要途经我黄海海域、华中空域、华北空域，你看看，涉及诸多敏感区域，谁能保证他的私人飞机上没有监测系统？这个责任，谁担负得起？

田志远说，老曲啊，现在是和平时期，不要谈资色变。我们的脑子里如果总是想着"冷战"两个字，还怎么实行对外开放？

曲径一巴掌拍在桌子上说，老田你这个说法我最反对！和平时期怎么了？和平时期就不能有警惕性？你我都是经历过战争的人。我们千万不要忘记，我们毕竟是社会主义，他们毕竟是资本主义，毕竟是两个敌对的阵营！搞外交也要先看好国门，守好领空！

田志远听了曲径的这些说辞，脑袋轰轰直响，半天才冷静下来说，好好，老曲，我现在不跟你争什么社会主义资本主义了，具体问题总是要解决的嘛。别的忙，我不要你帮了，借你的电话用用总可以吧？

于是田志远就直接打了电话给民航局的沈局长，说，局长同志，我们现在就赶去小平同志家。我现在就联系，你做好准备。

曲径一听这电话就傻了，半天回不过神。

民航局的沈局长跟着田志远一起走进邓小平家，心里直发悬，不知道小平同志对这个问题会怎么处理。他没想到，他自己的一脸沉重与田志远的一脸沉重，都没有影响邓小平办公室里的轻松气氛。

邓小平听了他们的汇报，一脸的轻松，并且呵呵地笑了起来，说，人家都已经在天上飞了，就要降落了，你们还在研究哪个机场的问题。

看到两位客人发愣，邓小平又笑着说，你这个小田，你思想不解放嘛。人家哈默博士的要求并不过分，八十多岁了，身体状况又不适合多次转机。既然是我们真诚邀请人家来，怎么能不顾及客人的健康和安全呢？

田志远赶紧解释说，我们也觉得不妥，但是考虑到无先例可循，所以当时就建议哈默博士绕道香港了。

沈局长马上说，这倒是我提出的建议。

邓小平手一挥，说，有些事要换个思路考虑问题嘛。既然不违背国际惯例，那就特事特办，给他开这个先河嘛。哈默这个人影响力大，让他成为第一个乘坐私人飞机访问中国的西方企业家，正是表明我们开放的决心。

听到邓小平这么说，沈局长就呆了，心头涌过一阵自责，说，我们思想确实有些不解放。我也考虑过特事特办，但是一想到有那么多框框条条，我也就不敢坚持了，总是想着我们国家的航线从来没有对私人飞机开放过，可不敢轻易开放，所以出了个馊主意。

邓小平说，没有开放过不代表不能开放，我们不要总是自己给自己设禁区。况且，我们从未向私人飞行开放过领空这说法就是不对的嘛，一九七二年基辛格博士秘密访华，就是乘坐巴基斯坦总统的私人飞机过来的。

邓小平这么一说，真的就惊了沈局长，原来邓小平了解得这么透彻，自己倒忽略了这一点。他急忙说，小平同志说得对，是我说错了。总之，这件事确实说明了我们的思想还不够解放。

邓小平说，好吧，就这样定了。也跟部队讲一下，让哈默的私人飞机在北京降落。总之，我们对外开放，就是要打破条条框框。我们思路要开阔，眼光要放远一些。现在条件还不具备，是要引进来；将来发展起来了，还要走出去的。特别是你们民航，要加快通航，争取早日走出去。你们应该成为开放的空中桥梁，不能自己把自己"框起来"。现在，你们两位是不是应该告辞了？

听到邓小平如此下"逐客令"，田志远与沈局长几乎同时跳起来，说我们得赶快走了，感谢小平同志的指示。

哈默听到报务员过来报告说飞机可以在中国首都北京降落时，一时还不相信自己的耳朵。他原先已经做好了应变计划，指示飞机飞往香港，尽管这种计划的改变使他心里像压着一块石头，很不舒服。这时候他就微微地站起身来，向他身后端坐着的那二十几位企业家朋友说，听见没有，亲爱的先生们，中国让我们在他们的心脏降落了。我相信，这是邓小平的决定！邓小平是我的老朋友，老朋友就是这样对待客人的。你们现在应该都明白了吧？

所有的乘客都笑着说，明白了。

九

邓小平与哈默的会面地点，是在花草茂盛的北京钓鱼台国宾馆。

钓鱼台国宾馆原是古代的皇家园林。金代的章宗皇帝完颜璟曾在此筑台垂钓，因此取名钓鱼台。中华人民共和国成立后，国宾馆重新修建，成为接待外宾的重要场所。选在钓鱼台国宾馆接见哈默，足见哈默的地位。

邓小平见到哈默非常高兴，伸手跟他握得很紧。哈默当然更是高兴，手上使劲更为有力。邓小平还与哈默带来的二十几位企业家一一握手。这些企业家在感受到邓小平掌心的温暖时，更加坚定了邓小平确实是哈默的老朋友这样一个判断。

于是，会见的气氛就显得很热烈。

但是令哈默没有想到的是，邓小平在几句寒暄之后竟然与他提到了严肃的台湾问题。邓小平直言说，希望与哈默的合作不要因为美国政府在台湾问题上的纠缠而受到影响。

这话，让哈默着实吓了一跳。他脸上顿时失了笑容。他没想到邓小平一上来就谈及如此敏感的问题。他心里想：首先，这说明了邓小平确实是把自己当老朋友看待的，说话没有拘束；其次，或许也是因为中国领导人想借美国企业家来访的时机，说一些重要的话给外界听听。

哈默当时的回应是这样的：售台武器的问题现在是块儿烫手的山芋，我很遗憾听到这种不利于两国利益的声音。

听到哈默这样的回答，邓小平却笑了，高兴地点点头。邓小平说，对美国的这种做法，我们早有预料。但是，我们今天不谈争议，只谈合作。

话题很快就转到了别的方面，哈默心里想，邓小平提到美国政府继续售台武器，就说了那么一句，点到为止，这真体现了一个大政治家的智慧。邓小平这是要借美国企业界热心与中国做生意的时候敲打一下美国政府：你们究竟是热衷于推进两国的经济合作，还是热衷于继续制造摩擦而阻碍两国经济合作的势头？这是一个节骨眼上的敲打，手势不轻不重。

话题转向了长城。这个话题使主宾双方都特别轻松。哈默说，他知道中国有句话叫"不到长城非好汉"，因此很想当一回好汉，可是私人医生多次拦阻，说他不能爬山。

邓小平认真地对哈默说，哈默先生走不上去，还有别的办法嘛。我们中国人有一句话叫"有朋自远方来，不亦乐乎"。朋友的愿望，我们是应该想办法满足的。

说到这里，邓小平还透露了一个自己的想法。他说他也想爬爬山，看看自己的脚力到底怎么样，自己的身体状况还能给中国人民服务多长时间。他说他想爬的是中国安徽的黄山。

哈默于是知道，这位年岁已经不小的中国领导人，也有着与自己同样的尚存一息就绝不放弃奋斗的人生壮志。

接着话题就转到了中国经济的走向。这是哈默来访的中心议题，也是他最想了解的领域。他是这样问邓小平的：您是否认为中国需要在社会主义计划经济的指引下，多扩大一些市场经济的作用？

其实这个问题是邓小平多年来一直在思索的问题。计划经济与市场经济是否水火不容？两者关系究竟如何？是否一碰就是所谓的姓"资"姓"社"问题？中国的理论界与经济界一直争论不休，而这个问题也常常关乎重大政治斗争。邓小平个人政治生涯的沉浮，也与此有关。

这个问题不太好回答，也很难回答清楚。

但是邓小平一直有自己的思考。

他说哈默先生您不反对我抽根烟吧，然后他就在袅袅升起的轻烟中缓缓回答说，您问是不是要在中国的计划经济中，多扩大一些市场经济的作用，那就要看市场经济究竟是什么。说市场经济只存在于资本主义社会，只有资本主义的市场经济，这肯定是不正确的。社会主义为什么不可以搞市场经济？这个不能说是资本主义。

听到这里，哈默的表情就惊讶起来。不仅他惊讶，他旁边坐着的二十几位美国企业家也都惊讶地互相看看。他们都没有想到，红色中国的这位著名领导人竟然说市场经济不是专属于资本主义的。

邓小平看出了客人们脸上的讶异，又抽一口烟，强调说，依我看，市场经济不能说只是资本主义的。市场经济，在封建社会时期就有了萌芽。社会主义也可以搞市场经济。同样地，学习资本主义国家某些好东西，包括经营管理方法，也不等于实行资本主义。这是社会主义利用这种方法来发展社会生产力。把这当作方法，不会影响整个社会主义，不会重新回到资本主义。

邓小平的话还没有落地，所有的美国客人都噼噼啪啪地鼓起掌来。哈默站起来说，我哈默今天要为接待我的主人邓小平先生高声喝彩。您给我们这些美国人也都上了一课。甚至我当年跟苏俄人做生意的时候，也没有听列宁先生说过这样的话。我相信，中国按照邓先生的思路走下去，经济的发展就是势不可当的。我哈默这次来中国，来对了。我就是亲耳听见邓先生的这番话，也觉得我这个八十多岁的老头远渡重洋，是值了。多少人劝我不要来中国，见他们的鬼去吧！

这时候大家都笑起来。

此后，哈默的中国之行，一直是在这种欢畅的气氛中度过的。他如愿被人搀扶着登上了雄伟的万里长城，也如愿以双赢互利的原则，让他西方石油公司旗下的美国汽车公司与中国北方汽车制造厂签订了合作意向书。

中国与西方经济体采取合作投资的形式，就此诞生。

第十七章

香港棋局，深圳棋局

一

英国的香港总督麦理浩，一出伦敦机场就驱车直赴首相府邸，想在第一时间面见撒切尔首相，争取首相的面授机宜。

麦理浩的心里，这些天，始终像有一把火烧着似的。

哈默的访问中国，引动了大规模的后续效应。西方各国的企业界人士接连访华，纷纷寻求与敞开胸怀的当代中国进行经济合作的机会。这种状况不能不使香港的工商业界着急。人家大老远地都跑来中国了，而香港紧挨着内地，理应得到更便捷的商机。香港如果在这方面落在了潮流后面，那简直是不可思议的和极端愚蠢的。

其实，内地并没有忘记活跃的香港工商业界。香港紧靠着广东，为什么不在中国的经济起飞中扮演一个很重要的角色呢？几个月以前，中国的对外经贸部部长李强就考察了香港，宣布说中国将接受港商投资，也欢迎贷款。他甚至还在口头上邀请香港总督麦理浩访问北京，说我们的邓副总理都知道麦理浩先生会讲汉语，在英国也有很高的政治威望。此后不久，麦理浩就收到了来自中方的正式邀请函。而麦理浩自己也认为，现在这个时机，我应该走一趟北京。

当然，麦理浩心里还是打鼓的。香港未来的政治地位问题，是一个绕不过去的问题。因为香港与中国内地的关系越来越逼近了一个微妙的时刻，英国与清政府签订的香港新界九十九年租约期将在十余年后届满。中国政府对此会有一个什么样的政治立场呢？香港与中国内地的经济互动，必然与这个敏感事件紧密相连。

香港命运，牵动英国，牵动中国，牵动香港工商业界。这个大问题不解决，其余问题或许就很难推进。

麦理浩在飞北京前觉得自己必须先飞一趟伦敦，他要听听首相怎么说。

面临关键时刻，英国政府应该打一副什么样的牌呢？

撒切尔夫人会见麦理浩的时候，说话也直截了当。她说，麦理浩爵士，香港问题已经影响到了我国的财政收入，以及我国在香港的利益。在此之前，我们已经邀请了军方、政治家和经济学者共同推演，讨论了香港的前途问题。我们一致认为，中国的态度决定着香港的未来。

麦理浩说，尊敬的首相夫人，我该做些什么？

撒切尔夫人的回答很明确：投石问路，试探一下中国政府对解决香港问题的态度。

麦理浩说，以我私人访问的身份，似乎并不适合直接提出涉及香港前途的政治问题。

撒切尔夫人略略思忖了一下，说，我们可以用洽谈商务的形式作为切入口，间接打听中国政府对于香港的态度。这是我的智库机构为您提供的合适的建议。

麦理浩打开撒切尔夫人递来的这份文件，看见文件上清楚地写着这样的字样：建议询问中国，香港政府对在所有新界土地的批租契约中所注明的一九九七年六月二十七日这一期限，能否修改为本契约"在英国统治这地方的时间内有效"？

麦理浩本能地合拢文件，表情严肃地对首相说，请恕我直言，这是很危险的一招。如果我们得到否定的答案，或者这个答复被公开，都是很不妥当的。这样我们就会更加被动，也会给香港稳定带来更大的问题，反而不利于香港本身的利益。

撒切尔夫人却不以为然，说，麦理浩爵士，我们猜想此举理应成功。因为，原因很简单，中国人没有也不可能有扼杀一只可以孵化金蛋的金鹅的愚蠢想法。

麦理浩说，明白，夫人。

麦理浩在飞往北京的途中，心情一直沉重。他其实是不太同意撒切尔首相的想法的，认为这样去探测中国政府，过于莽撞。但是作为港督，他又不能不完成来自伦敦的这一指令。

他在北京很快就见到了邓小平。会见的地点是人民大会堂的浙江厅。中国国务院港澳办主任廖承志先生，是他见过多次的。而那位新任港澳办副主任的田志远先生，则是首次见面。彼此握手的时候，大家脸上都堆满了笑容。

双方寒暄之后，麦理浩对是否要提出香港来内地投资的想法还有些犹豫，但邓小平的讲话马上就打消了客人的这一犹豫。

邓小平开门见山地说，我知道，很多人担心香港将来的前途和地位问题。对这个问题，我们有一贯的立场。我们历来认为，香港主权属于中华人民共和国，这个问题本身是不能讨论的。但香港有它的特殊性，到一九九七年还有十八年，十八年的时间并不长，到时，我们可以根据具体情况来讨论怎样从政治上解决这个问题。但可以肯定的一点是，无论将来如何解决这个问题，我们都会尊重香港的特殊地位。

麦理浩想，果然被我言中，"香港主权属于中华人民共和国"看来就是中国政府关于香港问题的立场，而且还是"这个问题本身是不能讨论的"，可见中国政府底线之强硬。首相夫人所要求的"试探"，看来就是这个结果了。

麦理浩心里暗暗叹了口气，脸上依旧不动声色，说，副总理阁下，香港的国际投资者很担心"九七"之后会影响他们的投资利益，您怎么看？

邓小平说，这个问题我可以直接回答你。中国政府的立场不会影响他们的投资利益。我再讲清楚一点，就是在本世纪末和下世纪初相当长的时期内，香港还可以搞它的资本主义，我们搞我们的社会主义。请他们放心，即使"九七"以后香港的政治地位改变了，也不会影响他们的投资利益。

对于邓小平的这句"即使'九七'以后香港的政治地位改变了"的重申，麦理浩的内心又一次感到了震动。他想，中国这位矮个子领导人的底气怎么会那么强硬？看来他对这个问题早已是深思熟虑过的，甚至是"沙盘推演"过的，英国政府对此万万不可大意。

怔了半晌之后，麦理浩又问，尊敬的副总理阁下，我回香港以后，对香港人怎么说？

邓小平手一挥，干脆利落地说，叫香港的投资者放心！

送走麦理浩后，邓小平问廖承志与田志远，你们两位看今天的会见怎么样？

廖承志与田志远表达的感受是一致的：既说明了我们中国政府届时要收回香港主权的立场，又明确表达了欢迎香港投资者到内地投资的意愿。这两者不是矛盾的，而是有机衔接的。香港投资者应该会受到鼓舞，因为他们看到了即便"九七"之后他们的社会制度也不会改变这样一个事实。

邓小平点点头说，是啊，我们应该清楚表达我们的立场。香港问题将近一百年了，牵动着九亿中国人民的心啊。

邓小平说这话的时候眼睛微微地眯了起来，他的思绪似乎回到了五年前。那是初夏时节，北京的街树都开出了花朵。那一次是毛主席会见英国的前首相希思，当时就谈到了香港问题。记得毛主席当时是这样说的："解决香港问题的时机还不到。"然后毛主席就抬起手，指着邓小平说："这个问题，让他们去解决吧。"

邓小平心里想，毛主席说的是对的。解决香港问题的这一重任，不可避免地就落在这一届中国政府肩头了。义不容辞地、坚定地挑起这副担子，挑好这副担子，是自己的责任。

这不仅是对人民的交代，也是对历史的交代。

邓小平下的"香港主权在我"的决心，应该是正确的，不容讨价还价的。

当然，为了确保香港的稳定与它持续的经济发展，保留它现在的社会制度，也是必须的。这就需要我们在政治上表现出相当的灵活性。在这个问题上也要思想开放，要有崭新的政治设计。中国共产党人有能力进行这种设计。

对于邓小平提出的这一解决香港问题的充满智慧的战略思路，廖承志与田志远都点头说，明白了。

二

为邓小平提出的解决香港问题的思路倍感兴奋的田志远，与妻子曹慧商量妥了，准备就在这个星期天举办一次家宴，把他的兴奋之情向他的老战友们以及新老邻居作一个扩散。田志远想让他的好朋友们一起为此发出惊叹，这种预想中的朋友共鸣使田志远很是兴奋。

而且这次家宴所用的主食，并不是曹慧拿手的"老北京炸酱面"，而是田源的"大洲煎饼"。这是田源的要求。他说，已经在西城一带负有盛名的"大洲煎饼"，也应该让爸爸的好朋友们品尝一下了。

应田源的要求，这次令人兴奋的家宴成为一个两代人的聚会。夏默的儿子夏建国、女儿夏建红与夏小妹，以及老邻居任大力的女儿任燕都兴高采烈地参加了。

夏建国与任燕是手拉着手走进这个四合院的，这对年轻人的恋爱已经公开化了。任大力对女儿的选择，早就来了个一百八十度的大转弯。他曾经激动地对女儿说，人家建国现在是新党员，他爸爸成了国务院专家组的组长，咱家那是高攀了。话没说完，肩膀上就挨了女儿一掌。女儿说，就你那么势利，拖后腿是你，说"高攀"也是你。

这一对年轻人的恋情公开化，倒是引起了曹慧的嫉妒。她凑在端着油乎乎的"大洲煎饼"进门的儿子耳边说，你看看人家建国，你都三十了，还没见哪个姑娘跟上你呢。是不是还老是收着那些香港来信啊？那个拉提琴的姑娘靠谱吗？人家在资本主义花花世界里，能对你真心吗？你可别死心眼上当啊。

田源却笑嘻嘻地对母亲说，妈，您怎么越来越聪明了？连我每天想着的是谁，您都明白。我现在上床睡觉前，脑子里不过一遍提琴的乐曲，那就睡不着。

主人田志远见两代客人都到齐了，忙不迭招呼大家说，快坐下，快坐下。我们今天是豆浆加煎饼的野餐啊。

但是令田志远始料不及的是，在这次感叹一片、笑声一片的家宴散席时分，他还是与老战友曲径争吵起来，闹了个脸红脖子粗。而他的这位老战友开始进门时，还明明是一副专程上门道歉的模样，根本不是来吵架的。同样使田志远始料不及的是，曲径那咄咄逼人的气焰，竟然被一个中学生轻轻一句话就彻底灭了。

由于人数众多，这次家宴就摆在了宽敞的庭院里。前院夏家与后院田家的方桌都拿出来拼成了一张大桌子。五月的和煦的阳光似乎是一道甜美的佐料。桌子上高高垒起的热气腾腾的"大洲煎饼"，其香味，其口感，都令客人们十分惊异，一个个赞不绝口。

在客人们的赞扬声中，掩不住得意之情的田源拦住了爸爸，说您慢点讲您的香港问题，先听我讲讲煎饼问题。于是田源向叔叔伯伯以及他的伙伴们讲了自己如何在父母的支持下，在夏建国与任燕的鼓励下，与陆大洲一起成了第一批新一代的"个体户"。他们独创的"大洲煎饼"已经征服了西城区方圆三五里地的老百姓，区工商局也来总结了经验，《北京日报》记者也进行了采访，任燕所在的新华社也为此发了一条简短的消息。田源与陆大洲已经成为许多回城待业知青自谋生路的一个活样板。田源说，别看我每天的脸和手都油腻腻的，可是我的心明净得很。我就想在邓大人的政策里走出一条知青的新路子。

说到这里，田源又拿出舞台上角儿的架势，一步跨上花台的边缘，挥起拳头说，我和几位知青战友商量了，我们要在煎饼摊的技术上组建一个神秘公司。我们已经去工商局询问过政策了。我们要成为新一代的企业家！你们都看着吧，舞台上的"四五英雄"，将成为中国新时代的一个什么样的英雄！

田源的话引起了一片噼噼啪啪的掌声。刚升入中学不久的夏小妹鼓掌尤其起劲，掌心都拍红了。

田源的介绍也使得夏建红激动起来。她也拦住田志远说，田伯伯您也慢点讲您的香港大事，先让我汇报几句我们安徽凤阳的事儿。于是，她向在座的各位讲述了她在小岗村田头看到的惊异景象。据她介绍，小岗村夏季作物的长势从来没有像今年这样好，绿油油的一片。而人们的勤快程度，也是"农业学大寨运动"这么多年来从未见过的。人们天不亮就出工，直到天色完全黑了才回家。她说她起先也不知道奥秘何在，好些日子之后才打听到，原来是她奶娘的儿子刘金锁鼓动大家分田单干的。她说她开始时吃惊不小，为了"旗帜"问题和"道路"问题，与刘金锁悄悄吵了好几回，但后来看到农作物的长势这么喜人，她也就沉默了下来。当然，她到现在都还没有向公社汇报这个情况，她为整个小岗村隐瞒着。她现在觉得这仿佛也是一条路，虽然"境界不高"，但却能扎扎实实地通向丰收。

说到这里的时候，田志远插了一句，什么境界不高？丰收就是最高的境界。

紧接着夏建红说话的是她的父亲夏默。夏默也向大家报告了这几个月来他内心的无比感慨。他先是讲述了宝钢的神速建设和发展，后来又讲述了哈默所投资的中美合资企业的起步。他总结说，我们中国如果按照这样的路子超常规地发展，中华民族赶超欧洲各国以及我们的东邻日本，不是没有可能的。别看中国目前这么落后，不消二三十年，面貌一定焕然一新。

说到这里，曲径也激动起来。他说，我今天没什么值得夸耀的，我只想谈几句我的教训。我刚才进门的时候就向老田表示了歉意，我那天不应该老是把"主权"挂在嘴上，差一点就误了那个哈默老头飞来中国的大事。其实，让哈默的私人飞机降落在首都，这也彰显了我们的主权，说明我们国家有能力吸引国外投资，有能力用人家的钱来发展我们自己。这一点，我真是服了邓副主席了。我过去老是觉得邓副主席偏离了毛主席的革命路线，总是觉得他另搞一套，现在才悟到，他那一套才是让我们国家尽快富强起来的路数。曹慧，你说是不是？

曹慧连声称是，说自己的思想这几个月也变化很快，还说整个《红旗》杂志社近来都在经历思想上的脱胎换骨。不要说总编辑熊复同志连连作检讨，就是一般的编辑也都一个个观念全变，现在满口都是"实事求是"，再不说"凡是"什么的了。我们编辑部甚至有位同志还说干脆把刊名也改了得了，可以改成《求是》杂志。当然也有很多同志不同意，说"红旗"怎么能倒，"红旗"一倒，我们还称什么红色国家？又有人说，"求是"又有什么不好？"实事求是"才是根本意义上的"红旗"。

这时候田志远就插话说，其实名称无所谓，只要理论正确就行。依我个人看，"求是"还比"红旗"更贴切一些。

说到"求是"这个话题，来自中办的刘鑫忽然感叹连连。他介绍了他这一时期参加刘少奇案复查工作的一些情况。他说现在才明白，那个时候我们看到的所谓"刘少奇是大叛徒、大内奸、大工贼"的各种揭发材料，原来都是逼出来的。那些所谓的"检举人"，要是不按照专案组的"意旨"签字画押，根本不让你有好日子过。说到这里，刘鑫的眼睛都红了，长叹一声说，我以前思想也真够保守的，总觉得"两个凡是"没有必要大张旗鼓地讨伐。现在看来，若非如此，国家就要败在"凡是"手里了，"刘邓陶"都要平反，不平反不行。

新华社副社长穆大江说，邓小平正式复出到现在也不过两年，这两年发生了多大的变化！先是思想上的拨乱反正、历史上一大批冤假错案的平反，再是我们党中央的领导机构在组织上的调整，再是经济建设上突破各种条条框框的飞速前进、国家外交局面的打开，甚至整个国际政治格局都因为我们中国而进行了重大调整。这种调整也有利于今后台湾回归祖国。我们新华社上上下下都在感叹，我们的报告工作从来没有像现在这样让人心情振奋，真是要为我们这个神速变化中的国家三呼万岁。

田志远一边啃着"大洲煎饼"，一边不失时机地插嘴说，你既然说到台湾问题，就该让我讲讲香港问题了吧？我这次请你们来，就是想聊聊我在这方面的兴奋。不向你们说说这种兴奋，我就几乎睡不着觉。

于是田志远就一五一十地向大家叙述了香港问题的由来。他说，香港的割让和那个中英不平等条约，一直是中国人心头的痛。现在英国人还想越过九十九年租借期这道槛继续占有香港，而我们有些人说"现在不必得罪西方国家，香港问题保持现状也没什么大不了的，我们现在不是要积极跟西方国家做生意吗"，就连我们港澳办公室内部对此都有各种不同的想法。而现在小平同志下的决断太振奋人心了。香港主权坚决要收回，一百年的民族耻辱一定要洗刷，这是一个不容讨论的问题。不管英国人在未来的十余年里采取什么花样，中国人的原则立场绝不改变，甚至不惜以强硬手段收回主权。

田志远说到这里的时候，就已经听见所有年轻人噼噼啪啪的掌声了，其中夹杂着曲径的"打打打"的喊声。

田志远说，老曲，你"打"什么？

曲径说，打英国鬼子啊，就像当年林则徐一样开炮啊。

田志远摇头说，我看不至于到这一步。中国这么强大，中国人的立场这么坚定，他英国人自然会审时度势。老老实实降下英国国旗，跑回伦敦去，这才是英国人聪明的做法，也是唯一的做法。当然，小平同志也说了，香港可以长期保留香港的政治制度，我们只要主权的收回，我们不改变香港人的社会制度与生活方式。

夏默听到这里就插嘴说，那也就是说，港督走了以后，我们也不派我们的总督？田志远说，我想也应该是这样。我们的官员没有治理他们那种社会制度的经验，怎么去领导他们的运作？

田志远与曲径的争执就是从这个时候开始的。满脸惊愕的曲径突然扔下咬了一半的煎饼，指着田志远说，老田你这算什么话？既然回归我们社会主义祖国了，怎么能不按照我们的政治制度去办？一个国家的政令与军令必须统一，这是常识，哪有中华人民共和国的一块地方不听中央政府领导的？那还叫什么收回？那还不如老样子呢。我作为一个军人，就听不得你这种似是而非的话。

说到这里的时候，曲径的脖子上已经显出了青筋，两只眼睛也瞪大如铜铃，一副今天不辩个清楚就绝不罢休的模样。

大家一时都愣住了。田志远也摸摸下巴，没有开口，寻思着怎么回答这位容易冲动的老战友。今天这个高高兴兴的家宴，可不能因为一场小小的硝烟就闹得不欢而散。

就在大家一时沉默的时候，夏小妹这位中学生却说话了。夏小妹带着稚气未脱的口吻，仰着脸面对曲径说，曲叔叔，我们国家的社会主义还在建设中，如果香港回来了，按照我们那样子搞，能行吗？

夏小妹的这个简单而朴素的问题，却一下子叫曲径呆住了，半天说不出话来。而就在同时，这个四合院的庭院里已经响起了一片爽朗的笑声。

穆大江不失时机地打圆场说，咱们现在再换一个话题吧。我们新华社的任燕这次有幸跟随邓副主席去了美国，新鲜话题一大把，就请小姑娘来摆摆龙门阵吧。

于是这顿家宴的其余时间都交给了任燕。而在任燕充满欢乐的叙述中，曲径一直低着头没有吭声，但他的这种沉默与沉思并没有影响他的胃口，他一共吃了五张煎饼才罢休。

三

从北京回到香港的麦理浩爵士，在第一时间就把邓小平所表达的决意收回香港主权的信息报告了伦敦，引得撒切尔首相的眉结好长时间没解开；麦理浩也在第一时间把邓小平所表达的欢迎香港工商业界来内地投资发展的信息转告了香港商会，引起了香港工商业界一阵激动，纷纷谋划如何利用手头的资金、技术与内地合作发展。

香港报纸所作的大幅标题，也是开门见山的《邓小平请投资者放心，"九七"之后中国中央政府决心解决香港问题，香港将与内地共同繁荣！》

一直在香港开展业务的交通部香港招商局袁庚局长按捺不住自己的激动，当天就召集了业务对策会议，还连夜起草了一份给中央的报告，标题是《关于充分利用香港招商局问题的请示》。他的设想是这样的：可以在毗邻香港的广东深圳市（1979年1月，宝安县改名为深圳市）搞个工业区，用香港的资金、图纸、专利和全套设备经营生产。有利的条件是明摆着的——宝安离香港这么近，大片的土地空置着；再则，那里劳动力多，比香港便宜不少。

当然在开会的时候，担心的声音也是有的。有人说，在内地划一大片土地，我们进去搞事儿，内地能允许吗？政策变化了怎么办？以前内地是连资本主义尾巴都要割掉的。另外也有人担心说，如果我们搞大了，将来被广东省一口吃掉，人财两空，怎么办？

袁局长在那一刻把拳头敲在桌子上，连茶杯盖都震得跳了起来。他豪情万丈地说，我们招商局一百多年前就是个开放的阵地。虽说那是李鸿章的"洋务运动"，但是毕竟为我们中国引进了那么多西洋先进技术。我们"香港招商局"的牌子既然到目前为止还没有摘掉，诸位同人还在努力工作，那就更应该冲破束缚，放手大干。我相信中央，尤其是邓副总理，他会支持我们的设想的！

几乎是同时，香港商会副会长罗启民也豪情万丈地给国务院写了封信，提出希望能回广东开设工厂，在有生之年为发展民族工业做些事情。谷牧副总理接到这封信，连读数遍，觉得这是一个信号。闸门一开，必会有很多效仿者，这将是一股资金与技术的洪流。

第二天，谷牧就带上田志远去了米粮库胡同。邓小平戴上花镜，仔细阅读了罗启民先生的这封热情洋溢的信。他问田志远有什么想法。田志远说，我当然认为这是好事。港商的投资积极性很高，说明我们解决香港问题的决心稳定了香港民众。他们有信心了，不仅不跑，还愿意来内地发展。

邓小平又问谷牧怎么看。谷牧想一想说，我们现在的开放政策得到香港的认同，港商已经从中看到了商机。这些年新加坡、南美很多国家都发展起来了，就是采用引进外资兴办工业的办法，进行大规模工业化建设。这是一套被证明了的、行之有效的办法。广东靠近港澳，条件得天独厚，大有搞头。罗先生回来做事，或者其他港商都到广东来做事，我是举双手赞成的。

听谷牧这么说，邓小平忽然笑了起来，点着谷牧说，这么说，你是"走资派"喽？

谷牧一愣，也跟着笑了起来，说为了解放思想，发展国家经济，当回"走资派"也无妨。

邓小平连连说要得，要得。这时候谷牧又赶紧递上了来自交通部香港招商局的报告《关于充分利用香港招商局问题的请示》，请邓小平过目。

邓小平略略看了一遍，忽然说，两位请先回吧，我要思索一下。

这一夜，邓小平办公室里的亮灯时间超过了往常。保健护士催了两次，邓小平都挥挥手让其退下。他站在墙上的一幅大比例尺中国地图前，目光不停地扫着香港与站在香港后面的块头很大的广东。

王秘书走到门口的时候，闻到房间里的烟味比平时重了好多，但是他没有吭声。他知道邓小平现在思考的是一个特别重大的问题，因为来自香港招商局的报告，以及来自香港商会罗副会长的信，此刻都摊开在邓小平的书桌上。

沉思中的邓小平看见了站在门口的王秘书，不由问了一句，你是陪我去过新加坡的，觉得怎么样？

王秘书觉得这个问题好大，一时回答不上来，就嘿嘿一笑，没有吭声。他心里也明白，邓小平并不是在问自己，他无非是心里在琢磨这个问题。

果然，邓小平又慢慢地踱起了步子，显然也没有急着要王秘书回答的意思。

邓小平确实想到了新加坡。去年，新加坡之行给邓小平的一个莫大的惊奇就是，这个面积只有六百多平方公里的袖珍国家，自一九六五年独立后，经济发展极为神速。这个国家缺乏土地，也缺乏资源，而且当时失业率居高不下。他们是如何突围的呢？应该说，这与李光耀总理的远见卓识是分不开的。他听过新加坡方面的详细介绍，正因为当时的新加坡制定了许多吸引外资、发展多样化经济的政策，才有效地提高了一个国家的发展速度。

新加坡的经验，无疑是值得借鉴的。中国也有类似的发展瓶颈。

邓小平又一次走到了地图前，而且嘱咐王秘书取来放大镜。他仔细地看着广东省毗邻香港的那块地方。

那个地方过去叫宝安县。他去过，他看到过许多连绵不绝的铁丝网，以及成群的被捆绑着押回内地的"逃港者"。

应该是这块地方，他想。

他转脸对王秘书说，拿一支红铅笔来。

接着，他又对王秘书说，等等，接通陈云与李先念的电话。看来应该马上碰个头会商一下了，把广东的习仲勋也找来。

四

从广州飞赴北京的广东省委第一书记习仲勋，下了飞机就直赴中南海怀仁堂参加工作会议。他是有备而来的，心里涌动着不少想法，而随身携带的公文包里就夹着一份厚厚的在广东建立出口加工区的报告。

广东如何依靠毗邻香港的优势率先实现经济起飞，是他这几个月一直在思考的问题。当然这个问题的解决，需要中央的政策支持，而且这种支持要快，时间不等人。

因此，他在这次工作会议上说的第一句话就语惊四座了。他说，我今天就是来放炮的，我要向中央要权！

这一刻，习仲勋看到所有与会者的脸上都微微露出了惊愕的神情，连陈云与李先念都直视着自己，唯有邓小平坐着纹丝不动，仿佛知道他接下去会讲什么话似的。

于是，习仲勋接下去说，希望中央能让我们广东先走一步，利用广东毗邻香港的有利条件，搞出口加工区。

说到这里的时候，习仲勋就让自己的随行人员把业已准备好的这份建议报告，呈递给了坐在主席台上的诸位中央领导。

习仲勋简单介绍了这份报告的内容，强调说这是广东省委近一段时间以来通过大量调查研究所形成的重要建议。他提高声音强调说，如果广东再不迈开步子，经济再发展不上去，广东人民还在穷困中生活，那么"逃港"的严重问题就还将持续，难以遏制。

听到"逃港"两个字的时候，怀仁堂里所有的与会者心情一下子都沉重起来。事实上，一九七八年，在"逃港"之风越刮越大的时候，习仲勋就曾轻车简从，到宝安进行实地考察。也就是在这次考察中，习仲勋发现了一个奇怪的现象。与宝安紧邻的香港，灯火通明，车水马龙；可宝安县却冷落萧条，人烟稀少。两地形成了鲜明的对照。这一幕使习仲勋相当不是滋味。更令他感到痛心的是，他走访的当地民众都表现出了对"逃港"的理解，许多人甚至向往。他痛心地感到，如果一个地区的经济长期得不到发展，人民生活陷于穷困，那么人民就不会对现存的社会制度产生信任感，"逃港"现象也无法从根本上得到解决，无论是刺刀还是铁丝网都没有用。

习仲勋介绍完自己的设想，放下手中稿子，直视着主席台，提高音量大声说，如果中央给我点政策，让我搞一搞，广东省的经济一定能搞上去，我有这个把握！我再重申一遍，利用我们广东毗邻港澳的区位优势，搞一个成规模的出口加工区，我认为，发展上去没有问题。我讲完啦！

习仲勋的这个想法，听上去似乎过于大胆。献出自己的一块土地，按照人家资本主义的经营模式来搞，这在理论上算是一个什么问题呢？在实践上也是可行的吗？

会场一片静默。有的人托着下巴，有的人摸着鼻子，有的人推推眼镜，许多人把广东省的这份报告翻得簌簌直响。

李先念沉吟着问，办出口加工区，你们广东想搞个试验田？

习仲勋在李先念的目光中看出一点犹豫，马上解释说，我再用简单的一句话概括，那就是：引进外资，用市场经济的办法办工业！

会场又陷入了沉默。

这时候谷牧发言了。谷牧咳嗽一声，清清嗓子，用不轻不重的声音说，依我看，广东想搞试验的想法很好。现在国际形势对我们而言十分有利，很多西方资本都表达了想来中国投资的想法，我们一定要抓住利用外资的机会。广东离香港、澳门近，商品经济历来很活跃，外贸历史悠久，加之广东的海外华侨也特别多，所以，在广东搞个出口加工区，对我们赚取外汇很有帮助。

会场内的反应似乎仍然相当犹豫，谷牧又提高音量说，我们搞经济还是要大胆一些。在广东划片地方，搞个局部的试验田，是可行的。改革需要一个突破口，需要一块试验田。失败了也不要紧嘛，往回收就是了，一小片地方，是可控的。

这时候就从会场的角落里传来一个谨慎的声音：搞这种性质的"加工区"，好多问题会很难，会牵涉关税、法律等，这些都是大问题，甚至是原则问题。中央对此要仔细考虑。

又有个声音呼应说，是啊，还有一个税收问题。港商投资，怎么设定关税？跟外商一致还是不一致，这可是个敏感问题。一样了，予人口实；不一样了，跟内地一样，人家能来吗？定多少啊？这根本没办法弄。还有，办这个出口加工区，人家能相信我们吗？我们拿什么给人家的投资作保证呢？

这些问题一经提出，整个会场就嗡嗡嘤嘤地热闹起来。赞成的，反对的，保留的，怀疑的，各种观点都有。后来邓小平就建议说，大家可以深入讨论，不忙下结论，今天上午的会议可以就开到这里，但是同志们，我们会有一个结论的。

"我们会有一个结论的"，是什么意思呢？小平同志对这个问题，到底是赞成还是保留呢？走出会场的习仲勋一直惴惴不安，但又心急如焚。他想，这个问题一旦搁置，又不知要等到猴年马月。广东这种独特的区位优势要是得不到发挥，经济就很难短时间内起飞。这对广东是个明显的损失，对国家也是一个损失。从谷牧积极的话里分析，邓小平似乎应该是投赞成票的，为什么他一时间不表态呢？

是这个问题过于敏感了？

过于敏感的问题，是需要时间的。邓小平是个战略家，他一定是在拿捏时机与分寸。

习仲勋的这一猜测，很快就得到了证实。午后，他就得到了邀约，与邓小平在中南海的林荫道上散步，陪同的是谷牧。

邓小平一见习仲勋就笑着说，仲勋同志是心急如焚啊。

习仲勋说，小平同志，不能不心急如焚啊。人家香港高楼林立，我们这边的人不能长期住草房子啊。社会主义不体现优越性，那还叫什么社会主义呢？广东要发展，不利用广东的区位优势，就太可惜了。

谷牧说，是啊，三十年代，陈济棠主政广东，就曾经讲过这样的话，广东情形特殊，"毗连香港澳门，还有众多的华侨"，中央的决策和所颁布的法令未适合实际，应该有所损益。

一听这话，习仲勋就发出了一声感慨，说陈济棠身为一个旧军阀，尚能改革陋习，刷新政治，造成当时的"模范新广东"，今天的共产党人没有理由做不好！

听着身旁两位的一唱一和，邓小平就笑了起来，说有信心是好事情嘛。

这时候习仲勋就大着胆子说，小平同志，我其实很想听听您对我们广东这个建议的态度。

这时候邓小平又笑了，说，我就是要告诉你我的态度，才把你请来一起走走的。

习仲勋听了这话，一下子兴奋起来，但是一颗心又同时提到了嗓子眼。邓小平这时候就站住了，两眼看定习仲勋，声音清朗地说，我也支持广东放手干，试一试，闯一闯嘛！

习仲勋一时激动得说不出话来。邓小平继续说，对不同的看法我们不争论。

大胆地试，大胆地闯。闯出路来了，也就有说服力了。

这时候习仲勋说话是攥住了拳头说的，他几乎把拳头攥出了青筋。他说，我们一定大胆地试，大胆地闯。我们一定要闯出一条路来。我们广东一定能成为一个"有说服力"的地方。

看着习仲勋激动的样子，邓小平心里很是欣慰。中国的社会主义事业，就是要有一批敢打敢拼的闯将。有了一批闯将，我们的事业才能风生水起。

谷牧这时候却为拟议中的这个出口加工区叫什么名字犯愁了。他思忖着说，广东要是搞这个试验，叫什么名字还有点讲究。所谓名不正则言不顺，国外有的把这叫出口加工区，有的叫自由贸易区，有的叫投资促进区，五花八门的，我们究竟叫什么合适呢？

习仲勋也皱起眉头想，一时没有吭声。

邓小平抬起脸，看着树上满眼的绿色，手一挥，说，就叫特区。

谷牧一愣，特区？

邓小平说，过去我们陕甘宁边区开始时就叫特区嘛，不过是政治特区，广东是经济特区。

习仲勋手一拍，说，好，经济特区好。

邓小平又看着习仲勋说，仲勋同志，广东那个地方不应该长期穷下去。当年你们创建陕甘边革命根据地，后来成为中央红军的落脚点，为革命作出了巨大贡献。现在，广东就是你的新根据地，划出一片地来，也搞一个特区，把它搞好。

习仲勋这时候再一次地攥起了拳头，他说，当年的一块小小边区，已经成了现在这么大的一片江山。只要有中央的支持，我搞好特区就有信心。

说到这里，习仲勋心头忽然涌上一丝担心，觉得小平同志如此态度明朗，但中央其他领导同志是否都有这样明朗的态度呢？小平同志会为此受到多大的压力呢？

于是习仲勋轻声地说了一句，小平同志，我这回可是给您捅了个马蜂窝了。

邓小平听了这话，一愣，忽又一笑，摆摆手说，这个马蜂窝捅得好。我们再也不能自己束缚自己了。我支持你的想法，办一个特区是个好想法。不过我要告诉你，中央可是没有钱，你们自己去搞，杀出一条血路来！

习仲勋再一次激动起来。"杀出一条血路"，说明了任务的艰巨和复杂，也说明了中央的信任与期望。至于中央不给钱，这个不是问题，本来也没指望中央给钱。中央也给不出什么钱来，要的就是中央的政策。政策比钱重要一百倍。

习仲勋斩钉截铁地说，小平同志，您尽管放心，我们一定杀出一条血路！

习仲勋的信心从这一刻起一直是满满的，从未减少。他在这次工作会议结束后立即赶回广东，传达了邓小平的指示。而国务院副总理谷牧率领中央有关部委组成的工作组，也在这次工作会议结束后立即赴广东福建考察，与两省负责人一起研究两省对外开放的具体问题。

在广东建立一个崭新的经济特区的序幕，就这样拉开了。

五

香港招商局局长袁庚是接到夏默的电话之邀，当天就急赴北京的。听说是李先念副主席与谷牧副总理要见他，他就敏感意识到是自己起草的那份《关于充分利用香港招商局问题的请示》起了作用。

他猜对了。一到李先念办公室，李先念就让他谈想法。于是他就在李先念的办公室地上，把早就准备好的一幅深圳地图摊了开来。他指着地图对李先念与谷牧说，这里是广东深圳市一带，和香港仅一河之隔。这条河就是深圳河，全长三十五公里。深圳市地理位置优越，西部沿海一带是滨海平原。李副主席，请看，这个区域是南头半岛。它的位置很特殊，西扼珠江口，与珠海市相望；南至深圳湾和内伶仃岛，与香港隔海相望；北背羊台山，与深圳市接壤。

李先念头也不抬，说，你说下去。

袁庚说，这个南头半岛在历史上都是有名的。南头古城有六百多年的历史，在晚清前就已经是粤港澳地区的政治中心了。经济是以产盐、茶叶、香料和稻米为主。这一带风景宜人，降水丰富，属于亚热带海洋季风气候，常年平均气温二十二点五摄氏度，无霜期为三百五十五天，非常适合发展港口贸易。

李先念举起手中的红铅笔，在深圳市地图上整个南头半岛一带重重地画了一个圆弧，爽快地说，就给你这个半岛吧。

袁庚吓一跳，惊呼说，都给我？五十平方公里？

李先念笑起来，说，怎么，不敢吃？

袁庚说，有点儿不敢，吞不下。我不敢多要，就要蛇口这两平方公里就行。

李先念犹豫了一下，说，好，可以。

接着，李先念就站了起来，脸上的表情也随之严肃了。他看看谷牧，又看看袁庚，说，袁庚同志，这两平方公里，你先站住脚，再扩大战场。不过你记住，我不会给你们钱买船、建港，你们自己去解决。生死存亡，你们自己管，自己去奋斗，怎么样？

袁庚说，我要的就是中央的政策！感谢中央，我们能把两平方公里的蛇口搞好！

走出李先念办公室以后，袁庚还有点不敢相信。他对谷牧说，李副主席怎么会提出把五十平方公里的地方都交给我们经营？谷牧说，还不是对你们的高度信任？袁庚说，我印象中，李副主席处理问题一直是谨慎稳妥的，没想到他对特区建设这么放手。谷牧说，李副主席与邓副主席交换了好几次意见，又与广东的习仲勋同志沟通了好几次。现在大家的认识都是高度统一的，都感到在广东搞一个经济特区是一着值得走的棋。这步棋走好了，对整个中国经济都是一个强有力的拉动。你先把蛇口好好发展起来吧。

愿意到广东投资办企业的香港商会副会长罗启民，兴致勃勃地在深圳走了一大圈。他起先是满怀希望的，尤其是蛇口工业区基础工程热火朝天的建设场面，使他目瞪口呆。香港招商局局长袁庚指着规划图，亲口对他介绍说："我们蛇口工业区位于深圳南头半岛东南部，东临深圳湾，西依珠江口，与香港新界的元朗和流浮山隔海相望，占地三百亩，是中国改革开放的第一块试验田。"

袁庚这么说着的时候，窗外缓缓移动的都是重型起重机的巨臂，庞大的混凝土块和钢铁构件穿过一层又一层的云彩。

真是了不得，罗启民想。

但仅一个礼拜后，罗启民就感到了深深的失望，他想在深圳租地办厂的愿望根本就无法实现。好几个公社都说我们是不可能租给你们土地的，这地是社会主义集体所有，不能买卖也不能租赁。我们国家的法律就是这样的。

罗启民回到香港，找到正在香港考察的国务院港澳办副主任田志远说，你们不是准备在罗湖工业区之外还要搞一个更大的"深圳经济特区"吗？这个特区的占地面积不是比十几个蛇口工业区的面积还要大吗？那么大的面积，难道你们都自己开发办厂吗？你们的本意还是希望我们香港投资者来搞建设的吧？那为什么又不把土地租给我们使用呢？

田志远也认为这些问题都是实际问题，他回答不出。他问了夏默，夏默也回答不出。关于土地的政策问题，是需要中央有一个态度的。

土地问题，是江山问题。江山问题，又牵涉一个是否"红色"的问题。用千千万万先烈的鲜血染红的土地，去租给资本家办厂发财，这在理论上又该如何解释？

连着几个晚上，夏默都在自己那个四合院的庭院里兜圈散步，弄得正在做功课的夏小妹很纳闷，说爸爸在犯什么傻。高兰悄声对女儿说，别去打搅爸爸，让爸爸兜他的圈子吧。他脑袋里有好多圈子，绕不出来呢。南方有一个"特区"要建，他有点云里雾里呢。

高兰的话倒是说对了，夏默确实有一点云里雾里的感觉。如果深圳特区的土地规划都要自己来投入，每平方公里的投入起码是一亿元，可是国家根本拿不出这么多钱。如果要这么投入，相当于把整个国库掏空。

思索再三，他还是决定向邓小平写个报告，向他摆一摆这道难题。

他知道下决心搞"经济特区"的邓小平，一开始也不会考虑到有这样的难题。但是这道题的破解，也只能请教邓小平。换了谁，谁都不可能有这样的胆魄。

回到屋里，夏默就开始提笔写报告，心里抱歉地想，只好矛盾上交，打搅小平同志了。

三天以后，邓小平就把谷牧与夏默请到了米粮库胡同。那天，夏默一接到王秘书的电话心里就想，小平同志也是着急了。

夏日的庭院，蝉叫得很响，但是有风，所以并不那么热。邓小平就在庭院里摆开了桌椅，请谷牧与夏默就座品茗。但是显然，主客三人都没有轻松的兴致来品龙井。拟议中的深圳特区的起步，尤其是土地开发资金这一块，在三个人的心中都像树上响得刺耳的蝉声一样，无法忽视。

谷牧证实了夏默关于土地开发资金的计算。他说，每平方公里投一个亿，这么算起来简直就是天文数字。目前我们的财政这样吃紧，至多可以安排不到一平方公里的财政支持，就这还要勒紧裤腰带。

邓小平说，不听你那个数字，国家财政根本就没这个钱。你夏默就说说报告书中的这个"土地租赁"是怎么回事？你说得吞吞吐吐嘛，语焉不详。

夏默的这份报告书中提到的"土地租赁"，是没法说得很详细的，夏默自己心中也没有底。但这就像隧道尽头的一道如隐如现的曙光，是必须提一笔的。在夏默的潜意识中，这可能是个突破口。但是，他不敢明讲。

于是他这样向邓小平解释：这个"土地租赁"，就是把土地租给投资者，换取建设的资金。这是借鉴香港起飞的经验，但我对此没有把握，我不敢展开来写。因为，毕竟，我们是社会主义体制。

又是一个姓"社"姓"资"的问题。邓小平呷了一口茶，抬起头来，看着夏默说，我要批评你，你应该在你的规划书里写清楚关于土地租赁的思考嘛，你用不着吞吞吐吐。既然是香港成功的经验，还有国外成功的经验，我们为什么不能学？都可以学嘛。搞经济我们是外行，要多向内行学习。国内没有内行，可以国外找，参考参考国际上成功的经验嘛。我看新加坡的经验就可以参考嘛。

夏默心里想，小平同志说得好，看来他能一锤定音。

邓小平这时候又看定谷牧说，说到国家资金，我知道先念同志的难处、你的难处。就是给座金山，广东要办特区也不够。中央财政不是压力大不大的问题，是根本给不起的问题。给不起，就还不如不给了。给什么呢？还是一句话，给政策。我看，就把这个政策给广东吧，让他们自己去拼吧。

谷牧听了兴奋起来，马上说，我把您的意见向先念同志汇报。相信习仲勋同志会把这个政策用好的，深圳特区的起步将会非常迅速。

夏默后来在总结这一段历史的时候，对新华社记者，也就是自己的儿媳妇任燕说了一句话：谷牧同志讲的"迅速"，其实还不贴切，应该叫作"神速"。

六

香港商会副会长罗启民带上自己的外甥女吴怡茹飞到北京，他想寻找几个内地的食品企业作为合作伙伴。

罗启民在广东深圳相中了好几块土地，只等特区的相关条例颁布，他就可立即租赁建厂。现在需要的是，物色几家合适的内地食品企业与之合作，这是一个迫切的问题。而使他惊喜万分的是，他到北京才两天，就接到了邓小平的请柬，邀他出席在北京饭店的一个宴会。他后来才知道，那次宴会，是邓小平为欢迎新加坡的经济学家李厚霖教授而举办的，但邓小平特地让港澳办副主任田志远通知自己也参加，表示同样的欢迎之意。

他想，邓小平原来是个这么细心的人。他一定是看过我当初写给国务院的那封要求到广东办厂的信函，而且他还知道我这一趟跑北京来了。

他又想，我罗启民何德何能啊，无非是一个在香港开食品公司的商人，能劳烦国家最重要的领导人这么花时间来接见我，这真是不敢当啊。

他的外甥女吴怡茹倒显得神态平静。吴怡茹说，舅舅，您别激动得连衣服扣子都扣错了，一边高一边低的。邓副主席见您，不是见您一个人，他是把您当作愿意投资内地的香港商人代表来见的，这是邓副主席在推动国家的开放。

罗启民对着宾馆里的穿衣镜，认真地把衣服扣整齐。他对外甥女说，怡茹你说得对，邓先生是在为国家大事努力。他有大的棋局，但是我能在他的棋局里做一枚小棋子，也是无上的光荣啊。

外甥女连声说对，又拿起小梳子，细心地帮舅舅把稀疏的头发梳理妥帖。

这一夜，在热热闹闹的北京饭店宴会厅，那位当日向中国同行们作了"新加坡如何实现经济起飞"报告的李厚霖教授兴致很高，而主人邓小平的兴致似乎更高。邓小平频频举杯，向来自新加坡的经济学家们致谢，说我们建设经济特区，就是需要你们的智慧和建议。酒过三巡之后，他就把罗启民邀到自己身边，跟这位七十多岁的回内地投资者拉起话来。他说，你我同岁啊，这么老当益壮。罗启民说，邓副总理不也是嘛。两人哈哈笑着为此干了一杯。

接着，邓小平就问罗先生找到商机没有，在听说罗启民是想开办一家航空食品厂的时候，就更加来了兴趣，说罗先生的这个选择有意思啊。

罗启民说，不瞒邓先生，我在香港的公司也是专门做航空食品的，经验、设备、技术和质量方面都不成问题。

邓小平扭头对一旁的田志远说，这个行业有意思啊，我看我们国内国际航班飞机配餐的标准落后国际水平很多啊。他不禁谈起自己曾经乘坐专机出访的一次经历，对当时飞机上的配餐记忆犹新，他笑着对罗启民说，那次飞机的配餐只有茶水和面包，那个面包的质量我真是不敢恭维哟。我当时就和徐柏龄机长谈改进飞机餐食质量的问题，我说质量好的面包是不会掉渣的。我那时还开了个玩笑，我说如果有需要，请他派人到我家里来，跟我家的厨师学一学，我家的厨师做出来的面包肯定是不会掉渣的嘛。

罗启民记得最后邓小平还跟他说了这样的话：你的与内地企业合资的想法是好的，但是这样的合作要务实。你选择的合作伙伴，懂不懂得做面包，做出来的面包掉不掉渣，这很重要。如果做的面包掉渣，那就不要谈了，谈也是浪费时间。

这时候，邓小平周围所有端着酒杯的人，都哈哈大笑起来。

罗启民在田志远的陪伴下回到宾馆，劈面就对正在练习拉琴的外甥女说，哎呀，那个邓小平说话真是贴心啊，连面包掉不掉渣的事都要关照。专注细节的人，才是大政治家啊。

田志远这时候问，这就是您的外甥女吗？琴拉得很好啊。

罗启民急忙向田志远介绍了自己的外甥女吴怡茹，说她三年前还在内地，后来才跑来香港，说外甥女夜奔香港的经历，提起来还是挺险的。

而吴怡茹这一刻就愣在那儿了。

世界上竟有如此巧合的事情。吴怡茹第一次见到田志远，就有种似曾相识的感觉，连她自己也觉着惊奇。她甚至犹犹豫豫地说，田副主任，我好像在哪儿……见过您？

而一刻钟之后，吴怡茹在听到田副主任聊起自己的儿子也对食品生产有兴趣，还于近期开了一家食品厂的时候，突然就泪流满面。

她在三年的琴声中苦苦思念的田源，原来就是这位田副主任的儿子。

这一刻，田志远也突然感悟到了什么，愣了半晌之后，对揩去满脸泪花的吴怡茹轻声地说，你落下的那把琴，现在还在小源卧室的墙上挂着呢。

姑娘忍住泪水，拼命点头。

田志远又说，小源天天都看着那把琴呢，在没搞他的食品厂之前还常常练着呢，搞了厂子以后倒是没听见他的琴声了。不过他拉得也实在不怎么样，我和他妈妈都要强忍着才能听。

这时候吴怡茹小声说，他拉的不是琴，是思念。

而到了这一刻，罗启民才恍然大悟，原来他的外甥女将来有可能成为这位田副主任的儿媳妇。

吴怡茹见到田源的那一刻，也是戏剧性的。忙碌在食品生产线上一身大汗的田源，回过头来的时候几乎愣住了。

站在他面前的那位心上人，早已不是三年前坐在泥地上啃着冷馒头的女知青，而是来自香港大都会的穿着一身白色连衣裙的年轻提琴艺术家。

田源简直不敢叫她，呆得像雕塑似的，而食品车间里的二十几位年轻员工也都一齐显出了目瞪口呆的样子。倒是吴怡茹急走几步，扑上去，一把抱住田源就呜咽了一声"小源"，泪珠断了线似的滚下来，雪白的连衣裙上顿时油污一片。

当夜，吴怡茹就逼着舅舅说，您必须答应，田源先生和陆大洲先生合办的这家"北京大洲食品厂"，就是我们罗氏食品公司在北京的合作企业！

罗启民问，没有选择的余地吗？

吴怡茹说，没有。又说，绝对没有。

看着舅舅还有些犹豫的表情，吴怡茹伸手拉拉他的衣襟说，舅舅您当初到香港不也是靠炸油条起步的吗？后来才有的面包作坊，再后来才有的食品厂，您两只手不也是每天都油腻腻的吗？您不止一遍给我讲过您的创业故事，都把我讲哭过，是不是啊，舅舅？

于是罗启民回过脸，看着在咖啡馆里坐得端端正正的田源说，田先生，我们"罗氏食品"为你们提供技术和设备，你们专门负责生产面包。如果田先生答应这样的合作，我马上签字下单。

然后，回过脸，这位香港"罗氏食品"的掌门人又看着他的外甥女说，"罗氏食品"北京区的业务，你就是总负责人了。

第十八章

开弓没有回头箭

一

　　刘金锁怎么也没有想到，夏建红竟然会翻出他的那张摁着十八个红手印的分田契约并烧掉了。他走进家门就闻到了一股奇怪的焦臭味，问里屋病床上的母亲，母亲啥也不知道，及至在灶头看到了一脸惊慌的夏建红，才明白了事情的原委。

　　夏建红倒也坦白，说，金锁啊，我不能不烧，不能留下证据。这回你要听我的，从今天开始，上头无论什么人下到小岗村追问，你都不要承认带头搞了"大包干"。哪怕他们翻箱倒柜搜查，也找不到任何证据。

　　刘金锁目瞪口呆，突然就抱着头蹲到了地上。把"分田契约"也烧掉了，这算是哪门子的事呢？其实事情哪里有这么严重，无非是《人民日报》发表了一封署名为"张浩"的来信，还加了个"编者按"。那"编者按"说的是：现在实行"三级所有，队为基础"，符合当前农村的实际情况，应当稳定，不能随便变更。轻易从"队为基础"退回去，搞分田到组，是脱离群众，不得人心的。同样会搞乱"三级所有，队为基础"的体制，搞乱干部和群众的思想，挫伤群众积极性，给生产造成危害，对农业机械化也是很不利的。

　　"编者按"还用中央文件似的口吻说，已经出现"分田到组、包产到组"的地方，应当正确贯彻执行党的政策，坚决纠正错误做法。

　　夏建红在公社一读到这个"编者按"就傻了，脸色一下子苍白起来。她当天就赶回小岗村，在田头找到大汗淋漓的刘金锁，让他看一遍《人民日报》，直弄得刘金锁丈二金刚摸不着头脑，说，《人民日报》咋不跟着三中全会的精神走了？咋不跟着邓小平指着的方向走了？《人民日报》原先不是一直喊着思想解放吗？

　　夏建红对他说，"倒春寒"你知道吗？农令节气上有"倒春寒"，政治气候上也会有"倒春寒"。金锁你虽然学过政治经济学，可是你还不懂政治。我倒比你稍懂一些，看着这"编者按"就知道写这文章的人是大有来头的。接下来就是整肃，就是调查，就是抓典型。你别以为我这是在吓唬你，政治就是这样的。你给我看过的那张"十八个手印纸"，绝对是犯天条的事儿，当个反面教材，那实在是太形象了，也够上《人民日报》的份儿了。

刘金锁那时候斜眼看着夏建红说，那我无非就是蹲大牢呗。

夏建红生气了，说，你讲得倒是轻巧，你蹲大牢了，我怎么办？知青都回城了，我硬是还留在这儿，不管我爸的劝，也不顾我妈的哭，还不都是为了你？你倒好，"无非就是蹲大牢"，说得多轻巧。

这时候刘金锁就低下了头。田野上吹来了热辣辣的风，绿油油的庄稼直摇晃。

夏建红说，金锁你就是不考虑我，也得考虑你妈。你妈妈的哮喘虽说好了一些，但毕竟也是一把年纪了，也就指着你过平安日子了，你怎么就不把自己当回事儿？啥"大牢""大牢"的，说得我都心酸！

刘金锁当时也没多吭声，但是总觉得夏建红把这形势看严重了。即便有"倒春寒"，总也不至于那么凶狠，把"真理标准讨论"的成果一风吹掉吧？

但是他怎么也没想到，今天回到家里，竟然有股烧纸的焦臭味在等着他。

夏建红拉了好几回，才把抱着头蹲在地上的刘金锁拉起来。夏建红再三说，你不要怨我，我真是要想办法保护你和整个村子。我不想让小岗村作"典型"，这毕竟是我一直在蹲点的村子。

刘金锁这时候却再也忍不住了，对她吼了一句，你都是为了你自己！

这下倒把夏建红惹哭了。她怎么也没有想到，刘金锁会冒出这样的话来。要是为自己，她怎么还会从北京再赶回凤阳来？刘金锁再没良心，也不该说这样的话。夏建红一直哭到刘金锁的母亲从病床上下来，举着鞋底子劈头劈脑地打儿子，说你这个没良心的货，还不向建红跪下赔不是！

于是刘金锁才低着头说了一句"对不起"，但是夏建红已经捂着脸哭着跑出了门。

凤阳县派来的调查组是第三天来到梨园公社的，听了公社书记全面的"学大寨"情况介绍，然后又到小岗村摸底调查了一天。间隔一天，刘金锁与夏建红就都被叫到了公社，后来有消息说调查组把这两人直接带到县里去了。

这一下，小岗村村民就都惴惴不安起来。宋学友找到严德旺说，保不定是咱们分田的事给露馅儿了，也不知是哪一家多了嘴，叫人家知道了。严德旺也担心说，金锁这一逮，事儿就严重了。闹得不好，全村都受牵连，分到各户的地都交公不说，咱头上还得套顶帽子。宋学友说，大不了再唱着凤阳花鼓去讨饭呗，只是可惜了这半年的庄稼。这每家每户的长势都那么喜人，眼巴巴就看着丰收的年景要散架。

正在小岗村村民六神无主的时候，傍晚时分，夏建红却回来了，不过看上去也是一脸疲惫。村民们一时都拥了上去，还没等夏建红喘过气来就是一连串的问题。

夏建红急忙安慰大家说，乡亲们都不要惊慌，事情是这样的：最近省里要来领导视察，县里就先派了调查组来了解小岗村搞"大包干"的情况。小岗村"大包干"的风声，这两个月肯定已经泄露出去了。人的嘴巴不泄露，庄稼的长势也泄露了。所以四邻八乡的都在羡慕咱们小岗村，都在议论咱们小岗村。一有啥风吹草动，要找事儿的，也肯定找上咱们小岗村。所以这次县里调查组一到公社就首先盯上了咱们小岗村，把金锁叫去了，把我这个蹲点干部也叫去了。不过公社书记没有为难我们，说实话县里也没有为难我们。我看他们心里还是挺同情咱们的，只是《人民日报》风声紧，他们也不敢多说宽慰的话。县里只是问了问情况，还让金锁写了份材料。本来今天下午就可以让我们都回来，结果说是地委书记要见金锁，县里就用小车又把他送到滁县去了。金锁怕你们担心，让我先回来跟你们打个招呼。

一听说刘金锁被送到滁县了，大家就更担心起来，都说坏了，看来事情闹大了。宋学友说，金锁关到滁县去了，咱咋去给他送饭呀？夏建红赶紧解释说，没有关起来，只是了解情况。

见村民们还是慌乱，夏建红就沉住气对大家说，现在是关键时期，咱们队干部首先要一条心，要把全村都稳住。我在县里听说，省里领导很快就要下来，到时候会给大家一个说法。乡亲们先散了吧，明天该干啥还干啥。

二

整整等了五天，刘金锁还是杳无音信。夏建红心里也不踏实，不知道自己能做什么，只是一直住在小岗村，一边等着金锁的消息，一边照料着金锁的母亲。

她心里想，那张分田契约幸亏是烧掉了，要是真留着，被查出来，那真是一份"活教材"。可是金锁的安危，又不能不让她日牵夜挂。她一边安慰着金锁母亲，说金锁绝对不会有事儿的，一边又琢磨着如何去滁县，到哪儿也得把金锁给找回来。不然整个村子都不安生，地里的庄稼也不安生。

终于在第六天的早上，夏建红在把金锁的母亲托付给邻居照顾之后，将那辆二十八寸的旧自行车打足了气，带上两块干饼子，直接蹬车就往滁县赶。

才骑出村口，她就差一点出了车祸。一辆迎面驶来的轿车在她的自行车前一声怪叫，紧急地刹了车。

夏建红从自行车上滚了下来，差点摔进沟里。憋了一肚子火的她顿时爆发了，冲着那辆轿车大嚷，咋开车的？欺负人哪！

她其实也知道，问题出在自己身上，由于注意力不集中，所以才遭遇凶险。

轿车里下来的人好像也不动气，看着从地上爬起来的夏建红说，没有摔疼吧，小同志？

夏建红摇摇头，这一瞬间她已经明白了自己的冒失，但是还不知道那位笑眯眯问她的干部正是安徽省委第一书记万里。

万里说，小同志，你就是这个村子的吧？有空带个路吧，去你们村看看。

夏建红迷茫地看着这位面目和善的干部，直至车上又下来一个年轻人，介绍说这是省委书记万里同志时，夏建红才像大梦初醒似的跳了起来。她说，我带路，我带路，万书记您要看啥，我都带路。

夏建红带着来自省里的两辆满是尘灰的小轿车，进了小岗村。她应参观者的要求，先是带着这四五位来自省城的干部到田头看了长势很好的庄稼，以及整理得干干净净的几条沟渠，然后又接连走访了好几家农户。她注意到：这位万书记观察得很仔细，下地的时候还去抚摸庄稼，甚至还扒开泥土查看作物的根系；进了农家之后，又直达灶头，掀开锅盖。同时她也注意到，这位万书记还是个菩萨心肠，见到衣衫褴褛的孩子，看到家徒四壁的农户，摸着用泥巴垒起来的饭桌，眼睛里都会有泪花闪烁。

她听见这位省委书记自言自语地说，这村子，来过两回了，还是这样穷啊。

再后来，夏建红就带着客人们走进了刘金锁的家。万里进门后，先是慰问了病床上的刘金锁的母亲，然后就说，这屋里还有几张木头凳子，我们就在这里坐一坐，开个社员座谈会吧。小夏，你去找几位乡亲来。

于是夏建红急忙请来一帮乡亲，十几个人把一间泥屋挤得满满的。

乡亲们见到省委书记，心里没底，一时都不知道怎么开口，好像手脚都没地方放。夏建红壮着胆子说，万书记您有什么问题，您先问呗。我要上公社请公社书记来吗？

万书记说不用，不用，接着就指着坐在身旁的严德旺问了第一个问题，说老乡你先聊聊去年你们队每人分了多少口粮，年终分配人均收入多少？

严德旺说，去年我们逢旱灾，人均分配口粮四百来斤，人均分配的现金是一百零五元。这钱，讲的是一百零五元，但那是"青皮啃青皮"。

万里听不懂"青皮啃青皮"的意思。夏建红解释说，这是我们这里的土话，意思是说到年终的时候，社员之间相互认账。进款户由超支户付给，超支户一般都是最困难的社员，根本没有钱来支付。因此，基本现金分配是不能兑现的。

万里说，明白了。别说兑现不了，就算是兑现了，这点分配你们也吃不饱饭啊。这日子怎么过呢？集体经济搞不上去，社员的生活就会一直困难下去。

听万书记这么说，一旁的宋学友就横着胆子大声冲了一句说，万书记啊，这都是去年的事情了。今年我们小岗生产队搞了个名堂，叫"大包干"。您万书记刚才也看了地里了，那庄稼，那长势，不丰收也得丰收啊，都馋死别的生产队了。

这话一出口，整个房间立即陷入了一阵骚动。所有的社员都面面相觑，接着又紧盯着万里的面孔，气氛变得异常紧张。

只见这位省委书记不动声色，仍旧用他平静的声音说，既然提到了"大包干"，那就谈谈你们对"大包干"的看法吧。

宋学友马上放下手中的旱烟管，站起来就念顺口溜"大包干，大包干，直来直去不转弯。干上三五年，有吃又有穿"。万里和省里的干部都一起笑起来，问社员是不是自己编的。好多社员就异口同声地说，当然是自己编的，也是自己念的。只限在村里念，不敢念到外面去，怕闯祸。听说这几天《人民日报》又有新精神了，大伙儿都担心真的要闯祸了。咱们的带头人也被拉到滁县地委去了，快一个礼拜了都没放回来，这事儿叫人揪心着呢。

既然话都说开了，夏建红也就忍不住眼眶里的泪水了。她赶紧扭头擦去眼泪，说，被带去滁县的，就是您万书记曾经在田头跟他聊过好一阵子的生产队长刘金锁。我作为公社下派蹲点干部，可以负责任地跟您万书记说，金锁同志没有错，他带领下的十八户农民干了"大包干"这件事，我起先也是反对的，后来乡亲们都让我不要反对，整个小岗村的绿油油的庄稼也叫我不要反对。我没有理由说"大包干"不好，但是现在《人民日报》又有了新精神，我也不知道是咋回事。我还把那份盖着十八户农户手印子的"契约"都烧掉了，我就怕出事。这一把火害得刘金锁这个从来不掉眼泪的人，那天都掉了眼泪。

夏建红刚说到这里，宋学友却从自己的襟怀深处摸出了一份按着十八个红手印的"分田契约"。这一下却叫夏建红目瞪口呆了，省上来的干部也都觉得奇怪，后来听宋学友解释了才明白，原来这是刘金锁在"契约"被烧的当夜又组织大伙儿重新按的手印。

夏建红的眼泪又流了出来，说好个金锁啊，他瞒着我啊。

万里从宋学友手里接过"契约"，看到上面歪歪斜斜签着的十八户社员的名字以及红红的手印，突然间眼眶湿润了。省里来的干部们接过这份契约书轮流看了一遍，一个个都垂下了头。

万里抬起头，看着屋子里一位位面色黝黑的社员，手一挥，用很有力的语调说，同志们，现在该是我这个省委书记表态的时候了。我表什么态呢？我支持你们大胆地干！

这话一说，屋子里出奇地静。

夏建红盯着省委书记的脸，似乎一下子还不相信自己的耳朵。

这时候，大家听见万里继续用他那铿锵的语调说，你们搞"大包干"，有什么不好的呢？既能完成国家的，又能留足集体的，还能提高社员的生活水平。同志们，这是一件对国家、集体、社员个人都有利的事！要我说，你们干得好！我相信，马列主义就出在你们这小茅屋里！哪个再说你们走资本主义道路，不搞社会主义，这个官司交给我万里跟他们打好了！

听到这里，夏建红已经双手捂脸，忍不住呜呜呜地哭出了声。而所有的乡亲也叫好的叫好，鼓掌的鼓掌，称谢的称谢，一个个的眼睛里都发出了亮光。

夏建红擦净了泪，尽量用平静的语调说，万书记，您这话可真是鼓舞了我们啊。可是我还有一件不放心的事儿，那就是金锁还没有回来。另外，也还有个问题，您的话与《人民日报》上头的"编者按"不一样，如果《人民日报》以后硬说要按他们的办，中央又下红头文件，那又怎么弄？

这一问，不仅所有社员都收回了笑，而且省上来的几位干部也都看着他们的书记。

万里点点头说，你这位公社小干部提的问题好尖锐啊，这是个问题啊。但是我告诉你，以我的估计，中央是不可能再发你说的"红头文件"的。实事求是、一切从实际出发，已经是我们党的思想路线了。至于报纸，我们也不能小看，那毕竟是《人民日报》。但是依我说，报纸毕竟是报纸。报纸就像公共汽车，发表各种不同意见都是可以的。他可以打票上车，你也可以打票乘车；他写稿登了，你也可以写稿。到了秋后没有饭吃，报纸可不能管你。究竟什么意见符合人民的根本利益和长远利益，要靠实践来检验。我们决不能读了报纸上一封读者来信和一则"编者按"就打退堂鼓。

这时候满屋子就只听噼噼啪啪的掌声了。

出茅屋前，万里扭头对身边的一位随行干部说，挂个电话到滁县，叫地委不要大惊小怪的，不要留住这儿的生产队长问东问西的了，赶快让他回来组织生产吧。我看那个小青年是很有想法的。

万里走后的当天晚上，来自滁县的一辆小汽车就直接把刘金锁送回了小岗村。夏建红一见到金锁的身影，就再也顾不得什么，冲上去就扑在他肩头呜呜哭泣了半天。

刘金锁也第一次像个大男人似的抚着姑娘抖颤的肩膀说，别哭，别哭，我在地委好好的。人家地委书记还请我吃饭呢，红烧肉都吃上了。

三

万里借一次赴京开会之际，专门跑了一趟陈云的办公室，之后又去米粮库胡同见邓小平。在这个节骨眼上，他需要中央撑腰。事实很明显，他已经在安徽的不同场合多次说了凤阳小岗村的"大包干"做法。他说话的语气是肯定的，语调是赞扬的。因此他的这一态度迅速产生了影响，在安徽农村大有"星星之火可以燎原"的趋势。他当然也听到了许多不同的声音。有许多同志很害怕，也有许多同志很震惊，更有许多同志在私下里议论"咱们万书记这么做，肯定是干不长了"。

万里还知道，已经有许多告状信从安徽各地往北京寄了，反映他所到之处都是"拔红旗、插白旗"，说他毫无顾忌地宣扬刘少奇的"三自一包"理论，说刘少奇的案子中央并没有给予平反，中央对刘少奇的"反革命修正主义路线"应该还是坚决批判的。那么现在万里书记到处为刘少奇的"修正主义谬论"张目，居心何在呢？

确实，帽子都是现成的。"反对农业学大寨""反对现阶段党的农业政策""拔社会主义红旗""走资本主义道路"，每一顶帽子都足以把一个人压垮，即便是一省的书记。

万里也知道，《人民日报》刊登那篇读者来信以及为之加"编者按"，也都不是空穴来风。中央肯定存在着一股违背实事求是原则的"稳定现有农业政策不动摇"的思想风潮。这就很危险，这对安徽目前存在的农村生产方式的大改变趋势有一种杀伤力。

万里想，这种思潮，一定要想办法破除，尤其是在中央层面。《人民日报》的"编者按"结论，无论如何不能实行。不然，后果不堪设想。自己头上的乌纱不保倒是小事，好不容易才调动起来的农民生产积极性不保、庄稼地里那蓬勃生长的丰收作物不保，才是人命关天的大事。

万里决定先找陈云，首先从陈云那里得到支持，而这在他是有把握的。因为当年陈云对他的有关"谬论"表示过同情，说过一些支持的话。说起来那也是一九六二年的事了，那时候他正在北京市委书记的任上。就是那一年，他毅然地让自己的大儿子万伯翱带头下乡，落户于一片风沙的黄泛区。他的这一带头送子务农的行为，获得了毛主席、周总理的赞扬。而就在同时，他在中共中央政治局会上当面向毛泽东建议"分田到户"，希望以此办法来刺激农民生产积极性、恢复农业生产，然而此举却受到了毛泽东的严厉批评。之后，万里听说陈云对他当时的建议表示过认同之意。陈云是这样说的：一九六二年的时候，我就听说一些省份搞"责任田"，这是非常时期的非常办法嘛，就是依靠农民自己发展生产。我也曾向中央建议过，是不是能搞个特殊政策，我说"我只是根据家乡调查的结果，觉得个人搞积极性高一点"。

万里知道，陈云做事一向务实。半年前，他在中央工作会议上放的那六"炮"，每发"炮弹"都在实处爆炸，多响亮啊。想来，陈云对现在安徽逐渐蔓延的"大包干"做法，肯定会抱同情或者支持的态度。当然，万里的心里开始还有一点不踏实。因此一坐进陈云的办公室，他就试探着问，陈云同志，我有个问题啊，我那儿的一些农村又把"包产到户"搞起来了，您说这事儿怎么办啊？

陈云一听这问话就笑了，说，你这个万里同志啊，你是来讨我回答的。关于这个问题，我不是早在一九六二年就回答过了吗？那时候你这个北京市委书记，也是很清楚的嘛。

万里这时候就哈哈大笑起来，说，有你陈云同志这句话，我这心就放下一半了。《人民日报》"编者按"上那段话说得太不合时宜，所以我才跑来北京，听听诸位领导到底怎么说。其实啊，我这次也调研了十几个县，只要是搞"包产到户"的，庄稼都长得特别好。

陈云说，中华人民共和国成立三十年了，现在还有讨饭吃的，怎么行呢？总要放松一头，让农民喘过气来嘛。有的人就是思想太僵化了。我们的农村面貌要得到改善，凡是能调动农民积极性的政策，都可以搞一搞嘛，这是对党、对人民负责的态度嘛。

万里说，现在有些情况倒使人担忧啊。有些人拿着鸡毛当令箭，凭借《人民日报》那篇"编者按"，就开始宣传"大包干"是走资本主义道路，说要坚决退回去。

听到这里，陈云忽然眉头一皱，拍案而起，说，太不像话了！究竟什么意见符合人民的权益和长远利益，这要靠实践来检验嘛！决不能借一篇"读者来信"的名义就打退堂鼓。生产上不去，群众饿肚子，难道去找《人民日报》要粮食、要油？

陈云的态度如此明朗，甚至为此拍案而起，令万里大为鼓舞。他心里想，毕竟有些老同志是懂得从实际出发的。知道老百姓实实在在的温饱，才是天下最大的事情。他又想，赶快找小平同志去，把陈云同志的这一想法也顺便向小平同志报告一下。如果能获得小平同志的支持，那纵有再大的风浪，也可以稳坐钓鱼台了。

万里是当天下午赶到米粮库胡同的。他没想到自己在长满繁花绿草的庭院里坐下之后，邓小平劈面就说，知道你是会来找我的。

万里当时就惊了，半张着嘴，一时说不出话来。

邓小平说，还不是问"包产到户"的事嘛！新华社都为你们安徽的做法发过好几个"内参"了。反映安徽"饿死人"的调查报告，我也看到了。解放三十年了，农村还有这种情况，听了心里就不好受啊。虽说是个别的，但也说明问题嘛。我们的政策不改变怎么行呢？

万里听邓小平这么说，心里就有了底，于是说，我们安徽凤阳县有一个小岗村，这回就走在了前面，"大包干"搞得很好。他们订了一份契约书，我看了，规定"交够国家的，留足集体的，剩下的都归社员自己"。农民的生产积极性高啊，地里的庄稼也都鼓着劲儿长啊，绿油油一片。以前这个小岗村，是有名的"讨饭村"，社员年年拿着队里开的介绍信到处唱凤阳花鼓要饭，去各省的都有。现在他们怕的就是再"开倒车"，再退回去。所以，《人民日报》那篇"编者按"要不得啊。中央报刊不能往下吹这样的风了。

刚说到这里，忽然邓小平也拍案而起了，这倒令万里大吃一惊。

邓小平大着声音说，那种"编者按"，不要去看它嘛！实践是检验真理的唯一标准。只要是对发展生产有利，我们都应该支持，应该大胆尝试。主席多次讲过，真理往往掌握在少数人手里嘛！这是个尊重实际、尊重群众的问题。吃不饱肚子，还叫什么社会主义！

万里激动得一时说不出话来，心里想，太好了，太好了！邓小平和陈云这两位中央副主席的拍案而起，就证明了中国进行经济改革的势头不可阻挡。我们国家农村面貌的迅速改变，大有希望。

万里是怀着一腔满满的信心离开米粮库胡同的。他临走时忽然又想到了什么，便乘兴建议邓小平说，小平同志，我还想请您有空来安徽看看，爬爬黄山，好不好？

邓小平当时听到这个建议就笑了，说，我前不久还说过想登登黄山呢。回想二万五千里长征那时候，不少人都跑垮了，我还是越走越有劲。现在我都七十五岁喽，借个爬山的机会，我也想看看自己的身体还行不行。好吧，我接受这个邀请。

万里记得，在邓小平高兴地接受了爬黄山的邀请后，自己还轻声对邓小平说了这样一句话：建议中央抓紧复查刘少奇的案子。少奇同志应该彻底平反了，不能再拿他的"三自一包"来作为我们头上的"紧箍咒"了。

他记得邓小平当时是这样回答的：这件事，应该快了。胡耀邦他们抓得很紧。

四

王光美低着头，静静地坐在灯火辉煌的人民大会堂的后排座位上。她不跟别人打招呼，也避免着别人跟她打招呼。

她默默地看着手中的文件，珍惜着自己能重新参加当代政治生活的机会。灯光很明亮，她的脸色也很平静。她有时候抬抬头，凝神地盯着主席台上被灯光照亮的前排座位，那儿就坐着邓小平。她知道，由于邓小平的力荐，她才能以一个"全国政协委员"的名义参加这次全国政协五届二次会议。她当时捧着红皮面的"政协委员证"，一时还不相信自己的眼睛。不仅自己不相信，儿子刘源也不相信。直至后来，母子俩才激动得相拥而泣。

这真是一个特殊的安排：在戴着那么多骇人的政治帽子的刘少奇还没有平反之前，王光美就已经以全国政协委员的身份，坐在北京人民大会堂里，与一千七百三十三位委员一起共商国是了。

但王光美还是非常谨慎。十二年秦城监狱的生活，已经使她变得分外地谨慎甚至沉默寡言。她这一次与会，也是尽量避着记者和熟人，少与别人打招呼，减少自己的"曝光度"，毕竟自己的丈夫从理论上说，现在还是"人民的敌人"。

而且，她自己也清楚，在许多委员和记者的眼里，她还是委员中"右派"的代表，是"统战对象"。尽管她对承认这一点很不情愿，但是她在心里对自己说，一个时期有一个时期的名分，还是要忍耐并且低调，历史真相终归是要水落石出的。

她咬着嘴唇默默地想，少奇在九泉有知，也一定会支持自己现在的想法的。少奇同志一贯讲究共产党员的修养，现在自己必须要有这样的修养。

而使她没想到的是，坐在主席台上的邓小平已经注意到她了，并且当着不少中央领导同志的面提到了她，甚至明白无误地提出要给她分配工作。

邓小平这次公开提到王光美，是在政协会议开幕式后的第三天。那是在大会的休息室里，邓小平、陈云、胡耀邦和不少中央领导同志坐在一起，互相聊着几天来的开会成果。这时候邓小平就提起了王光美，他说，对了，这两天的政协会议，我看见王光美同志一直是一个人坐在后面，散会也是等别人都离开了才走的。

陈云"哦"了一下，说，毕竟刘少奇的案子还没有定论，她是不愿意给别人添麻烦。

邓小平说，既然王光美同志政治历史清楚，没有问题，我们就应该给她宣传宣传。她还没有分配工作吧？要根据她的专长，给她分配合适的工作。至于少奇的案子，我们的原则是"有错必纠"。陈云同志不是批示了嘛，让中组部、中纪委合作查清刘少奇的案子。耀邦同志，你们还是要抓紧哦。

胡耀邦表示复查小组正在夜以继日地努力，因为相关的档案资料有五百多卷，工作量是相当大的。但是从初步情况来看，罗织罪名这一条还是很明显的。很多所谓的"证人"，是在政治高压下和各种"逼供"方式下被迫签字画押的。刘鑫同志跟我谈过这些情况，他都说得眼泪汪汪的。

陈云这时候也激愤起来，严肃地对胡耀邦说，复查工作一定要弄清关键问题。究竟是不是叛徒、内奸、工贼，要在复查、核实的基础上，取得切实可靠的旁证材料。刘少奇是党的副主席、国家主席，掌握党政军大量机密，如果他真的是"内奸"，要出卖是很容易的，但目前并没有材料说明这一点。

胡耀邦立即掏出手边文件夹里的工作笔记本，把陈云的这些话记录了下来。这时候他便听见了邓小平的响亮声音。

邓小平说，当年把刘少奇同志打倒，是不合法律程序的！

说出这句斩钉截铁的话的同时，邓小平还把他的手臂有力地挥舞了一下。休息室里所有的人都看着邓小平，被他的激情所感染。

邓小平停顿了一下，又说，一个国家主席，一张大字报与几个"小将"就把人弄下来了。还有中央专案组，在当时情况下也是不正常的，背着毛主席、党中央搞了不少名堂，不然情况不会这么复杂。要认真审查。要解放思想，把问题弄清楚，必要时像当年在延安一样，搞个"历史决议"，一定要把党内思想搞统一了。

动作敏捷的胡耀邦把邓小平的这几句话都记录在了他的笔记本上。他合拢本子，看着休息室里的所有领导同志高声说，请放心，我一定实事求是，弄清楚事实！

历时十八天的政协会议闭幕那天，王光美照例坐在后排位置的边缘，最后一次作着会议记录。其实开会的这十八天里，她一直在考虑是不是要找个机会，亲自向邓小平表示感谢。

但是，这样去见他好不好呢？人们会不会又下意识地把"刘邓"两个字连在一起呢？这可是十年"文化大革命"期间全国百姓最熟悉的两个互相牵连、扯都扯不开的词啊。现在去见邓小平，去跟他握手或者致意，会不会给邓小平带来不好的影响？

然而，邓小平对刘少奇案复查工作的一直关注、对自己政治生命的关注，甚至最近传出的邓小平要给自己"分配合适工作"的指示，又是这样地使自己激动。要是见着了邓小平，又不向他表达自己内心深处的谢意，也实在说不过去。

就在她犹豫万分的时候，在眼看着一千多名政协委员都在欢快的乐曲声中夹起皮包陆续退场的时候，她忽然听见了从主席台方向传来的一个带着四川腔的熟悉的声音。

她一下子愣住了。

她不由自主地站起来，眼睛直直地朝灯光明亮的主席台方向看，双眼一下子湿润了。

那是邓小平在喊，不仅在喊，而且在招手。邓小平是这样喊的，喊声里充满了热情：光美同志，请到主席台上来。

邓小平一再的喊声惊动了整个会场。一时间，正在走出会场的委员们都停了下来，惊奇的目光一会儿看着主席台上的邓小平，一会儿看着站在会场后排的泪眼迷蒙的王光美。

这时候主席台上的邓小平已经站起身来，他身边的其他领导也都站了起来。

现在，所有的目光都聚集在王光美身上了。王光美尽力平复着自己激动的情绪，步态沉稳地向主席台方向走去。

她走在一千多名委员的惊讶里，走在大家的感叹里，走在历史的沧桑里，走在政治气氛的混沌里，或者说是清晰里。她事后想起来，也不知道自己是怎么走完那条长长的甬道的。她只知道自己走得很平稳，很端庄，径直地走向台上那热情地招呼自己的人。

她沿着主席台一侧的台阶走上了主席台。

邓小平向前紧走了几步，迎了上去。

这真是激动人心的一刻，两个人的手紧紧地握在了一起。

瞬间，会场爆发出一片雷鸣般的掌声。所有的委员都停止了离开会场的步伐，向着主席台长时间地鼓掌。

王光美哽咽着说了一句"小平同志"，就再也说不下去了。

夏默站在热烈鼓掌的委员当中，把双手都拍红了。

他事后对儿子夏建国说，从某种意义上说，这就是"刘邓"在握手。刘少奇还没有平反，邓小平就这样热情地伸出了自己的手。这就是胆魄啊。

这时候站在一旁的任燕就对他未来的公公说，夏伯伯，您这句"刘邓"握手的比喻，很形象，很传神，但是不适合我们新华社记者做成文字，这会给人误解。而且说到底，中央到现在都还没有下达给刘少奇平反的文件。那天我也看见他们握手了，我在场，我都流出眼泪了。

夏建国把手一挥，就像总结似的说，我看，历史很快就要作出清晰无误的结论了。

五

尽管已经把列车的车窗开得很大了，但是从窗外吹进的风还是不能使人凉爽，整个车厢像个蒸笼似的，搞得这一群年轻人额上脸上都是细细密密的汗珠。

列车是从北京发车的，直奔安徽合肥。

虽说天气炎热，但是这群年轻人心里的热浪远远超过了气温，他们一路上不停地说啊，笑啊，甚至唱啊，走了十几个小时了还没有困倦的样子。

打头的是夏建国。他是趁北大放暑假而南下的，受他母亲高兰的委托，去安徽凤阳梨园公社小岗村，实地探访他的妹妹夏建红和未来的妹夫刘金锁。高兰因为看了《人民日报》上宣传的反对"大包干"的文章，想着女儿介绍过的刘金锁"按手印子"的那种实践，心里总是不踏实。她曾经到后院悄悄问了在《红旗》杂志社工作的曹慧，曹慧也说现在没把握，说中央对这个问题好像有不同的声音。这一下就更叫高兰揪心了，生怕女儿和那位"毛脚女婿"摊上事儿。女儿脾气倔不回城，想扎根农村，倒也罢了，要是摊上政治上的事儿，那就太犯不着了。

所以她才对夏建国说，趁着暑假，你好好去凤阳看一看。反正你去过几次了，对那儿熟。听说安徽那个万书记倒是说了话的，说"大包干"没事儿，还说可以推广。可是中央的报纸总是有另外的说法，这就叫人放心不下了。在这个思想交锋的时代，做"典型"最难了，一会儿给你吹上天，一会儿让你掉地上摔成八瓣儿。

高兰最后还叮嘱夏建国说，要真是你妹妹思想开窍了，金锁也愿意，那就让他们两个都回北京来算了。北京虽然工作不好找，但是待在家里一年两年也不成问题啊。别去干"农民带头人"啥的了，整日担惊受怕的。

夏建国答复妈妈说，您就放心吧，我尽量做做思想工作。

就在夏建国准备动身的时候，同样已经放暑假的夏小妹也吵着要跟去，说从来没有去过姐姐那儿。要是姐姐与姐夫这一趟双双回北京了，那她就永远没机会看到那个人人都会唱凤阳花鼓的村庄了。

而田源得到夏建国要南下的消息,也来了兴致。他说,咱们就结伴而走吧,我还想带怡茹上上黄山呢。怡茹这两个月太苦了,跟着我安装设备忙面包生产,那双拉提琴的小嫩手都干裂成老太太的手了。

田源还说,怡茹另外有个想法,要顺便看看农村的小麦情况。要做出好面包,就必须要有最优质的原料。

最后说要跟着去安徽的,是夏建国的未婚妻任燕。任燕奔进四合院说,新华社准我假了。我那么多的加班,总算给折成假期了。可明明是我的假期,穆副社长还给我任务呢,说"你正好去小岗村,就顺便采访收集点材料。不管正面反面的,只要情况真实就行"。你看,这个穆副社长真会下任务。

于是,这群激情满怀的年轻人就一起买了南下列车的硬座票。谁都不觉得坐在滚烫的座位上摇晃着脑袋睡觉是一种痛苦,一路上笑语不断。而每当吴怡茹在车厢里拉起小提琴的时候,年轻人的合唱声就起来了。而且这种合唱往往带动了整个车厢,唱得所有人都大汗淋漓。

小岗村上半年庄稼丰收在望的现实,给了这群北京来客很大的震动。任燕做了很多采访,也写了很多稿件,她还把严德旺给她唱的《新编凤阳花鼓词》写进了她的材料。那词儿唱道:说凤阳,道凤阳,凤阳是个好地方。自从干起了"大包干",从冬到夏都有粮。咚咚呛,咚咚呛,都有粮!

严德旺唱这花鼓词的时候,直把夏小妹乐翻了,整个儿人都滚在了床上。而夏小妹在农田里的举动,也同样把大家给乐坏了。她老是指着田里的麦苗问这是不是韭菜,直把田源笑得喷了出来。

同样感到高兴的,还有刘金锁。他一见到吴怡茹,就想到了那个叫人担惊受怕的"扑网"之夜。他一遍遍问丢下提琴、爬过铁丝网的吴怡茹在香港到底过得好不好。而当他吃惊地得知吴怡茹已是香港"罗氏食品"北京区负责人,正与田源合力干着"大洲食品厂"的时候,更是激动得要命。他说,你们啥时候办喜事啊?到时候能不能把我邀请到香港喝喜酒哦?当年"逃港"没逃成,我还真想踏上香港的土地看一看哦。

只是三天后,夏小妹感到了奇怪,悄悄问哥哥说,妈妈不是让你动员姐姐与金锁哥去北京吗?你怎么一声都不吭呢?

夏建国对自己的小妹妹说，你看人家把这个村子搞得这么红火，小麦打下来了家家都丰收，村里所有社员的心气都那么高，省里的书记又那么支持，每天都有外地的社队干部跑来悄悄"取经"，咱还能再拖人家后腿吗？我现在很为建红骄傲，也很为金锁骄傲。他们顶着压力，在农民起义领袖朱元璋的故乡寻着了这么一条农村发展道路，我为他们高兴还来不及呢。

夏小妹瞪着圆圆的眼睛说，哥，我明白了。

但是更使夏小妹吃惊的是，她未来的姐夫刘金锁还跟田源认认真真签订了一个《预定售粮合同》，双方规规矩矩地按下了"甲方"与"乙方"的红手印。

田源与吴怡茹竟然为自己的食品厂找到了优质原料！

其实，为未来生产出优质面包而寻找优质小麦，一直是吴怡茹的舅舅着意叮嘱的一件事，吴怡茹也一直把这件事放在心上。想不到这次安徽凤阳之行，让他们在小岗村发现了家家户户都有屯粮，而且都是优质小麦。

刘金锁带着吃惊的田源与吴怡茹跑了一家又一家，点着一袋袋的麦子对他们说，这才干了一年，就大丰收啊。全队粮食总产量六万多公斤，这在以前，想都不敢想。

这时候，吴怡茹就问了这个使刘金锁吃了一惊的问题，那你们村多打的粮食怎么办？卖不卖呢？

这句话倒让刘金锁泥塑木雕般地愣住了。是啊，过去小岗村每家粮食都不够吃，大伙儿也都没想过屯粮的问题。现在大丰收了，粮食多得没地儿屯，都堆屋子外面去了。刘金锁好半天才回过神来说，是啊，是啊，我们都愁这屯粮的事儿呢。

于是，"甲方"与"乙方"就签上了《预定售粮合同》。田源不仅与刘金锁签，还跟宋学友一家签，又跟严德旺一家签，几乎把全村都签遍了。当晚，田源滚在刘金锁的床铺上捧着肚子直乐，说金锁老弟啊，这次你们可是帮了我们大忙了，不虚此行，不虚此行啊。然后他跳起来说，明天就上黄山，我们要犒劳自己喽！

吴怡茹看着小孩子般滚来滚去的田源直发笑。她怎么也难把眼前这个快乐的大男孩，与天安门广场上高声朗读"我哭豺狼笑"的英雄联系起来，与站在话剧舞台上引得全场山呼海啸的"男一号"联系起来，与率领北上请愿团集体趴在云南铁轨上的那个"闹事头儿"联系起来。但同时，她又为自己高兴。

她对自己说，就是这样不安分的"大男孩"，才让我喜欢呢。

六

夏建国猫着腰，沿着黄山弯弯曲曲的进山石阶往上走的时候，竟然发现自己有些气喘吁吁了。他心里想，难道一年半的大学校园生活就把自己的脚劲偷走一半了？

但是尽管如此，夏建国还是走在了这一群年轻伙伴的最前面。他绕过一块巨石就站下来，在一棵苍劲的松树下一边喘气一边向身后喊，快上来啊，任燕、小源、怡茹、金锁、建红、小妹，你们加油啊，无限风光在险峰啊。刚喊到这里，他突然像触了电似的愣住了，浓眉下的一双眼睛睁得像铜铃，双唇哆嗦着说，邓……邓小平？

他看见了邓小平。

那是老老少少一大群人，都坐在"百步云梯"前面山道旁的岩石上谈笑着，摇着折扇，擦着汗。坐在中间的那一个，穿着白色衬衫的，绝对就是邓小平。这张饱经沧桑但又不失慈祥的笑脸，太让人熟悉了。

夏建国怔愣了好长一会儿才从傻呆的状态中恢复过来，于是赶紧用手围成喇叭筒，气咻咻地压着声音朝下喊，快上来，快，快，邓大人在这儿啊，太巧啦，太幸福啦，快啊，快啊，你们倒是快点啊。

说着，他就拉了一把任燕的手，接着又拉了一把田源的手，接着所有的年轻人都跟他站在一起了。这帮年轻人吃惊地发现，摇着一把扇子的邓小平就在眼前。

田源颤着声音对夏建国说，就是邓大人！你还记得北京工人体育场吗？两年前？历史重演了！太奇怪了！

任燕也激动万分，说，小平同志视察东北的时候，我是随行记者；他出访美国，我也跟着采访；现在又在黄山遇到他，这真是太巧了。

几秒钟后，这伙年轻人一边欢叫着"小平同志"，一边就冲邓小平坐着的方向冲了过去。

邓小平是在七月十日这一天偕全家离开北京的。他去华北华东进行为期一个月的出游和视察，而第一站选的就是黄山。

他曾经动过好几次上黄山的念头：首先是"五岳归来不看山，黄山归来不看岳"这句表现黄山美景的佳话让他心动，医务人员也好几次建议他在繁忙的工作间隙好好休息数天；其次是，他一直想考验一下自己的体力，而数天的登山就是一份很好的考验。他想看看自己这个已经撑过七十五个寒暑的躯体，还能为人民的事业干上多少个年头。自从两年半以前在北京三〇一医院住院开刀后，他好几次悄悄琢磨着这个问题。他知道自己的健康状况与这个国家的急速发展有着相当大的关联，他想大体确定这种关联的长度。所以，当安徽省委第一书记万里再次来电邀请他的时候，他就欣然同意了。

万里陪同邓小平乘火车南下，一路上就安徽农村的改革问题向邓小平请教了许多。邓小平对万里的一系列举措表示满意，他鼓励万里在农业改革的问题上尝试一条新路子。他当时对万里说，现在农村问题很多，一大堆，应该抓住主要的解决。中国百分之八十以上是农民，我们要实现四个现代化，关键还是要找到一条让农民致富的路子，这事关乎我们现代化建设的成败。

邓小平到黄山的当天，已是中午。万里安排邓小平的车队直接上了后山。在温泉景区的观瀑楼稍事休息后，邓小平一行便向远处的山峰缓缓走去，巡行于逶迤十里的桃花峰下，并且漫步游览了桃花潭、白龙桥和花房，其间邓小平还兴致勃勃地登上了桃园亭，这一来不知不觉就到了傍晚。

日落之前，晚霞为夏日的黄山披上一层灿烂的颜色，煞是好看。邓小平与家人围坐在石凳上，环视周围的风景，心情很是舒畅。

邓小平抬脸遥望对面的天都峰，手一指，询问说，那个山有多高啊？

一位来自黄山管理处的工作人员解释说，那叫天都峰，海拔一千八百一十米，是黄山三十六峰之一。

邓小平想了想，说，天都峰，顾名思义，就是天上的都会嘛。

工作人员说，古称"群仙所都"，所以取名为天都峰，与莲花峰、光明顶并称三大主峰。

万里补充说，这天都峰很险，一般只有身体好的游客能登上去，梯道有一千五百多级，是一九三七年建成的。

邓楠仰望着雄伟陡峭的山峰，摇摇头，说，爸爸，这么高的山，咱们能登上去吗？要不还是走前山吧，前山好走。

邓小平指着山顶的方向，大声说，气可鼓，不可泄嘛，明天我们一定要拿下这个山头。

对第二天的登山，邓小平做好了充分的准备。他身着白衬衫，脚蹬圆口黑布鞋，手拄拐杖，开始从慈光阁徒步登山。这位七十五岁高龄的老人甚至走在山路的最前面，为大家开道。不知不觉，他竟然把随行的亲属甩在了身后，还不时回过头去嘱咐后面的人要当心。

邓楠望着险峻的天都峰，又看看早已汗流满面的父亲，很是担心。这样的山峰，不要说年逾古稀的老者，就是自己走上一个来回也得付出相当的体力。她往前喊，爸爸，这样高的山，还是给您准备一副滑竿吧，我担心您身体吃不消。

邓小平说，坐什么滑竿，爬山就是爬山嘛。我下了决心，一定要步行上去。

邓楠了解父亲的脾气，便不再多说。万里想提同样的建议，却被邓楠拉住了，说您还是别提吧。

但这时候，邓小平却回转了身，招呼万里赶上去。万里不明所以，急走几步，气喘吁吁地赶到邓小平身边，却不防被邓小平指着鼻子说，好你这个万里，你这是干什么嘛？

原来山道上的邓小平不经意间回头时，远远地发现山脚下有一条警戒线，一些游客被阻拦着不能上山。

万里赶紧解释说，小平同志，为您的安全考虑，我们作了一些暂时限制。

邓小平的脸上明显地出现了不悦的神情，他再次点点万里的鼻子说，我跟你打过招呼的嘛，你看你还是不听。我还是要你不封山、不断游，不妨碍群众游览。同意，我们登山；不行，我们打道回府。

这时候万里额头上的汗珠显得更多了，他急忙答应下去撤除警戒线。

对游客放行以后，就有一些走得快的一路跑了上来，脚步踩得石阶噔噔响。邓小平连忙停在路边，招呼随行人员让游客先过。但就在这个时候，一群噔噔走路的游客却停了下来，看着近在咫尺的邓小平，大为疑惑。

忽然，有人大着胆子问了一声，您是邓副主席吗？

邓小平微笑着说，是，我是邓小平。

提问的游客惊喜了，他身后所有的男女游客也都随着惊喜了，掌声在山道上响了起来。激动的游客一时都不走路了，有人喊他邓副主席，有人喊他邓爷爷、邓伯伯，也有人大声问候说，小平同志，您好啊！

邓小平频频向大家招手致意，不断说，大家好，同志们好。

然后邓小平又挥手说，你们年轻，比我走得快，你们应该往前走嘛。

人们笑着，答应着，纷纷往陡峭的山路跑去。

邓小平一行继续往上登山，绕过莲花峰，沿着一条平坦的山路往"百步云梯"方向走。

"百步云梯"脚下有一些摩崖石刻，邓小平便驻足观赏起来，只一会儿就听身旁的邓楠指着不远处的一块山崖笑喊，爸爸，您来看哪，"走资派还在走"呢。

邓小平朝着邓楠手指的方向望去，果然山崖上还残留着"文化大革命"期间的一条大标语：警惕走资派还在走！

邓小平哈哈大笑起来。身边的万里顿时一脸尴尬，皱眉说，这种标语怎么还留着？"文化大革命"余孽嘛，回头赶紧找人清理掉。

邓小平摆摆手说，算啦算啦，留着也好，可以警示大家。现在不是就有好多人说你万里也在带着农民走资本主义道路吗？

万里此时也嘿嘿笑起来，换个话题说，大家走累了，可以在路边的石块上坐一会儿，休息一下。

就是在这个时候，邓小平听见了一帮年轻人"小平同志，您好"的大喊声。在这些喊声中，就数任燕的喊声最亮，这使得邓小平与卓琳都发现了这位满脸汗珠的新华社女记者。

一帮年轻人围坐在邓小平周围，个个激动，个个也都有满心的话要说。唯有夏小妹的话少一点，但她却与邓小平挨得最近。邓小平招呼她坐到自己身边，看着她红扑扑的脸颊疼爱地说，小姑娘，爬这么高的山，不累吗？

任燕抢在年轻伙伴们之前说了好多话，回忆了邓小平夫妇访问美国时的种种风采，又问候邓小平夫妇访美回来后身体一直都好吗，最后说要是那些美国记者也知道邓副主席在这儿的话，肯定要出这样的标题：邓旋风刮到黄山。

任燕的话引得邓小平哈哈笑，说到底是新华社的大记者，联想丰富。

这时候任燕就转身介绍了夏建国，又介绍了田源，说他们两位曾经因为天安门事件被追得逃离了北京，但后来又借着上海的剧本排练了话剧《于无声处》，一个是导演，一个是主演。

邓小平举着手说，你们做得好啊，你们不容易呢。然后他又指着夏建国说，你应该就是夏默的孩子吧？你父亲为了你们演戏的事，还着急过呢。

夏建国说，邓副主席，您不仅解决过我父亲的着急，也解决过我本人的着急。您决定恢复高考制度，我们才有幸上了大学。但是由于我的一篇作文，我又差点跨不进大学门槛，还是这位任燕同志写了一则《动态清样》，您亲自过问了，我才得以成为一名北大学生，半年前还入了党。

邓小平感慨说，是啊，这些年事情真不少啊。但是，你们年轻人有冲劲，不是都冲过来了吗？进了大学，就要好好学习，未来就看你们的了。

这时候田源脸上就露出了一丝羞涩，他介绍自己虽然是北大剧社的主演，但却不是北大学生。他对邓小平说，邓副主席，我是云南的回城知青。我们从心里感谢您让我们回城。可是这中间，我们也太冒失，我们趴铁路的事肯定给您添了许多麻烦。

邓小平说，不提那事喽，你们回来就好。说着，他就指着身边的邓楠说，我的孩子也是知青嘛，你们都是同样的想法嘛，回城以后就要靠自己的双手从头干起嘛。

邓楠这时候就小声地问田源回城之后在干什么，田源笑呵呵说，我们几个回城知青合办了一个工厂，现在要和香港的企业合作，我们想生产优质的航空食品。

接着田源就指着面容文静的吴怡茹说，她就是港方代表，她的舅舅就是香港"罗氏食品"的董事长。刚说到这里，邓小平就笑了，对着吴怡茹说，我知道你舅舅啊，你舅舅很有想法啊。他在广东投资，带动了一大批港资企业啊。

吴怡茹连连点头说，对，对，我舅舅几乎每天都提到邓副主席，要我们好好干，把合资企业办好。

一旁的万里这时候就把刘金锁和夏建红推到了邓小平面前。万里没有想到会在黄山看见凤阳县的这两位敢冒敢冲的闯将，心里一阵高兴，觉得这真是一个向邓副主席就近汇报的好机会，于是刚才就对刘金锁和夏建红咬了一会儿耳朵，鼓励他们在邓副主席面前大胆地表露自己的认识和看法。

果然，邓小平一听说刘金锁就是安徽上报材料中的那个带头搞"大包干"的小岗生产队的队长，就特别来了兴趣，说，很想听听你们那边的情况。

刘金锁走到邓小平的正前方，平复了一下激动的心情，说，邓副主席，我们小岗村十八家农户自从按了手印子，搞了"大包干"，大家的生产积极性一直很高。今年全村粮食大丰收，我们十八家农户不但都不需要吃国家的救济粮，还上缴了爱国粮。

邓小平听得兴致更高了，手中的扇子也停了下来，连声说，说下去，说下去。

刘金锁继续说：今年，我们小岗生产队的粮食一下子从三万斤增产到十二万斤，生猪是一百三十五头，超过历史上任何一年；卖油料两万四千斤，超过预定任务的八十倍。

邓小平欣喜地对万里说，这样说来，人均收入可观哪！

万里点点头，鼓励刘金锁继续说。于是刘金锁又说，除了缴国家的公粮，我算过了，把我们剩余的口粮折合成收入，我们人均是二百出头哇。邓副主席，我们以前的人均才二十二块钱。

邓小平点头说这个变化确实很大，然后又问，小刘同志，那你们家庭副业的收入占了其中多少啊？

刘金锁想了一下，说，八十多块钱。

邓小平举起手，掐指算着说，人均收入二百元，家庭副业就有八十多，那就是说家庭副业收入占了百分之四十左右。

听邓小平说得那么流利，夏小妹一吐舌头，悄声对哥哥说，我们中学生搞数学竞赛都没邓伯伯算得快啊。

刘金锁对邓小平说，副业收入确实是占了百分之四十，我们村对养猪、养鸭都是放开的，我们鼓励大家搞副业。猪养多了，粪肥也多，对搞好大田作物是一种良性循环。

邓小平听到这里，用手拍拍坐着的岩石，连说了三个好。他抬头对万里说，家庭副业搞得好，鸡鸭养殖还可以扩大比例，养鸡生蛋，可以供应城市副食品市场，养鸭可以为纺织市场提供原材料，这些收入都很好。我说啊，家庭经济就是我们经济的细胞，把发展家庭经济的积极性调动起来，很可能就是农村改革的一条出路。

万里连连点头，说对，对，你们还有什么话，也可以向邓副主席反映嘛。

邓小平似乎听出了万里话里的意思，便转向刘金锁，说，小刘同志，你们的"大包干"我知道了。现在，你们还有什么困难吗？

刘金锁想了一下，欲言又止。

万里暗暗着急，启发刘金锁说，搞"包干到户"，你怕不怕？

刘金锁明白了，万里书记是要他在邓小平面前敞开心扉，于是就大着胆子说，今天我在邓副主席面前就敞开说了。我们农民怕的就是上面政策反反复复，一会儿允许我们走"大包干"的道路，一会儿《人民日报》又发文章要我们退回去，说"要坚决纠正包干到户的错误做法"。上面老是变天，下面哪里来好收成？邓副主席您一直鼓励我们解放思想，反对"两个凡是"。《光明日报》上那篇《实践是检验真理的唯一标准》，我们也组织队干部学过。万里书记到我们村视察，也鼓励我们走出一条可以带动农民致富的符合实际的道路。可是我们为什么还是有点怕呢？还是经常会心里没底呢？我到滁县去汇报工作的几天，为什么村里人就会以为我被捕了呢？这说明中央的政策还不硬，还不响亮。我们就盼望党中央给我们农民吃定心丸，要不然的话，农村形势还会有反复。

刘金锁说完这些，心里坦然了，但是看着邓小平一时间变得非常严肃的脸，心里又变得忐忑，再不知说什么好，只听一旁的万里书记在小声地鼓励着，说得好，这是真实思想嘛！

这时候邓小平就站了起来，所有坐着的人也随着他站了起来。邓小平走了几步，看着山坳之间的茫茫云海，半晌，缓缓说，小刘同志，你们有这个顾虑是正常的。我知道，六十年代初，你们安徽就搞过"包产到户"，后来被批了，伤害了一批同志。老实说，那个时候我是同意搞"包产到户"的。那时我就说过一句话，我说不管黄猫黑猫，捉住老鼠就是好猫。

说到这里，邓小平问万里说，万里同志，这个你知道吧？

万里说，这是邓公的一句名言啊，妇孺皆知。

邓小平点点头，顿了顿，继续说，那个时候，是三年困难时期。我说这句话的意思是，要恢复农业生产，就不能在生产关系上完全采取一种固定不变的形式。哪种形式能够调动群众的积极性就采用哪种形式，群众喜欢哪种形式就采取哪种形式。现在，我明确地告诉你们，这句话我不收回。我仍然坚持我的这个观点。

见刘金锁和夏建红一时没缓过神，万里又有点急了，提醒说，小刘同志、小夏同志，你们听懂邓副主席的话了吗？

二人这才明白过来，连声说听懂了。这时候他们又听邓小平说，有人说我邓小平要搞的改革开放，就是要在中国发展资本主义，就像刚才我们在黄山看到的那条标语"走资派还在走"。我可以明确地说，这是一种误解。我十六岁就跑到法国去勤工俭学，本来就是去向资本主义学习的。学到了没有？没有。正是因为看到了资本主义社会本身的不可克服的局限，我才选择了社会主义。这是我终生的追求。只有社会主义才能救中国，只有改革开放才能发展中国。就是再过一万年，中国也不能走资本主义道路。我们要搞的现代化，是中国式的现代化，是要让包括八亿农民在内的绝大多数中国人都能够过上富裕的好日子。不能让老百姓过上好日子，再好听的理论也没有用。我读的书不多，就是一条，相信毛主席讲的四个字：实事求是。

邓小平的这段话铿锵有力，话音刚一落地，便激起了一阵热烈的掌声。不仅刘金锁、夏建国这帮年轻人极其兴奋地鼓掌，连邓小平的随行人员也都长时间地鼓掌。大家仿佛听见了一份言简意赅的人生宣言、社会理论宣言。

这一群年轻人从黄山下来后，激动的心情很长时间没有平复，都说邓大人的这番话为他们的人生树起了一支精神标杆。任燕还写了篇通讯《大学生游黄山，巧遇邓小平》。而遇到这帮年轻人的卓琳，也显出了兴奋。她下山回到宾馆的时候，一边张罗热水给邓小平泡脚，一边说，看到这些朝气蓬勃的年轻人，又想起在美国留学的那些海外学子，他们的一腔热情真叫我们这些上了年纪的人感动。

邓小平的思绪此时却仿佛不在这里。他对妻子说，知道我现在在想什么吗，然后又对妻子说，腿脚是酸了些，但是关节还好使。这次考验算是合格了，我心里也有底了。看起来，我为人民、为国家再服务十几年，是没问题的。当然，以后是要退下来的，就做点顾问工作，但这也是为人民服务嘛。这次黄山给我打的分数，算是及格。

七

邓小平在"百步云梯"所讲的这番话，在三天黄山之行最后一天的观瀑楼座谈会上，又大体上重述了一遍。那天齐集观瀑楼会议室的是安徽省委的常委们和徽州地委的主要负责人，对邓小平的话，大家都听得很认真。

邓小平在座谈会上是这样说的：中国的问题要从实际出发解决，每个地方、每个时候，情况不一样，不能全国念一本经。好的经验适合这个地方，不一定适合另一个地方。发展生产要因地制宜，思想不解放，增加收入、增产创收就难，好多事情遇到具体问题就会有障碍。什么是好办法？能适应生产力的发展，能让农业增产，就是好办法，今年干得好，明年还干，只要对发展生产力、提高人民生活水平有利，就没有什么可担忧的。

邓小平还说，不要怕群众富起来，我们社会主义的优越性就是要体现在生产发展上。打破束缚，要多思考。九亿人口平均发展是不可能的，总是要有的地区先富裕起来，一个地区总是有一部分人先富裕起来。你们的物产很丰富，这里将是全国最富的地方之一。

万里在笔记本上急速地记录着这些话，满心的喜悦。这几天他一直在想，把邓小平请来安徽、请来黄山，是请对了。邓小平沿途所作出的一系列指示，实际上都是对安徽现行做法的鼓励。有了邓小平的支持，他万里就再没有什么后顾之忧了。

很快，话题就转到了发展黄山旅游资源、发展徽州山区经济这些方面。品尝着祁门红茶的邓小平忽然眉头一皱，对大家说，俗话说靠山吃山。黄山是我们的财富，但是你们这里的条件却搞得不好，第一是脏，第二是乱。

此话一出，徽州地区的干部顿时一个个面露尴尬。时任徽州地委书记的魏心一马上表态说，邓副主席，我们接受批评，立刻进行"脏乱差"的整顿。

邓小平说，这不仅是你们的问题，全国的旅游景点都存在这个问题。黄山是个好地方，物产丰富，美不胜收，发展旅游是可以有大作为的。

说到这里，邓小平就举起茶杯说，这是祁门红茶吧？魏书记说，是今年的春茶，我们的祁红和屯绿两种茶叶都获得了丰收，春茶与夏茶合计产量三十万担。邓小平追问，一担可以卖多少钱，出口占比多少？魏书记说，均价一百五十元，百分之六十创汇，出口日本、韩国以及东南亚，每年为国家创汇上千万美元。

听着魏心一流利的汇报，邓小平显得很满意，脸上绽出了笑容。他说，好啊，你们把旅游做好了，可以给全国起个表率作用，旅游赚了钱可以拿出一些来搞城市建设嘛。主要是要搞好服务态度、清洁卫生，这很重要。外国人来旅游，人家就是来花钱的。你让人家出钱，服务态度却不好，又脏，谁来？来了也要骂娘。这方面的工作要很好地研究，要搞好道路、交通、住宿、设备。上山道路要很好地整修，将来要能开快车，外国人和游客上去可以租车嘛。

邓小平说得这么细，安徽的干部，尤其是徽州的干部，都没有想到。但是，他们更没想到的是，邓小平接下来越说越细了，简直是谈起了"生意经"。邓小平是这样说的：黄山公园要卖门票，外国人一个价，中国人一个价。新加坡的公园本国人收二角钱，外国人收一元五角钱，本国人和外国人收费可以不同。我们就是不会赚钱。很多华侨批评我们不会赚钱。总之，开动脑筋，广开生财之道嘛。

就像前一天在"百步云梯"下突然爆发出的掌声一样，观瀑楼的会议室里此时也由衷地爆发出了一片掌声。安徽省委的领导与徽州地区的领导心里想，邓小平那么看重黄山的建设，把问题想得那么细，真的没有任何理由不把中国的这些名山搞好。

第十九章

广东的事,上海的事,
安徽的事,历史总结的事

一

参与筹划广东经济特区建立的夏默，几乎每天都忙得焦头烂额。七月的广州，时而骄阳逼人，时而阴雨连绵，这也像夏默的心境。他主持起草的《广东省经济特区条例》在讨论中一直争议不断，对每一条的审议几乎都要反反复复地纠缠一番。

这一天讨论到第十二条的时候，时任广东省副省长的陆广胜就提出了质疑，说"通过土地转让获得资金"的提法绝对不合适，说土地怎么能转让呢。夏默当即解释说，这个说法是参考了香港地区、新加坡的一些说法提出的，因为我们打开国门请外资进来，把土地租给外商开发使用，我们可以收地租，一举两得，开发商可以办厂，我们也就有了资金。

但是夏默的解释激起了更多的质疑，审议会议一片沸腾。有个头发花白的老干部甚至用拳头砰砰砰地敲起了会议桌，大喊，这是什么意思？把国家的土地租给洋人，租给资本家，这不成了旧社会的租界了吗？

坐在他旁边的广东省委第一书记习仲勋立刻凑到这位老干部耳边，小声制止说，提意见可以，请不要乱扣帽子。

那位老干部此时似乎也感到自己语气过重，于是说，习书记，恕我冒犯了。我斗胆谏言，这可不是乱扣帽子。特区这种做法，说重一点，是在出卖国家主权！

这顶帽子，简直比刚才那一顶还要大，整个会议室一下子又陷入了骚动。这时候，参加这次会议的国务院副总理谷牧站起来挥挥手，让会议室安静下来。然后，他说，同志们，我们要知道，办特区是一种试验，因为社会主义国家办经济特区，在全世界来看都是新事物。这样的试验，肯定会触碰到一些雷区。关于出让土地，这应该说是国外的成功经验。全世界现在有七十多个出口加工区，大部分都获得了很大的成功。利用土地出租得到租金的办法，应该说是普遍通行的，也是可资借鉴的。

既然国务院副总理的态度这么明朗，一部分有异议的与会者也就不吭声了。夏默见此情况，赶紧补充说，对比香港，我们的优势就在于有大批荒芜的土地在那里。我们把地皮租给人家用，应该说是最直接、最有效的办法。从很多国家的经济发展史看，它们都是使用这个办法上位，取得资本的。

陆广胜副省长还是提出了不少意见，他直视夏默说，夏默同志，我还是坚持我的观点。我们是社会主义国家，不能出卖地皮，也不能无限期地由客商租用。把地皮租给人家用，这跟旧社会的租界并没有什么不同！

这话一说，会议室又乱开了，赞成的、反对的都有。谷牧摇摇头说，广胜同志啊，这道理其实很明显啊，你怎么会想不通呢？好好的土地，让它在那里睡大觉，人家要开发还不给用。我们啊，思想不能在老框框里打转，必须来一个大解放了，否则，真是寸步难行啊。

而这时，谷牧的说话似乎也不太管用了，各种意见仍旧唇枪舌剑互不相让。几分钟后，争论慢慢平息下来，所有的目光不由自主地集中到主持会议的习仲勋身上。

习仲勋一时没有表态，他心里明白，大家都在等着会议主持人最后的决断。但是他想，大家的质疑不是全无道理，而且质疑的人还为数不少，如果对这一条贸然作出决定，只会让质疑的人心里更加不服。他打心眼里希望在座的每一位都能够真心支持在广东建立经济特区的决策，尤其是广东的老同志。他们在广东工作时间长、影响大，如果他们都能举双手拥护这一史无前例的试验，那是绝对有利于特区建设的。想到这里，他忽然冲大家笑一笑，说，今天的争议，我们是不是暂时搁置一下？我建议政策研究室的工作人员今天加班，查阅马列著作，再对照我们这份草案的内容，看看是否违背了马列主义。我相信，土地作为一种生产要素，马克思可能会有相应的论述。

陆广胜副省长一听会议主持人这么说也笑了，说，习书记，您这可是太理想主义了。我虽然没有完整地读过马列著作，但我相信老祖宗是不会允许我们这么干的。查，也是白查。

夏默说，我看不见得。既然要翻查马列著作，寻找理论依据，加班算我一份，我跟大家一起查。

会议室里的多数同志建议，如果在二十四小时内能找到相关的理论依据，那么大家就支持这条规定；如果找不到理论依据，那么就再继续讨论。

这个"二十四小时"，对于夏默和广东省委政策研究室的工作人员来说，那可真是一种巨大的压力。大家把所有的灯都打亮，开始了无休无止的翻查。桌上各种版本的马列著作，也几乎堆成了小山。

谷牧后来小声地问习仲勋说，仲勋同志怎么想出了这么个主意？习仲勋说，先查查吧，我们推进事业，也要力求团结大多数。谷牧说，我看这二十四小时希望不是很大。习仲勋说，我倒觉得曙光在前，老祖宗可能会有类似论述。即使没有，我们也在开会嘛，把工作再往前推嘛。小平同志勉励我们杀开一条血路，我们是绝不会为这种理论问题而止步不前的。谷牧听到这里就笑了，说，是啊，还是黄猫黑猫理论嘛。

窝在广东省政策研究室会议室里的夏默，在连续翻阅了十二小时之后，忽然听到政研室主任在屋角大叫起来，找到啦、找到啦，然后就捧着马克思的《资本论》跑过来说，夏主任你看这里，马克思在《资本论》中这样表述土地的，他把土地区分为"土地物质"和"土地资本"两个性质不同但又密切联系的范畴。马克思在这里指出："资本能够固定在土地上，即投入土地……称为土地资本。"

政研室主任的激动引起了会议室里二十几位工作人员的一片欢呼。大家觉得连续工作十二小时的差事总算可以告一段落，甚至有人收拾书籍与笔记本准备回家。但夏默的眉头却没有舒展开来，他连续说，同志们，等一等。

这时候喜悦的心情就开始退潮，大家不由自主地就围拢在夏默身边，只听夏默缓缓地说，关于土地资本，马克思在《资本论》中有过详细的描述，并且阐述过土地资本的收入，把它归纳在广义的地租或者租金中。但是这个表述与我们所要通过的条例内容结合得还不够紧密，我们的依据是，尽量把"土地"跟"出租"联系在一起。

于是，书页翻动的簌簌声和老式电风扇风叶转动的哗哗声，继续交响在这个闷热的会议室里。一次又一次的惊叫与随时而来的一次又一次的失望，成了这个会议室的常态。而令人兴奋的转机，出现在第二天下午的三点钟，也就是第二十个小时左右。那是夏默的书页被一只水杯打湿的时候出现的。那杯凉水是一位工作人员递给他的。那位工作人员看着满眼血丝的夏默似乎很不忍心，就把一杯凉水递过来说，夏主任，你太累了，喝点水吧。

水杯就在这个时候不小心打翻的。而被水渍浸湿的那一页，也就是夏默忙不迭用手帕轻轻擦拭的那一页，忽然就显出了奇迹。

夏默惊叫一声说大家快来，然后就把手中的那本列宁著作《论合作制》举起来，激动地喊，找到了！同志们快来看，这本是列宁的著作《论合作制》。列宁是这样说的："不怕租出格罗兹内的四分之一和巴库的四分之一，我们就利用它——来使其余的四分之三赶上先进资本主义国家。"

顿时，整个会议室发出了欢呼声。好几个工作人员甚至直接坐到了地上，有一位头歪在墙角便睡了过去。

二

又一个争执重点是税收问题。这个问题的争执力度之大，也是夏默始料不及的。

带头质疑的，还是那位广东省的陆副省长。陆副省长这一次生气，简直可以用愤怒来形容。他用手直指夏默说，你为什么把企业所得税的税率定得这么低，百分之十七点五？这不是开玩笑嘛，简直是卖国！企业的进出口关税已经免了，企业所得税还定得这么低，太不像话了！

陆副省长这么一说，会议室又像炸了锅一样。各种尖锐的意见纷至沓来，其中不乏夹带着诸如"卖国"之类的帽子。

夏默耐心地解释说，大家不要惊讶，这税率是经过我们起草组的专家仔细考虑过的。我们认为，定了较低的税率，有助于吸引投资，能有竞争力，所以我们参考了香港的税率，才定的百分之十七点五。另外，告诉诸位，新加坡的企业所得税也定得相当低。当然，这个百分之十七点五，也是来与大家商量的。

一位资深的老专家拿着手里的文件，弯起手指敲敲会议桌，声音颤抖地对夏默说，老夏，不是我说话不中听，你是中华人民共和国的专家，要你定个税率，你总跟着人家跑。我问问你，你到底是哪边的？

这问话说得凶了，夏默的脸一下子变得蜡黄。他努力控制着自己的情绪，缓缓地说，诸位领导，诸位专家，我觉得我们还是要改变观念。我们定的这个条例，是要鼓励人家来投资的，不是要把投资的人给吓跑的。我们的条例既要考虑我们自身的利益，也要考虑投资者的利益。香港的税率是百分之十七点五，我们要是定高了，超过香港了，那问题是明摆着的，我们基本上就没有什么竞争力了。企业税率超过香港，谁跑来广东投资啊？

夏默的话还没落地，陆广胜副省长突然就跳了起来，啪啪啪地敲着茶杯盖说，你这位夏默主任，简直是胡闹！税乃一国之根本，我们内地还得收百分之三十三的税率，你港商来投资，定个百分之十七点五，你说说，这是不是卖国？这不是我扣你帽子，是你自己扣你自己帽子！我提议，这企业所得税必须与内地企业一样，定百分之三十三！告诉你，这已经是很便宜他们港商了！

起草组的一位姓何的教授看夏默一时急得说不出话来，马上帮着他说，我认为经济特区的企业所得税的税率与香港持平，是合理的。税率的制定不仅要考虑眼前，还要考虑将来，投资一个厂是长期发展的，如果税率这么高，哪怕土地、人工成本再低，港商也是不会来的。

陆副省长反驳说，但你不能光考虑"竞争力"啊，即便鼓励投资，也不能卖国！税收不要了，只考虑让他们赚钱，而我们自己吃亏，这绝对是不行的。

夏默好不容易才使自己缓过气来。他擦净脸上的汗，尽力克制自己的情绪，再次耐心解释说，同志们，你们再听我解释。其实，税率定低一点，我们并不吃亏。表面上看，税率降低了，国家税收减少了，但真正的生意人是不会把钱存进银行的，他要再投资，扩大再生产，这样他就会雇用更多的劳动力，交更多的税。

陆副省长把头摇得像拨浪鼓一样，敞着嗓音说，那也不能定百分之十七点五！比照内地的百分之三十三，最多减百分之三，定为百分之三十。

他说出了百分之三十的意见后，仿佛会议主持人一样环顾左右，向大家发问，我说的这个百分之三十，成不成啊？

会议室里一片响应之声。许多老干部，包括一部分专家，都觉得这个百分之三十，介于内地税率与香港税率之间，作为特区税率，是合适的。如果再低的话，那就是自己吃亏，是国家财政吃亏，是划不来的事。

夏默一时间愁容满面。因为这天的会议，谷牧副总理和习仲勋书记都没有来列席，是由夏默主持的。而赞同夏默意见的比例又少得可怜，这个矛盾一下子就很突出了。

他只能宣布暂时休会。

夏默走出会议室的时候，一位穿着纺绸衬衫、头上已经微微谢顶的老干部追了出来，用手中的芭蕉扇悄悄拍一下夏默的腰，俯在他耳边说，夏主任，我看你今天挺难的。本来我也有一肚皮的话想说，但是看你的脸色一下子黄一下子白，我也不忍心再说了。不过现在就我们两个人了，我得忠告你几句。你是学者出身，但是你的学问起码应该是用马克思主义、毛泽东思想作为底子的。你不能跟着谷副总理跑了一趟西欧，回来就满脑袋的洋思想，腔调也西方化了，屁股也坐歪了。你要知道一条最基本的道理，这江山是谁打下来的？是共产党打下来的。每一寸土地都浸着烈士们的血，这就是红色江山的含义。你看看我的左手臂上，蒋介石的一粒子弹还没有取出来。怎么可以随随便便就把我们的土地租给那些资本家？还收那么低的税？你在写这些条文的时候，有没有想过无数革命先烈的目光正看着你的脊梁骨。夏主任啊，你没有上前线打过仗，你不知道工农坐江山的来之不易。你现在拼命为香港资本家说话，我真是要怀疑你到底是不是一个共产党员！好了，这几句话是我的肺腑之言，会上说了，你肯定更加难堪，就现在给你说几句，希望你能听进去。忠言逆耳，不要见怪。

说完，那人就摇着芭蕉扇走开了，后背脊上的汗浸湿了他的纺绸衬衫。

夏默站在原地，一时仿佛迈不开步子了。

当夜，在广州宾馆傍街的客房里，夏默翻来覆去睡不着。窗外汽车的嘈杂声与耳边蚊子的嗡嗡声，使他一夜睁眼到天亮。他心里很明白，如果这个企业所得税税率明显超过了香港，那就注定我们要办的经济特区将门可罗雀。任何投资人都是善于计算的，在这两个税率面前，谁会选择你这个特区而不选择香港？虽然你的劳动力比香港便宜不少。

但是，反对的声音为什么会如此尖锐呢？平心而论，广东还是一个思想相对不保守的地方，为什么有些干部还会抵触得这样厉害呢？还会点着手臂里的一粒没有取出的子弹头说话呢？

审议条例的会议，再开下去看来也是无益了。第二天，红肿着眼睛的夏默就飞到了北京，当即向谷牧汇报了会议情况。谷牧也很为这样的审议吃惊，说都与内地一样，那还搞什么特区？特区还能"特"在哪里？还叫什么特区？只有投资者赚到钱，他们才会大批地来，特区也才能赚到钱，中央也才能有税收。这是一个辩证关系嘛，怎么就想不通呢？

夏默说，反对的同志占了大多数，他们的态度非常坚决，说这是国家大事，决不让步。

谷牧沉吟半天，一时想不好怎么办，假如自己再飞到广州，继续开会，但是面对如此强烈的反对意见，光靠自己解释，看来也不会有大的收效。沉吟再三，他对夏默说，审议暂停。我们马上飞上海，向小平同志求教一下。

三

邓小平这几天都是一大早就起身，在上海四一四招待所的宽敞的庭院里散步。虽然清晨的空气与绿树间唧啾不停的鸟叫声使人感到惬意，但是邓小平的心却一直被上海"宝钢"的继续上马前行还是迅速下马的争论所牵绊。有一次他停步，仰脸盯着绿叶间的一只尾巴很长、体积不小的鸟，那鸟的叫声竟然也是聒噪不停的"下马下马"。

希望宝钢迅速下马的建议与呼声，这几个月越来越响亮。这一建议的出发点是国家财政的吃紧，如果暂时关停一个耗资巨大的项目，那就会大大地有利于国民经济的正常运转。从中央部委到地方都有这样的声音，甚至还出现了很多论证性的文字。

两百个亿，宝钢确实吃钱太多。

但是年产六百万吨的优质钢，对于正在经济起飞的一个发展中国家来说，又是一笔多么不可或缺的资源！钢铁是翅膀，只有装上钢铁的翅膀，一个民族才会拥有特别辽阔的天空。

在跟上海市委和宝钢的负责人集体座谈之前，邓小平一直在琢磨这个问题。退，是不行的。退没有出路。纵然困难再大，也要知难而行。现在的问题是鼓劲，气可鼓而不可泄。

其实他从黄山下来的途中就一直在思考这个问题了。所以下黄山后的第一站,他就定在了上海。二十世纪三十年代初期,上海企业林立,住着的外国人大约有三十万,可以说是亚洲最国际化的城市。作为当时亚洲主要的金融和商业中心,上海遥遥领先于香港。但是经历了抗日战争、"文化大革命"后的上海,经济状况却每况愈下。但上海毕竟是中国的经济中心,邓小平一直关注着上海。上海必须保持起飞的态势。

谷牧与夏默飞到上海的当天,邓小平出席了由上海市委、宝钢负责人参加的座谈会。邓小平觉得可以在这个座谈会上明确地谈一谈宝钢的"上马"和"下马"问题了。

邓小平进门之后就注意到,宝钢工程的负责人陈指挥很年轻,身上有一股锐气,但是面容也明显地有一种彷徨。邓小平跟他握手的时候很用力。

年轻的总指挥,很不错。

落座之后,话题一下子就跳到了宝钢。宝钢毕竟是牵动所有人心的一件大事。

邓小平开门见山就说,宝钢,我调查过了。两条,第一,布局是合理的;第二,工程进展是快的,现场情况是不错的。总的来说,宝钢的情况是好的,这我就踏实了。现在对宝钢议论纷纷,我们不后悔,问题是要搞好。

陈指挥听了这话,心里一阵惊喜,赶紧说,在要我们宝钢下马的意见里,也有一些是合理的,比如,指出了我们在建设中确实存在的某些讲奢侈的问题。对我们自身的问题,我们要检讨,要纠正。

邓小平说,对,不要摆阔气、讲奢侈。现在宝钢的下马风很烈,压力很大,你们不要管。宝钢建设,中央已经决定了,第一要干,第二要保证干好。历史将证明,建设宝钢是正确的。

陈指挥听着这话,心里又一阵激动。邓小平的话说得太有底气了,所表达的立场也是非常明确的,这就给宝钢吃了定心丸了。他马上站了起来,挺起胸膛,信誓旦旦地说,请邓副主席放心,请上海市领导放心,请全国人民放心,我们宝钢全体建设者一定快马加鞭地搞建设,厉行节约,力戒奢侈,每一个铜板都掰着花,一定把宝钢建设成为具有世界先进水平的特大钢铁生产基地。

邓小平一听这话就笑了,连连摆手,对这位年轻的陈指挥说,坐下,坐下。你们的表态很好,听了叫人振奋。总之,钢铁呢,是工业基础,对国家很重要,我们几十年来搞来搞去，总是上不去。现在，宝钢是个新路子，全套引进外国技术来搞，所以你们要干好，把我们的钢铁搞上去。

邓小平说到这里，点燃了一根烟。他看着已经坐下的年轻的陈指挥，一直以来隐藏在心里的一个想法忽然涌上心头。于是他说，现在，我讲个大问题。什么大问题呢，就是接班人问题。今天在座的，我算最大，七十五啦。粉碎"四人帮"以后，解放了一批老同志，恢复了工作岗位，这是必须的。但是这些人岁数都比较大了，现在看来到处都是这个问题。所以我们有一个迫切任务，就是要找一些比较年轻的人上来。这是党的战略任务、根本任务。

说到这里，邓小平抬起手指了指现场的与会者说，各级领导班子都有一个共同问题，年龄老、身体差。一眼望去都是白头发啊。

这时候，所有的与会者都顺着邓小平的话头抬起脸，互相望望，然后不由得都笑出声来，说小平同志说得很对，确实大部分同志都是白头发了。

邓小平听见大家的笑声，自己也笑了一下，然后说，十年后我们怎么样了？恐怕都见马克思了吧。这样下去不行，光靠我们坐在办公室画圈圈，是吃不上饭的，是没有希望的啊。

坐在邓小平对面的一位年长的老干部这时候发出了感慨，说我们现在就是天天看文件，画圈圈。不说过十年，恐怕再过五年，脑子都不行了。

邓小平点点头，说，现在的工作，跟从前的，大不相同了。大量的外事工作，大量的经济工作，大量的组织工作。真正干实际工作的，谁？还不是那些年轻人嘛。既然这样，为什么不可以把他们提到领导岗位上来？我们的人才是有的，关键是要解放思想，打破框框。只要我们敢于把他们提起来，让他们在其位，谋其政，经过一两年就能干起来了。

会议室里一片记录的沙沙声。在记录这段话的时候，几乎所有的干部心里都有一种感慨。确实，这个问题太重要了，而且也太紧迫了。驾驭一个起飞的中国的，不能都是白头发。

接着大家又听邓小平这样说：我这次回去后，中央工作会议也要重点讨论这个问题，中央上面也要找一批年轻人来干。我确实是赌了咒的，心里想当顾问，但是现在没办法退下来。当个顾问，顾得上就问，又顾又问，多好。所以，今天我在这里郑重提出倡议，老同志们啊，摆在我们面前的是选人，选好我们的接班人。趁我们在的时候，花两三年时间，找一批年轻的、拥护十一届三中全会路线的同志，培养几年，亲自看他们成长起来。

说到这里，邓小平又举起手臂，在空中使劲点了好几下，大声说，根本的问题、百年大计的问题、对党负责的问题、最大的问题，是选择接班人。不能等，从现在就开始。

邓小平说这些话的时候，看见整个会议室的同志都在点头，于是心里就觉得踏实了。最后，他把烟在烟缸里揿灭，用开玩笑的口吻说，同志们，这是大事啊，要关心大事。这个问题解决不了，我们见不了马克思。

在上海市委会议室爆发出掌声的时候，一架载着谷牧与夏默的民航机正在上海虹桥机场平稳地降落。这两位领导沉甸甸的公文包里，装的是广东经济特区广阔而焦灼的土地。

四

邓小平在四一四招待所早餐厅用早餐的时候，王秘书带着谷牧与夏默走进来了。邓小平的早餐与往常一样，是鸡蛋、馒头、泡菜和稀饭。

邓小平一见谷牧就笑，说你这个谷牧，追到上海来了，肯定是万里给你透的风吧？

其实邓小平已猜到谷牧近期一定会设法来找自己，因为这些天来他已经听说关于广东试办特区的争议声很大。邓小平心里当然清楚，特区是个新事物，要操办起来，经济上、意识形态上都会存在尖锐的斗争。这个试验，来自各方面的压力和阻力的巨大，是可以想见的。谁也没有经验，各方面压力、阻力是难免的，这正是考验国务院、广东省的大批领导干部的智慧的时候。

邓小平走出早餐厅，走在七月的晨风间，一边听着谷牧与夏默的汇报，一边看着鹅卵石小径旁的点点繁花。

夏默在汇报中强调说，这个企业所得税的税率要是定不下来，特区条例就搁置了。现在的问题是，百分之三十三与百分之十七点五，形成了水火不容的两个立场。而且，其中夹着"卖国主义"的大帽子，持这种观点的同志还不在少数。

我个人是想冲关的，冲过去算了，但是这关隘就是冲不过去。

邓小平停了步子，直视着夏默问，夏默同志，你为什么要坚持百分之十七点五呢？

夏默说，我认为原因是明确的。一个是参照香港，他们的企业所得税税率定的是百分之十七点五，我们既然要吸引人家的资本来我们这儿投资，税率就不能比他们高，高了就没有吸引力。另一个是，我们基础设施条件非常差，所以税率就更不能比香港高。

邓小平抬起头，看着蓝天中好似棉絮一样的云朵，像是在凝思着什么。

谷牧见邓小平沉默，赶紧补充说，特区如果都跟其他地方一样，就没有政策优势了。我是同意夏默同志的意见的。

邓小平还是没作声。他把目光从白云间收回来，又看着小径旁的池子。池塘的水面上，十几处荷花开得正盛，几只蜻蜓围着花瓣绕来绕去。

忽然，邓小平微微一笑，轮流看着谷牧与夏默说，我看，还可以再解放一点。

再解放一点，是什么意思？谷牧和夏默都有些发愣。

邓小平缓缓地说，既然香港税率是百分之十七点五，我们就要比它再低一点，就定百分之十五吧，特区就是要"特"嘛！

这一下，谷牧和夏默大吃一惊，都瞪圆了眼睛，怔得像泥塑木雕一般。

邓小平说，百分之十五的企业所得税，你们听清楚了吗？

谷牧与夏默赶紧说，听清楚了。

邓小平说，那些反对的同志啊，他们不会算账。我们要算大账，不要算小账。办经济特区，就是要吸引人家来投资。他们来投资了，赚了钱，才会大批大批来。他们来了，我们才能发展起来嘛。我们的目的就是多吸收外来资金、先进技术和管理经验，为我所用，加快我们的四化建设。这是大道理。要会算这本大账嘛。

夏默顿足看着谷牧，叹息了一声说，小平同志讲得太透彻了！

谷牧说，小平同志，您这一讲，就是天晴乌云散了。其实说到底，就是这个理。不吸引人家来投资，什么都是空话。而且说实在的，小平同志您比我们思想还要解放。您的意思我们领会了，我们接着去做工作吧。现在我们再去做工作，心里就有底气了。

夏默说，其实谷牧同志在会议上也是坚持"条例"的立场的，还好几次发了火，大家都脸红脖子粗的。

邓小平听了笑一笑，继续踱步往前走。他说，吵是好事啊，真理越辩越明嘛。关键是要解放思想，敢闯禁区。谷牧，你这火发得好，搞改革，搞开放，就是需要这样的闯劲嘛。

这时候谷牧从内心深处发出了一声感叹，他说，小平同志，我们搞这个特区，步步都离不开您的支持啊。

邓小平边走边说，我只是发挥了一点作用。做工作的，还是你们这些一线的同志。我去日本访问，那个被称为"经营之神"的松下幸之助告诉我，他们搞经济建设，就是有三个孙悟空。孙悟空就是年轻的、懂行的。孙悟空年龄大了当不成，墨守成规，框框多，思想不活泼。我们是有自知之明的。你们，要勇于当孙悟空啊！

谷牧和夏默对视了一眼，似乎一时没有听明白。邓小平看出了这两位的迟疑，停步解释说，当没有紧箍咒的孙悟空！

谷牧与夏默异口同声说，听明白了，我们要更加敢于闯。

邓小平点点头，继续走，边走边说，我说的话，不是客气话，是工作的需要。我们年龄都不小了，要考虑交班的事。中央正在商量，要搞一个书记处，把当事的、年富力强的推到中央来干。现在工作不比以前了，很多新领域、新事物，还是要让年轻一点的、比较接触实际工作的同志来干。这是保证我们政策连贯性的重要工作，也关系到我们党的生死存亡。我这次回北京，在中央工作会议上就要提这个问题。我很感慨啊，我们国家到处都欣欣向荣，生气勃勃，我们的领导班子不能都是老气横秋的。我们要向世界表明，中国共产党的事业，是后继有人的。

谷牧与夏默离开四一四招待所，在汽车上还在小声地感慨，说小平同志考虑得真远，也说小平同志才是真正的"孙悟空"呢，比我们都敢想、敢闯。说到底也不是一个年龄问题，实际上是一个战略思路的问题，是一个魄力问题。

谷牧最后说，夏默同志，你今天就飞回广州，我也随后就来，在北京还有些棘手的事要处理一下。听说"香港船王"包玉刚的父亲包兆龙老先生想以个人的名义给北京捐一千万美元，建一家高级饭店，支持北京的旅游业发展，无非是希望用个人的名字，叫"兆龙饭店"，可是北京偏偏不要，说这是给资本家树碑立传。你看这事儿闹的。总之，广州那边，你多费点劲，多向习仲勋书记汇报，他会支持你的。我的感觉是，我们的"特区"已经呼之欲出了。

五

在这一年的冬末，北京的雪下到第四场的时候，田志远的几位老战友又都踏着积雪，聚到了他的四合院。一个个吃着曹慧精心调制的"老北京炸酱面"，脸上都冒出了汗珠。唯有刘鑫脸上落下的不是汗珠，却是眼泪。

田志远说，老刘，你看你，像什么话呢。一个大老爷们儿，话刚提到十一届五中全会，就啪嗒啪嗒掉眼泪，你该高兴才是啊。中央有个书记说了，第一线干部都年轻化。

这时候刘鑫就不好意思地擦净脸面，哽咽着说，这段时间，也不知道咋的，总想着我的本家刘少奇的事儿。现在我一说起刘少奇，就心酸。

田志远提到的十一届五中全会，是一九八〇年二月二十三日至二十九日召开的。北京在整个会议期间都没有下雪，每天的太阳都亮晃晃地照耀着覆盖着白雪的北京城，使人心旷神怡。这次全会的一个重要成果，就是决定增加政治局常委人数，选举胡耀邦为中央政治局常委。会议决定恢复中央书记处，选举胡耀邦为中共中央总书记，万里、谷牧、胡乔木、彭冲等十一位同志为书记处书记。会议还批准汪东兴、纪登奎、吴德、陈锡联等四位同志辞去领导职务。

应邀参加这次四合院"炸酱面小聚"的夏默对大家说，其实呀，我半年前就在上海亲耳听小平同志说中央一线工作的干部要年轻化，要有"孙悟空"。果然，小平同志就扎扎实实地推进了这项工作。年轻的同志在书记处的岗位上处理事务，作风就很干脆，处事也很凌厉。他们上任还没几天，我就有感觉了，作风真是雷厉风行啊。有时候上午的请示，下午就给回了，连过夜都不用。我们广东经济特区的筹建，步子明显加快，我看再有两三个月就可以挂牌了。

说到广东筹办经济特区的事儿，田志远就来了劲，连连称赞夏默他们搞的《广东省经济特区条例》明快利索，企业所得税税率比香港都低，这就引得港商蜂拥而来。这一个时期，国务院港澳办接电话都忙不过来，全是港商的询问。投资者那种焦急的模样啊，真是难以形容。田志远说到这里就又提起了自己儿子的事，说，我儿子的那个"大洲食品厂"已经更名为"北京兴旺航空食品厂"了，是同香港合资的，是他女朋友的舅舅投的资，马上就搞投产典礼了。

田志远刚说到这里的时候就被曹慧打断了。曹慧说，停停停，我这里要插一句话，反正老夏也在座，我就明说了。我家老田那天要给老夏打电话，让老夏以国务院专家组的名义在北京帮着物色一块建厂子的地皮。我一听就来火了，怎么可以为了自家儿子的事去开这种后门？我说老田你还是共产党员吗？你绝对不能跟老夏提这种事儿，你要是利用邻居关系以权谋私，哪怕谋一块钱，我都坚决跟你离婚。反正离过一回，我也不怕了。老夏你给我记住，以后老田跟你谈，就谈政治上社会上的事儿。一提到儿子办厂子做生意的事儿，你就坚决拦住他的话头。

田志远叫屈说，哎呀呀，我的曹慧同志，你别这么"马列"好不好？我无非就咨询一下土地的问题嘛，又不涉及贪图便宜的事。好好好，我以后绝不提了，省得你老拿离婚威胁我。

听到田志远夫妇这么斗嘴，大家都乐了，可是唯见刘鑫的笑容总是勉强，没笑几声，脸上便又笼罩起一层淡淡的悲戚。穆大江一拳打在他肩上说，老刘你今天干吗呀？当年枪林弹雨你都不怕，现在怎么多愁善感到这个地步了？

于是大家就一起看着刘鑫，都觉得有点奇怪。

刘鑫于是说起了他复查刘少奇专案的事儿。他说到这次召开的五中全会决定彻底平反刘少奇冤案，当看到所有中央委员都为此高高举手表示拥护时，他一下就大泪滂沱了。

刘鑫说，只有亲身经历刘少奇冤案复查工作的，才知道这位共和国主席的人生结局究竟有多么惨。

说完这句话，他的眼睛又红了起来。

几个月前，刘鑫率领调查组的几位同志来到河南开封，从第一天起心情就没好过。

那天，开封市一位头戴呢帽子的干部是这样向他汇报的：死亡时间，一九六九年十一月十二日六时四十五分。死因肺炎。我的汇报完了。

刘鑫竭力压抑着心中的愤懑，低着嗓音说，遗体是怎么处理的？呢帽子干部说，连夜火化了，这是档案。

刘鑫打开档案的封口，只见里面只有薄薄一张骨灰寄存证，于是就诧异了，说，就这些？那人说，是，就这些。

于是刘鑫就轻声地念，编号：一二三。姓名：刘卫黄。年龄：七十一岁。无业。

一张薄薄的骨灰寄存证霎时间在刘鑫的手里抖了起来。刘鑫再也抑制不住心中的情绪，一拍桌子就站了起来，声气很大地说，什么刘卫黄！什么无业！他是中华人民共和国的国家主席，他的名字叫——刘少奇！

那位呢帽子干部连连后退，几乎退到了屋子的角落，目瞪口呆地看着这位来自北京的调查干部，不知道他为什么会发这样大的火。一个万人唾骂的"大叛徒、大内奸、大工贼"死了，用一个假名火化掉，也不是什么大问题嘛，也有利于安定嘛。

难道这位来自北京的搞"复查"的同志，存心是来翻案的？

而这位情绪难以控制的北京干部，马上又要求去看一下刘少奇最后生活的地方——开封市委小院西楼内的一个地下室，一个为刘少奇特设的监狱。

看着眼前漆黑阴冷的房间，刘鑫忍不住掉下了眼泪。十年前，刘少奇就在这间暗无天日的房间里度过了他人生的最后一段日子。临终前，身边连一个亲人都没有。

来到现场的一位干警用干巴巴的声音汇报说，去世那天，刘少奇就躺在水泥地板上，身上什么都没穿，只盖着一个白床单。后来，他的一位老卫士长赶来了，给他剪去了一尺长的白发，刮去了很长的胡子，再找了一身普通衣服给他穿上。再后来，六七个人用白布把他裹得严严实实的，拖上一辆吉普车，去了开封市东郊的火化场。因为刘少奇身躯高大，车厢装不下，两只脚就露在车厢外。

那一刻，刘鑫再也忍受不住了，用手一拍墙壁，厉声说，够啦，不要讲啦，不要讲啦！

刘鑫觉得自己快要窒息了。

刘鑫还记得，当自己带着几位专案组的同志把刘少奇头上的"叛徒、内奸、工贼"三条罪名的由来向胡耀邦作汇报时，胡耀邦的嘴唇也是簌簌发抖的。

刘鑫说，关于所谓"叛变"，完全是无稽之谈。那是一九二五年的十一月，时任上海总工会负责人的刘少奇回湖南养病，在长沙文化书社被长沙戒严司令部毫无缘由地逮捕了。消息传出后，中华全国总工会、各地工会纷纷通电谴责湖南省军阀的做法。湖南的学生团体以及亲友同乡也奔走援助，要求释放刘少奇。在舆论的压力下，湖南省戒严司令部只好释放了刘少奇。就这么一件事，被"四人帮"说成是"叛变出狱"。

"内奸"的罪名，也很可笑。那是一九二七年，驻汉口日本水兵屠杀中国民众，刘少奇代表工会参与交涉，提出先不要打日本人，希望能够有利于谈判斗争。就因此事，专案组成员硬生生地诬陷刘少奇为日寇保镖。此外，同年七月，武汉汪精卫政府叛变，党中央为保存实力，决定自动解除工人纠察队的武装，派刘少奇代表工会去执行此事。这两件事，被歪曲为破坏革命的"内奸"活动。

最后，关于"工贼"这顶帽子，也是空穴来风。一九二九年刘少奇任满洲省委书记时，在领导奉天纱厂工人的斗争中，曾与省委组织部部长孟用潜在工厂门外被厂卫队怀疑而扣押。审讯期间，两人未暴露身份而最终被释放。于是，专案组便歪曲事实，做成了一顶"工贼"帽子。

专案组成员秉承"上级"的意图，勉力做成这三顶帽子的过程，是令人发指的。刘鑫后来知道了全部的情况。他反复找这些专案组成员进行调查，发现他们一个个都躲躲闪闪。最后，这些专案组成员招架不住，吐露了实情，说当时他们以一些特殊手段伪造了假口供，也就是以刘少奇老部下孟用潜为突破口，对其进行严刑拷打，恐吓威胁，连续七天突击审讯，让孟用潜作违心交代，然后签字画押，制造"铁证"。

刘鑫在叙述这些经过的时候，看见胡耀邦的嘴唇不停地哆嗦。

他知道胡耀邦后来很快就向邓小平汇报了复查工作的始末。胡耀邦在邓小平面前叙述了尽快平反刘少奇冤案的必要性，也转达了党内一些同志不赞成公开平反刘少奇案的立场。他们认为，刘少奇案牵连人数太多了，影响太大了，假如公开平反，会直接牵涉对毛泽东与"文化大革命"的评价问题，这就难免影响全国的安定团结。

邓小平当时是这样回答的，回答得毫不含糊：公开平反少奇同志的冤案，确实可能产生某些后果。但是，这是在恢复历史真实面目、恢复我们党实事求是优良传统、恢复党和我国正常的政治生活。小道理要服从大道理，大道理就是我们要坚持实事求是、有错必纠的原则。勇于纠正错误，这是有信心的表现。这样，全国人民才能心情舒畅，大家向前看，一心搞经济建设。

刘鑫对吃着炸酱面的所有战友说，你们听听，邓副主席就是这样毫不含糊。

他又说，所以，就这个问题，中央统一意见也很快。而且，这次五中全会上，一说给刘少奇主席平反，所有的中央委员都把手举起来了，一个都没落下。我一见这个场面，眼泪就忍不住叭叭掉。

刘鑫说到这里，所有的筷子一时都停了下来，每个人的心头似乎都有些酸楚。穆大江说，刘少奇的平反是一个重大标志啊，说明我们党能够总结自己身上最沉痛的教训了，跟刘少奇案有牵连的全国一大批干部都将心情舒畅了，国家的现代化建设也能够轻装前进了。我们新华社发了通稿后，这些天也是全国来电不断，一片赞扬声，一片感谢声。

曹慧问，既然平反了，就得开一个追悼会吧？什么时候能开呢？

六

为刘少奇主席举行的万人追悼大会，两个多月后就举行了。北京人民大会堂内，许多鲜花簇拥在刘少奇的巨幅遗像前。而人民大会堂外面，五月的花卉也开得很鲜艳，蜂蝶在花海间嗡嗡嗡地打旋。

追悼大会的悼词，也是邓小平作的。邓小平这一天胸前戴着白花，手臂上缠着黑纱，脸色很是凝重。他说话的嗓音也是沉重而缓慢的，就像四年前在周恩来追悼会上致悼词一样。他是这样说的：今天，我们怀着无比沉痛的心情，悼念伟大的马克思主义者和无产阶级革命家刘少奇同志。刘少奇同志为共产主义事业战斗了一生。他是受到全党和全国各族人民爱戴的、久经考验的、卓越的党和国家领导人。

接着，邓小平高度评价了刘少奇为中国革命所作出的贡献和他的优秀品质。他在致悼词的最后提高音量说，和毛泽东同志、周恩来同志、朱德同志一样，刘少奇同志将永远活在我国各族人民的心中！

第十九章　广东的事，上海的事，安徽的事，历史总结的事　651

顷刻间，人民大会堂内响起了雷鸣般的掌声。

在长时间的掌声里，许多人流下了眼泪。不仅刘鑫又一次泪满双腮，而且他的那几位战友，田志远、穆大江，还有夏默，一个个脸上都有泪痕。

而且大家看见站在厅堂前侧的王光美一家，更是激动得泪流满面。当邓小平缓缓走到王光美面前时，王光美已经哽咽得说不出话来，只是紧紧握着邓小平的手，轻声说，小平同志，谢谢你！

邓小平回答说，是好事，是胜利！

这六个短短的字，包含着多少政治风云和真挚情感啊。王光美再一次泪流满面，站在邓小平身后的陈云等领导同志也一个个热泪盈眶。

中央电视台的新闻节目一遍遍地播放着这个肃穆的场面。北京大学学生会的黑白电视机前围看的一大帮青年学子也都感慨万分。新闻播完以后，夏建国总结似的说了一句，共和国又一页沉重的历史翻过去了，我们的国家应该可以从慢跑变为快跑了。

一群学生响应着说，对，让我们快点毕业，参加跑步吧！另一群学生皱着眉说，现在还不是往前跑步的时候，还得好好往后看，国家的教训还没有总结够。刘少奇的平反应该证明了，"文化大革命"从理论上、政治上说，都是错误的。那就得全面否定毛泽东在中华人民共和国成立后的全部思想。

听着这个议论，夏建国心里一愣，没有再吭声。他觉得，随着刘少奇冤案的彻底平反，不光是青年学生中会产生这样的想法。他又想，邓大人肯定会考虑这个问题。

邓小平这些天确实在着重思考这个问题。他几乎每隔几天就约胡乔木来谈一次。因为胡乔木是《关于建国以来党的若干历史问题的决议》的起草负责人。邓小平每一次都对文本提出一系列的意见，总是觉得这个文本不行。

这就难坏了胡乔木，尽管他文笔精湛，号称"党内第一笔杆子"。

党要作出一个关于历史问题的决议是势在必行的。为了轻装前进，就必须对所有重大历史问题形成一个实事求是与恰如其分的说法。确实，党的十一届三中全会之后，随着在实际工作中拨乱反正的全面展开，解决历史遗留问题的步子进一步加快，党内外要求对中华人民共和国成立以来的历史经验进行全面总结的呼声越来越高。邓小平也认为必须正确地认识中华人民共和国成立以来党走过的历史道路，要好好总结历史经验。所以在一九七九年底，邓小平就决定着手起草一个关于历史问题的决议。中央决定这一起草工作由邓小平、胡耀邦主持，胡乔木负责组织实施。

但是邓小平一次又一次地对胡耀邦提交的《关于建国以来党的若干历史问题的决议》草案摇头。他对胡乔木说，你现在这个稿子，还是没有很好体现原先的设想。中心的意思，应该是三条。其中，确立毛泽东同志的历史地位，坚持和发展毛泽东思想，这是最核心的一条。对毛泽东个人、毛泽东思想的评价问题，党内党外和国内国外都很关心，不但全党同志，而且各方面的朋友都在注意我们怎么说。

胡乔木说，现在我们起草小组里的争论也很激烈。最大的问题也是关于如何评价毛主席。尤其是刘少奇冤案平反后，有同志就提出要全盘否定毛泽东和毛泽东思想的主张。现在啊，连境外都出现了很多舆论，说"大陆批毛势在必行"什么的。

邓小平说，乔木同志，你认为这些说法对吗？这些说法都不对，必须澄清这些混乱思想。对中华人民共和国成立三十年来历史上的大事，要进行实事求是的分析，包括一些负责同志的功过是非，要做出公正的评价。"文化大革命"十年，毛泽东同志是犯了错误的。在讲到毛泽东同志、毛泽东思想的时候，要对这一时期的错误进行实事求是的分析。《决议》的最后，要对过去的事情做个基本的总结，引导大家团结一致向前看。

这些话，胡乔木都在笔记本上记下来，回去后一再地统一起草组同志的思想。而他后来拿出的几稿，就让邓小平看得眉眼有些舒展了。邓小平说，对头，这样改好多了。有些提法，我还要跟陈云同志再商议一下。总之，搞出来的《决议》一定要经得起历史检验。

而邓小平在努力推进形成《决议》的过程中，也决定对万里上报的《关于包产到户问题的请示报告》作出明确的批示。他觉得安徽既然先行了一步，已经实行"大包干"的凤阳小岗生产队既然获得了大丰收，那就证明"大包干"是有生命力的，应该在这个问题上旗帜鲜明地支持万里。

为了这件事，他专门请胡耀邦、胡乔木、邓力群到米粮库胡同，一起讨论万里提交的这个报告。在讨论之前，他特别盼咐卓琳在庭院里的小桌上摆上茶食。

第十九章 广东的事，上海的事，安徽的事，历史总结的事 653

于是卓琳就把两盘煮好的花生米端到客人面前，笑着说，吃花生，这是凤阳县今年搞"大包干"的成果，老爷子特意让大家尝尝。邓小平问大家味道好不好，大家嚼着花生米都说粒儿大、口味好。邓小平笑着说我也觉得口味好，又说，农村政策放宽以后，一些适宜搞包产到户的地方搞了包产到户，效果很好，变化很快。安徽肥西县绝大多数生产队搞了包产到户，增产幅度很大。凤阳花鼓中唱的那个凤阳县，绝大多数生产队搞了"大包干"，也是一年翻身，改变面貌。

邓力群反映说，最近召开的农村问题研讨会上还是有反对的声音，说有些干部从初级社、高级社、人民公社走过来，感情一下子难以转弯。

胡耀邦的意见很明确，也就是：凡是农民拥护的政策，就可以推行。他说，现在有句话，叫作"要吃米，找万里"，这就是人心向背嘛。我是赞同"包产到户"的。农民增加了收入，集体增加了积累，还为国家增加了贡献，怎么不是个好办法？

听着这些年轻同志的意见，邓小平很觉满意，于是他一边嚼着花生，一边缓缓地说，我看，现在农村工作中的主要问题还是思想不解放，仍然按老框框办事。我们现在有些干部，对于怎样适合本地情况，多搞一些经济收益大、群众得实惠的东西，还是不考虑。他们就不想想，这种转变不是自上而下的，不是行政命令来的，是农民自发要求的，是自然而然形成的，是生产发展本身提出的要求，不改革吃不上饭嘛！

一听邓小平的态度这么明确，吃花生米的几位客人一起笑了起来，都觉得有了底气。胡乔木与邓力群这两支"笔杆子"，先后几次在中央的有关会议上，转述了邓小平关于"大包干"的意见。紧接着，各省都行动起来了。全国农村改革的势头，立即有了如火如荼的形态。

万里在合肥读到中央书记处下发的这一红头文件时，立即爽朗地笑了起来，抖着这份文件说，我就知道小平同志会推动中央下发这个文件的。要没有小平同志在黄山跟我说的那番话，我一时还不敢给中央打这份《关于包产到户问题的请示报告》呢，我可是看准时机的呢。

七

任燕在听到意大利著名女记者法拉奇这个名字时，吃了一惊，说这个人不是国际上很有名的提问题最尖锐泼辣的女记者吗。

就是这个女记者，要来北京了，而且提出要采访邓小平的请求。而且，邓小平也答应了这个采访请求。

令任燕想不到的是，新华社决定由她全程陪同这位以泼辣著称的意大利女记者。任燕顿时感到了肩上的重任。她调阅了法拉奇以前采访各国政要的记录，深深感到这个女人的犀利和刁钻，常常使采访对象在一些微妙问题面前显出窘状。

她问穆大江副社长，邓副主席怎么一下子就答应了这位女记者的采访？穆大江说，是啊，外交部的同志也是这样报告邓副主席的，说这位女记者采访过几十位政治人物和首脑，曾经使很多领导人显出了尴尬，基辛格就曾被她问得下不来台。她已经两次提出想来中国采访邓小平副主席，外交部本来想直接回绝她，但是后来意大利总统也多次给我们驻意大利的大使打电话，亲自推荐这位女记者。

任燕说，那后来就答应啦？

穆大江说，小平同志稍稍考虑了一下就答应了。据说小平同志是这样回答外交部同志的：今年九月，意大利总统佩尔蒂尼要访华，看来法拉奇的采访是一个铺垫，那我就接受这个挑战。现在国外舆论对我们的政治路线有诸多猜测，这个时候我接受法拉奇的采访，通过她，我们也可以让全世界了解中国嘛。

任燕明白了邓小平接受法拉奇采访的意图，心里便有了底，想着一定要备好功课，完成好社里交办的任务。

晚上，她去北大看望夏建国的时候，两人走在灯光依稀的校园里，也悄声谈到了这个问题。

夏建国说，邓大人接受法拉奇采访的挑战，必然胸有成竹。现在国家的政治形势也有一点微妙，各种舆论都很多。尤其是为刘少奇平反以后，"非毛化"的思潮来势汹涌。我们北大很多老师与同学都赞同中国的"非毛化"。听说中央要搞一个"历史问题的决议",也是争论激烈,各种意见都有。邓大人一下子要在全世界面前回答清楚这些问题,确实是有难度的。

任燕说,是啊,现在中央又在考虑"修宪",究竟是以哪一个宪法的文本为基础,也有不同意见。有人提一九五四年的宪法,有人提一九七五年的宪法,也有人提一九七八年的宪法。据说彭真提出以一九五四年宪法为基础来"修宪",邓小平是赞同的。我看到过一个材料,邓小平对"修宪"问题,强调了四个方面:第一,要理直气壮写"四个坚持";第二,写工人阶级领导的,以工农联盟为基础的人民民主专政;第三,写民主集中制;第四,写民族区域自治。小平同志还强调,坚持四项基本原则,是我们这次宪法修改的指导思想,四项基本原则必须旗帜鲜明地予以坚持。这是我们在长期的斗争中所作出的历史性选择,是国家保持安定和发展的基础。小平同志还说,这次修宪还要多参考其他国家的宪法,包括西方议会的特点、议员的产生和提案制度。现在世界上各个国家都在关心中国的这次"修宪",他们要从各个渠道了解我们要走什么道路,要打哪面旗帜,还要不要坚持马克思主义和毛泽东思想。

夏建国一拍手说,我看邓大人已经考虑得很全面了。人家法拉奇是有备而来、有备而问,邓大人也是有备而答、有备而回。这必定是一场精彩的大戏,全世界都将聚焦这场采访。任燕啊,你又一次要进入聚光灯的中心了。

听夏建国这样说,任燕扑哧笑出了声,说,建国你这话错了,进入聚光灯中心的是提问者和应答者。尤其是应答者,他后面站着九亿中国人,而我只是九亿中国人中的一个。不过,建国你放心,我会做好准备工作的。只是我心里还有点不踏实,我怕法拉奇的提问过于刁钻,造成气氛尴尬,这就不好了。我接受了任务之后,心里一直怦怦跳,所以今天特地赶了过来,好像不跟你说上几句话,心里就平复不下来。

夏建国沉吟着说,任燕你不用担心,邓大人是有底气的。邓大人的底气在于他知道中国要怎么样发展。他的内心很强大,他会把他的这种强大通过法拉奇的嘴巴告诉全世界。我倒是认为法拉奇来中国是件好事,外交部根本不用担心。

听夏建国这么说,任燕倒安心了不少,同时也渐渐产生了一个与夏建国同样的感悟:邓小平果断地选择回应法拉奇的挑战,是一种智慧的战略。

在北京炎热的八月间,任燕终于与这位著名的意大利女记者法拉奇见面了。

见面的瞬间，她就感受到了这位著名媒体人的犀利。这种犀利，首先表现为目光，接着就表现为语言。法拉奇的第一句话是这样的：你好，任小姐。如果我没猜错的话，你是来监督我采访的？

任燕立即明白了法拉奇话里的含义，对这样的问话她早有准备，于是微笑着说，法拉奇女士您多心了，您可以在北京的任何地方采访，没人想监督您，包括我。法拉奇似笑非笑地说，是吗？那我现在就可以采访吗？任燕说当然可以。

在从宾馆前往天安门广场的汽车上，任燕耐心地向法拉奇介绍北京的各种建筑：我们现在走的这条前门大街，位于北京的中轴线上，北起正阳门箭楼，南至天坛公园路口，是古代中国皇帝出城赴天坛祭天的御路，明、清至民国时期称为正阳门大街，老百姓俗称前门大街，现在是北京著名的商业街。

这时候法拉奇就大喊停车，弄得司机一头雾水，不知出了什么状况。任燕心里明白，这就是这位著名记者所习惯用的"随机采访"了。

法拉奇采访的是"大碗茶"。这个小小的茶铺引起了她的注意。她坐下来，接过年轻的茶铺老板端来的一碗大碗茶，先是伸出大拇指称赞了茶的口味，然后说，这位年轻的先生，我想采访你一下，可以吗？

在任燕作了翻译之后，这位年轻的小伙子一脸惊讶，说采访我的人多了，但外国人还是第一次呢。

法拉奇的问话果然犀利，直入主题：请问这个茶社是属于你的，还是属于政府的？

茶铺老板说，不是政府的，是我的，还有他，我哥们儿，我们凑钱自己开的。我们这叫"个体户"。个体户，你懂不？

任燕向法拉奇解释说，这个茶铺是他们自己开的，这在中国叫"个体户"，是生产资料归个人所有的一种经营形式。法拉奇问，那不就是私有财产吗？任燕作了肯定的回答，解释说，我们国家现在的政策是鼓励和保护他们的。

于是法拉奇就显出了不解的神情，说中国是社会主义国家，是公有制，中国保护私有财产？我不信。

任燕看着她一脸惊愕，不知法拉奇这种表情的真实程度如何，于是也就当她真的不了解，便请茶铺老板拿出店铺的营业执照来展示给这位外国女记者。

法拉奇端详了半天营业执照，点点头，又问那位面貌英俊的小伙子，我知道你们中国的年轻人都要"上山下乡"当知青，你没有当知青吗？

小伙子回答说，我就是回城的知青，我的合伙人也是知青。现在国家改革开放，政策放宽了，允许有"个体户"，允许个人创业。我们就办起了这个大碗茶社，自食其力。

这时候法拉奇马上转换了话题，单刀直入地问，你是知青？那我就想问一下你对"上山下乡"的看法。

茶铺老板看看任燕，又看看周围越聚越多的看热闹的路人，犹豫了好一会儿，吞吞吐吐说，上山下乡嘛，确实锻炼了我们这代人，可是嘛，也让我们失去了很多。我想嘛，反正，它已经成为历史了。

法拉奇笑了一下，接着又是一个更为尖锐的问题，那你们对毛泽东是怎么评价的？

茶铺老板似乎一下子被问住了，不知该如何回答。看到茶铺老板的这种窘迫，任燕心里也稍稍紧张起来。法拉奇似乎感到了这种不安，于是换了个角度，继续问，那么你对邓小平领导下的中国的未来有信心吗？

一听这个问题，茶铺老板顿时就信心十足了，大声说，当然有啊！你在北京多走走就会发现，我们国家现在正在发生翻天覆地的变化。我们每一个人都相信，在邓小平的带领下，中国一定会走上繁荣富裕的道路。

茶铺老板这一番流利的回答，突然就引发了围观群众的一片掌声。这掌声让法拉奇也笑了，举起手跟着大家拍了两下手掌。

任燕松了一大口气，一边鼓掌，一边心里说，这场"热身赛"，挺好。

八

任燕所谓的"热身赛"之后，大幕就拉开了。邓小平正式接见来自意大利的女记者奥琳埃娜·法拉奇，是在一九八〇年八月二十一日，地点是在人民大会堂的福建厅。担任翻译的是外交部翻译室的译员施燕华。施燕华的翻译水平很高，两年前邓小平参与中美建交谈判，她也是翻译。

法拉奇落座伊始，就把录音机放在茶几上，这是她的习惯。邓小平注视着这个动作，微微笑了一下。

法拉奇或许是为了先给邓小平一个好印象，便亲切地对邓小平说，明天是您的生日，我要祝贺您，祝您生日快乐！

邓小平感到了惊讶，说，哦，明天是我的生日？我从来不知道我的生日是哪一天。而且，如果明天是我的生日，您也不应该祝贺我，那就意味着我已经七十六岁了。七十六岁的人已经是江河日下了！

法拉奇一笑，说，邓先生，我父亲也七十六岁了。但是，如果我对他说七十六岁的人已是江河日下，他会扇我几记耳光的。

邓小平说，他干得好！不过您不会这样对您父亲说的，对吗？

说着，两人同时笑了起来，原先略略紧张的气氛此刻便一扫而光。采访就这样在轻松的氛围中开始了。

法拉奇的提问首先围绕对毛主席的评价展开，她是这样问的：邓先生，最近您说，中国正处在转折点，可以说是第二次革命。事实上，今天来北京的人，可以亲眼看到中国已发生的变化。人们不再穿制服了，标语消失了，毛主席的像少了，我从饭店到这里，只看到一幅，挂在紫禁城的入口处。以后你们还会保留毛主席像吗？

这话问得很尖锐。施燕华略略迟疑了一下，还是直译了这位女记者的问话。

邓小平的回答斩钉截铁。他说，要永远保留下去！他又说，尽管毛主席过去有段时间也犯了错误，但他终究是中国共产党、中华人民共和国的主要缔造者。从我们中国人民的感情来说，我们永远会把他作为我们党和国家的缔造者来纪念。

邓小平的这一斩钉截铁、不假思索地回答，使法拉奇显出了惊讶的神情，但她很快就调整了自己的情绪，更加犀利地发问：今天人们把很多错误都归咎于"四人帮"，这符合历史事实吗？听说中国人在说"四人帮"的时候，伸出的却是五个手指！

从法拉奇所提出的这个问题来看，她在采访之前早已做了充分的准备。

邓小平明白法拉奇想问的是毛主席与"四人帮"的关系，对这样的提问他早已胸有成竹，于是缓缓说，绝不能把毛主席和"四人帮"相提并论。必须清楚地区别毛主席的错误和"四人帮"的罪行。

邓小平列举了毛主席对中国革命的巨大贡献，然后说，正是因为遵循了毛泽东思想，中华人民共和国才取得了革命的伟大胜利。邓小平又强调说，审判"四人帮"不会影响毛主席。

围绕对毛主席的评价和有关"文化大革命"的主题，法拉奇仍然穷追不舍，她甚至拿出刘少奇的案件来向主人提问：很多人认为，您为毛泽东最大的反对派刘少奇平了反，这样做就违反了毛泽东思想。换一句话说，既然给刘少奇平反，就说明毛泽东思想错了。您怎么解释这个问题？

这当然是一个全世界都在关注着的问题。邓小平沉思了片刻，说，要把毛泽东思想与"文化大革命"的错误理论区分开来。毛主席晚年所犯的错误，就在于违背了他原来十分好的正确主张，包括他的工作作风。我们为刘少奇同志平反的目的，就是要恢复毛泽东思想的本来面目，就是坚持毛泽东同志毕生倡导的实事求是的原则。

法拉奇这时候的目光就很犀利了，她始终盯着邓小平沉静的脸容，咄咄逼人，一连抛出四个问题："大跃进"难道不是错误？照搬苏联的模式难道不是错误？对过去这段错误要追溯至何时？毛主席发动"文化大革命"到底要干什么？

这些尖锐的问题如连珠炮般地提出，连翻译施燕华都感到了一些紧张，但是施燕华看到邓小平的表情始终十分从容。

邓小平缓缓说，错误是从五十年代开始的。比如说，"大跃进"是不正确的，但这个责任不仅仅是毛主席一个人的，我们这些人脑子都发热了，违背了客观规律，企图一下子把经济搞上去。对于"文化大革命"，毛主席犯的是政治错误。但他的主观愿望是好的，只是由于对中国本身的实际情况作了错误的估计，可以说是好心犯了错误。另外，他的错误被林彪、"四人帮"这两个反革命集团利用了。

女记者点点头，继续发问，保持着她的犀利：那你们对"四人帮"进行审判的时候，以及你们开下一届党代会时，在何种程度上会牵涉毛泽东？

邓小平点点头，说，我们要对毛主席一生的功过作客观的评价。我们将肯定毛主席的功绩是第一位的，他的错误是第二位的。要实事求是地讲毛主席后期的错误。我们还要继续坚持毛泽东思想。毛泽东思想不仅过去引导我们取得革命的胜利，现在和将来还应该是中国党和国家的宝贵财富。

在谈话中，邓小平运用辩证法的思想对毛泽东的一生作出了客观的评价。施燕华一边翻译，一边在心里生出了感动。她想，对毛主席作出这样的评价，就邓小平而言，是多么不容易啊。这位老共产党员三次被打倒，"文化大革命"又造成了他大儿子的终身残疾，但是，为了国家与人民的根本利益，他还是作出了这样坚定不移的回答。

法拉奇之后的问题是：天安门广场上还挂着马克思、恩格斯、列宁、斯大林的像，但是在我看来，斯大林一无是处，而赫鲁晓夫极好。为什么你们要挂斯大林的像？邓小平问，赫鲁晓夫？他做过什么好事？女记者说，他谴责了斯大林。邓小平微笑着说，所以，您就认为这是他做的好事？

法拉奇一愣，一时有点哑口无言的样子。

这时候邓小平的嗓音显得更明朗了。他说，我要告诉您，我们决不会像赫鲁晓夫对待斯大林那样对待毛主席。

说完这句话，邓小平的面孔更加严肃起来。他指了指法拉奇的笔记本，说，请您一定要把这句话记下来。

法拉奇点点头，她完整无缺地记录了邓小平的这句话。但是话锋一转，她又提出了一个令会见空气顿时绷紧的问题：这是第一个我不能理解的问题。但我有一句话，希望您听了不要生气，这不是我说的，而是西方舆论。有人说您是"中国的赫鲁晓夫"，您对此有何看法？

这话一出，施燕华顿时愣了，但她仍然一字一句地翻译了法拉奇的话。

邓小平听完问话，忽然爽朗地大笑起来。他以平静的语气从容地回答这位女记者说，在西方，他们称我什么都可以，但是我对赫鲁晓夫是了解的。我个人同他打了十年交道，我是了解这个人的。把我比作赫鲁晓夫是愚蠢的。看样子，我们在这个问题上达不成协议了。这样吧，您保留您的观点，我保留我的。我们不谈赫鲁晓夫了。

然而法拉奇并不放弃，她迅速转换了提问的方式，开始从邓小平个人的角度出发来提出类似的问题：邓先生，据说毛主席经常抱怨您不太听他的话，不喜欢您，这是不是真的？

听到这里，邓小平又笑了一下，心里想，这位女记者果然会绕圈子。那就让她绕吧，反正这个问题最终也是要说得明明白白的，因为全世界都在看着中国如何递出这个答案。

邓小平摸过了一支烟，点着了，说，毛主席说我不听他的话，是有过的。但也不是只指我一个人，对其他领导人也有这样的情况。这也反映了毛主席后期有些不健康的思想。有不少正确的意见，不仅是我的，其他同志的在内，他不大听得进了。民主集中制被破坏了，集体领导被破坏了。否则，就不能理解为什么会爆发"文化大革命"了。

女记者紧追不舍地问，很显然，只有在毛主席逝世以后才能逮捕"四人帮"。这是谁组织的？是谁提出把"四人帮"抓起来的？

邓小平明确回答，这是集体的力量！政治局大多数同志一致的意见，是要对付"四人帮"。要干这件事，一个人、两个人的力量是办不到的。

这次接见法拉奇，不知不觉地就过了四个小时，超过了预定时间。其实，邓小平会见外宾，对时间的掌握一向很准，基本上谈到吃饭前就结束了，但这次却超过了预定时间，似乎仍意犹未尽。于是邓小平主动提出说，怎么样，到吃饭时间了，肚子要"闹革命"了。看来您的问题还没问完，我们找时间再谈一次吧。

邓小平这话，正是法拉奇求之不得的。她几乎从沙发上跳了起来，连声说好好好，模样十分激动。

任燕没有坐在福建厅现场听到这次精彩的采访，但是她在陪同法拉奇回宾馆的路上，明显地感觉到了这位女记者所表现出来的激动。

法拉奇对任燕说，你们中国的这位领导人，非常有智慧。他对问题的分析和解释，都是很棒的。他对我们之间认识分歧的处理，也是十分优雅的。

任燕听了这些话，很乐。她事后就把这些话告诉了穆大江副社长。穆副社长说，这很好，法拉奇的这种态度非常有助于两天后的继续采访。

然而，两天后的继续采访，这位女记者依然是咄咄逼人，她的蓝眼睛所射出的目光依旧是那么犀利。她一坐下来就开门见山地说，邓先生，前天您谈到对毛泽东的态度，我确实感到困惑，因为您一方面谴责他，另一方面又维护他，而且，在他的批准下，您两次被贬下台。

施燕华一边翻译一边看着邓小平，心里稍有不安，觉着这个女记者怎么老是纠缠着这个重复的话题。

邓小平似乎对提问者的这种纠缠不以为然，他回答的语调始终平静，甚至还对提问者的问题作了小小的纠正：不是两次，是三次，也不是毛主席批准的。我这个人，经历了"三下三上"。第一次是王明极"左"路线把我整下去的；第二次是"文化大革命"初期，林彪和"四人帮"把我送到江西劳动，事实上，毛主席还想保护我，只是没成功，但是对我的安全一直很关心；而第三次，是"四人帮"篡权，又一次把我打下去。为什么我会"三下三上"呢？就是因为我这个人，喜欢说点实话。

法拉奇说，您说话心口如一，任何时候都这样。但是一个人经历"三下三上"而活下来，在世界上是罕见的。很多领导人可能只有"一下一上"。您经历"三下三上"而复生，有什么秘密？

听到"秘密"两个字，邓小平就笑了，他的回答也就透出了几分诙谐：没啥秘密。就是有时候，他们觉得我还有点用。外国朋友也常问我，怎么能经受这么多坎坷？我想因为我比较乐观，但这还不全面。全面的回答是，因为在我内心深处，对毛主席寄予希望，我知道他了解我。

法拉奇对邓小平当年在江西的生活表现出了好奇。她问，您在江西做什么？邓小平回答说是劳动，说一天劳动两个小时。女记者追问，当时您是否非常气愤？邓小平说，我这个人从来不大喜欢气愤。因为这是政治问题，没有气愤的必要。气愤也不解决问题。在那期间，是毛主席保护了我。在江西，毛主席安排人负责我的安全。

法拉奇飞速地记录着邓小平的话，眼神里既透出几分钦佩也透出几分迷惑。她的问话继续犀利：邓先生，今天的中国看不出怎样才能避免或防止再发生诸如"文化大革命"这样可怕的事情，您是怎么认为的？

这又是一个重要的问题。邓小平略略思索了一下，说，这要从制度方面解决问题。我们过去的一些制度，实际上受了封建主义的影响。现在我们要认真建立社会主义的民主制度和社会主义法制。只有这样，才能解决问题。

法拉奇紧追着说，那么邓先生是否认为资本主义并不都是坏的呢？

邓小平说，资本主义要比封建主义优越，但是有些东西并不能说是资本主义的。比如，技术问题是科学，生产管理是科学。我们学习先进的技术、先进的科学、先进的管理来为社会主义服务，而这些东西本身并没有阶级性。

邓小平在回答这一类问题时所表现出来的原则性和灵活性，让这位提问刁钻的女记者不由得连连点头。接下来的一些问题，就显得有些轻松了。比如说，法拉奇问，您曾谈到还有其他人对毛泽东思想作出了贡献，这些人是谁？

邓小平回答说，比如周恩来总理、刘少奇同志、朱德同志等，还有其他许多人都作了贡献。

谈话的最后，法拉奇又把话题绕到了江青身上。她问，对江青，您觉得应该怎么评价，给她打多少分？

邓小平不假思索地说，零分以下。

法拉奇马上追问，那您对自己如何评价？

这是一个难以回答的问题，也是一个容易被人大加分析、大做文章的问题，但是这个问题显然难不倒主人。邓小平在回答这个问题之前，笑了一声，他说，我自己，能够对半开就不错了。但有一点可以讲，我一生问心无愧。你一定要记下我的话，我是犯了不少错误的，包括毛泽东同志犯的有些错误，我也有份儿。只是可以说，也是好心犯的错误。世界上不犯错误的人没有，不能把过去的错误都算成是毛主席一个人的。

法拉奇的第二次采访，又是整整四个小时，占了一上午的时间。主人与客人握别的时候，两人都显出了高兴的神情。法拉奇看着这位时年七十六岁高龄的采访对象，说出了一句极少对采访者说的话：邓先生，您是我遇到的最公平、最睿智的一位领导人。

邓小平开玩笑说，这么说，我考试合格喽？

说完，二人笑了起来。

九

三天内，邓小平先后接受同一位记者的两次采访，这也算是史无前例的。整个采访过程，法拉奇尖锐辛辣，锋芒毕露，邓小平坦诚应答，睿智隽永。全世界的传媒都大幅报道了这位意大利著名女记者对中国领导人邓小平的两次采访，而世界各国人民也都见识了这位不平凡的中国领导人，以及中国对自己的历史、对未来的发展道路、对当今世界问题的种种看法。各国的报章出现了一片罕见的赞扬之声。

出足了风头的法拉奇在回国后还接受了美国电视台的采访，被问到最多的问题就是法拉奇对于邓小平的评价。

法拉奇对着镜头是这样说的：对于这个问题，我想说，邓小平是个伟人。我所采访的世界领导人中，没有一个人能像邓先生这样坦率、深入地谈论历史问题。我问什么问题他都能容忍。他还如此幽默，使人感到亲切。他对一切问题都了如指掌，每个问题都回答得很精彩。他超越了个人恩怨谈历史问题，是谈得很深的。我喜欢他的风格。对邓先生的采访，是我事业中最成功的一次。

美国电视台记者还问，邓小平为什么能够成功？

这时候法拉奇就显出了感慨。她说，我看了很多材料，原来一直不明白邓小平受了那么多迫害，"三落三起"，为什么最后还能起来。真不容易。现在通过跟他接触，我才明白了原因。我感觉邓先生这个人，有很坚强的性格。他始终坚定地按自己的信念去做，所以才能有今天。

任燕完成了这次陪同法拉奇的任务之后，也是感慨万分。她的深切的感慨，不在于受到了单位的一次公开表扬，也不在于领悟到作为一个传媒人所应该具有的尖锐泼辣的行事风格，而在于邓小平在纵论中国政治、中国历史、中国道路、中国前景以及自我评价时，所表现出来的那种极度的自信和坦率。她再一次跑到北大，与夏建国谈了好几个小时，说中国的大船有邓小平这样的领袖把握着方向，就真应了李白的那句"长风破浪会有时"了。夏建国诚恳万分地说，我知道你这是在启发我做什么样的人。任燕赶紧打了他一下，说，我对你可没有这么高的要求，你啥都不要想，好好读你的书吧，争取考个"全优"。

在世界各报刊都以大量篇幅登载邓小平接受法拉奇采访的谈话后，邓小平有一次专门就此事问了他的几个子女的感受。他说，你们这些年都是跟着我一起坎坎坷坷走过来的，你们都同意我这样评价毛主席的功和过吗？都同意我们中国人民都不要丢掉马克思主义和毛泽东思想这面旗帜吗？

几个子女都异口同声地说，我们都同意爸爸说的。连眠眠都举起小手说，我也同意。

邓小平把眠眠拉到自己怀里，发现坐在轮椅上的大儿子朴方没有开口，于是又问了一句，朴方也同意吗？

轮椅上的邓朴方挺直了身子，眼泪汪汪地说，我看了报道了。爸爸说的每一句话，我都同意。

邓小平点点头说，现在有一家出版社，是英国的培格曼出版公司，他们的董事长提出要出版一套我的文集。我本来是不想出什么文集的，我这个人文化不高，我们家里文化高的是你们的妈妈。我能出什么文集呢？后来思考了一下，觉得我们国家的改革开放刚刚起步，世界对封闭了几十年的中国还不了解，如果用英文出版我的一些文章和讲话，将有助于世界深入了解中国，这对我们当前的事业是有利的。你们也同意我这个想法吗？

子女们都说同意。邓榕还笑着说，爸爸的文化怎么不高？爸爸说的话水平可高了。爸爸您不仅要赞成出文集，我建议，您还应该为自己的文集写个序言。

邓小平一愣。写个序言，他倒是没有想到。邓榕又说，要不要我来当您的私人秘书，我来帮您起草一个？

邓小平笑了，摆摆手说，要写，也得我自己动笔，哪要你代劳哟。

当夜，卓琳走到邓小平办公室，催促他去休息时，却发现邓小平还是很认真地握着笔伏在台灯下。卓琳问写的啥呀，这么晚了还不休息。邓小平说是序言，已经写完了。说完他就揉揉眼睛，把一沓稿纸递给了卓琳，说这都是我心里想说的。

卓琳接过稿件，一数，竟有近千字，不由暗暗吃惊，怎么一个晚上亲笔写了这么多！

有几句话，她读出了声来：我荣幸地以中华民族一员的资格，而成为世界的公民。我是中国人民的儿子，我深情地爱着我的祖国和人民。

读到这里，卓琳觉得自己的眼眶有些湿润了。她慢慢地坐在沙发上，凑着落地灯的灯光继续往下念：我们的民族曾经创造过灿烂的古代文明，也经历过各种深重的苦难和进行过付出巨大代价的、坚忍不拔的斗争。现在，……中国人民将通过自己的创造性劳动根本改变自己国家的落后面貌，以崭新的面貌，自立于世界的先进行列，并且同各国人民一道，共同推进人类进步的正义事业。

邓小平听着卓琳轻声地念，一直微微点头。

最后，卓琳念道：如果有一天这些讲话失去重新阅读的价值，那就证明社会已经飞快地前进了。那有什么不好呢？

邓小平轻声问，你觉得这句话这样写好吗？你是我们家的大知识分子，要听你的评价呢。

卓琳说，写得好。没想到的是，你写得这么好，写出你的感情来了。尤其是这最后一句，说明你是一个一直向前看的人。你不故步自封，不说满话，也不认为自己的话能管一个多么长的历史时期，还是相信后代的智慧能比我们这一代强，还是你一向的务实作风。

邓小平听完就站起来说，好了，大知识分子批准了。我明天就叫人寄到驻英国大使馆，交给那家出版公司去。

十

隔了数天，胡乔木又一次来到米粮库胡同向邓小平汇报《决议》目前的起草进度，说还有两个主要的问题，起草组的同志还是意见不一、争论不休。

第一个主要问题，仍然是关于毛泽东主席的功过问题。如果就写"建国以来"这一段，就难以全面地、科学地对毛泽东同志的功过问题作出评价。

邓小平说，这个问题，有个解决的办法。我前天刚去过陈云同志那儿，专门谈了《决议》的起草问题。对于评价毛主席的功过问题，陈云同志提了一个很好的建议。他建议在整个《决议》前，增加中华人民共和国成立前二十八年历史的回顾，这样把毛泽东在六十年中间重要关头的作用写清楚。那么，毛泽东同志的功绩、贡献就会概括得更全面。确立毛泽东同志的历史地位，也就有了全面的根据。

胡乔木眼睛一亮，说这个建议好。邓小平说，是啊，这样一来，说毛泽东同志功绩是第一位的，错误是第二位的，说毛泽东思想指引我们取得了胜利，就更能说服人了。乔木同志，你们的第二个难题是什么？

胡乔木所说的第二个难题，就是粉碎"四人帮"以后头两年的问题。对这两年如何评价，怎么表述？

邓小平说，粉碎"四人帮"以后的这一段，大家的意见要补写，我看也可以。但是，既然要写，就要合乎实际。

邓小平说到这里，特别指出要正确评价华国锋的问题。邓小平说，像华国锋同志，实事求是地指出他的贡献和错误，对于全党、对于人民有益，有好处，对华国锋同志本人也有极大的好处。

胡乔木离开米粮库胡同的时候，对这个《决议》文本的最后形成，心里更加有了底。他想，小平同志，还有陈云同志，他们这些老同志的政治原则性和政治智慧，真不是一般人所能比的。

由胡乔木领导的《历史决议》起草组数易其稿，终于形成了比较成熟的《关于建国以来党的若干历史问题的决议》的草案。经过党的十一届六中全会讨论通过，成为党的正式决议。这一决议，彻底否定了"文化大革命"的错误实践和错误理论，科学地评价了毛泽东同志的历史地位，以及对中华人民共和国成立以来的重大历史问题作出了实事求是的总结。

中共十一届六中全会是在一九八一年的六月召开的。这次全会还选举胡耀邦为中央委员会主席，选举邓小平为中央军委主席。这次全会的召开，标志着党在指导思想上拨乱反正的任务基本完成。

全会一结束，邓小平立即驱车去看望病中的叶剑英。邓小平对拄着拐杖的叶帅说，这次全会解决了两大问题，一个是历史决议，一个是人事问题。对这么两个重大问题采取重大的决策，作出重大的选择，我相信，这个重大的决策、重大的选择，是正确的。

叶剑英一边听邓小平这么说，一边频频点头。他对于自己因病而未能全程参加这次重要会议感到有些歉意，但又明确表示，坚决同意和拥护中央所作的这些决定。

叶剑英身体的明显虚弱使邓小平很不安，他再三叮嘱叶剑英安心养病。叶剑英握着他的手说，小平同志，作为军委主席，你要大胆工作。我现在虽然体质大不如前了，但是心里还是亮堂的，还是四年前我写的诗里所说"老夫喜作黄昏颂，满目青山夕照明"，我还是有股子气的，以后要是开军事方面的会，只要我这根拐杖撑得动，就一定会来参加。

邓小平驱车离开西山的时候，只觉眼睛有点湿润。叶帅，真是高风亮节啊。

第二十章

思索香港的百年回归，
思索干部的新老交替

一

廖承志连夜赶到米粮库胡同，有点不好意思，他要汇报的是解决香港问题的方案。他生怕打搅邓小平的休息，但他知道邓小平急于听取这方面的汇报。自十一届六中全会之后，邓小平已经开始用更多的精力，着手处理香港问题。

由于党的决策班子的调整，廖承志觉得邓小平现在处理相关问题得心应手多了，而他自己的心也更加踏实了。小平同志的深谋远虑与果断令廖承志印象深刻。

这一夜也是这样。邓小平显出了他的果决。

廖承志开始是这样汇报的，他说关于香港问题的方案，我们与新华社香港分社、外交部等部门进行了充分协商，同时也广泛听取了香港同胞的意见，认为我们的政策要建立在尽可能保持香港的稳定和繁荣上，保持它在国际经济中的地位和作用上。

这时候邓小平就打断了他的话头，出语果断：你说的这些都是对的，但要有一个前提。前提是什么呢，那就是，我们要在一九九七年收回香港。这是前提。这件事是不能改变的，一切文章都在这个前提下做。现在，主要是研究这个文章怎么做的问题。英国现在就是打着继续保持香港的稳定和繁荣的旗号来和我们谈判，对此，我们的头脑要清醒。

廖承志点点头，又解释说，但随着一九九七年这个日子日益逼近，港人是感到不安的，他们必须考虑期限和合同的合法性问题，这将会碰到不少困难。

邓小平说，具体问题必须重视，并且要对香港的社会、政治、经济、文化、法律等各个方面进行系统的研究，提出的方案要有针对性。至于英国，我们不怕，关键是香港同胞，特别是华人华侨，工作要做好。他们大部分都是爱国的，未来的香港也要由他们来治理。

廖承志一边喝着王秘书端来的热茶，一边频频点头。他觉得邓小平在处理香港问题上，始终是抓住全局的，思路十分清晰。

确实，一个时期以来，邓小平一直在思考香港问题。他知道无论是伦敦，还是港英当局，现在都在焦虑地考量着香港问题。这是一盘国际政治的大棋，必须下好，因为这直接关系到包括香港同胞在内的全体中国人民的利益。

而现在，邓小平认为，解决香港问题的时机和条件正在逐步成熟：一是国际环境对中国有利，中美正式建交，中英关系恢复了正常化；二是中国从不承认英国长期霸占香港的三个不平等条约；三是中国已经确定了和平统一祖国的方针，并且这一方针已经深得人心。所以，邓小平认为，必须抓住这个时机，解决香港问题。

二人正在谈话中，王秘书小声报告说，国家旅游总局局长卢绪章已经到了。邓小平马上吩咐请客人进来，并且留住廖承志说，来的这个卢局长要谈的是包玉刚捐助酒店的事，这也是香港问题嘛。包玉刚同时又是华侨，你也兼着侨办主任，要关心一下这件事嘛！

邓小平其实早些时候就听说了包玉刚捐助受阻的事，谷牧也向他报告过。他之所以没有直接出面处理，也是考虑到处理的最佳时机未到。而此时，可能已经到了需要与香港商界领袖建立工作关系的最佳时期。

在卢绪章原原本本地叙述了包玉刚"捐助受阻"事情的始末后，廖承志紧皱着眉头，心直口快地说，我认为，华侨爱祖国、爱家乡，与他们多做善事、光宗耀祖，两者一点也不矛盾。像包玉刚这样的华人，很难得。"文化大革命"中，有些宁波人"破四旧"，把包家的祖坟挖了，也整了他的亲属，我们对不起人家。可是人家这个船王，一没有骂娘，二没有记仇，相反，心甘情愿要捐献给北京一千万美金。一个世界级船王，能对祖国有这片心意，已经很不简单了，何必对人家这一点点敬老扬名的愿望吹毛求疵呢？！

卢绪章见廖承志如此激动，便轻声说，廖公，您有冠心病，不要太激动。

邓小平说，这件事，不要说廖公生气，我听着也生气。对外开放搞了几年了，还有这种事，怪得很，有些人的思想竟然僵化到这个地步。

廖承志说，是啊，国内有些体制机制是要改革了，已经跟不上对外开放的形势了。

邓小平说，不仅要改革，而且要实行大的改革。不是修修补补，要放开、搞活，不能把什么都统得死死的。某种意义上讲，这是第二次革命。你不改革，处处受限制，对外开放就不能发展。

说到这里，邓小平问卢绪章说，包玉刚的捐赠支票是不是已经退回去了？卢绪刚说已经退了。这时候邓小平就轻轻地拍了一下桌子，说，胡闹嘛！人家无偿捐赠一千万美元给我们建旅游饭店，对我们社会主义建设有利嘛，何乐而不为？要求命名"兆龙饭店"，为什么不可以呢？人家讲孝心，也是好事嘛，我们共产党要讲人情啊。何况人家对我们有贡献，纪念纪念有什么不应该的！

廖承志大叹一声说，是啊，送上门来的好事，有人就是不同意。

邓小平又问包玉刚与其父亲是否还在北京。在得到肯定的答复后，邓小平语气果断地拍了板：既然别人不同意，那就由我出面接受这笔捐赠。这是个政治问题，人家捐献一千万美元，也不是投资，也不是合营，这种捐献的事都搞不好，谁还敢来呀！

廖承志一听就兴奋了，说，小平同志这么做，就等于向外界发出一个欢迎海外投资的极强的信号。

邓小平当即对卢局长说，你马上给包玉刚先生打电话，请他转告包老先生，我邓小平出面接受这笔捐赠。还有，要搞一个捐赠仪式，在人民大会堂搞，明天就搞！

会见香港环球航运集团主席包玉刚和其父包兆龙先生，也是在人民大会堂的福建厅，时间是一九八一年七月六日的上午十时。那一刻，在镁光灯咔咔的闪烁中，一位世纪伟人，一位"世界船王"，在中国改革开放的新时期里，双手紧紧相握。

当邓小平接过包玉刚双手递过来的装有捐赠支票的信封时，他诚挚地对包兆龙说，包老先生，谢谢您的爱国善举。我相信，在您的感召之下，旅居海外的华人华侨和港澳台同胞，以及全世界的炎黄子孙，都将为中华民族的复兴贡献一份力量。

霎时间，年过八十的包兆龙老先生脸上出现了泪水。包兆龙说，邓先生言重了。我是中国人，这是我应该做的。

这时候，一个念头突然进入了这位老先生的脑海。包兆龙提议说，我想请邓先生您为"兆龙饭店"题写店名。

参加捐赠仪式的所有来宾都闻言一愣，这个突如其来的想法事先没有提及过，双方也没有商量过，真不知道邓小平会作什么样的表态。廖承志与田志远一齐看着邓小平，心里都有些紧张。

此时的邓小平却莞尔一笑，说，四个字一千万美金，我的字好值钱哟！

这句话，把所有在场的人都逗乐了。

邓小平不仅答应题写店名，还以最诚挚的态度对包玉刚说，包先生，关于办理酒店建设的事宜，我们会请卢局长负责协调，一定办好。你们可以放心地回去。我会一直关注这个事，等将来饭店落成了，我出席剪彩！

邓小平没有食言，一九八五年，他出席了北京"兆龙饭店"的竣工剪彩仪式，并且是以"朋友"的身份出席的。田志远当时对写报道的任燕说，小燕子啊，小平同志能出席竣工剪彩仪式，证明了他对包玉刚友情的重视，这是一个人的人情味啊，当然，也说明了他对解决香港问题的重视。你在写这篇报道的时候，最好能写出这两重意思。

二

邓小平为解决香港问题所做的准备，体现在很多方面。一九八一年九月十三日至十五日，中国华北地区突然震响的隆隆炮声，以及"红蓝两军"展开的由上千辆坦克、装甲车参加的坦克"大会战"，似乎也与此有着紧密的关联。

这次"华北军事大演习"是中华人民共和国成立以来中国人民解放军规模最大的一次实兵军事演习，也是邓小平出任中央军委主席后抓的第一件大事。

观看演习的军委主席邓小平，好几次从司令台上起身鼓掌，连声说，打得好！打得好！

确实，这次演习规模巨大，参演部队共有十三个师零十二个团又五个营，兵员高达十万。演习共动用汽车八千六百辆、坦克八百五十辆、装甲运输车三百八十六辆、火炮一千七百六十三门，以及飞机一百七十八架。这么大的阵势，在中华人民共和国成立以来还是第一次。此外，整个演习无一伤亡，这在各国的军事演习史上都实属罕见。

中国华北的炮声，在世界各主要报刊的头版纷纷炸响。西方的一些军事评论家说，事实证明，中共军队是一支精良的军队。这支军队在尽最大可能地调动它的技术手段，完成了接近于现代样式的合成化。中共的这次演习，表明了邓小平把这支军队推向现代化的雄心。

在读着这些报章的时候，英国首相撒切尔夫人的不安是可以想见的。她在一次临时召集的会议上对国防大臣皮姆、香港总督麦理浩说，中国此时举行军事演习，是要向世界表明中国的实力，毕竟我们最关心的香港问题马上就要搬上台面了。

皮姆的担心尤甚，他一年前刚访问过中国，会见过国务院副总理兼国防部部长徐向前，知道中国抓国防现代化劲儿用得很大。此时，他就对撒切尔夫人说，正如我们所料，邓小平就任中国最高军事领导人后，很快就有了大动作。这次中国在华北地区所进行的多兵种军事演习规模很大，动用了十一万人。他们的协同作战演练，据我们分析，已经很有成效。

撒切尔夫人问在这次演习中邓小平说了什么，皮姆说他就是向中国军队发出号召，要建设一支强大的现代化、正规化的革命军队。撒切尔夫人想了想，说，我看，他们主要是针对苏联。因为苏联在他们的北部边界陈兵百万，威胁很大。

皮姆听了这话，摇摇头，他知道首相这句话一半是在安慰自己，于是提醒撒切尔夫人说，夫人，我并不完全这么认为。邓还着重提出，军队要为保卫领土安全、实现国家统一而战。

撒切尔夫人说，包括香港？皮姆回答说，依我看是这样。虽然这次演习没有具体所指，但中国维护国家主权的决心似乎表现得很强硬。

港督麦理浩说，我也这样认为。目前种种形势表明，中国决意收回香港。他们认为这是主权。中国人对于"主权"两个字特别敏感。

撒切尔夫人似乎不以为然，挥挥手说，这只是邓的一厢情愿。香港是国际贸易金融中心，能为英国提供巨大的经济利益。对于这样一只"会生金蛋的鹅"，我们要尽一切手段维护。中国想要收回去，没这么简单。

麦理浩仍然有些担忧，提醒撒切尔夫人说，夫人，我近距离地观察了邓小平，他是一个务实、谨慎，同时又是一个意志坚定的政治家。这样的人一旦作出决定，就不会轻易改变。

撒切尔夫人眉头一皱，说，是吗？但是大英帝国的意志也同样不容忽视！

麦理浩试探地问，那，夫人想怎么做？

撒切尔夫人语气强硬地说，只有对抗！有人称我为"铁娘子"，对此我引以为豪。为了英国的利益，我绝不会妥协。先生们，我们必须这样做！

麦理浩听到这里突然站了起来，紧张地踱了一圈，还是忍不住提出了自己的反对意见。他说，尊敬的夫人，我以为，对抗的结果只会造成香港的动荡。

撒切尔夫人看着对方，神情有点不屑，走了几步，说，总督先生，您的任期快要满了。明年第一天，新总督将接替您管理香港。

麦理浩听了这话略略一愣，知道首相对自己的立场和态度并不认同，所以才在此刻说出了这句本来就不用明说的话。麦理浩于是点点头，不失优雅地站起身，一言不发，默默离去。

国防大臣皮姆看着麦理浩离去的背影说，夫人，麦理浩总督在无声地表达抗议。

撒切尔夫人哼了一声，缓缓坐下。她表面不以为然，心里却暗暗担心。这段时间，她遭遇的烦心事不少。阿根廷称为马尔维纳斯群岛（简称马岛，英国称福克兰群岛）的那块海洋中的土地，简直要使她的心绞痛发作。英国与阿根廷关于此岛的归属权谈判已经破裂，阿根廷正图谋从英国驻军手中夺取控制权。而此时，香港问题又凸显了出来。

但是，是不是有一步棋，能够同时解决这两个叫人头痛的问题呢？

肯定有一步棋，而且是一步大棋。

撒切尔目光炯炯地看着她的国防大臣，出语犀利：部长先生，如果阿根廷动用武力夺取我们的福克兰群岛，我希望你能使大不列颠的无敌舰队再振雄风，我们的国家利益是不允许任何挑战的。福克兰是我们的，香港也是我们的。我们的舰队在打出英国的威风时，我相信，中国的邓也会在香港问题上退缩的。他是个聪明的政治家，他知道跟我们英国全面对抗是没有好果子吃的。中国人不是在努力地使他们的经济起飞吗？在这种情况下，邓会权衡代价。我的考虑是这样的，而刚才麦理浩爵士偏偏会那样想，这就不免使人遗憾。部长先生同意我的判断吗？

皮姆思索了一下，说，阿根廷不是我们的对手，对此我有绝对的把握。但是，中国跟阿根廷不一样，邓小平手里的中国跟过去的中国也不一样。我很愿意赞同夫人的判断，尽管有的方面我还要继续思考。

撒切尔夫人笑了笑，说，您先把福克兰群岛对付好吧。先把阿根廷击倒在拳击台上，然后您再戴上拳击手套，站到香港去。您要深信，您的力量是无敌的，部长先生。

三

英国前首相希思的轿车驶进了唐宁街十号。

在一九七四年以前首相身份访问中国，并且同时见到毛泽东与邓小平的希思一直认为，以邓小平的性格，他是不会在香港主权问题上服输的。因此，希思对撒切尔夫人首先试图以强硬态度来处理问题感到不安，所以他一走进首相办公室就说，尊敬的夫人，我作为前首相，曾经四次访问过中国，每次都有幸会见邓。我自认为，我了解邓的性格。我认为，威胁和战争无法使邓屈服。

撒切尔夫人听了这些话，并不十分满意。她克制住自己的情绪，平静地说，希思先生，您是我们保守党资格最老的议员，您有什么意见？

希思的意见是对话。

撒切尔夫人提醒他说，麦理浩爵士和卡林顿勋爵在邓那里都是失败而归，我们难以看到通过谈判解决问题的希望。

由于希思的坚持，撒切尔夫人的态度略有缓和。她想，既然这位希思主动请缨，加上他本来就和中国领导人有交情，那就让他走一趟吧。

得到首相的授权，希思的心情松弛了下来。他说，中国外交学会已经向我发出了邀请，我愿意以民间使者的身份第五次前往中国。

希思辞行前，撒切尔夫人还是再次提醒说，我希望您这次北京之行，在试探中方对香港问题的态度和底线的同时，要给中国政府传递这样一个信息：香港问题涉及英国的重大国家利益，就像福克兰群岛一样，我们的立场是强硬的，不可改变的。

希思第五次访问中国，是在一九八二年四月，北京街头的桃花已经盛开。

这一次，希思也如愿地见到了邓小平，会见地点依然在那个灯光柔和的人民大会堂福建厅。几句寒暄后，希思便试探性地问邓小平，邓主席，现在离一九九七年只有十五年的时间，我很想知道，您是如何考虑在此期间的香港问题的？

话题触到了香港，邓小平脸上的笑容就收了起来，语气也变得严肃。他说，中国政府对香港问题的立场是一贯的，首先一点要明确，香港的主权是中国的。九龙半岛、香港岛和新界必须全部收回！新界的租借，香港岛、九龙半岛的割让，是过去不平等条约定的，现在实际上是废除条约的问题。

希思对主人的这一回答，显然感到有些失望，但他还是不甘心，再次试探性地问，邓先生，中国政府是否也应该考虑我们英国的立场和态度？

这时候邓小平就用非常诚恳的语气说，希思先生，我们是老朋友了，如果中国到时不能把香港的主权收回来，我们这些人谁也交不了账。

客人一时语塞了，片刻，希思问，那么您对香港的未来又是如何考虑的？

邓小平笑了笑，明确地告诉希思，中国政府将维护香港作为自由港和国际金融中心的地位，保护外国投资。邓小平说，在香港可以建立特别行政区，由香港人自己来管理香港，各种制度可以保持不变，也就是说：一个国家，两种制度。

陪同在侧的港澳办副主任田志远，听到邓小平说"一个国家，两种制度"的时候，心里一动。他朝旁边的港澳办主任廖承志望了一眼，廖承志也意味深长地回望了一眼。"一国两制"是一个极有创见性的想法，以前田志远也从邓小平口中听到过几次。但是这次，邓小平是直接向英国客人明确地提到这个构想。他发现希思在听邓小平讲到这一构想时眉毛一动，但是他不知道希思听明白了没有，以及对此深想过没有。

事实上，邓小平最早设想的"一国两制"，是针对台湾问题而提出来的。但是面对香港的现实情况，他决定首先运用于解决香港问题。"一国两制"确实是一个新概念、新事物，是我们中国人根据自己的实践提出来的一个解决争端的新思维、新办法。如果能获成功，将是中国为解决国际问题提供的一个成功范例。

希思思索了好长一会儿，点点头说，我相信我国政府会认真思考邓先生今天所说的话。

最后，邓小平依然用极为诚恳的口气对客人说，希思先生，请您把我们的这些考虑，转告贵国首相撒切尔夫人。我们愿意同贵国政府正式接触，通过谈判来解决香港问题。如果撒切尔夫人同意，我们将邀请她在方便的时候访问北京。

希思驱车离开人民大会堂的时候，心里不免有些沉重。但是随之而来的一个消息，又使他振奋起来。因为就在他访问北京期间，阿根廷军队以"保护工人"的名义，出动三军六千人向马岛发起了突然袭击。人数只有几十名的英国守军，稍做抵抗便投降了；而以铁娘子著称的撒切尔夫人立即成为英国"战时内阁"的主席。这一内阁立即派出了由两艘航母、九艘导弹驱逐舰、四艘核动力攻击潜艇、二十二艘护卫舰、六艘登陆舰组成的作战编队，开赴马岛。

希思坐在汽车里想，英国夺回被阿根廷人称为"第二十四个省"的马尔维纳斯群岛，是不成问题的。这一场举世瞩目的胜利，或许可以让英国在香港问题的谈判中加分，而且是明显的加分。

想到这里，希思的心情又松快起来。

撒切尔夫人这一次在唐宁街十号会见从中国回来的前首相希思时，心情大为畅快。马岛一战的辉煌胜利，似乎使她脸上细密的皱纹都减少了好几条。她在听完希思对战争胜利表示的祝贺后说，我看中国人对我发出的访华邀请，也是受了我们福克兰之战大胜的影响。选择这样的时机去北京，对我们来说是最为有利的。我选择九月份去怎么样？那应该是北京最好的季节。在那样的季节里，我跟邓的交谈会得出一个使人满意的结果。

希思说，夫人说的是主权吗？撒切尔夫人说当然是主权，希思这时候就摇起了头。

希思耐心地提醒说，夫人，我必须指出，邓的态度很明确。中国政府不承认过去的三个条约，坚持香港的主权是中国的，九龙半岛、香港岛和新界必须全部收回。

撒切尔夫人一听到这里就连连摆手，说，您不要听他们虚张声势，做到这一切需要实力。实力，他们中国有吗？

希思说，夫人，您还是太乐观了。您不要以为我们福克兰之战的胜利可以让中国人退却。您知道他们怎么称呼您吗？"冷战专家"！"铁娘子"！我的直觉告诉我，他们已经准备好了对付您的办法。我敢断言，夫人的北京之行将充满荆棘。

撒切尔夫人一听这话就笑了起来，说，他们说我铁娘子，那他们就说对了。我认为这是对我最好的赞扬，英国需要一个"铁女人"！

希思也跟着笑了几声，说，夫人您明白吗，您的谈判对手邓小平也有一个绰号，叫"钢铁公司"。这是已故的毛泽东送给他的，我认为毛泽东的眼光是很准的。

撒切尔夫人皱起眉头想了想，她好像也在一大堆关于中国的资料中看到过这则消息。大约是在一九七四年的时候，中国的邓去见毛，直言不讳地向毛谈到了他抵制毛夫人江青的一些情况。而毛对于这一抵制十分赞赏，称赞邓小平"开了一个钢铁公司"。

撒切尔夫人最后对希思说，我不怕邓是钢铁，因为我也是铁，我喜欢和高手过招！

在希思离开唐宁街十号后，一直在旁陪同会见的时任香港总督尤德，心间起了几分担忧。他轻声对撒切尔夫人说，希思先生的担心是有道理的，邓看来是一个很难对付的谈判对手。我最近看了许多材料，发现相当多的国际政要都曾是他的手下败将。

撒切尔夫人看着这位新任港督的苦脸，笑了，说，我不会盲目乐观的。这次访华关系重大，我会精心准备的。

随后，在英国的内阁会议上，撒切尔夫人用斩钉截铁的语调提出了她的深思熟虑的主张。也就是说，对香港问题，英国所能做的最大让步就是给予中国名义上的主权。为此，必须迫使中国方面同意一九九七年之后英国继续管理香港。撒切尔夫人认为，这样一个原则方案，通过努力，是能够让中国政府接受的。中国人好面子，给它一个名义上的"主权"不就完了吗？实际控制香港的，还应该是英国。

许多内阁大臣同意首相的方案，甚至有的大臣还带头鼓起掌来。但是，新上任的外交大臣就显得迟疑。他问，尊敬的夫人，您的意思是以主权换治权，实际上香港只是换一面国旗，是这样吗？

在得到撒切尔夫人肯定的回答后，外交大臣就一直微微摇头，说中国的邓在维护国家主权这一原则问题上，恐怕是不会后退的。

撒切尔夫人听到这里，双眉一竖，忽然就露出了"铁娘子"的脾性。她敲敲桌子说，中国人不后退，我们也不后退。为了英国的国家利益，我们甚至不排除采用军事手段，就像福克兰之战一样，迫使中国政府屈服。

新上任的国防大臣马上站了起来，表情严肃地对首相说，夫人您要知道，中国不是阿根廷，香港也不是福克兰群岛，香港的地理位置在军事上是无法防守的。

撒切尔夫人以更大的声音敲了敲桌子，说，你们说不能防守，就不防守吗？你们不是出兵远征福克兰群岛了吗？福克兰群岛距英国本土一万多公里，中途无法补给，飞机只能空中加油，而且大西洋气候恶劣，但你们的舰队不是也乘风破浪地去了吗？而香港，距离伦敦只有八千多公里，沿途有许多可以补给、加油的地方，太平洋西岸的气候也是非常好的，我们为什么不能用对付福克兰群岛的办法？为什么你们一个个都失去了信念和决心？

内阁会议厅刹那间变得十分安静，所有的目光都盯在撒切尔夫人那张妆化得浓淡适宜的脸上。

一些大臣担心，一些大臣佩服，一些大臣脸色发白，一些大臣击桌叫好。

这时候撒切尔夫人的口气缓和了下来，她说，诸位也不要过于紧张，我们英国是有实力的，但也不轻言动武。在谈判与交涉遇到困难的时候，我们可以把美国拉进来，把联合国拉进来。最糟糕的结果，我们还可以通过全民公决的方式让香港独立。

这次英国的内阁会议是在一种平静的气氛中结束的。看到首相就香港问题已经准备了许多预案，大臣们也都吃了定心丸。唯有国防大臣走出会议厅的时候，嘴里还有点嘟嘟哝哝。因为他深知，英国再派出远征舰队去香港，那只能是一种笑话。

四

邓小平交替着挥动双臂划水，心情舒畅。他一游就是一个多小时，每天都是这样，也不显疲倦。夏日的北戴河天高云淡，海浪也平缓。在这样的时刻，与大海融为一体，任鸥鸟掠过头顶，让鼻子与嘴接触到海水淡淡的咸味，也是使身心特别愉悦的一种锻炼，似乎比在花草繁盛的庭院里散步更胜一筹。

身旁伴游的警卫员好几次催促首长可以上岸休息一会儿了，守在海滩边的王秘书也不时地挥手，提醒政治局常委会议召开的时刻已临近。但是邓小平还在畅快地游着，他扭脸对警卫员说我再游一会儿好不好，那种恳求的语气仿佛是个孩子。

邓小平游泳的时候，脑子里一直涌动着各种各样的问题。那种问题的盘旋，就像他周遭的海浪，始终不会停息。他有时候也想，毛主席喜欢游泳，他游泳的时候会不会也同时思索着许许多多的问题？或者他不思索问题，只是在琢磨诗，他毕竟是个诗人。

邓小平不是诗人，他只琢磨各种各样必须解决的问题。这些问题，有的很大，有的也很具体。比如，他刚下水的时候，一望无际的涌动的大海忽然就使他想起了一望无际的长势良好的农田。由此，他也想到了上个月才视察过的安徽农村，想到了最近收到的一封来自凤阳小岗生产队的来信。那封来信是一对年轻人写给他的，一个叫刘金锁，一个叫夏建红。这两位很有抱负的年轻人，他记得在黄山"百步云梯"景区曾经见过。这两位年轻人在信上说，他们办了一个小岗村食品厂，加工农民手中的余粮，三十多名小岗村的农民同时成为小企业的工人。现在，乡村里涌现出的这种小企业为数不少。由于人民公社改成了乡或者镇，他们的梨园公社现在也改成了小溪河乡，因此这样的企业叫社队企业就不合适了，再说他们的这家企业是跟北京的一家中港合资食品厂联办的，性质也与先前所称的"社队企业"不一样，建议一律统称乡镇企业，这样就能使农村企业有更大的发挥空间，希望得到小平同志赞同。

邓小平一边划水一边想，怎么能不赞同广大农村纷纷兴办小企业呢？称为"乡镇企业"十分合适，于是他准备与有关方面打个招呼。另外他也想到，农村兴办企业，也要注意保护土地资源，保护好环境，毕竟十亿人口（一九八一年，中国人口达到十亿）的吃饭问题是个最大的问题。农村办企业，不能挤跑了粮食。

邓小平挥动手臂向稍远的海域游去的时候，又想到了毗邻香港的那片轰鸣着挖掘机、推土机和各式大吊车的土地。在广东协助特区建设工作的夏默，前些天专程回北京向他汇报了特区的建设进度。那片现在被称为"深圳特区"的热土，成了港资与外资大批涌入的地方。各种优惠的政策和收益颇丰的前景，激起了使人无法想象的投资热情。一栋栋厂房与高楼拔地而起，四通八达的道路开始形成。一个小小的渔村以及它四邻的一大片荒凉的土地，正在蜕变成为一个新型的现代化城市。有的工地甚至出现了"三天建一层楼"的"深圳速度"，使得中外记者目瞪口呆又欣喜若狂。一时间，"深圳速度""深圳奇迹""深圳现象"成为热词，频频现于报端。而蜂拥聚集于深圳特区的内地技术人员、打工人员，以及"逃港返流人员"所喊的口号，所抱定的人生信念，甚至还引发了一波又一波的关于人生观、价值观的讨论。夏默在汇报结束的时候，还转达了广东省委的领导同志、深圳特区的领导同志，以及全体深圳"拓荒牛"的请求，希望小平同志能够去热火朝天的深圳特区看一看，实地考察一下，给予特区建设者们指导与鼓励。

邓小平一边划水一边想，确实，应该安排个时间南下看一看特区建设。特区是个新生事物，那种迅猛发展的势头令人欣喜。它的示范效应和带动效应是极为深远的。但是，随之而来的各种质疑也是不可避免的，甚至会贯穿始终。因此，自己亲自去看一看，给予进一步推动，将是必要的。

邓小平想到这里的时候，一只雪白的鸥鸟啾啾地叫着，扇着翅膀从他头顶上方飞过，好像也是一路往南去。

夏默临走的时候还顺便提到了一件事，说他儿子夏建国今年就要从北大毕业了，自己原本是鼓励他去深圳工作，把青春献给特区建设的，可是北大党委认为夏建国表现出色，准备让他留校担任校团委书记，做学生工作。夏默说自己有些困惑，一时不知该如何指点孩子。邓小平看着夏默的这种踌躇，反而觉得很开心。他记得自己当时是这样对夏默说的：这我不能帮你出什么主意了，我劝你也不要为你的孩子出主意，主意要孩子们自己去拿。我看这两个岗位都很重要，都是很大的为人民服务的天地。让年轻人自己去选择吧，他们在任何岗位上都会干得很好。

看着年轻人的成长，以及他们朝气蓬勃的劲头，邓小平总是感到非常高兴。又有几只鸥鸟扇着它们年轻而又矫健的翅膀，向南面飞去。

邓小平仰脸看着空中的朵朵白云与鸥鸟飞行的姿态，便又想起了南方的香港。

"香港"是个牵动人心的字眼，牵动十亿中国人的心，当然也牵动英国人的心。

随着马岛战争的硝烟逐渐在地球另一边的海洋慢慢散去,"香港"这个字眼就显得更加敏感了。英国首相撒切尔夫人预定九月来访,这将是两国一场严肃、认真、艰苦的谈判。既不能损坏两国目前良好的合作关系,又要在香港问题上坚定地维护国家主权,这个分寸一定要把握好。现在英国人还有幻想,让"主权"而争"治权",这是不现实的。打赢了马岛战争的撒切尔夫人,不能把香港视为她的福克兰群岛。她若有这个幻想,必须在今年九月予以打破。

邓小平思索到这里的时候,双臂更增添了力度,身姿越游越矫健,只觉得攀登黄山的那种活力,又一次迸发了出来。也就在这时候,他依稀听到了从岸上传来的王秘书的呼唤,同时也听到了伴游在侧的警卫员的再度提醒。于是他笑一笑说,好吧,我们往回游。

游泳之后驱车前往政治局常委会议室的邓小平,神清气爽。这一点,连已经坐在会议室里的叶剑英、陈云、李先念、胡耀邦都看出来了。胡耀邦惊讶地说,小平同志,今天浪这么大,您还下海了?邓小平笑着和大家打招呼,说,有风浪才有意思,海里游泳可比游泳池痛快多喽。

李先念说,毛主席也不喜欢在游泳池里游泳,这一点您和主席有得一比。邓小平连连摆手说,我可是差远喽。"万里长江横渡""胜似闲庭信步",主席当年以七十三岁高龄横渡长江,那是真本事。

这一次政治局常委会所讨论的主题,是关于党的十二大的筹备工作。其中的一个重点,就是邓小平所提出的新老干部交替问题在党的十二大要有新突破。

主持会议的胡耀邦说,小平同志的这个提议非常重要。到底如何突破,需要常委会研究一下。

邓小平谈了他考虑这件事的原委。他说话的声音缓慢但是有力,就像刚才涌过他身边扑向海岸的一排又一排的海浪。

他先是这样说的:这一次党的十二大的历史地位,我想,和我们党的七大差不多。这次代表大会我看最重要的有三条。第一,要明确我们的新道路,这是魂,是根本。第二,要明确我们的奋斗目标,就是到本世纪末达到小康水平。第三,要为实现干部新老交替开个好头。前两件事已经有了共识。今天主要议一议新老交替问题。这是个刻不容缓的事情,解决起来恐怕没有那么容易。

邓小平接着说,一九七五年我就想到过这个问题。那个时候毛主席要我来主持中央工作，王洪文就跑到上海去跟人说，十年后再看。那年我七十一岁，他四十岁。十年后我们这些人变成什么样子了？从年龄上讲，我们斗不过他们啊！

说到这里，陈云禁不住插话说，是啊，中华人民共和国成立那年，我四十五岁，可以三班倒、四班倒，白天开会，晚上同周总理谈，午夜去找毛主席。现在不行了，如果还要那样干，就是向"八宝山"开快车。

身体仍然显得虚弱的叶剑英点点头，轻声说，我更是力不从心，小平同志身体好些。

邓小平接上去说，其实，我也比过去差得多了。一天上下午安排两场活动还可以，晚上还安排就感到不行了。这是自然规律，没有办法。

李先念说，现在各级领导班子都存在岁数太大的问题。这是有原因的，是特殊历史条件下形成的。"文化大革命"十年，一些老同志挨整，被下放，被批斗，现在刚刚复出不久就要退下来，一时接受不了也是正常的。

叶剑英点点头说，尤其是成立中央顾问委员会这件事，一些老同志就很有情绪，发了很多的牢骚。

邓小平听着这些话，脑海里隐隐约约又响起了一排排波浪的响声。后浪推前浪，是大自然的规律。在中国目前的特殊情况下，实现干部新老交替，确实是一个沉重的话题，但也是一个紧迫的话题。许多老干部被解放出来还没几年，就是所谓的"凳子都还没有坐热"，就被要求退下来，或者退到二线去做顾问。这确实在情理上很难说过去，但是邓小平清楚地知道，这是关乎党和国家前途命运的大事，值得信赖的年轻干部不大批地提上来不行。这件事情必须要做，不做不行，太慢了也不行，会错过时机。

于是邓小平坐正身子，神态严肃地说，如果老同志不在了，再来解决这个问题，就晚了，要比现在难得多。对于我们这些老同志来说，就是犯了历史性的大错误。对老同志来说，第一位的事情就是要认真选拔好接班人，要准备交班。这件事做好了，我们才有资格去见马克思，去见毛主席、周总理。

这话说得很沉重，激起了陈云更深的感慨。陈云说，确实，这件事情非常紧迫、非常必要。一方面，老干部要离休、退休，要制定制度。另一方面，要选拔中青年干部，不是几十、几百，而是成千上万。

邓小平当即插话说，我赞同陈云同志的这个意见。干部"终身制"是个大问题，一个人老当第一书记，哪个敢提意见？要实行干部退休制度，为青年干部腾出位子。干部要能上能下，要考核，两年一考核，不称职就下来。有没有合适的青年干部？我看，成千上万，找十万、二十万都有。关键是我们能不能下这个决心。

叶剑英也表达了自己明确的态度，虽然他说话很慢，但是语意很清晰。他说，"蜀中无良将，廖化做先锋"，诸葛亮是个聪明人，但在培养年轻人方面有重大失误。所以，他死了以后，蜀中无治国贤才，很快就灭亡了。这说明培养年轻干部太重要了。如果我们这一代人不解决这个问题，我们是要欠账的。

李先念说，我同意小平同志提出的要建立干部能上能下的制度。老同志要先退下来，从我们这些人做起。这个事不能再等了。

邓小平说，先念同志这话说得好。就我们自己说，现在退，实在心里非常愉快。但现在还不行，国家的政策、党的方针还要过问一下。中共十二大可以先安排一批老同志退休，并且安排一批老同志进顾问委员会。最重要的，还是要选拔一批中青年干部进中央委员会。我们真正的接班人要从这一批人中产生。这一阵子我常常在想，我们党的接班人，最理想的状态是四十岁进中央委员会，经过两届十年时间的磨砺，五十岁时进常委班子，再经过十年，六十岁左右成为继往开来的领头人。这样的话，我们这个党就有活力了。

这个会议越开越热烈，思想越来越趋于高度的统一。胡耀邦为此作了很好的会议总结。大家对如何开好党的十二大，心里都有了底。会议临近结束的时候，时任中组部副部长的曾志把拟提拔的一批年轻干部名单递给邓小平审阅。邓小平看了一遍，用手拍着这份名册说，照这个名单选拔干部是不行的，通不过的。你们组织部门要下决心，不要怕被骂，选拔中青年干部光靠推荐不够，要下去发现人才，不光党政机关，要去工厂，去学校，去科研院所，去找四十几岁的、六十年代的大学生，要解放思想，大胆发掘。

听着邓小平这么说，曾志显然觉得有些意外。她疑惑地说，小平同志，那些六十年代的大学生，才四十岁出头。有些老干部担心年轻人经验少，压不住阵脚。

邓小平一听就笑了，说，曾志同志啊，我看这种担心是不必要的。经验不够，只是比较而言。回想一下，我们中间许多人当大干部、做大事，开始的时候还不是都二三十岁？你想想你自己？

听邓小平这么说，曾志也笑了，说是啊，我参加革命的时候才十五岁。

邓小平说，我们下届的中央委员会，五十岁以下的人要有几十个。这个要求不算高。但是，如果这点我们做不到，我们的党代表大会不会是成功的代表大会。这是表现我们事业兴旺发达的标志之一。

他顿了顿，继续说，不但中央层面，各行各业、各个层级都要善于发现人才，大胆破格使用人才，创造一个优秀人才脱颖而出的环境。只有这样，我们国家的四个现代化才有希望。

曾志后来从北戴河回到北京，对女儿陶斯亮说，小平同志对你们这代年轻人寄予的希望真是太大太大了，你们都要好好工作啊。

第二天曾志去中组部上班，马上按邓小平的要求列出一个新的考察、提拔青年干部的名单。她说，我们这次一定要思想解放，而且这个名单的人数起码要在两百个以上。

五

这一年的九月十三日，也就是党的十二大闭幕后的次日，邓小平、叶剑英、陈云等一起来到人民大会堂新疆厅，会见在这一届党代会上新当选的中央委员和候补中央委员。

邓小平看着坐得端端正正的三百多位中央委员和候补中央委员，满心欣慰。这次代表大会选出的中央委员和候补中央委员，一共是三百四十八位。其中，新选进中央委员会的有二百一十多人，年龄在六十岁以下的有一百七十多人，在组织上实现了中央领导集体的新老合作和交替。

邓小平微笑着走上讲台，对新当选的中央委员说，同志们，这次大会开得很成功，一个重要的标志就是一大批德才兼备、比较年轻的党员第一次进入了中央委员会。看到我们党的事业后继有人，我心情无比高兴。

邓小平说，年轻的同志要接班，最重要的是接老同志坚持社会主义道路的班，把党的好传统、好作风发扬起来。同时，一定要有一个具有改革精神、具有开放思维的领导集体，大胆吸收和借鉴人类社会创造的一切文明成果，建设有中国特色的社会主义。

最后，邓小平慷慨激昂地说，中国是一个大国，只要我们的领导很稳定又很有能力，我们的国家就很有希望，我们的现代化事业就一定能够实现！

邓小平在说话的时候，以及在听到新疆厅所爆发出的一阵又一阵掌声的时候，一种难以抑制的激动情绪一直在心里荡漾。这种激动的情绪在新当选的委员们从老同志面前依次走过时，更加高涨起来。他与叶剑英、陈云，跟这些新委员一一握手，都握得很有力。打头走过来的是电子工业部部长江泽民，胡耀邦这时候就介绍说，这是江泽民同志，五十六岁，一九四七年毕业于上海交通大学。邓小平紧握着江泽民的手说，盛年英才，可堪大用。而当胡锦涛走到邓小平面前时，邓小平眼睛一亮，他握着胡锦涛的手说，好年轻的后生哟。曾志在一旁介绍说，这位是胡锦涛同志，一九四二年十二月出生，还不满四十岁，一九六四年毕业于清华大学，一直在西部水利工地上工作，是所有新当选的中央委员中年纪最轻的。

邓小平用手指着胡锦涛说，有了你们啊，我们的事业就长盛不衰喽。

曾志在一旁想，小平同志这一次真的是打心底里高兴了。

之后，邓小平又向退居二线的中央顾问委员会的老干部们举起了酒杯。

这是另外一个大厅，灯光也是一样灿烂与柔和。现在邓小平看到的是一张张饱经风霜的脸庞，也是一张张顾全大局、甘愿从第一线退下来的真诚的笑脸。

邓小平端起了酒杯，他的祝酒词同样显出了那种发自内心的一直没有消退下去的激情。那一刻他是这样说的：几年来新老干部的交替，进行得比较顺利。特别是中央委员会的年轻化，前进了一大步。我们一大批老同志，以实际行动带头废除领导职务终身制，推进干部制度的改革，这件事在党的历史上值得大书特书。我敬大家三杯。

说完，邓小平连喝三杯茅台酒。当然，酒杯是那种最小号的，王秘书在一旁把着关。

见老同志们纷纷一饮而尽之后，邓小平又说，现在我们成立顾问委员会，这是解决我们党的领导机构新老交替的一种过渡性质的组织形式。我们的国家也好，党也好，最根本的应该是建立退休制度。同志们都工作了几十年，完全脱离工作总有个过程，我们现在的工作是要起到一个传、帮、带的作用。对年轻同志，要扶上马，送一程，而不是发号施令。我们态度正确，这就对推动他们的工作、帮助他们的工作有好处。如果搞得不适当，也会带来不好的影响。

见老同志们纷纷点头，邓小平高兴了，又端起酒杯要喝。这时候，他耳边就响起了王秘书的小声劝告，首长，刚才您连喝了三杯，不要再喝了。邓小平摇摇头说，不怕，华北军演那会儿，我喝了十杯，今天我还要再喝十杯。

王秘书小声说，那首长，您最多再喝两杯。但是，邓小平显然没有理会王秘书的劝说，而是端着酒杯，喜气洋洋地走到了一张张餐桌的中间，向纷纷起立的老同志们敬酒。邓小平大声说，今天大家随意，想喝多少就喝多少，茅台酒管够。过了今天就不能再多喝了，要注意身体，好好享受退休生活。

邓小平这天晚上喝了七杯，比庆祝华北军演成功的那次减了三杯，这让王秘书暗暗松了一口气。王秘书后来跟卓琳聊起这件事，卓琳倒没显出担心，只是轻声说，难得让他多喝几杯，也没事，他是高兴的。他想了多少年的干部年轻化、新老交替、老同志进中央顾问委员会，都一步步实现了。你知道他心里多开心吗？这就保证了我们党的事业能够一代接一代啊，这是他想的最大的事啊。

六

撒切尔夫人对九月访华的预计成果虽然信心满满，但还是做了充分的准备。临行前，她又主持了最后一次内阁会议，还把港督尤德专门召到了伦敦。

但是尤德在内阁会议上所汇报的香港的状况，使撒切尔夫人不甚满意。尤德在报告的时候，脸上一直有一层淡淡的愁容。他说，我已经多次召集了香港工商界的人士，征求他们对香港未来的看法，但是港人支持我们主张的不太多。一些主要的工商人士似乎并不认为我们对香港保留主权或者保留治权是可行的，像钟士元、包玉刚、李嘉诚、罗启民等，都对首相夫人的明确立场表示担忧。

撒切尔夫人在听了港督的报告后沉吟了一下，对他说，你尤德先生在香港的工作是努力的。并不是你的工作做得不好，而是他们中国人对港人的工作做得特别好，看来他们对港人的承诺起到了效果。

国防大臣皮姆插话说,看来中国人没把我们的军事力量以及我们在福克兰的胜利放在眼里。我们暗示多次的军事危险,看起来也没什么效果。说实在话,我们的军队在香港也无法对中国进行有效的防御。我说的这些话也许并不中听,但这是事实,我的夫人。

内阁会议一时间陷入了沉默。港督打破沉默,问了一句,夫人,现在总的方针是什么?应该如何应对?

撒切尔夫人目光炯炯地看着她的阁员们,她目光里这段时间所燃烧的火焰一直没有消退。她冷静地说,先生们,现在只有说服中国,依据英国理解的国际法,过去的三个条约是有效的。中国必须与英国政府达成协议,他们收回整个香港的想法是不现实的。

看着阁员们继续沉默,撒切尔夫人又用更坚定的声音说,即便中国的邓态度再强硬,我看,他也不会轻易冒犯我大英帝国的威严。毕竟,我们刚刚打胜了一场保卫国家领土完整的战争,我们已经在气势上压倒他们了,我们也必将在未来的谈判中继续在气势上压倒他们。

一个星期之后,也就是一九八二年的九月二十二日,撒切尔夫人乘坐的英国皇家空军专机降落在北京首都国际机场。她是第一位访问中国的英国首相。

而使撒切尔夫人感到相当意外的是,邓小平其时不在北京,而在他的老家四川省视察。这个情况猛然使撒切尔有了一种不祥的预感,她清楚地知道,香港问题是她这次来华访问的主要使命。她和其他中国领导人会谈,虽然可以谈两国的经济合作问题,也可以谈柬埔寨问题、阿富汗问题,但是香港问题,她只能和邓小平谈。因为,她十分清楚地明白,只有邓小平所表达的立场,才可能是中国最权威的原则立场。

晚上,在下榻的宾馆,她听取了英国驻华大使的汇报。她要求大使向她提供邓小平这时候不在北京的原因,而大使也通过种种方式了解到了邓小平在四川的一些活动情况。据他报告,邓小平是陪同外宾去的四川。而他的行程,也看不出有什么特殊的地方。比如,他去看了四川成都市双流县的一个村庄,在那里视察了农村使用沼气的情况,看了村里的大沼气池,也看了每一户农家的小沼气池。邓小平还说了一些重视农村使用沼气的话,比如,沼气能煮饭,还能发电。一家搞一个池子,能煮饭照明;几家联合起来,就能发电。搞沼气还能改善环境卫生，提高肥效。

看着撒切尔夫人皱眉倾听的模样，英国驻华大使又汇报说，邓小平在四川还考察了成都的一个农贸市场。那个农贸市场是中国"上山下乡知识青年"返城后集资办起来的。邓小平看到那些年轻人后神情很激动，说我心里一直惦记着这些年轻人，今天和他们见见面很好。邓小平还问一位卖肉的年轻人现在猪肉多少钱一斤，那年轻人说带猪皮的白条肉是八毛，精瘦肉八毛五分，排骨肉一元。邓小平就称赞对方业务熟悉，问这位知青回城生活有没有困难。那年轻人就说，一开始困难很多，现在没困难了。几个知青联手合作，自己买猪，自己杀，自己卖肉，生意好得很。那青年还说，感谢小平同志让我们回城，还为我们制定了方便就业的好政策。邓小平的回答是这样的：你们能过上好日子，我就放心了。

英国驻华大使说，我们的记者通过中国的同行，详细地了解了这些情况。

撒切尔夫人皱着眉说，还有呢？

英国驻华大使想一想，打开笔记本，又说，邓小平在四川访问的时候，还回答了外宾的一个提问。那外宾说，我注意到中共十二大提出了一个目标：到本世纪末实现全国工农业的年总产值翻两番，人民的生活达到小康水平。过去中国提"四个现代化"，现在又提出"小康目标"，这是怎么一回事？

据说邓小平当时是这样回答的：这个问题，你算是问对了人。小康目标是一九七九年我会见日本首相大平正芳时提出来的，当时的想法是，"四个现代化"的目标太大了，其实，到二十世纪末，我们也只能过上不穷不富的日子，比如人均一千美元，只能算个小康生活。这次党的十二大，就正式确定了这个战略目标。

后来人家追问，中国实现小康，会是什么样子呢？邓小平是这样回答的：首先，人民的吃穿用问题要解决，还有住房问题，安居才能乐业；其二，就业问题要解决，城镇基本上没有待业劳动者了；第三，人口不再外流了，农村的人不再想往大城市跑了；再有第四，中小学教育普及了，教育、文化、体育和其他公共福利事业有能力自己安排了；还有精神面貌要改变。

英国驻华大使合上笔记本说，据说邓小平说到这里的时候，还说了一句很有感情的话。撒切尔夫人问是什么话，大使说邓的那句话是这样的：我想活到二〇〇〇年，亲眼看一看中国人民的小康生活。

大使说，邓说完那句话后，据说在场的好些中国老百姓都流下了眼泪。

撒切尔夫人听了这些话，想了好长时间。她最后说，我这次来中国，一定要见上这个邓。只有他，才是我香港问题的谈判对手。我认定这一点了，你赶快向中国政府进行交涉。

撒切尔夫人在北京首先会晤的是中国国务院总理。会谈一开始，撒切尔夫人摆出的姿态就很高，说她是在一个重要的时刻来到中国的，英国工业在过去的一两年里竞争力大大增加了，现在已经准备好来帮助中国实现雄心勃勃的现代化计划。

事实上，总理在与撒切尔夫人会面之前，就已经明确地对香港的记者表明，中国要收回香港的主权，主权交接并不会影响香港经济的繁荣。中国总理把自己的这一立场在撒切尔夫人来京之前首先透露给新闻界，目的就是向撒切尔夫人表明，英国想要保留香港的主权，是一件不可能的事情。但是撒切尔夫人也很注意会谈策略，她在与这位中国领导人会晤期间，一句香港问题也不提。她的会谈目标是邓小平。

在接下来的时间里，英国方面一再表示要让来华的英国首相会见邓小平。对于"铁娘子"所发出的反反复复的要求，总书记胡耀邦似乎是没辙了，在领略了她的强硬风格后感慨说，这个女人有点日不落君主的味道，不好对付啊！

当然，最着急的应该是时任国务院港澳办主任的廖承志。作为直接负责香港问题的廖承志，他向暂时负责国家事务的李先念报告说，撒切尔夫人已经来中国两天了，现在全世界都盯着香港问题，总不能中英两国就此一言不发吧？我提议，赶快把英国人的要求向小平同志汇报，请他早日返京。

李先念也当即作出了决定，立刻向小平同志报告相关情况，请胡耀邦同志去四川替小平同志陪同外宾，换小平同志返京与"铁娘子"会谈。

七

曾被毛主席取外号为"钢铁公司"的邓小平，和外号为"铁娘子"的撒切尔夫人，终于在北京会面了。这一天是一九八二年的九月二十四日。世界都在期待着这两块钢铁碰撞的声音，这种声音会迸发出什么样的思想火星呢？

这天一大早，撒切尔夫人的私人发型师就来到她的住所为她精心地做头发。撒切尔夫人看着镜子里的自己，一副胸有成竹的样子。她等这一天已经等了很久了。

而此时，邓小平也已提前来到人民大会堂。与撒切尔夫人会面的场所，依旧选择在福建厅。谈判开始前，邓小平坐在这个厅的沙发上，闭着眼睛，养精蓄锐。为与这个"铁娘子"见面，他已准备许久了。他知道在香港问题上，全世界都在等待中国在英国首相面前发出声音，这种声音关系到一个民族的尊严。

上午九点钟，身穿蓝底红星丝质西装裙、脚踏黑色高跟鞋的撒切尔夫人在工作人员的陪同下走进了通道。这位首相戴着一条珍珠项链，手上挽着一个黑色手袋，显得雍容华贵，仪态大方。几乎同时，福建厅打开了大门，邓小平也走了出来。顿时，闪光灯咔咔咔闪个不停，蜂拥的中外记者记录着这一历史性的时刻。

新华社记者任燕飞快地按着照相机的快门。她凭着对人民大会堂福建厅场所的熟悉，找到不少好角度。她在抓拍邓小平面容的一个特写的时候，发现邓小平这一天的神情显得格外庄重，庄重里还有几分冷峻。任燕充分地感受到了这一场谈判的艰巨与沉重。昨天晚上她在与夏建国聊天的时候，夏建国就建议她尽量多拍一些照片，尽量多听一些对话，尽量多感受一些气氛。他说，北大的学生也特别关注撒切尔首相的来访，特别关注香港未来的命运，为此学生还自发地成立了一个"香港问题研究会"。所以任燕今天一大早就赶到了人民大会堂，在福建厅的东门外站得腿都发酸了。已经回到中办工作的刘鑫在记者群中发现了她，心疼地给她递来一杯茶水，她也婉谢了。她与别的记者一样，并不要特殊的照顾。

由于任燕站在记者队里的最前排，所以她清晰地听到了邓小平与撒切尔夫人见面时的那一番寒暄。这两位领导者相见时的寒暄看上去亦颇微妙，撒切尔夫人首先急步上前，握住了邓小平的双手，气宇轩昂地说，主席阁下，我作为现任英国首相访华，看到你非常高兴。

相比撒切尔夫人的气宇轩昂，邓小平的神态反而显得平静。邓小平微笑着说，是啊，英国首相我认识好几个，但我认识的现在都下台了，欢迎你来呀。

邓小平的这句答话让撒切尔夫人一愣，一时不知如何接下去。

撒切尔夫人从有关邓小平的资料里读到过，毛泽东曾评价邓小平是"绵里藏针"。这句答话，是否就是"绵里藏针"？这种话该怎么回呢？看起来这个小个子政治家非常厉害。

这时候，一丝尴尬就落在了这位英国首相的脸上，而邓小平敏锐的目光也捕捉到了这一切。于是邓小平立即笑着做出请的手势说，撒切尔夫人请。

英国首相点点头，极力镇定着自己的情绪，随主人步入福建厅。

两人落座的仪态也被一片闪光灯咔咔咔地记录了下来。邓小平半靠在沙发上，双手相叠放在胸前，轻松而又庄重；"铁娘子"正襟危坐，双手平放膝上，恭谨并且庄重。两人坐下后一时都没有开口，整个福建厅弥漫的气氛似乎相当紧张。

为了缓解气氛，邓小平首先开口说，夫人，你来的时间很好。北京的九月是一年中最好的季节，风和日丽，秋高气爽。

撒切尔夫人听完翻译，露出笑容说，虽然我才来北京不久，但北京给我的感觉很好，我非常喜欢。当然，伦敦的九月也很好，如果漫步在海德公园，呼吸着新鲜的空气，那将是一件非常惬意的事儿。

邓小平反应很快，马上点头说，海德公园我知道，共产主义的创始人马克思当年经常在海德公园发表共产主义演说。他在伦敦住了几十年哟。

撒切尔夫人立即回说，是的，马克思写了一部《资本论》，但他最缺的恰恰是资本。

双方一开场就火药味十足，这就使得中外记者们大为兴奋，不仅闪光灯继续连串地闪烁，而且所有的笔都在本子上沙沙地记录起来。但是对记者们来说，实在是好景不长，他们马上被要求退场了。记者们的心情半是兴奋，半是沮丧。当然，他们也知道，政府间的政治谈判，一般来说确实是不允许媒体在场的。任燕随记者队伍被工作人员指点着往外走的时候，突然冒出了一个心思。她想，既然刘鑫伯伯在这儿管事，能不能通融一下，留下个把记者呢？再说又是新华社的，应该开个例吧？如果自己能听到邓小平与撒切尔夫人整个"钢铁对撞"的声音，那有多精彩！夏建国要是听了这样全面的描述，还不知会高兴成什么样子。

但是刘鑫的态度很严肃，一点都不肯通融。他只说了两个字"纪律"，任燕马上就明白了，于是就乖乖地退了出去，看着沉重的漆得锃亮的大木门在身后缓缓关闭。接着，所有的中外记者都被请出了人民大会堂的东大门。

当然，记者们都不会离开，宁肯席地而坐，也要等待这场谈判结果的新闻发布。

不仅记者们等着，整个世界都在等着。

邓小平与撒切尔夫人的会谈，一开场就显出了极度庄严肃穆的气氛。这种气氛与这次谈判的主题是吻合的。

邓小平在谈判中首先表明中国政府的立场，他语音清晰地对撒切尔夫人说，中国对香港问题的基本立场是明确的，那就是中国准备在一九九七年收回香港。

听完邓小平的话，撒切尔夫人突然收起了笑容。她按照事先设计好的方案，摆出强硬姿态，打出了"三个条约有效"和"维护香港繁荣稳定离不开英国"这两张牌。她一再重申，我要说的是，英中之间的三个条约是有效的，英国是根据这个管治香港的，中方不应该单方面改变我们双方的协议。

听完了撒切尔夫人的再三表述后，邓小平此时的脸色显得异常冷峻，脸上似乎也显出了钢铁般的光泽和棱角。他毫不含糊地对撒切尔夫人说，如果中国在一九九七年，也就是中华人民共和国成立四十八年后还不能把香港收回来，那任何一个中国领导人和政府都不能向中国人民交代，甚至也不能向世界人民交代。那就意味着我们中国政府是晚清政府，我们这些中国领导人就成了李鸿章。我们的人民是充分信任我们政府的，如果十五年后还不能收回，人民就没有理由信任我们了。我们政府就应该自动下野，别无其他选择。

撒切尔夫人显然没有估计到邓小平在会谈一开始就摆出了如此强硬的态度，一时间竟然无言以对。

看到谈判局面显出了尴尬，港督尤德试图打破僵局，他轻轻咳嗽了一声，说，邓先生，您一定知道，那三个条约，也是有区别的。

这时候，邓小平直接就打断了对方的话头，用力地挥了一下手，大声说，坦率地讲，主权问题不是一个可以讨论的问题。在这个问题上，中国政府没有回旋余地。我可以明确地告诉你们，中国在一九九七年要收回的不仅是新界，而且包括香港岛、九龙！

接着，邓小平再次重申了中华人民共和国成立以来始终不承认十九世纪三个不平等条约的一贯立场。

在邓小平发言的时候，撒切尔夫人一直有点发愣。她不太明白邓小平为什么在这个问题上摆出寸步不让的姿态，这种口吻也过于强硬了。撒切尔夫人看看她的随行同僚，深吸一口气，也摆出了"铁娘子"的威风。她盯着邓小平，冷冷地说，既然如此，我们又有什么可以讨论的呢？

她没想到对方马上回答说"当然有"，于是她就静静地听对方解释。

邓小平是这样说的：我们双方可以讨论解决香港问题的方式和方法。但是这必须有个前提，那就是必须承认中国对香港的主权，否则就不能坐下来谈判。

撒切尔夫人立即以强硬的口气回答说，香港问题的解决不可能像邓先生想象的那么简单！

邓小平摆摆手，不急不躁，说，我看这个问题很简单，最迟一两年就能解决。其实，中国方面可以马上宣布收回香港的决策，但也可以等上一两年。为什么要等一两年呢？就是希望在这段时间里同香港各界人士广泛交换意见，同时留出足够的时间给中英两国政府进行友好磋商。我们也非常高兴地希望听到英国政府给我们提建议，以便我们制定在十五年中和十五年后的方针政策。这些都需要时间。但肯定不能拖延更长的时间了。

听到这里，撒切尔夫人已经完全明白了，邓小平在香港问题上是丝毫不作让步的，而且说话的口气确实是钢打铁铸的。毛泽东说他"开钢铁公司"，看来确实没有错，这个公司货品很硬。

一股寒意这时候就从"铁娘子"的心中不由自主地升了起来，又在瞬间转化为了怒火。

此时的撒切尔夫人再也顾不上什么风度，说话的口气顿时严厉起来。她直视着邓小平说，我不知道中国政府的领导人是否考虑过，中国如果宣布收回香港，就会给香港带来灾难性的影响。我这绝不是危言耸听，这个影响在今天就已经有迹可寻了。

邓小平此时也用他锐利的目光迎击着"铁娘子"恼怒的目光，但说话的口气却是轻描淡写的。邓小平说，什么灾难性影响？不就是出现一些波动嘛！我的看法是小波动不可避免，如果真的出现大的波动，我们要勇敢地面对这个灾难，作出决策。我还要告诉夫人，中国政府在作出收回香港决策的时候，对各种可能出现的情况就都估计到了。我们还考虑到了我们不愿意考虑的另一个问题，那就是，如果在十五年的过渡时期内香港发生严重的波动，怎么办？那时，中国政府将不得不对收回的时间和方式另作考虑。

邓小平话音落下，整个福建厅突然就陷入了一片沉寂。谈判双方所有的人员几乎都屏住了呼吸。

撒切尔夫人紧咬牙关，脸上细密的皱纹在若有若无地抖颤。这或许是愤怒的表达，也或许体现着思考的紧张。

这个"开钢铁公司"的人，怎么出来的钢铁会越来越硬呢？"中国政府将不得不对收回的时间和方式另作考虑"，这不是一种明明白白的威胁吗？

撒切尔夫人几个月来设想了多种场景，但还是没有想到邓小平会说出如此硬邦邦的话来。

她这才知道，中国人对"主权"两个字是何等地在乎和看重。

她这才知道，在伦敦所进行的各种"沙盘推演"都是一厢情愿的。

这时候撒切尔夫人又听见了邓小平往下说的话。他这几句话的口吻已经显得略为缓和：如果过渡时期没过渡好，就会出现很大的混乱，而且这些混乱是人为的。这当中不光有外国人，也有中国人，而主要的是你们英国人。制造混乱是容易的，我希望我们两国政府要各自加以约束，不要做妨碍香港繁荣的事。

撒切尔夫人此时已经意识到，在中国政府的强硬立场面前，自己是没有什么特别有效的牌可以打的。而且，对方的这种强硬，又丝毫没有缝隙。她紧张地调理了一下思路，换了一个角度，说，香港的繁荣，对中国现在进行的现代化建设是有利的。我们英国政府不希望因为收回香港而影响贵国的建设。

邓小平的回话很快，语气依旧是充满自信。他说，至于影响，不能说一点没有，但说会在很大程度上影响中国的建设，这个估计不正确。如果中国把"四化建设"能否实现放在香港是否繁荣上，那么这个决策本身就是不正确的。不要担心香港的外资撤走，只要我们的政策对头，即便走了，还会回来的。

撒切尔夫人不甘示弱，昂起头说，邓先生，香港今天的繁荣证明，我们英国的管理是极为成功的。如果贵国政府允许的话，我们愿意继续提供在管理方面的聪明才智，也可以在贸易方面采取优惠政策。

针对香港的繁荣离不开英国管理的这一观点，邓小平的回答一点也没有绕圈子。他直截了当回应说，为保持香港的繁荣，中国希望取得英国的合作。但香港的繁荣与否，并不取决于英国的管制，而取决于中国收回香港后，在中国的管辖之下，实行适合于香港的政策。

邓小平还认为，中国收回香港的主权，从大的方面来说，对英国也是很有利的。因为这意味着届时英国将彻底结束殖民统治时代，在世界公论面前得到好评。

撒切尔夫人吃惊地看着邓小平，一时不知道接下来该说什么。她所带的阁员们以及随行人员一时也都不知道该说什么。

整个福建厅静悄悄的，一阵唇枪舌剑此刻已经被沉默所代替。

结局似乎已经很明显了，双方钢铁的成色是有区别的。

撒切尔夫人终于失去了开始步入福建厅的那种自信。她下意识地整理着自己纹丝不乱的头发，勉强地笑了一下，用显得紧张的口吻说，阁下，我们无意挑战中国的主权。不过，我也希望邓主席考虑英国政府的尊严，以双方可以接受的方式应对记者会。

这算是一个退却中的态度了。撒切尔夫人觉得自己应该退却了，因为她确实也没有本钱可以继续碰撞。

邓小平一下子就明白了对手的意思，点点头，相当大度地表态说，我们希望中英两国政府就此进行友好的磋商。香港主权属于中国，这个问题不能讨论。但香港有其特殊地位，可以搞资本主义。香港现行的政治、经济制度，甚至大部分法律，都可以保留。当然，有些要加以改革。

说到这里，邓小平的口吻更显缓和。他详细地向撒切尔夫人介绍了他所说的这种政策，他说这叫作"一个国家，两种制度"。

最后，邓小平表示，相信在一九九七年中国接管香港以后，香港会更好。

英国首相这才算明白了邓小平心里早有了一张香港未来的完整蓝图，中国人考虑问题已经远远地在自己之前了。但是她对邓小平的构想还是有所保留，因而以一种近乎诚恳的口气对她的谈判对手说，邓主席，我很赞赏您的智慧，但"一个国家，两种制度"，似乎只是一个构想，在世界上并没有先例。

邓小平很明白此时这位英国首相内心的失望程度，于是他表示愿意与英国合作，通过外交渠道对余下的问题进行磋商。他以和缓的口气对这位英国首相说，只要我们合作，共同努力，构想可以变为现实。夫人，我向你提个建议，咱们可以先达成一个协议，双方同意通过外交途径开始进行香港问题的磋商，前提是一九九七年中国收回香港。在这个基础上磋商解决今后十五年怎样过渡得好，以及十五年以后香港怎么办的问题。

但是，在撒切尔夫人的脸色略有缓和之时，邓小平突然又严肃地说，如果用两年的时间还谈不拢，那我们就要单方面作出决定，并且公布了。而且，我们希望在此期间不要制造什么动乱。如果出现了大的动乱，那么我们就不得不考虑在另外的时间采取另外的方式来解决香港的问题。那也就是说，不等到一九九七年来解决了，也不是以和平的方式来解决了。

撒切尔夫人听明白了，邓小平已经是第二次以这种一贯的态度来重申中国政府的政治立场了。这就说明，在"主权"或者"治权"的问题上，英国政府已经没有任何讨价还价的权利了。

港督尤德脸上一直笼罩着的那种忧虑是对的，更早的港督麦理浩所作的告诫也是对的，国防大臣皮姆所分析的英国军事力量将在这个问题上派不上用场的预言也是正确的。

撒切尔夫人这时候用手撩了撩她的纹丝不乱的头发，然后平静地看看她的阁员们，又平静地看看这位穿着灰色中山装的矮个子谈判对手。

她点了点头。

人民大会堂的东大门还没有打开，候在外面的所有记者都神经质地跳了起来，仿佛都有第六感，知道会谈已经结束，举世瞩目的两位国家领导人就要在艰苦的谈判后对世界露面。任燕也赶紧抢好了自己的位置。

果然，木门开启了，邓小平和撒切尔夫人双双走了出来，走向东大门的那个早已准备好的发言席。

任燕看见邓小平神态轻松，一路脚步稳健，就明白邓小平已经胜券在握了。她又注意看着撒切尔夫人的神情。这位夫人虽然表面上依然光彩照人，但眼神里却明显有一些恍惚，这显然表明她在刚才的谈判中受到了很大的冲击。

两位领导人都站在了发言席上。任燕看见邓小平略略地抬了抬手，很有礼貌地请撒切尔夫人先上台宣布《会谈声明》。

所有的记者几乎都屏住了呼吸，只听得镁光灯还在不停地发出轻微的响声。

撒切尔夫人发言了，虽然脸上保持着微笑，但嗓音变得有些沙哑。她坚持念完全文只有八十三个字的《会谈声明》。她是这样念的：今天，两国领导人在友好的气氛中，就香港前途问题进行了深入的讨论。双方领导人就此问题阐述了各自的立场。双方本着维持香港的繁荣和稳定的共同目的，同意在这次访问后通过外交途径进行商谈。

撒切尔夫人念完以后，就离开了麦克风，再也不说一句话。她在记者和陪同人员的簇拥中走下台阶。

当时，记者们用各种语言把问题抛给正在步下台阶的英国首相，但撒切尔夫人似乎都没有听见。任燕使劲挤上去，不失时机地大声提问，首相夫人，我是新华社记者，请问您对这次中英会谈的结果是否满意？英方是否作出了重大让步？

撒切尔夫人显然有意对任燕的问题以及所有记者的问题都保持沉默，她一言不发，竭力保持着自己优雅的笑容，略略加快了走下台阶的步伐。

忽然，精神有些恍惚的撒切尔夫人脚下一滑，意外地摔倒在台阶上。这一摔倒顿时引起了一片惊呼，手脚飞快的摄影记者们像捡到了宝一样，迅速地按下快门，定格了这一历史瞬间。任燕由于挨得近，也抢拍到了一张。撒切尔夫人一瞬间就被人扶起了。她一脸的狼狈，尴尬的微笑僵硬地挂在脸上，那种优雅的风度顿时大打折扣。

撒切尔夫人在台阶上不慎摔倒的这一个小小的插曲，被好几家电视台的摄像机完整地录了下来，之后在香港与其他地方电视台被反复滚动播出，激起了全世界观众的浓厚兴趣。这个带有强烈象征意味的画面给人的显著印象是，撒切尔夫人受到邓小平强硬姿态的威慑，跌了一跤。

撒切尔夫人之后到了香港，在香港期间以及在回伦敦的整个过程中，始终不愿意提及她在人民大会堂东门台阶上的那一跌。她周围的人也都绝口不提这一令人难堪的小插曲。但是撒切尔夫人知道，全世界的媒体都在对她的这一"跌"大做文章。她想，这也是没有办法的事，这是客观事实。她跟中国的这位以"钢铁公司"著称的领导人会谈之后，神情确实有些恍惚，因为她带到北京的种种谈判预案都没有兑现。

仅仅三个月前，她还在全世界的电视摄像机前举起表示胜利的双手，浑身闪耀着福克兰一役的荣光。为什么一百天都不到，会在中国的首都走不稳路呢？这个差异也太大了。中国的香港，毕竟不是阿根廷的马岛。

第二十一章

特区的乘风破浪,
就是中国的乘风破浪

一

在深圳特区办厂办得风生水起的罗启民，近来心底忽然有了一些纷扰。这种纷扰是在他与不少深圳、广东乃至内地来的一些政府官员的接触中慢慢滋生的。那天晚上，他一直在深圳厂区的办公室里给北京挂电话，问他的外甥女吴怡茹在北京有没有听说中央政府对特区的政策要变，还告诉吴怡茹说，暂缓把北京的食品厂整体迁来深圳，要再看一看，只怕国家的改革开放方针有所变化。

吴怡茹在电话里说，没有的事，舅舅您哪儿听来的这些乱七八糟的事？田源与陆大洲的合资厂经营得特别顺利，田源都被选上北京西城区工商联的委员了。小小办公室的一面墙上，奖状与锦旗都快挂满了。

罗启民没有多说什么，只在电话里说了一句，你还是不明白啊，我的外甥女。

自从邓小平与撒切尔首相在北京谈判之后，全世界都明白了香港的主权与治权在十五年后都将回归中国这一事实。而香港并没有大乱，香港人对十五年后将发生的"港人治港"的政治前景并没有显出特别的担忧，几阵小小的风波一吹也就吹过去了。倒是与香港毗邻的正在建设中的深圳特区，引动了越来越多的议论与评论。一时间从中央到地方，各种说法都有，都觉得国家在特区的开办上"吃亏"了。而且这种吃亏的判断，很容易引来各种"政治帽子"，尤其是关于姓"社"与姓"资"的争论。罗启民与许多在深圳投资设厂的港商所听到的，可能就是与此相关的一些议论。

支援深圳特区工作的夏默好几次飞回北京，当面向邓小平陈述某些要害部门的负责人对深圳特区的种种议论甚至责难。邓小平总是说，出海打鱼总是要遇到风浪的嘛，怕啥子哟，你夏默首先不要怕。

事实上，在邓小平推动的改革开放政策实行时，关于姓"资"姓"社"的争论就没有停止过，甚至一度很激烈。在一九八二年春天于北京举行的关于深圳特区建设的会议上，与会者对于特区的认识就很不统一，有人大声叫好，有人坚决反对。在深圳特区轰轰烈烈建设的时候，从中央到地方不停地有一拨一拨的人去那里考察、参观，有人激动万分，赞叹连连，有人却痛心疾首地得出了"深圳已经改变颜色，走上了资本主义道路"的结论。

这些对深圳特区建设不利的舆论一时间甚至有"山雨欲来风满楼"的趋势，甚至在港商中间也引动了思想疑云。许多港商都觉得内地政策可能有变，罗启民就是其中的一个。他甚至为此还给广东省委第一书记习仲勋写了封信，表达了自己的担心。习仲勋当即就给他回了信，告诉他中国目前推行的改革开放政策是中央经过深思熟虑之后进行的，绝不会轻易改变，请他在特区放心大胆地经营，并且请他以香港商会副会长的名义把这一信息转告给香港商界，让准备投资特区的港商不必左右观望、止步不前。

习仲勋一边做安抚工作，一边还是把他所了解到的种种阻碍深圳特区建设的情况作了归纳，向中央作了反映。

连续几天，陈云都在思索。他翻看着来自广东的许多反映特区情况的材料，有呼吁支持的，也有表示质疑的，甚至有告状的。他同时也关注着国外舆论以及香港舆论对于深圳特区的描述。同时他也接到了不少电话，有些老同志在电话里的嗓门还挺大，说的也是关于姓"社"姓"资"的问题："陈云同志你现在是中顾委的主任，这种大是大非的问题，再不'顾问顾问'，我们这个中顾委是干啥的？"

陈云赶紧走了一趟米粮库胡同，他觉得有必要与邓小平交流一下情况，统一一下看法。

陈云这一次在邓小平的书房里坐了整整两个小时。他们谈了很多，对正在建设中的深圳特区的方方面面都进行了分析。王秘书看两位首长谈得这么深入，连走路都是蹑手蹑脚的。他先是给陈云泡了一杯"龙井"，味儿喝淡了之后，又给泡了一杯"鸠坑毛尖"，茶叶还多加了一些。

陈云一边吸吮着清醇的茶水，一边深沉地说，我认为深圳特区的发展是值得肯定的，但是由此发生的一些争议也必须重视，比如海内外盛传深圳变了颜色，特区就是"新租界"的流言。香港的评论家还作出了"深圳必败"的结论。这种舆论对整个经济特区的发展，乃至整个中国经济的发展，都会带来不利的影响。

邓小平很同意陈云的分析与看法。他认为深圳特区的建设，要从战略层面来考虑。首先，这是中国改革开放路线的体现，是引进外资、加快中国经济发展的有效手段，符合中国人民的利益；其次，深圳特区的建设稳步发展了，中国的经济健康发展了，这就有利于十五年之后香港的顺利回归。如果特区乱了，香港的回归也很难顺利。

陈云觉得邓小平的想法是深谋远虑的，他询问邓小平目前采取什么措施为好。邓小平思索片刻，说，耳听为虚，眼见为实。我看这样，不妨组织一个考察团去深圳走一走，实地调查一下。

这个法子倒使陈云眼睛一亮。陈云说，对，这就是实事求是嘛。小平同志说的这个办法好，我们可以组织一批老干部去。不管有什么意见，都可以让他们去看看。

离开米粮库胡同以后，陈云马上就开始拟定名单。他想多推荐一些老同志去南边看看，不踏上那块土地，而只在北京的寓所里或者会场上发表高见，难免隔靴搔痒。

二

中办秘书局副局长刘鑫在被通知前往米粮库胡同见邓小平时，心里有预见：小平同志一定是又有什么新任务要交给我了。他心里有点得意，又有点紧张。得意的是，自己上次接受任务，参加刘少奇冤案的复查，任务完成得很好，得到了小平同志的表扬；紧张的是，不知道这次又会领受哪方面的特殊任务，不知道自己能不能胜任。

他跟随王秘书走进邓小平书房时，心里还有点惴惴不安，及至从邓小平手里接过厚厚一叠材料，看着材料上那一行耸人听闻的标题《深圳变了颜色，特区就是新租界》，心里就更加惴惴不安起来。

邓小平笑着说，看了很吃惊，是不是？现在就是有人对特区有看法，有意见，还不在少数，包括一些老同志。给你一个任务，就是组织一个老干部考察团，去深圳特区实地考察。特区是好是坏，有没有变颜色，是不是"新租界"，一定要实事求是地写出一个考察报告，交给中央。

刘鑫的心慢慢定了下来。他知道这件事的分量，也知道邓小平为什么要把这么敏感的任务交给自己去完成。

一直行事谨慎、工作负责的刘鑫，办事从不张扬，对时事一般不轻易发表观点，即便发表了观点，也显得很中庸，是一位广受认可的干部。但是，在面对事实真相的时候，这位办事谨慎的干部则会表露出自己爱憎分明的原则立场，处理问题毫不含糊。彻查刘少奇冤案一事，就是个很好的例证。

刘鑫回到中办以后，就立即与中顾委主任陈云联系，着手组织老干部考察团。他心里想，这个考察团一开始就是冲着姓"社"与姓"资"这个思想火药桶去的，考察中难免会听见各种各样的思想爆炸声。但不管怎样，还是要相信实际的所见所闻，实事求是地写出考察报告，这样才是对中央负责。

他又想到新华社最好能派一个记者随行，以便全面掌握情况。当他给老战友穆大江打电话说出这个想法时，新华社的这位穆副社长爽快地说，那就干脆把任燕同志派去吧，她年轻，笔头也快。刘鑫听了很乐意，说，这样好，上回小任要求我给她来个照顾，留下来旁听小平同志与撒切尔首相的会谈，被我挡了，总觉得欠了她一回似的。现在让她去一趟南方，也算是弥补了。

刘鑫的办事速度很快，没过半个月，一个三十几人组成的老干部考察团就踏上了行程。

夏默专门到深圳机场，迎接在一个敏感时期前来深圳特区的一个敏感的考察团。他知道这件事大意不得。这次考察所形成的考察报告，将会在一定程度上影响中央对目前特区建设的思考与判断。他也做好了准备，让考察团观看特区的方方面面，有什么要求都将尽量满足。

夏默意外地发现为这个考察团带队的，竟然是邻居田志远的老战友、常在一起品尝"老北京炸酱面"的老朋友刘鑫，心里自然欢喜不已，而更没有想到的是，自己未来的儿媳妇竟然也成了随团的记者，这就使他更加踏实了。夏默急忙上前几步，紧紧握住刘鑫的手。他对着鱼贯而行走下舷梯的老干部们说，可算盼到你们了！小平同志特意打招呼，要我配合好老同志们的考察工作。有什么要求，你们尽管提出来，我负责照顾好大家。

走在刘鑫身后的一位穿着藏青色中山装、有着一头银发的老干部说，哎哟，你这位夏主任说话可是奇怪啊，你说的照顾好是什么意思呀？是我们这些老家伙不中用啦，还是想用好吃好喝堵住我们的嘴巴呀？

听着这样的话，夏默顿时尴尬起来。他正准备解释，另一位戴着鸭舌帽的老干部走上来，冲着那位藏青色中山装干部喊，老魏啊，你这个老家伙就不要为难人家夏主任嘛，人家也是为我们好嘛。夏默同志，我们第一项考察任务是什么？

夏默回过神来说，按照程序，我先向老同志们汇报一下深圳特区的发展历程。大家先上车，我们先去蛇口。在宾馆住下来以后，我再向大家汇报。

汽车开动的时候，夏默俯在刘鑫耳边说，看来有些老同志说话冲得很，但愿他们不是戴着有色眼镜来的。

刘鑫笑一笑，没有作声。此行微妙，他不想在考察之前发表任何观点。

夏默又坐到大巴的最后一排，俯在任燕耳边说，你这次来，总社没有特别的交代吧？任燕摇摇头说，没有特别的嘱咐，只让我们客观地写所见所闻，我准备搞个"内参"。夏默没有想到，这位未来的儿媳妇说话也这么有原则，心里有点打鼓，生怕考察团的"考察报告"以及新华社的"内参"会罗列太多的负面消息，以至于授人以柄，让中央在推进特区建设的相关决策时踌躇不前。但这些担心，他在颜面上没有任何的流露。

他只对未来的儿媳妇说，好，这样就好，又说，你好像瘦一点了，虽然年轻，加班也别太多了。

任燕低声说，谢谢伯父。夏默心里想，这位可爱的姑娘，什么时候能叫我爸爸呢？

三

老干部考察团安顿好之后，就听夏默简要地汇报了特区建设方方面面的概况，接着就开始了考察行程。老干部们随着夏默的引导，先后参观了中英街、文锦渡海关。许多老同志面露喜色，对这块土地的神速变化感到兴奋异常，但也有不少老同志似乎对深圳灯红酒绿的现状非常震惊，皱拢双眉交头接耳。

随团的任燕一直不多说什么，只是不停地拍照，还不时地往自己的记录本上写着什么。她关注着这块土地发生变化的每一个侧面，同时也很关注随团老干部们的种种议论。刘鑫对随团记者的这种态度非常赞赏，认为这位年轻的姑娘在处事方面已经相当成熟。

在参观了深圳特区的一些标志性建筑后，载着老干部考察团的大巴就驶到了位于香港北区和深圳盐田区边界的沙头角，这里要举行座谈会。

座谈会的会议厅布置得很豪华，一张张沙发椅子都很松软，成色一点也不亚于北京人民大会堂那些会见厅的座椅。

根据座谈会的安排，首先由沙头角的工商主管领导给老干部们介绍沙头角的发展经验。得知中央领导派出老干部考察团来深圳考察，深圳特区的几位主管领导几天都没有睡稳，又是高兴又是紧张，认真地准备了很多材料，想在各种座谈会上把深圳的变化好好宣传一番。所以座谈会一开始，沙头角的主管领导就兴致勃勃地介绍说，改革开放以后，沙头角利用和香港毗邻的独特优势，以及特区的特殊优惠政策，吸引大批港商前来投资办厂。为了吸引外资，沙头角在土地、税收、用工等政策上给予了大力支持，采取了"一年免税，三年免关税，免税进口生产资料"等优惠措施。现在，沙头角已经发展得十分繁华，各项建设事业欣欣向荣，已经成为闻名全国的特区中的特区。

在许多老干部频频点头的同时，质疑声也随之而起。仰在沙发上首先发问的，就是那位穿藏青色中山装的老干部。他说，你这位沙头角的干部，我来问你，港商在你们沙头角投资办厂，用地是怎么解决的？

介绍情况者不假思索地回答说，租赁呀！

看着这位穿藏青色中山装的老干部那种皱紧了眉头的神色，介绍情况者又赶紧解释说，我们把地租赁给港商，让他们建厂房，他们交租金。租赁期有长有短，五年、十年、二十年，最长的可达三十年。现在港商开办的工厂已经遍布沙头角，外地人进来看看，还以为到了香港呢。为了给港商创造一个好的投资环境，我们还发展了一些第三产业，比如，搞了一些歌厅，让经营者在紧张的工作之余能够听听歌，娱乐一下。

话刚说到这里，忽然就听桌面砰的一声响。这是一只手狠狠拍在桌子上的响动，随之站起的就是那个老魏。他激动地把他藏青色中山装的第一粒扣子也解开了，气呼呼地瞪着介绍情况者说，你不要讲啦！这都是什么乌七八糟的东西，你还歌厅，简直是道德败坏！卖国贼！

夏默听着这话，脸色一下子苍白起来，心里想，果然有一些老干部是以如此立场对待深圳特区的。如果这些老干部不是一两个人，而是一批人，那他们在北京的影响就会非常大，深圳特区的下一步发展肯定会举步维艰。

而这时候，刘鑫的心也怦怦地跳个不停。他心里想，早有思想准备来听一些尖锐的议论，但也没想到这么快桌子就被拍响了，而且拍得像雷声那样大。

于是刘鑫赶紧站起来，和颜悦色地对老魏说，是不是先请介绍情况的同志把话讲完？谁知老魏根本不买账，直接冲着刘鑫说，你不要讲话！说着，老魏又把目光转向了方才介绍情况的那位沙头角领导，咬牙切齿地说，你把我们好端端的中华人民共和国的土地租给人家不说，还给人家搞歌厅，你们简直就是资本家的"孝子贤孙"！你还有脸在这里胡说八道，我看该撤你的职！

一时间会议厅里鸦雀无声，来自广东省和深圳特区的所有同志脸色都惨白了。

只有一支笔在沙沙沙不停地响，那是任燕在记录。任燕尽管心里波涛汹涌，觉得这些议论实在过于落伍，政治帽子也足够大，但是她的内心活动一点也没有流露到面孔上来，体现了一个记者冷静的职业素养。

这时候会议厅里偏偏又响起了哭声。这哭声是这样凄凉，简直使在场的所有人都目瞪口呆了。坐在屋角沙发上的那位白头发老干部是这样哭诉的：毛主席呀，烈士们用鲜血换来的土地，现在已经变了颜色呀。这样下去，势必"国将不国"呀。

这时候只听老魏又砰地敲了一下桌子，冲着屋角喊，老沈，你哭什么？哭能解决问题吗？现在需要的是批判，需要的是理清思想，需要的是把社会主义中国的路线搞清楚！

他把话说得铁骨铮铮，气宇轩昂，引起了一片掌声。

夏默注意到，三十多个前来考察的老干部里，鼓掌的大约占了十个，三分之一的样子。

这时候，另外一些声音也上来了。有位老干部说，老魏，老沈，你们一个拍桌子，一个落眼泪，这都是干啥嘛？有话好好说嘛，再说人家也没把话说完嘛。光说了个歌厅，你就动那么大的肝火，这又何必呢？

会议厅又是一阵寂静。刘鑫跟夏默耳语了几句，然后站起来说，我看今天的座谈会就暂时先开到这里。我们从北京来不久，一些老同志路上也疲劳了，所以还是先休息一下，让我们参观更多的地儿之后，再把座谈会开下去。深圳特区是个新生事物，大家对这个新生事物都有各自不同的观点，争论几句也是难免的嘛。反正是一个意思，就是怎么来把以后的工作做得更好。

刘鑫这么说的时候，夏默频频点头，心里想，这位刘局长能够审时度势，确实还是有工作水平的。任燕合上笔记本，撩撩额前的头发，心里也想，这位刘伯伯这样处理很好。

刘鑫躺在蛇口宾馆松软的床上，半夜还没睡着。他心里有些烦躁，想着这十天考察完了以后考察报告该怎么写。就在这时，他听见了敲门声，拉开门一看，依旧是老魏，脸上的神色还是愤愤的，手里拿着好几页纸。

刘鑫小心翼翼地说，魏老，您有什么事？快进来坐吧。

穿藏青色中山装的这位老干部说，我今天是存心来打搅你小刘了，反正我晚上也睡不着。这几页纸，是我刚写的，题目叫《旧中国租界的由来》。你不是说要搞一个考察报告吗？我就要求把这个稿子附在考察报告的后面，呈送中央。

刘鑫赶紧凑着台灯，把这位老同志递来的几页纸大致浏览了一遍，发现这篇文章是从旧中国租界的形成谈起，借古讽今。

刘鑫心里打鼓，这样的文章如果附在调查报告的后面，那岂不是要让调查报告从整体上否认深圳特区了吗？看起来，往陈云同志那里送材料甚至打电话表示愤怒的，跑不了就是这位魏老。但是也不可否认，魏老的意见代表了相当一部分老同志，甚至还有一群正在岗位上的中年干部的想法。

刘鑫小心翼翼地说，魏老，您这篇文章附在调查报告的后面，好像不太妥当吧？再说，我们的调查报告都还没有起草，现在就谈这个，恐怕也为时早了一点。

老魏眼睛一瞪，说，你不送是不是？又说，小刘我看你平时还挺随和的，今天怎么把门关得这么死？你不是带着既定立场来广东的吧？中央要求我们考察实地之后再发表意见，你又不是不知道！小刘我问你，你到底送不送？

看着刘鑫还是为难的样子，老魏说，好，好，你也别哭丧着脸了。这篇文章，我自己找地方发去！

老魏在出门的时候，又回头说了一句，我还有句话，下一步再开座谈会，你不要让夏默参加。深圳特区的许多现状，其实都是他造成的，这我心里明白，我不想再见他！

老魏走后，刘鑫彻底失眠了，眼睁睁地躺到天亮。他打开窗，温暖而湿润的空气以及晨鸟的叫声一齐扑了进来，夹杂着远处隐隐约约的彻夜未停的打桩机声。刘鑫看着各个方向的崇山峻岭般的高楼大厦，以及缓缓移动的几十架塔吊，心里想，中国的土地发生了这么深刻的变化，为什么总有人把建设的轰鸣声听成国家大厦的崩塌声呢？

这非常奇怪。

但是，也非常合理。

这就是中国，在改革开放的前进路上，思想剧烈挣扎的中国。

刘鑫想，我要起草的这份考察报告，在某种意义上，可以说就是那份刘少奇冤案调查报告的第二次写作。

又考察了两天。那辆引人注目的满载着老干部的大巴驶过蛇口的各个街道，也驶进了深圳特区正在建设的各处工地。头戴安全帽的那些脸上有红光的年轻建设者们，向考察者们讲述了各自的故事。那些故事是这样地令人振奋，那些诸如"时间就是金钱""效率就是生命"的观念又是这样地使人感到新鲜。在参观罗启民投资开办的大型航空食品企业的过程中，早有准备的罗启民把印刷精美的企业介绍、世界各大航空公司对罗氏航空食品的高度评价，都发给了考察团的诸位，并且很动感情地说，我希望中央建设特区的政策不要有什么变化，我们港商确实是为了利润来特区的，但不可否认的是，我们把钱投在祖国的土地上，也是为了我们的国家越来越繁荣。我们是非常爱国的，我们只想携手内地的同胞一起奔向国家的繁荣昌盛。他说到最后的时候，竟然还有些眼泪汪汪。

任燕知道田源女友的舅舅为什么要这样说，因为她临行前几次听田源唉声叹气，说他在北京的厂子都已经做好了迁往深圳蛇口的准备，他的父母也同意他去经济特区施展拳脚了，可就在迁厂的节骨眼上，吴怡茹的舅舅又急令他们暂停，说是特区现在摇摆不定。从特区的摇摆可以看出中央政策的摇摆，说现在不是盲目扩大特区产业的时候。这个情况叫田源十分懊丧，他说年轻人的事业眼看着在轰轰烈烈大发展的时候，干吗要吹出这种冷风？这样下去，年轻人还有什么奔头？

任燕听罗启民这么说的时候，不停地朝带队的刘局长看。她看见刘局长的脸上也荡漾着一种感动。

刘鑫这两天也确实是在感动中度过的。特区的新气象使他心里的某种信念越来越坚定。他整整记满了两个笔记本，心里的感慨越来越深。他想，经济特区的一些政策真的是很神奇，很到位；新一代的建设者真的是很开放，很可爱。中国要是照这样的速度发展下去，真的会在一个较短的时间里变得富强。

一些基本观点已经在他心中慢慢地形成了。但是，考察团中的魏老、沈老，态度还是不屈不挠。在接下来的一个座谈会上，他们依然是首先抢着发言，并且在发言中抛出的依然是种种责难。

由于刘鑫事先的提示，夏默推说要赶去广州参加习仲勋书记召开的一个临时会议，离开了队伍，没有参加这次座谈会。刘鑫是这样考虑的：几位老干部如果真有什么话想说，就让他们痛痛快快地讲出来。不然，这里受到压抑，那些话以后还会在各种不同的场合发挥作用，还不如让他们来个竹筒倒豆子。

刘鑫没有想到的是，那位穿藏青色中山装的老魏这回并没有拍桌子，语调也不像前几次那么激烈，但是话语里多了几分逻辑性。他概说了他过去研究过旧中国租界的情况，分析了深圳特区与租界的"异同"，论证了经济特区从根本上说是一种租界的结论。他语调铿锵地说，十五年后，我们就要从老牌的英帝国主义那儿收回我们的领土香港。这是民族雪耻之事，鼓舞人心。但是现在，我们却又把毗邻香港的这块大好河山拱手租了出去，租给资本家，租给港英资本主义。这算什么呢？算社会主义吗？今天，国务院的夏默同志不在，他如果在的话，我是要跟他狠狠辩论的。我认为中央搞特区的出发点就是错误的，出发的理论基础就不是马克思主义的。我发言前跟沈老通了气，他也完全赞同我的观点。我们几位老同志一致认为，中央提出搞经济特区，完全是错误的。在这次考察以后，我们要郑重建议中央认真考虑特区存在的必要性！

这些话让刘鑫听得脸色极不自然，而只有任燕的笔在笔记本上沙沙沙地走，脸上波澜不惊。

屋角同时站起了好几位老干部，七嘴八舌地对老魏说，老魏你可不要一棍子都打死，我们在深圳也看到不少好的东西嘛。不管怎么说，土地开发了呀，我们拿到税收了呀，那么多内地的劳动力给安置了呀，而且，干部这么努力，青年人这么拼命，许多地方都敢于创新。老魏，老沈，你们干吗对这些都视而不见？

老魏坐得纹丝不动，弯起手指笃笃笃地敲着桌面说，你们呀，就是喜欢被表面现象迷惑，只看皮毛，不见骨子。我告诉你们，我说的都是大是大非问题，也就是深圳特区到底是姓资本主义还是姓社会主义的问题。这个问题要是不解决，我们中国就会失去前进的方向。我这话绝不是危言耸听，我们的红色江山在几代人之后就会变得面目全非。那时我们举着前进的，就不知道是红旗还是白旗了。

另一个屋角也有些老干部站了起来，纷纷表示自己的不同意见，说有些措施尽管看上去是资本主义的，但也完全可以为社会主义所用。世界社会主义运动在实践中也有这样的例子，比如，列宁在十月革命后搞的"新经济政策"。

会议厅里的争论整整持续了一个下午，声音时而大时而小，态度时而激烈时而缓和。两种意见争论得不亦乐乎，弄得在场的来自广东省和特区管理层的干部一个个面面相觑，不知道说什么好：说重了，怕得罪老同志；说轻了，也没有效果。

刘鑫在最后总结的时候说，大家讨论得还是挺好的，起码把自己这些天的感受都谈出来了，这就有助于我们向中央反映大家的观感和特区的真实情况。我们明天还是按照既定的路线安排，继续考察几个有特点的合资企业。

四

在深圳特区为时一周多的考察活动很快就要结束了。考察团中两种截然相反的意见以及模棱两可的观点，基本上成了"三三制"的比例，这就叫写考察报告的刘鑫作难了。

在返回北京前一天，他背着手一直在下榻的广州白云宾馆房间的地毯上走来走去。他好几次写了考察报告的开头，又撕去了。

夏默倒是接到他的电话以后就跑来了，他很体谅这位刘局长的难处。按照夏默的观点，刘鑫当然要在报告上写明考察团的基本立场，那就是支持深圳特区的建设。不仅是支持，而且要大力推进。但是，夏默知道刘鑫又不能这样写，因为毕竟考察团所发出的声音，那些尖锐刺耳的高音部分，是非常鲜明的。反复商谈之后，夏默对刘鑫说，我看，你刘局长也不要作难了。这些争议是老同志们亲眼所见，亲耳所闻，我认为还是如实反映为好。至于最后结果，还是由中央和小平同志来决定吧。

刘局长叹了口气，说，也只好这样了。还是老办法，实事求是。

这个时候，却有一个年轻而悦耳的声音冲进了房间，说"实事求是"也不是这样的"实事求是"。推门进来的，正是新华社记者任燕。任燕在刘局长以及自己未来的公公面前，斩钉截铁地谈了自己的观点。她认为实事求是地写考察报告，字里行间就应该反映出对是非问题的基本倾向，而不能模棱两可。经济特区火热的生产状况，以及人们基本的精神面貌，应该得到客观的反映，这个基本脉络不能不在报告里加以体现。否则，这篇考察报告就只能是好坏话各说一半，没有灵魂。

夏默与刘鑫吃惊地望着这位激动得脸色通红的年轻记者，忽然就生出几分钦佩之意来。他们问任燕报告具体应该怎么写，任燕的说法是：报告在描述深圳特区的建设现状方面，应该写出正面的、健康的发展趋势，该有结论。而在反映老干部的不同看法的时候，可以如实写明，把反对特区建设的所有观点和政治帽子都罗列进去，不必遮掩。这样，就算是这些老干部看到这份报告，也没有太多的意见可说。

刘鑫说，这样好，这样好，想不到小丫头这么厉害。你早这么说，我也能少吃几颗安眠药。刘鑫又在夏默肩膀上打了一拳说，你有这个儿媳妇，真是你的福分。

任燕在告辞的时候说她即将动笔写的新华社"内参"，也将按照这个路子写，也体现实事求是的风格。总之一句话，基本面要明确，两种话全写透。

在任燕走后，夏默又交给刘局长一些材料，请他回京后转交小平同志。另外，他还请刘局长带句话给邓小平，说特区人民迫切盼望小平同志能来特区走一走，看一看。他说这个邀请也是他与习仲勋书记再三商量后恳切地提出来的，希望一定把这句话带到。

刘鑫点点头，心里想，确实是这样。最终，特区是好是坏，还是需要小平同志来定夺啊。

回到北京的刘鑫赶往米粮库胡同时，发现港澳办副主任田志远已在他之前来到了这里。

邓小平是看到了刘鑫递交给中央的长达一万字的关于深圳特区的考察报告后，让刘鑫与田志远一起来当面汇报的。两位客人一坐下，邓小平就把一张报纸递给两人看。报纸刊登了一篇醒目的文章，题目叫作《旧租界的来由》。

刘鑫很快地读了一遍文章，抬脸说，其实，魏老曾经要我把这篇文章附在考察报告的后面，我婉言拒绝了，想不到他现在倒是找到了一家报纸来发表。接着，刘鑫就按邓小平的要求，详细地报告了自己在深圳特区的所见所闻，谈了对特区发展基本面的认识，说话的语气非常坚定。接着，他又详细介绍了考察团一部分老同志的反对意见，譬如"深圳除了九龙海关门口挂着五星红旗，一切都资本主义化了"，再譬如"流血牺牲几十年，一朝回到解放前"。还有对姓"社"姓"资"的判断，讲法很多，这些都在一万字的考察报告里面详细反映了。

邓小平点点头，说他已经详细地看过了这份考察报告，也看了新华社提供的"内参"，还在电话里跟陈云同志就此交换了意见。邓小平说，对这些老同志的激烈意见，我们也要给予应有的重视。

然后，邓小平又请田志远谈谈香港方面的情况。田志远说，对于深圳经济特区,香港的报章上近段时间也有种种负面言论,比如《信报》上就大量刊登文章,什么《建筑在假大空的基础上》《有关特区输血的争论》《百病缠身的深圳特区》《由上到下大发改革财》,等等,有人甚至断言"深圳必败"。现在,从某种程度上说,香港人心惶惶,谣言甚嚣尘上,风波不断。

显然,邓小平对这么多老同志在实地考察深圳特区之后,仍然给特区扣了这么多的政治帽子,是没有足够估计的;而对香港报章也对内地大力推进的经济特区建设发出如此悲观的论调,也有些许意外。难道是大的政策层面出现问题了吗?看来不是,中央的方针还是积极的,有章法的。但为什么反对的声音一下子会那么集中呢?难道真的是由过去极"左"的思想桎梏造成的,还是有别的什么原因?

邓小平沉吟一番,对刘鑫说,你的任务完成得很好,考察报告也写得很全面,这段时间,你很辛苦。你所带来的邀请我去深圳的话,我也听进去了。其实在这次邀请之前,习仲勋同志和夏默同志已经在不同场合邀请我多遍了。

刘鑫听到这里,心里急切地跳动起来,想着小平同志如果真的去那里一趟,响亮地拍个板,那有多好。

这时候,他就见到邓小平站了起来,语调沉着地说,现在啊,各种反映很多,真真假假,假假真真,什么情况都有。是虚是实,我要亲自看个究竟。经济特区是我倡议的,如果出了乱子,我要负主要责任的。

这话说得很沉重,田志远与刘鑫紧张地对望了一眼,但同时又觉得心里一松。小平同志真的下了决心去那里走一走,这就有希望了。

五

邓小平是在深圳经济特区诞生的第四个春天,也就是一九八四年的一月,乘坐专列来到南方的。他下了很大的决心,要在繁忙的工作中抽时间南下一趟。他知道唯有这样,才能给一直在种种非议中前行的特区建设者们以应有的鼓舞。

当然,他也要看看特区建设的实际情况到底如何。那些要扣上去的政治帽子，是不是真的合乎尺寸？

一切都要实事求是地作出评价，他想。

所以在南下车轮的轰鸣声中，他一直没怎么说话，只是喝着茶，并且看着从嘴边袅袅升起的一缕轻烟，思索着有关特区与香港的种种问题。

身穿灰色中山装、脚穿黑色皮鞋的邓小平一下火车，顾不上休息，直接就来到深圳市委大楼，听取深圳市委的工作汇报。夏默也参加了这次汇报会。

汇报之前，王秘书特别提醒时任深圳市委书记兼市长的梁湘以及夏默，汇报一定要言简意赅。王秘书在两人耳边低声说，小平同志听汇报，不喜欢虚的。

听罢王秘书的提醒，市委书记梁湘居然心里紧张起来。他扭过头，悄声对夏默说，老夏，我怎么觉得跟上考场一样呀？

夏默悄声说，我也紧张得很。

事实上，夏默此刻的紧张绝对不亚于梁湘。夏默虽然曾经与邓小平有过许多次的工作接触，也汇报过各种各样的问题，得到过邓小平的各种鼓励与支持，但这一次的汇报却有着特殊的意义。因为这一次全面的工作汇报，关系到邓小平对特区工作的总结性判断，甚至关系到中国的经济特区能否继续顺利办下去，中国的改革开放能否继续深入进行，兹事体大，不容马虎。这时候，夏默想一想，又扭头小声问梁湘，老梁，你准备好了吗？

梁湘点点摆在自己面前的一叠汇报材料，小声说，我都准备四年了，就等今天了！

工作汇报会的时间进行得很长。在听汇报的时候，邓小平坐得很安静，偶尔喝几口茶，偶尔抽一支烟，很少打断梁湘的汇报。在一时没有听清楚的时候，邓小平也只偶尔询问一两句，在语句上不作任何倾向性的表态。

邓小平越是这样沉静，梁湘心里越是发毛。最后在对自己的发言作总结的时候，他提高音量大声报出了他引以为傲的多种辉煌的数据，他认为邓小平在听到这些数据之后肯定会动容而加以肯定。梁湘是这样说的：作为特区中的特区，蛇口工业区改革的步伐相当快，经济建设成绩显著，首创了多项全国第一：第一个进行民主选举，在全国率先实行人才公开招聘；第一个改革人事制度，实行聘用制；第一个实行工程招标；第一个进行分配制度改革；第一个搞住房商品化；第一个建立社会保障体系；等等。现在，蛇口工业区已经成为外商投资的首选之地！

梁湘说得慷慨激昂，放下手中的稿纸，他抬起头来望着邓小平，以为邓小平脸上会浮现出赞许的笑容，谁知邓小平的神情令梁湘失望。他只看见邓小平平静地吸着烟，脸上没有任何表情。

梁湘心里有点发毛，他瞥了一下身边的夏默，看见夏默脸上的神情也有些紧张。梁湘于是镇定了一下自己的情绪，开始汇报一些数据。他说，经过这几年的改革探索和试验，特区的工农业产值、财政收入增长幅度很快，特别是工业产值，一九八二年产值达到三亿六千万元，到了一九八三年，一跃而上到了七亿两千万元。

邓小平插话说，那就是一年翻了一番喽？

梁湘马上说，是的，是翻了一番，比建特区前的一九七八年增长了十倍多，财政收入也增长了十倍。

终于汇报完了，梁湘松了一口气，用充满期待的口吻对邓小平说，小平同志，我们汇报完了，请您给我们作指示。

谁知邓小平这时候在众人惊异的眼光里一摆手，说，你们讲的这些，我都装在脑壳里了。我要先看了再说。

邓小平一边说，一边就在王秘书的帮助下穿起外套，迈步就往门外走。邓小平的这一动作打乱了梁湘事先的安排，使得梁湘更加紧张了，额角上都冒出了细细的汗珠。他马上招呼深圳方面的同志紧紧跟上，提前安排首长视察的准备工作。

六

在车队行驶的时候，邓小平几乎一直微微地侧转身，认真地注视着车窗外缓缓而过的特区景色。车窗的窗帘拉到了最边缘，他的那张有细密皱纹的脸几乎贴上了明亮的车窗玻璃。

他看到的是这样的景象：一栋栋拔地而起的充满现代气息的高楼大厦，许多窗台上还摆放着五颜六色的鲜花，这也许是临近农历春节的缘故；鲜花还绽放在整齐的大街两侧，使得城市的面貌特别灿烂；一个个建设工地也扑面而来，塔吊林立，机器轰鸣，到处是忙碌而高效的建设大军。

　　坐在邓小平车座后排的梁湘与夏默看着邓小平专注的样子，又想介绍又不敢多说，最后还是夏默轻声对梁湘说，梁书记，你介绍几句吧。于是梁湘手指窗外说，小平同志，您看到的这栋高楼是已经建成的深圳华强北电子大厦，楼高二十层。这楼去年还是深圳第一高楼，今年已经被楼高二十二层的深圳国际商业大厦取代。您看，就是那个楼。

　　邓小平望着高耸的国际商业大厦，饶有兴致地用指头指点着，一层层数了起来，一、二、三、四、五、六、七、八……数错了，数错了，一、二、三、四、五、六、七、八、九、十……不行，眼花喽，数不清喽。

　　邓小平摇摇头，微笑了一下。

　　看到邓小平难得地露出了笑容，梁湘与夏默顿时感到一阵轻松。夏默马上补充介绍说，小平同志，现在有六十多幢十八层以上的高楼正在施工建设中。国际商业大厦这个第一，也是很快就要被取代的。

　　邓小平用手指指远处一座正在施工中的巨大建筑，问，那个叫什么，最高的那座？

　　梁湘一看，马上回答说，那是正在建设当中的深圳国贸大厦，有五十三层高呢。

　　邓小平似乎来了兴趣，说，这算不算"中华第一高楼"？在得到肯定的回答后，邓小平便说，那我要去看看，看它究竟有多高。

　　邓小平的这一突然建议一下子惊着了梁湘，也惊着了夏默。因为国贸大厦正在施工中，存在着很多不安全因素。梁湘一时不知道怎么答话，他看看夏默似乎也有点手足无措。其实他们两位在邓小平来深圳之前，为了确保邓小平在深圳视察的安全，已经对行程和视察地点作了周密的安排。但是，他们没料到邓小平想到哪出就做哪出，这就让他们措手不及了。

　　夏默试图让邓小平打消这个念头，小声说，大楼正在施工，可能不太安全。然而邓小平却说，怕啥子？工地的工人同志们都不怕，我也不怕！

　　邓小平下车，缓步往工地走。他听见各种工程机械都在轰鸣，工地上一片繁忙。同时，他也听见一位工地指挥举着大喇叭的吼声：同志们加把劲！时间就是金钱，效率就是生命！现在距离"五一"还有整整一百天时间，我们要赶在

"五一"之前让大楼封顶,向五一国际劳动节献礼!大家有没有信心?

回答他的是一片震耳欲聋的喊声。

几乎就在同时,那位工地指挥突然把他手中的喇叭换了个方向,冲着缓缓走近的一行人喊,你们不要命啦?你们是哪个?这里是施工重地,禁止入内!听到没有?不要往前走啦!

但是喊了几句之后,他手持的喇叭突然垂了下来,整个人像泥塑木雕一样呆住了。他惊讶地看见了市委书记梁湘,更使他惊讶的是走在梁湘边上的那位,竟然是经常在电视上出现的、他极为熟悉的人。

天哪,是邓小平!邓小平怎么会来深圳呢?怎么还会朝国贸大厦的工地走过来呢?天哪,真的不是看花眼了吧?

正在他发愣的时候,邓小平已经走到了他面前,并且向他伸出手来。邓小平微笑着说,你是这里的工地指挥吧?我是邓小平,看来要给你们添麻烦喽!

工地指挥紧紧握着邓小平的手,一下子变得语无伦次,不停地重复着说,邓主席好!邓主席好!

看着这位年轻而可爱的工地指挥,邓小平笑了,说,不要紧张,你刚才提醒得很对。我这个脑壳也不是钢筋水泥做的,砸下来我也受不了呀。

这句话把大家都逗乐了。邓小平又说,我想参观一下你们的施工现场。你带我们走一走,介绍一下情况可以吗?

工地指挥连声说可以,正准备喊大家停工,没想到邓小平却直接打断他说,不要停工,不能因为我来就耽误大家的工作。工地指挥连连摇头说,那不行,工地正在施工,万一有什么意外,我负不了这个责。邓小平反问说,你们工地是不是经常出意外?工地指挥说,我们工地从来没出过意外,我们保持着安全生产无事故的纪录!不过……也算有一个吧,那是一名工人急着上厕所,摔了一跤,摔伤了。邓小平听了这句话就笑了,说,那就对了嘛,我最多也就是摔一跤嘛。

为了解除这位工地指挥的疑虑,邓小平和他定个口头协议,由工地指挥带着他们一行参观。在工地上怎么走,邓小平全听他的,前提条件是不要停工,不要惊动大家。

工地指挥瞪圆眼睛问,邓主席,您能听我的?邓小平说,我保证!

看着邓小平真诚的笑容,工地指挥迟疑了一下,又看看邓小平身边的梁湘书记。在得到梁湘书记的默许之后,工地指挥才勉强答应说,那我要宣布两条纪律：第一，必须戴安全帽！第二，没有我的同意，不能随便乱走！

听到这两条指令，邓小平马上做了个立正姿势，一脸严肃地说"遵命"。邓小平这个动作引起了一片笑声。

在这位年轻的工地指挥的带领下，邓小平兴致勃勃地参观了整个工地，一边走一边听工地指挥介绍说，国贸大厦建成后，将是一座集商业、贸易、办公、饮食于一体的多功能超高层现代建筑。一至四层主要是银行、商场、酒楼等，五至二十三层、二十五至四十三层为办公层，四十四至四十七层为设备层。

邓小平插话说，你刚才介绍的好像还缺了一层，二十四层是做什么的？工地指挥回答说，是避难层。邓小平感叹说，很好，设计很科学。

工地指挥又补充说，四十八、四十九层设计为旋转餐厅，可以三百六十度旋转，既可以饱览深港两地风光，还可以品尝美食。

邓小平听到这里，脸上忽然出现了遗憾的表情，像个孩子似的抱怨说，可惜我这次是看不到喽。

梁湘马上笑着说，小平同志您下次来，一定请您上旋转餐厅吃饭。

邓小平笑着点点头，但这时候他的视线又落在悬挂在高楼上的一块巨大的宣传牌上，宣传牌上的字是"时间就是金钱，效率就是生命"。邓小平看了许久，好像在琢磨什么。夏默趋前一步说，小平同志，这两句话就是他们提出来的。您认为这个提法好不好？

夏默一边说一边悄悄推推一旁的新华社副社长穆大江，意思是小平同志很可能会发表什么看法。穆大江也意识到了这一点，于是赶紧取出笔记本准备记录。

谁知邓小平并没有顺着夏默的问话往下讲，反而话锋一转，问工地指挥说，你刚才讲"奖金不封顶，大楼快封顶"，那你们考虑过成本核算没有？这样成本是不是很高？

工地指挥很自信地回答说，不会的。我们算过，成本不但没有增加，反而降低了。

邓小平说，怎么会呢？我不信。我们一起算算成本账如何？

工地指挥答应了，就邀请邓小平去他办公室，打算亲自算给他看。可是邓小平并没有离开现场的意思，而是直接拉着工地指挥蹲下身子，捡起一颗石子说，不用费事喽，我们就在这里算。

说着，邓小平就在地上画了起来。他在工地指挥报出一连串数字的同时，仔细算了算一栋大楼需要的成本，最后指着地上的数字说，你看，这样算下来，你们的成本就是增加了嘛，你怎么说降低了？

工地指挥忽然哈哈大笑起来，说，邓主席啊，您少算了一样成本啦！按您的算法，的确多支付了工资奖金，成本提高了，但是我们节省了一笔最大的成本，就是时间成本！您看，按照正常工期，建设这座大厦需要五十个月，但我们用三十七个月的时间就能竣工，节省了十三个月的时间。用这十三个月，我们还可以再建一栋二十层的高楼。

邓小平显出了恍然大悟的神情，也笑了起来，说，我终于搞清楚喽，搞了承包制，赏罚分明，可以提高效率。效率提高了，成本自然而然就降低了。这个办法好！

站在邓小平身后的穆大江赶紧把这句话记录在本子上。

就在这个时候，邓小平的脸上出现了愣怔的表情，原来他看见前面的楼顶上突然飘起了几面红旗。邓小平问这是什么意思，工地指挥仔细一看就笑了起来。原来是大厦顶楼的几个工人认出了邓小平，可是由于国贸大厦楼层太高，即便是向邓小平打招呼，邓小平也听不见。为了能够向邓小平问好，工人们就想出了挥舞国旗的办法。

果然，邓小平注意到了这几面拼命挥动的旗帜。得知了工人们的意图，邓小平开心地笑了。他对身旁的工地指挥说，你能帮我也向他们问好吗？

邓小平的要求很快得到了满足。工地指挥也从附近找来了两面国旗，熟练地打出了"小平同志也向你们问好"的旗语。大厦顶楼的工人们看到邓小平的回应，大声欢呼起来。欢呼声持续了很长时间，一直到邓小平一行慢慢地转身离去。

邓小平来深圳视察的头一天，很快就结束了。可是梁湘的心情始终没有放松，甚至还有一点压抑。他原本指望邓小平在听了他的工作汇报之后，或者在视察的过程中，能够表个态，夸一夸深圳，夸一夸特区改革开放的成就。但是一天下来，邓小平非但一句表态的话都没讲，甚至连赞赏的话都很少说，尽管他笑了好多次，心情也舒畅。

关键性的话，为什么就不说一句呢？国内多少人都在关注着邓小平的广东之行啊，甚至香港方面也都紧盯着邓小平的一举一动，可以说整个世界都在关注。

可是小平同志为什么惜言如金呢？

其实，夏默的担心也不比梁湘少。好几次他有意请邓小平表个态，也为此造了些气氛，可是每一回邓小平都没有正面回应，既不肯定，也不否定，只是一副微笑的表情或者一副肃然的样子。在夏默的印象中，邓小平做事向来是雷厉风行，十分果断。他从没见过邓小平像在这次视察中这样地模棱两可。面对梁湘的低声询问，夏默一下子也没了主意。

梁湘忧愁地说，老夏，看来这次问题有点严重，我们得想个办法。

夏默说，这能有什么办法？还是等等吧，你没看小平同志今天在工地上露出那么多的笑容？我看他是会说出你想听的话的。

梁湘依旧满腹心思，说，不见得，小平同志要说的话早该说了。我总有个预感，情况不是很妙。我也知道，有人泼我们深圳的脏水太多，中央领导所受的压力也很大。

夏默忽然想到了个点子，他说，这一次邓小平视察深圳，新华社不是派了个副社长随行吗？那穆副社长我挺熟，我是不是跟他商量一下，让他想想办法多发几篇稿子？这样也让全国人民从报道中明白邓小平在深圳特区的视察是心情舒畅的。虽然没有明确表态，但这种笑容的传达总是有积极作用的吧？

梁湘觉得这个办法很可行，急忙说拜托、拜托。

夏默连夜就敲开了新华社穆副社长的房间，却看见穆大江对着桌上的空白稿笺正一筹莫展。穆大江说，老夏，我又何尝不想多发几篇稿件呢？但是小平同志还没说具有实质内容的话，别说发几篇稿子，就是发一篇也难，不知道从何下手。

确实，穆大江的担忧是有道理的。新华社领导都从北京打电话来询问情况了，说怎么连一篇关于视察的文字报道都还没出来？现在电视已经在全国逐渐普及了，数百万的中国人已经在电视上看到邓小平视察深圳时所见到的高楼大厦。大家惊讶地看到，经济特区的发展是如此地迅速，一个高楼林立的新型城市已经具有了现代西方发达城市的面貌。全国观众自然也很想听到邓小平对于这座城市的评价，到底这块土地姓"社"还是姓"资"？这是中国改革开放路线的一个窗口，还是要把中国人民往西方花花世界引领的一条邪路？当然，在这个关头，新华社的文字稿很重要。文字稿所表达的邓小平的意见，将是整个国家以及她的人民定位这块热土的重要依据。

可是，穆大江无从下手。

对于穆大江的苦衷，夏默也理解了。夏默坐在沙发上，吹着茶杯里的几片没有泡开的茶叶，久久没有吭声。穆大江理解夏默的心思，安慰说，老夏你也不用着急。按照行程，明天小平同志要考察蛇口工业区，看明天吧。

夏默说，也只好如此了。不过，我心里的石头还是在半空悬着，梁湘心里的石头也跟我一样悬着。就连已经调到中央书记处负责书记处日常工作的习仲勋老书记，昨天也把电话打到梁湘这里来问情况了，看来他也揪着心啊。

穆大江说，别说领导层都揪着心，老夏，就是你未来的儿媳妇任燕，昨天都从北京打电话来问我小平同志看了深圳怎么说呢！年轻的一代可能比我们这一代还焦急呢！

视察位于深圳市南山区蛇口半岛的蛇口工业区，是邓小平在深圳第二天的行程。蛇口是中国第一个对外开放的地区，宽阔的街道绿树成行，现代化的标准厂房鳞次栉比，上百家工厂的生产正在夜以继日地进行，三班倒的工人们在这里紧张而有序地忙碌着。而邓小平参观的一个厂子，正是一年前由北京迁来蛇口的以回城知青为生产骨干的食品厂。食品厂的管理者，正是雄心勃勃的田源、陆大洲以及吴怡茹。

田源和吴怡茹见到走进车间视察的领导竟然是邓小平，喜悦得几乎狂跳起来。而邓小平也似乎认出了他们，说这两位不是在黄山见过面的吗，还指着田源说，你不是回城知青吗？还演过那个有名的话剧。你父亲田志远经常从他办公的香港过到蛇口来看你吗？当邓小平听说田志远一次也没有来过他儿子的这家厂之后，呵呵笑了，说，你父亲忙啊，在忙他的大事啊。

负责向邓小平介绍工厂情况的是口齿伶俐的吴怡茹。她介绍说，这家食品厂是入驻蛇口工业区的港资企业，经过近两年的发展，产品已经成功打开了欧美市场，去年产值已经达到八百万元，今年预计突破一千万元。

邓小平说，很厉害嘛，那你们去年缴了多少税呀？吴怡茹回答说五十万元。夏默这时候又从旁介绍说，这个厂还安置了两百多名农村富余劳动力，大都是从四川来的，还有部分是从安徽凤阳来的。

听到这里，邓小平问吴怡茹，我要请教你一个问题，你这家企业发展这么快，有啥子诀窍吗？

吴怡茹干脆地回答道，没啥子诀窍。有国家改革开放的政策，有特区政府的支持，大胆闯就是喽。

邓小平一下听出了对方口中的川味，诧异地说，听你口音，是四川妹子哟？

吴怡茹马上操着一口地道的四川话说，是嚜，我是地道的重庆人哟。

邓小平一听就笑了，操着四川话说，那我们还是四川老乡呢，我是广安的嘛。你在黄山跟我说过，你的舅舅就是香港商会的那位罗启民副会长嘛。你四川话说得这么地道，看来不是从小就生活在香港的吧？

这话一问，吴怡茹顿时红了脸，说话也吞吞吐吐了，似乎有难言之隐。邓小平一下子就看出了对方的窘迫，赶忙岔开话题说，不谈这个，讲讲你们今年有啥子目标嘛。

吴怡茹听出邓小平是特意给自己一个台阶下的，不过她此时并不想对眼前这位和蔼的老人有所隐瞒，于是咬了咬嘴唇说，邓主席，我是八年前去香港的，爬的铁丝网，后面有狗追着。田源从后面托了一把，我才翻过铁丝网的，而田源却没能够过去。

田源听吴怡茹这么介绍自己，脸一下子红了起来。他本来很不愿意在众人面前公开这一段，尤其是今天当着小平同志的面。因为他的父亲毕竟是个高官，他不愿意这样的经历影响父亲。然而田源在邓小平的眼神里却没有看见丝毫的惊异乃至责备，那眼神依然透出一个国家领导人特有的慈祥。邓小平说，过去是过去，现在是现在，我们要往前看嘛。小田同志没有去香港，也很好。你不是后来演话剧很成功吗？这位姑娘去了香港，不是几年以后也回来了吗？这个厂不是也办得很好吗？过去的一页，翻过去了。我们要迎接未来的生活，要充满信心。

邓小平的这番话，让在场所有人紧绷的神经都松弛了下来。梁湘带头鼓掌，一时间车间里响彻了掌声。

夏默心里一动，觉得邓小平这时候可能会对港资企业的现状与未来，乃至对整个深圳特区的发展，有一个总体性的评价。这个时机应该很好。于是他趋前两步，俯在邓小平耳边说，小平同志，这家厂里的管理层很想请您作点指示呢。

邓小平扭头看看夏默，似乎猜出了对方的用意，点着夏默的鼻子说，你总是要叫我说话，我还没有看够哪。等我看够了以后，会说话的。不过我现在倒是想听一听我这位小老乡对经济特区的看法。

于是在场的所有人都把目光投向了吴怡茹。吴怡茹一下子有些发愣，觉得这个题目很大，有点像考题。田源俯在她耳边轻声说，不着急，慢慢讲。

吴怡茹想了一下，昂起脸说出了自己内心最真实的想法：过去大家都想往外跑，是因为国家不富强。现在，很多像我这样当初跑到香港的人都回来了，这说明大家用脚投了经济特区的赞成票。

吴怡茹这两句简短的话，有力地说出了广大中国老百姓的心声。梁湘低声评价说讲得好，穆大江则把这句话在笔记本上飞快地记了下来。

邓小平却没有说话，也没有笑，只是轻微地点了点头。

他仿佛在思索着什么。

这三天来，他一直在思索。

七

邓榕陪着父亲邓小平在广州宾馆的花园里慢慢散步。花香很浓，花间的蝴蝶也很多，一簇一簇的，看上去赏心悦目。南国的一月也是这样，到处是花海，阳光也很耀眼。

邓小平沿着花径走着，兴致很高，几只蝴蝶掠过他的布鞋的鞋面。邓榕笑着问他，爸爸，这一趟走了深圳，您什么感觉啊？我看人家都等着您说句话呢。

邓榕确实是在帮着夏默做工作。她深深知道隐藏在夏默心里的那种迫切的愿望，那愿望也是梁湘的愿望，也是全体特区人的愿望。邓小平在深圳考察了一周，对深圳特区评价的话一句都没说，这当然使深圳的管理层很焦虑。这种焦虑也传到了广东省委，但是大家都不敢当面催促邓小平表达什么结论性的看法。邓小平在广州宾馆住了好几天了，也没有人敢当面请求他说些什么。

听着女儿邓榕的这句问话，邓小平笑了笑。他这几天何尝不在考虑这个问题？他知道邓榕的这句话，不是邓榕一个人在问。

其实，他在广州休息的这几天，一直在思考这个问题。广州宾馆花径上的那些蝴蝶，每天都在他散步的时候，飞舞在他的脑海里。邓小平这时候就抬起脸，以简要的八个字缓慢地回答了女儿刚才的问话：心情舒畅，精神愉快。

邓榕一听这八个字，心情就松弛了，于是就笑着说，爸爸啊，您倒是心情舒畅了，我看经济特区的那些同志们还忐忑着呢，夏默同志也着急着呢。特区是好是坏，您总得说句话吧。

邓小平笑着说，是吗？

邓榕说，是啊，当然是啊，爸爸您可是明知故问啊。

邓小平点点头，一阵浓郁的花香飘了过来。他说，那我就写几个字吧。

邓榕一听父亲这么说，心里大为高兴，急忙回身跟后面的王秘书耳语了几句。王秘书则马上就打电话通知夏默，请他赶快来宾馆。因为夏默受经济特区领导层的委托，敬请邓小平为特区题字。请求题字的请示函两天前就送来了广州宾馆，桌上备下的文房四宝也已经静候两天了。

终于，此刻，邓小平在一阵浓郁的花香中发了话，说他愿意写几个字。随同夏默驰车赶往广州宾馆的，还有新华社的穆副社长。他们都知道，邓小平写的每一个字，都将有千钧之重。

邓小平能写什么呢？

面对着铺在桌案上的雪白的宣纸，邓小平拿起一支羊毫笔，在砚台上饱蘸着墨汁。穆大江站在一张方凳上，双手高高举着相机，早就选好了角度。夏默更是一脸兴奋，但也带着些许紧张。在这间宾馆会客室的隔壁房间里，夏默早就接通了深圳的长途电话，在电话的那一头聚集着深圳市委的全体常委。

大家都在等待着这一刻。

邓小平下笔的时候，几乎不假思索。但是这种不假思索，正是他思索了很长时间的体现。邓小平知道他的这一着墨，将会让许多人欢欣鼓舞，有的同志更会狂喜不已，但也会有相当一部分人表现出质疑、怀疑、不满、恼怒、愤慨，而这样的情绪在相当长的一个时期内，还会或多或少地持续。但是邓小平想：该说的话，还是要说的；该写的字，还是要写的；已经吹响的号角，它的声音是不能停下来的。羊毫笔接触到了宣纸，秀丽而有力的字迹一个接一个地显现了出来。几十位旁观者都屏住了呼吸，只听新华社副社长手中的相机嚓嚓有声。

邓小平写字缓慢但又极其流畅。他写下的两行字是：深圳的发展和经验证明，我们建立经济特区的政策是正确的！邓小平，一九八四年一月廿六日。

会客室轰然而起的掌声是令人激动的。邓榕在热烈的掌声中将父亲扶到旁边的沙发上短暂休息。邓小平脸容平静,半眯着眼,仿佛还在思索着刚才写下的这两行字。

而夏默已经冲向了隔壁房间,用长途电话向焦急等待着的深圳市委的领导班子,一个字一个字地叙说了邓小平题字的内容。他话音一落,就听见听筒里传出的来自深圳的欢呼声。他知道这欢呼声不仅出自深圳市委的常委们,更是深圳全体"拓荒牛"喜悦的表达。

穆大江冲进的则是宾馆的另一个房间,电话线的那一头是值班社长,以及包括任燕在内的一群年轻编辑人员。他也在听筒里听见了来自北京新华社的一片情不自禁的欢呼声。

几乎在第一时间,主持中共中央书记处日常工作的习仲勋也得到了这条令人兴奋的消息,并且在第一时间向中央总书记胡耀邦作了报告。胡耀邦在电话里对习仲勋没有多说其他的话,只是反复地说,要赶快宣传,要快!报纸要发头条!

不仅中国国内的报章对邓小平的这一重要的题词发了头条,而且世界的主要媒体几乎都在头条位置报道了邓小平完全肯定中国经济特区建设的新闻。全世界都已经知道,中国在走上改革开放道路之后,是不会再走回头路的。香港的舆论态势顿时也安定了许多,人心趋于稳定。李嘉诚、包玉刚这些工商巨头们都在各自的宴会上高高举起了酒杯,而罗启民也几乎在第一时间从香港直驱深圳蛇口探望自己的外甥女,一路上泪流双颊。

第二十二章

"我深情地爱着我的祖国和人民"

一

　　一九八四年的盛夏季节，北京的天气特别热。邓小平早早地就穿上了短袖衬衫，尽管如此，在庭院散步的时候，还是经常出汗。

　　但是这天的晚间，洋溢在米粮库胡同五号的氛围的热度，甚至超过了白日正午时的温度。原来这天晚上电视直播的是第二十三届洛杉矶奥运会上的中美排球决赛。邓小平一家老少都集中在大会客室的电视机前，一个个随着郎平的"铁榔头"往下砸的动作大呼小叫，兴奋异常。

　　这一刻，电视机里传出的宋世雄的嗓音依然是那么激动：美国队又换上了海曼，现在的比分是十四比八，中国队领先。现在是第三局的比赛，到了比赛的最后时刻了，看中国队这一分怎么拿！

　　邓榕兴奋地说，就一分了，怎么拿也赢定了！

　　坐在沙发上的邓小平目不转睛地盯着电视画面，摇摇蒲扇说，那不一定，美国队换上了海曼，这个海曼扣球很厉害的。

　　正这么说着，只见美国队又扣球了，于是又得了一分。邓小平惋惜地一拍腿，大声说，看看，看看，我说什么了，美国队真是很厉害的。这个时候啊，中国队应该请求暂停，调整一下。

　　果不其然，邓小平话音刚落，时任中国队教练的袁伟民就喊起了暂停。邓朴方拍拍轮椅扶手说，爸爸说得真准。这时候眠眠也喊，不准还叫爷爷啊？

　　听到儿孙们的这个评价，邓小平就笑了，但他马上又说，快看，快看，美国队又发球了。

　　果然，美国队再次发球。美国队的队员马洁思发了一个漂亮的上手飘球，中国队员接了球，球传到四号位，四号位吊球成功，引起了邓家的一片欢呼。

　　接着便是换发球。邓小平紧张地喊，机会！一定要稳住！

　　此时比分十四比九，中国队略胜一筹。这次由中国队发球，美国队员把球接起之后，中国姑娘张蓉芳一个漂亮的扣球，力量惊人，使得对方把球给垫飞了。

球场一片沸腾。中国女排以十五比九取得了这场决赛的最终胜利。郎平与她的队友们抱成一团，喜极而泣。

邓家老少也几乎在同一时间全体站立起来，欢呼不已。卓琳对邓小平说，老爷子，我们赢啦！几个孩子一起欢呼赢啦、赢啦，像女排队员一样互相拥抱，闹个不停。

邓小平激动得连连说，中国运动员了不起！我们要庆祝一下才对！

说完这句话，邓小平顺手就举起茶几上的茶杯，对全家人说，现在，我们以茶代酒，庆祝中国体育代表团又拿到一块金牌。

卓琳说，等一下，老爷子，今年我们国家的喜事太多了，要一起庆祝才对！

邓小平回坐在沙发上，放下手中的茶杯，左右看看，说，好吧，那你们都讲讲，有哪些喜事呀？

大女儿邓林抢先说，十四个沿海港口城市开放，这个不就是大喜事吗？爸爸您视察深圳回来后，中央高度统一了对深圳特区的看法，又按照您的提议加快改革开放，让大连、秦皇岛、温州等沿海的十四个城市都开放，这很了不得啊，全国人民都很受鼓舞啊，我看这是很大的喜事！

邓小平笑着说，对，这个算是喜事，大喜事！

邓榕接着大姐的话说，我也来说一个。不久，我们中国和英国就要草签《中英联合声明》了，这可是具有历史意义的。因为《中英联合声明》草案是这样说的，"香港地区（即香港岛、九龙及新界）是中国领土，英国政府将于一九九七年七月一日将香港地区交还中国政府，中国政府于同日恢复对香港行使主权"。中英谈判经过整整两年，一共二十二轮，终于达成了协议。这是雪耻啊，这个成果太不简单了。这个，我认为应该是一个大喜事！

邓小平说，对，毛毛说得对，这是一个很大的喜事。

话音刚落，邓楠举起手，指着电视机说，这次洛杉矶奥运会，我们取得了金牌零的突破，女排三连冠，这个应该算是眼前的喜事吧？

邓小平笑得合不拢嘴，说，也算，也算。

卓琳说，老爷子也说一个吧，他也有一桩大喜事呢。邓小平一愣，问是什么。卓琳说，你忘了？昨天晚上你亲口告诉我的。

邓小平忽然恍悟，于是又举起茶几上的茶杯，笑容满面地告诉大家说，好吧，我也告诉你们一个喜事，算是锦上添花吧。再过一个多月，我们就将迎来建国三十五周年的隆重庆典，是不是？

大家响亮地回答"是"。邓小平大声说，我们已经决定了，在这次隆重的庆典上，不仅有群众游行，还要举行盛大的阅兵式！

阅兵式？邓家的孩子们都一愣，接着又欢呼起来说，我们中国是该有个好好的阅兵式啊。我们国力强盛了，是该展示一下军队的风采啊。爸爸您这次阅兵，可是要阅好啊，要把我们军队的威风给阅出来啊。

邓小平笑着说，一定，一定。你们大家工作努力，我也努力。

二

邓家这些天一直洋溢着一种欢快的气氛，邓小平也觉得自己特别神清气爽。这一天晚饭前，邓小平照例在庭院里连着散步十圈，全身都有了微微的汗。卓琳像往常一样走到院子里招呼邓小平吃晚饭。邓小平笑着说，今天开饭是不是晚点了，肚子已经咕咕噜噜抗议喽。

卓琳一边拉着邓小平进餐厅，一边解释说，只比平时晚了十分钟。

邓小平一走进餐厅就觉着了奇怪，餐厅里竟然一个人都没有，静悄悄的，餐桌上也是空空荡荡。邓小平问，孩子们呢？

这时候，卓琳的脸上就出现了神秘的笑容。这种笑容，对卓琳来说，似乎十分难得。邓小平更加觉着了蹊跷，又问了一句"怎么啦"。卓琳没有回答，只见她轻轻拍了两下巴掌。顿然间，餐厅的灯光全熄灭了。片刻，黑暗中出现了几点闪动的烛光，原来是邓榕双手举着一只大蛋糕从里面走了出来。灯光重新放亮了，邓小平吃惊地看着他所有的儿女以及孙辈一起从里面走了出来，邓朴方的轮椅推在最前头。

所有的人都仰着脸，异口同声说，老爷子，生日快乐！

邓小平猛然意识到今天是八月二十二日，正是自己的生日，而且是八十大寿。

怎么把这个日子给忘了呢？怎么整整一个白天也没人提醒，甚至几天前也没人提醒呢？

显然，家里人没有忘记，也可能他们提醒了王秘书等人都不要提及。他们早早地而且悄悄地做了准备，要给八十岁的寿星老儿来个惊喜。

邓小平在桌前安静地坐下来，心里充满着温暖。八根蜡烛的火苗在硕大的奶油蛋糕上跳动着。儿女——从邓小平身旁走过，并且留下祝语和亲吻。

首先是邓朴方。当轮椅摇过邓小平身边的时候，邓小平把自己的脸颊紧紧贴上了大儿子的脸颊，贴的时间比后面他与其他子女贴的时间都要长。而邓小平的孙辈蜂拥上来亲爷爷脸颊的时候，小嘴唇一律砸巴砸巴响，弄得寿星脸上都是口水。

最后献上祝福的是卓琳。卓琳深情地说，老爷子，八十岁，生日快乐！

邓小平心里洋溢着激动，轻声回应说，你也快乐！

邓小平心里想，与卓琳相濡以沫已经四十五个春秋了。结婚那年也是八月，天气也跟今天一样热。其间有多少欢乐，也并肩遭逢过多少的惊涛骇浪。

邓楠和邓质方将生日蛋糕推到邓小平面前说，老爷子，吹蜡烛。

邓小平高兴地说好好，正在运气要吹蜡烛，只听邓林说，不行，不行，老爷子，要先许个愿，再吹蜡烛。

邓小平愣了一下，要许什么愿呢？看着邓小平为难的样子，邓榕笑着说，您可以不说出来，在心里面许。

邓小平遵命，微微闭眼，片刻之后睁眼说，好了。

邓楠感到好奇，追问说，老爷子，您许的什么愿啊？能透露吗？

邓小平笑着说，愿望是许了，还不止一个，是好多个。

但是邓小平并没有细说自己许的是什么愿。儿女们也不再追问，只是大笑着围聚在老寿星周围，催他吹熄蜡烛。

邓小平运足气，呼的一声就吹熄了蜡烛。

掌声噼噼啪啪地响了起来。邓小平待掌声平息以后，把脸转向卓琳说，谢谢你和孩子们的生日祝福。其实，有你们的陪伴，就是给我的最好礼物。

卓琳一听，心里也感动，但嘴上还是打趣说，老爷子，那你用什么给孩子们还礼啊？

邓小平思索了一下，环视了一遍他的子女们，认真说，我没有准备。这样吧，我给你们每个人都写幅字，算是回礼，如何啊？礼轻情意重嘛！

老寿星的这个主意真是太好了，孩子们一起欢呼起来，因为邓小平还从来没有给子女赠送过自己的字。在邓小平八十岁生日的当天，写下一幅字赠给各位子女，这是一件多么有分量的厚礼啊！

这时候大家都顾不上吃饭了，一起欢呼说，老爷子，现在就回礼，现在就写！

卓琳说，你们不饿，也得让老爷子先吃口饭吧。

这时候邓小平也全然忘了饿，说，先吃块蛋糕就行，我们现在就去书房吧。我现在就回礼，回礼很重要啊。

孩子们簇拥着老寿星来到书房后，一齐动手准备文房四宝。邓林开始研墨，她这位画家研墨特别有经验。邓小平从笔架上取下一支羊毫，点墨后提笔。但他一时没有着墨，环视了一遍儿女，笑着说，礼物要送，但有个条件。

孩子们都疑惑了，问，什么条件呢？

邓小平说，你们刚才不是问我许的什么愿吗？你们哪个说得出，我就先送哪个。

儿女们一下子来了兴趣，但是老寿星刚才许的愿也不是很好猜的，一时间书房里的气氛安静起来。邓楠悄悄推一推邓朴方说，大哥先说。

邓朴方略微思索了一下，说，我猜老爷子是在许愿，祝全家人健康幸福。

邓小平点点头说，猜中了，这就是我许的愿中的一个。于是邓小平点墨落笔，写下四个大字：朴实无华。

轮椅上的邓朴方显得非常高兴，说，老爷子这四个字写得太好了，而且把我的名字都嵌进去了。

邓榕思索了一下，说，我也猜一个！我想，老爷子十六岁离家去法兰西求学，为的就是救国。我猜老爷子刚才许的愿里，有一个就是：祝愿我们中国富强。

邓小平笑着说，对喽，这算一个。他随即落笔，这次写的是七个字：风物长宜放眼量。

邓榕拍手说，老爷子写得真好，我要好好裱糊了挂起来。邓质方接话说，老爷子心里装得最多的是老百姓，我猜老爷子许的愿里，有一个是：祝福人民富裕安康。

邓小平再次点头，说你猜的也对，这算一个，随即题词，写下八个字：海纳百川，有容乃大。

邓楠早就迫不及待了，说，该我了，我来猜。老爷子总是念叨两岸和平，我猜老爷子许的愿里，一定有：国家统一，民族繁荣。

邓小平满意地点点头，说你也猜对了，随后落笔题字。这次是六个字：善学者其如海。

这下子邓林有点发急了，说，你们都抢先了，我猜什么呢，帮我想想？

谁也没帮她想出来，邓小平看着邓林说，不要急，再想一想嘛。邓林又思索了一会儿，眼睛一亮，说，老爷子是老党员，我猜老爷子许的愿里，可能有这样一句：共产党万岁。

邓小平一听这话，哈哈笑了起来，连声说也对、也对，然后落笔为邓林题字。这次题得最长，是李白的一句诗：君不见黄河之水天上来，奔流到海不复回。

这一题，喜得邓林大叫，太好了，老爷子借用李白的诗，这含义多深啊！

书房里一片笑声。这时候卓琳凑近邓小平的耳朵问，现在饿不饿，该去吃饭了吧？

邓小平老老实实说，真的饿了，再写一个字都写不动了。

三

在中华人民共和国成立三十五周年的盛大节日来临的前三天，位于北京西城区的居住着田家与夏家的这个小小的四合院，里里外外贴满了"囍"字。

贴在各扇门和各扇窗户上的这些大大小小的"囍"字，蕴含了庆贺中华人民共和国成立三十五周年的意思，更是三对新人喜结连理的喜庆表达。

这个小院落一大早就锣鼓喧天，鞭炮齐鸣，不一会儿就挤满了前来贺礼的男男女女老老少少。客人中有满面笑容的刘鑫、穆大江、曲径，甚至派出所的陈所长也拎着一大包桂圆、荔枝上了门。作为新人家长的田志远、曹慧、夏默、高兰、任大力、罗启民以及金锁娘，更是个个满面春风，里里外外地张罗。

田家与夏家三对新人选择同一个时辰举办婚礼,也是两家大人与孩子们商量了好几个月的结果。家长显然比孩子们更着急,连说再晚婚也不能晚到这么个程度。尤其是夏默,指着夏建国说,你都三十五了,再下去想当和尚?你不急,也得想想人家任燕。女人要是再长年岁,生孩子都要犯难了。

田志远也是这么教训田源的,说我知道你们在深圳,时间都是掰着花的,可是再忙也得考虑终身大事。你们结婚以后让吴怡茹坐个月子,休三个月的产假,能影响你们食品厂多少年产值?

合计来合计去,就把三对新人的婚礼统一安排在建国三十五周年的大庆日子里了。这个日期是曹慧定的。曹慧说,逢五一小庆,逢十一大庆,新中国的逢五之庆也是个很吉利的日子,就这么定了。

这一天的四合院,热闹得连整个胡同都惊动了,门内门外挤满了人,充满了笑声。婚礼的主持人是穆大江。穆大江今天穿着一身崭新的淡褐色中山装,胸前还佩着一朵光荣花。他在众人的簇拥下走到院子中央,站上一张方凳,高声宣布说,今天是夏、田两家三对新人的婚礼。事先说好了,都是革命家庭,不搞什么陈规旧俗,就两个字"乐呵"。现在,有请新娘新郎出场。

话音一落,只见夏建国和任燕、田源和吴怡茹这两对新人手挽着手从屋子里走出,一直在热烈的唢呐声和欢呼声中走向主婚人。两对新人的脸上都是红晕。奇怪的是,田源西装革履,建国却是一身中山装,显得有点老成。倒是两个新娘子,都打扮得花枝招展。尤其是吴怡茹,穿着一件暗红色的绣花旗袍,这是她舅舅专门在香港为她定做的。这种旗袍装束,在当时的北京也算得上是稀罕的,引起了宾客们的小声惊呼。

眼看田源、夏建国两对新人已经走进院子,可是第三对新人刘金锁和夏建红却迟迟不见出房间,这可急得高高站在方凳上的主婚人一声大喊,怎么不见第三对新人出场?按照深圳人的观点,"时间就是金钱",你们再不出来,就得给大家付钱啦!

在众人的笑声中,刘金锁手牵着新娘,缓缓地出了门。新娘走得很慢,是因为她头上有一块大大的红盖头遮着,看不清路,全靠新郎手牵。看到这么传统的婚礼,众人开怀大笑。专程从安徽凤阳赶来参加婚礼的农民宋学友和严德旺,指着满院子的城里人大声喊,你们笑啥啊?咱不是中国人结婚吗?

这下子大家笑得更加前俯后仰了。

婚礼的进行确实是创新性的。新郎田源发表了即兴演讲，那种挥拳的样子似乎又让人们看到了话剧舞台上的"李源"；吴怡茹则在大家的屏声静气中演奏了小提琴；任燕在大家的欢呼声中唱了一首革命歌曲；刘金锁在掀开了新娘的盖头后，拉着新娘扭了一曲秧歌，在大家喊"不过瘾"后又高唱了一段凤阳花鼓，只是把唱词改了，原先的"说凤阳道凤阳，十年倒有九年荒"改成了"说凤阳道凤阳，凤阳出了有名的村庄叫小岗"。这充满自豪的唱词，引得四合院爆出声声喝彩。唯有夏建国没有说话，也没有表演，只是微笑，当上了北京大学的团委书记之后，他似乎有了一点小派头。新娘任燕俯在他耳边说，建国你也来一段演说吧，你看大家高兴的样儿，玩什么深沉啊？夏建国低声回答说，我是激动，看着大家这么好，我有很多话要说。但是我怕我一开口，会哭。

穆大江一到办公室就召集准备参加国庆庆典的记者们开会。他在汽车路过长安街的时候就已经见到满街花团锦簇，彩旗飞舞，建国三十五周年的节日气氛越来越浓。穆大江一路上考虑的都是如何报道好这次国庆庆典活动以及大阅兵。这对改革开放后的中国来说，有着特别重要的展示意义。

年轻的记者们坐满了会议室。穆大江开门见山地对大家说，这次国庆庆典，还有大阅兵，全世界为之瞩目，世界各大媒体已经派出大批记者来北京采访。当然，我们的任务更重。我们新华社这次要做全方位的报道，报道要出彩，要生动，要写得有力量。我希望大家打起十二分的精神，全力以赴完成这个重大任务。

动员会开过之后，穆大江又专门留下了任燕，对她说，你是手脚最快的，也是嗅觉最灵的。这一回，你这个新娘子可一定要给我搞几个抓眼球的新闻，怎么样？

任燕表示有信心，她还对穆大江说，我已经听建国说过了，这次大游行中，北大要组织一个学生方队。我想先去打听打听，他们在游行中会有什么创意。我总觉得，北大历来有创新精神，这一回他们也会有些新想法，就怕建国他们事先不跟我透露。

穆大江说，哪有新郎不给新娘透露的道理？任燕摇头说，您不知道建国的嘴巴很紧，不该说的他一定不说。不过，夏小妹去年也考进了北大，今年还成了校学生会的宣传干事。她这些天也在参加学生方队的行进训练，她或许会说些什么。总之，我去北大跑一趟，打探打探。

果然，关于组织学生方队游行的事，夏建国并没有对新婚妻子透露什么，或许他也真的不太清楚具体情况。因此，任燕还是在当天下午赶到了北大，她想直接找夏小妹聊聊。

而夏小妹此时正在学生会办公室，与几位学生干部讨论游行的事。步伐倒是练得整齐了，大家的情绪也饱满，"热烈庆祝建国三十五周年"的口号也喊得很响亮。但是，大家都感觉到，光是呼喊几句国庆的口号，还不过瘾。作为北大的学生，一定要拿出自己的表达心声的独特方式。夏小妹在这个策划会上是这样说的：这次庆典是在我们国家经过了十年动乱之后，改革开放事业取得巨大成就的形势下举行的，全世界的镜头都对着天安门广场。所以，我觉得不管是我们的口号，还是我们的横幅，都必须推陈出新，表达出我们心里最真实的感受。什么感受呢？那就是对国家改革开放的衷心拥护，对改革开放事业推动者邓小平的衷心爱戴。我觉得我们的游行，一定要把这一点体现出来，这是我们北大学子的心声。我们起码要给全国人民眼前一亮的感觉。

夏小妹的话引起了大家的共鸣，学生干部们也在这样的思路下提出了好多方案，但却没有一个方案能够叫人"眼睛一亮"。

后来夏小妹就提议说，要不大家先分头去想想，晚上再开会继续策划。夏小妹心里想的是，趁吃晚饭的时候，跑一趟东方语言文学系的学生食堂，见一下那里的一个叫徐宗云的才子，她觉得这个同窗会有好点子。一个书法、剪纸、绘画、武术、笛子演奏样样拿得起的学生，脑海里很可能会出现一些奇思妙想。

夏小妹果然在那个闹哄哄的学生食堂里找到了正在埋首吃饭的徐宗云，他一边吃饭还一边在桌上画着音乐简谱，像是在作曲，夏小妹于是赶紧拍了他一下，向他叙述了这个学生会干部们久议不决的难题。徐宗云也停下了吃饭，凝神想了半天，突然说，有点子了，还是打个标语好，因为游行队伍两侧摄像机、照相机镜头密密麻麻，打一个标语，就很夺目。而且，这个标语一定要反映广大学生乃至全中国老百姓心里的感觉。这种感觉必定要与邓小平有关。

徐宗云的这番剖析使得夏小妹大为兴奋，连说就是这个意思，你看你一下子就摸到门道了。

徐宗云对夏小妹说起一件事，说他过年放假回到老家村子，乡亲们请他写春联，要求写得最多的就是"邓小平"三个字，甚至有人就把"邓小平好"四个字贴在自家客堂的正中央。

夏小妹凝神想了一下，说，那要不我们就打个横幅，上面写一句"向邓小平同志致敬"？

徐宗云摇摇头，说这不够亲切，干脆就写"邓小平同志您好"，这样很夺目，而且保不定天安门城楼上的邓小平也能看到。他还告诫夏小妹说，像这样的事，不能拿到上面去审批，要走到天安门城楼下面突然打出来才对。你事先一报告，上面就要审查。审查来审查去，领导意见就会各种各样，根本统一不了，甚至还不能批准。所以这件事必须保密，悄悄地做。找一张床单，白底黑字，醒目就行。到时候我们突然打出来，那就有效果了。

不愧是才子！

夏小妹听了激动万分，自己都不知道是怎么跑出学生食堂的，也忘了自己还没吃晚饭，拼命就往校学生会跑，想去找主席与副主席尽快作个报告。就在这时候，她遇见了匆匆赶来的嫂子任燕。

夏小妹在自己中文系的食堂打了饭菜，坐到餐桌旁，与嫂子对面同食。夏小妹好几次想把游行方队的一些打算透露给嫂子，因为她看出了嫂子的急切，知道新华社记者有事先详细了解情况的职业习惯，但是她还是管住了自己的嘴巴。她说，嫂子，吃，吃，你吃萝卜肉片里的肉啊，别光吃萝卜啊。

任燕说，小妹啊，我们那个穆副社长是给我下了死命令的，我必须搞一些有价值的新闻。你好歹给我透露几句。要是你们北大的学生游行队伍有些亮点，我率先报道，那可就解了我的围了，你也帮了嫂子一个大忙了。

夏小妹满嘴咀嚼着说，哪有什么新点子啊？就是走路呗，挥着鲜花和小红旗呗，喊着国庆的口号呗。国庆的庆祝口号，报上不是都公布了吗？嫂子你还是回家去问问我哥吧，他们校团委如果有什么方案下到我们学生会来，我们也许会照着做的。

整整一顿饭的时间，任燕从夏小妹的各种对话中似乎发现了一些端倪，感觉到夏小妹心里仿佛隐藏着什么，然而这位脸庞圆圆的、大眼扑闪扑闪的中文系姑娘却始终摇头，连说没有，不肯透露任何实质性内容。

最后，在任燕离别的时候，夏小妹突然叫住了她，只问了一句话，嫂子您国庆那天的位置是在天安门广场上吗？

任燕说在，那天她的位置就在天安门城楼下侧的那个检阅台上。她那时还会带上很好的相机。

于是夏小妹迟疑着说，嫂子您那天一定不要走开。在我们学生方阵走过来的时候，您准备好相机就是了。

任燕一直到晚上回家还没有想透夏小妹这句话的含义。她问赶回四合院新房的夏建国，夏建国也说不出什么，只说我们校团委现在做工作也难哪，一些学生有稀奇古怪的想法都不肯事先给我们透露。

用作写标语的白床单是徐宗云拿出来的。标语的写作，定在国庆前一天的深夜。一群学生干部与徐宗云都积聚在徐宗云的寝室里。寝室门关死了，还上了插销。

可是徐宗云落笔前又皱起眉头说，这样写不行，"邓小平同志您好"这七个字还是太多，字写出来会很小，天安门城楼上肯定看不清。记者们就是拍了照片，也会不醒目。大家皱眉想了半天，学生会主席提议说，是不是去掉一个"邓"字，从七个字减为六个字？

徐宗云还是摇头说不行，他深思熟虑地说，我觉得，写四个字才能出效果。

四个字？夏小妹眼睛一亮，说，那就把中间的"同志"二字拿掉？

几乎同时，一寝室的学生异口同声叫了起来，小平您好！

吓得夏小妹马上发出嘘声，说，你们都疯啦？你们想把人引来是不是？这件事儿咱们还干不干了？

四

国庆前夕，邓小平与几位老同志相约聚一聚，去西山散散心。当然，另一个原因是考虑到身体欠佳的叶帅住在西山，他在那儿出门走几步比较方便。

见邓小平、陈云、李先念相约而来，叶剑英自然非常高兴，似乎身体也健朗了不少。

四位老人漫步在满坡的树木之间，心情和脸容似乎与天气一样晴朗。邓小平说，这次国庆三十五周年阅兵，是自一九五九年国庆阅兵之后，我们在改革开放的背景下首次向世界展示武装。所以，规模一定要大，装备一定要最新，机械化程度也一定要最高，这样才能有力展示国家的实力和信心。

叶剑英说，是啊，我已经看了材料了。这次大阅兵，就是按这个思路筹备的，筹备得很好，一定成功。

陈云感慨说，一九七八年党的十一届三中全会后，各条战线实现了拨乱反正，我们国家进入了改革开放和社会主义现代化建设的新时期，走上了一条有中国特色的社会主义的道路。现在回首看，虽然历程艰难，还有一些问题，但成果辉煌，可喜可贺。

李先念也颇为激动地说：是啊，农村家庭联产承包制，基本解决了温饱问题；设立经济特区，扩大了对外影响，加快了改革步伐；香港问题的解决，又为祖国统一树立了榜样。想到这一切，真是心潮澎湃，感慨万千呀。

邓小平补充说，还有，我们搞经济体制改革，突破了计划经济与商品经济对立的传统观念，建立了公有制基础上的有计划的商品经济。发展生产力是场革命，改革上层建筑、改革体制也是革命。虽然，现在还有阻力，而且阻力重重，可是我们有决心把这场革命进行到底。

李先念开玩笑说，这是马列老祖宗未曾说过的新思路啊。

这话一说，四位老人都哈哈大笑起来。此时，叶剑英却收了笑，表情凝重起来。他说，我记得当年毛主席病重时，他老人家拉住我的手，许久许久不肯放下。那一刻我是百感交集啊，感到有千斤重担压在身上，后来好长时间里都寝食难安。

邓小平的表情也凝重起来。他说，叶帅说得对，这些年来，我们是如履薄冰，如临深渊，摸着石头过河。现在，总算是不辱使命，走出了一条新路。

叶剑英说，小平同志，有你掌舵，我们也可以安享晚年了。

邓小平赶紧摆手说，叶帅可不要这样讲。我们几个，都是毛主席的学生。我读的书不多，就是一条，相信主席讲的实事求是。过去主席带领我们干革命，靠的是实事求是；今天我们搞建设，同样也要靠实事求是。我们的责任是到二十世纪末的时候，把我国建成一个小康社会。我们虽然活不到那个时候，但是有责任提出那个时候的目标。

陈云说，小平同志还是深谋远虑。国家的大政方针，还是要靠你多多设计。有人要出我的《文选》，我对他们说，我讲的东西都是过去事情的总结，你们还是要多看看小平同志的东西。他的讲话才对国家的发展有用，都是内容新颖的东西。

他们这么说着谈着的时候，不知不觉已经走到了西山的顶上。站在山顶远望，只见夕阳之下，山峦起伏，满目苍翠，几位老人的心境又都激动起来。叶剑英感叹说，我呀，已经很少走上山顶了。一走上山顶，看到这天，这大山，这夕阳，就想作诗。我老了，已经写不好诗了，但是想到我们整个国家越来越像是一首诗，我的心情也就释然了。

这话说得其他三位一齐点头，都说叶帅表达了大家的心境。

五

举国同庆的一九八四年国庆节，终于来临了。这一天艳阳高照，天气很好，粉刷一新的天安门金碧辉煌。庆祝中华人民共和国成立三十五周年大会和阅兵式即将在这里拉开序幕。

精神抖擞的中国人民解放军三军受阅部队已经集结完毕。同时，首都群众的游行队伍也都集结到了预定的位置上，包括由北大学生组成的学生方队。这个学生方队里，就数夏小妹显得心神不定。她穿着一件宽松的大白褂子，双手放在胸前，似乎在用力地抱扶着什么东西。不消说，那东西就是即将展示在全世界面前的、饱含中国老百姓真情实感的四个大字。临出北大校门前，学生会主席再次提醒夏小妹身边的几个男生说，你们几个注意，一定要保证夏小妹同学和横幅的安全。几个男同学都悄声表示说，绝对不会有任何闪失。

在各种国庆庆典活动忙碌准备的时候，刚过八旬生日的邓小平这一天却显得非常平静。

给他准备的早餐也与往常一样，餐桌上是两个馒头、一碗稀饭、一碟四川泡菜。

做完早操的邓小平走进餐厅，看见女儿邓楠已经在餐桌前坐下了。邓小平接过卓琳递上的凉毛巾，拭拭额上微微的汗，又擦擦手，然后看着桌上的早点说，好，馒头、稀饭加泡菜，老三样！

卓琳说，今天国庆节，你又要阅兵，体力消耗大，本来是要再给你加几样的。邓小平连连摇头说，不用，这样就好。邓楠说，爸，傅医生说了，老年人要补钙，早餐还是应该喝点牛奶。邓小平说，那玩意儿我不习惯，我有老祖宗做的四川泡菜就足够了。卓琳说，泡菜要少吃，书上说，年纪大了，不宜过咸过辣。邓小平笑了一下，说，都按本本说的做，日子就没法过了。

吃罢早餐，邓小平看时间还早，就走进书房，准备看一会儿书，休息一下再驱车出发。

王秘书轻手轻脚地走进，将一大摞材料摆在邓小平桌前说，首长，这是今天的简报。

邓小平摆摆手说，今天不看材料了，我看一会儿书，时间到了你喊我。

王秘书应声说好，往后退了几步。邓小平此时就戴上老花镜，饶有兴趣地打开桌上的一本小说，津津有味地读了起来。王秘书见拿在邓小平手里的，竟然是一本武侠小说《三侠五义》。

首长是从哪里搞来的这本书呢？是他的孩子递给他看的？

邓小平发现王秘书一脸的诧异，便抬起脸问，这本书，你看过没有？

王秘书摇头说，书没看过，不过单田芳的评书我听过。

邓小平笑了，说，看一看，不错的。

说完，邓小平便认真读了起来。王秘书赶紧放轻步子，离开了书房。

他心里明白，邓小平要的是一份繁忙中的轻松。

天安门广场上，坐在城楼对面的十万名青年用他们手中的花束，轮番变幻出各种巨大的图案。观礼台上坐满了各行各业的代表。几乎全世界的记者都集中到北京来了，数不清的电视摄像机和照相机忙碌不停。国家领导人登上天安门城楼，是在上午九点整。霎时间，广场爆发出了热烈的掌声和欢呼声，缤纷的气球腾空而起。

同时升起的，是天安门城楼前旗杆上的五星红旗。这面巨大的国旗，缓缓升起在激动人心的国歌和礼炮声中。

庆典活动的安排有条不紊。天安门广场一直是鲜花与笑脸的海洋。

盛大的阅兵式是在十点钟以后开始的。只见一辆黑色的红旗牌敞篷车缓缓驶出天安门城楼，站在检阅车上的中央军委主席邓小平显得目光坚定，神情庄严。

此时，阅兵总指挥秦基伟的检阅车也驶来了。秦基伟在他的阅兵车驶到邓小平面前时，行了一个庄严的军礼，声音洪亮地报告说，军委主席，庆祝建国三十五周年受阅部队列队完毕，请您检阅！阅兵总指挥秦基伟！

话音一落，军乐队便奏起了阅兵曲。军委主席的车在前，阅兵总指挥的车在后，沿着宽阔的长安街一前一后缓缓地行驶着。中华人民共和国成立以来最大的一次阅兵开始了。

邓小平频频挥动右手，向排列得犹如铜墙铁壁的三军官兵致意。他不停地大声喊，同志们好！同志们辛苦了！

他的检阅声音，通过装置在检阅车上的扩音器，响彻长安街上空，响彻北京，响彻正进行实况转播的全世界的电视机。

三军官兵以响亮、坚定的回答向邓小平和人民群众表达敬意：首长好！为人民服务！

检阅完部队之后，邓小平回到天安门城楼发表讲话。他铿锵有力地说，中国人民解放军全体指战员同志们！全国同胞们，同志们和朋友们！在伟大的中华人民共和国成立三十五周年的这个光荣时刻，我向为进行社会主义现代化建设、为完成祖国统一大业、为保卫祖国安全而奋斗的同志们、同胞们、朋友们，致以最热烈的节日祝贺！

霎时间，雷鸣般的掌声轰然而起。

邓小平在讲话中满怀信心地描述了中国社会主义经济建设所取得的伟大成就，最后用洪亮的声音说，伟大的中华人民共和国万岁！伟大的中国共产党万岁！伟大的中国人民解放军万岁！全国各族人民大团结万岁！

掌声和欢呼声依然此起彼伏，这时空中响起了更加振聋发聩的轰鸣声，那是排列成各种队形的飞机开始接受检阅。同时，在长安街上，解放军三军受阅部队也迈着铿锵有力的步伐，在雄壮的进行曲中通过天安门广场，接受党和国家领导人的检阅。

站在观礼台上的任燕不停地按着照相机的快门，雄壮的分列式阅兵在她所摄下的瞬间里显得特别威风。任燕感觉自己的摄影技术越来越娴熟，对自己的抓拍充满了信心。当然，她也很期待群众游行队伍的到来。她要在学生方队走过的时候保持最清醒的状态。夏小妹在她面前表达过的那句略显神秘的话，这两天一直在她的脑海里挥之不去。

　　现在，在巨大的欢呼声中，群众游行队伍沿着长安街缓缓地过来了。而且，群众的游行队伍中，出现了那个朝气蓬勃的学生方队。那个队伍里，有男学生，也有女学生，有戴着眼镜的，也有不戴眼镜的。在走过天安门城楼的时候，一个个忘情地挥舞着双臂，挥舞着手中的国旗和花束，不停地向城楼呼喊，也引动站在城楼栏杆前的国家领导人向他们频频挥手致意。

　　突然，令人惊奇的一幕发生了。只见一幅临时展开的雪白的横幅展现在天安门城楼前，"小平您好"四个大字面向城楼，随着队伍的行进微微颠动着。

　　手拉横幅的，正是夏小妹和她的几个同学。

　　任燕大喊一声：这太精彩了！几乎同时，她咔咔咔不停地按下快门。她知道，同时记录下这一刻的，是全世界的相机，还有那一大堆惊喜的电视摄像机。

　　广场上的群众几乎一齐欢呼起来：小平您好！小平您好！小平您好！

　　站在天安门城楼中央的邓小平看见了，也听见了。这位八十岁的老者似乎有些感动，他慢慢地举起手，朝城楼前涌过的莘莘学子不停地挥动。

　　写有"小平您好"四字的横幅虽然在电视屏幕上只出现了短短的几秒钟，但却在中华大地乃至全世界引起了特别强烈的反响。因为这朴素的、毫无距离感的四个字，不仅表达了大学生们对邓小平的拥护，对他的理论的拥护，也最真实地表达了全国人民对这位领袖的诚挚感情。

　　任燕拍完这一组照片之后，突然发现自己已经泪流满面。

六

　　任燕再一次泪流满面，而且长时间地无法抑制，发生在十三年之后。

那一天天气很冷。不仅任燕泪流满面，从中国的城市到乡村，许许多多的男女百姓都泪流满面。

小平同志怎么就会永远地离开了我们呢？千千万万的中国百姓都很难接受这样的事实。任燕在电视直播中看到悲痛欲绝的卓琳和她的孩子们把颤抖的手伸出机舱，亲手将邓小平的骨灰和轻柔的花瓣一齐撒向祖国大地的时候，忍不住泣不成声，趴在丈夫的肩头颤动不已。夏建国一直安抚着妻子的后背，小声劝她不要过于悲伤，但是自己也忍不住热泪长流。

位于北京西城区的这个古老的四合院，由于夏家与田家的共同倡议，专门在庭院中间布置了一个邓小平同志的灵堂，用于悼念。这个灵堂整整设了十天。不仅住在这里的夏田两家放置了花圈，胡同里的老老少少都把自己亲手扎成的花圈送到了这个四合院，表达百姓自发的怀念。庭院里一时间花圈、挽幛、挽联堆成了一座小小的山冈。

已经退休的老一代家长们献在邓小平慈祥的笑脸面前的，都是花圈，有田志远、曹慧夫妇的，也有夏默、高兰夫妇的。已经退休的刘鑫、曲径、穆大江和任大力，也都把他们自己亲手扎的花圈送进了这个四合院。

已经步入中年的下一代，送的几乎都是扎得高高的花篮，摆满了黄色与白色的菊花。摆在最中间的一个花篮的敬挽者是这样署名的：北京大学党委副书记夏建国、新华社要闻部主任助理任燕率子夏晓明。旁边花篮的敬挽者则这样署名：香港罗氏集团董事长田源、深圳交响乐团副团长吴怡茹率女田雯丽。旁边紧靠着的那只花篮的敬挽者署名是：深圳大洲食品公司董事长陆大洲、财务总监杜鹃率子陆小滇。另一只花篮的敬挽者是安徽凤阳小岗实业总公司董事长刘金锁、凤阳县委副书记夏建红率子刘永丰。另一只摆满白花的花篮的敬挽者，署名是：司法部政策研究室综合处处长欧阳川、文化部群众文化司调研处副处长夏小妹率女欧阳倩。

最后一个送来花圈的是北京市公安局的陈副局长，他连说花圈送来晚了，没想到这里还设了一个老百姓的灵堂。这位送花圈者在二十年前是负责这一带治安的派出所所长。

在这个老百姓自发设置灵堂的首日，大家还举行了一个追思仪式。神情悲痛的老老少少、男男女女站满了庭院。吴怡茹用她的小提琴拉响了一支如诉如泣的悲伤的乐曲。而就在这样的乐曲声中，眼含热泪的田源站到了高处，就像他当年站在话剧舞台上一样，用他的充满了感染力的声调，朗读了一段邓小平生前的话：

"我是中国人民的儿子，我深情地爱着我的祖国和人民。我深深地相信，中国的未来是属于中国人民的，世界的未来是属于世界人民的。"

图书在版编目（CIP）数据

历史转折中的邓小平 / 龙平平等著. —成都：天地出版社，2024.7（2024.9重印）
ISBN 978-7-5455-8313-7

Ⅰ．①历… Ⅱ．①龙… Ⅲ．①邓小平（1904—1997）–传记 Ⅳ．①A761

中国版本图书馆CIP数据核字（2024）第071749号

LISHI ZHUANZHE ZHONG DE DENG XIAOPING
历史转折中的邓小平

出 品 人	杨　政
作　　者	龙平平　黄亚洲　张　强　魏　人
责任编辑	马志侠　林　凡
责任校对	杨金原
印前质检	李镕宸　杨正波
封面插图	何红舟　黄发祥　江　帆　余琛潇
装帧设计	尹　冰
责任印制	王学锋

出版发行	天地出版社
	（成都市锦江区三色路238号　邮政编码：610023）
	（北京市方庄芳群园3区3号　邮政编码：100078）
网　　址	http://www.tiandiph.com
电子邮箱	tianditg@163.com
经　　销	新华文轩出版传媒股份有限公司

印　　刷	北京文昌阁彩色印刷有限责任公司
版　　次	2024年7月第1版
印　　次	2024年9月第3次印刷
开　　本	710mm×1000mm　1/16
印　　张	47
字　　数	820千字
定　　价	88.00元
书　　号	ISBN 978 7 5455-8313-7

版权所有◆违者必究

咨询电话：（028）86361282（总编室）
购书热线：（010）67693207（营销中心）

如有印装错误，请与本社联系调换。